建築カタカナ語略語辞典

【増補改訂版】

建築慣用語研究会[編]

井上書院

[本辞典の特色]

　先に私たちは『建築現場実用語辞典』を編纂し刊行したが，幸い同書は多くの読者諸賢から迎え入れられ，一同の喜びこれに優るものはない次第である。

　今回の『建築カタカナ語・略語辞典』の構想は，昨今の専門語のなかにはカタカナ書きの外来語・外国語あるいは外国語による略語のたぐいが非常に多いことから，同書の企画当時から芽生えていたものであった。

　しかし，前書は建築現場およびその周辺の用語を対象としたために，さらに広い意味でのカタカナ語は除かざるを得ず，改めて別の企画を立てて考えることとし，準備期間を経て，より充実したかたちでここに提供することにいたったものである。つまり本辞典は『建築現場実用語辞典』と姉妹関係にあるもので，両書を併せて用いられればと願うものである。

　カタカナ語や略語の多用が専門語の世界において望ましいものなのかどうか，という議論もいっぽうにはあるだろう。しかし，国際化の時代を迎えて，今後好むと好まざるとにかかわらず，建築分野においてカタカナ書きの外国語・略語のたぐいはますます増えるであろうし，それらの用語の意味を正しく理解するということは，必要不可欠であるにちがいない。

　本辞典は，以上のような経緯，背景から生まれ，次のような特色をもつものである。

1) 　ベーシックな建築現場用語はもとより，国際化・情報化時代に対応した新しい用語を中心に，約5500語を収録した最新辞典である。
2) 　対象としている分野は，建築企画，設計，施工，材料，構造，生産，設備，都市計画，住宅，インテリア，エクステリア，土木，情報，コンピューター，建築史，新技術・新工法，建築経済，環境問題など広範囲にわたる。
3) 　また情報関連用語，生活環境に関連した用語など，これだけは知っておきたい周辺分野の最新の用語も積極的に収録，建築に携わる方々にとっての一

般常識の辞典の役割も十分果たせる内容となっている。
4) できる限り用語数を多数収録することを目指し，説明は簡潔に短くまとめて，必要な知識・情報を的確に伝えるようつとめた。

本研究会は，『建築現場実用用語辞典』の編纂を機に誕生したものであるが，今回若干メンバーの入れ替わりをもって，企画・用語の選別・解説などの作業をおこなった。

本辞典が前書と同様に，各方面の広いご支持を得られることを願ってやまない。

平成 3 年 2 月吉日
建築慣用語研究会一同

［改訂版の発行に際して］

　『建築カタカナ語・略語辞典』の初版が刊行されたのは1991年4月であるが，その後の10年間，国際化の波はいよいよ激しく，またIT化・ビジネス環境の変化と進展は，外来語であるカタカナ語・略語使用の頻度を多くしている。建築界においても例外ではなく，レポート，書籍，雑誌，専門新聞，会話のなかに多くのカタカナ語・略語が登場し，その意味が正しく理解できないとコミュニケーションが機能しないばかりか，時代に取り残されてしまう観がある。

　今回の改訂に際しては，全面的な見直しを図り，新しい建築関連のカタカナ語・略語を積極的に収録するとともに，その使命を終えた言葉は削除するなどした。特に，住宅から地球規模にわたる環境分野を中心に，IT化に対応した情報・コンピューター関連用語，高齢化社会にともなう福祉関連用語，さらにISO，安全・品質管理，社会整備基盤に関する用語など，現在注目されている分野から最新の用語を積極的に収録した。

　なお，本辞典は同じ執筆陣による井上書院刊の『建築現場実用語辞典』の姉妹関係にあり，両書を併わせて利用されれば幸いである。

　改訂版が前書と同様に各方面の広いご支持を得られることを研究会一同願ってやまない。

　最後になったが，改訂版の編集を推進された井上書院の関谷勉社長，編集の山中玲子氏に感謝の意を表したい。

平成13年8月吉日
建築慣用語研究会代表　菊岡倶也

[凡　例]

　本辞典に掲載するカタカナ語とは，外来語，和製英語・洋語をいい，カタカナで始まる漢語や和語との混合語も含めている。

○**見出し語**

1. 見出しは五十音順に配列し，太字で表記した。
2. 長音を示す「ー」は，直前に含まれるかなの母音（ア・イ・ウ・エ・オのいずれか）を繰り返すものとして，その位置に配列した。

　　　〔例〕　アーク＝ア・ア・ク　　ウォーター＝ウォ・オ・タ・ア

3. 同じかなの配列は，清音・濁音・半濁音の順にした。

　　　〔例〕　ハース　バース　パース

4. カタカナの表記は同じでも原語が異なる場合は，同見出しとし，解説文の中で①②の番号を付し，そのあとに［　］で囲んで示した。
5. 一般的な発音として使われていると判断できる用語については，「ヴァ・ヴィ・ヴ・ヴェ・ヴォ」を用いた。
6. アルファベットで始まる語は原則として略語の中に収録したが，次のように，カタカナ読みのほうが一般的に使用されている略語については，本文で解説し，略語は空見出しとした。

　　　〔例〕　JAS ⇨ ジャス

7. 一つの見出し語に，別の言い方がある場合は，解説の中で「　」で囲んで示した。

○**原語**

1. 見出し語の直後に［　］で囲んで示した。
2. 原語名は，以下の略記号を原語の直後に記入した。ただし英語は原語名を省略した。

　　　伊＝イタリア語　　　仏＝フランス語　　　中＝中国語

蘭＝オランダ語　　露＝ロシア語　　　西＝スペイン語
羅＝ラテン語　　　独＝ドイツ語　　　ポ＝ポルトガル語
希＝ギリシア語

3．和製英語や漢語，和語との混合語，商品名・工法名等で適当な原語がない場合は省略した。

○解説

1．解説は簡潔でわかりやすいものとし，建築外の用語でも，できるだけ建築との関係の中でどのように取り扱われているかに力点をおいた。
2．語義がいくつかに分かれる場合は，①②の番号を付した。
3．材料・工法に関して，商品名が一般語として流布されているものについては，末尾に〔　〕を用いて開発・製造者名を付した。

○参照記号

　　　⇨　　解説はその項を見よ
　　　→　　その項を参照せよ
　　［　］　原語を囲む
　　〔　〕　開発・製造者名を示す

ア

アーガイル [argyle] アーガイル街の店舗のために作られた，マッキントッシュ作の背もたれの高い椅子の名前。

アーキグラム [ARCHIGRAM] 1961年ピーター・クックらが作った建築雑誌で，プロジェクトを中心としたもの。

アーキテクチャー [architecture] ①建築の設計思想。建築学。建築様式。②コンピューターのハード・ソフトを含めた基本的な考え方や構成方法。

アーキテクチュラル アーカイブ [architectural archives] 建築史料(資料)の保存・管理・公開するための施設。日本では建築の保存は，完成した建物が主体であり，建築史料の保存に関しては比較的軽視されている。

アーキテクト [architect] 石またはブロックでアーチを作る技術者の意から，建物の設計者，すなわち建築家の意。→アーキテクチャー，プランナー

アーキトレーヴ [architrave] ①古代ギリシアおよびローマ建築において，柱によって支えられる水平材(エンタブレチュア)の最下部を構成している部分。②開口部周囲に取り付けられる装飾用の枠組。

アーク ストライク [arc strike] アーク溶接作業中，母材の溶接部以外にアークが飛び散ること。

アーク溶接 [arc welding] 母材と電極または2つの電極間に発生するアークの熱を利用して行う溶接。

アーケード [arcade] アーチを連続的に使用して作られた空間。現在はアーチに関係なく商店街の通路に設けられる屋根の意。

〔アーケード〕

アーゴノミー系家具 [ergonomie system furniture] 家具は人間工学系家具と建物系家具とに分けられる。椅子やベッドなど人体に深く関わる家具をアゴーノミーという。→セミアーゴノミー系家具

アーゴノミックス [ergonomics] ⇨エルゴノミクス

アース [earth grounding] 避雷針や電気機器からの漏電を地面に流すことで，「接地」ともいう。

アース アンカー [earth anchor] 土中に孔をあけ，その中にPC鋼線を埋め込んでモルタルで固め，引抜き抵抗を大きくしたもの。山留めの土圧支持な

アース アンカー工法 [earth anchor method] ⇨タイバック工法

アース オーガー [earth auger] 地中を穿孔する機械。土止め用の地中連続壁や既製コンクリート杭の施工などに使われる。→アースドリル杭, オーガードリル

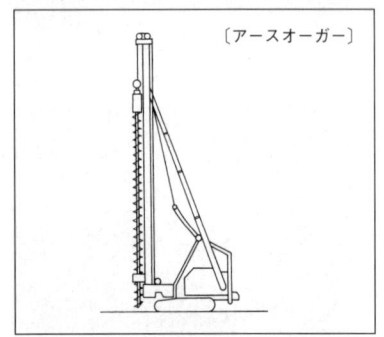

〔アースオーガー〕

アース スイート ホーム [earth sweet home] 太陽熱や雨水などの自然エネルギーを利用できるシステムをもった住宅の総称。「環境共生住宅」ともいう。

アース ターミナル [earth terminal] 接地線を接続するための端子。

アース付きコンセント [earth receptacle] 冷蔵庫や洗濯機など,水を使用する電気器具類の漏電防止を目的としたアース線内蔵のコンセント。

アース デー [earth day] 地球環境の大切さを考える大規模な市民運動で,毎年4月世界各地で統一行動がなされている。1970年アメリカで始まった。

アース ドリル杭 [earth drill pile] 先端に刃の付いた回転式バケットをもつアースドリル機によって掘削してつくる場所打ちコンクリート杭。→アースオーガー

アース ドリル工法 [earth drill method] アースドリル(アメリカ,カルウェルド社で考案・開発)と呼ばれる掘削機械を使って,1～2m程度の大口径場所打ちコンクリート杭を造成するための掘削工法。「カルウェルド工法」ともいう。→トレミー管

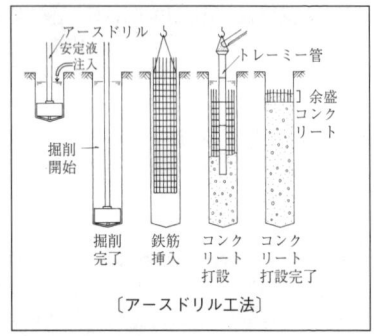

〔アースドリル工法〕

アース ワーク [earth work] 現代社会に対する反省的意味をこめて,自然界の素材(石・草)を中心にした造形。「ランドアート」ともいう。

アーチ [arch] 半円形の弧状をした構造物。弧状にすることで,そこに加わる力を分散できる。

アーチ窓 [arch window] 上部が半円形(アーチ状)になった窓の形式。

アーツ アンド クラフツ [arts and crafts] 産業革命による機械化に対し,イギリスのウィリアム・モリス等が始めた美術と工芸の改革運動。→クラフト

アーティフィシャル インテリジェンス [artificial intelligence] コンピューターに学習や推論の機能をもたせて問題を解決する人工知能システム。略称「AI」。

アート紙 [art paper] 印刷用の紙で,両面に粘土・白色剤などを塗布し光沢

仕上げとしたもので，写真の印刷に用いられる。

アートミュージアム［art museum］ 美術博物館。美術館と博物館の機能を合わせもった建物。

アートワーク［art work］ 室内を絵画，彫刻，版画，ポスター，タペストリー等の美術工芸品で装飾すること。

アーバナイゼーション［urbanization］ 「アーバニゼーション」ともいい，ある町や地域が都市化していくことで，適切な都市計画が行われないと地価の高騰，人口の集中にともない環境の悪化や公害問題が起こる。

アーバニスト［urbanist］ 都市計画等の都市的諸問題を扱う専門家のこと。

アーバニズム［urbanism］ 都市独特の生活形態，様式，考え方全般をさす。

アーバニティー［urbanity］ その都市に特有な文化的特徴，あるいは独特な雰囲気・ムードのこと。

アーバノロジー［urbanology］ アーバン(都市)＋ロゴス(学問)の合成語で「都市学」という。都市構造を究明し人間と都市のかかわり合い方を提案するもので，「アーバンソシオロジー」ともいう。

アーバンアメニティーゾーン［urban amenity zone］ 都市設計において広場や公園など，人に安らぎをもたらす施設あるいは空間のこと。

アーバンスプロール［urban sprawl］ ⇨スプロール

アーバンソシオロジー［urban sociology］ 人間と社会のかかわり合い方を理論的に究明する社会学のうち，20世紀後半からは特に現代社会学といわれるが，都市を広範な研究課題として捉えようとするもので「都市社会学」「アーバノロジー」ともいう。

アーバンディベロップメント［urban development］ 都市化現象（アーバナイゼーション）のなかで店舗，事務所，住宅などの都市型の建築開発を行うこと。

アーバンデクライン［urban decline］ 都市独特の問題点，すなわちドーナツ現象に見られる事業所の分散，高額所得者の郊外移住など，都市の魅力の衰退につながる根本的問題のこと。

アーバンデコレーション［urban decoration］ 都市を活性化させる考え方の一つで，視覚的な方法で都市の道路等をわかりやすく，また特色をもったものにしていく手法。→ストリートファニチャー

アーバンデザイン［urban design］ 都市設計のことで，都市計画に基づきある地域を具体的に図面化する都市そのものの設計をいう。

アーバンビレッジ［urban village］ 都市の交通体系からはずれ，また再開発するだけのポテンシャルエネルギーももたず，都市の中にあって再生から取り残された地域。

アーバンフリンジ［urban fringe］ 都市の周辺部のこと。

アーバンライフ［urban life］ 都市のもつ独特な生活様式のことで，自分の身の回りのことなどを経済的に処理し，生活空間を最小限にして時間を有効に使うといった都市生活特有のパターン。

アーバンリニューアル［urban renewal］ 都市再開発の意で，都市機能が低下したり環境が悪化したときに再構築を図り，活性化を取り戻すこと。→スラムクリアランス

アーバン ルネサンス［urban renaissance］ アーバンは都市，ルネサンスは蘇えるの意で，都市を再開発することによって人間性を取り戻そうとする運動。

アーム スタンド［arm stand］ 机，棚などにクリップで固定し，アーム（腕木）の高さ，方向を変えることができる照明器具。

アーム ストッパー［arm stopper］ 片開きや両開きの扉あるいは窓を開いた状態で止めておく金物。「レバーストッパー」ともいう。

アーム チェア［arm chair］ ひじ掛けの付いた椅子で，左右両方に付いた両ひじと左右いずれかに付いた片ひじのものとがある。

アーム ランプ［arm lamp］ 金属パイプの腕木をもった照明器具で，勉強机，製図台などに取り付けて使用する。

アームレス チェア［armless chair］ ひじ掛けのない椅子全般の名称。食卓用の場合「サイドチェア」とも呼ぶ。

アームレスト［armrest］ 車椅子のひじ置き台のように，姿勢を楽に保つ目的をもったひじを乗せる台のこと。「ひじ置き台」ともいう。

アーム ロック［arm lock］ 枠組足場の建枠相互のはずれを防止するための金具。

アーリー アメリカン［early American］ アメリカの開拓時代・植民地時代など初期の建築・インテリアの様式。ヨーロッパの伝統の影響が強い。

アールエム建築［reinforced masonry construction］ 大型の中空レンガやコンクリートユニットなどに鉄筋を通し，中空部にコンクリートを充てんして補強した構造の建築。建設省建築研究所が中心となって開発したもので，「補強組積造建築」ともいう。略して「RM建築」。

アール デコ［art deco 仏］ art decoratitの略で，装飾芸術の意。1920年頃から機械文明の影響を受け，直線を基調とした装飾様式で1930年頃まで続いた。日本では昭和初期に建てられた朝香宮邸がある。

アール ヌーボー［art nouveau 仏］ 新しい芸術の意。19世紀末から鉄とガラスが使われだし，それに対する装飾として曲線を主体とした表現に特徴がある。

アールを付ける 丸みを付けること。円の半径を表す記号〔r〕に由来する。

アイアン フィラー［iron filler］ 白亜，との粉，バライト粉などとワニスでのり状としたもの。鉄部塗装の際に下地塗りに用い，凹所などをへらで塗り付ける。「鉄セメント」ともいう。

アイエスオー ⇨ISO

アイ カメラ［eye camera］ 眼球を測定するカメラで，眼球運動や注視点が映像の中にマークとして表示される。

アイ キャッチャー［eye catcher］ 人目をひくものの意。広告やデザインで見る人の目をまず引きつけるよう工夫されたもの。

アイ コリドール［eye corridor］ 人間の視線の動き，その軌跡をいう。

アイコン［icon］ コンピューターのメニュー画面などに用いる絵記号。応用ソフトやデータファイルなど個々の機能をイメージさせる絵記号により，マンマシン・インターフェースを向上させている。

アイストップ［eyestop］ 都市のイメージ調査等における素材の一つで，そ

アイストレイン [eye strain] 視覚的な疲労や緊張感。情報化にともなうVDT等の表示装置の使用は，視覚的な疲労や緊張を生じる。照度等を考慮した環境計画，機器配置計画，労働環境管理等が重要となる。

アイセーフ レーザー [eye-safe laser] 測距装置などに応用可能な，人間の目に当たっても害にならない特定波長をもつレーザー。

アイソトープ [isotope] 同位元素。原子番号が同じ（陽子・電子数が同じ）でも中性子の数が違うため，原子量の異なるものを互いに同位元素という。

アイソメ ⇨アイソメトリック

アイソメトリック [isometric] 立方体を立体的に表現する作図法の一つ。長さ・幅・高さを直交する3直線で表す軸測投影（アクソメトリックプロジェクション）のうち，交角が120度となる場合の図をいう。室内空間の表現などに使用される。単に「アイソメ」，また「等測投影」「等角投影」ともいう。→パラメトリック

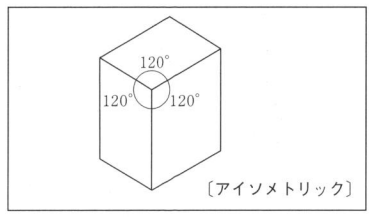

〔アイソメトリック〕

アイソレーター [isolater] 免震構法において，基礎と上部構造との間に入れて地震力を吸収する役割を果たすもの。ゴムを鋼板でサンドイッチしたものが開発されている。

アイデア スケッチ [idea sketch] 考えやイメージなど思いついたことを紙に描いていくことで，「ラフスケッチ」ともいう。

アイテム [item] ①ある全体のなかの一つの品目。調査・分析等を行うときの分類項目のこと。②コンピューターで磁気テープに記録された一件のデータのこと。

アイデンティティ [identity] 同一であること，本人自身であることの意で，確立された個性のことや都市の固有性のこと。

アイドリング ストップ [idling stop] 地球温暖化防止と燃料の節約を目的として，自動車の駐停車時にエンジンを一時切ること。1996年より環境庁（現環境省）が運動を開始した。

アイドル コスト [idle cost] 生産設備や労働力の遊休化によって生じた損失費用。

アイ バー [eye bar] 棒鋼や鋼板の先端に取り付けた接合のための円形孔を有するもの。ブレースなどに用いる。→クレビスアイ

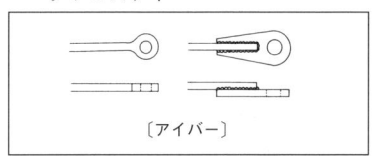

〔アイバー〕

アイ ビーム [I beam, I joist] 断面がI形をした形鋼で，木造住宅の梁などに使われる製品化されたスチール。集成材の構造用に加工したものをエンジニアウッドというが，これらのうちでI形をした梁に使うもの。

アイ ボール [eye ball] ダウンライトの一種で，照射角度が自由に変えられるタイプのもの。→ダウンライト

アイ ボルト [eye bolt] 重量のある機

器類を吊り下げるため、丸棒の一端にねじを切り、他端をリングにまるめて機器などに取り付けたもの。

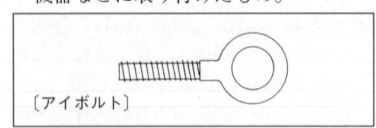

〔アイボルト〕

アイランド キッチン キッチン家具の配置方式の一つで、流し台、レンジ台などを中央に置き、4方向から使えるようにしたもの。厨房スペースが広い場合に採用できる。→キッチンタイプ

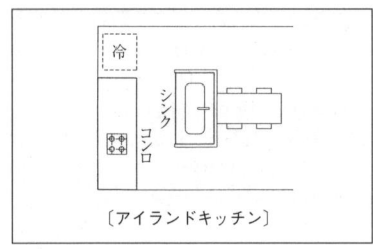

〔アイランドキッチン〕

アイランド工法 [island method] 地下工事において、構築物の中央部の躯体を先行してつくり、その躯体から切ばりをとって外周部の躯体を構築する方法。

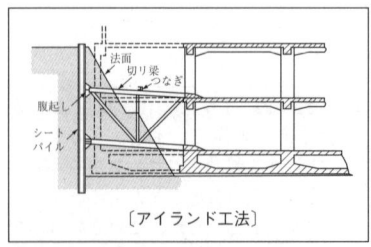

〔アイランド工法〕

アイ ランプ [eye lamp] 反射鏡を内部に備えた電灯。仮設用の投光器や写真の撮影時の照明などに用いる。

アイル [aisle] 教会の側廊の意。現代では列車や劇場の通路をいう。アイルシート（通路側座席）。

アイ レベル機器 [eye level instrument] 台所で手の届きやすい、目の高さにある使用頻度の高い調理器等の収納スペースのこと。

アウトサイド アウェアネス [outside awareness] 室内から屋外が見えること。アメニティの向上、情報機器使用にともなう疲労の軽減などのため、外部の風景が見られる、解放感を味わえる、光や風などの自然を感じられることが重要である。快適な環境づくりの一手法として導入されている。

アウトソーシング [outsourcing] 社内業務の効率化、外部の専門技術の活用、費用軽減等を目的に、外部の企業に情報システムの構築、運用、保守などの業務を一括して委託すること。

アウトドア マン [outdoor man] 土木作業員、土方のこと。アウトドアボーイ、ワークマン、サイトワーカー、サイトオペレーターなども当てられる。

アウトドア ライフ [outdoor life] 屋外での生活または自然に親しむ生活。

アウトドア リビング [outdoor living] 生活の場として居間のように使われる外部空間。ガーデンファニチャーなどでネガティブ空間を演出し、屋根のない居間として使われる。高層マンションでは少し広めのバルコニーがこの目的に使われている。

アウトドア レジデンス [outdoor residence] 飯場。キャンプともいう。昨今のイメージアップで改善案として登場した。

アウトバーン [autobahn 独] ナチス政権下のもとでつくられた最初の自動車専用高速道路。

アウト ポール ラーメン構造の集合住

[アウトサイドウェアネス]

宅において，平面計画上じゃまになる柱型をバルコニーあるいは外廊下等の外部に露出させた形状のこと。

アウトリガー [outrigger] 移動式クレーン車などで，吊り荷による転倒を防ぐため，車体から腕のようにはね出した部分。

アウトレット [outlet] 電灯器具やコンセントを接続する電気の取出し口。電気工事の配管の終端または中間に設けられる。「アウトレットボックス」ともいう。

アウトレットストア [outlet store] 余剰品や傷物を集めて低価格で販売する店。工場直結の安売り店。

アウトレットボックス [outlet box]
⇨アウトレット

アウトレットモール [outlet mall] 大手メーカーや専門店が自社製品を格安で販売するための在庫処分店を集めたショッピングセンターのこと。

アエログラフィー [aerography] タイルに乗せた型紙の上から，エアーブラシ等で色を吹き付けて着色する装飾法。

アカウンタビリティ [accountability] 本来は「説明ができる」「申し開きができる」という意味をもつが，研究者が社会に対して，研究活動の意義を十分に納得させ，その意義に基づいて資金援助について説明できる責任・義務を負うという概念。情報公開法などにより，行政や企業に求められている説明責任のこと。

アカスタット [aquastat] 温度調節器

の一種で，水温を検出して給湯循環ポンプの自動発停などに用いる。

アカンサス［acanthus］ ハアザミ属の植物。古代ギリシアのコリント式の柱頭にその葉やツルが装飾として使われていた。→コリント式

アキシミンスター カーペット［Axminster carpet］ イギリス・アキシミンスター地方で織り始められたカーペットの製法で，多色使いが可能な柄物が特徴。

アキス ハンマー［axe hammer］ 釘抜き兼用のハンマー。

アキュムレーター［accumulator］ 蒸気を一時的に貯蔵する装置。圧力タンク中に蒸気を吹き込み，凝縮させて高温水として貯蔵する。

アクアインテリア［aquainterior］ 室内装飾に魚・水草を用いたインテリアの手法。

アクアトロン［aquatron］ バイオトロンのうち対象が水生生物に限定されたもので，水生生物の生育環境を人工的に制御できる施設。

アクア プランツ［aqua plants］ 水草などの水生植物のこと。

アクアホール［aquahall］ 水をモティーフにして計画されているホール。

アクアポリス［aquapolis］ アクアはラテン語の水からきており，水上都市の意。沖縄海洋博で実験的に造られた施設の名称。→アクアリウム，シートピア

アクアリウム［aquarium］ アクアは水の意。水族館のこと。

アクション アーキテクチャー［action architecture］ 建築のコンセプトに対して積極的に空間を提案してゆく建築物あるいは考え方。

アクション ファニチャー［action furniture］ 書斎，事務所などで，立ったまま使う形式の家具。カウンター，デスクなどが中心で，特にアメリカで呼ばれる。

アクション プログラム住宅［action program house］ 主として障害者の障害の種類や程度に対応する目的で，住宅の枠組み以外は住人が参加して仕上げる住宅。

アクセシビリティ［accessibility］ 地の利の良さ，利用しやすさ，便利さ等，建物の利用のしやすさをいう。身体障害者の建築物への出入りのしやすさなど，建築物内外のバリアフリーの度合いのこと。「接近性」ともいう。特に公共建築物は立地条件として重要。

アクセス［access］ 接近の意だが，都市計画ではその地域までの交通手段。

アクセス コントロール システム［access control system］ 建物や重要度の高い部屋への車や人の出入りを管理，制御するためのシステム。建物や部屋の用途や重要度に応じて管理レベルを設定し，必要な表示や誘導，監視や入退管理を行う。

アクセス タイム［access time］ コンピューターのCPU（中央処理装置）に情報を送り，転送されるまでの時間。呼出し時間。

アクセス フリー［access free］ 高齢者や障害者を考慮した通行手段。

アクセス ポイント［access point］ ネットワークで端末側とホストコンピューターとを結ぶ中継点。

アクセント ウォール［accent wall］ 室内の四面の壁の中で，室内のイメージを色，柄，素材感などによって強調するためにデザインされた壁。

アクセント カラー［accent color］ 強

調色。配色に際して，全体の色調を強調するために使われる色で，彩度の高い（鮮やかな）色を使うことが多い。

アクセント照明 [accent lighting]　特定の対象物を際立たせるために行うスポットライトなどの照明方法。

アクソノ [axono]　アクソノメトリックの省略形。⇨アクソノメトリック

アクソノメトリック [axonometric]　軸側投影図法。「アクソノ」ともいう。

アクチュエーター [actuator]　構造実験などに用いられる加力装置の総称。電動の油圧ジャッキが代表的。

アクティニックグラス [actinic glass]　紫外線・赤外線吸収ガラス。

アクティビティ [activity]　活動の意であるが，都市におけるある活動により定義される空間，すなわち界隈のこと。

アクティビティエリア [activity area]　住宅における家事室や居間などの活動的な空間。

アクティビティケア [activity care]　高齢者や障害者の施設で，音楽，演劇などを通して，入居者の生活を豊かにするグループ活動のこと。

アクティブ型制振構造(方式) [active type seismic control structure]　建物に入ってくる振動をセンサーで捉え，リアルタイムで地震動の共振を回避させたり，揺れを吸収する方式。

アクティブ消音 [active sound absorption]　騒音波を分析し，瞬時にそれを打ち消す音波を計算し，スピーカーよりこれを発生させ，騒音波と合成させることにより消音する方式。

アクティブセンサー [active sensor]　一般に「近赤外線センサー」といわれている検知器で，赤外線の投光部と受光部からなり，この光を侵入者が遮断すると警報信号を出すようにしたもの。→シャッターセンター，パッシブセンサー

アクティブソーラーシステム [active solar system]　給湯，冷暖房に用いられる太陽熱を利用した集熱器，蓄熱槽，ヒートポンプ等からなるシステム。

アクティブソーラーハウス [active solar house]　太陽熱を利用して採暖を行う住宅形式の一つ。反射鏡や太陽電池を屋根などに設置し，太陽熱を温水に変えて蓄熱槽にため，暖房や給湯に使う。ヒートポンプの使用により冷房も可能。→パッシブソーラーハウス

アクティブタイプ制振システム　建物の最上部に設置されたおもりをコンピューター制御の駆動装置で移動させて，建物の揺れを吸収するシステム。建物の揺れの周期に対し，その揺れのエネルギーを吸収する最適なおもりの位置をコンピューターが制御する。地震のような不規則な揺れにも対応できる。超高層ビルなどで採用される。

アクティブノイズコントロール [active noise control]　入射音と振幅が同じで，山と谷が正反対の音を重ね合わせて音を打ち消すという原理。現在，乗用車の車内騒音や冷蔵庫，空調用ダクト騒音等の制御に応用されている。

アクティブマスドライバー [active mass driver]　制振装置の一つで，動力装置の能力の範囲内でどのような地震に対しても最適なコントロールが可能となり，建物の揺れを抑えるもの。「AMD」ともいう。

アクティングエリア [acting area]　観客から見える舞台のうち，演技を行う部分のこと。

アグリーメント [agreement] 契約。通常は「コントラクト」とほぼ同じ意味だが，厳密にはもっと広い概念をもつ。例えば約款，取り決め，基準類などの総称として用いる場合もある。→コントラクト

アグリビジネス [agribusiness] 農業問題を農業内部のみならず，その周辺部を含めて見る必要から，農業生産資材供給部門，農産物の加工・流通部門および農業生産部門の統合体として狭義の農業と他の産業部門との相互依存関係をみきわめようとする考え方。生産・流通施設の物理的・機能的変化やインテリジェント化など，建築生産分野への影響も少なからざるものがある。「農業関連産業」ともいう。アメリカの経済学者デービスとゴールトバークにより提唱された新産業概念。

アクリル [acrylic] アクリル酸やメタアクリル酸の誘導体の重合で得られる物質の総称。これから得られるものはアクリルゴムやアクリル樹脂など。

アクリル エナメル ペイント [acrylic enamel paint] アクリル樹脂塗料のこと。

アクリル系エマルジョン ペイント [acrylic emulsion paint] アクリル系樹脂の液体と顔料とを主成分とした塗料。略して「AEP」。

アクリル ゴム [acrylic rubber] 耐熱性・耐油性・耐候性に優れた，アクリル酸またはメタアクリル酸の重合によって得られる合成ゴム。

アクリル酸樹脂接着剤 [acrylic resin adhesive] アクリル酸樹脂を主原料とした接着剤。安定性があり透明である。

アクリル樹脂 [acrylic resin] ポリアクリル酸メチルやポリメタアクリル酸メチルに代表されるアクリル酸またはメタアクリル酸の誘導体の重合で得られる樹脂。ポリアクリル酸メチルは硝化綿などを加えて塗料や接着剤に，ポリメタアクリル酸は有機ガラスとして多用されている。

アクリル樹脂塗料 [acrylic resin coating] アクリル酸またはメタアクリル酸の誘導体を重合して作った樹脂を塗膜形成要素として用いて作った塗料。

アクリル波板 [ribbed acrylic resin board] トップライトや照明器具などに用いられるアクリル酸樹脂からなるリブ付きの有機ガラスの板。

アクリル板 [acrylic board] 衝撃に強く，酸，アルカリに強い。採光板，照明器具に用いられる。

アクリル ペイント [acylic paint] ⇨ アクリル樹脂塗料

アクリル ラッカー [acrylic lacquer] アクリル樹脂エナメルまたはアクリル樹脂塗料のことで，熱可塑性アクリル樹脂を溶剤に溶かしたもの。コンクリート面に使われる。

アクリル リシン [acrylic lithing] 着色したモルタルにポリアクリル酸メチルと大理石の砕細石を加えた塗装材料。軒裏の吹付け仕上げや櫛状の金具で引っかき粗面とした外壁仕上げとして多用されている。

アコーディオン カーテン [accordion curtain] 室内の間仕切り用に使われる折りたたみ式の間仕切り戸。略して「AC」。→アコーディオンドア

アコーディオン ドア [accordion door] 移動間仕切りの一種。アコーディオンのように折りたたみ伸縮によって開閉する。金属の骨組をビニールレザーな

どで覆い，天井に設けたガイドレールから吊り下げる。→アコーディオンカーテン

アコモデーション［accomodation］ホテル，船などの宿泊施設，およびそのもてなし全般をいう。

アゴラ［agora］列柱廊（ストア）で囲まれた古代ギリシア都市の広場。政治・経済上の中心となる場所で，周辺には集会場，神殿が設けられている。

アジール［asile］権力の及ばない場所，あるいは神殿などの保護されている空間。

アジェンダ21 1992年，リオデジャネイロで開催された「地球環境サミット」で採択された行動計画。貿易・貧困・人口・健康などの経済・社会的要素のあり方，大気・水質・森林などの資源の保全方法，自治体・産業界・NGO・技術団体の役割などについて具体的な取組み方法を定めている。

アシッド レイン［acid rain］大気汚染により硫黄酸化物や窒素酸化物が大気中で化学変化を起こし，硫酸や硝酸に変化して溶け込み酸性化した雨の総称。「酸性雨」ともいう。

アジテーター［agitator］①コンクリートを練り混ぜる機械。②蓄熱槽内の水を強制的にかくはんする装置。

アジテーター トラック［agitator truck］コンクリートを運搬するのに分離しないよう練り混ぜができる装置を備えた特殊トラックで，「生コン車」ともいう。

アジャスター［adjuster］①机，椅子などの高さを調節する装置。特に事務用・作業用の椅子によく使われる。②開き窓の開き角度を任意の位置に停止させる金物。

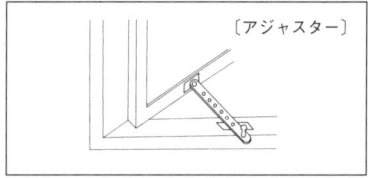

〔アジャスター〕

アジャスター フック［adjuster hook］カーテンを吊るフックの一種で，フックの長さが調節できる。

アジャスタブル レール［adjustable rail］カーテンレールの一種で，レールに重なった部分があり，ある範囲で長さを自由に調節できる。

アシンメトリー［asymmetry］シンメトリー（対称）以外のすべてのものの意ではなく，シンメトリーの一部をくずして非対称としたものの意。→アンバランス，シンメトリー，ダイナミックシンメトリー

アスカーブ asphalt curbstoneの略。アスファルト舗装道路において，舗装端部の保護などのためにアスファルトコンクリートでつくる縁石。

アスコン ⇨アスファルトコンクリート

アステム［ASTM］⇨ASTM

アスファルト［asphalt］炭化水素を主成分とする暗褐色ないし黒色の結合性のある固形あるいは半固形の瀝青(れきせい)物質。原油が天然に蒸発して産した天然アスファルトと石油精製の残滓として生じる石油アスファルトとがある。道路建設工事や防水工事に用いられる。JIS K 2207。

アスファルトがら 舗装用アスファルトを破壊したりはつった際に発生するくず。

アスファルト グラウト［asphalt grout］石粉，砂をストレートアスファルトと加熱混合したもので，流動性を利用し

石材の固着・充てんなどに用いる。

アスファルト合材 [asphalt concrete]
⇨アスファルトコンクリート

アスファルト コーキング [asphalt calking] アスファルトに鉱物粉末や合成ゴムなどを加えて作られたコーキング材。アスファルト防水層の貼り終わりの小口端部などに使用。

アスファルト コーティング [asphalt coating] ブローンアスファルトを揮発性溶剤で溶かし、石綿、鉱物粉末などを加え、へら塗りのできる軟度をもたせたもの。防水層端部やドレン回りのシーリング材として使用。

アスファルト コールド マスチック [asphalt cold mastic] アスファルトの濃い乳剤にポルトランドセメントと骨材を加え、常温で混合して用いる。舗装、不陸を平らにするのに使用。

アスファルト コンクリート [asphalt concrete] アスファルトに粗骨材、細骨材、フィラーを混合したもので、アスファルト舗装に用いる。「アスコン」「アスファルト合材」ともいう。

アスファルト混合物 [asphalt admixture] アスファルト舗装の表層や基層に用いるアスファルトおよび骨材、フィラーを所定の割合で混合した材料。

アスファルト コンパウンド [asphalt compound] ブローンアスファルトの耐熱性、弾性、接着性を高めるために動植物油を混入・加工したもの。アスファルト防水層に用いる。

アスファルト ジャングル [asphalt jungle] アスファルトで舗装され、ビルが立ち並ぶ大都会をジャングルにたとえたもの。

アスファルト シングル [asphalt shingle] ⇨シングル

アスファルト セメント [asphalt cement] アスファルトに樹脂、ゴムなどを加え溶剤で溶かしたもの。アスファルトタイル、ビニルタイルなどの接着剤として用いる。

アスファルトタイル [asphalt tile] アスファルトに樹脂、石綿、炭酸カルシウム、顔料を加えて加熱・圧延したあとタイル状に打ち抜いた床仕上材。

アスファルト トーチ工法 防水工法の一種。アスファルトルーフィングをガスバーナーで加熱、軟化させながら圧着させる。現場公害の低減、工期の短縮、施工性の向上を目的とする。

アスファルト乳剤 [asphalt emulsion] アスファルトをアルカリなどの乳化剤を用いて水中に分散させて液状としたもの。防水層、簡易舗装などに用いられる。

アスファルト被覆鋼板 [asphalt reinforced zinc plate] アスファルトを被覆した亜鉛鉄板。耐食性に優れているため屋根、樋、ダクトなどに使用。

アスファルト フィラー [asphalt filler] アスファルトの耐久性や強度改善のために加える不活性物質の充てん材。

アスファルト フェルト [asphalt felt] 動植物性繊維を原料としてつくったフェルト材に、ストレートアスファルトを浸透させたもの。アスファルト防水層や木造の屋根・外壁の下地のほか、多用途に使用。「フェルト」ともいう。JIS A 6005。

アスファルト プライマー [asphalt primer] アスファルトを揮発性溶剤で溶いたもの。アスファルト防水層を下地へ密着させるためコンクリート面に塗る。単に「プライマー」ともいう。

アスファルト プラント [asphalt plant]

舗装用アスファルト混合物を混練する機械・装置の総称。

アスファルトブロック[asphalt block] プレス成形したアスファルトモルタル製のブロック。耐摩耗性・耐薬品性に優れている。

アスファルトペイント[asphalt paint] アスファルトを溶剤で溶かした塗料。油ワニスに溶解したものは「アスファルトワニス」または「黒ワニス」ともいう。

アスファルト防水[asphalt waterproof] アスファルト，アスファルトフェルト，アスファルトルーフィングなどを3～4層に重ねて防水層を形成する防水。

アスファルト舗装[asphalt pavement] 骨材をアスファルトで結合してつくった表層をもつ舗装。→タックコート

アスファルトマスチック[asphalt mastic] 床仕上げや防水層として用いるアスファルトとフィラー（石粉および砂）を加熱混合して作られる材料。

アスファルトモルタル[asphalt mortar] 高温のアスファルトに砂およびひる石・石灰石などの粉末を混合したもの。コンクリート下地の上に敷きならし，転圧して仕上げる。

アスファルト用骨材[asphalt aggregate] アスファルト混合物に入る砕石，砂利，鉄鋼スラグ，砂およびこれに類似する粒状の材料。

アスファルトルーフィング[asphalt roofing] 厚いフェルト状の紙にアスファルトを含浸させ，表面に雲母(うんも)の細粉などを付着させた防水紙。JIS A 6006，JASS 8。

アスファルトルーフコーティング[asphalt roof coating] 防水層の端末部分のシールに用いられるアスファルト系のパテ状材料。

アスファルトワニス[asphalt varnish] ⇨アスファルトペイント

アスペクト比[aspect ratio] 建物の幅と高さの比率のこと。柱スパンに対して軒高が4倍（アスペクト比4）を超えると，塔状建物と称して構造計算の条件がより厳しくなる。

アスベスト[asbestos] 天然に産する蛇紋石系と角閃石系の繊維状けい酸塩鉱物の総称。セメントや石灰質，けい酸質原料と混合して建築材をはじめ使用範囲が多岐にわたっているが，建物の解体・改修工事にともなう石綿粉塵が人体に及ぼす健康障害が社会問題となり，大部分のものが代替化およびノンアスベスト化となりつつある。

アスベストセメント[asbestos cement] 石綿を混ぜて水練りしたセメント材料で，フレキシブル板，平板，軟質板がある。この石綿含有材料は健康に悪影響を及ぼすため，撤去処分の対象となっている。「石綿セメント」ともいう。

アスベスト飛散防止 アスベスト粉塵飛散防止のために既存アスベストを処理すること。吸音・断熱・耐火材として使用されてきたアスベストは，その繊維が人体に有害であるとして，1989年大気汚染防止法の特定粉塵として指定された。飛散防止方法として，除去処法法，封じ込め処理法，囲い込み処理法がある。

アスマン型湿度計[ventilated psychrometer] 棒状温度計を2本平行に取り付け，一方の感温部を常に湿ったガーゼで包み，一定の速度で空気を送風するタイプの温度計。両温度計の読みから相対湿度が求まる。

アスロック 押出し成形セメント板の

商品名。〔製造：ノザワ〕

アセ ⇨アセチレンガス

アセス ⇨アセスメント

アセスメント [assessment] ある人為的行為が周辺に及ぼす影響の事前予測のこと。特に環境に対する予測を環境アセスメント（「EIA」）という。他にテクノロジーアセスメントもある。

アセチル化木材 改良木材のことで，セルロース中の水酸基をアセチル基に置き換えることで木材の寸法の安定化が得られる。

アセチレン ガス [acetylene gas] おもに鉄の切断に用いるガス。酸素と混合し着火すると高温となる。略して「アセ」ともいう。

アセットマネジメント [asset management] ⇨プロパティマネジメント

アセンブリー タイム [assembly time] 部材に圧縮を加える前に接着剤を被着体になじませる時間。「堆積時間」「閉鎖堆積時間」ともいう。

アソート カラー [assort color] 配合色。室内の配色に使われる色の種類でその部屋の配色の中心となる色。「コーディネートカラー」ともいう。

アソートメント [assortment] 客層や販売方法に合わせて行う商品の品ぞろえのこと。

アソートメント ディスプレー [assortment display] 見せることを目的としたディスプレーの手法の一つ。対象物を分類し，比較しながら見せる方法。

アダム スタイル [Adam style] 18世紀後半のイギリスの新古典主義を代表する建築家ロバート・アダムが確立した室内装飾の様式。

アッシュ コンクリート [ash concrete] ⇨シンダーコンクリート

アッセンブリー [assembly] 人や物が集まることで，組立て図，集会場（室）のこと。

アッテネーター [attenuator] スピーカーの音量調節装置。

アッパー シーツ [upper sheets] ベッド用シーツの一つで，上掛け用の毛布をくるむシーツ。

アッパー デッキ [upper deck] 展示場などの大空間で用いられる空間構成の一つで，人工地盤的考えでインフラなども含んだもの。最上部のデッキは展望や食堂等に使われる特別なフロアのこと。

アッパー ライト [upper light] 照明方法の一種で，下から照らす上向きの照明。彫刻，レリーフなどを照らし強調する場合などに使われる。

アップツーデート [up-to-date] ⇨アドバンス

アティカ [attika 独] ⇨アティック

アティック [attic] 古代建築における記念門の上部に設けられた部屋から，単に屋根裏部屋の意になった。「アティカ」ともいう。

アテネ憲章 [Charte d'Athenes] アテネで開催された第4回現代建築国際会議（CIAM）で討議された内容で，機能的都市に対する考察と要求事項をまとめたもの。

アドヴォケイト アーキテクト [advocate architect] 建築計画によって影響を受ける人々の利益を擁護するために，無償で協力する建築家。

アドオン方式 [add-on] 借入金額に借入期間の利息を合計して期間均等に返済する方式。

アドバタイジング [advertising] 商品や企業イメージを伝達するために行う

宣伝活動。商業広告と行政の行う非商業広告がある。

アドバンス [advance] 流行の先端あるいは今日的な感覚。「アップツーデート」ともいう

アドヒーシブ [adhesive agent] 接着剤の総称。セメント，グルー，ゴム糊，合成樹脂などが含まれる。

アトピー性皮膚炎 [atopic dermatitis] 遺伝的素因をもったアレルギー疾患（Ⅰ型アレルギー）のこと。→チリダニ

アドホシズム [adhocism] 固定観念にふり回されることなく，住む人の考えを自由に取り入れて設計すること。

アドホック調査 [adhoc research] 必要に応じて行うその場かぎりの調査。単発調査のこと。

アトマイザー [atomizer] 圧縮空気を小孔から噴出させるときに，小量の水を同時に吸引させ，これを噴霧して室内を加湿させる装置。

アトリウム [atriume] ローマ時代の中庭および中庭付き大広間のこと。現在は建物に囲まれた中庭，吹抜けなど大規模な内部空間で，植木，池などを配して人工的な自然環境をつくり出している。

アトリエ ハウス [atelier house] 集合住宅や住宅団地の設計において，単なる「ねぐら」を作るのではなく，仕事場のある，経済と生活が共存する職人町のイメージをもった提案。

アナログ感知器 [analog type detector] 感知器が検出している温度や煙濃度を，直接アナログ量のデータとして取り出せる感知器。

アナログ情報 [analog signal] 電気信号に変換されたときに，時間とともに変化する電圧で表現される情報。

アナンシエータ [annunciator] 異常の発生，状態変化やその内容などを知らせる表示警報器。

アネックス [annex] 追加するの意で，建て増しした別棟，建物の附属家屋，別館，離れ等のこと。

アネモ型吹出し口 [anemo type diffuser] 数枚のコーン状羽根を重ねた空調吹出し口。吹出し空気と室内空気の混合が良く，大風量を吹き出すのに適する。

アネモサーモ メーター [anemothermometer] 熱線風速計と電気抵抗温度計を組み合わせて吹出し口の風速を測定する計器。

アノード [anode] 陽極のこと。金属腐食において酸化する側。→カソード

アノニマス [anonymous] なんの特長もないの意で匿名，作者不明のこと。

アパート [apartment] 本来は一部屋または住むために必要なひとそろえの部屋をいう。アパートメントハウスで共同住宅の意だが，日本ではアパートを共同住宅という。→フラット

アパートメント ホテル [apartment hotel] 長期滞在者用のホテルで，「パーマネントホテル」ともいう。→トランジェントホテル

アバット [abutment] ①アーチの両端を受ける迫台(せりだい)。②橋梁における橋台などのこと。

アバン ギャルド [avant garde 仏] ダダイズムに初まる芸術の革新運動。前衛芸術のこと。軍隊用語の前衛から転じたもの。→ダダイズム

アビタシオン [habitation 仏] フランス語で住宅または住居の意。日本では分譲マンション等の名前に用いられ，高級感をイメージさせている。

アヒトン

ア

〔アトリウム〕

アピトン [apitong] ラワンより赤褐色を帯び、重くて硬い南洋材。床板や羽目板に用いる。

アフォーダブルハウス アメリカの住宅マーケットにおける低所得者向けの住宅。

アフォーダンス [affordance] 行動を可能にするという意味の造語で、動物や人の行動を左右する物のこと。

アプス [apse] ①キリスト教の教会堂で、外へ張り出した半円形の内陣部のこと。②古代ローマの公共建築における外部へ突出した半円形の袖廊部分。

アブストラクト [abstract art] アブストラクトアートのことで、具象と反対に、概念など物体から得られるイメージを抽象的に表現する美術。

アプセット バット 溶接 [upset butt welding] 鉄線や棒鋼の接続に使われる溶接。切断面どうしを付き合わせて通電し、接合部が適度な高温になったときに強い圧力を加えて接合する。

アブソリュート フィルター [absolute filter] 超高性能微粒子フィルター。

アフター クーラー [after cooler] 自動制御用空気源の空気圧縮機の冷却装置。

アフターケア [aftercare] ①病後の療養指導。②(建築物、商品など)後の面倒をみること。「アフターサービス」「メンテナンス」と同義。

アフターケア コロニー [aftercare colony] 病後の社会復帰や健康管理を目的とした施設の整った居住地。

アフター サービス [after service] 業者が商品や建物を販売したあと、一定の期間保証し、修理、修繕などの便宜をはかることで、「アフターケア②」と同義。

アフター フィニッシュ [after finish] 内装の施工、家具製作において、素材のまま組み立て、現場で塗装、金具の取付けなどの仕上げ作業をする方法。

アプリケーション サービス プロバイダー [application service provider] ユーザーにインターネットなどのコンピューターネットワーク経由で、ソフトウェア(アプリケーション機能)を提供するサービス業務や業者のこと。略して「APS」ともいう。

アブレッシブ ウォータージェット工法 [abrasive waterjet system] ノズルから水と研磨剤を超高速ジェット流として噴出させ、鉄筋コンクリート構造物や岩盤などを破砕する特殊解体工法。

アプローチ [approach] 道路から出入口までの取付き通路。また建物へ近づくときの雰囲気をいう。

アプローチ灯 [approach light] 道路から玄関などの出入口までの取りつき通路の照明装置。

アベニュー [avenue] 都市を大きく区画する大きな道路のことで、それらの区画を結ぶストリートに対して使われる。

アミノアルキド樹脂塗料 [aminoalkydresin coating] 基幹樹脂としてアルキド樹脂、架橋剤としてアミノ樹脂を塗膜形成要素として作った塗料。JIS K 5651(ワニス)、JIS K 5652(エナメル)。

アミューズメント センター [amusement center] 映画館・劇場など娯楽施設が多数集まっている歓楽街。

アムスラー型試験機 [Amsler type testing machine] スイスのアムスラー社が開発した鉄筋やコンクリートの

圧縮・引張り・曲げ強度などの試験機。

アメニティー［amenity］ 心地よさ，快適さなど，心理的・生理的な快適感，人間生活と環境との関係を良好にすることなどにも使われる。

アメニティータウン［amenity town］ 快適な環境を重要な概念として設計された町づくり。

アメニティー保全［amenity improvement］ 19世紀末のイギリスで生まれてきた環境保全に対する新しい思想を示す造語で，「心地よさ」や「快適さ」を示す。

アメリカ積み［American bond］ レンガの積み方の一種で，5，6段目ごとに小口面が現れる積み方。→イギリス積み，フランス積み，ドイツ積み

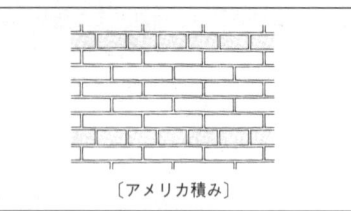

［アメリカ積み］

アモルファス［amorphous］ ガラスやプラスチックに代表されるように，原子が規則正しく配列されず結晶状態とならない非晶質のこと。

アモルファス金属［amorphous metal］ 優れた磁気特性，引張り強度および耐摩耗性をもつ非結晶金属。テープレコーダー，VTR用ヘッド，センサー等への応用がなされている。「非晶質金属」「ガラス状金属」ともいう。

アラームシステム［alarm system］ 防犯，防災の目的で建物に設置する警報器を用いた無人の機械警備。

アラーム弁［alarm valve］ スプリンクラーヘッドや開放弁が開放した際に，圧力の作用で警報を発するスプリンクラー設備の流水検知装置。「自動警報弁」ともいう。

アラベスク［arabesque 仏］ ロマネスク，ジャパネスク等と同じで，アラビア風の意だが，唐草文様をいう。

アラミド繊維［aramid fiber］ 高分子化合物ポリアラミドから作られた高強度繊維。軽量で弾力性・耐熱性に優れていることから，これらを補強材に用いたコンクリートが研究・開発されている。→アラミド繊維補強コンクリート

アラミド繊維補強コンクリート［aramid fiber reinforced concrete］ 高分子化合物から作られた軽量で高強度の繊維を短く切って混入したり，棒状にして鉄筋の代わりに埋め込んだコンクリート。「AFRC」ともいう。→アラミド繊維，PFRC

アランダムタイル［alundum tile］ ボーキサイトを溶融して生成されるアランダムを粉砕した粒子に媒溶剤を添加し，圧縮成形後に焼成したタイル。耐摩耗性や硬度の面で優れているため床タイルとして用いられる。→カーボランダムタイル

アリーナ［arena］ スポーツ等の競技場のこと，あるいは円形劇場。

アリーナ型ホール［arena type hall］ ステージの周りを観客が取り囲むような形のホールのことで，アリーナとは古代ローマの円形闘技場のこと。→シューボックス型ホール

アリーナステージ方式［arena stage］ ボクシングのリンクのように，ホールの中央に設けられる舞台。

アリダート［alidade］ 土地の測量方法

アルカリ骨材反応［alkali aggregate reaction］　コンクリートにおいて水和反応で発生した水酸化アルカリと骨材中のシリカ鉱物とが起こす化学反応。この結果，一部コンクリートが膨張して亀裂を生じ，崩壊する場合もある。

アルカリ シリカ反応［alkali silica reaction］　アルカリ骨材反応の一種。骨材に含まれる特殊な成分が，コンクリート間隙水中のアルカリと反応して，骨材周囲に珪酸アルカリの層を作る現象。この層はコンクリート中の水を吸収して膨張するため，コンクリートに損傷を与える。

アルカリ性土壌［alkali soil］　水素イオン濃度（pH）が7（中性）より大きい，アルカリ性反応を示す土壌のこと。

アルカリ蓄電池［alkaline storage battery］　電解液にアルカリ水溶液を用い，陽極に水酸化第二ニッケル，陰極にカドミウムを使用する蓄電池。

アルキド樹脂接着剤［alkyd resin adhesive］　多塩基酸と多価アルコールとの縮合によって作られる合成樹脂を主成分とする接着剤。

アルキド樹脂塗料［alkyd resin coating］　塗膜形成要素にアルキド樹脂を用いて作った塗料。JIS K 5516。

アルキャスト［casted aluminium］　アルミニウムの鋳物で造られたパネル。主としてカーテンウォールに使用。〔製造：クボタ〕

アルコーブ［alcove］　アラビア語のボールトを意味する語で，部屋の壁面に付属的に設けられたくぼんだ空間。マンションの玄関前のくぼんだポーチ状の空間。

アルゴリズム［algorism］　問題を解決する手法あるいは手順。

アルコロジー［walk-ecology］　自動車やオートバイを利用せず，自分の足を使って歩く市民運動。→バイコロジー

アルゴン ガス［argon gas］　電球や蛍光ランプの中に封入されているガスで，ランプの効率や寿命によい影響を与える。

アルさん　アルミニウム製桟木の俗称。

アルスター鋼板　溶融アルミニウムメッキ鋼板。耐食・耐候性に優れ，おもに外装用鋼板として使用される。商品名。

アルターネーション［alternation］　リズムの表現方法の一つで，2種以上の要素を交互に繰り返しながら生まれるリズム。

アルチザン［artisan 仏］　工芸家・職人の意。アーチストが芸術的芸術家であるのに対し，技術・技巧に重きをおいている芸術家をいう。

アルバート住宅［Albert Dwellings］　1851年のロンドン大博覧会に提案された労働者階級の2階建4戸のモデル住宅で，アルバート公が総裁となった協会が行ったのでこういわれる。設計はH. ロバーツ。

アルファ オレフィン［α-olefin］　ホルムアルデヒドを含まない樹脂で，合板の接着に使われる。

アルフエシル［aruhuesiru］　プレパクトコンクリートのグラウトモルタル用混和剤。流動性を良くして，充てん性に効果を発揮する。

アルペン ガーデン［Alpine garden］　高山植物と岩石との組合せで造られた庭園。

アルマイト［alumite］　アルミニウムの

耐食性を増すために，電解法によってアルミニウムの表面に被膜処理を施したもの。

アルミ雨戸［aluminium shutter］ アルミニウム製の防雨・防風・防犯用の建具。和風建築の開口部の外側に設けられるもので，従来は木製の板桟戸が一般的であった。

アルミガラリ［aluminium grille］ 通気，換気のためのアルミ製枠。

アルミサッシュ［aluminium sash］ アルミニウムの押出し型材のサッシュバーで組み立てられたアルミニウム製建具の総称。木製建具や鋼製建具と比べ精度が良く，軽量だが，鋼製建具と比較すると耐火性で劣る。カーテンウォール，住宅用サッシュとして多用されている。略して「AW」。→スチールサッシュ，プラスチックサッシュ

アルミシャッター［aluminium shutter］ アルミニウム製のシャッターの総称。

アルミスパンドレル［aluminium spandrel］ アルミニウム製の腰壁で，カーテンウォールの意匠上の一形式。

アルミダイキャスト［aluminium die casting］ 金属製鋳型を用いてアルミニウム合金を鋳造すること。また，その合金のこと。

アルミナ［alumina］ ボーキサイトからアルミ地金を製造する際に造られる酸化アルミニウムのこと。耐摩耗性，耐熱性，耐食性，電気絶縁性などに優れていることから，セラミックの原料として注目されている。

アルミナセメント［alumina cement］ 酸化アルミニウム（アルミナ）を含むボーキサイトと石灰からつくられる早強セメント。

アルミナセラミックス［alumina ceramics］ 一般的に酸化アルミニウム（アルミナ）を80％以上含むものをいい耐食性・耐摩耗性・生物的物性・放射線特性に優れている。またアルミナを高温処理し紡糸製造をすればアルミナ繊維となり，強度・耐熱性・耐食性・絶縁性などの特徴が一段と優れ，耐火物や複合材の強化繊維として使用される。→ファインセラミックス

アルミ波板［aluminium corrugated sheet］ アルミニウム製の波型に整形された板で，波形板という。

アルミニウム［aluminium］ 主としてボーキサイトから精製される軽金属。灰白色，延展性に富む。大気中で表面に酸化被膜が生成され，酸化はそれ以上進行しない。内外装建具，箔や粉末状にして断熱材・塗料として用いることもある。

アルミニウム瓦［aluminium roof tile］ アルミニウム板で作った瓦。耐用年数は約30年。

アルミニウム合金［aluminium alloy］ アルミニウムのもつ軟度や鋳造性の欠点を改善するため，マグネシウム，マンガン，クロム，亜鉛などの金属を溶融させた合金。代表的なものにジュラルミンがある。

アルミニウムペイント［aluminium paint］ アルミニウム顔料と油ワニスからなる銀色のエナメルペイント。熱線の反射，水分の透過防止などを目的として屋外の塗装に用いられる。

アルミ箔保温材［reflective aluminum heat insulation material］ アルミ箔と空気層を何重にも重ね，輻射と対流伝熱を抑える保温材。

アルミハニカムドア［aluminium honeycomb door] 紙などで作った蜂の巣状の芯材の両面にアルミニウム板を張ったパネルで作ったドア。軽量・断熱性に富む。

アルミ ルーバー [aluminium louver] アルミ製の遮へい板で、水平または垂直に配置され空気、光、視線などを調整する装置。→ルーバー

アレゴリー [allegory] 抽象観念を具象的な事物、例えば人や動物・植物等によって説明する方法で、宗教上の説話に多く用いられている。

アレスター [arrester] 雷などによって電力系統に生じる衝撃的異常電圧を瞬時に放電して、機器の絶縁破壊を防止する装置。「避雷器」ともいう。

アレルゲン [allergen] アレルギーを起こす食品、花粉、カビなどの空気汚染物質などのこと。

アローアンス [allowance] 手当てあるいは製造元が販売店に支払う協賛金、援助金。

アロー ダイヤグラム [arrow diagram] 工程管理手法の一つで、PERTにおける工程計画の手順図。丸印と矢印を用いて作業相互の関係を明確にする。

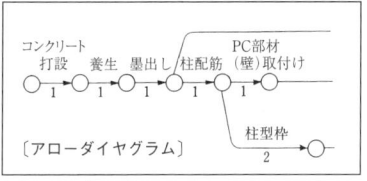

〔アローダイヤグラム〕

アロー チェア [arow chair] ⇨ピーコックチェア

アロマコロジー [aromachology] 人間の心や体に香りの効果を及ぼす影響を科学的に解明し、住環境に応用することを目的とした研究。アロマ(香り)+サイコロジー(心理学)の合成語。

アロマ システム [aroma system] 気化させた植物の香り成分を空調系統を通じて居住空間に導き、生理的・心理的効果を狙ったシステムのこと。

アロマセラピー [aromatherapy] アロマ(芳香)とテラピ(治療)の合成語で、「芳香療法」と訳される医学用語。オフィス空間等のアメニティ確保の一方法として、空調気流に森林や柑橘類の香りを含ませ、業務への集中、覚醒、疲労回復等をはかること。

アンカー [anchor] 部材を他の堅固なものに固定させること。→アンカーボルト、サッシュアンカー

アンカー スクリュー [anchor screw] コンクリートにドリルで穴をあけ、そこに差し込んでアンカーとして使用する金物。

アンカー テナント [anchor tenant] 賃貸建物における主要テナント。他のテナントを引き寄せるような社会的知名度、信用度が高く、賃貸側の拠り所となるテナント。

アンカー ピン [anchor pin] コンクリートやモルタルの浮きや剥離を防止するために打ち込まれるステンレス製のピンで、中空のものはエポキシ注入と浮き防止の2つの目的がある。

アンカー プレート [anchor plate] アンカーボルトの正確な据付けと引抜きの抵抗を大きくするための金物。「アンカーフレーム」ともいう。

アンカーフレーム [anchor frame] ⇨アンカープレート

アンカー ボルト [anchor bolt] 一端をコンクリートなどに埋め込んで用いるボルト。鉄骨をコンクリート構築物に固定させる際などに使用。

アンカット パイル [uncut pile] カー

ペットのパイル（毛足）をカットしないもの。「ループパイル」ともいう。

アングル [angle] ①直角となっている材料や装置などの総称。②見る角度のこと。③ [angle steel] 鉄骨工事や金属工事に使用する鋼材。断面形状がL形で、「山形鋼」ともいう。

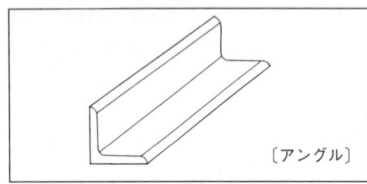

〔アングル〕

アングル丁番 [angle hinge] クランク状の蝶番の一種で、扉の外端部がヒンジになって回転する。

アングル戸 [angle door] 框をアングルで組み立て、片面に鋼板を張ったスチールドア。簡単なドアや点検口などに用いられる。

アングルドーザー [angle dozer] 進行方向に対して土工板の角度が変えられるブルドーザー。一般的な整地作業のほか、土を左右へ寄せる作業や斜面掘削などに適している。

アングル弁 [angle valve] 弁箱の入口と出口の中心線が互いに直角で、流体の流れ方向を直角にした弁。

アンケート調査 [enquête 仏] 調査方法の一つで、本来は専門家に諮問する形式の調査をいうが、一般的には質問書を送付し回答してもらう調査のこと。

アンダーカーペット [under carpet] 居室のじゅうたんの下にOA機器等の配管・配線をすること。→アンダーフロア

アンダーカーペットケーブル [under carpet cable] 床面とフロアカーペットの間に敷設する平形絶縁ケーブル。天井高さへの制約が小さく、既存建物のリニューアル工事等で用いられる。

アンダーカーペット配線システム [under carpet wiring system] カーペットの下に敷設されるOA機器や電話などの配線。コンクリートやモルタルの床面に薄いテープ状のケーブルを敷設し、その上にタイルカーペットを敷き詰めたもの。事務所の配置替えなどに適応しやすい。

アンダーカウンター [under counter] システムキッチンの流しの取付け方法の一種。ワークトップ（作業台）の下部に流しを取り付ける方法。→オーバーカウンター

アンダーカット [undercut] 溶接において溶着金属の端部に沿って母材が溶けて溝となった部分。欠陥の一種。

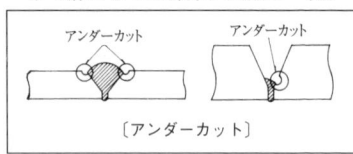

〔アンダーカット〕

アンダーコート [undercoat] 塗装工事などで、数回にわたって塗る最初の工程のこと。「下塗り」ともいう。

アンダーパス [under path] 周囲の地盤面よりも高い道路や鉄道の下に設けられた通り抜けができる半地下道をいう。

アンダーピニング [under pinning] 新規工事により既存構造物に影響が出るおそれがある場合、構造物を仮受けしたり、基礎を補強したりすること。

アンダーフェルト [under felt] カーペットの下に敷くフェルト。クッション性、保温性を保つために使う。→アンダーレイ

アンダー フロア［under floor］ 室内の床を二重にして，その空間にOA機器等の配管・配線をすること。→アンダーカーペット

アンダー レイ［under lay］ 壁，床などの下張りの総称。主としてカーペットの下張りのことをいう。→アンダーフェルト

アンダー レイヤー［under layer］ カーペットの下に敷くフェルトなどのクッション材。

アンチスマッジ リング［antismadge ring］ 天井吹出し口が周囲の空気を誘引して天井面を汚さないように，吹出し口の周囲に取り付ける環状部材。

アンチ マカッサル［anti Macassar］ 頭髪油（マカッサル）による汚れを防ぐために椅子やひじ掛けを覆う布で，装飾用に使う場合もある。

アンツーカー［en-tout-cas］ 高温で熱加工したレンガ色をした人工土。降雨時にも使用できる土として陸上競技場やテニスコートなどで使用。

アンティーク［antique 仏］ 古代ギリシア，ローマなどの古典美術のこと。古典的なもの，古いものの意味から骨董品のことをいう。

アンティーク グラス［antique glass］ ステンドグラスや工芸品に使用される高級装飾ガラス。板厚に不均一の段差があり，細いすじと気泡をもつ。

アンティーク塗装［antique painting］ ステインなどで着色し，骨董品のような古い時代の品物にみせるクリヤー塗装の一種。

アンティーク フィニッシュ［antique finish］ 古い家具のように見せる塗装仕上げの方法。きず，しみ，虫喰い穴などを意識的に付けて行う。

アンティコ スタッコ［antico stucco 伊］「イタリア磨き」ともいい，色むらのある模様が特色。アンティコとは，イタリア語でグロテスクの意。

アンテナ ショップ［antenna shop］ 地域の動向を調査し情報を得るための試験的なお店。「パイロットショップ」ともいう。

アンドン 生産ラインで発生した異常を班長や係長などに知らせるための表示灯。

アンバー［umber］ 絵具や塗料の原料となる天然の褐色顔料。

アンバランス［unbalance］ 不均衡な状態をいうが，左右対称を崩したアシンメトリーの意にも使われる。→アシンメトリー

アンピール［Empire 仏］ 19世紀のフランスでナポレオン1世の時代に流行したインテリア様式。直線構成，シンメトリーなど古代ローマの様式の影響が強い。

アンビエントサウンド［ambientsound］ ある環境の背景となっているような，気にならない音。

アンビエント照明［ambient lighting］ 事務所の快適な視環境をつくるための天井，周壁，床面への照明手法。

アンビギュイティ［ambiguity］ ある環境がもつ人に与える影響の多様性をいう。

アンビバレント［ambivalent］ 心理学で相反する感情をもつことをいう。

アンビュラトリー［ambulatory］ 社寺・宮殿などにおける屋根の付いた歩廊のこと。

アンフィシアター［amphitheater］ ぐるっと巡らしたという意味のギリシア語で，地形を利用し音響的にも視線も

効果的な円形劇場のこと。

アンフォールディング ハウス［unfolding house］　工場生産した部品を現場で組み立てるプレファブ住宅の一種。

アンフォルメル［informel 仏］　1952年，フランスの評論家タピエの提唱する不定形という語からの新造語で，抽象絵画に哲学的主義を与えようとしたことによる。

アンペア［ampere］　電流の強さを表す単位。記号は〔A〕。電位差が1ボルトの2点間に1オームの抵抗を与えたときに流れる電流の強さ。フランス物理学者 A. M. アンペールにちなんだ名称。

アンボンデッド ポストテンショニング方式［unbonded post-tensioning system］　プレストレストコンクリート工法の一種。PC鋼線をコンクリートと付着しないように加工してコンクリートに打ち込み，硬化後にPC鋼線を緊張する。「アンボンド工法」ともいう。

アンボンド工法　⇨アンボンデッドポストテンショニング方式

アンボンドPC鋼線［unbonded pre-stressing wire(strand)］　コンクリートと付着しないように加工されたプレストレストコンクリート用のPC鋼線。

アンボンド フラット スラブ工法［unbonded flat slab construction］　梁がなく床スラブを柱が直接支える構造の床（フラットスラブ）内に，アンボンドPC鋼線を配置し，緊張力を導入することで，大スパンを可能とした工法。→アンボンドPC鋼線

アンボンド ブレース ダンパー　ダンパーは建物の振動エネルギーを吸収する制振装置。一般鋼材より炭素量を極端に少なくして，柔らかく粘りをもたせた極低降伏点鋼といわれる鋼材を，建築構造のブレースとして設置し，その鋼材の特性で振動エネルギーを吸収する装置。ブレース鉄骨を鉄筋コンクリートで覆い，かつ鉄骨とコンクリートの付着を切ることでブレース鉄骨の座屈を防ぎ，引張りと同様に圧縮にも効かせる。

アンモニア［ammonia］　水溶性の強い刺激性の臭気をもつ無色の気体。液体アンモニアは冷凍・製氷などの冷媒として多用される。

アンモニア性窒素［ammonia nitrogen］　水中に溶解しているアンモニア塩をさし，その量は窒素量で表す。主として動物の排せつ物が原因で，それ自体は衛生上無害だが，病原性微生物を多くともなう恐れがあるため飲料水の水質基準に加えられている。工場排水，し尿の混入などによって生じるので水質汚濁の指標ともなる。

アンローダ［unloader］　多気筒圧縮式冷凍機の容量制御装置。必要量に応じてシリンダーの吸入弁を開閉する。

イ

イーコマース サイト [electronic commerce site] ゼネコンによる建設資機材共同調達の電子化の仕組み。

イージー オーダー [easy order] 衣服や家具などの半製品を客の求めに応じて製作する方法。

イージー チェア [easy chair] 座り心地,クッション性などの良い椅子の総称。「安楽椅子」ともいう。

イートイン [eat in] 顧客を長く滞在させるために設けるスナック店舗。

イールド ヒンジ [yield hinge] 外力モーメントによって構造骨組の一部が降伏し,回転変形のみが進む状態となった部分。「降伏ヒンジ」ともいう。

イエス バット話法 [yes but] 相手の主張を認めながら自分の意見を言い顧客を説得する話法で,「応酬話法」ともいう。

イオニア式 [Ionia] 古代ギリシア建築の柱頭部の装飾の一様式で,渦巻文様が特徴。→オーダー

イオン化式煙感知器 [ionization chamber smoke detector] 火災による煙の微粒子にイオンが吸着して放射線が吸収され,その結果減少するイオン電流により作動する煙感知器。

イオン交換樹脂 [ion exchange unit] 分子内に活性基を有し,イオンを可逆的に吸着する性質をもつ樹脂。硬水軟化,純水製造等に使用される。

イオン交換膜 [ione-exchange membrane] 陽イオンと陰イオンとを選択して片方だけを通過させる機能をもった合成樹脂の膜。食塩やカセイソーダ生産のほか,海水の淡水化にも使用され始めている。

イギリス [English spanner] 必要に応じ(スパナの)口の部分が回転ねじで調整できる工具。「イギリススパナ」「モンキースパナ」「モンキーレンチ」「自在スパナ」「自在レンチ」,略して「モンキー」ともいう。

イギリス瓦 [English roof tile] 洋瓦の一種。

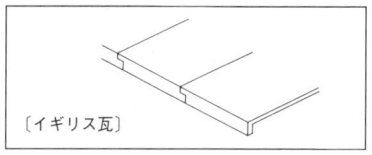

〔イギリス瓦〕

イギリス式庭園 [English landscape garden] イギリスにおいて伝統的に造られてきた庭園の総称。自然風景式の庭園と,花や灌木を組み合わせた今日ガーデニングといわれているような庭園形式が知られている。

イギリス下見 [English siding, bevel siding] 板を羽重ねした壁の横板張り仕上げ。「南京下見」「よろい下見」ともいう。

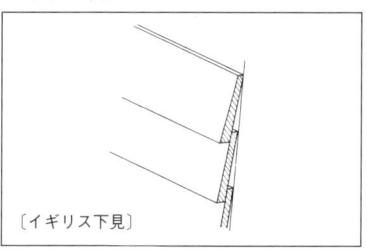

〔イギリス下見〕

[イギリス式庭園]　（写真：大野隆造）

イギリス スパナ [English spanner] ⇨ イギリス

イギリス積み [English bond] レンガの積み方の一種。小口面と長手面が1段ごとに交互に現れる積み方。→アメリカ積み，フランス積み，ドイツ積み

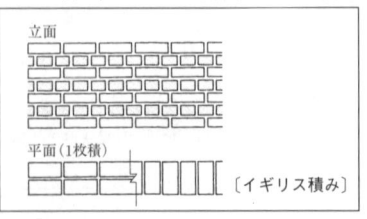

[イギリス積み]

イグルー [igloo] エスキモー地方の家の建て方。雪や氷をブロック状に切り，積み上げてつくったもの。エスキモーが狩のときに作る仮小屋。

イコス工法 ⇨ICOS工法

イコノロジー [iconology] 宗教芸術などの図像を対象として，その意味や内容を解明するための研究・学問。建築の領域ではG. バントマンの中世建築の研究が注目されている。

イコム [ICOM] 世界各国の文化財の保存に協力しあっている博物館の連合組織。「ICOM」「国際博物館会議」ともいう。

イコモス [ICOMOS] 世界各国の文化財の保存活動を推進しているユネスコの諮問・協力に携わる非政府団体。各国に国内委員会をもつ。「ICOMOS」「国際記念物遺跡会議」ともいう。

イコライザー [equalizer] 音声周波数に対応して増幅度を調整できる音場補正器。

イコン [ikon 独] キリストやマリア，聖人を描いた木板または金属板で，教会や家庭に安置され崇敬される対象。

イタリア瓦 [Roman roof tile] 洋瓦の一種。丸瓦と平瓦を組み合わせて葺く。

〔イタリア瓦〕 平瓦／丸瓦

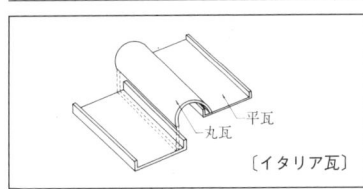

イタリア モダン［Italian modern］ 1970年代に世界に大きな影響を与えたイタリアのモダンデザインの作品群。家具，照明器具からファッションにいたる広い範囲の総称。

イニシャル コスト［initial cost］ 建物やインテリアを生産・施工する際に，建物の躯体や仕上げ，設備や備品等にかけられる初期投資をいう。→ランニングコスト，ライフサイクルコスト

イノベーション［innovation］ 組織の発展のために行われる変革および革新的企画。

イペー材 屋外のデッキや手すり等に使用される耐久性の高い南米産木材。割れやそりが少なく，塗装の密着性が良い。

イマジネーション［imagination］ 想像力，構想力の意。

イミテーション［imitation］ 模倣，真似たものを作ること。

イメージ アビリティ［imageability］ わかりやすさ。都市設計において，高い定住性を得るために考えられる町づくりの手法で，地名や町の歴史の研究等を通して親しみやすさ，わかりやすさを提示すること。

イメージ エレメント［image element］ 都市空間をイメージしやすくする要素のことで，K. リンチにより提唱されている。

イメージ スケッチ［image sketch］ 心に描いた心象を描いていくことで，スケールはともなわない。

イメージ ターゲット［image target］ 販売店が目標あるいは理想とする顧客層のこと。「リードターゲット」ともいう。

イメージ ボード［image board］ 全体像を注文者に説明するために用いる，類似の写真やイラストなどを貼りつける厚手の紙またはボードのこと。

イメージ マップ法［image map］ 都市，地域，建物，空間等に対する感じ方を図化させて，これよりその環境の特性，利用者との関係を把握する調査手法。「スケッチマップ」ともいう。

イラスト［illustration］ イラストレーションの略で，人に考えを説明するために使われる略図や図形。

イラスト シート［illustration sheet］ イラストレーションシートの略で，表現する内容を紙やパネルやボードに図形，挿絵などで表したもの。

イルミネーション［illumination］ 照明全般のこと。照明による装飾や看板。

イン［inn］ 小ホテル，旅館。→デン

インキ試験［ink test］ 衛生陶器の品質を決めるための試験で，陶器の試験片を一定時間インキに浸して陶器素地内に浸透したインキの量によって陶器の吸水率を調べる。

インキュベーター事業［incubator business］ 企業の発足を支援する目的で，起業家に資金，人材，場所，経営コンサルティングなどを提供する事業の総称。

インキュベーター マネジャー［incubator manager］ 2000年から経済産業省が人材育成を開始した起業家に経営指導を行う専門家のこと。

イングル ヌック［ingle nook］ 炉端の

脇の居心地のよい場所。

インサート [insert] ボルトなどを取り付けるため，あらかじめコンクリートに埋め込まれた金物。

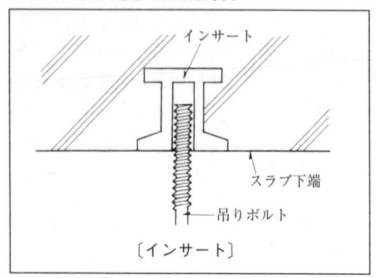

〔インサート〕

インサートボルト [insert bolt] あらかじめコンクリートに埋め込まれた金物（インサート）にねじ込んで取り付けるボルト。

インサイジング [insiegeing] 木材に傷を付けて防腐剤をしみ込みやすくすること。

インサイドアウト [inside out] 建築物の内部的な機能や内容から建物形状・規模を決定していく設計方法。環境や敷地形状等の設計条件を優先して建築物を設計するのではなく，利用者や入居者の要求条件，機能や生活・業務内容を先に明確化し，これに基づき建築物の外枠を計画する。

インジケーター ①[indicator] 表示器の総称。②[position indicator] エレベーターの各階乗り場の壁面およびかご内に取り付ける行先表示装置。

インシュレーションファイバーボード [insulation fiberboard] チップ状にした木材などの植物繊維から作られる密度が0.4g/cm³未満の材料。断熱性に優れ，屋根床の下地材や表面加工を行い，内装材として用いられる。「インシュレーションボード」「軟質繊維板」ともいう。

インシュレーションボード [insulation board] ⇨インシュレーションファイバーボード

インシュロック 複数の被服電線などを束ねたり固定するときに使用するビニール製の細いベルト。

インショップ デパートなどの大型店舗に出店している小売店舗。→ショップインショップ

インスタントレタリング [instant lettering] 図面に書き込む文字で，あらかじめ印刷されているものを上から圧着して貼り込む。

インストアマーキング [in-store marking] 商品の値札を，小売店で入荷後に付けること。出荷時に付けることをソースマーキングという。

インストアマーチャンダイジング [in-store merchandising] 小売店舗の総合計画のことで，品ぞろえ，装飾，陳列などの企画をいう。「ISM」と略す。

インストール [install] ソフトウエアやハードウエアを動作するように組み込む作業のこと。通常は，OSやアプリケーションについての作業を意味する。

インスペクター制度 [inspector system] アメリカで実施されている工事の検査制度。工事の各工程ごとに第三者による検査を行い，不具合のないことを確認して次の工程に進むことを義務付けた法的な制度。検査は建築主と直接契約した第三者が実施する。

インゼクター [injector] ノズルから高圧の蒸気を噴出させ水を誘引してボイラーに給水する装置。

インセンティブ [incentive] 購買動

機付け，あるいは販売意欲を刺激すること。

インセンティブ ゾーニング［incentive zoning］特定の地区や開発に対して，建物や敷地の用途および形態，配置，デザインなどを公益に資することを条件に，規制の一部緩和を認める制度。特定街区制度，総合設計制度などがこれに当たる。「誘導地域制」ともいう。

インセンティブ プロモーション［incentive promotion］顧客の購買意欲や販売店の販売意欲を高めるための販売促進活動。

インタースティシャル スペース［interstitial space］多層建物の上下の居室間に挿入された設備専用の中間階。居室を使いながら設備更改や改修が可能であり，研究施設等で採用される。

インターチェンジ［interchange］一般道路から高速道路へ乗り替えるための道路の交差部。

インターナショナル ユニット［international unit］①電気・熱などの単位を国際的規約に基づいて定めたもの。②国際的に認められたビタミンや抗生物質の量や効果を測定する単位。略して「IU」ともいう。

インターネット EDI［internet electronic data interchange］通信回路であるインターネットを介して，企業間で商取引きデータを交換すること。

インターネット データ センター［internet data center］ ⇨ IDC

インターネット プロトコル［internet protocol］インターネット間における最も重要な通信規約。「IP」とも略す。

インターネット マンション［internet mansion］インターネットによる高速・常時接続と定額サービスを盛り込んだ賃貸マンション。

インターフェース［interface］人や物など，異なった種類，分野のものを有機的に結びつけること。コンピューターでは，2つ以上のマシンをつなぐ際の接続部分・装置をいう。「IF」と略す。

インターホン［interphone］室内外または部屋間の連絡に使用する有線通話装置。

インターメディエート ケア ユニット［intermediate care unit］高度でしかも集約的な医療看護が必要なインテンシブケアユニットと退院前の簡単な医療看護単位であるセルフケアユニットとの中間の患者グループを対象とした看護単位。

インターレーシング アーチ［interlacing arches］アーケードにおいて，アーチが互いに交錯し合っている部分のこと。「交差アーケード」ともいう。

インターロッキング ブロック［interlocking block］歩道や広場などの舗装に用いるコンクリート製の組合せブロック。

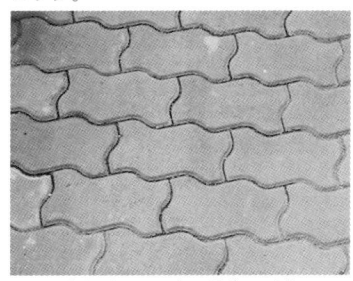

〔インターロッキングブロック〕

インターロッキング メゾネット［interloking maisonette］中廊下の左右

インタア

の住戸がそれぞれの上階と下階とを占有するメゾネットの一形式。ル・コルビュジエのマルセイユのアパートが有名。

インターロック [interlock] 安全のため電気的に鎖錠すること。一方が安全状態にならないと他方の動作ができないようにすること。

インターンシップ制 [intership system] 学生が在学中に企業で2,3週間,就業体験をすること。1977年に「経済構造改革の変革と創造のための行動計画」が閣議決定され,インターンシップ制の推進が加速した。

インダイレクト ライティング [indirect lighting] 光源からの光束を天井や壁などの表面に反射させて照度を得る照明方式。

インダクション ユニット [induction unit] 高圧の一次空気をノズルから吹き出し,その誘引作用によって二次空気をコイルに通して温度調節をする小型の空調機。

インダストリアル エンジニアリング [industrial engineering] 物を作る工程を合理化するための調査・分析等の研究。「IE」ともいう。→TQC

インダストリアル デザイン [industrial design] 工業製品を美的に表現するデザイン。略称「ID」。

インタビュー調査 [interview reserch] 調査方法の一つで,直接当事者に質問して行う方法のこと。→スケッチマップ

インタラクティブ アート [interactive art] コンピューターグラフィック上で操作される,柔軟性のある対話的な創作活動。

インチ [inch] 12分の1フィート(約2.54 cm)に相当するヤード・ポンド法による長さの単位。記号は〔in〕。ラテン語のuncia(12分の1)から派生。

インディア ペーパー [India paper] 18世紀頃,中国,日本,インドなどからヨーロッパに輸出された東洋趣味の美術壁紙。

インテグラ ロック [integral lock] 円筒錠(シリンダー錠)と箱錠を組み合わせた錠。ラッチボルト(ノブやレバーで開けられる錠)とデッドボルト(かんぬき)の両方を持ったもの。

インテグレーション [integration] 社会福祉推進上の基本理念のことで,①社会福祉対象者が差別なく地域社会で活動できるように援助すること。②社会福祉対象者が日常生活に支障をきたさないように,地域住民や関連機関が問題の解決をすることの二つの意味をもつ。

インテグレート [integrate] 各部分を吸収して全体としてまとめあげていくこと。

インデックス [index] 索引,見出しのこと。数学では指数,指標。

インテリア [interior] 内側の,内部のという意味から,建築の内部空間,室内のことをいう。→エクステリア

インテリア アクセサリー [interior accesary] 床,壁,卓上に置かれ,吊して使う小物。花台,電話台,マガジンラック,くず入れ,時計,灰皿などをいう。

インテリア エレメント [interior element] 室内を構成する要素の総称。内装仕上材,家具,照明器具,窓処理などをいう。→インテリアグッズ

インテリア グッズ [interior goods] 室内に使われる用品の総称。インテリ

アエレメントの一種。→インテリアエレメント

インテリア クラフト [interior craft] 室内装飾に使われる工芸品。

インテリア グリーン [interior green] インテリアとして使われる花, 植木, ドライフラワーなどの植物の総称。主として観葉植物がよく使われる。

インテリア係数 建築の工事費の中における, インテリア施工の工事費と家具等の購入費を合わせた金額の比率。文化度の指数ともいわれている。

インテリア コーディネーター [interior coordinator] インテリアの計画・販売に際し, 客に助言・提案をする人。また, その職業。「インナーアーキテクト」ともいう。

インテリア コンポ [interior component] 調度品感覚をもたせるなど, インテリアとして飾れることを狙いとしたオーディオミニコンポのこと。

インテリア産業 インテリアエレメントの生産, 流通, 販売, 施工, 金融などにかかわる産業分野全般。

インテリア シミュレーション [interior simulation] 室内の家具配置などをコンピューターを用いて検討する方法。

インテリア スケープ 建築物の内部空間に樹木を植え, 自然と人工の調和を計り都市空間に潤いを与えようとするデザイン手法。インテリアランドスケープの略。

インテリア ゾーン [interior zone] 建築の平面において, 空調域でかつ外壁からの熱的影響を受けない領域。一般に外壁から3〜6mの部分を除外した内側をいう。室外は「エクステリアゾーン」または「ペリメーターゾーン」という。→ペリメーターゾーン

インテリア タイル [interior tile] 内装用タイルの総称。

インテリア デコレーション [interior decoration] 室内を色彩, 様式などで装飾すること。

インテリア デザイナー [interior designer] 室内の設計, 装飾をする室内設計家, 室内建築家。

インテリア デザイン [interior design] 室内空間の設計, 家具, 材料, 配色などの設計により室内空間を総合的に構成して創造すること。

インテリア ビデオ [interior video] 室内の快適な雰囲気づくりのために使われるビデオ。自然の風景, 音を表現した美しい映像が中心。

インテリア プランナー [interior planner] 建築物の内部空間の設計, 管理を行う専門家。国土交通大臣認定の準国家資格。

インテリア プランニング [interior planning] 建築の内部空間を, その使われ方を検討して詳細に決めていく設計。

インテリア マート [interior mart] インテリア関連メーカーのショールームの複合施設で, コンサルティング, 施工受注などの機能を合わせてもつ。

インテリア ランドスケープ [interior landscape] ⇨インテリアスケープ

インテリジェンス [inntelligence] 意思決定に使えるように, 手を加えて絞り込んだデータのこと。→インフォメーション

インテリジェント カード [inntelligent card] プラスチックにマイクロプロセッサーを埋め込んだカードで, 大容量のデータが扱えるもの。「ICカード」

インテリ

ともいう。

インテリジェント材料［intelligent materials］外的条件の変化に対応し，特性や構造が時間的に変化することで致命的損傷を防止する自己修復性を有する材料のこと。

インテリジェント ハウス［intelligent house］照明や冷暖房・給湯などの各種機器がコンピューターで自動制御され，かつ防犯・防災などの情報が外部とも接続されている住宅。

インテリジェント ビル［intelligent building］情報通信と建物全体の自動管理を中央コンピューターで制御する情報化ビルの総称。「IB」と略す。

インテリジェント マンション ホームオートメーションやホームセキュリティ，インターネットなどの高度情報通信設備を備えたマンション。

インドア エア クオリティ［indoor air quality］室内空気の温度，湿度，気流，浮遊塵埃，汚染物質等の状況。「室内空気質」ともいう。シックビル症候群，情報機器の導入にともない室内空気の質に関する関心が高まっている。

インドア エア ポリューション［indoor air pollution］室内空気汚染。

インドア ガーデン［indoor garden］住宅内部につくる庭園。日照の関係からおもに観葉植物が置かれる。

インドール［indole］たん白質の腐敗によってできる悪臭物質。

イントラネット［intranet］組織内の情報やノウハウを共有化し，生産性の向上を図る目的で，インターネットを組織内の情報通信網と融合させたシステム。

イントルージョン エイド［intrusion aid］プレパクトコンクリートの施工に際し，ペーストの浸透を良くするために骨材間に注入する混和剤。

インナー アーキテクト［inner architect］⇨インテリアコーディネーター

インナー キャンペーン［inner campaign］製造元が販売店に対して行う販売促進活動。

インナー シティ［inner city］都市の中心の市街地。→ドーナツ現象

インナー テラス［inner terrace］居間の一部を外装風とし，緑化するなどしてテラス風にした空間。

インナー ベッド［inner bed］折りたたみ式ベッドを組み込んだ長椅子。→ソファーベッド

インナー モール［inner mole］屋内化されたモール。屋外の気候・気象条件に影響されずに楽しく買い物等ができるよう空間設計がなされる。建築の都市化の一手法。

インバーター［inverter］直流電流を交流電流に変換する装置。停電の際，自家発電に切り替える必要のある自動火災報知設備，非常放送設備などで用いられる。

インバート［invert］下水の流れをよくするために，ためますやマンホールの底部をそれにつながる排水管と同じ径で半円に仕上げた溝。

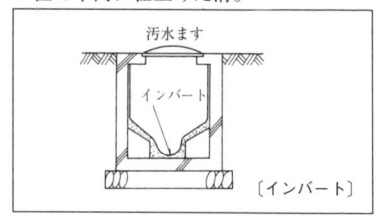

〔インバート〕

インハウス エンジニア［in-house engineer］社内の優秀な技術者のこと。

インパクト レンチ［pneumatic impact

インハク

〔インナーモール〕

wrench] 圧縮空気を利用してボルトを締め付ける工具。

インピーダンス [impedance] 交流回路の電圧と回路に流れる電流との比。電気抵抗とみなされる。

インヒビター [inhibitor] 金属の表面の腐食を防止するために添加する腐食抑制剤。

インピンジャー [impinger] 汚染空気中の浮遊微粒子を採集する装置。水の入った円筒形容器の底部に汚染空気を吹き付け、微粒子を水中に捕集する。

インファントスクール [infant school] 5歳児から7歳児までを対象としたイギリスの幼児学校。

インフィル [infill] 内装、設備など構造体以外の空間装備全般。空隙を埋める、が一般的な語意。→スケルトンインフィル

インフォームドコンセント [informed consent] 患者が病気について十分な説明を受け、了解したうえで、医師とともに治療法等を決定していくこと。

インフォメーショナルサイン [informational sign] 表示する情報は誘導標、位置標、案内標の三種だが、その中の案内標のことをいう。わかりやすく図形化したもの(ピクトグラム)がよく使われる。

インフォメーション [information] 意思決定に必要な元になるデータのこと。→インテリジェンス

インフォメーションエンジニアリング [information engineering] 情報産業分野に関する科学技術。「情報工学」ともいう。

インフォメーションソサエティー [information society] 情報が物やエネルギー以上に重要な資源となる情報化社会。物の生産ではなく情報の生産が、社会や経済を発展させる原動力となる社会をいう。

インフォメーションブース [information booth] 施設の案内をするために設けられる囲いあるいはコーナー。

インフラストラクチュア [infrastructure] 都市生活の基盤となるもの。道路、上下水道、電気、ガスおよび鉄道等の基幹部分をいう。

インフレ条項 急激なインフレにより建設関連の賃金・物価に著しい変動があった場合、スライド条項の規定にかかわらず発注者と請負者が協議して請負代金を変更することができるとした規定。公共工事標準請負契約約款および四会連合協定請負契約約款にこの規定が設けられている。

インペアメント [impairment] 心身の働きに異常をきたしたり、器官に異常が生じたりすることが長期間にわたって続く状態。「機能障害」ともいう。

インペラ [impeller] 送風機、ポンプ等の流体を送り出す羽根車のこと。

インベントリー [inventory] 設備機器、スペース、家具等のファシリティに関する情報を整理した目録や台帳。ファシリティを管理するためには、管理目的に応じて各ファシリティの属性や情報を整理することが重要であり、これらを図面情報と関連付けることにより効率的な管理が可能となる。

インボイス [invoice] 販売先に送られる出荷明細書のことで、これにより受け取り時に品物のチェックができる。

インレイドシート [inlaid sheet] プラスチック製の床材の一つで、着色した塩ビチップを積層しパターンを出したもの。

ウ

ヴァシリーチェア[vassily chair] マルセル・ブロイヤーの考案した椅子で, スチールパイプとキャンバスで作られた機能性を重視した椅子。

ヴァナキュラー[vernacular] その土地特有の建築様式で, 一般には庶民的な, 大衆の建築などを指している。

ウィークシェアリング[week sharing] 平日は都会, 週末は郊外に住み分けること。

ウィークリーマンション[weekly mansion] 週単位で賃貸される家具付きマンション。

ウィービング[weaving] 溶接棒を溶接方向に対し波型に動かしながら進める溶接方法。スラグの巻き込みなどの溶接欠陥を防ぐために行われる。

ウィーン工房[Wiener Werkstätte 独] 1903年に設立, 建築家ヨーゼフ・ホフマン, 画家のクリムトなど, ウィーン分離派の中心人物が集まった集団。

ウィーン条約 オゾン層の保護を目的にフロン放出による悪影響に対しての適切な措置をとる方針で, 1985年20カ国で締結された条約。

ヴィクトリアン[Victorian style] 19世紀後半, イギリスのヴィクトリア女王時代のインテリア様式。造形上の特徴は見られず, 過去の様式の復原が多い。

ヴィスタ[vista 伊] 見通し, 眺望のことで, 都市計画などで使われる。

ウイズファニチャー住宅[with furniture house] 家具付きの賃貸住宅。日本ではウィークリーマンションが家具付きで貸している。

ウィッピング[whipping] ①高層建築物の上部が大きく揺れる現象。②上向きのアーク溶接で, 溶融金属が垂れ下がらないようにはね上げること。

ウィリアムアンドメリー[William & Mary style] 17世紀, イギリスのバロック風家具の様式。寄木, 象がんなどの装飾が多用されている。

ウィルトンカーペット[Wilton carpet] 高級な機械織りのカーペット。18世紀, イギリスのウィルトン市で製造開始されたことに由来している。

ウイング[wing] ①トンネルの出入口, 橋台の両側などに設ける擁壁。「翼壁」ともいう。②舞台における左右の空間。

ウイングチェア[wing chair] 背もたれが高く, 背の両側が翼のよう広がった椅子。

ウイングプレート[wing plate] 鉄骨柱の脚部に取り付けて, 柱からの応力をベースプレートに伝える鋼材。

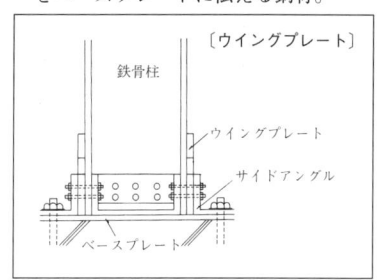

〔ウイングプレート〕
鉄骨柱
ウイングプレート
サイドアングル
ベースプレート

ウイングボーダーシステム[wing border system] 舞台美術の基本的な

方式。舞台の両袖に吊すウイング，舞台上部から吊すボーダーといわれる平板，幕に描かれた絵で舞台の背景を構成する方法。

ウィンザー チェア［Windsor chair］ イギリス・ウィンザー朝のころ使われたサドル形の座板，棒状の背および円筒状の脚から構成される木製の椅子。

〔ウィンザーチェア〕

ウインチ［winch］ ロープを巻き取ることによって重量物の上げ下ろしや移動を行う機械。

ウインドー［window］ 建築空間に採光や換気のために設けられる開口のことで，ガラス等で固定されたもの（はめ殺し窓），可動するもの（サッシュ）の他，採光と装飾を兼ねたピクチャーウインドーがある。

ウインドー エレメント［window element］ 窓の装飾性・機能性を高めるためのカーテン，ブラインドなどの品種，部材，部品の総称。

ウインドー ディスプレー［window display］ 百貨店や小売店の店頭にある商品展示のための飾り窓。

ウインドー トリートメント［window treatment］ 演窓。窓の内側で遮光，調光などの操作をするための装置。カーテン，ブラインドなどをいう。

ウインドー ファン 内部の汚染された空気を外に出し，新鮮な外気を取り入れる構造をもった窓に取り付ける換気扇。

ウインドー ボックス［window box］ 窓辺や玄関に置く植木鉢で，木で作られたもの。

ウインド シアー［wind shear］ 高層ビルは風を受けると上空の強い風が下方へ向かって流れ，また建物の両側へ分けられるため強い風，ビル風が生じ風害を引き起こし社会問題となっているが，この強い突風のことをいう。→ビル風

ウインド バリア［wind barrier］ ⇨レインバリア

ウール マーク［wool mark］ 国際羊毛事務局が純毛製品であることを保証するマーク。

ウエア［weir］ トラップの水の溜まる最上水位。封水深さはディップとウエアの垂直距離となる。封水面はこの位置より高くならない。→ディップ

ウェアハウス［warehouse］ ウェアは品物，作品，製品の意で，倉庫または大きな小売店舗のこと。

ウエアラブル コンピューター［wearable personal computer］ 情報処理のために身にまとうことのできるコンピューターの総称。移動式の携帯端末などがこれにあたる。

ウェイティング リスト［waiting list］ 入居などの順番待ちの名簿のこと。

ウェイ ファインディング［way finding］ 建築物の内外で，目的の場所に到達するための経路を探索すること。サインや案内，シンボル，空間構成やレイアウトのわかりやすさが助けとなる。

ウエート テープ［weight tape］ カーテンのひだを出すため、カーテン下端（ヘム）に縫い込む、鉛でできたテープ状のおもり。

ウエート バー［weight bar］ ロールブラインドの下部に付けるおもりのための横棒。

ウェーバー・フェヒナーの法則［Weber-Fechner's law］ 光・色そして音などの刺激に対して人間の受ける感覚を数式化した、感覚に関する代表的な法則。

ヴェービー コンシストメーター［VeeBee consistmeter］ コンクリートのワーカビリチーを測定する装置。硬練りの舗装用コンクリートや土木用コンクリートに適している。「VB装置」ともいう。

ウエザー カバー［weather cover］ 雨水の浸入防止や外部からの風圧を和らげる目的で、換気・排気などの配管やダクトが外壁に出る部分に取り付けるカバー。ステンレス製や鉄板製の既製品が多用される。

ウエザーコート法 耐候性鋼の初期流出さびを防ぐ表面処理方法。

ウエザー ストリップ［weather strip］ 水密性や気密性を高めるため、すき間をふさぐよう建具に取り付ける部品。

ウエザー メーター［weather meter］ 材料の耐久性・耐候性を試験するための装置。装置内で各種自然界の現象を人工的に作り、促進試験を行うもの。

ウエザーリング［weathering］ ①日光や風雨の影響で、時間の経過とともに起こる材料の風化現象。②窓下に取り付ける雨仕舞用の水垂れ。

ウエス［weth］ 機械器具の掃除や塗装工事などで使用するぼろきれ。

ウェットオンウェット 塗った塗装が未硬化のうちに、次の塗装を塗り重ねること。

ウェット ゲージ 吹付けタイル等の塗膜厚を計る検査器具。「湿潤膜厚計」ともいう。

ウェット コア［wet core］ コアシステムの一つで、水回りといわれる浴室・洗面所・便所・台所を1個所に集める合理的な設計手法。→コア、コアシステム、ハートコア

ウェット システム［wet system］ ①管内が常時満水状態となっている配管方式。スプリンクラー配管などに用いる。②水洗いができるようにした便所や厨房などの床仕上げ方法。コンクリートやタイル張り仕上げを行い、床排水口を設ける。

ウェット ジョイント［wet joint］ プレキャスト鉄筋コンクリートの接合において、接合部に補強筋を入れ、コンクリートを充てんして一体化させる接合方法。→ドライジョイント

ウェット スクリーニング［wet screening］ まだ固まらないコンクリートをふるいでふるって、粒径の大きい骨材を除去したり、モルタル分だけを取り出すこと。「湿式ふるい分け」ともいう。

ウェット バー［wet bar］ 家庭用の小さな流しで、アルコールサービスに使われる。

ウェット ルーム［wetroom］ 健康増進のため室内を高温多湿にした部屋で、サウナや泡風呂と一緒に設ける。

ヴェニス憲章［Venice Charter］ 国際的な文化財に対し保存・修復を申し合わせたもので、1964年ヴェニスの国際会議で採択された「記念物及び遺跡の

保存・修復に関する国際憲章」の略称。

ヴェネツィア ガラス [Venetian glass] イタリアのヴェニスで製作されるガラス製品。十字軍の進攻によって中央アジアからもたらされた技法を受け継ぎヨーロッパのガラス工芸の主流となった。

ヴェネツィア ビエンナーレ [Venetian biennial] イタリアのヴェニスで2年ごとに開催される美術・工芸・デザインの展覧会。

ウェビング [wabbing] 椅子のクッション性を高めるため，座面の下側に張るゴム製のベルト。

ウェビング テープ [webbing tape] 椅子座面のクッションに使われる弾力性のあるゴムびきの織りテープ。

ウェブ [web] H形断面やI形断面の鉄骨において，上下のフランジをつなぐ部分。

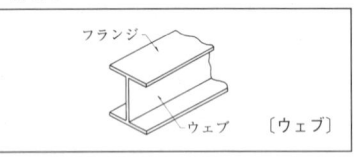

〔ウェブ〕

ウエファーボード [waferboard] 木材の削片を樹脂で圧熱成形したボード。

ウエルダー [welder] 電気溶接機。

ウエルド メッシュ [weld wiremesh] 鉄線を格子状に組み接点を電気溶接したもの。「ワイヤーメッシュ」ともいう。

ウエルネス [wellness] 単に肉体的な健康だけでなく，精神的にも情緒的にもすべてにおいて積極的・創造的な健康を目指す生活行動のこと。

ウエル ポイント工法 [well point method] パイプを地中に打ち込み，そこから地下水をくみ上げて地下水位を下げる工法。根切りの際に行われる。

ウォークイン アパートメント [walk-in-apartment] 道から直接各戸に入ることのできるアパートのことで，共用のエントランスホールはない。ウォークインは道から直接入れるの意だが中を歩けるの意もある。

ウォークイン クローゼット [walk-in closet] 衣類の収納を目的とした部屋。歩いて入れる衣類の押入。→ワードローブ

ウォークスルー 3D システム [walk-thruogh three dimensions system] 3次元CADやグラフィックシステムを用いて，景観や建築，空間モデルをつくり，移動できる視点を設定して，これを移動させることにより景観・建築・空間の見え方をシミュレートするためのシステム。

ウォーター クーラー [water cooler] エレベーターホール，廊下，駅のプラットホームなどに設置される，小型の冷凍機を内蔵した水飲み器。

ウォーター クローゼット [water closet] ⇨WC

ウォーター ジェット [water jetting] 杭先端部から圧力水を噴射させて地盤を緩めて杭の貫入の手助けにしたり，高圧水を地盤に直接噴射させて掘削の一手段としたりすること。

ウォーター セクション [water section] 厨房，洗面所，浴室，便所などの水を使用する空間のこと。「水回り」ともいう。

ウォーター バッグ マットレス [water bag matress] プラスチック製の袋に水を詰めたマットレス。弾力性，保温性などに優れている。→ウォーターベッド

ウォーター ハンマー [water hammer]

蒸気および温水暖房配管，給水および給湯配管内で衝撃音を出す現象。騒音問題を発生させたり，配管損傷の原因となったりする。「水撃作用」ともいう。

ウォータープルーフィング［waterproofing］　防水工事。

ウォーターフロント［waterfront］　海や川の水際のことだが，経済の高度成長の過程でそれらの地域にある倉庫等の商業的利用や施設群を再開発することで都市の活性化を取り戻そうという計画がさかんに行われた。→ジオフロント，ベイエリア

ウォーター ペイント［water paint］　糊着剤と顔料を混合した塗料で，水を加えて混練して使用する。糊着剤にはカゼイン，デキストリン，にかわなどを使用。「水性ペイント」ともいう。

ウォーター ベッド［waterbed］　ビニール製の袋に水を入れてマットレスにしたベッド。クッション性，保温性が良く，またほこりも出さず，健康によく床づれしないといわれている。→ウォーターバッグマットレス

ウォームアップ［warm-up］　機器やシステムを定常状態になるまで予備運転すること。

ウォーム カラー［warm color］　赤や黄など暖かい感じの色，暖色。

ウォール ウオッシャー［wall washer］　壁面にある展示物を照射したり，壁面照明を行うための天井埋込み型照明器具。

ウォール ウォッシャー ライティング［wall washer lighting］　室内全体を照明するのではなく，壁面を浮かび上がらせる照明方法。レリーフなどの陰影を強調する。

ウォール ガーダー［wall girder］　鉄筋コンクリート造において，梁と壁が一体となった断面形状の梁。

ウォール ガーデン［wall garden］　石積みなどの壁面に，花，草などを植えて花壇のようにしたもの。

ウォール キャビネット［wall cabinet］　壁面を物品の収納場所とする家具，造付けの壁面収納家具。吊り戸棚のこと。

ウォール タイ［wall tie(s)］　①結束線による鉄筋の結び方の一つ。②レンガ造の二重壁を補強するための金物。

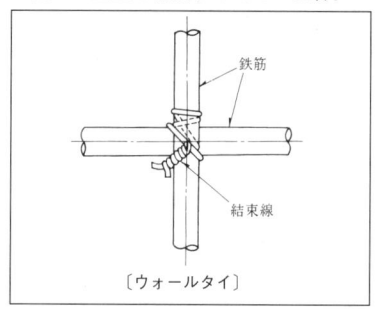

〔ウォールタイ〕

ウォール タイル［wall tile］　壁に使用されるタイルの総称。

ウォール ツー ウォール［wall to wall］　カーペットの敷き方の一つで，部屋全体に敷き詰める方法をいう。

ヴォールト［vault］　中世ヨーロッパにおけるゴシック様式の教会等に用いられるアーチ型（半円形）の天井をいう。「穹窿（きゅうりゅう）」ともいう。

ウォールナット［walnut］　家具用木材の一種。クルミ科の落葉樹。

ウォール ハンギング［wall hanging］　壁張り材，壁装材料（壁紙など）。

ウォール ペインティング［wall painting］　ビルの外壁にペンキやスプレーペイントなどで描かれた絵。

ウォール ペーパー［wall paper］　壁紙の総称。欧米では紙製の壁紙のみを呼

び，織物壁紙，ビニル壁紙はウォールカバリングという。

ウォール ユニット [wall unit] 壁面を構成する部品の総称。特に壁面家具。

ウォッシャブル カーテン [washable curtain] レースカーテンなど，水洗いの可能なカーテン。

ウォッシュ コート [wash coat] ①金属の化学前処理用の塗料。②木部の下地処理用塗料で，木材繊維を固める作用がある。

ウォッシュ ダウン [wash down] 大便器の洗浄方式の一つ。流れ作用による洗い落し式で，汚物は直接トラップの溜水に落下するため臭気は少ないが，器壁が汚れやすい。

ウォッシュ プライマー [wash primer] ⇨エッチングプライマー

ウォッペ指数 都市ガスの発熱量をもとにした数値で，ガスの分類に使われる。数値が高いほど発熱量が大きい。

ウッズ ベージング [woods bathing] 森林浴。

ウッディー ライフ [woody life] 建築や室内に木材を多用した生活様式。

ウッディ フロア [woody floor] 木材を工場加工し，施工性を高めた住宅用床材。カーペットやプラスチック系の床材に代わり人気がでている。

ウッド クラフト [wood craft] 木材を使って作った工芸品，森林で生活する技術。

ウッド ケミカルズ [wood chemicals] 木材化学。

ウッド シーラー [wood sealer] 木部クリヤラッカー塗装の下塗り用塗料。

ウッド スクリュー [wood screw] 木ねじ。

ウッド デッキ [wood deck] 庭先や集合住宅のルーフバルコニー等に設けられた木製の平らな床。椅子やテーブル等を置いてくつろぎの場となる。

ウッド フィラー [wood filler] 木材の導管や繊維の空間を埋め，塗り面を滑らかにし，上塗り塗料の吸収を防ぎ，木理の美しさを出すもの。「目止め剤」ともいう。

ウルボン [ULBON shear reinforcement] 炭素鋼を高周波熱処理し，表面に螺旋状の溝を付けてコンクリートとの付着力を強化した異形PC鋼棒。RC構造の柱・梁のせん断補強筋として使用。日本建築センター構造評定BCJ-構C64。〔製造：高周波熱錬〕

ウレタン [urethane] パッキン，シーリング材，各種ゴム製品などに用いられるカルバミン酸メチル，カルバミン酸エチルなどウレタン重合体の総称。

ウレタン フォーム [urethane form] 断熱材や吸音材に用いられる発泡合成ゴム。ポリウレタンゴムを作る際に発生する炭酸ガスを利用し，気泡を含ませて合成する。

ウレタン防水 [urethane rubber water proof] ウレタンゴムを主材とした塗膜防水。

エ

エア アート［air art］ 風力を利用してオブジェを動かす造形と同様，空気をビニール袋に詰め込んで形として表現しようとする造形。

エアー リフト方式 場所打ちコンクリート杭の施工において，掘削孔の底に溜まった不純物（スライム）を取り除く方式の一つ。エアーホースで杭底に圧縮空気を送り込み，上昇水流とともに上がってくるスライムを排出する。

エアーレス スプレー［areless spray］塗料やセメントモルタルなどを吹き付ける道具で，圧搾空気などを用いず直接材料に圧力を加え噴射する。

エア カーゴ［air cargo］ 航空貨物。

エア カーテン［air curtain］ 人の出入りの多い開口部で，室内の温度を一定に保つために用いられる高速気流を用いた遮へい技術。→エアドア

エア クリーナー［air cleaner］ 空気浄化装置のこと。

エアコン air conditioningの通称。空気の温度・湿度・清浄度などを機械装置で制御して室内を快適にすること。「エアコンディショナー」「エアコンディショニング」「空気調和」ともいう。

エア コンディショナー［air conditioner］ ⇨エアコン

エア コンディショニング［air conditioning］ ⇨エアコン

エアコンプレッサー［aircompressor］電動モーターやディーゼルエンジンを利用して空気を圧縮し，圧力を高める機械装置の総称。

エア サイクル システム［air cycle system］ ソーラーシステムを利用した家などで，省エネルギーを目的に自然の外気を建物内に取り入れ循環させて，そのエネルギーを利用する方法。

エア サイクル住宅［air cycle house］二重壁の中，屋根裏，床下に空気を循環させて建物全体の温度の均一化を図ろうとする住宅。

エア サポート ドーム［air-supported dome］ ⇨エアドーム

エア シャワー［air shower］ クリーンルームやバイオクリーンルームの入場（域）に際して必要な洗浄装置。人体や物品に付着している塵埃(じんあい)や微生物を高速の清浄空気で除去する。

エアシューター［pneumatic tube installation］ 気送管の中を空気圧によって走行する気送子と称する筒の中に書類等を入れ，建物各所に搬送する装置。病院・図書館などの大きな建物に設置される。「気送管装置」ともいう。

エアタイト サッシュ［airtight sash］気密性をもたせた建具。

エア チャンバー［air chamber］ ウォーターハンマーを防止するために設けられる空気溜りとなる配管部分。→ウォーターハンマー

エア ディフューザー［air diffuser］空調用の空気吹出し口のこと。略して「AD ②」。

エア ドア［air door］ エアカーテンを用いた出入口。→エアカーテン

エア ドーム［air dome］ 屋根にプラ

スチックやキャンバス等の膜材を用い，空気に一定の圧を加えて大空間をつくる建築工法で，「空気膜構造」という。「エアサポートドーム」「エアハウス」ともいう。

エア トランスポート ファクター［air transport factor］ 空調空間から除去された顕熱量と吸気及び還気用送風モーターへのエネルギー入力の比。

エア ネイラー［air nailer］ 圧縮空気を利用した釘打ち機械。ツーバイフォー工法の釘打ちによく使われる。

エア ハウス［air house］ ⇨エアドーム

エア ハンドリング ユニット［air handling unit］ 中央式空気調和に用いる空気調和機。エアフィルター・空気冷却器・空気加熱器・加湿器・送風機などの装置をケーシングに納めたもの。工場で組み立てた空調機をいうことが多い。略して「AHU」。

エア ファーネス［air furnace］ 小規模な温風暖房で温風をつくる炉のこと。ここでつくられた温風を壁や天井の吹出し口より室内に送り込む。

エア フィルター［air filter］ 空調機などに取り付ける空気ろ過器。→フィルター

エア ブラッシュ［air brush］ 絵の具などの染料を，圧縮空気を使って噴霧しながら使う道具。

エア プランツ［air plants］ 空中湿度だけで育つ小型の気生植物のこと。

エア フロント オアシス［air front oasis］ 防災や住環境向上を目的として空港周辺の移転跡地を活用した緑地などのこと。

エア ポリューション［air pollution］ 工場や自動車等から排出されるガスにより大気が汚染されること。

エア メーター［air meter］ まだ固まらないコンクリート中の空気量を測定するメーター。

エア リフト ポンプ［air lift pump］ ディープウェル（深井戸）用の気泡ポンプ。水中に入れられた揚水管の下端から圧縮空気を送り込み，揚水管中に気泡を生じさせ，管外水との比重の差によって揚水させる機構をもつ。構造が簡単で故障がなく便利だが，効率が悪いという欠点もある。

エアレーション［aeration］ 汚水処理の過程で汚水に空気を吹き込み，機械的にかくはんすることによって酸化作用と好気性微生物による浄化作用を促進すること。「ばっ気」ともいう。

エアロゾル［aerosol］ 大気中に浮遊している固体や液体の微粒子。粉塵，霧，雲，花粉などが含まれる。

エア ロック［air lock］ ①ニューマチックケーソン工法における気圧調整室のこと。②二重の扉で，両者が同時に開かない機構をもつもの。

エアロバイオロジー［aerobiology］ 空気中に浮遊する細菌などの微小なものを研究する空中生物学。

エア ワッシャー［air washer］ スプレーノズルから水を噴霧させ，空気を通過させて加湿・冷却減湿を行い，空気洗浄効果ももたせた装置。

エキシビジョン ホール［exhibition hall］ 展示場。

エキステンション ライブラリー サービス［extension library service］ 地理的制約や時間的制約などから図書館に来られない人のために行う館外活動のこと。地域に設けられたステーション・配本所に図書を巡回展示する。

エキストラ［extra］ 余分の，特別の，

という意味。建築では見積の際，標準単価にプラスされる特別の金額に対して使われる。

エキスパート システム [expert system] 人工知能を利用して，専門家のもつ知識や考え方をコンピューターに移し換え，利用できるようにしたシステム。対象となるのは医療診断，法律判断などの分析型の問題とプログラム設計や建築設計などの設計型の問題とに大別される。

エキスパンション ジョイント [expansion joint] 建物と建物，部材と部材の接合において，膨張・収縮・振動・沈下などが伝わらないように工夫された接合方法。

エキスパンデッド メタル [expanded metal] 鋼板に千鳥状の切れ目を入れ，切れ目と直角方向に押し広げて網状にしたもの。モルタル下地などに用いられるメタルラスもエキスパンデッドメタルの一種。「エキスパンドメタル」ともいう。→メタルラス

エキスパンドメタル ⇨エキスパンデッドメタル

エキスパンド メタル フェンス [expanded metal fence] 鋼板に切れ目を入れ，それと直角方向に引っ張り網目状にしたフェンス。

エキュメノポリス [ecumenopolice] 終極的な未来都市に関する概念の一つで，全世界にわたって都市化地域が網目状に連らなった状態となること。

エクイティー モーゲージ [equity mortgage] 資金を貸す側が一定の金利を下げることに対し，借りる側が家屋を売却した際に利益における同率の報酬を貸す側に支払う住宅家屋の抵当契約のこと。

エクステリア [exterior] 門扉・庭など建物外部の付属構造物や，それらを含めた空間のこと。→インテリア

エクステリア材 [exterior material] 建築物の本体ではなく，建物の周辺に使う材料。

エクステリア ゾーン [exterior zone] ⇨ペリメーターゾーン

エクステリア タイル [exterior tile] 外装用タイル。

エクステンシー [extensibility] ⇨エクステンシビリティー

エクステンシビリティー [extensibility] モルタルやコンクリートが硬化し，破壊する直前までに示す最大の引張り変形のこと。「エクステンシー」ともいう。

エクステンション テーブル [extention table] 甲板を拡張できる食卓。「ドロップリーフテーブル」ともいう。

〔エクステンションテーブル〕

エクストラネット [extranet] インターネット上で複数の企業が商品やサービスの取引きやビジネス情報を交換するシステム。

エクスポーズト コンクリート [exposed concrete] 打放しコンクリート。

エクゼクティブ スペース [executive space] 会社の役員室，役員応接室，役員会議室などをいう。

エクセルギー [exergy] 機械的仕事に変換可能な有効エネルギー。

エクセレント カンパニー［excellent company］ 超優良企業のこと。

エクソバイオロジー［exobiology］ 宇宙生物学。

エクリチュール［e'criture 仏］ 書くという意味のフランス語。

エクレクティシズム［eclecticism］ 折衷主義。独自の様式を考えるのではなく，すでにある様式を寄せ集めてデザインする様式，または考え方のこと。

エクレティク［eclectic］ さまざまなスタイルの家具や装飾を自由に組み合わせて使うこと。

エコ アイス 氷蓄熱空調システムのこと。夜間電力を使って，蓄熱層内の水を冷房時は氷に暖房時は温水にして蓄え，昼間その冷温熱を使用して冷暖房を行うシステム。料金の安い夜間電力を利用することによって，冷暖房のランニングコストを低減できる。ただしイニシャルコストは割高となる。

エコー［echo］ 音が直接聞こえるものと反射してから聞こえるものとが，二重に聞こえる現象をいう。

エコー タイム パターン［echo time patern］ 短音を放射したときの直接音と反射音の応答の関係を時系列的に，音圧波形で図示したもの。

エコール デ ボザール［École des Beaux-Arts 仏］ 1819年に設立されたフランスのデザイン教育機関。

エコール ド パリ［École de Paris 仏］ 第一次大戦前後から1930年にかけてパリで創作活動をしていた外国人画家達の総称。「パリ派」の意だが，派としての主張はない。モディリアーニ，シャガール，ピカソ，藤田嗣治らがいる。

エコ コースト ウミガメ，カブトガニ，野鳥等の生物の生息，繁殖，採餌場所となっている海岸の，生態系や自然環境に配慮した整備事業。平成8年9月に建設省（現国土交通省）が「エコ・コースト事業」として発表し，胆振海岸(北海道)，伊勢湾西南海岸(三重県)，久美浜海岸(京都府) 等，全国で10個所の地域を指定した。

エコ コリドー［eco-corridor］ 生物の移動にとって大切な役割をもつ，植生帯や河川などのこと。都市アメニティの要素の一つであり，「生態回廊」ともいう。

エコ シティ［eco-city］ 地球環境保護のための環境負荷の軽減，自然との共生，アメニティの創出を図った質の高い都市環境形成を目指した都市施策。「環境共生都市」ともいう。

エコ ステーション［eco-station］ 既存のガソリンスタンドの機能に加え，低公害車用の燃料補給装置を備え持った施設。

エコセメント［eco-cement］ 環境負荷を少なくする目的で作られた，都市ゴミ焼却灰や下水汚泥，高炉スラグなどの廃棄物を主原料とするセメント。→エコマテリアル

エコタウン［eco-town］ 東京湾岸に自動車やペットボトル，廃プラスチックを再利用する複数のリサイクル施設を建設し，ダイオキシンなど有害物質の発生も抑制する東京都が事業主体となる計画。

エコ ツーリズム 環境問題の解決の一つとして，自然環境との共存を図り，住民の文化から学びながら新しい旅の文化を創り出そうとする運動。エコロジー(ecology)とツーリズム(tourism)を組み合わせた造語。

エコデザイン［eco-design］ グリーン

化の目標を達成するために国連環境計画（UNEP）が提示した以下の8項目のこと。①新しい製品コンセプトの開発，②環境負荷の少ない材料の選択，③材料使用料の削減，④最適生産技術の適用，⑤流通の効率化，⑥使用時の環境影響の軽減，⑦寿命の延長，⑧使用後の最適処理のシステム化。

エコ ドライブ［eco drive］車の急発進・急加速をやめて，アイドリングストップにより環境負荷の低減を図る運動。
→アイドリングストップ

エコノマイザー［economizer］①ボイラーの煙導中に設ける熱交換器で，熱回収によってボイラー給水を予熱し，機器効率を向上させる装置。②冷凍機や圧縮機の冷却能力を増大させる中間冷却器。

エコノメトリックス［econometrics］経済学と統計・数学を総合した学問。「計量経済学」ともいう。

エコ ハウス［eco-house］自然の恵みを十分に取り入れるライフスタイルに基づいて計画される住宅で，省エネルギーや暖房化防止を実現するために，照明，冷暖房器具の改善や気密性・断熱性を高めた工法の採用，太陽光発電・太陽熱温水器・雨水利用・風力発電・ビオガーデンなどの設備を備えている。国土交通省が推進している環境保全型住宅の構想。「環境共生住宅」という。

エコ バランス 企業が環境に与える影響を計測し，表示すること。

エコ ビジネス［ecology business］排気ガスの出ないメタノール車，電気自動車，微生物の力で自然に分解するプラスチックなどのように，環境への悪影響が少ない製品やゴミ処理装置，排水浄化装置，空気清浄装置といった環境への悪影響を減らす製品をつくる企業活動のこと。

エコ ファンド［eco-fund］新しい投資信託で，通常の株式投資の尺度に企業の環境配慮の尺度を加味したもの。

エコ ポート 運輸省（現国土交通省）港湾局が平成6年3月に発表した「環境と共生する港湾」のこと。①自然にとけ込み，生物にやさしい港，②積極的に良好な自然環境を創造する港，③アメニティが高く，人々に潤いと安らぎを与える港，④環境に与える負荷が少なく，環境管理のゆきとどいた港，の4つを目標とした港湾づくりをめざしている。

エコ マーク［ecology mark］地球環境の保全に役立つ商品に添付される認定マーク。日本では1989年，環境庁（現環境省）と日本環境協会がこのエコマーク制度を発足させた。→ブルーエンジェルマーク

［エコマーク］

エコ マップ［eco-map］社会福祉援助や活動に必要なシステム的かつ図式的な地図のこと。利用者を取り巻く人間関係や社会関係を明確に把握できる。

エコ マテリアル［environment conscious materials］製造に必要なエネルギーが少なく，有害物質の排出が少ない，リサイクルが容易などの機能をもった材料。自然界の中で土に分解さ

れる「生分解性プラスチック」，ハイビスカスの一種から作る「非木材紙ケナフ」，高炉スラグなどの廃棄物から作る「エコセメント」などがある。

エコ ラベル [ecology label] 環境保全のため，消費者が分別・リサイクル時の目安となる材質を示すラベル。缶やペットボトルなどに表示されている。

エコロジー [ecology] 生態学。生態環境。生物と環境の関係を研究する生物学の分野。→パブリックニューサンス

エコロジー パーク [ecology park] 市民がレクリエーションや休養に利用する自然状態の緑地のこと。

エコロジカル アーキテクチャー [ecological architecture] 環境問題を出発点にして，自然界の生態系に従い，自然に同化した建築を目指す学問。「バウビオロギー(建築生物学)」ともいう。

エコロジカル アプローチ [ecological approch] 社会福祉を実施する際，対象者を家族や地域などの集団の一員として，環境との相互作用の関係から援助すること。

エコロジカル プランニング [ecological planning] 気象や地域自然環境，そこに生息する生物や人間を含めた生態系との共存や影響の最小化を課題とする土地利用や施設建設計画。「生態的環境計画」ともいう。

エジェクター [ejector] 圧縮空気や圧力水を利用してポンプ内の水を押し上げたり吸い込んだりする装置。ボイラー給水などに利用される。「ジェットポンプ」ともいう。

エスカチオン [escutcheon] 扉の取手の座金と鍵穴隠しが一体となった化粧プレート。取手に合わせて材料や形がデザインされている。

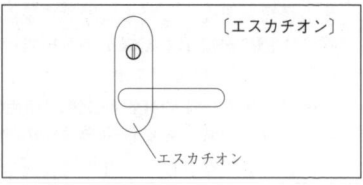

〔エスカチオン〕

エスカレーター [escalator] 電動式自動階段。エスカレード(escalade)とエレベーター(elevator)の合成語。速度は30 m/min以下，傾斜角30度以下に定められている。

エスカレーター チューブ [escalator tube] エスカレーターをガラス等で筒状に覆ったもの。

エスキース [esquisse 仏] コンセプトに基づき，イメージを固めるために，設計を始める前に行う下絵作りのこと。→ラフスケッチ

エスティメイト [estimate] 見積。

エステート [estate] 土地等の資産で，特にリアルエステイトを不動産という。

エステート エージェント [estate agent] 不動産および付帯する権利(地上権など)の売買を職業とする者。不動産屋。

エステートスケープ 新規に開発される住宅地等の地形および住宅外観をデザインする概念で，リアルエステート＋ランドスケープの合成語。

エスニック アート [ethnic art] 作者は特定できないが，その地域での芸術性の高い産物。

エスノ感覚 芸術表現や思想の進化を止めて，過去の表現や民族芸術を現代と並列的に考えること。「レトロ感覚」ともいう。

エスノ サイエンス [ethno-sciences] 文化圏の違いが異なる価値体系や自然観を生み出し，その中で体系化された

民族独自の科学。

エスノロジー [ethnology] 民族学。

エスプラネード [esplanade] 本来は城塞と市街地間の平坦な空地の意味だが，一般にはプロムナードとなる平坦な場所のこと。→プロムナード

エスレンボイドスラブ 長スパンスラブの工法として用いられる中空部の型枠にフォームポリスチレンの成型品を使用した中空スラブ工法。〔製造：積水化成品工業〕

エチュード [ètude 仏] 本格的課題に取り組む前に手練し，あるいはイメージのチェックのために行う練習。

エチレン [ethylene] 無色・可燃性の炭化水素の気体で，石油化学工業の基礎原料。

エチレン プロピレンゴム [ethylene-propylene rubber] エチレンとプロピレンの共重合による合成ゴムで，二重結合をもたず耐久性・耐熱性に富む。

エッグ チェア [egg chair] A.ヤコブセンのデザインによる椅子で，プラスチックの曲面の上に皮や布を張り込んだもので，脚部はアルミのダイカスト製。

エッジ [edges] 都市の全体像を把握するための構成要素の一つで，線上に並んだもので，K.リンチの提唱する概念。

エッジ クリアランス [edge clearance] 金属製や木製の建具のガラス，パネル取付け部の端部とガラス，パネル溝との間のすき間・あき部分。

エッジ ライト [edge light] アクリル板の小口部分から光を当て，彫刻された文字・図形などを光らせる方法。表示板などに使われる。

エッチング [etching] 特定の薬品による腐食で鋼板やステンレス板，アルミニウム板，ガラスなどに模様を浮き彫りにする表面処理方法。

エッチング ガラス [etching glass] ガラス面に薬品（フッ化水素）を使って絵などの模様を施したもの。→エッチング

エッチング プライマー [etching primer] 塗装に際して金属面の下地処理とさび止めを同時に行う塗料。「ウォッシュプライマー」ともいう。

エディキュラ [aedicula 羅] 小さな家の意で，小神殿のこと。大きな空間の中に設けられる小さな空間のことに使われる。

エディブル フラワー [edible flower] 食用となる花の総称。

エトリンガイト [ettringite] セメント中のアルミネートと石膏が反応してできる水和初期の針状結晶鉱物。これが多量に生ずると，著しい膨張を起こし，その圧力でモルタルやコンクリートを崩壊させる原因となる。「セメントバチルス」ともいう。

エナメル [enamel] ⇨ラッカーエナメル

エナメルオープンポアー塗装 [enamel openpore coat] 木目をそのまま生かした塗装方法。木地を隠してしまう塗装をクローズドフィニッシュという。

エナメル ペイント [enamel paint] ⇨ラッカーエナメル

エナメル ラッカー [enamel lacquer] ⇨ラッカーエナメル

エネット NTTグループにおけるエネルギー分野の戦略的株式会社として，2001年4月に電力小売市場に参入。NTTファシリティーズ・東京ガス・大阪ガスの合弁で設立。

エネルギー安全保障 [energy security]
⇨エネルギーセキュリティ

エネルギー使用効率 [energy efficiency ratio] ルームエアコンや小型パッケージエアコンディショナーの省エネルギー性を示す指標。

エネルギー税 [energy tax] 二酸化炭素（CO_2）を排出するエネルギーにかける炭素税や石油，石炭，原子力などから発生する英国熱量単位（BTU）を基準として課税する新エネルギー税等の総称。→BTU

エネルギー セキュリティ [energy security] エネルギー供給の安定性のこと。または合理的な供給が重要性をもつという考え方。「エネルギー安全保障」ともいう。

エネルギー代謝率 [relative metabolic rate] ⇨RMR

エネルギー単位 建物が1年間に消費する全エネルギーの一次エネルギー換算値を，建物延べ床面積で除した値。

エネルギーの使用の合理化に関する法律 工場・事業場におけるエネルギー使用合理化の徹底，トップランナー方式の導入による自動車・電気機器などのエネルギー消費効率のさらなる改善等が規定された法律。1999年4月に改正案が施行されたもので，略して「省エネルギー法」ともいう。→トップランナー方式

エネルギー プランテーション [energy plantation] 種々の植物から石炭や石油などに代わるエネルギーを得る計画。

エネルギー ベストミックス [optimal energy supply mix] エネルギーの分散化を図り，各エネルギー源を組み合わせて安定したエネルギー供給構造とすること。

エバポレーター [evaporator] 冷凍機で冷媒液を蒸発させて，水，ブライン，空気を蒸発熱で冷却する装置。

エフィシャンシー アパートメント [efficiency apartment] 少し大きめの家具付きワンルームマンションのことで，エフィシャンシーは「効率のよい」という意味。

エフロレッセンス [efflorescence] レンガやタイル目地の表面から発生する結晶化した白色の物質。セメントの硬化で生成した水酸化石灰と大気中の炭酸ガスが化合した炭酸カルシウムのこと。「擬花」「白華」「鼻垂れ」ともいう。

エプロン [apron] ①劇場のプロセニアムより前方の舞台スペース。②浴槽の前面カバーのこと。③空港における航空機の待機場所。

エプロン コンベヤー [apron conveyor] 砂利や小包などのばら物が落下しないように，縁が付いたコンベヤー。→スラットコンベヤー

エポキシ アンカー [epoxy anchor] アンカーボルトを後付けで固定する方法。コンクリートにドリルで穴をあけ，ボルトを挿入して周囲をエポキシ樹脂で固める。

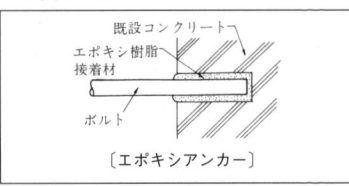

〔エポキシアンカー〕

エポキシ エナメル [epoxy enamel]
⇨エポキシ樹脂塗料

エポキシ樹脂接着剤 [epoxide resinadhesives] 接着強度が強く，耐薬品・耐熱・耐水性能に優れる接着剤。コン

クリートの亀裂補修や金属の接着にも用いられる。

エポキシ樹脂塗料[epoxide resin paint] エポキシ樹脂を成分とした塗料。常温乾燥用と焼付け用があり，耐薬品性・耐候性の硬い塗膜をつくる。「エポキシエナメル」ともいう。

エポキシ モルタル[epoxy mortar] エポキシ樹脂を結合剤としたモルタル。コンクリートの表面補修などに用いられる。

エボナイト[ebonite] 絶縁材に用いられる硬質性のゴム。生ゴムに多量の硫黄と充てん材を加え，加硫して作られる。美しいつやの黒檀（ebony）になぞらえて名付けられた。「硬質ゴム」ともいう。→バルカナイト

エマージング テクノロジー[emerging technology] セラミック，バイオテクノロジー，コンピューター関連の先端技術の総称。

エマルジョン[emulsion] ある種の液体が他の液体の中で微小な形で分散しているような状態。代表的なものにエマルジョンペイントがある。

エマルジョン ペイント[emulsion paint] 合成樹脂エマルジョンペイントのことで，「EP」ともいう。施工中，引火の心配もなく，コンクリートやモルタル面の塗装に適している。

エミッション コントロール[emission control] 自動車エンジンの排出規制を行い，有害排気ガスの発生を抑えること。

エミッション ファクター[emission factor] 汚染源が汚染物質を排出する程度（数量）の平均値のこと。「排出係数」ともいう。

エラスタイト[elastite] 防水押えコンクリートや土間コンクリートの伸縮目地用に入れる，板状のアスファルト系材料。

エラストマー[elastomer] 常温でゴム状弾性があり，凝集性を与える高分子材料のこと。天然ゴム，合成ゴム，再生ゴム，アクリル系樹脂などがある。

エリア マーケティング[area marketing] 規模，風土，気候，人口，習慣，流通，交通などの固有の特性をもった商圏に密着・対応して，マーケティングの機能を統合することで目標達成を図る戦略のこと。店舗計画を行う場合などでは，その立地を中心とした一定地域の購買力調査のこと。

エリミネーター[eliminator] 気流中に含まれて流れる液滴を除去する装置で，ジグザグの板などを狭い間隔で並べたもの。冷却塔，空調機などで使用。

エルゴデザイン ergonomics designの略。人間の特性や能力に適合した作業環境や器具のデザイン。

エルゴノミクス[ergonomics] 心理学や生理学の立場から，人間の寸法・動作，作業能力とその限界，人間のもつ性能や特性などを統計的に把握して，機械，家具，設備などの設計をめざす学問領域。「人間工学」「ヒューマンエンジニアリング」「アーゴノミックス」ともいう。

エルニーニョ現象[El Nino] 大気の温度に影響を及ぼし，異常気象を引き起こす海流変化によって海水温度が上昇する現象。

エルボ[elbow] 給排水，給湯，蒸気などの配管曲部の接続に用いる円弧状の継手用曲管。JIS B 2301。

エルボ返し 暖房用の配管方法の一種。熱膨張により管が伸縮して配管や機器

を破損しないように，エルボを3～4個使用して配管の伸縮を吸収させる。「スイベルジョイント」ともいう。

エレクション [election] 鉄骨やプレキャストコンクリートなど，工場で製作された構造部材を重機を使って現場で組み立てること。「建方」ともいう。

エレクション ピース [election piece] 溶接ジョイントの鉄骨柱を現場で組み立てるとき，ボルトで仮止めするためのプレート。溶接後は除去する。

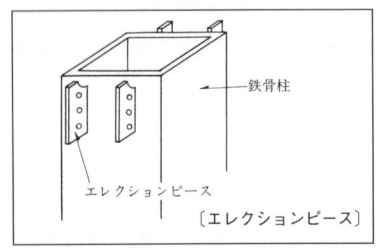

〔エレクションピース〕

エレクター [elector] 鉄骨を現場で組み立てる作業者。「鉄骨鳶(とび)」と同じ。

エレクトロ オフィス [electronic office] コンピューターやOA機器を完備し，外部とのデータ通信もできて高度な情報活動が行えるオフィス。「オートメーテッドオフィス」ともいう。

エレクトロクロミック材料 [electrocromic material] 電気を使用することで，色や光の透過率が変化する材料。

エレクトロ スラグ溶接 [electro slag welding] 自動溶接の一種。溶けたスラグの中に電極ワイヤーを送り込み，スラグの抵抗熱を利用してワイヤーと母材を溶融する。溶融金属が流れ出ないように筒状に囲い，筒の下から上に向かって溶接する。

エレクトロ セラミックス [electro ceramics] ⇨エレクトロニックセラミックス

エレクトロニック コマース [electronic commerce] コンピューターネットワークを使って行う経済活動の総称。「電子商取引き」「ホームコマース」「Eコマース」「EC」ともいう。

エレクトロニック セラミックス [electronic ceramics] 絶縁材として用いられるセラミックス。熱や圧力を電気に変えたり，温度が高くなると電気抵抗がゼロになるなど種々の電気特性を有する。「エレクトロセラミックス」「電子セラミックス」ともいう。

エレベーション [elevation] 立面図。建物の壁面を描いた図面で，特に外観の場合をいう。「建ち絵図」「姿図」「起こし図」ともいう。室内の場合は展開図という。→ディベロップメント

エレベーター [elevator, lift] 電力などを動力源とし，垂直な昇降路によって人や荷物を上下に運搬する装置。「EV」と略す。

エレベーター機械室 [elevator machine room] 電気制御盤，巻上げ機，モーターなどの諸機械を収納した機械室。一般のロープ式エレベーターの場合はペントハウスに設置し，油圧式の場合は最下階近くに設置する。

エレベーター クレーン式駐車装置 [car crane type parking equipment] 機械式駐車装置。自動車用エレベーターを昇降動作と横方向への移動動作とを合わせてクレーン式に走行させて，エレベーターから駐車室へ移動させて駐車する方式。

エレベーター群管理 集中配置されている複数のエレベーターを有効，経済的に運転するため，全体の運用状況を考慮して行う総合的な運転管理方式。状況に応じた輸送力の配分，省エネ

エレベーター シャフト[elevator shaft] ⇨シャフト①

エレベーター タワー[elevator tower] 高層部分へのコンクリート垂直運搬用仮設設備。シュート，コンクリートポンプ，カートなどの水平運搬用機械との組合せでコンクリートを打設する。

エレベーター ピット[elevator pit] エレベーターシャフト最下部に設けられた緩衝用の空間。エレベーターケージが万一落下した場合のために必要な緩衝器が設置されている。

エレメント想起法 K.リンチの提唱する都市のイメージを数量的に解析しようとする手法の一つ。他にサインマップ法，イメージマップ法がある。

エレメント ボード[element board] インテリアで使用する家具や照明器具などの構成要素（エレメント）を厚紙などの上に表示したもの。

エレメント レイアウト[element layout] 部屋を構成する家具やカーテンなどを内容，位置，機能を検討しながら配置すること。

エロージョン[erosion] 配管の内面が侵食されて劣化すること。「潰(かい)食」ともいう。

エンクローズド溶接[enclosed welding] 母材に開先角をとらず，すき間をあけて向かい合わせ，銅製の当て金で底と側をふさいで上から溶接する。レールの接合などに用いられる。

エンコースティック タイル[encaustic tile] 床用の象眼タイル。

エンジニアード ウッド[engineered wood] 集成材に代表される工業化木質構造用材料。材料強度の表示，耐久性・耐火性等の性能を保有，品質の均一性，安定した供給などの条件を満たした材料のこと。

エンジニアリング コンストラクター[engineering constructor] 施設を建設する際，建設業者が企画，計画，資金調達，機械調達，据付けさらにメンテナンスまですべての業務を行う形態のこと。このような建設業者の指向を「EC化」または「EC化戦略」という。

エンジニアリング産業[engineering industry] プラント設備に関する企画・設計・工事・管理に至るまでを一貫したシステムとして行う企業。

エンジニアリング セラミックス[engineering ceramics] ⇨ファインセラミックス

エンジニアリング プラスチック[engineering plastic] 一般のプラスチックの性能に，硬さ・耐熱性・耐久性・機械強度・耐摩耗性などを兼ねそなえ金属に近づけた工業部品材料。CDなどに使うポリカーボネート，VTRの機械部品に使うポリアセタールやポリアラミド（ナイロン）などがある。略して「エンプラ」ともいう。

エンジン ドア[engine door] ⇨オートドア

エンゼル プラン[angel plan] 厚生労働省が実施している「子育て支援のための総合計画」のこと。

エンタープライズ[enterprise] 企画あるいは企業のこと。

エンタシス[entasis] 柱の中央部をふくらませ細く見せる視覚的工夫。古代ギリシア，ローマ，ルネサンスの建築や奈良の法隆寺の柱に見られる。

エンタブレチュア[entablature] 柱頭部で支えられている水平材の総称。

エンタルピー [enthalpy] 物体のもっている総エネルギー量で，内部エネルギーと圧力と体積の積からなるエネルギーの和で表される。

エンド タブ [end tab] 溶接の際，アークのスタートおよびエンド部分のクレーターに欠陥が生じやすいので，それを避けるため溶接ビートの始点と終点に取り付ける捨て板用の補助板。

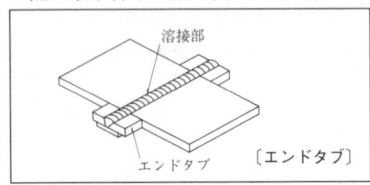

〔エンドタブ〕

エンド テーブル [end table] ソファーや椅子の脇に置く補助的なテーブル。「サイドテーブル」「脇テーブル」ともいう。

エンド ユーザー 消費者，一般大衆。

エントラップド エア [entrapped air] 混和剤を加えないコンクリートにおいて，混練の際に入る気泡のこと。通常のコンクリートでは1%前後の空気が含まれる。

エントランス [entrance] 建物の出入口。住宅の場合は玄関。「エントリー」ともいう。→エントランスホール

エントランス ホール [entrance hall] 建物の出入口のために設けられた大きな空間または広間。大きなビルでは多勢の人の流れを処理するため広いスペースが必要。→エントランス

エントランス ロビー [entrance lobby] ホテルの玄関で泊り客が来客との打合せや談話するために設けられたスペース。

エントリー [entry] ⇨エントランス

エントレインド エア [entrained air] AE剤などの表面活性剤によってコンクリート中に連行される気泡のこと。

エンドレス [endless] スキーリフトやベルトコンベヤーのような循環式のロープやひも・テープのこと。

エントロピー [entropy] 熱が関係する体系において，可逆的現象ならば保存され，不可逆的ならば増大するような物理量で，体系が外部から受け取った熱を温度で割った次元をもつ。熱力学的状態を表す一つの尺度。

エンパイア ステート ビル [Empire State Building] 1931年，ニューヨーク市五番街に建てられた102階建・380mの超高層ビル。

エンバイロメンタル ポリューション [environmental pollution] 環境汚染。

エンバイロメント [environment] 人間をはじめとする地球上の動植物をとりまく状況，環境。フロンガスが地球のオゾン層を破壊するなど，地球規模での環境問題に発展している。

エンバイロメントアート [environment art] 作品をとりまく環境までも含めて創作活動を行うことで，「環境芸術」という。

エンプラ ⇨エンジニアリングプラスチック

エンボス加工 [embossing finish] 材料の表面に凹凸を付け模様としたもの。

エンボス鋼板 [embossed steel plate] 表面に凹凸を付けて模様とした化粧鋼板。

エンボス フィニッシュ [emboss finish] 浮き彫り仕上げの総称。壁紙，ビニールレザーなどに，押し型で凹凸模様を付ける仕上げ。

オ

オアシス運動 作業を行う人間関係を良好にする目的で，オハヨウ，アリガトウ，シツレイシマス，スミマセンという言葉を交わしてコミュニケーションを図ろうとする運動。

オイル ウェル セメント [oil well cement] 石油を採取するための非常に深い杭の側壁に用いられる特殊セメント。高温高圧状態で急硬しない性質を必要とする。

オイル サービス タンク [oil service tank] ボイラーの燃料油をバーナーに供給しやすくするために，一時ためておく小容量のタンク。

オイル サーフェーサー [oil surfacer] ラッカーエナメル塗装などにおける中塗り用の塗料。下地の吸込み止め効果がある。

オイル ジャッキ [oil jack] 加力機器の一つで，ラムを油圧で押し上げる構造。スクリュー式やカム式のジャッキに比べ，押上げ能力が大きい。

オイル スイッチ [oil switch] 電路の開閉を絶縁油の中で行う開閉器。

オイル ステイン [oil stain] 木部塗装で木地を生かした仕上げをする場合の着色塗料。「OS」ともいう。

オイル阻集器 [oil intercepter] 自動車の修理工場，給油場，洗車場，車庫などからの排水にはガソリンのオイルが含まれ，これが排水系統で気化爆発する恐れがあるため，あらかじめ分離除去するために設ける阻集器。

オイル タンク [oil tank] ボイラーの燃料用の油を貯蔵しておくタンク。

オイル パテ [oil putty] 油ワニスと顔料を練り合わせたペースト状，不透明，酸化乾燥性の塗料。JIS K 5592。

オイル フィニッシュ [oil finish] 木材に乾性油を染み込ませ，乾燥させたのちワックス仕上げをする方法。

オイル プライマー [oil primer] 油ワニスと顔料とを練り合わせた液状，不透明，酸化乾燥性の塗料。顔料はおもに酸化鉄が用いられ，錆止め効果は少ない。JIS K 5591。

オイル ペイント [oil paint] 油性塗料の総称。「OP」ともいう。

オウディット [audit] 建物などの実地調査。建物の状態，利用状況等を，現地におもむいて管理情報と照らし合わせて確認し，管理に生かすこと。

オーガー ドリル [auger drill] アースオーガーの付属部品で，地中穿孔するための先端にオーガーヘッドを持ったスクリュー。→アースオーガー

オーガー ボーリング [auger boring] 人力で回転させながら土中に孔を掘るハンドオーガーを用いた地盤調査の方法。深さ7m程度まで調査できる。

オーク [oak] アメリカ産のカシ材の総称。材色からホワイトオーク，レッドオークに区別されるが，アメリカではそれらを総称してレッドオークと呼んでいる。

オーケストラ ストール [orchestra stall] オーケストラのための席で，一段下がった場合をピットという。

オーケストラ ピット [orchestra pit] 舞台の前面で,楽団の位置する客席より少し下がったスペース。

オースト床板 [Open Web Steel Joist slab panel] 仮設梁(オースト)と捨て型枠(キーストンプレート)を組み合わせたコンクリートスラブ用の床型枠工法。

オーストラル 滑り出し窓の一種。建具上部が内開き,下部が外開きとなる。

オーストリアン スタイル [Austrian style] ローマンシェードの一種で,全体に細かいタックが付いており,豪華なイメージのもの。「チリチリカーテン」ともいう。

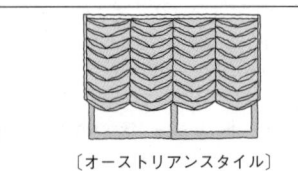

〔オーストリアンスタイル〕

オーダー [order] 古代ギリシア・ローマ時代に建てられた建築の柱頭の装飾で,ドーリア式,イオニア式,コリント式,トスカナ式,コンポジット式等がある。→イオニア式,キャピタル,ドーリア式

オーダー エントリー システム [order entry system] 顧客の要求する製品の仕様・規格を明確にして,希望数量・時期に合うよう効率的に製造・供給することを目的としたシステム。

オーダー カーテン [order curtain] 施工場所の寸法,デザインに合わせて特別注文で縫製するカーテン。

オーダリー マーケティング [orderly marketing] 秩序をもった貿易活動で,摩擦や混乱を生じさせないように行うこと。

オーディトリアム [auditorium] 聴衆のための建物の意。劇場,公会堂,講堂等の総称。

オートキャド [Auto CAD] 建築や機械設計などあらゆる作図に対応する汎用CADとして,アメリカのAutodesk社が開発したパソコンCAD。Windows版もあり建築用としてもかなり使用されている。

オート クレーブ養生 [autoclave curing] 高温高圧のタンク内で行うコンクリートの養生。工場生産されるコンクリート製品に行われる。

オート ドア [automatic door] 自動ドア。扉の開閉を動力によって行う建具。「エンジンドア」ともいう。

オートバス 浴槽に湯を張ったり,設定した温度での保温や追い炊き,設定した量までの足し湯などがスイッチの操作のみで自動的に行われる湯沸しシステム。スイッチを設置すればキッチンからでも操作できる。「フルオートバス」ともいう。自動足し湯装置のないものはセミオートバスという。

オート ヒンジ [auto hinge] 開いた扉を速度の調整をしながら自動的に閉める機能をもつ建具開閉金物。

オートマタ理論 [automata theory] 人の行動をモデルを用いて説明するための数学的表現で,「順序機械論」あるいは「数学機械論」とも呼ばれる理論。単数形を「オートマトン」という。→オートマトンモデル

オートマティズム [automatism] 美術の創作活動において,無意識に作業を進めていく手法。

オートマトン モデル [automaton model] 人間の行動を予測し計画案に反映させるためのシュミレーションで,

「順序行動モデル」という。→オートマタ理論

オートメーテッド オフィス［automated office］ ⇨エレクトロオフィス

オートライト 人の気配を感知して自動的に点滅する照明。住宅の玄関等に使用される。「人感センサー付きライト」ともいう。

オートライン［auto line］ エスカレーターを水平に設置したような，動く歩道のこと。「オートロード」ともいう。空港などによく設けられる。

オートリターン［auto return］ 回転するカウンター用椅子の座面を正常位置に戻す装置（金具）。

オートロード［auto road］ ⇨オートライン

オートロック［auto lock］ 「電気錠」ともいわれ，遠隔操作で電気的に施錠・開錠できる。マンションなどで使われている。

オーナメント［ornament］ 建物に付け加えられる装飾物。

オーニング窓［awning window］ 上部がはめ殺し窓で，サッシュの下枠部分が突き出せる窓。→ホイトコ

オーバー カウンター［over counter］ システムキッチンのシンク（流し）の取付け方法の一種。ワークトップ（作業台）の上部にシンクを取り付ける方法。→アンダーカウンター

オーバーコンパクション［overcompaction］ 土を締め固めすぎること。かえって強度が減少する。

オーバー ドア［over door］ 戸口上部の建築的な装飾を施した部分。

オーバーハング［overhange］ 外壁より跳ね出したバルコニー部分。

オーバーブリッジ［overbridge］ 鉄骨の柱や梁などで歩道上空につくる工事用の仮設の床。

オーバーフロー［overflow］ ①データ量や演算の結果がコンピューターの記憶容量や演算許容量を超えてしまうこと。②衛生陶器の上縁や水槽類の上部の排水口から水が満水になってあふれ出ること。

オーバーフロー管［overflow pipe］ 水槽の水が揚水ポンプの故障や熱膨張のため一定量オーバーの状態になったとき，あふれた水を逃がすための管。「あふれ管」「いっ水管」ともいう。

オーバーヘッド［overhead］ エレベーターの最上停止階の床面から昇降路天井までの垂直距離。寸法はかご枠高さと頂部すき間の合計値以上が必要。

オーバー ヘッドドア［over head door］ シャッターのように上部に引き上げて開放する大型扉。「フライングドア」ともいう。車庫などに使われる。

オーバーホール［overhaul］ 機械，装置を分解整備して必要な修理を行う保全作業。

オーバーホール ニュー［overhaul new］ 部品や装置を分解・検査し，摩耗した部品は交換したり，さびを落としたりして新品と同様にすること。

オーバーラップ［over-lap］ 溶接欠陥の一種で，溶着金属が端部で母材に溶け込まないで重なっている状態。

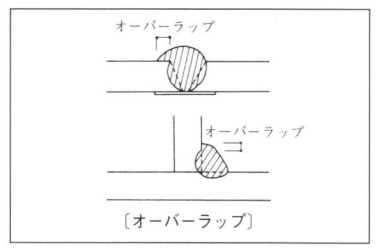

［オーバーラップ］

オーバーレイ [overlay] アスファルト舗装の沈下や破損個所を修理するためその上にアスコンをかぶせること。

オーバーレイ合板 [overlayed plywood] 表面にメラミンやポリエステルの化粧板や薄い金属板を貼った合板の総称。「化粧合板」ともいう。

オーバーロック加工 [over lock processing] カーペットの縁を二重に縫って繊維がほつれないようにすること。「サージング」ともいう。

オービットスタデイ [The ORBIT (office research into buildings and information technology) Study] 新しい技術が事務室の設計に与える影響について研究した報告書。

オープニングミーティング [opening meeting] ISO 9000SやISO 14000Sの審査に先立って行われる審査側と被審査側の体面合同形式の打合せ。その内容は、自己紹介、審査スケジュールの確認、審査方法、不適合事項の伝達方法、守秘義務などである。「初回会議」ともいう。

オープンオフィス [open office] 大部屋方式のオフィス形態。

オープン外構 道路境界や隣地境界などの敷地の周囲に塀を作らず、敷地内の通路や庭などが開放された状態のこと。敷地の中の庭・通路、門、塀など建物以外の部分を外構という。

オープン価格 [open price] ある商品に「定価」を定めず、販売価格は小売店が決める価格設定の方式。一般的に商品の価格はメーカーが主導的に「定価」を設定するが、他メーカーとの価格競争が激しい場合など、小売店が価格設定したほうが売上げが向上することがある。「オープンプライス」ともいう。

オープンカット [open cut] トンネル掘削の方法で、地表から下に向かって掘る露天掘りのこと。

オープンカフェ 道路まで広げられた開放的な喫茶店をいう。

オープンキッチン [open kitchen] 台所や厨房は汚れや片づけ物などから隠す傾向にあるが、空間の一体化や衛生に対する積極的な考えから、見せる台所を意識した方法。

オープンケーソン工法 [open caisson method] 地上で構築した鉄筋コンクリート製の筒状の構造物を、その内部の土を掘削しながら地中に沈下させる工法。大気圧下で行う。

オープンシステム [open system] ①性能、寸法体系、接合部のルール等を一般化し、個別に製作された市場性をもつ構成材や部品を組み合わせて独自の建築物が構成できる建築システム。プレファブ建築のシステムとして開発されたが、最近では地球環境対応の面でも注目されている。→クローズドシステム② ②インターフェース等を標準化した、マルチベンダーから供給される部品やシステムを組み合わせて構成できるビルディングオートメーションシステム。

オープンジョイント [open joint] シーリング材に頼らないで雨水の浸入を防ぐように工法された外壁のジョイン

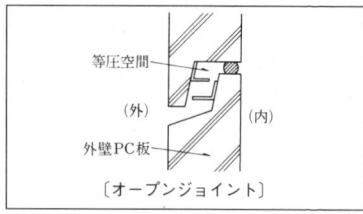

〔オープンジョイント〕
等圧空間
(外) (内)
外壁PC板

ト方法。

オープン スクール [open school] 従来の画一的な授業ではなく，生徒の関心や能力に合わせて弾力的に授業を行おうとする教育方法。

オープン ステージ [open stage] 舞台と客席を区画しない形式。観客と演技者との一体感が得やすいが，いろいろな角度から見られるため演出制限を受けやすい。→プロセニアムステージ

オープン スペース [open space] 目的をもって確保されている外部空間のこと。公園・広場または共同住宅の廊下や階段も含められる。

オープン タイム [open time] 接着剤を塗布したあと，被着材を張る適当な状態になるまでの時間。

オープン ハウス [open house] 売主が住んだまま購入希望者に内部を自由に見せる中古住宅の販売方法。新築でも見本として公開した住宅をいう。

オープン部品 不特定の建物に共通して使用できる住宅の部品。例えばアルミサッシュ，システムキッチン，バスユニットなど。→クローズド部品

オープン プラン [open plan] 空間を目的ごとに小さく区切らずに広く自由に利用できるようにする方式。住宅におけるLDK等の手法。→ユニバーサルスペース，ワンルームシステム

オープン プラン スクール [open plan school] 教育の個別化や個性化，教育の多様化に対応する空間（オープンスペース）が計画された学校。

オープン ポアー [open pore] 木材の導管（水分を通す細い管）をつぶさず見せるような塗装仕上げ方法。→セミオープンポアー仕上げ

オープン マーケット [open market] インターネット上の電子取引き市場のこと。

オーム [ohm] 電気抵抗の計量単位。電圧が1ボルトである2点間の導体を1アンペアの電流が流れる場合の電気抵抗を1オームと規定している。記号は〔Ω〕。

オーライをとる 振れや回転を防ぐため，クレーンの吊り荷に介錯（かいしゃく）綱を付けること。

オール ケーシング工法 [all-casing method] 場所打ちコンクリート杭の孔壁崩壊を防止するために，杭全長にわたってケーシングを圧入する工法。

オールタナティブ スペース [alternative space] 美術館や画廊の代わりに，利用されていない学校や倉庫を利用した美術品の非営利的な展示場所。

オールタナティブ テクノロジー [alternative technology] 代案，代替（物）の科学技術。

オール電化住宅 住宅の熱源全部を電気でまかなう住宅のこと。ガス等による爆発の危険がない。

オール電化マンション 各住戸の熱源をすべて電気でまかなうよう設計した共同住宅。

オールド オールド [old and old] 75歳以上の高齢者のこと。「後期高齢者」ともいう。高齢者を三段階に分ける場合は，85歳以上のことをいう。

オール パーパス ルーム [all-purpose room] 和室が居間，応接室，寝室，食事室等に使われるように，多目的に使用される室のこと。「多目的室」という。

オキシダント [oxidant] オゾンや硝酸過酸化アセチルなどの大気汚染物質の総称。太陽光線の照射で，大気中にあ

る窒素酸化物（NOx）と炭化水素が光化学反応を起こして発生し、眼を刺激したり、植物への悪影響を及ぼす。光化学スモッグの指標となる。

オクターブ [octave] 音の単位を表す音楽用語で、周波数が2倍となることを1オクターブという。

オクターブ帯域 ⇨オクターブバンド

オクターブ バンド [octave band] 上限周波数と下限周波数の比が2となった周波数帯域。「オクターブ帯域」ともいう。→オクターブ分析

オクターブ分析 [octave analysis] 対象周波数をオクターブ帯域で、帯域フィルターを使って音響分析すること。→オクターブバンド

オシャカ 不良品のこと。

オスター [oster] 鉄管、鉛管など鋼管類のねじ切り用工具。

オストワルト [Ostwald 独] 色相調査を目的とした表色法を考案したドイツ人。白と黒の量差で明度を表す方法。

オストワルド表色系 [Ostward system] ⇨オストワルト

オゾン [ozone] 病原性微生物の不活性化を行うといわれる酸化力の強い物質。特にガス生成菌の抑制が塩素よりも強い。

オゾン亀裂 [ozone cracking] ジエン系合成ゴムや天然ゴムの二重結合部分がオゾンの作用で切断されて生じた亀裂をいう。ゴムの引っ張られているときは成長が著しい。

オゾン処理 [ozonization] 浄水の殺菌・脱臭・脱色などの方法の一種。強い殺菌作用をもつが、わが国では塩素消毒が義務づけられているため、水源の富栄養化に原因する異臭味および色度の除去に利用される。

オゾン層 [ozone layer] オゾン濃度の高い高度10～50kmの大気層で、成層圏とほぼ一致している。$0.32\mu m$以下の日射を遮断し、地表に達しないようにしている。フロンガスと窒素酸化物によるオゾン層の破壊が地球環境にとって重要問題となっている。

オゾン層破壊 [ozone layer depletion] 地上で使用されるハロゲン化物や特定フロン等が、成層圏の特殊環境下で塩素ガスに分解して、有害な紫外線を吸収しオゾンを減少させる現象。

オゾン ホール [ozone hole] 成層圏まで上昇したフロンガスが分解して、オゾンを別の物質に変化させ、破壊してできたオゾン層の穴。

オットマン [ottoman] 背もたれのないクッション付きの腰掛、安楽椅子の足のせ。→フットレスト①

オニックス マーブル [onyx marble] 断面が精細な波状しま模様を示す淡褐色の石灰岩で、装飾材として使用される。「層状大理石」ともいう。

オパール加工 [opal processing] 布を薬品と熱処理でレースにする加工方法。

オパレセント グラス [opalescent glass] 乳白色その他各種ガラスを混合して、十分混ざらないように圧延した色ガラス板。

オピニオン リーダー [opinion leader] 集団の中で影響力の大きな人物。

オファー [offer] 契約の申込み、提案などのこと。

オプ アート [op art] optical artの略。光学的手法を用いて抽象を進めようとするもの。ポップアートにかけてオプアートといった。

オフィス アメニティー [office amenity] 今後のオフィスとして備えなけ

ればならない概念の一つで，オフィスにおける快適さ，心地よさのこと。

オフィス オートメーション［office automation］ 会社や官庁など事務所内の事務処理の自動化・機械化を行い，効率化を図って生産性の向上を目指すこと。略して「OA」ともいう。

オフィス家具［office furniture］ 机，椅子，収納家具，間仕切りなどの事務用家具。鋼製のものが主流だが，最近木製のものも増えている。

オフィス コンピューター［office computer］ 事務処理を中心に利用する小型コンピューター。操作が簡単で，専用のコンピュータールームや操作員を必要としない，上位機種とのデータのやり取りが可能などの利点がある。「オフコン」と略す。

オフィス ツアー ISOの事務所審査とも呼ばれ，審査員が現場の観察やインタビューを通して，品質システムの徹底度合いや品質記録の整理・保管状況などをチェックすること。

オフィス ビル［office building］ 事務所の業務のための建築物で，自社ビルとテナントビルの2つに分けられる。特にテナントビルはレンタブル比（貸す床面積／全体の床面積）が重要。

オフィス プランニング［office planning］ 事務形態の違いに合わせた合理的な机などのレイアウトだけでなく，そこで働く人の環境（アメニティー）も考えに入れた設計手法。

オフィス ランドスケープ［office landscape］ 事務スペースの環境改善のために提案されている考え方の一つで，アメニティーゾーン等，室内環境を重視した設計。

オフィス ルール［office rule］ オフィス業務や生活を快適かつ効率的に行うために定められた，オフィスにおける生活ルール。例えば喫煙や分煙，資料の整理・整頓，服装や身だしなみ，ポスターの掲示方法などがある。

オフィス レイアウト［office layout planning］ 事務室の家具やOA機器を合理的かつ美しく配置すること。

オフコン ⇨オフィスコンピューター

オブザーバー［observer］ 契約などの立会い人。

オブジェ［objet 仏］ 20世紀初頭のダダイズムの芸術家が用いた手法にコラージュやモンタージュがあるが，他に意外性を引きだすために石や木などを用いた作品をオブジェ（物体）といった。

オブジェクト指向 コンピューター言語におけるプログラムで，物を抽象化して捉えるのではなく，物を物として認識してゆく考え方。例えばCADにおいて，柱は四角形として（抽象）表すが，オブジェクト指向では柱は四角柱の立体として表す。

オフ整備 空調設備などの季節運転のある設備機器の運転シーズン終了時に行う機器調整。

オフセット［offset］ ①自動制御で室温をコントロールする際の目標温度のずれのこと。②測量する際，基準線に対して建物や地形の測定点から垂直あるいは直角におろした線のこと。「支距」ともいう。

オフセット測量［offset survey］ 基準線の起点から測定対象物などに出したオフセットまでの距離及びその長さによって位置決めを行う測定方法。「支距測量」ともいう。

オプセル バッカー ガラスのシール時

オプトエレクトロニクス [optoelectronics]　光学と電子工学を複合した先端技術。

オプトロニクス産業 [opto-electronics industry]　オプティクス（光学）とエレクトロニクス（電子工学）を複合した先端産業。光通信，光計測，光情報が三大産業。

オフ パック [off pack]　商品のパッケージとプレミアムを別々にしたもの。→オンパック

オフピーク [off-peak]　電力や都市ガス等の尖頭的需要時以外の時間帯。

オフピーク通勤　通常の通勤時間帯を避け，比較的乗降客の多くない時間に通勤すること。「時差通勤」ともいう。

オフ ホワイト [off white]　わずかな色合いをもった明るい白色。

オベリスク [obelisk]　古代エジプトで造られた記念碑。四角柱で上にいくほど細くなり，頂部は四角錐となっている。太陽神のシンボルとして神殿前に建てられた。30ｍに及ぶものもある。

オペレーショナル シークエンス ダイヤグラム [operational sequence diagram]　記号論理体系の原理にのっとり，特殊記号を使って人間と機械システム間の情報を記載するシステム。略して「OPD」。

オペレーション トラック [operation truck]　作業車。巡回車。

オペレーション リサーチ [operation research]　数学的な分析手法を用いて経営管理問題，軍事作戦問題などの手段と効果を決定し，最大の効率をあげることを目的とした数学的手法。

オペレーター [operater]　①機械を操作・運転する作業員。②シャッター，ルーバー，高窓などの開閉装置。

オペレーター コンソール [operators console]　中央監視制御盤のうち，人が常時操作する部分で，デスク状となっているもの。

オペレーティング ルーム [operating room]　手術室。無菌状態を保ち空調，照明，酸素等の設備が完備した室。

オポジション [opposition]　リズムの構成要素の一つで，反対の意である。縦と横の線による構成で，対称的要素が組み合わさって生じるバランス。星座などで相対する星の位置関係をいうときにも用いられる。

オムニア板 [omnia decker]　上弦材（トップ筋）と下弦材（下端筋），斜め材（ラチス筋）を組み合わせたオムニアトラスと称する鉄筋材を主筋の一部として使用したコンクリート製品。型枠兼用のスラブや壁部材として使用される。日本建築センター構造評定BCJ-C 417，C867，C1027。〔製造：タカムラ建設〕

オムニバス タウン構想　乗合い自動車やバスを中心として，安全で環境にやさしい街づくりとする構想。

オムニバス調査 [omnibus research]　市場調査の方法で，一度に複数の目的をもって複数の事柄を調査する。

オランダ式貫入試験 [dutch cone penetration test]　土質調査試験の一種。ロッド（土中に圧入される鉄管）が二重になっており，内ロッドによって，周囲の摩擦抵抗の受けない圧力がコーンと呼ばれる錐先に伝わるので，純粋にコーンの貫入抵抗が測定できる。圧入は，手動のハンドルでラックギアを回転させて行う。「ダッチコーン」とも

オランダ積み [Dutch bond] レンガ積みの積み方の一つで,壁厚がレンガ1枚半になるよう小口面と小端面とを交互に重ねる。

オリエンタリズム [orientalism] 19世紀初頭以降のロマン主義,写実主義等の流れの中で,ナポレオンのエジプト遠征を期にアフリカ,インド,中国等の文化に関心を示した芸術的運動。東方趣味といった程度の芸術傾向。

オリエンタル ウィンドー [oriental window] 多角形の出窓のこと。

オリエンタル メタル [oriental metal] アスファルト被覆鋼板。〔製造:オリエンタルメタル製造〕

オリエンテーション [orientation] ①平面図上に表示される方位。②新入生や新入社員に行う指導・方向づけ。

オリエンテッド ストランド ボード [oriented strand board] 木材を木の葉状にし,繊維方向をそろえて樹脂で圧縮成形したボード。「OSB」ともいう。→LVL

オリジナリティ [originality] 独創性,独創的であること,奇抜な,などの意。

オリフィス [orifice] 管の途中に平板状の隔壁を設け,そこにあけた一定の形状の孔のこと。流体がその孔から吹き出すようにしたもの。これを用いる流量計をオリフィス流量計という。

オルトトリジン法 [orthotolidine method] 塩素がオルトトリジンと反応したときに呈する色を標準比色液と比較して行う残留塩素の検定法。

オンオフ制御 [on-off control] 自動制御系の出力操作が,入か切の2位置しか選択できない制御方法。

オンコール サービス [on-call services] 保守契約の一形式で,異常発生時などに電話をかけて修理を依頼し,その都度費用の精算をする方式。

オンサイト エネルギー方式 [on-site energy system] 建物単位で,その建物で消費する電力の全体あるいは一部を発電し,供給する方式。

オンドル [Korean floor heater] 温突。朝鮮半島から中国東北地方で使用されている暖房方式の一つ。床下に炉と煙道を設け,床表面を加熱してパネルヒーティングを行う。

オンパック [onpack] 商品の中にプレミアムを入れてパッケージしたもの。→オフパック

オンブズマン [onbudsman] 行政監察員。行政に対しその不正を監視したり市民の苦情を聞き調査する専門員。

カ

カーサ [casa 西] 住宅，家の意だが，マンション等の名前にも用いられる。

カーストッパー [car stopper] 車止めのこと。

ガーダー [girder] 一般的には骨組式構造（frame structure）の梁の部分だが，天井クレーンの桁や橋桁をいう場合もある。「ガード」ともいう。

ガーデニング [gardening] 本来は庭づくりのことであるが，集合住宅などの居住者がベランダや屋上を利用して花と緑の空間を作る家庭園芸も含めた造園の総称。

カーテン [curtain] 室内に調光，遮光，装飾などの目的で吊す布。空間の間仕切りとして使う場合もある。

ガーデン [garden] 庭園，庭のこと。建物のまわりを囲った庭と，樹木を植えて囲った園との合成語。

カーテン ウォール [curtain wall] 耐力壁としての用途をもたせてない壁の総称。一般的にはPCカーテンウォール，メタルカーテンウォールなど外壁をさすことが多い。「帳壁」ともいう。→ベアリングウォール

カーテン ウォール構造 [curtain wall construction] 金属パネル製やプレキャスト鉄筋コンクリート製のカーテンウォールで構成される壁面の構造。

ガーデン オーナメント [garden ornament] 庭園におく壺，鉢，彫刻などの装飾品のこと。

ガーデン クォーター [garden quarter] タイルやレンガの床に貼る模様で，四角いタイルとそれの1/4のタイルによるパターン。

ガーデン サバーブ [garden suburb] 都市部に住宅が造りにくくなったため近郊田園地帯に開発される住宅団地。→ガーデンシティー，サバーバン

ガーデン シティー [garden city] 1898年にイギリスの E. ハワードにより提唱された理想都市で，田園生活と都市生活の利便性の両方を享受しようとするもの。→ガーデンサバーブ，ユートピア

ガーデン セット [garden set] 金属，陶器などで作られたテーブル 1 個に椅子2〜4個の屋外用の家具セット。

ガーデン ハウス [garden house] 休憩用などを目的として，庭園につくられる建築物。

カーテン バトン [curtain baton] カーテンを開閉するために一端に取り付けた棒。

ガーデン ファニチャー [garden furniture] テラスや庭に置く屋外用のテーブルや椅子のこと。庭園用家具。

ガーデン フェンス [garden fence] 一般的な柵と異なり，住宅，庭園用にデザインされた柵。

カーテン ボックス [curtain box] カーテン上部のレールやフックをカバーするため，天井に埋め込むか，窓枠上部に取り付けた木製の箱。「C. BOX」と略す。

カーテン ホルダー [curtain holder] カーテンを束ねて留めるために，窓や

開口部に取り付けられた金具。→タッセル

ガーデンライト［garden light］　夜間の庭園の照明に用いられる照明器具類の総称。

カーテンレール［curtain rail］　カーテンの開閉をスムーズにするために，天井またはカーテンボックスに取り付けたレール。

カート［cart］　⇨コンクリートカート

ガード　⇨ガーダー

カート足場［cart way］　コンクリート打設に使用する二輪車（カート）の通る仮設足場。

カート打ち［cart］　コンクリートを手押し車（カート）に入れて打設する方法。

カードキャビネット［card cabinet］　主としてカードを収納する事務用家具で，A5，B6，A6，B7用などがある。

カードテーブル［card table］　トランプなど遊技用の正方形のテーブル。甲板にラシャを張ったものもある。

ガードレール［guardrail］　車道と歩道の間に設けられる鉄製の防護柵。

カードロックシステム［card lock system］　鍵の代わりに磁気カードを用いた錠前。錠前に組み込まれたカードリーダーが差し込まれたカードの暗証番号を読み取り，解錠または施錠を行うシステム。ホテルで使用されているケースが多い。

カーブレール［curve rail］　カーテンレールの一つで，自由に曲げられる形式のもの。出窓などに用いられる。

ガーベジオロジー［garbageology］　台所から排出されるゴミの内容から社会文化を調査・研究する学問。「ガボロジー」「ゴミ学」ともいう。

カーペット［carpet］　織物製床材の総称。じゅうたん。機械織りのロール巻きのもの。

カーペットグリッパー［carpet glipper］　床の周囲にピンを植えた木片を固定し，そのピンに引っ掛けて固定するカーペットの敷込み方法。「グリッパー工法」ともいう。→グリッパー

カーペットタイル［carpet tile］　⇨タイルカーペット

カーペンター［carpenter］　大工。古代ローマのカルペンタリウス（車大工の意）からきている。

カーペンター定規［carpenter's square］　曲尺のことで，大工仕事に使い直角をつくるための道具。→スコヤ

カーポート［carport］　建物とは別につくった簡易車庫。建物内に格納するガレージと区別される。→ガレージ

カーボランダム［carborundum］　研摩・耐火材料となる電気炉で作られた濃緑色または黒色の結晶。

カーボランダムタイル［carborundum tile］　粘土にカーボランダムを混入して焼成した黒色床タイル。耐摩耗性が大きく，滑りにくい。→アランダムタイル

カーボンスチール［carbon steel］　炭素0.8%下，マンガン0.9%以下，シリコン0.4%以下，リン0.05%以下，硫黄0.05%以下からなる鋼。代表的なものに建築用鋼材SS41があり，「炭素鋼」ともいう。

カーボンファイバー［carbon fiber］　各種複合材として用いられる炭素繊維。弾性，強度の面で優れているとともに，熱にも強い特性をもつ。「CF」と略される。→CFRC

カーボンブラック［carbon black］　天

然ガス，アセチレンガス，タール，ピッチなどの炭化水素を不完全燃焼または熱分解して作った黒色の炭素粉末。塗料用，インキ用，ゴム用などがある。黒色顔料の一つ。JIS K 5107。

カーリット［carlit］ 混合火薬の一つで，基剤である過塩素酸アンモニウムの含有量が10％を超えるもの。

カールプラグ コンクリート面に木ねじをきかすため，ドリルで孔を掘り筒状の鉛を差し込んだもの。

ガイ［guy］ ⇨ガイデリック，ステイ②

ガイア仮説 地球と生物を含めた生態系そのものが，環境を調整する役割を担っているという考えから，地球は最初から生物にとって良好な環境ではなく，生物自身が住みよい環境をつくったとする学説。

カイザー板 鉄筋をラチスに組んで一定間隔で並べ，その一部をプレキャストコンクリート部材に打ち込んで作ったコンクリート製品。現場打ちコンクリートと併用してスラブや壁を構成。〔製造：日本カイザー〕

ガイデリック［guy derrick］ マスト，ブームおよびそれを結ぶワイヤーロープからなる揚重機械。マストに6～8本のとら綱を張って垂直を保つ。「ガイ」ともいう。→ブーム

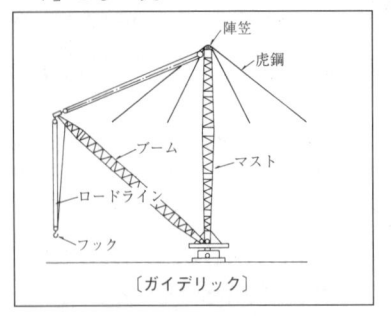

〔ガイデリック〕

ガイドウォール 山留めあるいは山留めと躯体兼用の地中連続壁を施工する際，掘削孔の上部の土の崩壊防止と正確な位置のガイドのために作るコンクリートの定規。

ガイドコード［guide code］ ブラインドのスラット（羽根）の両端に通してあるコードおよびテープのことで，昇降時のガイドとなるもの。

ガイドボード［guide board］ 建設現場における案内板。

ガイドレール［guide rail］ ①エレベーターやリフトにおいてかごの上下を案内するレール。②シャッターのスラット（羽根）の上下を案内する溝。

ガイドローラー［guide roller］ ①引戸などでガイドレールに沿わせて取り付けた車。②手動ガス切断を正確に行うためにトーチに付けた車輪。

ガウジング［gouging］ 鋼材の表面に溝を付けたり不要な部分を削り取ること。「はつり」ともいう。

カウチ［couch］ 長椅子の一種で，片方だけに背もたれのある仮眠用寝椅子。→デイベッド

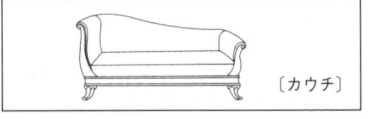

〔カウチ〕

カウンターウエイト［counter weight］ エレベーターなどに使われる籠の荷重を軽減するための錘で，分銅ともいい，上げ下げ窓にも使われる。

カウンターカルチャー［counter culture］ アメリカのベトナム反戦運動以後の反体制的思想。

カウンターキッチン 厨房とダイニングルームの間にカウンターを設置した住宅の厨房形式。

カウンタートップ［counter top］ カウンター(作業台)の甲板。汚れに強く，耐水・耐火・耐久性に優れていることから，ステンレス，人造大理石，メラミンポストなどが使われる。

カウンターバランスサッシュ［counter balanced sash］ ロープでバランスよく連結させた上下2枚の障子からなる上げ下げ窓。

カウンターラグ［counter rag］ ⇨トイレットマット

カオス［chaos 希］ 混沌や混乱を表す言葉で，秩序や法則のない状態をいうが，近年になってその中に法則があることが発見され始めている。

カクテル照明［color mixed lighting］ 2種以上の光源をバランス良く配置し，それぞれの光源の効率や演色性，光色等の特性を生かした照明方式。

カクテルラウンジ［cocktail lounge］ カクテルはちょっとした，あるいは略式の，といった意味で，空港やホテルのバーや休憩室のこと。

カシードラル［cathedral 仏, duomo 伊］ ⇨カテドラル

カジュアルレストラン 気楽な気持ちで入れるレストランという意味だが，ファミリーレストランよりも高級感を出した若者向けのもの。

カシュー樹脂塗料［cashew paint］ カシューナッツに含まれる樹脂を原料にした塗料で，光沢もよく漆調に仕上がる。

ガス圧接［gas pressure welding］ 接合する母材面に，軸方向の圧縮力を加えながらガス炎で加熱して接合する鉄筋の接合方法。→ガス溶接

ガス圧接継手［gas pressure welding method］ 平行に並んだ2本の鉄筋の

〔ガス圧接〕

〔ガス圧接継手〕

端部を突き合わせ，酸素・アセチレンガスの燃焼火炎で加熱・加圧しながら接合する継手。接合部分はふくらんだ形となる。

ガスガバナー［gas governor］ ガスを供給する場合，圧力を所定のレベルに調整する機械。

ガス管［gas pipe］ 配管用炭素鋼鋼管の通称で，亜鉛メッキしたものを白ガス管，メッキしてないものを黒ガス管と呼ぶ。

ガスキャビネット［gas cabinet］ ガ

ス用のオーブンやレンジを組み込んだ台所用備品。

カスケード [cascade] 西洋式庭園の造園法の一つで,滝のように水を落とす仕掛け。本来は滝の意。

カスケード制御 [cascade control] フィードバック制御系が二重以上になっており,一つの制御ループの出力が次の制御ループの目標値となる制御方式。

ガスケット [gasket] ①部材の接合部にはさんで,水やガス漏れを防止するパッキング。②水密性・気密性を確保するため,プレキャスト鉄筋コンクリートのジョイント部やガラスのはめ込み部に使用する合成ゴム製の材料。「定形シーリング材」ともいう。

ガス シールド アーク溶接 [gas shielded arc welding] 炭酸ガスやアルゴンとの混合ガスを使って,アークと溶着金属とを空気から遮断して行うアーク溶接。

ガス状物質 二酸化炭素,一酸化炭素および窒素化合物のように,常温では気体となっている物質の総称。

ガス切断 [gas cutting] 酸素とアセチレンの酸化炎を吹き付けて加熱し,鋼材を溶融させる切断方法。

ガス センサー [gas sensor] ガス濃度による抵抗の変化,起電力の発生などを利用したガス検知器。用途はガス漏れ警報器,防爆,防災,工業用など。

ガス チェッキング [gas checking] 塗料が乾燥する際,燃焼生成ガスの影響で塗膜にしわ,浅割れができる現象。

ガス定数 [gas constant] 気体の圧力と体積の積を温度で除した値。

カスト(タ)マー リレーションズ [customer relations] 取引き先との良好な信頼関係の向上を図るマーケティング活動。

ガス溶接 [gas welding] 酸素とアセチレン,あるいは酸素と水素などのガス加熱による溶接。→ガス圧接

ガス レンジ [gas range] ガスコンロやグリルなどから構成されるガス用調理台(器)。

ガスをたてる ガス溶接やガスによる切断などの段取りを行うこと。

ガセット プレート [gusset plate] 鉄骨の柱・梁接合部などで,組み合わせる部材を接合するために用いる鋼板。

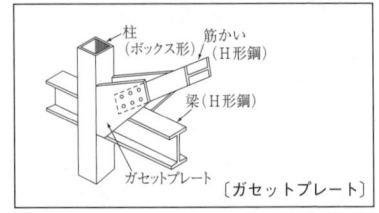

〔ガセットプレート〕

カソード [cathode] 陰極。金属腐食において還元する側。→アノード

ガソリン トラップ [gasoline trap] ガソリンが排水管中に流入しないように設置するトラップ。駐車場などの排水設備の一部。

カタ温度計 [Kata thermometer] 人体が大気中にさらされたときの冷却速度を近似的に測定する温度計。感温部が大きく,これに続く棒状部分に2個所のマークがあり,感温部を加熱後,大気中に放置して毛細管中の液体が2つのマーク間を移動したのに要した時間を求める。

カタストロフィー [catastrophe] 突然に起きる大変動を表すギリシア語で,数学的に解明しようというのをカタストロフィ理論という。

カタログ設計 [cotalogue-planning] 規格品を中心に設計を進める考え方

カッター［cutter］ ボードや布を切断する小刃、あるいは鉄筋や番線などを切断する工具。

ガット 土砂の掘削に使用するクラムセルのバケットのこと。「グラブバケット」ともいう。

カット＆ループ［cut & roop］ カーペットのパイル（毛足）をカットしたものとカットしないで輪状になったものとで柄を作る方法。

カットオフ筋［cut-off reinforcing bar］ 梁またはスラブの主筋で、上端筋、下端筋に関係なく、スパンの中間で止める鉄筋。「トップ筋」ともいう。

カットグラス［cut glass］ 表面に刃物で切り込んだような模様の付いたガラス。

カットサイズ［cut size］ 3×6尺（90×180 cm）のような標準寸法に対して、直接使用する合板の寸法をいう。

カットティー H形鋼をウェブの中央で切断したもの。トラスの上・下弦材などに使用される。

カットネイル［cut nail］ 鋼板を切断してつくったくさび形の釘。

カットパイルベルベット［cut pile velvet］ 繊維の経糸をカットして羽毛状としたもの。単に「ベルベット」ともいう。→ビロード

カットバックアスファルト［cutback asphalt］ アスファルトに揮発性溶剤を加えて軟らかくしたもの。防水層の下地処理（プライマー）や路面処理に用いる。

カットレール［cut rail］ 定尺で市販され、現場に合わせて切断して使用するカーテンレール。

カップボード［cup board］ 食器収納用の戸棚、食器棚、食器展示用の棚。

カップラーシース［coupler sheath］ 棒鋼接合に使う円筒形のさや。内径を棒鋼の径に合わせてある。

カップラージョイント［coupler joint］ 筒状の内側にねじが切ってある鋼製のカップラーを用いて、2本の鋼棒をねじ込んで接合する方法。

カディアックケアユニット［cardiac care unit］ ⇨レスピレートリーケアユニット

カテゴリー［category］ アリストテレスがはじめて確立した、存在する物の類型化をいう。一般的には同種のものが所属する部門のこと。

カテゴリーキラー［category killer］ 特定の商品をたくさん集めて低価格で販売する大型店舗。

カテドラル［cathedral 仏, duomo 伊］ 司教の席のある大教会の意で、「カシードラル」ともいう。

カドウェルドジョイント 鉄筋の機械的接合方法の一種。2本の鉄筋をスリーブ内に入れ、鉄筋相互間に溶融金属を充てんして接合する。

カドミウム［cadomium］ 電池や電気メッキの材料となる銀白色の金属。亜鉛鉱物とともに産出され、有毒。イタイイタイ病の原因とされている。

カトラリー［cutlery］ 食卓で使う金属製の食器の総称。

カノン［canon］ 絵画・彫刻における人体各部の寸法比例の基準。

ガバナー［governor］ 内燃機関やエレベーターなどに使用される速度・回転数が調整可能な調速機、調整機（などの装置）の総称。

カバリングシステム［covering system] 椅子の上掛け（カバー）を取り替え，変化のつけられる方式。

カフェ テラス［café-terrasse 仏］　街路などの屋外に設けた喫茶店の客席。

カフェテリア［cafeteria］　セルフサービスを旨とした軽食を出す小さなレストラン。

カフェテリア プラン［cafeteria plan］　福利厚生としての住宅，医療，育児補助などを会社が一律に決めることはせず，社員が選択する方式。

カフェ バー　喫茶店，レストラン，バーの機能をもつ店。→プールバー

カプセル ホテル　空間を高効率的に利用するために考案された，プラスチック製の寝室ユニットを積み重ねた宿泊施設。「ベッドハウス」ともいう。→ビジネスホテル

ガボロジー　⇨ガーベジオロジー

カミン［kamin 独］　壁に取り付ける方式の暖炉。

カムアップ システム　納期確認日を設定し，事務作業を標準化・簡素化することで，効率的・効果的に納期管理と納期督促を行う手段。

カムラッチ［camlatch］　外開き窓や内倒し窓などの小窓に用いられる施錠装置。戸の部分に取り付け，回転させることによって窓枠の爪に引っ掛ける構造となっている。

カメオ ガラス［cameo glass］　ガラス装飾技法の一つ。異なった色のガラスを重ね合わせ，上のガラスを削り，下のガラスの色とで文様を描く方法。

カラー アスベスト［color asbestos］　アスベストとは石綿のことで，屋根材としてセメントで着色して作られたスレート状のものをいう。→アスベスト，スレート

カラー 圧着　鋼製短管（カラー）を鉄筋の接合部にはめ込み，油圧ジャッキで短管をつぶして短管と鉄筋を一体化する鉄筋の接合方法。

カラー アナリスト［color analyst］　商品やインテリアなどの色彩面での効果的な表現，色彩の使い方を分析し，調整することを仕事にする人。

カラー ガラス［color glass］　表面に単色焼付け塗装した板ガラスの総称。

カラー クリアー［color clear］　透明塗料であるフタル酸樹脂ワニスに顔料を混ぜたもので，コンクリートの着色塗料として使われる。「ステインクリヤー」ともいう。

カラー コーディネーション［color co-ordination］　2つ以上の異なった色彩を比較・検討し，相互が調和や美的効果を生みだすように調整，再構成すること。

カラー コーディネーター［color co-ordinator］　家具や内装材などの配色効果を調整する専門家。

カラー コーン［color cone］　交通規制や危険場所の表示に用いられる円錐形の保安用具。色を明るくしたり反射シートを巻いて目立つようにしてある。「セーフティーコーン」ともいう。

カラー コンサルタント［color consultant］　色彩計画，色彩調節といった色の使い方の診断，提案をする職業。

カラー コンディショニング［color conditioning］　色彩調節。能率向上，災害防止などを目的に，事務所，工場などの床，壁，天井，家具，什器などの色彩を生理的・心理的効果を考慮して決定すること。→カラーハーモニー

カラー シミュレーション［color simulation］　コンピューターグラフィック

スを使い，事前に図形に着色して検討すること。

カラースキーム [color scheme] 色彩計画。テーマにしたがって色彩の全体計画を立てること。→カラーリング

カラーステンレス [color stainless steel] クロム酸・硫酸液中でステンレス鋼に着色皮膜を形成させ，別の液で表面硬化処理を行ったもの。ステンレス鋼の自然発色であり，色をそろえるのが難しい。

カラーセメント [color cement] 白色セメントや普通ポルトランドセメントに無機質の顔料を加えて，種々の色合いをつけたセメント。

カラーセラピー [color therapy] 人は各人固有の色彩をもっているという考えに基づいたもので，カラーコーディネートが色のバランスを客観的に説明するのに対して，個人の心の対処まで踏み込んだ色彩計画。

カラーソリッド [color solid] 色の体系に従って色の三要素である色相，明度，彩度を配列してできる立体のことで，「色立体」という。

カラーダイナミックス [color dynamics] 工場や設備・機械などの色彩を心理的・生理的に快適にすることを研究する学問。

カラーチェック [color check] 溶接部の検査方法の一種。溶接部に浸透液を塗り，それを乾いた布でふき取ったのち現像剤を塗ると，クラックなどにしみ込んだ浸透液が現像液に吸い出され，その部分が着色されて欠陥が発見できる。「浸透探傷試験」または「レッドチェック」ともいう。

カラー継手 [collar joint] 石綿セメントや鉄筋コンクリート製の管の継手の一種。管と管を突き合わせ，外側からひとまわり大きい径の輪を継手部分にかぶせる。

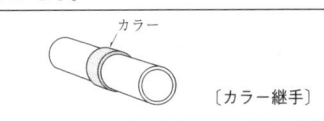

〔カラー継手〕

カラー鉄板 [precoated galvanized steel sheet] 着色塗料をあらかじめ焼付け塗装した亜鉛鉄板(トタン)。屋根や外壁などの材料として使用。「カラートタン」「着色亜鉛鉄板」ともいう。

カラートーン [color tone] 接着剤の付いたフィルムに着色してあるもので，図形なりに切り抜いて貼って使う製図用品。→スクリーントーン

カラートタン ⇨カラー鉄板

カラーハーモニー [color harmony] 建築物，インテリア，衣服などの各部分を目的に合わせて色彩的に調和させること。→カラーコンディショニング

カラーバランス [color balance] 色彩の分量，鮮やかさ，明るさなどを調節すること。写真，映画，テレビなどにおける発色のバランス。

カラービス [color vis] 着色された小ねじ(ビス)の総称。

カラーベスト [colored bestos] 石綿，ポルトランドセメント，無機質材料，陶器質微粒子，防水材などを原料として使った外装仕上材。

カラーライティング [color lighting] 色彩効果を高めるため，カラーフィルターを用いて行う照明のこと。

カラーリング [coloring] 色の塗り方。着色，彩色。→カラースキーム

カラーワイピング [color wiping] 木材塗装の一種。染料を塗り，乾かないうちにふき取り，色をつける方法。

ガラス [glass] 石英やソーダなどを調合し、珪酸塩を主成分とした硬くて透明度の高い内外装材料。

ガラス板 [sheet glass] 平板状のガラスの総称。普通板ガラスのほか網入りガラス、磨きガラス、特殊板ガラスなどがある。「板ガラス」ともいう。

ガラス ウール [glass wool] ⇨グラスウール

ガラス映像調整システム カーテンウォールの方立て及びガラス面の調整機構をもった熱線反射ガラスに周囲の景観を映し出すガラス映像法。

ガラス瓦 [glass roof tile] 採光用や太陽電池との組合せ等で使用される硼珪酸ガラスで作られた瓦。

ガラス グローブ [glass glove] ガラスで作った球形の照明器具。透明なものや乳白色のものなどがある。

ガラス コーティング [glass coating] セメント製品の表面に、釉薬をかけて焼き付け、表面をガラス状に仕上げること。

ガラス スクリーン [glass screen] おもに板ガラスで構成された間仕切り壁。区画はするが視覚的には一体に見せたい場合などに採用する。固定式のものと可動式のものがある。

ガラス スクリーン構法 外壁や間仕切りの大きな開口部に設けるガラススクリーンで、外観がガラスのみで構成されているように見せる構法。スクリーンガラスと強度補強用のリブガラスからなり、天井面と床面に金物の枠が付く。ガラスを自立させる方法と上部から吊る方法がある。→グラサード構法

ガラス繊維 [glass fiber] ⇨グラスファイバー

ガラス繊維強化プラスチック [fiber glass reinfoced plastic] ⇨FRP

ガラス繊維強化コンクリート [glass fiber reinforced concrete] ⇨GRC

ガラス タイル [glass tile] 色、模様のある不透明なガラスをタイル形に加工した内外装材料。

ガラス蝶番 ガラス扉用の蝶番で、ガラスを挟むか穴をあける方法がある。

ガラス パテ [glass putty] ガラスを建具に取り付けるときに使用する粘土状の材料。胡粉・亜麻仁油などを練って作り、ガラスの四周に塗りつけて建具に固定する。今はほとんど使われなくなった。

ガラス ブリック [glass brick] 玄関回りの装飾用スクリーンなどに使用されるガラスをレンガ状に鋳造したもの。網入りや着色、板状、棒状などの形状がある。広義にはガラスブロックを含めていうこともあり、「ガラスレンガ」ともいう。→ガラスブロック

ガラス ブロック [glass block] 方形の皿状ガラスを2つ合わせて溶着した中空のブロック。これを積み上げて壁面を構成したり、天井や床に用いる。→ガラスブリック

ガラス レンガ [glass brick] ⇨ガラスブリック

カラム キャピタル [column capital] 上部の荷重を柱に均等に伝えるために柱の頭部を拡大した部分。「柱頭」あるいは単に「キャピタル」ともいう。→フラットスラブ

ガラリ [louver] 建物外壁に取り付けられ、空気を吸い込み、吹き出す開口部分で、雨水が浸入しないように幅の広い羽根状の邪魔板が付いたもの。

カラン [kraan 蘭] 水栓類・蛇口。

ガル [gal] 加速度の単位で、1ガルは

$1\,cm/sec^2$ に相当する。ガリレオ・ガリレイにちなんだ名称。

カルウェルド工法 [calwelled method]
⇨アースドリル工法

カルキ [kalk 独] 漂白剤に用いる塩化カルシウムおよび次亜塩素酸カルシウムの混合物。さらし粉のこと。

カルシウム硬度 [calcium hardness] 水分中のカルシウムイオンの総量に対応する硬度。

カルナバ鑞 [carnauba wax] ブラジル産のカルナバヤシの葉から取れる鑞。

カルバート [culvert] 暗きょ。地中に埋めた排水路のこと。

ガルバニック腐食 [galvanic corrosion] 金属の保有する自然電位差から異種金属同士の接触によって発生する腐食。

ガルバリウム鋼板 耐食性に優れ、鋼板にアルミニウムと亜鉛の合金を溶融メッキした材料。屋根、外壁、ダクトなどに使用。〔製造：新日本製鐵〕

ガレージ [garage] 車庫。→カーポート

ガレリア [galleria 伊] 屋根付きの商店街、アーケード、建物内の大きな吹抜け空間に設けられた回廊や通路などのこと。「ギャラリー」と同意でも使われる。

カロリー [calorie 仏] 水1gを1℃上げるのに必要な熱量。記号は〔cal〕。また食品のエネルギー量の単位としてキロカロリー（kcal）が用いられる。

カロリーメーター [calorimeter] セメントの水和熱を測定するための装置。「熱量計」ともいう。JIS R 5203。

ガロン [gallon] 液体の容積の単位。記号〔gal〕。

ガン [gum] モルタル、塗料、岩綿などを吹き付ける器具。→セメントガン、スプレーガン

カンコロジー 空き缶を拾い集めて街をきれいにする環境美化運動。

カンタブ 生コンクリート中の塩分量を測定する試験紙。生コンクリートの中に差し込むと、試験紙が水分を吸い上げ色の変化を生じることによって塩分の量が測定できる。〔製造：小野田セメント〕

カンチレバー [cantilever] ⇨キャンチレバー

カンチレバー チェア [cantilever chair] スチールパイプなどにより片持ち形式で作られた椅子。→チェスカチェア

カンデラ [kandelear] 光の強さを表す単位。〔cd〕で表示する。

ガント チャート [Gantt chart] 作業の日程計画やその管理に用いられるグラフ。アメリカのH. L. ガントが考案したもの。バーチャートと同様、作業の開始・終了がひと目でわかる反面、各作業の関連性がわかりにくい欠点がある。→バーチャート

カントリー ハウス [country house] 農村住宅の意。粗末なイメージよりも大きなイメージをもった家。

カントリー ファニチャー [country furniture] 田園調の素朴なイメージの家具。

カントリー リビング [country living] 週末などを郊外で暮らす生活。

ガン屋 ガンを使用して各種の吹付け作業を専門に行う作業者。

キー [key] 扉等の開口部を固定する金物。いわゆる錠前を解除するための道具。鍵。磁石の反発力を利用した電子キーが実用化している。

キーストーン [key stone] 石造やレンガ造のアーチやヴォールトの最頂部に入れる石で，要石のこと。この石を取るとアーチは壊れるので大事な石。

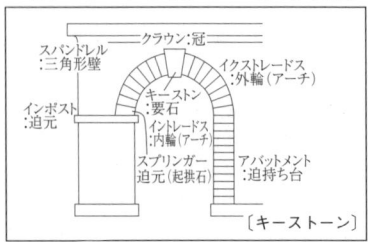

〔キーストーン〕

スパンドレル：三角形壁
クラウン：冠
イクストレードス：外輪（アーチ）
インポスト：迫元
キーストン：要石
イントレードス：内輪（アーチ）
スプリンガー：迫元（起拱石）
アバットメント：迫持ち台

キーストンプレート [keystone plate] 鉄骨造のスラブ型枠として用いられる溝付きの鋼板。デッキプレートよりも凹凸が小さい。

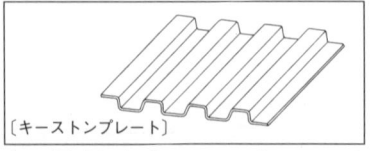

〔キーストンプレート〕

キーテナント [key tenant] ビルに店舗を入れる場合，ビル全体の雰囲気を決める中心的存在となる店舗のこと。

キープラン [key plan] ある部分が全体のどこに位置するかを表す図面。例えば建具に符号を付けて，その建具が建物の平面図においてどの位置にあるかを表した図面。

キーン(ス)セメント [Keen's cement] 半水塩に焼成した石膏にミョウバン液を含浸水和させ，約1000℃で焼成して製造される無水石膏を主成分としたセメント。塗装や各種石膏製品に用いられる。

キオスク [kiosk] トルコ風のあずまや。駅の売店や電話室などの小さな建物の呼称にも使われる。

ギガ [giga] 10億倍（10^9）を表す単位。ギリシア語のgigas（巨人）から派生している。

キシラデコール 木材保存用塗料。木材に浸透させる塗料で，自然の木肌が生かせる。〔製造：武田薬品工業〕

キシレン [xylene] 芳香族化学物質の一つで，油性ペイントやアクリル樹脂塗料・エポキシ樹脂系接着剤に含まれ接着剤や塗料の用材に使用されている揮発性有機化合物（VOC）の一種。シックハウス症候群の原因の一つとされており，厚生労働省では室内濃度のガイドラインを 0.20 ppmと規定している。→トルエン，VOC

キスアンドライドシステム [kiss and ride system] 駅から離れて郊外に住む人が多くなり，通勤・通学に際し最寄りの駅まで家族が車で送迎する方法。→サバーバン，パークアンドライドシステム

キセノン閃光ランプ [xenon electric flash lamp] 小型のキセノンランプと電子点灯装置により発光するランプ。

キセノンランプ [xenon lamp] 石英ガラス管の中にキセノンガスを封入し

た白色光源電球。

キッズルーム [kids room] 幼児の遊戯室。共同住宅の共用施設として設けることがある。

キッチュ [kitch 独] まがい物，低俗なことを意味するドイツ語。

キッチンウエア [kitchenware] 台所用品の総称。

キッチンキャビネット [kitchen cabinet] 台所に設備する食器戸棚。造付けのものが多い。

キッチンサブシステム [kitchen sub system] 工場生産された部品・部材を建築の部分として構成するのをサブシステムというが，キッチンセット，キッチンユニット，システムキッチンなどの総称。

キッチンセット [kitchen set] 調理台，流し台，レンジなどのユニットで構成されている台所用家具のセット。JISでは第一種に分類されている。

キッチンタイプ [kitchen type] 厨房器具の配列形式で分類される台所の型。流し，調理台，レンジなどの配列によってⅠ型，L型，Ⅱ型，アイランドキッチンなどに分類される。→アイランドキッチン

キッチン独立型 煙，臭いなどが他の部屋に流れていかないように，キッチンを独立して設計する形式。

キッチンパネル [kitchen panel] 流し台の前の壁に張る内装材。調理時の汚れが清掃しやすいタイルやホーローなどが使用される。

キッチンユニット [kitchen unit] 厨房用家具の寸法，材質を統一し，組合せが自由な方式のシリーズ。

キット [kit] 一つのものを組み立てるための材料一式，または道具一式。

キトークリップ ワイヤーロープの端部のくくり止め金具。ワイヤークリップよりも短時間でくくることができるように工夫されている。商品名。

キネティックアート [kinetic art] 動く美術の意で，作品に変化を与え偶然性から発見のおもしろさ等を提唱する前衛的美術。カルダーのモビル彫刻や風力を利用したもの，あるいは動力を用いたものなどがある。

ギムネ 木材に小径をあける錐。「ボルト錐」ともいう。

ギヤードエレベーター [DC geared elevator] 巻上げ電動機の回転をウォームギアで減速して綱車を駆動させる方式のエレベーター。

キャスター [caster] 家具，運搬具などの脚部に付ける回転可能の金具をもった小さな車輪。車輪の回転を止めるためのストッパー付きのものもある。

キャストストーン [cast stone] おもに外装の貼り石に用いられる人造石ブロック。本石に近い外観が得られる。

キャッシャー [cashier] ホテルなどの支払いをするカウンターのこと。

キャッシュ [cache] コンピューターのシステムを高速化するために置かれる小容量の高速メモリ。

キャッシュフロー [cash flow] 現金の収支。企業財務の安全性，健全性の指標となるが，最近では企業財務に対するファシリティへの投資や運営費の重要性が注目され，キャッシュフローにも関心が高まっている。

キャッシュレス電話 [cashless telephone] 加入者は，自分の電話番号，キーコード，暗証番号，相手先の電話番号をプッシュホンから通信すると，公衆電話から現金がなくてもかけられ

キャッチ錠 [transom catch] 回転窓の上框などに付ける戸締り金具。

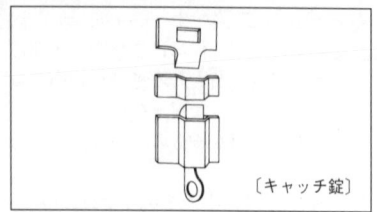

〔キャッチ錠〕

キャッチ セールス [catch sales] 街頭で通行人を呼び止めて行う商行為。

キャッチパン サッシのジョイント部から浸入した水を受けて外部に排水するように工夫された漏水防止部材。連窓サッシの上枠のジョイント部等に付けられる。

キャッチ ベース 鉄骨のフランジ部分をくわえてネジ留めで固定するクランプ。仮設の階段手すり、鉄骨建方時のユニット足場受け、柱の溶接足場などさまざまな仮設設備に使用される。

ギャッチ ベッド [gatch bed] 立位姿勢のとれない障害者や重症患者、手術後の患者、自由移動のできない病弱者や高齢者用のベッド。ベッドの上半分または下半分が、手動あるいは電動で簡単に上げ下げできる機能をもつ。

キャッチホン [catchphone] 住宅用電話のサービス機能。通話中に他からかかってきた電話の呼出し音が聞こえ、フックスイッチ操作で後からの相手と通話でき、もう一度フックスイッチ操作で前の相手と通話できる機能。

キャットウォーク [cat walk] 常時人が近づきにくいような場所にある機器を点検するため設けられた、はしご状の水平通路。劇場の舞台上部とか体育館の天井面などに設けられる。

キャッピング [capping] コンクリートのテストピースの天端をセメントペーストなどで平らに仕上げること。

キャップ [cap] 管端部等を閉じるために用いる雌ねじを切った栓。

ギャップ [gap] ①接合部において接合作業に必要な有効寸法のこと (JIS A 0002)。②不ぞろい、くい違い、すき間などのこと。

キャップ タイ [cap ties] 梁のスターラップを最初にU字形に組み、後から上部をかぶせる方法で上にかぶせる鉄筋のこと。「らっきょ」ともいう。

〔キャップタイ〕

キャップ ナット [cap nut] ボルトを通す穴が途中までしかあいていないナット。外観がナットしか見えないようになる。「ふくろナット」ともいう。

キャノピー [canopy] ベッドや祭壇上部に設けられる天蓋から転じて、車寄せ等の出入口の上部に設けられるキャンバスなどで作られる日除け。

キャノピー スイッチ [canopy type switch] 照明器具の箱体の中に取り付け、ひもを引いて点滅するスイッチ。

キャノピー フード [canopy hood] 汚染源の上部に設置される排気フード。

キャピタル [capital] 柱の上部の意。

柱の上部は梁との接点となり力強さを表現するためさまざまな装飾がなされた。ドーリア式，コリント式，イオニア式，コンポジット式等がある。「カラムキャピタル」ともいう。→オーダー

キャピタル ゲイン［capital gain］ 有価証券や土地などの資産を売却した場合の購入金額との差益。逆に差損の場合はキャピタルロスという。

キャビテーション［cavitation］ 流体のある部分における静圧が，そのときの液温に相当する蒸気圧以下になると，その部分で局部的な蒸発を起こして気泡を発生すること。ポンプ，管路中の絞られた部分，曲管部，流速が速く静圧が下がる所に発生し，騒音，振動，潰食などを起こす。

キャビネット［cabinet］ 木製収納家具の総称。オーディオ，テレビの外箱なども含む。

キャビネット図［cabinet drawing］ 簡単に立体図を表現する方法で，奥行を45°とし，縮尺は同じにして描くもので，「斜投影法」ともいう。→キャビネット

キャピラリー水［capillary water］ セメント硬化体の中の空間（もともとは水が存在していた）で，セメントゲルで充てんされていない部分に残った水のこと。この空間の少ないほど強度は大きくなる。

キャビン［cabin］ 粗末な小さい家，小屋が原義で，船室・飛行機の客室等をいう。キャビネットは小さな物入れの意。→コテージ，ロッジ

キャブシステム cable box network systemの略。電柱を使って上空に張りめぐらされている電線・電話線や各種ケーブル類を地中構造物（ケーブルボックス）内に納めてしまうシステム。点検が容易にでき電柱も不要で，道路の有効利用ができるなどの利点があり情報社会への重要な役割を果たすシステムの一つ。

キャプション［caption］ 映画の字幕，タイトル，印刷物の挿絵，写真の説明文などのこと。

キャブタイヤ ケーブル［cabtire cable］ ゴム絶縁した心線の上を丈夫なゴムでさらに被覆したもの。振動，摩擦，屈曲，衝撃などに強い。「キャブタイヤコード」ともいう。

キャブタイヤ コード［cabtire cord］ ⇨キャブタイヤケーブル

キャブ チェア［cab chair］ 硬い皮で作られた椅子。

キャプテン チェア［captain chair］ 木製または金属製のフレームに，キャンバスの座面，背もたれを付けた折りたたみ式の椅子。船長が使っていたことから，こう呼ばれている。

キャフム［CAFM］ computer aided facility managementの略。ファシリティを総合的，計画的，効率的に管理するため，CAD化された図面情報とデータベース，企画・計画・運営管理・業務管理用ソフトウエアを利用した，ファシリティマネジメント。「コンピューター支援ファシリティマネジメント」ともいう。

キャラクタリスティック ダイヤグラム［characteristic diagram］ ⇨フィッシュボーン

キャラバン［caravan］ ①イギリスにおける移動式住宅のことで，二輪または四輪付きで，自動車で引いて移動する。アメリカでは「トレーラーハウス」という。②中近東や北アフリカの隊商

のこと。

キャラメル 鉄筋のかぶり厚さを確保するためのスペーサーの一種。四角いキャラメル形のモルタル製ブロック。

ギャラリー［gallery］ 画廊。建物の吹抜けになったホールや体育館などで、周囲の壁から跳ねだしてつくられた通路あるいは回廊。

キャリー オーバー［carry over］ 水や空気の流れに物質が連行されること。冷却塔の送風機出口から水滴が飛散していくことなどをいう。

キャリブレーション［calibration］ 測定装置の目盛り合せ。例えばハイテンションボルトの締付け機械が、所定のトルク係数値を発揮するかどうかを基準器を使って確認することなど。

キャリブレーター［calibrator］ 鉄骨の本締めに際して、トルク係数値の測定や締付け機械の調整を行い、ハイテンションボルトの軸力を計測する機械。油圧形式のものが一般的。

キャレル［carrel］ 大学図書館や研究所図書館などで見られる、書庫内に区画された個人用の読書席。

キャンチレバー［cantilever beam］ 一端が固定支点で他端が自由となっている梁。「片持ち梁」「カンチレバー」ともいう。

キャント［cant］ 屋根防水などの下地として、立上りの入隅部にいれ、下地の動きによる防水層の破断を防ぐもの。「キャントストリップ」の略。

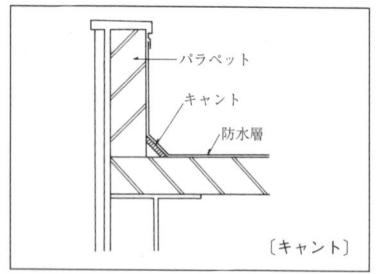

キャントストリップ［cant strip］ ⇨ キャント

キャンバー［camber］ ①自重あるいは荷重を受けたとき、正規の位置に納まるよう前もって付けるむくり。型枠や鉄骨梁で行われる。②すき間を調節するために用いるくさび形の木片。

キャンバス チェア［canvas chair］ 麻製の丈夫な布地で座面、背もたれを張った椅子。

キャンバス継手［canvas connection］ 送風機の振動がダクトに伝わらないようにするために、送風機とダクトの接続に用いる布製の継手。

キュービクル［cubicle］ ①鋼板製の箱に収めた閉鎖型配電盤の総称。②大部屋を区切った小室や小区画に仕切られ連続して設けられた脱衣室・読書室など。

キュービズム［cubism］ 20世紀初頭の芸術運動の一つで、対象をあらゆる角度からとらえて幾何学的形態にもどして表現しようとした。ピカソ、ブラックが有名で「立体派」という。

キュービック［cubic］ 立方体。

キュービック タイプ［cubic type］ 工場で組み立て、現場に設置するバスユニット。

キューレン［curett］ キューレットの通称。爆薬装てん穴の中を掃除するための耳かき状の器具。

キュリー［curie］ 放射能の単位で、毎秒の崩壊数が 3.7×10^{10} 個のときの放射能を1キュリーという。1gのラジウムの放射能は1キュリー。

キュレーター［curator］ 美術館の企

［キャント］

画・運営を担う人で，学芸員という。

ギリシア瓦 [Greek roof tile] 洋瓦の一種。

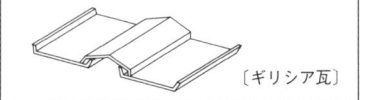

〔ギリシア瓦〕

キリンジャッキ ⇨スクリュージャッキ

キルティング加工 [quilting processing] 保温効果を上げるため，二枚の布の間に綿などをはさみミシン縫いをしたもの。→ボンディング加工

ギルド [guild] 中世ヨーロッパの都市における商工業者の職能団体。

キルンドライ材 [kiln-dry] 人工乾燥を行って含水率19%以下にした木材で，「KD材」ともいう。→グリーンウッド

キンク [kink] ねじれたりよじれたりする状態をいい，ワイヤーロープなどをこの状態で使用すると切れやすい。

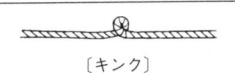

〔キンク〕

キング サイズ ベッド [king size bed] ベッドの中で最も大きいサイズのもの。セミダブルベッドのマットレス2つぶん程度の大きさ。

キング ポスト トラス [king post truss] トラスの基本形式の一つで，山形トラスの中央に真束(しんづか)と呼ばれる垂直材をもつトラス。→クィーンポストトラス

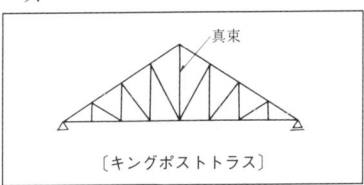

〔キングポストトラス〕

キンダーガーデン [kindergarten 独] ドイツ語のkinderは子供の，gartenは庭または園の意で，幼稚園のこと。

キンネン ⇨キンネンブロック

キンネンブロック 滑車。「キンネン」「シーブ」「スナッチブロック」ともいう。

ク

クアイエット ゾーン [quiet zone] 騒音を厳しく規制している地域。

クアハウス [kurhaus 独] クアは治療，ハウスは家の意で，保養や治療を目的に，各種の入浴施設やトレーニング施設をもち，温泉を利用した体力づくりをする施設。→リハビリテーション施設

クィーン アン [Queen Anne] イギリス・アン女王時代のロココ様式をいう。猫脚といわれる曲線脚が特徴。

〔クィーンアン〕

クィーン ポスト トラス [queen post truss] 山形トラスの中央に四角形の格間のあるトラス形式。→キングポストトラス

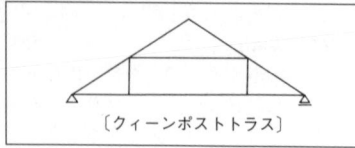

〔クィーンポストトラス〕

クイック オープン特性 [quick opening characteristics] 弁が少し開くと,流量がほぼ100％となる弁特性。

クイック サービス ゾーン [quick service zone] コピーやファクシミリ,シュレッダーなど,多くの人が短時間使用する事務機器をまとめて設置した区画。

クイックサンド [quicksand] 浸透水が上昇する影響で砂質地盤が液状化する状態。

クーポラ [copula 羅] ドームと同じ意であるが,特に屋根や小塔の上に設けられる小ドームをいう。

クーポン ルーム [coupon room] 銀行内に設けられた貸金庫。庫内に保護箱を備え付け,客に自由に利用させる。「貸金庫」「保護金庫」ともいう。

クーラー スリーブ マンションなどで空調機を取り付けるとき,室内機と室外機をつなぐ配管を通すために,あらかじめ設けてある壁の貫通孔。

クーリング オフ [cooling off] 訪問販売や旅行招待販売などで,購入者の意思が不安定な状況で行われた契約について,一定期間内であれば無条件に解約できる消費者保護制度。不動産売買については,宅地建物取引業者の事務所またはそれに準ずる場所以外の場所で行われた売買契約について,クーリングオフが適用される。

クーリング タワー [cooling tower] 冷却塔のこと。空調用の冷却水を再循環使用するため,通常は屋上に設置される熱交換装置。「CT」と略す。

クール [cours] ある期間を表す単位。週1回で,10週を1クールというように使う。

クーロン [coulomb] 電気量の単位。電流1アンペアが1秒間に送る電気量のこと。記号〔C〕。フランスの物理学者 C. A. de クーロンにちなんだ名称。

クーロン土圧 [Coulomd's earth pressure] クーロンが提唱した土圧論。擁壁の背面の土が滑り落ちる力(主働土圧)と横圧によって押し上げられる力(受働土圧)の平衡条件から,擁壁面に掛かる土圧を算出する。

クォーター スケルトン貸し 貸しビルの貸し室引渡し形態の一つ。テナントによるカーペット・天井材・壁など内装の自由度の高い標準仕様のことで,スケルトン貸しと標準仕様貸しの中間に位置するもの。→スケルトン貸し

クオリティ [quality] 建物・建築設備・空間等のファシリティの機能・性能や提供するサービスに対して行われる相互的な評価結果。ファシリティに関しては設計品質,使用品質,製造品質,施工品質,サービス品質などがある。

クオリティ オブ ライフ [quality of life] 生活者の満足感・安定感・幸福感を規定している諸要因の質,生活の質,人生の質等とも呼ばれる。略して「QOL」。

クオリティ コントロール [quality control] ⇨QC

クオンティティ サーベイヤー [quantity surveyor] ⇨QS

クック トップ [cook top] システムキ

クッション［cushion］背もたれ用，仮眠用枕となる小型ふとん。

クッション フロア［cushion floor］発泡体を塩化ビニル系シートでサンドイッチした弾力性のある床材。弾力があって歩行感がよい。

グッド デザイン運動 1950年，アメリカでグッド・デザイン展が開かれ，日本でも機能・品質・形状・安全性等に優れた作品を民間団体が選定していたデザイン普及活動。通商産業省(現経済産業省)は昭和32年(1957)よりいわゆる「Gマーク」を設定し，官側での運動を行ってきた。→Gマーク

クライアント［client］建築工事を企画し関係業者に発注する人。「オーナー」ともいう。

クライアント／サーバー方式 コンピューターによって管理するシステムの一つで，端末と端末とが直接あるいは通信サーバーを通してデータ処理と通信が行われる弾力的なシステム構築と運用を可能とする特色をもつ。

クライシス［crisis］リスクマネジメントにおける危機のうち，心理的・マクロ的な損害のこと。→リスクマネジメント

グライド［glide］ソファーやベットを移動するのに，滑りやすくして床を保護するために付けられるもので，「ドメス」ともいう。→プレラック

クライミング［climing］タワークレーンの旋回体を上昇させること。「マストクライミング」と「フロアクライミング」の2通りの方法がある。

クライミング クレーン［climing crane］ ⇨クライミング

グラインダー仕上げ［grinder finish］研削機，研摩機などを使って材料の表面を削ったり，みがいて仕上げを行うこと。

グラウティング［grouting］亀裂や空隙を埋めるために，セメントモルタルや薬液・接着剤などを注入すること。「グラウト」ともいう。

グラウト［grout］ ⇨グラウティング

グラウト ポンプ［grout (ing) pump］モルタルや薬液の注入・充てん用のポンプ。ピストン式，プランジャー式，油圧式などの構造形式があり，注入・充てんの目的に応じて選定される。

グラウト ミキサー［grouting mixer］モルタル，薬液などのグラウト材を混練するかくはん器。

グラサード構法 ガラススクリーン構法の商品名。〔製造：旭硝子〕→ガラススクリーン構法

グラサル 表面を無機質顔料でセラミック化させた珪酸カルシウム板。おもに室内の壁の仕上材として用いられるが，水に強いので外部仕上げに用いられることもある。〔製造：東レ〕

クラシシズム［classicism］古典主義。古代ギリシア・ローマ時代の美術を模範とする考え方で，18世紀中頃に興った芸術運動を特にネオクラシシズムという。バロック・ロココの反動で生れたが，ポンペイ遺跡の発見が引き金になったといわれる。

クラス［class］①クリーンルームの清浄度の水準を表し，1cf³中に浮遊する0.5μm以上の塵埃(じんあい)個数が呼称となる。②バイオハザードを防止するための物理的封じ込めの水準を表し，4段階がある。数が大きいほど，封じ込

む水準が高い。→P3レベル，P4レベル

グラス ウール [glass wool] ガラスを溶融して短繊維をつくり，綿状の集合体とし，接着材を混ぜて板，筒，帯状に形成した断熱吸音材。「ガラスウール」ともいう。→ファイバーグラス

グラス ウール ダクト [glass wool duct] グラスウールを熱硬化性樹脂で処理・成形したダクト。外面はガラス繊維で補強されたアルミ箔で覆い，内面は難燃性黒色樹脂コーティングを施す。吸音性が良く，施工面での省力化がはかれる。

グラス ガーデン [glass garden] ⇨テラリウム

クラス硬さ [class hardness] 鋼球を半径の深さまで押し込む力を，その球の断面積で除した値で，硬さを表示。

グラスゴー派 [Glasgow school] スコットランドのグラスゴーで，建築家マッキントッシュによって進められた様式。19世紀末の耽美を象徴したもの。

クラスター [cluster] 形としてはブドウの房状のものをいうが，都市計画等で住宅を配置する街区単位のこと。

クラスター プラン [cluster plan] 同一規模をもった建物（例えば住戸）を一本の道に対してブドウの房のような配置とした設計。まとまりをもった地域計画ができる。

クラスター分析 [cluster analysis] まとまりあるグループをデータとして解析する多変量解析方法。→クラスター

グラス タイル [glass tile] 厚さ5～11mmのガラス製張付けタイル。耐水性，耐薬品性を要求される所に使用。

グラス テックス [grass tex] 植物繊維とアスファルトを混合して舗装したもので，グラウンドに用いる。

グラス ハウス [glass house] アメリカの建築家フィリップ・ジョンソンの設計した周囲をガラスで囲んだ住宅。オープンプランとして，バス・トイレのコア（核）部分以外を一つの空間として設計してある。

グラス ファイバー [glass fiber] アルカリの少ないガラスを急速に引き伸ばしてつくられる人造繊維。断熱材や吸音材，光ファイバー，あるいはコンクリートやプラスチックの強度を増大させる材料として使用される。「ガラス繊維」ともいう。略して「GF」。

クラック [crack] 亀裂，ひび割れ。

クラック スケール [crack scale] コンクリートのひび割れ状態やひび割れの幅を観測する計測器。

クラッシャー [crusher] 岩石などを粉砕して砕石をつくる機械。

クラッシャー ラン [crusher run] おもに舗装の下層路盤や目つぶしなどに用いられる砕石。

クラッド鋼板 [clad plate] 鋼板の片面または両面にニッケル，ステンレス，アルミニウムなどの異種の金属を接合した複合材料。

グラデーション [gradation] 等級づけあるいは段階などのこと。明るい色から暗い色へ，または赤から緑へといったように，色や形の変化を段階的に配列する手法。

グラニー フラット [granny flats] 離れ座敷や既存の住宅敷地内に立てられた独立住宅のこと。

グラビティ ヒンジ [gravity hinge] 丁番の一種。扉が開きながらせり上がり自重で閉まる仕組み。

グラファイトペイント [graphite paint]

〔グラビティヒンジ〕

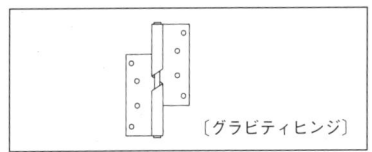

高純度黒鉛（グラファイト）を顔料とした油性ペイント。塗膜は透水性が少なく，耐候性に優れる。

グラフィックアート[graphic art] 線による表現を中心とした美術で，コンピューター制御によるコンピューターグラフィックがある。→コンピューターグラフィックス

グラフィックパネル[graphic panel] 系統図や機器の配置図を大きなパネルの上に書き込み，その中に計器やランプを組み込んで，運転状況や故障個所などの監視をしやすくした盤。

クラフト[craft] 工業製品に対して，手工芸で物を作る仕事または製品（民芸品）。→アーツアンドクラフツ

クラフトマン[craftman] 工芸家，手工業者。

クラフトタイル[craft tile] 工芸的にデザインされたタイルの総称。

クラフトデザイン[craft design] 手工芸品のデザインのこと。→クラフト

クラフトペーパー[kraft paper] 硫酸パルプから作った褐色で丈夫な耐湿性のある紙。「ハトロン紙」ともいう。

クラブハウス[club house] 更衣・休憩のためのゴルフ場の中心施設。

グラブバケット[grab backet] ⇨ガット

グラマースクール[grammar school] 8年制の小学校（米）。公立中学校（英）。

クラムセル[clam shell bucket] 土工事用掘削機。クレーンで吊ったバケットを口の開いた状態で落下させ，それを閉じて土砂をつかみ取る。

〔クラムセル〕

グランドアンカー[ground anchor] ⇨アースアンカー

グランドウォーター[groundwater] 地下水。

グランドコート[ground coat] 下塗り。

グランドパッキン[gland packing] 遠心ポンプの軸封方式の一つで，軸周のすき間に木綿等の詰め物をして水が漏らないようにしたもの。

グランドフロア[ground floor] イギリスでは建物の1階のことで，2階をファーストフロアという。日本やアメリカでは，1階をファーストフロアという。

グランドホッパー[grand hopper] 生コン車などからコンクリートを一時的に受け取り，カートなどに供給する鋼製容器。

グランドマスターキー[grand master key] 事務所やホテル等で管理者が使用する各室共通の鍵（マスターキー）のうち，全館で使用できるキーのこと。階ごとに使用されるものをサブマスターキーという。

グランドライン[ground line] 建物に接している地盤面のこと。特に建物の接地面の平均値を求めて，高さを計

る基準とするための仮定線を設計GLという。「GL」と略す。

グランドレベル [ground level] 地盤面。

グランドワーク [ground work] 1980年頃イギリスで始まった環境改善運動のこと。

クランプ [clamp] 鋼管足場の組立てに使用するパイプ同士の結合金物。「パイプクランプ」ともいう。

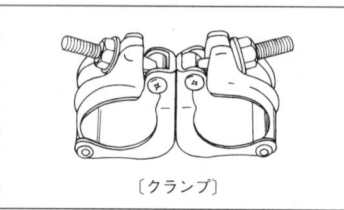

〔クランプ〕

クリア [clear] ⇨フタル酸樹脂ワニス

クリアーカット [clear cut] ガラスの強度の低下を防ぐため、切断口に傷をつくらないようにカットすること。

クリア材 [clear rumber] 輸入木材のオーク材の仕上げの分類で、造作に使われる最上級のもの。→ファクトリーランバー

クリア電球 [clear lamp] 発熱電球のガラスが透明なもの。

クリアランス [clearance] すき間。余裕。

グリース [grease] 車軸・歯車など機械部品の潤滑剤として用いられる軟膏状の粘度の高い潤滑油。鉱油にソーダ石けんやカルシウム石けんなどを混ぜて作られる。

グリーストラップ [grease trap] 厨房などから排出される多量の油脂が排水管中に流れて付着し、管路をふさぐのを防止するために設ける油だまり。「脂肪トラップ」ともいう。

グリースフィルター [grease filter] 厨房等の油性煙が発生する場所のフードや吸込み口に取り付ける、油滴を除去するためのフィルター。

クリーナープロダクション [cleaner production] 資源、エネルギーの活用や不要物の発生抑制のために、生産工程で原材料の選択、生産方法の改善、設計、変更を行う生産システム。

クリープ [creep] 一定の荷重が持続して作用する際、材料の変形が時間とともに増大する現象をいう。

グリーンインテリア [green interior] 観葉植物など自然の植物をインテリアとして採り入れること。日本では土つきの植物を室内に入れる習慣はなかったので、洋風な生活様式といえる。

グリーンウエア [green ware] 焼物やタイルの素地。

グリーンウッド [green wood] まだ十分に乾燥していない木材。生木。→キルンドライ材

クリーンエネルギー [clean energy] 温室効果ガス抑制のために用いられる天然ガス、原子力、水力、風力、潮力、太陽光、太陽熱エネルギーなどの総称。自然環境を汚染する有害な排ガスや廃棄物を生じない無公害エネルギー。石炭や石油に代わって二酸化炭素を少ししか出さない、またはまったく出さないエネルギーとして世界各国で研究開発・実用化が進められている。

クリーンエネルギー自動車 [clean energy vehicles] 電気自動車、天然ガス自動車、ハイブリッド自動車などのように、二酸化炭素の排出を極力抑制したり、まったく排出しない自動車の総称。

クリーン開発メカニズム [clean development mechanism] 先進国が発展途上国の温暖化ガスの排出抑制のために行う技術・資金援助。「CDM」ともいう。

グリーン カット [green cut] 水平打ち継目のレイタンスを除去するため,硬化中のコンクリートに圧力水と圧縮空気を吹き付けてレイタンスを除去する工法。硬化後に行うのはサンドブラスト工法による。

グリーン カラー [green collar] コンピューター関係の仕事に従事する労働者。プログラマー,システムエンジニアなど,コンピューターの出現で生れた新しい労働者。

グリーンキー協会 1994年,デンマークのホテル経営者組合と環境保護団体によって設立。ホテルの地球環境と健康への配慮について,独自に定めた55項目の環境基準で評価を行う。認定を受けたホテルを「グリーンキーホテル」といい,世界で注目を集めている。

グリーンキー ホテル ⇨グリーンキー協会

グリーン購入法 [Green Purchasing Network] 大口消費者としての企業や自治体が,環境への負荷の少ない商品を購入・調達するグリーン購入・調達を促進するために協力しあう目的で,1996年に設立した組織。グリーン購入に関する情報収集や発信を行う。→グリーン調達

グリーン コーディネーター [green coordinator] 室内を飾る観葉植物と周囲との調和を総合的に演出する人。

クリーン コール テクノロジー [clean coal technology] 地球温暖化や酸性雨などの環境問題への対応および石炭の有効利用から開発が進められている石炭利用技術の総称。「CCT」ともいう。

グリーン コリドー [green corridor] 自然に恵まれない都市の生物層を豊かにするために,自然を連続的に展開させ,自然の豊かな地域から豊富な動・植物の種の供給,導入を可能とする手法。「緑の回廊」ともいう。

グリーン コンクリート [green concrete] ⇨フレッシュコンクリート

グリーン コンシューマー [green consumer] 1980年代後半から欧米を中心に増加してきている,企業に対して環境へ悪影響を及ぼす製品をつくらせないように,物を選んで購入する消費者のこと。

グリーン GNP [green Gross Naitonal Product] 環境面を含めた豊かさを示す指標として考案されたもので,GNPから環境保全費用を引いた数値で表される。したがって,環境保全費用が多くかかる国は,GNPが高くても豊かとはいえない。

グリーン GDP [green GDP] 大気汚染や自然資源の減少分を盛り込んで得られた国民総生産(GDP)のこと。

グリーンスケープ [greenscape] 都市や居住環境を良好にする緑の自然,景観のこと。

グリーン スケープ デザイン [greenscape design] 緑によって,場所の特性や環境を生かし,都市や居住環境を豊かにするような計画。

グリーン調達 [green procurement] 環境に与える悪影響が少ない(廃棄処分の際の無害化やリサイクルの容易化等)材料,部品,製品などを優先的に調達すること。→グリーン購入法

グリーン ハウス [green house] 温室

のこと。「ホットハウス」ともいう。

グリーンピース 自然保護などの対策に取り組んでいる政府以外の団体や組織（環境NGOと呼ばれる）の一つで，捕鯨の禁止や核実験の中止に貢献した実績をもつ。

クリーン ヒーター［clean heater］ 燃焼排ガスを室内に放出しないよう工夫された暖房用燃焼器具。

グリーン ビジネス［green business］ 樹木や肥料など緑化に関するものの生産，販売，施工にかかわる業種の総称。

クリーン ブース［clean booth］ 局所的に清浄空間をつくる装置で，超高性能フィルターを数ユニット組み合わせた吹出し面を天井に取り付け，周囲空間をビニール膜で区画し，可搬形に組み立てたもの。

グリーン プロデューサー［green producer］ 環境負荷の少ない製品作りを行う企業のこと。

グリーンペーパー［green paper on remendying environmental damage］ ヨーロッパでの環境全般にわたる各種の被害の修復をめぐる民事責任に関する新制度導入を提案した討議文書。1993年3月にEC委員会（1993年11月よりEV委員会に改称）がこの文書を発表した。

グリーン ベルト［green belt］ ①都市周辺の環状緑地帯。②道路の中央や歩車道境界にある樹木や花を植えた分離帯。

クリーン ベンチ［clean bench］ 机上の狭い領域のみを局所的に清浄にする装置。机の奥の正面に超高性能フィルターを取り付け，そこから手前に清浄空気を吹き出すのが一般的。

グリーン マーク 雑誌，コピー用紙などに代表される古紙を再生利用したものに添付されるラベルで，古紙再生センターが表示を義務づけている。マークの収集に応じて学校・町内会等に苗木が送られる。

グリーン ラベル［green label］ LPガスの安全性を示すためにガス器具に付けられるラベルで，液化石油ガス漏れ警報機検定合格証のこと。

クリーン ルーム［clean room］ 室内に存在する浮遊塵埃（じんあい）量を極端に少ない値に管理している室。半導体工場，超精密機械工場，手術室などの用途に使われる。「無塵室」ともいう。→スーパークリーンルーム，バイオクリーンルーム

クリスタル ガラス［crystal glass］ ガラスブロックなどに使われる透明度の高い高級ガラス。

クリスタル パレス［Crystal Palace］ 水晶宮。1851年，第一回ロンドン万国博覧会において J. パクストンが設計した，鉄とガラスでつくられた展示館。

クリスモス［klismos］ 古代ギリシアの脇椅子。

グリッド［grid］ 設計や分析の基準とするます目または方眼のことで，使う目的に合わせて大きさが決められる。古来の日本住宅は3尺のグリッドが用いられている。

グリッド システム［grid system］ 格子状に柱を配置する設計手法で，わが国の3尺×3尺がこれにあたる。→グリッドパターン

グリッド パターン［grid pattern］ 建築計画や都市計画などで，繰り返し用いられる方形のこと。

グリット ブラスト［grit blast］ 鋳鉄の細片（グリット）を圧縮空気で吹き付

けること。鉄部の錆や汚れ落しとして行う。

グリッド プランニング［grid planning］建築設計に際し、一辺が一定寸法で描かれた方眼を基準にして地域分析や平面計画をすること。→シングルグリッド

クリッパー［clipper］鉄線切断用の大ばさみ。

グリッパー［gripper］じゅうたんを固定するために部屋の四周に取り付けられた針の突き出た板。「グリッパーエッジ」ともいう。→カーペットグリッパー

グリッパー エッジ［gripper edge］⇨ グリッパー

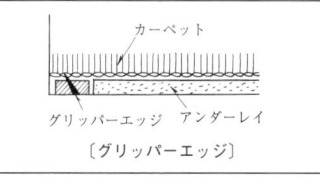

〔グリッパーエッジ〕

グリッパー工法 ⇨カーペットグリッパー

クリッピング［cliping］新聞、雑誌を切り抜いて情報を集めること。

クリブ［crib］幼児用ベッド。「サークルベッド」「ベビーベッド」ともいう。

クリップ［clip］①物を挟むための金物。笠木や庇を左官仕上げする場合に定木を固定するための挟み金物。②ワイヤロープを緊結するための金具。この場合、特に「ワイヤークリップ」と呼ぶ。

グリップ アンカー［grip anchor］鉄筋コンクリート構造体などにアンカー鉄筋を取り付ける場合に用いる金具。コンクリートに電動ドリルなどで穴をあけて打ち込み、これに鉄筋をねじ込んでアンカー鉄筋として使用する。

グリップ ジョイント工法［grip joint method］鉄筋の圧着継手の一種で、継手用スリーブ（鋼管）に2本の鉄筋を挿入して冷間加工して接続する工法。

クリティカル サクセス ファクター［critical success factor］ベンチマーキングに関する用語。顧客満足の達成を目的とした場合の顧客満足に影響を与える条件や変数。

クリティカル パス［critical path］工程管理の手法であるパートにおいて、各作業の順序や所要時間の関係の中で最も隘路（あいろ）となっている経路のこと。

クリティカル パス メソッド［critical path method］ネットワーク手法の一つで、所要時間とコストの関係から最適工期を求めるもの。建物の補修、設備機器の取り替えなどのプロジェクトの計画・管理に適用される。「CPM」ともいう。

クリモグラフ［climatograph］気候図。各地の温湿度の月平均値を、温度を縦軸に湿度を横軸に書き込んだ図。

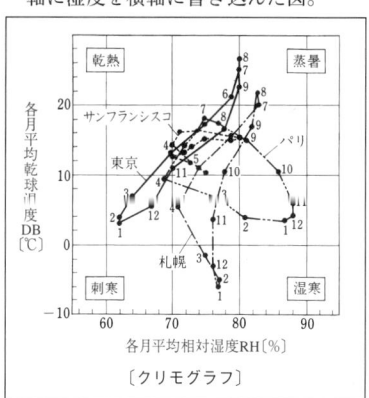

〔クリモグラフ〕

クリヤ ラッカー [clear lacquer] 顔料を入れない透明なラッカーで，光沢があり，家具造作の木地を生かす仕上げなどに使用される。略して「CL」ともいう。JIS K 5532。

グリル [grill] ①魚肉の焼き網またはその料理。②[grille] 鉄格子。建具や設備の吹出し口，吸気口などに設ける金属製の格子をさす場合が多い。「ルーバー」ともいう。

グリル型吹出し口 [grill type diffuser] 矩形の開口に格子状の羽根を取り付けた空調吹出し口。

クリンカー [clinker] セメントの製造工程において得られる焼塊をいい，これを粉砕して石膏を加えるとセメントができる。

クリンカー タイル [clinker tile] セメントの製造過程でできる焼塊（クリンカー）を混ぜてつくられたせっ器質タイル。食塩釉薬を施し，高温で十分に焼成したもので，床用タイルや陸屋根の防水押え用タイルとして使用。

クリンプ網 [crimp mesh] フェンスなどに使用される鉄線を織った金網。縦・横に織ったものと菱形の2種類あり，JISでは前者を「クリンプ金網」，後者を「ヒシ形金網」とに区分している。「クリンプメッシュ」ともいう。

クリンプ ネット [crimp net] 金属製の天井材の一種。細かく曲げた針金で作られた網状のパネル。

クリンプ メッシュ [crimp mesh] ⇨ クリンプ網

グルー [glue] ゼラチンや膠(にかわ)のように天然系たん白質から得られる接着剤のこと。一般的な接着剤はアドヒーシブと呼ぶ。

グルー ガン [glue gun] 接着剤を塗布するときに使用される噴霧機器。

グルーブ [groove] 溶接する2つの部材間に設ける溝。片面グルーブ，両面グルーブがある。「開先」ともいう。

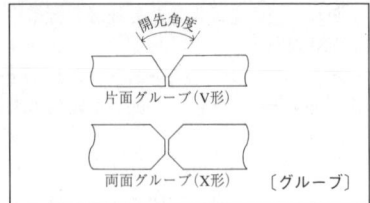

〔グルーブ〕

グループ インタビュー [group interview] グループを対象としたインタビュー。インタビュー項目に関するディスカッションや発展的な話題展開により，アンケートや個人対象のインタビューでは得られない具体的な情報を収集することができる。

グループ ウエア [group ware] 人間による協調作業の質や効率を向上させるためにコンピューターのシステムを効率的に利用すること。

グルーブ合板 [grooved plywood] V字形の溝付きの合板。

グループ ホーム [group home] 「グループハウス」または「グループリビング」ともいい，痴ほう性の高齢者等とその介護を行う人とが地域の中で暮らす場をつくることを目指して，共同で生活する住宅。1990年に法定化され，公的援助制度もある。

グルー ミキサー [glue mixer] 接着剤製造時に合成樹脂や増量剤，硬化剤などを調合し，かき混ぜ混合する機械。「接着剤調合機」「接着剤かき混ぜ機」ともいう。

グルーラム [glued laminated timber] ツーバイフォー用の集成材。

クルドサック [cul-de-sac 仏] 袋路。

行き止まり道路ではあるが，奥がロータリーになっていて車の方向転換ができる形状になっているもの。住宅地の道路計画において，住人以外の車両の通過を防ぐために採用される。

グルニエ［grenier 仏］　フランス語で屋根裏部屋のこと。小屋をトラス等で造ったため三角形の小さな空間ができるので，ここを利用して物置や使用人等の部屋として使われた。

グレア［glare］　光のまぶしさが目を刺激して，物が見えにくくなったり不快を感じたりする現象。単に「まぶしさ」ともいう。

グレア ゾーン［glare zone］　光源が直接目に入るとまぶしさを感じる視界の範囲。机上作業の場合，視線を中心とする上下30度の範囲をいう。

グレアレス［glareless］　光源が見えないようにし，乱反射によってまぶしさのないようにした照明。

グレアレス照明［discomfort glare controlled lighting］　ルーバーやプリズムパネルを取り付け，グレアの除去を考慮した照明器具。

クレイ［clay］　粘土。カオリン，陶土などをいう。

グレイジング［glazing］　①ガラスを固定すること。②陶磁器類に釉薬を施すこと。

グレイジング ガスケット［glazing gasket］　サッシにガラスを取り付ける際，水密性，気密性を確保するために取り付ける合成ゴムなどでできた製品。

グレイジング チャンネル［glazing channel］　グレイジングガスケットの一種。サッシにガラスを取り付ける際に用いる合成ゴムなどでできた製品。V字断面でひも状になった製品をガラスの四周に装着してから，サッシュにガラスを組み込んでいく。

グレイジング ビード［glazing bead］　アルミサッシュやスチールサッシュのガラス溝にはめ込む，固定用の合成樹脂のクッション材。単に「ビード」ともいう。

クレイ モデル［clay model］　粘土で作られた模型で，ラフな段階の設計で使われる。→ソリッドモデル

グレー カラー［gray-collar］　ホワイトカラー(事務系労働者)とブルーカラー(肉体労働者)の中間ということで，技術系労働者をさす。

クレーター［crater］　溶接欠陥の一つで，アーク溶接におけるビード表面のくぼみ。

グレーダー［grader］　道路工事，整地仕上げ，砂利道の仕上げなどに用いられる工事用機械。自走式のモーターグレーダーとトラクターで引かれるトウグレーダーとがある。

グレーチング［grating］　屋外排水溝のふたなどに使用される格子状の鋳鉄製の金物。車両などの荷重にも耐えられるように丈夫につくられている。

グレード分類　鉄骨製作工場の選定となる分類。設備，加工能力，技術者および技能者の資格と数，品質管理体制，施工実績などをもとに，社団法人の委員会ごとに審査・認定された工場に対し，建設大臣が認定する。鉄骨建設業協会はS, A, B, Cに，全国鐵構工業連合会はH, M, Rに分類している。

クレーム(処理)［claim］　消費者が購入した商品やサービスに対して不平・不満をいうこと。

クレーン［crane］　資材・仮設材などの

クレーン則 クレーン等安全規則の略。昭和47年9月30日労働省令第34号。労働安全衛生法（昭和47年法律第57号）の規定に基づいて，クレーン，デリック，エレベーター，建設用リフト，簡易リフト，玉掛けなどの作業に関する安全規則を定めたもの。

クレオソート [creosote] 木材などの防腐剤として使われる油状の液体。ブナ属の植物を蒸留して作る。

クレセント [crescent] 引き違いサッシュなどの召し合せ部に取り付ける戸締り用の金物。

クレネレーション [crenelation] 建物の壁面に取り付けた凹凸状のパラペット。またはこのようなパラペットを付けること。

クレビス アイ [clevis-eye] 引張材の継手金物の一つ。U字形金物の底部に鋼棒をねじ込み，開いた部分に接する金物を挟みボルトなどでとめる。→アイバー

〔クレビスアイ〕

クレモナ法 [Cremona's method] 静定トラスの部材の軸力を図によって解く方法の一つ。トラスにおける各支点の示力図を一つの図にまとめて描くのが特徴。

グレモン ⇨クレモンボルト

クレモン ボルト [cremorne bolt] 両開き戸の戸締り金物。レバーハンドルを回すと扉の上下からボルトが突き出し，受け座に入って扉を固定する。「グレモン」ともいう。

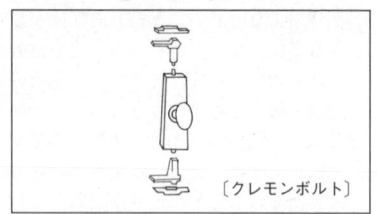

〔クレモンボルト〕

クロイスター [cloister] 修道院の中庭を囲んで配置された回廊。修道院を指すこともある。

グローカル 地球的かつ地域的であること。Global と local の合成語で，地球規模の課題に地域的な取組みでアプローチするときに用いる用語。

クローク [cloak room] 外来者の手荷物を一時的に預かるための室。

クロージング ミーティング [closing meeting] ISO9000Sや14000Sの審査が終了し，審査結果を伝達するための審査側と被審査側との合同打合せ。お互いの謝辞に始まり，審査全体の講評，審査結果と事務処理・手続きなどと続く。「終了会議」ともいう。

グロー スターター [glow starter] バイメタルを組み込んだ蛍光灯点灯用の放電管。

クローズド キッチン [closed kitchen] 独立型の台所のこと。

クローズド システム [closed system] ①産業廃棄物などを外に出さないように工場内で処理すること。②一般に公表されていない，その組織内だけに共通な体系のこと。自動車やカメラの部品はクローズドシステムで作られる。→オープンシステム

クローズド ジョイント [closed joint] 窓・開口部の枠と壁との間をシーリング材などで完全にふさぐ方式。「シー

クローズド部品 特定の建物にしか使用できない住宅の部品。特別注文の部品あるいは特定の住宅メーカーの作る部品など。→オープン部品

クローゼット［closet］ 衣類等の収納用の部屋（納戸，衣装部屋），またはそれらを収納する戸棚。

クロー値［clo-unit］ 人が着衣する衣服の熱抵抗の単位。1 clo（クロー）の衣服の基準は，温度が21.2℃，相対湿度が50％，気流速度が 0.1 m/sec の条件のもとで，椅座安静状態の人が快適に感じる衣服のこと。

クローバー［crowbar］ ⇨バール

グローバリゼーション［globalization］ 世界標準化。世界的規模で市場経済が拡大して国際的な生産活動が進み，人材・資金・技術などが国境を越えて移動し，それぞれの国の経済体制が開放され世界経済へと統合化される現象。

グローバル エコラベリング ネットワーク［globale ecology ravering network］ 1994年に14カ国と地域とが参加して始めた，エコラベルの国別の認定基準を調整して，複数の国でも承認する仕組み。

グローバル スタンダード［groval standard］ ISO9000S や 14000S のような世界標準のこと。あるメーカーの製品や技術が世界的に普及してそれが標準化したものと，各国が話し合い国際的に承認して標準としたものがある。この種の原型はほとんどが欧米によるところが大きい。

グローブ［globe］ 光源の周囲を覆い，光の強さを和らげる働きをする球状の照明器具。

グローブ温度［globe temperature］ グローブ温度計で得られた温度。周囲環境からのふく射熱を加味して計測されるので，温熱指標の一要素として使われることがある。

グローブ温度計［globe thermometer］ 表面を黒色に塗布した，中空の金属球内の空気温を計る装置。

グローブ弁［globe valve］ 上からねじによって圧迫することにより，弁が弁座に押しつけられて流体を止めるもの。弁箱の外形が球形であるため「玉形弁」ともいわれる。

クローラー クレーン［crawler crane］ キャタピラで走行する自走式場重機。

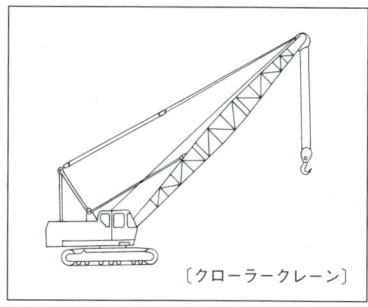

〔クローラークレーン〕

クロール スペース［crawl space］ 人がはって侵入できるような空間。天井裏や床下に点検を必要とする機器がある場合に，このような点検用通路を取ることがある。

グロス［gross］ 総合的な意味をもつ言葉で，純（ネット）に対して使われる。減価償却費や資本の減耗などの付随的な要素を純（ネット）の値に加えたもの。「粗」ともいう。→ネット

クロス オーバー カーテン［cross over curtain］ カーテンの吊り方の一つで，センタークロスタイプを中央部で重ね合わせたタイプ。

クロスカット工法 塗装の付着試験の

方法。試験片の塗装に，カッターナイフで1mmの碁盤目に下地に達するまでの切り傷を入れ，その表面を観察するとともに，切り傷面にセロファンテープを張って強制的にはがし，表面を観察する。

クロス コネクション［cross connection］①上水が汚水の混入によって汚染されること。②管継手の一つ。鍛鋳鉄製の十字形で，ねじ込み形成の継手をいう。

クロス シート［cross seat］鉄道車両の座席配置の呼称の一つで，背もたれが進行方向と交差しているもの。座席数は多いが定員が少ないので長距離用に用いられている。→ロングシート

クロストーク［crosstalk］異なる室同士の間で，ダクトを通して話し声が伝わること。

クロス張り［cloth finish］薄い布製の装飾用壁紙を壁面に張り付けて仕上げること。ビニル製やプラスチック製の壁紙を含める場合もある。

クロス ポイント［closs point］都市空間のとらえ方の一つで，人と人の交差する場で生まれる空間のこと。

クロス マーチャンダイジング［cross merchandising］状況別に商品を取りそろえる販売方法。ライフスタイル，入学，新生活等。

グロス密度［gross density］都市設計を進めるうえでの人口密度のとらえ方で，全地域に対する総人口の割合。これは道路とか学校等も含まれるので，実際の住宅地の人口密度はそれらを差し引いたネット密度で求める。→ネット密度

クロス ルーフィング［asphalt-saturated and coated woven fabric］布にストレートアスファルトを含浸させ，その両面をブローンアスファルトで被膜した防水布のこと。

クロッキー［croquis 仏］鉛筆やコンテ等で大まかにすばやく描く技法，またはその絵。

クロノサイクル グラフ法［chronocycle graph method］測定位置に豆電球を取り付け，豆電球の点滅と運動とを写真撮影から調査して，運動の速度や範囲を測定する方法。

クロマ［Mansell chroma］マンセル表色系における彩度のこと。

クロム鋼［chrome steel］建材等に使われている炭素鋼（炭素，マンガン，シリコン，リン，硫黄を含む）にクロムを化合させた鋼。ステンレススチールが代表。

クロム メッキ［chrome plating (gilding)］防錆や装飾のためにクロム酸の液に浸して，鉄部表面にクロム酸化皮膜をつくること。

クロルデン［chlordane］おもにシロアリ駆除に用いられる無色・無臭の有機塩素系の殺虫剤。毒性・残留性が高いため現在は使用禁止。

クロレス ポンプ［chroless pump］汚物，雑物などの固形物を含む排水を排出するポンプ。

クロロプレン ゴム［chloroprene rubber］耐久性や耐油性に優れたクロロプレンの重合体である特殊ゴム。防水シート・ガスケットや接着剤・防水塗料として多用されている。

クワドラングル［quaderangle］キャンパスの空間配置の手法の一つで，敷地周囲にロ形に建物を配置し中庭を設けるパターン。

ケ

ケア ハウス［care house］ 軽費老人ホーム。入所資格は原則として60歳以上で、ホームヘルプサービスなどを利用して自立した生活が送れるシステムになっている。

ケア プラン［care plan］ 介護利用者の介護ランクによって提供される介護サービスの計画。

ケア マネジメント［care management］ 在宅療養の継続を目的として、医療、保健、福祉、生活など全般にわたってのケアを専門チームで計画的に提供すること。「介護支援サービス」ともいう。

ケア マネジャー［care manager］ 介護利用者の状態にあった介護サービス計画を作成し、サービスの調整手配を行なうとともに、利用者がサービスを適切に利用できるよう継続的に支援する介護支援専門員。

ケア マンション 高齢者や身体障害者の介護サービス付きのマンション。

ケイカル板［calcium silicate board］ 水酸化カルシウムと砂とを混ぜて成形し、オートクレーブ処理して作った耐火断熱板。「珪酸カルシウム板」ともいう。

ケーキング［caking］ 塗料の顔料分が沈降する現象。ケーキのように固化すること。また塗料全体が固型化し、溶剤に不溶の場合は「塗料のゲル化」という。

ゲージ［gauge, gage］ ①鋼材などの角度、寸法などを測定するための計器の総称。また、その角度、寸法そのもののこと。②ゲージライン間の距離のこと。③⇨ストレインゲージ

ゲージ タブ［gage tabe］ 突合せ溶接などの両端部に取り付ける補助板（エンドタブ）の一種。〔製造：カトー機材〕

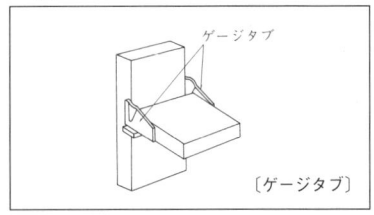

〔ゲージタブ〕

ゲージ ライン［gage line］ 鉄骨部材接合のためのボルト孔の列の中心線。

ケーシング［casing］ ①保護のための囲い。例えば場所打ちコンクリート杭において、掘削孔が崩壊しないように孔の全長あるいは上部に入れる鋼管。②機器類を内部に収容する箱状容器。

ケースウエイはめ込み配線機具［case way press-built safety wiring device］ 箱状のプラスチック製線被にはめ込むことができる配線機具。

ケース スタディ［case study］ 事例研究。

ケース ハンドル［case handle］ 使用されないときは扉の表面から出っ張らないように、掘込みのケース内に納められている引き手。

ケースメント ①［casement］ 両開きまたは片開き窓。「ケースメントウインドー」ともいう。②［casement cloth］

[ケースハンドル]

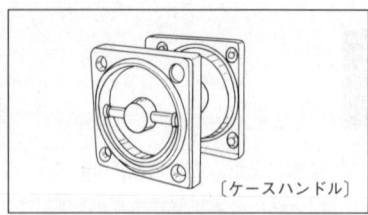

おもにカーテンに使われる細糸織りの綿布。織り方に表裏がない。

ケースメント ウインドー［casement window］ ⇨ケースメント①

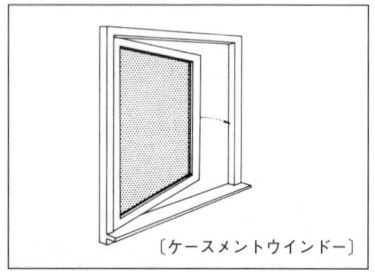

[ケースメントウインドー]

ケース ワーカー［case worker］ ①社会福祉の立場から、社会生活上問題を抱えている人に対して個別に事情を聞いて具体的援助を行う専門家。②患者の容態に応じて、精神面や肉体面などで適切な治療の対策を講ずる専門家。

ケーソン［caisson］ 橋梁の基礎や地下室に用いられる中空・函状の構造物。函状もしくは筒状に地上で製作し、所定の支持地盤まで沈下させて基礎とする。「潜函」ともいう。

ケーソン工法［caisson method］ 地下構造物を地上で筒状に製作し、その下部を掘削しながら所定の深さまで沈下させる工法。「潜函工法」ともいう。

ケータリング［catering］ パーティ等のために飲食物を提供するサービス。

ゲートウェイ［gateway］ 異なるコンピューターネットワーク間を接続すること。

ゲートウェイ サービス［gateway service］ 異なるコンピューターネットワークを接続するサービス。利用者は自分が加入したネットワークがゲートウェイサービスとして他のネットワーク（例えばオンラインデータベースなど）をフォローしていれば、新たに加入することなく、そのネットワークのサービスを受けることができる。

ゲート ハウス［gate house］ 守衛詰所。

ゲート弁［gate valve］ 管を流れる流体の遮断に用いる弁の一つ。「仕切り弁」ともいう。

ゲート レッグ テーブル［gate leg table］ 足が外側に開いて上板を支える開閉式のテーブル。「バタフライテーブル」ともいう。

ケーブリング［cabling］ 一般的にコンピューター間のLAN等のケーブル配線を行うこと。

ケーブル［cable］ ①小径の導線をより合わせた電気導線。②電纜（でんらん）のこと。互いに絶縁されている電気導線の集まり。③細い鋼線を束ねた鋼束線のこと。引張強度が大きくワイヤーとして用いられる。

ゲーブル ウインドー［gable window］ 屋根裏部屋に付けられる採光窓で、切妻形の小さな小屋根部をいう。「ゲーブルドーマー」ともいう。→ドーマーウインドー

ケーブル クレーン［cable crane］ 張られたワイヤーロープに沿ってトロリーを走行させ、資材を運搬する工事用クレーン。大規模なものは山間部のダム工事で使用されるが、建築工事においては大規模地下工事などで使用される、比較的設置の簡便なものも開発さ

ケーブル構造［cable construction］ ケーブルを主要な構造材料として用いた建築物の構造。吊屋根構造，空気膜構造，張弦梁等，圧縮部分を負担する他の材料との組合せで多様な形式がある。大スパンの架構方式として採用され，ケーブルの材料はおもにワイヤーロープが使用される。日本建築学会から『ケーブル構造設計指針・同解説』が出されている。

ケーブル シャフト［cable shaft］ 電気・通信用の配線・配管の専用スペース。建物の上下を結ぶためのスペースを呼ぶことが多い。「EPS」と同じ。

ケーブルテレビ［cable television］ ⇨ CATV

ゲーブル ドーマー［gable dormer］ ⇨ ゲーブルウインドー

ケーブル ドーム［cable dome］ ケーブル網にフッ素樹脂をコーティングしたガラス繊維の膜を屋根材として使用する大型膜構造建築物。スポーツ施設や見本市会場などに用いられる。

ケーブル配線［cable wiring］ 電力ケーブル等を取り付ける電気配線工事のこと。

ケーブル ピット［cable pit］ 変電所などで多数のケーブルを布設する場合に床に設ける溝。

ケーブル マネジメント［cable management］ 情報システムの導入にともなう通信・電力ケーブルの管理。情報機器やシステムの導入・更改・変更が日常的に行われるオフィス等では，配線スペース，配線量，配線の使用状況，接続されている機器，電力ケーブルの容量と使用状況等を管理することが重要となる。

ケーブル ラック［cable rack］ 電力・通信用のケーブルを支持・固定するための鋼製のはしご形をした支持金物。施工性が良く，収容能力が大きいため広く用いられている。

ゲシュタルト［gestalt 独］ 姿，形の意のドイツ語であるが，構造的なまとまりを意味し，構成要素を超えたものをさす。

ゲシュタルト心理学［Gestalt psychology 独］ 部分は全体によって規定されるという心理学のひとつ。

ゲストハウス［guesthouse］ 客をもてなすために建てられた客用の建物。迎賓館など公共の建物が多い。→ゲストルーム

ゲスト ルーム［guest room］ 客をもてなすために住宅に設けられた部屋で，「客室」「応接間」「サロン」ともいう。→ゲストハウス

ゲニウス ロキ［genus loei 羅］ 人間不在の都市に対する復活の可能性を求める考え方の一つとしていわれている概念で，土地のもつ可能性，そこから引きだされる霊感といった目に見えない構造を解読しようというもの。ゲニウス(守護霊)・ロキ(土地)の意。

ケミカル アセスメント［chemical assessment］ 各種化学物質によって発生する汚染防止のための環境調査。

ケミカル アンカー［chemical anchor］ 石やコンクリートにボルトなどを固定する方法。ドリルで穴をあけ，鉄筋やボルトを挿入して樹脂系接着剤で固める。

ケミカル ファイバー［chemical fiber］ 化学繊維の総称。コンクリートの補強材としてビニロン繊維，アラミド繊維などの研究・開発が行われている。

ケミコ 小野田ケミコの製造する地盤改良材あるいは地盤改良工法に使われている名称。強力な脱水・膨張力をもつ生石灰が主成分。

ケリーバー [kelly-bar] アースドリルおよびリバースサーキュレーション掘削機の掘削用バケットを回転させる角型断面の棒。

ゲル [gel] 液体の一部が冷却あるいは化学変化などによってゼリー状に固化すること。→ゾル

ゲルバー梁 [Gerberbalken 独] 単純梁をピンで接合した静定の連続梁。荷重の影響を受けるスパンが，隣接スパンに限定されるという利点をもつ。ゲルバーが考案。

ケルビン [kelvin] 熱力学温度（絶対温度）の単位で，記号〔K〕。

ケレン [cleaning] 材の表面に付着している錆汚れ，モルタル，塗装などの汚れのこと。鉄の場合，除去にはその程度により1種から4種まである。

ケント紙 [kent paper] 厚手，白色の紙で製図用紙として使われる。模型の材料にもなる。イングランドのケント州で作られたのでこの名がついた。

コ

コア [core] ①リンゴ等の芯の意だが，建築では台所・浴室等の水回りのウェットコアやエレベーター，階段など建物の中心的な部分。→ウェットコア，コアシステム，ハートコア　②⇨コアサンプル

コア ウォール構造 [core wall structure] チューブ構造を二重に配置した架構で，内側のチューブを鉄筋コンクリートの壁で構築したもの。内側のチューブをコアウォールという。→チューブ構造，ダブルチューブ構造

コア供試体 [core test specimen] コンクリート構造体からコアドリルで抜き取った円柱状の強度試験体。

コア コンピタンス [core computance] 企業など組織にとって「コア（中核）」となり，ほかの組織に対して圧倒的に有利性をもつ企業が年月をかけて培ってきた独自の固有技術や能力のこと。

コア サンプル [core sample] コアボーリングやカッティングにより採取した試料。コンクリート，地盤，岩石，鉱床の試験に使用。「コア」ともいう。

コア試験 [core test] コンクリート構造体からコア供試体や梁供試体を切り取って行う強度試験。JIS A 1107。

コア システム [core system] 建築計画上，建築の中心に給排水設備やエレベーターをまとめて配置し，動線を合理的に計画する手法。→ウェットコア，コア，ハートコア

コア スペース [core space] ⇨コア

コア タイム [core time] フレックス制における全員が同時に勤務しなければならない時間帯。

コア ドリル [core drill] コンクリート構造物などから強度試験用の供試体を抜き取るためのドリル。

コア ボード [core board] ⇨ランバーコア合板

コアンダ現象 [Coanda phenomenon]

吹出し口から吹き出た気流が，気流の近くに壁面があると，気流が直進せずに壁面に付着するように曲がる現象。

コイル［coil］ 空調機の構成部品の一つで，フィン付き管を並べたもの。管内に冷水，温水，蒸気，冷媒などを通して空気を冷却または加熱する装置。

コイル スプリング［coil spring］ 椅子，ソファー，マットレスなどのクッション性を高めるために充てんされる，螺旋状の鋼鉄製のスプリング。

コイルセンター 鉄鋼メーカーから薄鋼板をコイル状で受け取り，加工・販売を行う業者のこと。

コインシデンス効果［coincidence effect］ ガラス等の遮音効果の測定において，ある周波数で入射した音波の振動が，その材料（ガラス等）の固有の振動と一致し，一種の共振を起こして遮音効果が低下する現象のこと。この現象以外の範囲では，周波数の高い音ほど遮音効果は高い。

コインシデンス周波数［coincidence cut-off frequency］ コインシデンス効果が現われる周波数のこと。

コーヴ［cove］ 折上げ天井を構成する片持ちの曲面部分。

コーヴ照明［cove lighting］ 天井や壁上部へ光を送るための照明装置。光源が棚や凹みによって隠されている点が特徴で，輝度が均一となる。

コーキング［calking］ ①サッシ回りやカーテンウォールの継目などのすき間を充てんすること。シーリングと同義。②鋳鉄管の接合で接合部に流し込んだ溶鉛が固化したのちに，かしめたがねを使用してかしめる作業をいう。

コーキング コンパウンド［calking compound］ 外部サッシ回りやPC板のジョイントなどに，防水や気密性保持のために充てんする可塑性あるいは半流動性の合成材料。

コーキング接合［calking joint］ 鋳鉄管の接合法で，受け口に管を差し込み，すき間にヤーンを打ち込み，溶鉛を流し込んでコーキングする方法。

コース［course］ レンガ・ブロックなどを積んだ組積造における段部。

ゴースタン 鳶(とび)工の職人言葉。吊り上げた荷を降ろすときの合図に使う。「スラー」と同じ。→ゴーヘイ

ゴースト［ghost］ 高層ビルの電波障害によって生じるテレビ映像の乱れ。テレビ受像画面に生じる多重像のこと。テレビの送信アンテナからの直接波のほかに，近くの建物などからの電波の反射波が受信されるとき現れる。

コーチ ボルト［coach bolt］ 四角い頭のボルトで粗いピッチが切ってある。「ラグボルト」「コーチスクリュー」「ラグスクリュー」ともいう。

コーディネーション［co-ordination］ インテリアに全体として統一感，秩序をもたせるため，家具，照明器具，カーテン，敷物などを調整し，再構成すること。

コーディネート カラー［co-ordinate color］ 色彩調査の名称。基調色（ベーシックカラー）に調和または変化のために組み合わせる配合色をいう。「アソートカラー」ともいう。

コーティング(加工)［coating］ 樹脂や塗料を布に塗布して，熱や化学的方法で固定するもの。表面が平滑になる。

コーティング ガラス［coating glass］ 薄膜で表面を被覆したガラス。

コーティング鋼管［coating steel pipe］ 鋼管の表面を防食を目的として樹脂や

塗料で覆ったもの。

コーデュロイ [corduroy] ⇨コールテン

コート [court] 建物内に設けられる中庭のこと。→コートハウス

コード [code] 体系化された数字や記号で，製品番号や商品の内容を表すことができる。→バーコード

コード カーペット [cord carpet] 波型を付けた不織布を接着・固定したカーペット。

コート クローゼット [coat closet] 主としてコート類を掛けておく衣服収納棚。ホテルの客室，住宅の玄関などに置かれる。

コートハウス [court house] ①中庭をもった家の意から，庭付きの連続住宅をいう。②裁判所の建物。→コート

コードペン ⇨コードペンダント

コード ペンダント [cord pendant] 食卓や居間の照明に用いられるコードで吊り下げられた照明器具。「コードペン」「ペンダント」「ペンダントライト」ともいう。

コートヤード [courtyard] ①周囲を建物で囲まれている中庭のこと。「ライトコート」ともいう。②ホテルやアパートに隣接したサービス用の敷地。

コードリール 電動工具用のコード巻上げ装置とコンセントを組み合わせた円筒形状の道具。

コードレス ホン [cordless phone] コードのない電話機。電話回線に接続した電波送受信装置を室内に取り付け，電波の送受信機を内蔵した電話機を使ってダイヤル通話する。

コーナー カバード [corner cupboard] 部屋の隅部分にうまく置けるように設計された三角形の食器棚。

コーナー キャビネット [corner cabinet] 部屋の隅に置く，三角形をした戸棚。

コーナー照明 [corner lighting] 壁面と壁面，あるいは壁面と天井面などのコーナーに器具を取り付けて照明する方法。

コーナー ストーン [corner stone] 石積みやレンガ積みの壁の出隅部分に積まれる大き目の石。工事の始めに置かれることから起工の年月日を刻んだ「定礎石」ともいわれる。

コーナー パイル [corner pile] 曲がり角部分に使用するT形・C形断面をしたシートパイル。

コーナー ビード [corner bead] 柱や壁の出隅部を保護するために取り付ける金物。

コーニス [cornice] 軒蛇腹。壁の保護と装飾のため軒先に水平に作られた帯状のもの。室内では天井と壁との境の回し縁に付ける場合もある。

コーニス ライティング [cornice lighting] 壁に平行に天井に取り付けた横長のパネルで光源を覆い，下向きに光を出す照明。

コーパル ワニス [copal varnish] 中油性のワニスで，コーパルと乾性油を塗膜形成要素とする。「ロジンワニス」ともいう。

コーヒー テーブル [coffee table] ソファーの前などに置かれるテーブルで，アメリカで主としてこう呼ばれている。「ティーテーブル」と同じ。

コープ住宅 ⇨コーポラティブハウス

コープ照明 [cope lighting] 照明と建築を一体化させる建築化照明の一つ。光源を天井や壁に隠し，直接光が見えないようにしたもので，天井が浮かび上がって柔らかく表現できる。

ゴーヘイ 鳶(とび)工の職人言葉。揚重機で荷を吊り上げるときの巻き上げの合図。→ゴースタン

コーポラス コーポ，コープとともに「コーポラティブハウス」からの和製略語。単にマンション名に付けて用いられている飾り語。

コーポラティブ チェーン [co-operative chain] 同一業種の小売店同士が，共同で仕入れや宣伝などを行う小売店主宰の共同組合のこと。→レギュラーチェーン

コーポラティブ ハウジング [co-operative housing] 同一敷地に共同で居住する人たちが組合を作り，共同住宅の企画・設計から管理までを(共同で)運営する方式。「コーポラティブ方式」ともいう。

コーポラティブハイス [co-operative dwelling] マンション等の集合住宅が分譲後に所有者達によって組合を作るのに対し，最初から組合を作り組合員による共同建設方式で建てられた集合住宅。略して「co-op」。

コーポレート アイデンティティー [corporate identity] 企業がシンボルマークやコーポレートカラーなどを用いて，企業イメージや経営理念を内外にアピールしようとする広告戦略。「CI」ともいう。

コーポレート カラー [corporate color] 企業が理念，イメージを表現するため，色彩を統一し広告・印刷物などに使うこと，またはその色彩。

コーポレート カルチャー [corporate culture] 企業文化。企業がもつ独自の経営理念や行動の規範。

コーポレート シチズン [corporate citizen] 企業も社会の一員と同じ役割や責任を果たさなければならないという思想。

コーポレート チェーン [corporate chain] 単一資本により運営される小売業態で，「レギュラーチェーン(正規連鎖店)」ともいわれる。

コールタール [coal tar] 石炭または木材の乾留によって生成される複雑な化合物の混合液体。木材の防腐材として用いられ，また接着剤，防水材などの原料として用いる。

コールテン [corduroy] 「コーデュロイ」ともいい，綿の横パイル織りでそのパイルをカットして毛羽立てたもの。ビロードの一種で，保温性・耐久性が特徴。

コールド カラー [cold color] ①寒色。冷たい感じのする色。②焼付けを行わないガラス製品などに使用する着色剤の総称。

コールド区域 [cold zone] 放射性物質を取り扱う施設内で，放射性汚染のない領域。

コールド グルーイング [cold gluing] 常温で被着材に接着剤を塗布したり，張り合わせたりすること。

コールド ジョイント [cold joint] 一回のコンクリート打設の範囲内で生じるコンクリートの打継ぎ跡。打設したコンクリートに一定時間をおいて打ち足した場合に生じる。

コールド ショック [cold shock] 屋外から冷房されている部屋へ入ったときに受ける冷気による不快感。

コールド ドラフト [cold draft] 冬季に室内において，壁面で冷やされた冷風が下降したり，低温の気流が流れ込む現象。「賊風(ぞくふう)」ともいう。→サーマルドラフト

ゴールドプラン 厚生省（現厚生労働省）が進める「高齢者保険福祉計画」のこと。平成元年に「ゴールドプラン」として「推進10カ年戦略」を策定，後平成7年に見直して「新ゴールドプラン」として推進している。平成12年度からは「ゴールドプラン21」として新たな計画が策定される。ホームヘルパー・ショートステイ・訪問介護などの在宅サービス，特別養護老人ホームなどの施設サービスの整備目標が設定されている。

ゴールドライン [gold line] 商品をよく見えるように，またよく手が届くように配列すること。

コール ピック ハンマー [coal pick hammer] 圧縮空気を動力とする軽量小型の削岩機。「ピック」ともいう。

コーン クラッシャー [cone crusher] 細骨材の製造などに用いられる砕石機械。

コーン支持力 [cone bearing capacity] ⇨コーン指数

コーン指数 [cone index] サウンディングによって得られる粘性土地盤の強さを表す係数。10以上であれば路床として安全，3未満であれば路床に使用できない。「コーン支持力」ともいう。→トラフィカビリティ

コーン ペネトロメーター [cone penetrometer] 人力で土中に圧入し粘土の粘着力を測定するサウンディング試験機。

コジェネレーション システム [cogeneration system] 発電と同時にその排熱を利用する熱電供給システム。建物や工場に設置したエンジンで発電を行うと同時に，発生した熱エネルギーを給湯・冷暖房や製造工程のプロセス加熱に利用する発電システム。常時，熱を必要とするホテル，病院，スポーツセンター，プール，山間・離島のリゾート施設などで積極的導入が見込まれる。

ゴシック [Gothic] ゴート風なという意味で，12世紀のヨーロッパでつくられた建築様式。バレルヴォールトやフライングバットレス等の構造的な力強さの表現に特徴がある。

ゴシック リヴァイヴァル [Gothic revival] 19世紀の建築様式の一つで，内装や構造的には新しいものを用いるが，外観は中世のゴシック様式を採り入れている。

コスト エフェクティブネス [cost effectiveness] 費用対効果。投下費用に対して得られる利益のことで，最小の費用で最大の利益を得ることが望ましい。

コスト オン [cost on] 建築工事の見積で，設備工事などの工事金額をあらかじめ発注者側から指示され，その額に管理費などをプラスして見積金額とする方式。

コスト コントロール [cost control] 広義の原価管理とは，原価低減を目的とした原価企画およびその維持・改善のこと。経営の能率化を原価的に計画・測定・検討して，全社的に原価を引き下げることを目的とする管理活動を中心とする。

コスト スタディ [cost study] ファシリティに必要とされるコストを企画・設計段階で検討すること。

コスト パフォーマンス [cost performance] 費用対効果比。商品の価格，費用に対する生産性，能率の高さ。

コストプラス法 [cost-plus approach]

原価に一定のマージンを加えて販売価格を決める方法。

コストプランニング［cost planning］建物の各部分あるいは工事別のコストのバランスを図り、建物全体として機能・品質に見合った経済的なコストを確立するための計画手法のこと。

コスモポリス［cosmopolis］ニューヨーク等に代表される国際都市。

コスモロジー［cosmology］人間の生活形態や造形に影響を及ぼすとされる宇宙観あるいは世界観のこと。

コッター［cotter］プレキャストコンクリート部材に設けたくぼみ。その部分に現場打設のコンクリートが入り込み、プレキャストコンクリートと構造的に一体化することを目的とする。

コットンマットレス［cotton matress］ベッドに使うマットレスの一つで、表布に木綿地を使い、木綿わたを充てんしたもの。

コディスポーザル［co-disposal］液体の産業廃棄物を家庭の廃棄物と同じ埋立て地で処分する方法。家庭の廃棄物は液体を吸収しやすいところから考え出された処理法だが批判もある。「共同処理法」ともいう。

コテージ［cottage］避暑地など山間に建てられる小屋または山荘。→キャビン、ログキャビン、ログハウス、ロッジ

コの字クランプ　鉄骨梁のフランジ部分に取り付けて、仮設手すり用鋼管やベニヤパネルなどの型枠支保工をセットするための金具。

コファー照明［coffer lighting］天井面を丸形や四角形に切り込んで、内部に器具を埋込み風に設備し、天井の単調さをカバーした照明。

ゴブラン織り［Gobelins 仏］つづれ織りの一種。多色の糸を使った布地で、カーテンや椅子張り地に使われる。

コホート分析［cohort analysis］消費者を世代ごとに区分し、世代別に従来の環境・消費実績を分析して、将来の消費行動を予測するマーケティング手法。

コマーシャルアート［commercial art］商品の広告・宣伝を中心に発想したデザイン、商業美術。

コマーシャルカーペット［commercial carpet］耐久性、防炎性、防汚性をもった業務用カーペットで、「コントラクトカーペット」ともいう。

コマーシャルホテル［commercial hotel］国際会議や各種催し物など商業的目的に使われるホテル。

ゴミシューター［refuse shute］室内におけるゴミ汚染を防止するために、台所に設けた小さな穴から室外へ生ゴミを投入する設備。

ゴミ発電［power generation from urban waste］環境を考えた新エネルギーによる発電の一つで、燃料化したゴミによる発電方式。

コミプラ　コミュニティープラントの略。住宅団地や地域などを対象とした小規模の汚水処理装置。

コミューター空港［commuter airport］コミューターとは定期乗車券使用者のことで、2地点間の輸送を座席数60以下の小型航空機で行う地域的な空港。

コミュニケーションミックス［communication mix］広告から販売まで総合的に企画や調整をすること。「プロモーションミックス」ともいう。

コミュニティー［community］町または区、および市程度の規模の行政的なまとまりをもった地域社会。

コミュニティー アンテナ テレビ［community antenna television］ ⇨CATV

コミュニティー駅 地域の拠点となり，住民の利便性を配慮した駅。

コミュニティー カレッジ［community college］ アメリカでは日本の各種学校をさしていうが，日本では地域に開かれた大学という意味で使う。

コミュニティー施設［community facilities］ 学校・保育園・病院・図書館・コミュニティーセンター等の教育，医療保健，社会教育，商業，行政等の分野で住民が日常生活で利用する施設。

コミュニティー センター［community center］ ある地域の中心となるホール・集会場等の共同施設。

コミュニティー道路［community road］ 商店街等で歩車道の区別をなくし，全体をタイルなどで舗装し車と混在させた道路。「モール」ともいう。

コミュニティー バス［community bus］ 地域の活性化，地域住民の利便性の向上のために利用されるバスの総称で，車種，運賃，ダイヤ，バス停の位置等，地域に合ったサービスも工夫されている。

コミュニティー ホテル［community hotel］ ビジネス客の宿泊利用を主体としながら，地域住民の利用が可能な施設を併せもつホテルのこと。

コム［COM］ ⇨COM②

ゴム［gom ポ, gum, rubber］ ゴムの樹からとった弾性材だが，ゴムに似た樹脂，にかわなどを総称して呼ぶ。天然ゴムと合成ゴムとがある。

ゴムアス ⇨ゴム化アスファルト

ゴム化アスファルト［rubberized asphalt］ ゴム分を混入して低温伸度を改善し，軟化点を上げたアスファルト。防水用，道路用として利用される。「ゴムアス」ともいう。

ゴム タイル［rubber tile］ 下地に再生ゴム，表面に天然または合成ゴムを用いて仕上材とした床用タイル。

コモンズの悲劇 牧草地を共用していた中世のイギリスで発生した出来事。牧草を誰も育てなかったため，家畜が増えすぎて牧草が食べ尽くされるケースが多かったことから，公共財産維持のためには，各人がコストを負担する仕組みが必要という考え方のたとえ。

コモン スペース［common space］ 集合住宅における共用の庭，個人用の専有庭に対するもの。

コラージュ［collage 仏］ キュービズムの画家の手法の一つで，印刷物を絵の中に貼りつけるなど表現の意外性を求めたもの。

ゴライアス クレーン［goliath-crane］ レール上を移動する大型の門型クレーン。

コラボレーション［collaboration］ ネットワークを介して，互いのコンピューター上にアプリケーションソフトやデータを共有して行う協調作業。参加者が対等に情報の提示や表示，加工ができ，遠隔地にいてもコミュニケーションができるため創造的に作業を進めることができる。

コラム［column］ ①円柱。②鉄骨柱として用いられる半製品化された円形あるいは角形の鋼管。

コラム クランプ［column cramp］ 加工した鋼板やくさびなどを組み合わせ，柱のせき板を締め付ける型枠材。

コラム ステージ 鉄骨の柱の接続あるいは柱と梁の接続用のユニット足場。あらかじめ工場で柱鉄骨に付けてある

専用金具に引っ掛けて取り付ける。おもに中高層のビルに使用され，地上で柱鉄骨にセットして建方。ボルトの本締めや溶接に使用されるほか，建方用足場としても使用される。商品名。

コリドー［corridor］ 廊下。

コリント式［Corinth］ 古代ギリシア建築の柱頭部（capital）の装飾の一様式で，アカンサスの葉をデザインしたもの。他にイオニア式，ドーリア式，コンポジット式等がある。→アカンサス

コルク［cork］ コルクガシの表皮の内側にある軽く，弾力性のある組織。断熱・吸音用材料として用いられる。

コルク カーペット［cork carpet］ コルクとゴムを混ぜたものを煮沸し麻布の上に塗り付けた床用の敷物。

コルク タイル［cork tile］ 細片にしたコルクの圧縮板を一定寸法に切断したタイル。

コルクリート［colcrete］ 注入コンクリートの一種。高速回転（2000 rpm以上）するミキサーにより十分に流動性のあるコロイド状のモルタルを作り，これを先詰めした砂利の間に注入して作ったコンクリート。イギリスのJ. S. モーガンの発明。

コルゲート コア［corrugated core］ 段ボールのような紙を組み合わせたもので，積層材の中心材料。

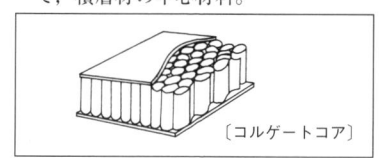

［コルゲートコア］

コルゲート鋼板［corrugated iron sheet］ リブの付いた鉄板で，波形鋼板のこと。

コルゲート パイプ［corrugate pipe］ 波形鉄板で作った管。仮設の排水路などに使用される。

コルテン鋼 耐候性鋼の商品名でCOR-TENと表示される。耐候性鋼とは，錆の進行とともにその錆が安定した酸化被膜となって母材を保護し，それ以後の腐食の進行を阻止する性質をもった合金鋼のこと。〔製造：新日本製鐵〕

コレクティブ ハウジング［collective housing］ 独立した住戸のほかに，生活の一部を共同で行えるようなスペースを設けた集合住宅。

コレクティブ ハウス［collective house］ 洗濯室や厨房などが共同形式で，保育や建物の運営・管理も共同方式の共同住宅のこと。

コロージョン［corrosion］ 配管や機器などに発生する腐食。

コロシアム［colosseum］ ⇨コロセウム

コロセウム［colosseum］ 西暦80年頃に建てられた古代ローマの円形闘技場。「コロシアム」ともいう。

コロニアル［colonial］ 植民地時代のアメリカの住宅様式で，イギリス様式の簡略化された表現。またそこで使われた屋根材のスレートを指していう。

コロニアル スタイル［colonial style］ ヨーロッパに本国を持つ植民地で，本国の建築・工芸の様式を模倣し，植民地風にしたもの。特に19世紀アメリカで発達した建築・インテリアの様式でイギリスの影響が強い。

コロニー［colony］ 植民地や生物の集団の意から転じて，同一内容をもった人たち（陶芸家や画家といった芸術家村等）の居住地。

コロネード［colonnade］ 柱を並べて造られた宮殿や寺院をとりまく廊下。柱の単純な繰り返しによる表現が落ち着

きと荘厳さを表す。

コンカレント エンジニアリング[concurrent engineering] 業務の効率化を目的に，関連する者がモデルや情報を共有し，従来段階的に進めてきた業務を同時並行的に進めること。「CE」ともいう。

コンクリート[concrete] セメント・水・骨材および混和剤を調合し，混練して作られる代表的な建築材料。圧縮強度が大きく，耐火・耐水・耐久性に優れ，鋼材(鉄筋・鉄骨)の防錆効果があるため鉄筋コンクリート(RC)および鉄骨鉄筋コンクリート(SRC)構造体として建築の主流をなす。

コンクリート打放し仕上げ[architectural concrete finish] コンクリート表面をタイル貼りや塗装などの仕上げを施さず，型枠脱型面そのままとする仕上げ方法。

コンクリート カート[concrete cart] 現場でコンクリートやモルタルを運搬する手押しの2輪車または1輪車。「カート」とも呼ぶ

コンクリート カッター[concrete cutter] コンクリートを切断する機械。試験体を抜き取ったり伸縮目地をとる場合などに用いる。

コンクリート管[concrete pipe] コンクリート製の管の総称。鉄筋が入っているものが多い。遠心力鉄筋コンクリート管，鉄筋コンクリート管，プレストレストコンクリート管，石綿セメント管，無筋のパッカーヘッドコンクリート管(PS管)などがある。

コンクリート鉋 型枠の継目にできるコンクリートの目違いを削る電動工具。

コンクリート技師 1970年に日本コンクリート工学協会により創設された資格で，コンクリートの製造，施工，検査，管理などの日常の技術業務を実施する能力を有する技術者に与えられる。→コンクリート主任技師

コンクリート強度[strength of concrete] コンクリートの圧縮強度のことで，一軸圧縮載荷時の最大耐力を加力軸に直交するコンクリート供試体断面積で割った値(N/mm^2)で示す。わが国では JIS A 1108(コンクリートの圧縮強度試験方法)によって求めた強度が基準となる。

コンクリート釘[nail for concrete] コンクリートに打ち込む釘。ニッケル，クロムを主成分として作った特殊鋼。

コンクリート コア[concrete core] コンクリート構造物から切り取った供試体。切取りには，ダイヤモンドまたは超硬合金を装着したコアドリルなどを用いる。

コンクリート混和剤[concrete admixture] AE剤，分散剤，流動化剤などのようにコンクリート中に少量だけ混入して，ワーカビリチーや初期強度の増大などのコンクリートの性質を改良するために用いる物質の総称。

コンクリート充てん鋼管構造[concrete filled steel tube structure] 鋼管内部にコンクリートを充てんした構造で，主として柱材として多く使用される。「CFT構造」ともいう。

コンクリート主任技師 コンクリート技師と同様，日本コンクリート工学協会により創設された資格で，コンクリートの製造，工事および研究に関しての計画，管理，指導などを実施する能力を有する技術者に与えられる。

コンクリート振動機[concrete vibrator〕 ⇨バイブレーター

コンクリート図〔concrete plan〕 コンクリートの位置・寸法関係を各階について表現した図面で，躯体工事はもとより，仕上げ・設備の納まりの基準となる。各階の梁伏図，断面図などで表現され，通り心，壁心，コンクリート断面寸法，スラブ厚さ，開口部，木レンガ，インサートなどが記入される。

コンクリートスラブ〔concrete slab〕 鉄筋コンクリート構造における床版のことだが，特に床として用いる場合はコンクリート床スラブという。

コンクリート調合〔mix propotion of concrete〕 コンクリートを構成するセメント，水，粗骨材，細骨材，混和材料の割合で，単位容積（1m^3）のコンクリート中に含まれる各材料の量。

コンクリートテストハンマー〔concrete testing hammer〕 硬化したコンクリートの強度を重錘（ハンマー）のばねの反力を利用して測定する機械。「シュミットハンマー」「テストハンマー」ともいう。

コンクリートパイル〔concrete pile〕 鉄筋コンクリート製の杭。

コンクリートバケット〔concrete bucket〕 ミキサーなどから排出されたコンクリートを受けて，クレーンなどの揚重機を使って運搬し打設場所で排出できるようにした容器。転倒方式と開底方式の2種類がある。

コンクリート破砕器 コンクリートや岩を壊すときに使用する火工品。周辺に家屋などがある場合に使用するもので，ダイナマイトではない。ブレーカーなどは破砕機といい，「器」と「機」で区別する。

コンクリート破砕機〔concrete break-

〔コンクリートパイル〕

〔コンクリートバケット〕

er〕 コンクリート塊を破砕する機械。コールピックハンマーやブレーカーがある。「コンクリートブレーカー」ともいう。

コンクリートパネル〔concrete panel〕 コンクリート製の版状部材の総称。壁式プレキャスト鉄筋コンクリート造の壁や床部材，またPCカーテンウォール部材などをいう。

コンクリート非破壊試験［concrete non-destructive test］　コンクリートの強度や欠陥・ひび割れなどを破壊せずに検査する方法。シュミットハンマー，超音波などを用いる。

コンクリート吹付け［pheumatically applied concrete］　⇨ショットクリート

コンクリートプラットホームシステム［concrete platform system］　石油・天然ガスなどの海底資源掘削に用いられるコンクリート製の作業船。

コンクリートブレーカー［concrete breaker］　⇨コンクリート破砕機

コンクリートプレーサー［concrete placer］　コンクリートを圧縮空気によって運送管を利用して送る装置。コンクリートポンプと異なり，バッチごとの断続的作業となる。

コンクリートブロック［concrete block］　縦19cm・横39cm・厚さ10または15cmを標準形とするコンクリート製の中空ブロック。間仕切り壁や塀などに使用される。「ホローブロック」ともいう。→ブロック

コンクリートブロック構造［concrete block structure］　主として空胴コンクリートブロックと型枠コンクリートブロックを用いて壁体を構成する構造。

コンクリートペイント［concrete paint］　アルカリ性であるコンクリートに塗装できる塗料。合成樹脂系，特にエポキシ樹脂，アクリル樹脂系，塩化ビニル樹脂系が用いられている。

コンクリートヘッド［concrete head］　コンクリート打設の際，型枠にかかる側圧が最高になる打込み高さ。

コンクリート棒型振動機［internal vibrator for concrete］　コンクリートの締固めに用いる棒状の振動機。コンクリート内部に差し込んで使用し，径100mm以下の棒型振動体を有するものをいう。

コンクリート舗装［concrete pavement］　車両の輪荷重に対して，舗装版の曲げ応力の大きいコンクリートで抵抗する舗装。

コンクリートポンプ［concrete pump］　鋼管を通してコンクリートを圧送する機械。

コンクリートポンプ車［mobile concrete pump］　コンクリート打設位置までの圧送装置を搭載した車。建築工事におけるコンクリート打設のほとんどはコンクリートポンプ車によっている。単に「ポンプ車」ともいう。

コンクリートミキサー［concrete mixer］　セメント・骨材・水をかくはんしてコンクリートを作る機械。これを自動車の荷台に付けたものがミキサー車。

〔コンクリートミキサー〕

コンクリート用砕石［concrete crushed stone］　岩石などを専用の機械（クラッシャー）で破砕して作ったコンクリートに使用する骨材。コンクリート用骨材（JIS A 5005）。

コングリゲートハウジング［congre-

コングロ マーチャント［conglo merchant］ 単一資本で多角経営をする巨大企業。

コングロマリット［conglomerate］ 業種の異なる企業を合併して多角化した大規模の複合企業。1960年代のアメリカに見られた現象で，急成長した。

コンコース［concourse］ 駅や公園など人の流れが集中する通りまたは広場。

コンサート ホール［concert hall］ 音響効果を高めた音楽専用の劇場。

コンサーベイター［conservator］ 絵画や彫刻などの古美術品の保存・修復を行う専門家。

コンサルタント［consultant］ 顧客の依頼により，顧客に代わって土木事業の企画，調査，設計，施工管理などを行う企業。発電土木，道路，鉄道，下水道，トンネルなど17種の部門別の登録制度があり，登録要件を満たすと建設省（現国土交通省）の建設コンサルタント登録簿に登録される。ただし登録を受けなくとも営業はできる。

コンサルタント エンジニア［consultant engineer］ 専門的な技術面についてアドバイス・指導する専門技師。技術顧問。

コンサルティング セールス［consulting sales］ 顧客の相談に応じながら進める販売活動。

コンサルテーション［consultation］ 都市設計を推進していく方法の一つで，市民と公的機関との密接な情報交換と信頼関係で進められる都市設計家の設計啓蒙。

コンシールド天井工法 岩綿吸音板天井の施工方法の一種。小口に溝を切り込んだ岩綿吸音板をHバーに差し込んで取り付ける。

コンシールド ドアクローザー 扉を閉めた状態では，その外観が見えない納まりのドアクローザー。機構が扉とドアサッシ上枠の内部に収まっている。

コンシステンシー［consistency］ 固体と液体の中間にある物体の硬軟状態を表す概念。例えば固まらないコンクリートなどの流動性の程度のこと。→ワーカビリチー

コンシステンシー指数［consistency index］ コンシステンシーを表す指数。液性限界と自然含水比の差を塑性指数で割った値。

コンジット［conduit］ 電線管の総称。

コンジット管［conduit pipe］ 地中埋設配管で，配管の外面腐食と断熱材への吸湿を防止するため，断熱材外部にさや管を装備したもの。

コンシューマリズム［consumerism］ 消費者の権利を守る運動。

コンストラクション［construction］ 建設，工事，構造，組立て。

コンストラクション イーシー ドットコム［construction-ec.com］ ゼネコン大手5社が共同で立ち上げた建設資機材の電子商取引きサイト。「CEC」ともいう。

コンストラクション エージェント［construction agent］ 建設現場代理人。

コンストラクション オートメーション［construction automation］ ⇨サイトオートメーション

コンストラクション マネジメント［construction management］ 建設業者や建築家が発注者の代理人となって総合的な建設管理を行うこと。建築物

の建設に当たり，建設プロジェクトの目的設定，品質・コスト・工期の条件を守り，プロジェクトを管理する。「CM」ともいい，アメリカで発達。→プロジェクトマネジメント

コンストラクション マネジャー [construction manajer] 建築主に代わってコンストラクションマネジメントを実施する建築の専門家。「CMR」ともいう。→コンストラクションマネジメント

コンストラクター [constructor] 建設労働者のこと。建設業者とは異なる。→コントラクター

コンセッション スペース [concession space] ホテルに用意されたサービススペースで，理・美容院，花屋，電話室などがその代表的なもの。

コンセプション [conception] 計画の全体像（コンセプト）をまとめた計画案。→コンセプト

コンセプチュアル アート [conceptual art] 「コンセプトアート（概念芸術）」ともいう。作品よりも製作過程や発想を大事にする考え。

コンセプチュアル ファニチャー [conceptual furniture] 機能性や美意識といった従来の概念にとらわれずに新しい発想でつくられた家具。

コンセプト [concept] 何をつくるか概要を前もって決め，全体像を明確にするための概念。→コンセプション

コンセンサス [consensus] 合意。組織などの全体の賛同。

コンセント ボックス 電気の差込み口を組み込んだ箱。OA機器用に差込み口の数を複数とし，二重床に組み込む形式のものが多い。米語ではreceptacleで，「コンセント」は和製語。

コンソーシアム [consortium] ①発展途上国への援助方式の一つで，国際借款団または債権国会議のこと。②世界の主要コンテナ航路で，複数の船会社がターミナル，コンテナ・船舶の共同等による共同運航を実施すること。

コンソール [consol] ①複雑な曲線をもつ装飾的な持ち送り（ブラケット）。②パイプオルガンの演奏台で，ここからコンソール型キャビネットなど，卓上型に対する箱型の意で使われている。→コンソールテーブル

コンソール テーブル [console table] 壁に取り付けたり，壁の前に置く脚の付いた床置型のテーブル。壁付きのものも前だけは脚が付いている。「ピアテーブル」ともいう。

コンソリデーター [consolidator] 輸入住宅・建材などの流通をビジネスとする人たちの総称。

コンター ライン [contere line] 等高線。地図上で同じ高さの点を結んだ線。

コンタクト ストレイン ケージ [contact strain gauge] コンクリートの弾性係数や乾燥収縮，クリープなどを計測する装置。

コンタクト セメント [contact cement] 指圧程度の小圧力で接着する接着剤。

コンタミネーション [contamination] 粉塵，汚染物質，放射能などによる汚染のこと。

コンタミネーション コントロール [con-tamination control] 有害汚染物質の漏洩，拡散を防止するための管理活動。

コンタミ防止 [contamination control] 限られた空間や製品の内部・表面に対し，要求される清浄度を確保するために行う方策。クリーンルームの施工に

対して要求される。

コンチネンタル スタイル [continental style] ベッドの種類の一種。ボトム，マットレスにヘッドボード，フットボードの付いたもの。「ヨーロピアンスタイル」ともいう。

コンテ [conte 仏] デッサンに用いるクレヨン。

コンティンジェンシィ プラン [contingency plan] 被害の最小化や事業の継続と早期復旧を図るため，あらかじめ不測の事態を想定し，これが発生した場合の対応策を計画しておくこと。

コンテキスト [context] ⇨コンテクスト

コンテクスチュアリズム [contexturalizm] 評論家 C. ロウの提唱する都市理論で，近代建築が歴史的評価と断絶するところで建てられてきたためアメニティーを欠く結果になったことを指摘，周囲の状況（コンテクスト）を重視し，孤立せずに町並みをつくっていくべきとする提案。

コンテクスト [context] 文脈。周囲の建物との連続した環境の中での存在。「コンテキスト」ともいう。

コンテナ [container] 荷姿をまとめて標準化された形で輸送を行う容器の総称。ミニコンテナ，簡易コンテナ，折りたたみコンテナなどがある。産業廃棄物を収集し，ダンプ車により運搬可能としたコンテナが多用されている。

コンテナ ガーデン [container garden] 箱（コンテナ）を使って栽培された植物を組み合わせて作られた小型庭園のこと。

コンデンサー [condenser] electrostatic capacitor の通称。電気設備関係で用いる蓄電器のこと。略称「CON」。

コンテンツ [contents] 本や設計図書の概要や目次。またソフトの中身で，メディアに盛り込む情報のこと。

コンドミニアム [condominium] 土地を共有する意。日本の分譲マンションと同義。→コーポラティブハウス

ゴンドラ [gondola] 上部に固定したワイヤーロープで荷台（ゴンドラ）を吊り下げて足場としたもの。荷台に人が乗り，巻き上げ機で上下して外壁の清掃や補修などを行う。

コントラクター [contracter] 建築や土木工事を請け負って仕事を行う業者のこと。「請負業者」ともいう。→コンストラクター

コントラクト [contract] 契約，請負，契約書のこと。→アグリーメント

コントラクト カーペット [contract carpet] 事務所・ホテル・店舗など非住宅の建物に使用するカーペットの総称。「コマーシャルカーペット」ともいう。

ゴンドラ則 ゴンドラ安全規則の略。労働安全衛生法（昭和47年法律第57号）の規定に基づいて，ゴンドラの製造・設置・使用・検査などについて規定。

ゴンドラ用ガイドレール ある定まった位置で移動ができるガイドレールを使って昇降させる作業用足場。「簡易吊り足場」ともいう。

コントローラー [controller] 機械装置の制御盤，速度調整器のこと。

コントロール エア [controlled air] AE剤を用いて調整されたコンクリート中の空気泡。

コントロール室 [control room] 設備機器の運転状態を把握し建物全体を管理する部屋で，管制室のこと。

コントロール ユニット［control unit］ ホームオートメーションにおける自動制御装置。防災，防犯，照明，空調，通信などを制御する情報センター。→ホームオートメーション

コンバージョン［conversion］ 特定の形式やコード体系で記録されたデータを，異なる形式やコード体系に変換すること。

コンバーター［converter］ 半導体の整流器を使用して交流を直流に変換する装置。

コンバーチブル ルーム［convertible room］ 簡単に改装や転用が可能な部屋。

コンパートメント［compartment］ 区画，仕切りの意で，列車の個室や飲食店などの仕切られた席をいう。

コンバインド サイクル［combined cycle］ 高温のガスタービンで発電し，その排熱で蒸気を発生させて，蒸気タービンでも発電を行う方式。

コンバインド サイクル発電［combined cycle power generation］ 火力発電の際に発生した廃熱を別の発電設備で再利用して発電すること。

コンパウンド［compound］ 研磨材や充てん材として用いられる可塑性または半流動性の配合品。本来は化合物，合成物の意味をもつ。

コンパクター［compacter］ 下部に付いた平板を上下に小きざみに振動させて地盤を締め固める機械。

コンパネ コンクリートパネルの略。型枠に使用する合板のこと。

コンビ オフィス 多様なワークスタイルに対応するため，個室型のワークプレイスと打合せやサービスコーナー等の共用スペースを組み合わせたワークプレイス形態。両者の境はガラススクリーンで区画し，各自の仕事への集中とコミュニケーションを確保する。

コンビナート システム ロシア語のkombinat（工場結合）から作られた和製語で，都市の総合開発計画で経済から給排水までの各部門の総合的な機能配置計画。

コンビニエンス ストア［convenience store］ 時間，場所，買いやすさの利便性を提供することを目的とした，売場面積が $100m^2$ 程度で3,000品目を超える小型店舗のこと。「CVS」ともいう。→バラエティーストア

コンビネーション キャビネット［combination cabinet］ 事務用収納家具。オープンタイプと引出しタイプの両方のシステムが一緒になったファイルキャビネット。

コンビネーション テーブル［combination table］ ⇨ネストテーブル

コンピューター アーキテクチャー［computer architecture］ コンピューターの基本ソフト，使用言語，データ形式などの基本的な仕組み・考え方を統合した設計思想のこと。

コンピューター アート［computer art］ ⇨コンピューターグラフィックス，CG

コンピューター ウイルス［computer virus］ コンピューターの通信回路やソフトウェアなどにまぎれ込んで，コンピューターに異常をきたしたり，データを破壊したり，増殖したりするプログラム。これを退治するプログラムをワクチンという。

コンピューター X線断層撮影装置 ⇨CT

コンピューター グラフィックス

[computer graphics] コンピューターを利用して作る画像処理技術の総称。視点を360度回転させて見せることもでき、建築物のパースに利用してプレゼンテーションを行ったりする。デザイン、ゲーム、地図、測量など多くの分野で応用され、現実に見ることができない画像の表示が可能。略称「CG」。「コンピューターアート」ともいう。

コンピューター シミュレーション [computer simulation] コンピューターを利用して物理的現象を分析・解析すること。物理、数学、化学、医学などの分野で応用されている。建築では建築物の視覚的表現や構造、風洞実験など多様な用途に利用されている。

コンピューター リテラシー [computer literacy] コンピューターを使いこなす能力、知識。

コンピュタリゼーション [computarization] 情報の集中、処理をコンピューターで行うことによる合理化。

コンファインド コンクリート [confined concrete] 鋼管型枠の中に打設したコンクリート柱のように、圧縮力（軸力）を受けたとき、圧縮力と直角方向にコンクリートが広がろうとする力が拘束される状態にあるコンクリート。この場合のコンクリートの設計強度は、通常の設計基準強度より高い強度を採用することができる。CFT（充てん鋼管コンクリート）構造のコンクリートが該当する。

コンファレンス ホール [conference hall] 国際会議などで多人数が一堂に会して行う会議のためのホール。京都国際会議場が有名。→コンファレンスルーム

コンファレンス ルーム [conference room] 小規模な会議を目的とした部屋で、OA機器や空調・換気設備等を設けた部屋。いわゆる会議室のこと。→コンファレンスホール

コンフォートチェア [comfort chair] 安楽椅子。

コンプレックス [complex] 店舗や事務所、ホテル等のさまざまな用途で構成させる複合建築。

コンプレッサー [compressor] 気体を一定の圧力に圧縮する機械の総称。「COM」とも呼ぶ。

コンプレッション リング [compression ring] ケーブルによる吊屋根構造の外周境界に設置し、曲面内力の水平力を処理するための部材。「圧縮リング」ともいう。

コンペ コンペティションの略で、建築の場合、競技設計のことをいう。計画案を公募し、一番優秀な案を採用する方法。→プロポーザル方式

コンベクター [convector] 温水や蒸気を熱源とする暖房で用いる放熱器の一種。正式には「コンベクターヒーター」という。→ベースボードヒーター、ラジエーター

コンベクター ヒーター [convector heater] ⇨コンベクター

コンベックス [convex] スチール製の巻尺で、テープが曲面になっているのでこの名が付いている。

コンペティション [competition] ⇨コンペ

コンベヤー [conveyer] 骨材・土砂などを可動式ベルトの上に乗せて運搬する機械。ベルトコンベヤーが一般的。

コンベンション シティー [convention city] 大規模な展示会や国際的な会

議等ができるような施設をもっている都市のことで，都市の活性化の中心的役割を果たしている。

コンベンションホール［convention hall］　大規模な学術会議や国際会議を開催できる機能をもった大ホール。

コンポーネント［component］　システムキッチンなどを構成している各部分のことをいう。

コンポジション［composition］　組立てあるいは構成。空間機能を組み合わせたデザイン表現。

コンポジションビニル床タイル　⇨ ホモジニアスビニル床タイル

コンポジット材料［composite materials］　ガラス繊維強化プラスチック(GFRP)のように，性質の異なる二つ以上の素材を組み合わせて単一材料よりも優れた性質をもった材料のこと。「複合材料」ともいう。

コンポジットパネル［composite panel］　繊維方向を互いに直角にして張り合わせた合板で，強度が出る。

コンポスター［composter］　家庭で生ゴミを肥料に変えることのできる装置。

コンポスト［compost］　塵芥(じんかい)や枯木などを消化安定させ，急速に作った堆肥のこと。農業用肥料として利用される。環境保全のために生ゴミを一般家庭でコンポスト化する簡易装置や，集合住宅における生ゴミコンポスト化のシステムが開発されている。

コンポストトイレ［compost toilet］　し尿を堆肥にする装置をつけた便所。自動的におがくずを混ぜ，発酵させて堆肥にする。

サ

サーキュレーター［circulator］ 暖房の空気などを室内に循環・対流させる器具。

サークライン［circline fluorescent lamp］ 円環状の蛍光ランプ。

サークル ベッド［circle bed］ ⇨クリップ

サージ［surge］ 落雷による誘導や回路の開閉時に現れる過渡的異常電圧。

サージング［surging］ ①ポンプや送風機，圧縮機を小流量域で使用するとき，圧力や風量が周期的に激しく変動し騒音を発する現象。②オーバーロック加工

サーバー［server］ ネットワークを結んで複数のコンピューターを利用する場合，利用効率をあげるためにファイルの管理やデータベース管理などの特定の役割をもつ専用コンピューター。

サーバント スペース［servant space］ ルイス・カーンがリチャーズ・メディカル・センターを発表するときに「サービスされる空間」と「サービスする空間」といった2つの言葉で説明したことに始まる。廊下，階段室，エレベーター，便所，ダクトなどのこと。→マスタースペース

サービス エリア［service area］ ①建物などで外部から供給される燃料や物の搬入のためのスペース。②高速道路における車や人に対する休憩・補給のための施設および駐車場。

サービス コア［service core］ ビル建築の配置計画の中で，主としてエレベーター，階段，便所，機械室などの部分を構造上の核としたもの。

サービス コーナー［service corner］ さまざまなサービスをするために設けられる机やカウンターのある場所。

サービス時間［service time］ 待ち行列理論でサービスに要する時間をいい，サービスの種類によって使用時間，占有時間，処理時間などという。

サービス総合デジタル網 ⇨ISDN

サービス タンク［service tank］ ボイラーにおいて，バーナーと油タンクの間に設置される小型タンク。使用油量の確認や予熱等を行う。

サービス タンク室［service tank room］ 建物内で使用する水を留めておくための給水容器（受水槽ともいう）が置かれている室。

サービス バルコニー［service balcony］ 住宅のキッチンの脇に設けて，一時的なゴミ置場等に使われるバルコニー。

サービス ヤード［service yard］ 住宅の勝手口の外にある庭で，洗濯・物干し・物置・ゴミ置き等に使用される場所。「裏庭」または「側庭」ともいう。

サービス ユニット［service unit］ ホテルの客室部門や病棟の基準階を計画する際の基本単位。ホテルの客室部門に関しては一組のハウスメイドの受け持つ客室群であり，病棟では1チームの看護婦が担当するベッド群のこと。

サービス ルーム［service room］ 準備室の意。法的に居室（床面積の1/7以

上の窓面積のある室）とならない室。日本ではマンション等で採光が取れない部屋につけられている。略して「Sルーム」ともいう。

サービス廊下［service corridor］ ホテルや宴会場などにおける従業員専用の廊下。

サーフェイサー［surfacer］ 塗膜の薄さを補い，厚みを与えて平坦とし，パテ面の吸込みを押さえたりするのに用いる下地塗料。

サーブリック［therblig］ 人間の基本動作を分析し，作業改善を行う手法。ギルブレスが提唱した。

サーベイ［survey］ 測量のこと。主として土地の形や高低を調査し，それに基づいて敷地図等を作る作業。

サーベイマップ型 F. シュミヤキンの提唱する都市における人の場所のイメージを表す2つのパターンのうちの一つ。

サーベイヤー［surveyor］ 今日では測量士・積算士のことをいうが，16世紀頃は建築家（アーキテクト）と同義語であった。

サーベイランス［suveillance］ ①ISOの認証登録後に行われる第三者審査のこと。半年ごとに行われるのが一般的であるが，品質保証の活動状況が良好な場合は，その間隔が長くなる。②各国の経済政策監視のことで，「政策監視」ともいう。

サーマル ドラフト［thermal draft］ 人体から出る熱で空気が上昇すること。→コールドドラフト

サーマル プレシピテーター［thermal precipitator］ 強い温度勾配中を含塵気流を微速で流し，熱ふく射力によって低温側に集塵する装置。

サーマル マネキン［thermal mannequin］ 各部位の表面温度を調整可能な等身大の人形，環境条件や着衣量の温熱感測定に利用する。

サーマル リサイクル［thermal recycle］ 廃棄物を焼却し，その熱を温水プールや地域の暖房などに利用すること。廃棄物を熱資源として捉える。

サーマル リレー［thermal relay］ 電流による電熱でバイメタルを湾曲させ，その力を利用して接点を開く構造をもつ過負荷保護装置。

サーミスタ［thermistor］ 温度上昇にともない抵抗が著しく減少することを利用した半導体素子。温度が上がると逆に電気抵抗が大きくなるのを正特性（PCT）サーミスタといい，電気毛布などに使われる。→サーミスタ温度計

サーミスタ温度計［thermistor thermometer］ サーミスタの抵抗が温度によって著しく変化する現象を利用した温度測定計器。→サーミスタ

サーモカップル［thermocouple］ 2種の金属をループ状に接続したとき，両接点間に温度差があると，起電力が生じる現象を利用して温度を計測するもの。「熱電対」ともいう。

サーモ サイフォン方式［thermo syphon system］ 暖房空間よりも集熱器を低い位置に設置し，日射があるときのみ自然対流を活用して暖房を行う分離熱取得方式。

サーモスタット［thermostat］ 自動制御で室温を一定に保つ温度調節器。

サーモスタット シャワー［thermostat shower］ 温度調整機能付きのシャワー。

サーモパイル［thermo-pile］ 熱電対を直列にいくつもつなぎ，温度差による

起電力を増幅して発生させるもの。微小温度差の検出に使われる。

サーモメーター [thermometer] 温度計。

サイアミーズ コネクション [siamese connection] 建物の外壁面もしくは路面に独立させて設ける消防ポンプのホース接続口。消防ポンプから建物内の消火栓給水管系統に圧力水を送る。「送水口」「連結送水口」ともいう。

〔サイアミーズコネクション〕

サイアロン [sialon] 珪素・アルミニウム・酸素・窒素からなるセラミックス。耐熱性・耐食性に優れる。また、透光性も発見され、高温にさらされる窓材などに有効。

サイエンス パーク [science park] 都市開発の一つで、大学などの研究所を中心としたベンチャービジネスの町。環境が公園（パーク）のようなのでこう呼ばれる。

サイクル アンド ライド [cycle and ride] 最寄りの駅やバス停まで自転車で行き、そこから鉄道やバスを利用する通勤方法。

サイクルグラフ [cyclegraph] 豆電球を利用して身体の部位移動の状況を調査する動作研究手法。身体の各部位に豆電球を取り付け、運動を行って1枚のフィルム上に複合して撮影する。

サイクロラマ [cyclorama] ⇨ホリゾント

サイクロン [cyclone] 空気中に含まれる比較的大きな粒子のゴミを除去する装置。汚染空気を高速で吹き込み、旋回流を起こして遠心力で粒子を分離する。

サイコロジー [psychology] 心理学。psycho（心）＋logy（学問）の合成語。

サイジング ツール [sizing tool] 銅管のろう付け接合の際に、管の切断後、管端を正確なサイズの円形に整えるために用いられる工具。

サイディング [siding] 木、石綿セメント板、金属などを外壁に貼って使用する仕上材の総称。

サイディング ボード [siding board] 耐水性および耐候性に優れた外壁用合板の総称。

サイテス [CITES] ⇨ワシントン条約

サイト [site] ①敷地。建設現場のこと。②情報を提供するコンピューター内部の特定のメモリのあるところ。

サイド アングル [side angle] 鉄骨の柱の柱脚部に使われるL形をした鋼材で、基礎への固定に使われる。

サイト アンド サービス [site and service] 市街地開発手法の一つで、公共機関で道路と敷地内の給排水設備まで実施し、あとは各自で建設する方式。

サイド ウォーク [side walk] 車の通る車道に対し、道路の脇にある人のための舗装された道。→ペーブメント

サイト オートメーション [on-site automation] 施工ロボットなどによって建設現場の高度な自動化を進めること。「コンストラクションオートメ

サイドチェア [side chair] 長方形の食卓の長辺に置かれる椅子，脇椅子，小椅子。「アームレスチェア」とも呼ぶ。

サイドテーブル [side table] デスク，テーブル，ベッドなどの脇に置く小型のテーブル。「エンドテーブル」ともいう。

サイトPC 現場で製作するプレキャストコンクリート(PC)のこと。PCは，通常は工場で製作し，現場に運搬して取り付けられるが，運搬費の削減を目的に現場で製作することがある。小梁や跳ね出しバルコニー・床板など，あまり複雑でない部材で実施されることが多い。

サイトPCa工場工法 プレキャストコンクリート（PCa）部材を現場の敷地の一角，あるいは隣接した敷地に簡易工場を営設して生産する方法。

サイドボード [side board] 飾り棚。食堂の壁ぎわに置く食器棚。現在は居間・客間に置く飾り棚をいう。

サイバービジネス [cyber business] インターネットを利用して商品情報を提供し，商品販売を行う商売。

サイバーモール ホームページに設置した仮想商店街のことで，インターネットを利用した新しい通信販売で登場したもの。「バーチャルモール」ともいう。

サイバネティックアート [cybernetic art] 作品が電気または風，あるいは光や音などで動き，その動的な感覚を表現した美術。

サイバネティックス [cybernetics] 生物がもっている情報処理・制御などに関するメカニズムを機械的にとらえて総合的に研究する学問。ノバート・ウィナーにより提唱され，「人工頭脳学」ともいう。

サイホン [siphon] 液体を低位置に移動するため，一度高い所へ上げてから低位置に導くための曲管。これを利用したものにサイホン形自記雨量計がある。

サイホン作用 [siphonage] 水が負圧により吸い上げられて，流下する現象。

サイホン式便器 [siphon water closet] 水洗式大便器の洗浄方式の一つで，留

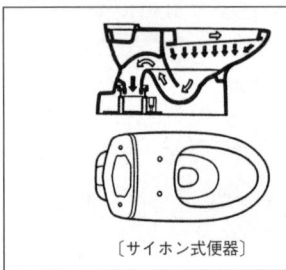

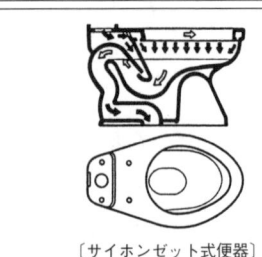

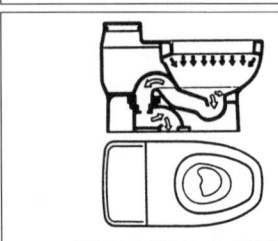

〔サイホン式便器〕

〔サイホンゼット式便器〕

〔サイホンボルテック式便器〕

水面の水位の上昇によって封水を押し出し，サイホン作用を発生させることによって排水するもの。

サイホン ゼット式便器［siphon-jet water closet］ 水洗式大便器の洗浄方式の一つで，トラップ部に噴流を加えることにより，サイホン作用を促進して排水性能を向上させたもの。

サイホン トラップ［siphon trap］ 管内を液体が満水状態で流れることによりサイホン作用を起こし，排水による自浄効果をもつトラップ。

サイホン ボルテックス［siphon-voltex］ 便器の消音タイプで，サイホン作用に水に回転運動を与え空気が混入しないようにして洗浄音を静かにしているもの。

サイホン ボルテックス式便器［siphon vortex water closet］ 便器溜水面に渦巻作用を加えながら，汚物や汚水を排出する機能をもった水洗式大便器。

サイリスター［thyristor］ 電流を制限する機能をもった半導体素子。

サイレンサー［silencer］ ①消音装置。②加熱すべき水に蒸気を直接吹き込むときに用いる器具。常に蒸気が得られる病院や工場の貯湯槽で使用。

サイレント パイラー 油圧式杭圧入引抜き機の商品名。無振動，無騒音でシートパイルの圧入と引抜きを行う油圧式機械。〔製造：技研製作所〕

サイロ［silo］ ①家畜の冬季用飼料や穀物を貯蔵する塔状の倉庫。②セメントや石灰をばら積みにして貯蔵するための塔状の倉庫。

サイン計画［sign planning］ 建築物の内外の表示・標識などのサインまたはサインシステムをデザインし，利用者に案内・誘導，掲示などの情報を提供する計画。

サイン システム［sign system］ 観光案内用看板等の設備の総称。単に「サイン」ともいう。

サイン デザイン［sign design］ 公共建築物等で人の流れをスムーズにするために設けられる，環境とマッチした案内板のデザイン。

サインポスト［signpost］ 道路標識の意。戸建住宅などの柱の上に設置される郵便受けのこと。

サイン マップ［sign map］ ⇨スケッチマップ

サウナ風呂［sauna bath］ 北欧風の蒸し風呂。加熱した石に水をかけ高温の蒸気を発生させる装置をもつもので，家庭用電力を熱源にしたものもある。

サウンディング［sounding］ 地盤の中にロッド付きの抵抗体を挿入し，貫入，引抜き，回転，衝撃などに対する抵抗力から地盤の性質をさぐること。

サウンド インシュレーション［sound insulation］ 音の発生源を孤立化させ音を断つこと。遮音。音は質量に比例して遮音できるので，内部に吸音材を用いて吸音し，外部を重い物で囲うのが効果的。→サウンドプルーフィング

サウンド エフェクト［sound effect］ 目的に合わせた音の状況づくりのことで，音の残響時間を長くしたライブと吸音を高めたデッドがある。

サウンド スカルプチャー［sound sculpture］ 音響による空間のイメージ作りの手法。

サウンドスケープ［soundscape］ 生活の中のさまざまな音がその地域の音の風景を形づくるという考え方。視覚的な景観＝ランドスケープに対し，聴覚

的な景観という意味の造語。「音の風景」ともいう。カナダの作曲家マリー・シェーファーによって提唱された。

サウンド プルーフィング［sound proofing］ サウンドインシュレーションが音の発生源を断つのに対し、発生源に対して自己防衛すること。防音。防音窓・防音扉等があり、質量の高い材料が効果的。→サウンドインシュレーション

サウンド マスキング［sound masking］ 同時に発生した2種類の音の一方が、もう一方の音のために聞きとれなくなる現象。「隠ぺい作用」「マスキング現象」ともいう。

サクション［suction］ ポンプや送風機における吸込み側をいう。これに対して吐出し側を「デリベリ」という。

サクソニー［saxony］ カーペット糸のより方の一種。強よりして高温でセットしたもので、弾力性に富む。

サス［SUS］ 熱間圧延および冷間圧延のステンレス鋼板、ステンレス鋼帯の種類を示すJIS規格。略して「SUS」。JIS G 4304, 4305, 4306, 4307。

サスティナビリティ［sustainability］ 持続可能な、の意であるが、人類の生存を長続きさせようという考えから環境保全を模索すること。

サスティナブル コンストラクション［Sustainable Construction］ 持続可能な建設。1992年にリオデジャネイロで開かれた「環境と開発に関する国連会議（地球サミット）」で提唱されたサスティナブル ディベロップメント（持続可能な開発）の建築版。

サスペンション構造［suspention structure］ 吊り屋根、吊り床に見られるように、構造部分をある支点から吊り下げて、引張力が働くようにした構造。「吊り構造」ともいう。

サスペンド スクリーン ガラススクリーン構法の一つで、ガラスを上部から吊る構法の商品名。〔製造：日本板硝子〕→ガラススクリーン構法

サッシュ［sash］ 窓枠のことだが、日本では戸も含めた金属性の窓の意に用いられている。

サッシュ アンカー［sash anchor］ 鉄筋コンクリートの壁などに取り付け、サッシュを固定させるための金物。→アンカーボルト

サッシュ バー［sash bar］ スチール・アルミサッシュの建具框や枠に使用される組子の部材。

サップ［sap］ 樹液または辺材のこと。辺材は心材と比べ樹液が多く白色。「サップウッド」とも呼ぶ。

サップ ウッド［sapwood］ ⇨サップ

サテライト オフィス［satellite office］ 都市周辺部のターミナルなどに、パソコンなどのOA機器を設置したオフィスをつくり、毎日本社まで出勤しなくても業務が行える勤務形態。職住接近も目的だが、都心の事務所機能を郊外に衛星的に分散させてコスト抑制を図るのが主旨。「ローカルオフィスシステム」ともいう。略して「SO」。

サテライト スタジオ［satellite studio］ ラジオやテレビの放送局における、本局以外の臨時のスタジオで、見せる要素をもっている。

サテライト ステーション［satellite station］ 宇宙基地。

サテン仕上げ［satin processing］ ⇨スクラッチ仕上げ

サドル バンド［saddle band］ 金属管を配管支持架台や建物などに固定する

[サテライトオフィス]

ために用いられる鞍形の金具。

サナトリウム[sanatorium] 病気療養のため自然環境のよい場所に設けられる療養所。「サニタリウム」ともいう。

サニタリー[sanitary] 衛生的なという意味で，サニタリーコーナー（ほこりのたまらないようにした曲面）やサニタリウム（療養所）の語がある。

サニタリー ウエア[sanitary ware] 洗面器や大小便器などの衛生陶器。

サニタリー エンジニアリング[sanitary engineering] 衛生工学。

サニタリー コーナー[sanitary corner] 病院などで衛生的な環境を保つために，ほこりのたまりにくい曲面を持った仕上げのこと。

サニタリー システム[sanitary system] 浴室・便所をインテリア構成材として工場生産した部品で組み立てる空間構成方式。

サニタリー タンク[sanitary tank] 汚水槽。

サニタリー ポンプ[sanitary pump] 汚水用のポンプ。

サニタリー ユニット[sanitary unit] 浴室，便所，洗面所などの衛生設備を室ごとまたは主要部分を一体化・プレファブ化したもの。

サニタリー リネン[sanitary linen] 浴室，便所などで使われる繊維製品の総称。タオル，バスマット，トイレットカバーなどがある。

サニタリウム[sanitarium] ⇨サナトリウム

サバーバン[suburban] 郊外の住宅地に住む人のこと。→ガーデンサバー

サバービア [suburbia] 大都市周辺につくられた住宅地で，大正時代につくられた東京の田園調布が有名。

サブカルチャー [subculture] ある特定の集団だけがもつ文化価値や行動の様式。若者文化など。

サブコン 「サブコントラクター」の略。ゼネコンが発注者より受注した工事を実質的な施工者として請け負う職種別工事業者または設備工事業者。「下請業者」ともいう。→ゼネコン

サブコントラクター [sub-contractor] ⇨サブコン

サブシステム [sub system] 全体構成を補助するために付加されるもので，コンピュータープログラムの構成で使われ，「サブルーチン」ともいう。

サブステーション [substation] ①地域冷暖房施設で，中央熱源機械室で製造した熱媒を各需要家で使用する前に圧力，温度，流量などを調整する副機械室。一般に各需要家建物ごとに設置される。②需要家に設ける受電設備と変電設備の総称。

サブストラクチャー [substructure] 地表面より下の建物部分の総称。

サブフープ [sub-hoop] 柱配筋の際，柱のねじれと隅部以外の主筋のはらみ出しを防止するための帯筋。「副帯筋」ともいう。

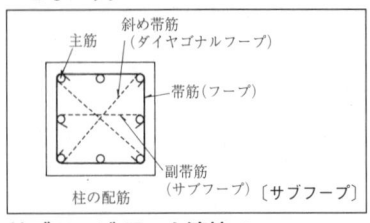

[サブフープ]

サブマージ アーク溶接 [submerged arc welding] 継手部分にあらかじめ粒状のフラックスを盛り上げ，その内部に溶接用電極を挿入してアークを起こし，溶接する方法。

サブ マスター キー [sub master key] 貸ビルなどでテナントごとにそれぞれのマスターキーがあり，さらにビル全体のマスターキーがある場合の前者をいう。後者はグランドマスターキーという。→マスターキー，グランドマスターキー

サブモデュール寸法 [submodular size] 建物の寸法調整や構成材のサイズを調整するための基礎となるベーシックモデュールの単純な分割寸法のこと。→ベーシックモデュール

サプライ ダクト [supply duct] 空調・換気設備の給気用ダクト。

サプライ チェーン マネジメント [surpply chain management] 企業がコンピューターを活用して商品の生産，製造，流通までの流れを円滑に図ること。

サブリース [sublease] 賃貸ビルにおいて，不動産業者がオーナーから一括で借り上げ，その不動産業者がさらに実際の使用者に転貸すること。個人オーナーの賃貸マンションなどで行われることが多い。

サブルーチン [sub routine] ⇨サブシステム

サブレンタル スペース [subrental space] アーケード街やプロムナードのように，ホテル内の賃貸スペースの総称。ホテルの宿泊者だけでなく，一般の人々も利用可能。

サポート [support] 支柱。型枠工事で使用されるパイプサポートを指す場合が多い。

サマー ハウス［summer house］ 避暑用のセカンドハウス。日本では貸別荘の意に用いられている。

サム ターン［thumb turn］ 鍵を用いずに指で回すだけで施錠できる錠前の一種。

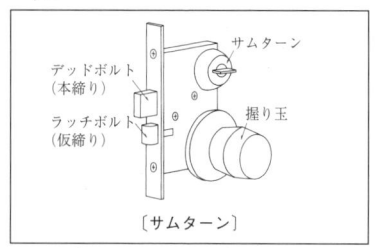

［サムターン］

サム ピース［thumb-piece］ 錠前のラッチボルトを動かす金物。これを指で押し下げて戸を開ける。通称「ベロ」と呼ばれる。

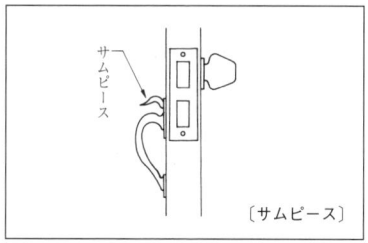

［サムピース］

サルーン［saloon］ ホテルや船にある大広間のこと。「サロン」ともいう。

サロン［salon 仏］ ⇨ゲストルーム、サルーン

サンク ガーデン［sunk garden］ ⇨サンクンガーデン

サンクチュアリ［sanctuary］ 人間を近づけなくして野生生物のために作られる聖域のこと。一般的にはバードサンクチュアリをいう。

サンクン ガーデン［sunken garden］ 基礎のレベルから一段下げて造った庭園や広場。交通問題の解決法の一つで半地下のデザイン技法として重要。「沈床園」「サンクガーデン」ともいう。

サンセット法［sunset law］ 例えば一級建築士のような職能上の資格について、ある期間ごとに再登録するシステムで、1976年アメリカのコロラド州で承認された。

サンダー［sander］ サンドペーパーや研磨砥石などを取り付けた回転装置を使って、木材、鋼材、コンクリート面などを研いで、平滑に仕上げる機械。

サンダー仕上げ［sander (grinder) finish］ サンドペーパーや研磨砥石などを取り付けた動力機械で、モルタル、コンクリート、木材の表面を研いで仕上げること。

サンディング仕上げ［sanding finish］ 表面を研磨して光沢を出した仕上げ方法。「研磨仕上げ」ともいう。

サンディング シーラー［sanding sealer］ 木部のクリヤラッカー塗装における中塗り用塗料。

サン デッキ［sun deck］ 日光浴などのための平らなルーフ（バルコニー等）をいうが、日本では習慣上一般的ではない。

サンドイッチ パネル［sandwich panel］ 断熱・耐火・吸音などの性能をもつ心材を、美観・耐水・耐汚染などの性能をもつ表面材でサンドイッチした板の総称。心材には木毛セメント板、発泡ポリスチレン、表面材にはフレキシブルボードなどが使用される。

サンド コンパクション パイル［sand compaction pile］ 軟弱地盤を改良する目的で打設する砂杭。「サンドパイル」ともいう。

サンド ドレーン工法［sand drain method］ 地盤改良工法の一つ。サン

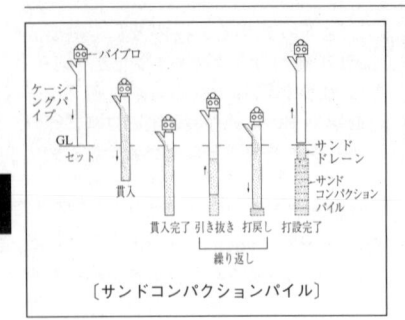

[サンドコンパクションパイル図: パイプロ、ケーシングパイプ、GL、セット、貫入、貫入完了、引き抜き、打戻し、打設完了、繰り返し、サンドドレーン、サンドコンパクションパイル]

ドコンパクションパイル（砂杭）を打設し，地表面から荷重をかけて土中の水分を抜く。砂杭が導水管の役目を果たす。

サンドパイル［sand compaction pile］
⇨サンドコンパクションパイル

サンドブラスト［sand blast］ 圧縮空気で砂を吹き付けること。鉄骨のさび・汚れ落し，石材の表面仕上げなどに用いる。

サンドペーパー［sand paper］ 金属の錆落し，塗装面の塗膜の欠き落し，また木材面を平滑にするための研磨用紙。珪石，火打ち石，炭化珪素などを和紙や洋紙に接着させたもので，粒子の粗さにより番数が異なる。「研磨紙」「紙やすり」ともいう。

サンドポンプ［sand pump］ 泥分や砂などを含んだ水のくみ上げ輸送に適した渦巻状のポンプ。

サンドモルタル 砂の代わりに，セメントとの親和性に優れた炭酸カルシウム発泡体を骨材に使用したモルタル。軽量でかつはく離・ひび割れ防止に効果があるといわれている。内部用，外部用，タイル下地用等の種類がある。

サンフォライズ加工 布が洗濯などで縮まないように蒸気処理するもの。

サンプリング［sampling］ ある調査において，一部の標本抽出調査から全体を推定する場合，それに必要な試料・標本を採取すること。例えば，地盤調査で土質試料を採取することをサンプリングという。

サンプリング審査 ISO審査手法で，ランダムに事例を抽出して全体を類推する審査手法。

サンプリングチューブ［sampling tube］土質調査の際，土の試料を採取するためのチューブ。

サンプリング調査［sampling survey］ある集団の特性を知る場合，その中のいくつかを選んで調査し，全体に関する結論を引き出す調査方法，調査対象をいかに選び出すかが重要。「標本調査法」ともいう。→サンプル

サンプル［sample］ 全体を推定する場合，その中のいくつかを調べて全体を知る方法のなかで，選ばれた対象のこと。「標本」ともいう。→サンプリング調査

サンポーチ［sun poach］ 日光を採り入れるためガラス張りにしたベランダやベランダ風の部屋。

サンルーム［sun room］ 南側の開口部を大きくとり，日当たりを良くしたガラス張りの部屋。

シアー カーテン [sheer curtain] 光が透過するレースカーテンの総称。

シア コネクター [shear conector] 部材の接合部に生ずるせん断力に抵抗するために取り付けられるスタッド，合成鉄筋，ジベルなどの総称。→スタッドボルト

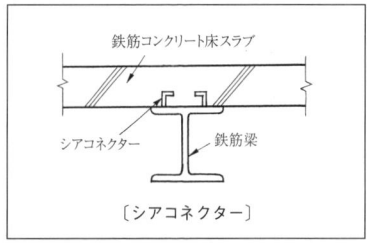

[シアコネクター]
鉄筋コンクリート床スラブ
シアコネクター
鉄筋梁

シア プレート接合 [shear plate connection] 大型木構造の接合具として考案された特殊な彫込みジベルを用いた接合方法。

シアム [CIAM] Congrès Internationale de l'Architecture Moderne(仏)の略。近代建築国際会議。1928年，ギーディオン，ル・コルビュジエ等が中心となって，従来のアカデミズムから離れて現在を社会的・経済的に見直すという観点から始めた建築の国際会議のこと。

シア レッグ [shear legs] 「二またクレーン」ともいい，二本の丸太の先端を交差させ，足元を広げて滑車を吊るして使う起重機。

シアン [cyan] 有毒な青酸化合物。

シアン化物中毒 [cyanide poisoning] 青酸などによるシアン化合物による中毒で，細胞中の呼吸機能を阻害し，マヒ症状を引き起こす。

シークエンス [sequence] 連続を意味する言葉であり音，言葉，映画の場面などの連続性を空間にも当てはめて考えようとする空間表記法の一つ。

シーケンス [sequence] 電気的な動作の順序。

シーケンス制御 [sequential control] ある定められた順序で，機器などの状態を段階的に設定していく制御方法。機器群の発停制御によく使われる。略して「SQC」。→シーケンスダイヤグラム

シーケンス ダイヤグラム [sequence diagram] シーケンス制御を行うためにあらかじめ定めておくべき装置・システムの制御手順の時間的な関係図をいう。→シーケンス制御

シージング インシュレーション ボード [sheathing insulation board] 断熱や吸音用に使われる防水処理を施した植物繊維を原料とした板状の材料。

シージング石膏ボード [sheathing plaster board (gypsum wall board)] 防水処理を施した石膏を成型した板状の材料。外壁や屋根の下地材として用いられる。

シージング ボード [sheathing board] 外壁や屋根の下地材に用いられる高融点アスファルトで処理したインシュレーションボード（軟質繊維板）。耐水性に優れている。

シース [sheath] プレストレストコン

クリートにおいて，PC鋼材と周囲のコンクリートを絶縁するために用いる円筒形のさやのこと。

シーズ ヒーター［sheath heater］ 電気抵抗線を耐熱性の粉末無機材料で囲み，外側を金属で被覆した加熱装置。

シーズン アウト整備 空調装置等の季節運転のある設備機器のシーズン終了後に行う機器調整。

シーズン イン整備 空調装置等の季節運転のある設備機器のシーズン開始前に行う機器調整。

シーツ［sheet］ 敷布。

シート ①［canvas sheet］仮囲いや工事用資材・機材などの養生に使用される布織物。材質は木綿のほか，ビニロン，ナイロンなどの合成繊維のものや防火処理をしたものなど。②［seat］一般的には人体を支える座面の総称。電車，航空機，自動車などの座席。

シート アスファルト［sheet asphalt］ 5 mm以下の骨材を用いたアスファルトコンクリート。細骨材を用いているため，肌目の細かい仕上げとなる。

シート アレンジメント［seat arrangement］ 座席の配列のことで，主として車両，航空機などの大量交通機関に使われることが多い。

シート アングル［seat angle］ 鉄骨造の柱と梁の接合部分で，柱に梁端部を載せるために梁下端に付ける取付け用金物。→トップアングル

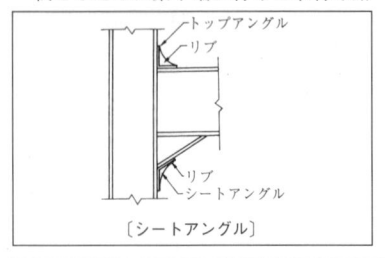

〔シートアングル〕

シート カバー［seat cover］ 腰掛式便器の便座にかけるカバー。「便座カバー」ともいう。→トイレットカバー

シート ゲート［sheet gate］ 工事現場の出入口に設ける布製の扉。

シート シャッター［sheet shutter］ 耐熱ガラスクロスを用いたシート状のシャッター。広いスパンに対応できる，天井内のシャッターケースが小さくてすむ等が特長。「耐火スクリーン」ともいう。

シート トラック［seat truck］ 航空機の座席を取り付けるためのもの。レール状で床に固定され，座席の配置（ピッチ）を変えられる。

シート パイル［sheet pile］ 根切り工事の際の山留めや止水のため周囲に打ち込む鋼製矢板。→ランゼン型鋼矢板

〔シートパイル〕

シード バンク［seed bank］ 落下して土壌中に休眠している植物の種子。

シートピア sea（海）＋utopia（ユートピア）の合成語。→アクアポリス

シート防水［sheet waterproofing］ 合成ゴム・合成樹脂・合成繊維などを主原料とした防水布を接着剤でつなぎ合わせて防水層とする防水方法。

シート メタル［sheet metal］ 薄板金の総称。

シート メタル スクリュー[sheet metal screw] ⇨タッピングビス

シート養生 型枠材，鉄筋などの資材にビニルシートをかぶせて雨や損傷などから保護すること。

ジードルンク[siedlung 独] 小集落の意だが，1920年代にドイツで建設された住宅団地を指す。

シードローム[seadrome] 航空機の中継，緊急着陸のため海上に浮かべた空港。「海上空港」ともいう。

シーブ[sheave] 鋼製の滑車。「キンネン」ともいう。

シープスフート ローラー[sheepsfoot roller] タンピングローラーの一種。ドラムの周囲につけた多数の羊蹄状突起を土の表面にくい込ませながら土を強く締め固める。

シーミング[seaming] カーテンの縁どりや家具の椅子張りの縁どりに使われる装飾用のテープ。

シーム[seam] 継目のこと。

シーム溶接[seam welding] 溶接する部分を円形状の電極間に挟み，加圧をして電極を回転させながら連続的にスポット溶接を繰り返して行う溶接法。

シームレス[seamless] 交通機関間の乗り継ぎや交通ターミナル内の歩行・乗降等を円滑に行うことにより，出発地から目的地までの移動をシステム化するもの。シームレスとは本来「継目のない」の意味をもつ。

シームレス キルト[seamless quilt] 加熱または化学的処理により，ミシンを使用せずにキルティング加工を行ったもの。

シームレス コミュニケーション[seamless communication] 情報技術やシステムの発達が可能とした，遠く離れた者が意識せずに行える協働作業や意思疎通形態。

シームレス パイプ[seamless steel pipe（tube）] 円柱型の半製品を加熱して孔をあけて生産される，継目のない鋼管。主として油井管や油送管として使われる。

ジーメンス ウェル工法[simens well method] 掘削にともなう排水工法の一つ。径20cmほどのストレーナー管を掘削孔に入れて周囲にフィルター層をつくった後，吸水管を差し入れ，何本かの吸水管を集めてポンプで排水する。

シーラー[sealer] コンクリートやモルタル下地処理用の下塗り塗料の総称。下地から出るアルカリやしみ止め，下地への吸込み止め，脆弱下地の補強などの効果がある。

シーラー ステイン[sealer stain] 塗料の下塗りとして使われる顔料。→ステイン

シーラント[sealant] ⇨シーリング材

シーリング[ceiling] 衛生上あるいは冷暖房のために構造体から吊り下げられる仕上材で，いわゆる天井のこと。

シーリング材[sealing compound] プレキャストコンクリート板や金属パネルのジョイント部，サッシュ回り，ガラスはめ込み部などの目地やすき間に，水密・気密の目的で充てんする材料。「シーラント」「シール材」ともいう。JIS A 5758。

シーリング ジョイスト[ceiling joist] 天井板を取り付けるための横架材である野縁のこと。

シーリング スイッチ[ceiling mounted switch] 天井埋込み形のプルスイッチ。ひもを引いて点滅する。

- **シーリング メタル** [ceiling metal]　薄鋼板製の天井板で，天井野地に釘打ちしてすき間をパテ埋めし，ペンキ塗装を施す。
- **シーリング ライト** [ceiling light]　天井に取り付けられた照明器具の総称。直付け，埋込みおよび半埋込み方式のものがあり，また開放型とカバー付きのものとに分類できる。
- **シール型蓄電池** [sealed type battery]　密封されており，酸霧やアルカリヒュームの放出がなく，使用中の補水等の保守が不要な蓄電池。
- **シール材** [sealing compound]　⇨シーリング材
- **シールド**　①[shield]　防御物。また軟弱地盤のトンネル工法であるシールド工法の掘進部先端の鋼製の保護枠。②[shielding]　ある空間を金属体の閉曲面によって電界，磁界から絶縁すること。
- **シールド工法** [shield tunneling]　軟らかい地盤で行うトンネル工法で，先端部を鋼製の枠で保護しながら施工する工法。
- **シールド ジョイント**[shield joint]　⇨クローズドジョイント
- **シールド トンネル セグメント** [shield tunnel segment]　シールドマシーンでトンネル掘削を行う際，覆工を行うために用いられる鋼製または鉄筋コンクリート製の部材。
- **シールド バック チェア** [shield back chair]　背もたれが盾の形をした椅子で，18世紀後半のイギリス・ネオクラシック期のもの。
- **シールド ルーム** [shield room]　研究所や病院の検査室などに設けられる外部からの雑音を遮断した室。

- **シーン** [scene]　光景，風景，映画の一場面をいう。空間表現の方法。
- **ジーン エンジニアリング** [gene engineering]　遺伝子工学。
- **シェアード オフィス** [shard office]　ワーカーが各自のデスクを持たず，グループや組織が複数デスクを共用するオフィス形態。在席率の低いオフィス，立ち寄り型のオフィス等で導入されている。
- **シェアード テナント サービス** [shared tenant service]　インテリジェントビルにおいて情報サービス会社がOA機器・コンピューターなどの設備をあらかじめ設置して，テナントへ共同利用サービスを提供すること。略して「STS」。「マルチテナントサービス」ともいう。
- **シェアード ハウジング** [shared housing]　個室を持っているが，台所や食堂が共同の間借り形式の共同生活方式のこと。
- **シェアウエア** [shareware]　ソフトを一定期間使って気に入れば後から料金を払う流通システム。無料で使えるソフトをフリーウエアという。
- **ジェイターン** [J-turn]　都市に人が集まることと反対に出身地へ帰ることをUターンというが，JはUの半分の意で，出身地近くの中都市に戻る現象。
- **シェイプ グラマー** [shape-grammar]　建築の空間を原語的に表現しようとする試みで，ジップスとスタイニーによって提唱された概念。
- **シェーカー** [Shaker style]　18世紀末から19世紀中期にかけてアメリカで普及したインテリア様式。キリスト教の一派，シェーカー教徒が手作りした家具の様式を中心としたもの。

〔シェーカー家具〕

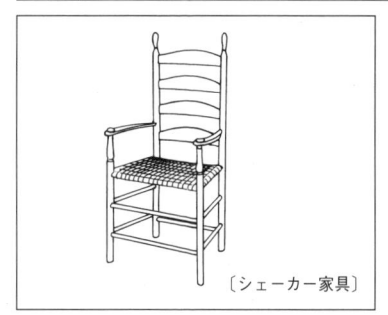

シェード［shade］ 光を遮るもの。特に照明器具の笠, 覆いなど。布地を使った上下方向に開閉できる窓装飾の一種。→バルーンシェード

ジェット工法 先端から高圧水を噴射して, 杭あるいはシートパイルを打ち込む工法。

ジェット仕上げ ⇨ジェットバーナー仕上げ

ジェットシャワー［jet shower］ 強い圧力で噴射する健康・美容用のシャワー。

ジェットバーナー仕上げ［jet burner finish］ 石の表面仕上げの一種。火焔を吹き付けて表面の石をはじけさせ, 粗い仕上面を作る。「ジェット仕上げ」「ジェットポリッシュ」「バーナー仕上げ」ともいう。

ジェットバス 浴槽の中の穴から気泡を含んだ湯を噴出し, マッサージ効果を発揮する風呂。他に「ジャグジー（またはジャクージ）」とも呼ばれるが, それはアメリカ・ジャクージ社の登録商標名である。

ジェットファン方式［jet fan system］ トンネル換気方式の一形式で, トンネル内天井に軸流送風機を数百メートルピッチで連絡して設置したもの。

ジェットポリッシュ［jet polish］ ⇨ジェットバーナー仕上げ

ジェットポンプ［jet pump］ ⇨エジェクター

ジェネリックテクノロジー［generic technology］ 技術開発の基礎となり得るような技術を指す。現在は具体的な応用の可能性の予測がつかないが, 将来はそうした可能性が期待できる技術のこと

シェラック［shellac］ セラックニスの原料や電気絶縁被覆に用いられる天然樹脂。東南アジアやインドに生息する微小な昆虫が特殊な樹液を吸い, 体外に分泌してできた樹脂性物質。「セラック」ともいう。

シェラトン［Sheraton］ 18世紀末に活躍したイギリスの家具作家トマス・シェラトンが作った家具の様式。直線的な構成が特徴。

シェリング［shelling］ ⇨ピーリング

シェル［shell］ 貝殻などのように堅くて厚さが薄い曲面をもった板のこと。これを適切な方法で支持し, 外力を面内応力で伝導する構造をもつものがシェル構造である。「シャーレン」ともいう。

シェルアンドチューブ型熱交換器 熱交換器の形式の一つで, 最もよく使われるもの。円筒状シェル中に細い管群を多数挿入したもので, 耐圧・気密性に優れている。

シェル構造［shell structure］ 体育館や劇場など支柱間隔の大きい建物に採用されている薄い曲面板を構造材として利用した構造。「シェルコンストラクション」ともいう。

シェルコンストラクション［shell constraction］ ⇨シェル構造

シェルター［shelter］ 雨や風, 放射能

シエルタ

を遮へいするための避難所（核シェルター）または建築物。

シェルター系家具 [shelter system furniture] 空間の大きさに関係する家具で，間仕切りとなるようなタンス，食器棚のこと。「建物系家具」ともいう。

ジェロントロジー [gerontology] 老年学。老人病学。

ジオグラフィー [geography] 地理学。

ジオフロント 大都市の地上の過密状態を解消し，大深度地下空間を利用する構想のこと。→ウォーターフロント

ジギング試験 [jigging test] 骨材の単位容積重量試験での容器への骨材の詰め方の一つ。骨材の最大寸法が40mmを超えるとき，または軽量骨材のときに用いる。JIS A 1104。

ジグ [jig] 部材を固定するための工具。

ジグソー [jig saw] 電動糸鋸のことで，板などを曲線に切断するのに用いる。

ジス [JIS] Japan Industrial Standard の略。日本工業規格。通商産業省（現経済産業省）工業技術院が事務局となって工業会や学会等に委託したJIS原案を主務大臣の決裁を得て制定する国家制定規格。

ジスコン disconnecting switchの通称。電気工事で用いられる断路器といわれるスイッチ。おもに高圧回路の切り替えに使われる。

シスターン [cistern] 水洗便所内に設置して便器の洗浄水をためておく水槽。置かれる位置によりハイシスターン，ローシスターンなどの区別がある。→ハイタンク

システム足場 部材の組立てがはめ込み式，くさび方式，ピン方式などによって固定可能な足場の総称。通常枠組足場がその代表である。

システムアナリスト [system analyst] コンピューターシステムの分析者，解析者。システム構築の際，問題を効果的に解決する人。

システムインテグレーション [system integration] 情報システムの企画・設計から保守まですべて請け負うサービスで，企業の経営戦略立案の時点から参画する。

システムエンジニアリング [system engineering] 組織工学。システム工学。略して「SE」。

システム家具 [system furniture] 食器・衣服などの収納家具の天板，側板，背板，棚板，引出し，扉などのモジュール（基準寸法）と組立て方式をあらかじめ定めたもので，それぞれ半製品として在庫し，スペースや注文者の好みによって組み合わせる家具。「システムファニチャー」ともいう。

システム型枠 柱，梁，壁のそれぞれの部位専用に開発された型枠。せき板・せき板の押え・支保工が一体のシステムになっていてあまり汎用性がないので，転用回数の多い現場でないとメリットが出ない。RC造あるいはSRC造の超高層集合住宅などで使用される。

システムキッチン [system kitchen] 流し，レンジ，調理台，各種収納ユニットなどのモジュール（基準寸法）と組立て方式をあらかじめ定めたもので，それぞれ半製品として在庫し，スペースや注文者の好みによって組み合わせる厨房家具。

システム産業 [system industry] 関連産業の製品や部材を有機的に組み合わ

せる複合的な産業の概念。住宅・宇宙・海洋開発産業など。

システム思考(法) コンピューターの利用による論理的思考を実際の問題解決に応用するもので、部分的にとらわれず全体像を体系的に把握する手法。

システム支保工 システム足場と同様に組立てにボルトを使用しないで、はめ込み方式やくさび方式で組立て可能となっている支保工の総称。

システム洗面化粧台 洗面器、鏡、照明器具、メディシンボックス(化粧品、薬などの収納棚)などを組み込みシステム化した化粧台。

システム ダイナミクス[system dynamics] 建築の使われ方を計画段階でチェックすることをシミュレーションというが、コンピューターを使って都市や国のスケールでの現象を扱うシミュレーションをいう。

システム天井[system ceiling] 天井仕上材、照明器具、空調器具などの基準寸法と組立て方式などをあらかじめ定め、工場生産された部分を現場で組み立てる天井の施工方式。

システム トイレ トイレの内装と設備を規格化し、一括して単一業者で施工する工法。狭い場所に多業種が錯綜するための管理の煩雑さが解消される。おもに中高層の事務所ビルに採用される。

システムビルディング[systemsbuilding] 建築の構成部品(例えば構造、空調、照明など)を完成された部分(サブシステム)とし、これらを組み合わせることによって建設される建物。前もって決められた性能が得られる建設方法で、学校建築に多い。

システム ファニチャー[system furniture] ⇨システム家具

システム ライト[system light] 天井の仕上材をシステム化し、スピーカー、防災用感知器、スプリンクラー、空調用吹出し口などとともに、照明器具を組み込んだもの。

シソーラス[thesaurus] 類語辞典。情報検索用の辞典。文献検索、オンラインデータベースの検索に使われる。検索用の言葉を、同義語、関連語、上位語、下位語など分類、体系化したもの。

シック スクール症候群[sick school syndrome] 学校内で使用されているワックス、建材、塗料、芳香剤など、さまざまな要因でホルムアルデヒド、トルエン、キシレン、パラジクロロベンゼンなどの化学物質が入り込み健康に障害が引き起こる症状をいう。「シックハウス症候群」の学校版といえる。

シック ハウス[sick house] 住戸の内装材の多くから出るホルムアルデヒドやVOCにより、室内が汚染されている住宅で、人間の身体に多種多様な被害をもたらすこと。

シックハウス症候群 新築の住宅において、壁紙やフローリング・家具などの建材や接着剤から発するホルムアルデヒドなどの化学物質が原因で起きる、頭痛・吐き気・目や鼻・のどの痛み等の身体の不調のこと。シックビル症候群の一種。

シック ビル症候群[sick-building syndrome] 閉め切ったビル内で仕事を行っていくうえで発生するさまざまな病気の総称。タバコの煙や一酸化炭素、二酸化炭素、殺虫剤、浮遊微生物などが原因で目・鼻・のどの痛み、頭痛、めまい、生理不順などを起こす。略し

て「SBS」ともいう。

シック ビルディング [sick building] ホルムアルデヒドやラドン等の有害ガス，塵埃，細菌等により入居者の身体に悪影響を与える建物。建物高層化にともなう開口部の密閉化，空調能力の低下などが要因となる。

シッティング バス [sitting bath] 大型の浴槽で，浅くなっている部分に腰をおろして入れるようになっているもの。足元から気泡を出すものや数人で入れるものもある。

シッティング ルーム [sitting room] ⇨リビングルーム

ジッパー ガスケット [zipper gasket] サッシュやコンクリートにガラスを取り付けるために用いられる合成ゴム製品。気密性・水密性が確保できる。

シティー [city] 都市。日本では50万人以上が集中的に住んでいる地域のこと。Cityといった場合はロンドンの旧市部のことで，City of Londonの略。

シティースケープ [cityscape] ⇨タウンスケープ

シティー センター [city center] 都市の中心的役割，主として公共機関（市役所，公民館）の集まっている地域。→シティホール

シティー ターミナル [city terminal] 空港またはバスの発着場で，乗車券や手荷物の受け渡し，発着情報などの機能をもつもの。

シティー プランニング [city planning] 都市の有効な土地利用を計画的に行うためのもので，いわゆる都市計画のこと。

シティー ホール [city hall] 役所など都市の中心施設。→シティセンター

シティーホテル [city hotel] 都市部に建つホテルの総称で，その立地によりダウンタウンホテル，サバーバンホテル，ターミナルホテル，ステーションホテルに分類される。

シティ ガイ コンクリート既成杭工法の一つ。短い杭をつなぐことで杭打ち機械を小型化し，狭い搬入路や敷地での施工に適した工法。中間支持層への支持もでき，おもに3～7階程度の中層ビルの杭工事に採用されている。「CITY GUY」ともいう。〔開発：旭化成〕

シナリオ ライティング [scenario writing] 現状を出発点として，各種の条件や状況を勘案しながら，将来の変動や可能性をストーリー化する予測手法。事業計画案等の作成に利用する。

シニア住宅 都市基盤整備公団や住宅供給公社等の公的機関によるケア付き賃貸マンション。

シニア住宅制度 建設省（現国土交通省）が平成2年度に創設した制度。シニア住宅とは，高齢者に配慮した設備と仕様を備え，食事・介護などの生活支援サービスの提供の便を講じた賃貸住宅である。(財)高齢者住宅財団から「シニア住宅」の認定を受けると，住宅金融公庫の融資，地方公共団体の利子補給，食事サービス施設等の生活支援施設に対する建設費補助などが受けられる。公益・民間法人でも制度は利用できる。

シネマ コンプレックス [cinema complex] 一つの建物の中に10館とか15館といった多くの映画館を入れ，ショッピングセンター等も併設した新しい映画館方式。アメリカで発展した。

シノグラフィー [scenography] 舞台の背景画で，遠近法を用いて描いたも

シビック センター [civic center] ニュータウン計画において，公共施設群と公園等が一体となって中心的市街地を構成している地域。

シビック デザイン [civic design] 自然を含めた土木構造物，土木施設にアメニティーや生態系を考えた質の高い空間づくりを目指したデザイン。

シビック トラスト [civic trust] 自然環境や文化財の保護・改善を市民や民間企業の資金で実行する制度。

シビック ランドスケープ [civic landscape] 都市空間，都市生活者などを含む環境を対象とした景観，あるいはデザインのあり方に関する概念。

シビル エンジニアリング [civil engineering] 土木工学。

シビルミニマム civil（市民の）＋minimum（最小限）の和製英語。市民生活における最小限必要な環境条件等の行政上の基準。

ジブ [jib] クレーンにおいて斜めに突き出した旋回のできる腕木の部分。

ジブ クレーン [jib crane] 構台あるいは建方の完了した鉄骨の最上部に据え付けて使用するクレーン。固定型が一般的だが，レールを付けて走行するものもある。

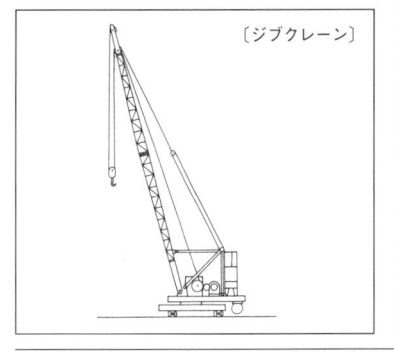

〔ジブクレーン〕

ジブ ドア [jib door] 壁と同一面に納まっている扉で，金物は見えない。

ジベル [dowel] 重ね合わせた木材のずれを防ぐ金物。鉄骨工事に使用されるスタッドボルトをジベルと呼ぶこともある。→スタッドボルト

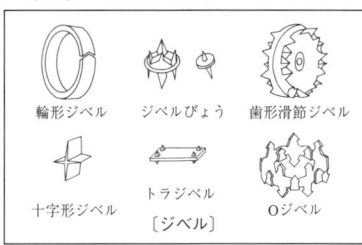

輪形ジベル　ジベルびょう　歯形滑盤ジベル

十字形ジベル　トラジベル　Oジベル

〔ジベル〕

シミュレーション [simulation] 複雑な問題解決のための手法で，模型による実験やモデルを使っての数式などから模擬的な演算を繰り返して行いその特性を把握すること。システムズエンジニアリング，社会工学などの分野では，数式モデルを設定してコンピューターを利用する方法が重要な役割を果たしている。

シミュレーション メディア [simulation media] 環境の意味のとらえ方の研究で，ビデオカメラなど空間を再現させる機器のこと。

シミュレーター室 [simulator room] 風洞実験や船舶の水槽実験などのシミュレーションを実行するための物理装置を備えた部屋。

シミラリティ [similarity] 類似性の意で，同じ物を並べることによる軟らかさのこと。

シム [shim] 「飼い木」といい，部材を固定するために一時的に使う補助材。

ジム [gym] ⇨ジムナジウム

ジムナジウム [gymnasium] 体育館。

屋内競技場。「ジム」と略す。
シャー カッター 鋼材を剪(せん)断力で切断する機械。切断面が平滑にならない。
ジャージ [jersey] 編目の比較的細かいメリヤス地で,伸縮性のある運動着に使われる。
ジャーナル ジャッキ [journal jack] ねじの回転を利用した圧力機。能力は10〜15トンが一般的。
シャーリング [shearing] 2枚の特殊鋼製の刃を用いて鉄筋や鋼材を切断すること,あるいはその工具のこと。
シャーレッグ [shear legs] 二またの丸太を利用した簡単な揚重用仮設材。結束された交差部に滑車を吊し,重量物を揚重する。「二またクレーン」ともいう。
シャーレン [Schalen 独] ⇨シェル
ジャイアント ファニチャー [giant furniture] 空間を分割したり,多様に使用できる巨大な家具。建築の内部に造られた,もう一つの建築としてとらえたものもある。
シャウカステン [Schaukasten 独] 病院などでレントゲンフィルムに裏側から光を当てて観察するためのガラス箱。
ジャカード [Jacquard 仏] フランス人ジャカールが発明した紋織り装置,またそれで織られた布地。
シャギー [shaggy] 毛足の長い毛織物の総称。
シャギー カーペット [shaggy carpet] 毛足の長い機械織りじゅうたん。
ジャグジー ⇨ジェットバス
ジャグジー バス [jaguzzy type bath] プールサイドやクアハウス等に設けられるマッサージ効果をもった気泡浴槽。JACUZZI社の開発。
シャコ ⇨シャックル
ジャコビアン [Jacobean] イギリスのジェームズ1世時代に,イタリア建築の影響を受けたゴシックの様式。
ジャス [JAS] Japanese Agricultural Standardの略。日本農林規格。製材品,普通合板,特殊合板,構造用合板,難燃合板,集成材,積層床板,フローリング類などが制定されている。略して「JAS」。
ジャス [JASS] Japanese Architectural Standard Specificationの略。建築の品質の確保・向上,そして合理化を目的として工事別に定めた施工標準。「日本建築学会建築工事標準仕様書」ともいう。
ジャスト イン タイム [just in time] 作業工程の進行に合わせた資材・機材のタイムリーな納入方法のこと。現場の資材在庫量を最小限にするために行う。「JIT」ともいう。
ジャッキ [jack] 重量物を持ち上げたり物体に力を加えるために使用する機器。油圧・水圧を利用するもの,ねじ・てこ・歯車を利用するものなどがある。
ジャッキ ベース [jack base] 枠組足場の建枠の足元にセットして高さを調整する金具。
ジャック ハンマー [jack hammer] 圧縮空気を用いて刃先に回転打撃を与える方式の削岩機。
シャックル [shackle] ワイヤーロープや鎖の端を留める金具。通称「シャコ」。
シャッター [shutter] 防火や防犯の目的で用いられる金属性の小幅板(スラット)や棒などをすだれ状に組み合

わせた巻込み可能な戸のこと。使用材料によって，スチールシャッター，アルミシャッター，ステンレスシャッター等に分類できる。また開閉方式によりたて巻上げ，横巻込み，水平巻込みなどの種類もある。「SH」と略す。

シャッター センサー［shutter sensor］シャッターの開閉を検知するための感知器で，赤外線式や磁気式，機械式がある。赤外線式はシャッターに反射シートを貼り，反射光の有無を検知するもの。→アクティブセンサー

シャトー［château 仏］城または大邸宅の意。マンションなど集合住宅の名称として使われている。

シャドー プライス［shadow price］公共建築などで，かかったコスト以上に社会にもたらされる価値のこと。

シャトル バス［shuttle bus］ホテルと空港間などのように，近距離を多頻度で往復運行するバスのこと。

ジャパネスク［Japanesque］ローマ風の意のロマネスク（romanesque）から作られた合成語で，日本風の意。→ジャポニズム

ジャパノロジー［Japanology］日本研究。

ジャピック ⇨JAPIC

シャフト［shaft］①エレベーターや設備配管のため建物の竪方向に貫通しているスペース。「エレベーターシャフト」「パイプシャフト」と呼ばれる。②窓処理のためのローマンシェードの部分。

シャフト スペース［shaft space］建築平面上，ダクトシャフト，パイプシャフト，電気シャフト，エレベーターシャフトなどに使われている部分。

ジャフマ［JFMA］Japan Facility Management Promotion Associationの略称。日本ファシリティマネジメント推進協会。日本におけるFMの普及，調査・研究，ファシリティマネジャー資格試験の実施を行う社団法人。

シャベル［shovel］土砂をすくう道具。「スコップ」と同じ。

ジャポニズム［Joponisme 仏］日本の浮世絵や陶磁器がヨーロッパ美術に与えた影響のことで，「ジャポネズリー」ともいう。→ジャパネスク

ジャポネズリー［japonaiserie 仏］⇨ジャポニズム

ジャム［jamb］ドア枠。

シャモット［chamotte］耐火レンガの原料となる高アルミナ質粘土の焼成粉末。耐火レンガ積みの目地材料として用いられる耐火粘土を焼いて粉末にしたもの。

シャモット タイル［chamotte tile］高アルミナ質粘土を焼成してできたシャモットを原料とした耐火性のタイル。

シャモット レンガ［chamotte brick］シャモットを原料として作った酸性耐火レンガ。JIS R 2304。「粘度質耐火レンガ」ともいう。

ジャラ材 防腐処理を施さなくてもきわめて耐久性のある西オーストラリア産の木材。色は赤褐色で，木目は直線に近い。外部のデッキ，通路，ベンチ等の材料に使用される。

ジャル(ロ)ジー［jalousie 仏］水平の可動ルーバーで，よろい戸のこと。商品名。

シャルピー衝撃試験［Charpy impact test］材料の衝撃試験法の一種。JIS B 7722。

シャルピー衝撃値［Charpy impact value］鋼材が低温になると脆くなる

という性能を評価する指標。試験片にV形等の切り欠きを入れて振子型ハンマーで破断し，吸収エネルギーの大きさで判定する。

ジャロジー窓［jalousie window］可動ルーバーの付いた窓。

シャワー カーテン［shower curtain］シャワーの水がはねるのを防ぐための防水性のカーテン。

シャワー バス［shower bath］シャワーを用いて手軽に入浴できる設備。便所や洗面所と同じ部屋に設けられていることが多く，シャワー受けやカーテンによって仕切られ，水が漏らないようになっている。

シャワー ブース［shower booth］シャワーを浴びるため簡単に仕切られた空間。

シャワー ヘッド［shower head］シャワーの先端部に付けられる金物で，水の吹き出す形状を変えるためのもの。マッサージや霧状にするものもある。

ジャンカ 打設したコンクリートの表面に見られる砂利の凝集・露出部分。「あばた」「す」「豆板」ともいう。

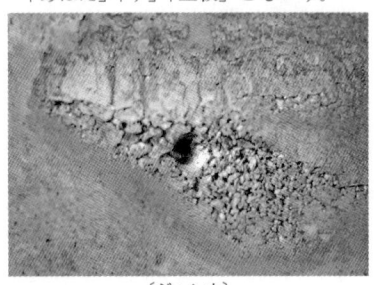

〔ジャンカ〕

ジャンクション ボックス［junction box］フロアダクト工事においてダクトとダクト，あるいはダクトと電線管を接続するための鋳鉄製ボックス。

ジャングル ジム［jungle gim］鉄製のパイプで構成された遊具。

シャンデリア［chandelier］中世のヨーロッパ宮殿照明が起源で，複数光源で豪華な雰囲気を演出する照明器具。吊下げ形と天井直付け形がある。

ジャンパー線［jumper wire］端子盤や電話交換機等で，端子間を接続するための絶縁電線。

ジャンピング［jambping］コンクリートやモルタルに穴をあけるドリル。

シャンプー ドレッサー［shampoo dresser］シャンプーのできる化粧台。洗面化粧台よりも洗面器が大きく，洗髪しやすくなっている。

ジャンボ シンク［jumbo sink］キッチンの流しの一種で，寸法の特に大きいもの。

シュー［slipper shoe］坊主well太などを水平移動させるとき足元に入れて滑らせる板。

シュート［chute］コンクリート打設用の樋または管。

ジュート［jute］麻の一種で，帆布，麻袋などの材料，カーペットの基布（ベースとなる丈夫な布地）によく使う。

ジュート テープ［jute tape］黄麻から作ったジュート繊維をテープ状に織った布で，アスファルトを含浸させたもの。埋設管の腐食防止用保護材などに用いる。

ジュート巻き 保温仕上げの一種。織目の粗い麻布にアスファルトを浸透させたアスファルトジュートテープを外装材としたもの。

シュー ボックス型ホール［shoe box type hall］客席の前方にステージのある一般的な形式のホールのこと。→

アリーナ型ホール

ジュール [joule] 仕事・エネルギーの単位で，1ニュートンの力を加えて，物体を1m動かすときの仕事量。または，1アンペアの電流が1オームの抵抗をもつ導体を1秒間に通過するときの熱量。記号は〔J〕。イギリスの物理学者J. P. ジュールにちなんだ名称。

シュールレアリスム [surréalisme 仏] 20世紀に入り芸術運動は，アールヌーボーに始まりフォーヴィズム，キュービズム，表現主義，ダダイズムと変遷するが，ルネ・マグリッド等により夢や無意識や非合理から新しい価値観を提案した，いわゆる超現実主義といわれる運動。

ジュネリック ブランド [generic brand] ノーブランドという一定の分類をした商品で，ブランド品より低価格で販売できる。

ジュプレックス [duplex] 1住戸が2層にまたがって計画される集合住宅，あるいは一家族が2つの家を持つこと。ダブルの意。

シュミット ハンマー [Schmidt concrete test hammer] ⇨コンクリートテストハンマー

ジュラクロン ⇨デュラクロン

ジュラルミン [duralumin] アルミニウムに銅，マグネシウム，マンガン，珪素などを加えた合金。航空機に用いられている。

シュレッダー [shredder] 機密文書を細かく切り刻む事務用機器。

シュレッダー ダスト [shredder dust] 不用文書を細断する機械（シュレッダー）から発生するゴミのこと。

ショア [shore] サポート類の総称。

ジョイスト [joist] ①根太，小梁。②土止めのせき板を差し込むために垂直に打ち込まれるI形鋼またはレール。

ジョイスト工法 [joist system] ⇨H鋼横矢板工法

ジョイスト スラブ [joist slab] スパンの大きいビルや道路橋などに用いられる小梁を敷き並べるように配置したスラブ。

ジョイナー [joiner] ボード貼りの目地部分に取り付ける細い棒状の目地材。アルミニウム製やプラスチック製のものが多く，形状も多種ある。

ジョイナリー [joinery] 家具・建具など精巧な木工製品を作る木工職人，指物師，建具師。

ジョイント [joint] 部材を材軸方向で接合する継手のこと。単に「継手」ともいう。

ジョイント エイジング タイム [joint aging time] 接着直後から継目の接着力が最高になるまでの時間。

ジョイント プレート [joint plate] ⇨スプライスプレート

ジョイント ベンチャー [joint venture] 大規模工事などの一工事を対象に，複数の建設業者がその工事の完成だけを目的とした臨時の企業体を編成，「建設工事共同企業体協定書」を作成し，共同して工事を行う方式。完成後にはこの組織は解散する。略して「JV」ともいう。

ジョージアン [Georgian style] 18世紀から19世紀にかけ，イギリス国王ジョージ1世～3世時代の家具の様式。チッペンデール，アダムなどのデザイナーが，中産階級を対象にしてデザインしたもの。

ショート [short circuit] 電位差のある2点間が，直接または低インピーダン

スを通じて，故意または事故により導通すること。

ショートケーキ住宅［short cake house］　アメリカ初期の住宅スタイル（アーリーアメリカン）のこと。外観デザインがショートケーキ風なので，このように呼ばれる。

ショートサーキット［short circuit］　一台で排気と吸気を行う空調機において，排気口の前面に障害物があって，排気の一部がそのまま吸気されてしまうこと。空調機が正常に機能しないことになる。

ショートステイ［short stay］　寝たきりの高齢者や身体障害者を高齢者短期入所施設や養護老人ホームなどで一時的に預かって，介護を行い介護家族の負担の軽減を図る制度。「短期入所生活介護」ともいう。→デイサービス，ホームヘルプサービス，レスパイトケア

ショートビード［short bead］　溶接作業で，母材に溶着した波形をもったビードの寸法が，正規の寸法に達していない状態。

ショックアブソーバー［shockabsorber］　衝撃力を吸収する装置で，粘性力を利用して振動を減衰させるものが多い。

ショットクリート［shotcrete］　モルタルやコンクリートを圧縮空気を使って送り，メタルラス類を貼った面やラスシート面などに吹き付ける施工法。シェル構造の施工，法面被覆，山留め止水用，地下外壁の躯体補修などに用いる。「コンクリート吹付け」「吹付けコンクリート工法」「モルタル工法」「セメントガン工法」ともいう。

ショットブラスト［shot blast machine］　金属のさびや汚れを取り除くため，鋼鉄の粉粒を圧縮空気で吹き付けること。

ショッピングセンター［shopping center］　都市計画等で造られた街で，計画的に配置されている小売店舗街。略して「SC」ともいう。

ショッピングモール［shopping mall］　商店街の活性化のために散歩道らしく楽しさや安全性に工夫を凝らした街路。

〔ショッピングモール〕

ショップインショップ　デパート等に出店している小売店舗。→インショップ

ショップオートメーション［shop automation］　⇨SA

ショッププライマー　鉄骨の製作工場で塗る錆止め塗装の総称。

ショッププランナー［shop planner］　店舗などの内装設計をする人。

ジョブコーディネーション［job coordination］　建築・インテリアの施工にあたり，関係する技術者，職人の管理・調整をすること。

ジョブ ローテーション［job rotation］ 社員の職務を定期的に変えて種々の仕事を経験させることにより、マンネリズムを打破して広い視野を身につけさせようとする人材育成の一手法。

ショベル［shovel］ ⇨パワーショベル②

ショベル系掘削機 機械据付け地盤よりも高い部分の掘削に適したパワーショベルと、低い部分の掘削に適したバックホーの総称。

ジョンコン［jongkong］ ボルネオ産の木材で赤褐色、家具に使われる。

シリカ［silica］ セラミックの材料として重要な珪素酸化物。結晶形から石英、水晶、石英ガラス、シリカゲル等になる。

シリカ ガラス［silica glass］ 珪素の酸化物である石英ガラスのこと。光ファイバーの素材や各種光学系の素材として多用されている。

シリカ セメント［silica cement］ 珪酸質の混合物が入ったポルトランドセメント。水密性や耐化学性に優れ、長期強度を増進させる特性をもつため、海水、工場廃水、下水などに関係する工事に多用される。

シリカ電球［silica lamp］ バルブの内面が拡散性のつや消し状となっている白熱電球。

シリカヒ（フ）ューム［silica fume］ 高強度および高耐久性コンクリート用の主成分がシリカ（SiO_2）の超微粒子粉末状の混和材料。ブリーディングや材料の分離が小さく、繊維補強コンクリートの繊維の分散が良好となるなどの特徴をもつ。

シリコーン［silicone］ 耐熱性・耐水性・電気絶縁性など耐久性に優れた有機珪素化合物の重合体の総称。シーリング材、接着剤、潤滑剤などに用いる。

シリコーン シーラント［silicone sealant］ シリコーンを主材としたシーリング材。繰り返し疲労が小さく、耐久性に優れていることから、各種カーテンウォールの目地やガラスのシーリンに使用される。

シリコン カーバイド繊維［silicone carbide fiber］ 船舶や建築の構造材に応用されている軽量の炭化珪素繊維。耐熱性・硬度の点で優れている。

シリンダー錠［cylinder lock］ 円筒の中にスプリングの付いたタンブラー（小柱状のピン）を数本並べ、そのタンブラーのきざみに合った鍵を入れると鍵が回転する錠。→ピンタンブラー錠

シルエット現象［silhouette phenomenon］ 窓面や輝度の高い面を背景として物や人物が配置された場合、輝度対比が大きくなり、物や人物が見にくくなる現象。

シルエット スクリーン レースカーテンとブラインドの機能を組み合わせたスクリーン。スラットが半透明の布で作られたブラインドを、2枚のレース状の布で挟み込んだ形状をしている。スラットの角度調整で、直射日光の入り具合や外部の見え方を調整できる。

シルエット ライティング［silhouette lighting］ 物の後方から光を照射する方法（バックライト）で、テクスチャーは表現できないが輪郭が表せる。

シルクスクリーン［silkscreen］ ⇨セリグラフィー

シルクライン仕上げ［silkline finish］ ⇨スクラッチ仕上げ

ジルコニア［zirconia］ セラミックのハ

シルト［silt］ 粒径が0.074〜0.005 mmの範囲にある微砂分（シルト分）を多量に含む土。塑性も若干あり、乾いた固まりは粘着性をもつ。ただし指で押すと簡単につぶれる。

シルバー ハウジング 高齢者が地域社会の中で自立をしながら安全で快適な生活ができるように、住宅行政と福祉行政が連携して、高齢者の特性に配慮した設計を行い、かつ生活援助員の福祉サービスが受けられるように配慮された公共賃貸住宅のこと。厚生省（現厚生労働省）が平成12年度から進める高齢者保健福祉施策（ゴールドプラン21）にその整備が謳われている。「高齢者世話付き住宅」ともいう。

シルバー ブリッジ［silver bridge］ 観客との親近感や融和の効果をあげるために、オーケストラボックスの周囲に設置された通路舞台のこと。

シルバー ボール型電球［silvered bowl lamp］電球頭部のガラス面にアルミ膜を蒸着して、光源を見せず間接照明でまぶしさを取り除いた電球。

シルバーホン［silverphone］福祉電話。ボタン操作であらかじめセットした相手先を自動的に呼び出し、メッセージを伝える機能と、音声が3倍程度大きく聞こえる機能をもつ。

シロッコ ファン［sirocco fan］ 空調設備や換気設備において、送風のために最も多く使用される遠心送風機。「多翼送風機」ともいわれる。

シンク［sink］ 流し台の水槽のこと。ステンレス製やホーロー引き等が一般的で、1槽式と2槽式がある。

ジンク クロメート［zinc chromate］クロム酸亜鉛を主成分とした黄色のさび止め顔料。鉄骨のさび止めなどに用いられる。「亜鉛黄」「ジンクロメート」あるいは略して「ジンクロ」ともいう。

ジンク クロメート プライマー［zinc chromate primer］ 塗料中にジンククロメートを配合し、防錆効果を利用した液状のもの。

シンク タンク［think tank］ 政策決定や技術開発のためいろいろな領域の専門家を集めた頭脳集団型の研究機関。原型はアメリカの人工衛星を開発したランド・コーポレーション。

ジンクリッチ ペイント 展色剤を少なく亜鉛末を多く配合したさび止めペイント。防食効果が大きく、飲料タンク、送水管の内部などに使用される。

シングル［shingle］ ①表面に着色砂を使用したアスファルトルーフィング系の屋根葺材。②シングルベッドを入れているホテルの部屋をいう。

シングル アクティング ヒンジ［single-acting hinge］ 片開き用の丁番。→ダブルアクティングヒンジ

シングル ウィルトン［single wilton］カーペットの製法の一つ。ウィルトン織りのカーペットで、片面のみにパイルを織り込んだ方法。「シングルフェース」ともいう。

シングル クッション［single cushion］ベッドのボトムの作り方の一つ。マットレスを置く部分に合板を張ったり、すの子を敷いたりしたもの。

シングル クッション式ベッド［single cushion type bed］ ⇨ボックススプリングベッド

シングル グリッド［single grid］ 設計

を進める上で単位空間を決めて行うことをモデュラーコーディネーションというが,均一な間隔で一様に引かれた方眼をいい,構成部材の芯をおさえる基準線。→グリッドプランニング

シングル ハング窓 [single hung window] 上部はめ殺し,下部は上げ下げの窓。

シングル フェース [single face] ⇨シングルウィルトン

シングル ベッド [single bed] 1人用寝台。

シングル ベッド ルーム [single bed room] シングルベッド1台が備え付けられた1人用の客室。

シングル レバー [single lever] 台所・洗面台用の混合水栓で,1本のレバーで開閉,湯・水の操作ができるもの。

シングル レバー混合水栓 1つのレバーハンドルで吐水や止水,水と湯の混合といった調節ができる水栓。

ジンクロ [zinc chromate] ⇨ジンククロメート

シンクロスコープ [synchroscope] 高性能のオシロスコープで,二つの信号を同調させて表示ができる。

ジンククロメート [zincchromate] ⇨ジンククロメート

ジンククロメート防錆塗料 ⇨ジンクロメート

シンダー コンクリート [cinder concrete] 本来は炭殻を骨材とした軽量コンクリートのことだが,人工軽量骨材が主流となったため使用されなくなった。「アッシュコンクリート」ともいう。

シンタックス [syntax] 音声の波形以外から得られる音声認識のうち,文の構造を規定する情報のこと。「構文情報」ともいう。

シンドローム [syndrome] 症候群。本来は医学用語だが,関連する一群の事件や出来事に対して,現象や傾向の意味で用いられる。

シンナー [thinner] 塗料や接着剤の薄め液。単一もしくは複数の溶剤を成分とする希釈剤。「薄め液」ともいう。

シンプレックス杭 [simplex pile] 外管を所定の位置まで打ち込み,管内にコンクリートを流し,締め固めながら外管を引き抜いて杭を造成する場所打ちコンクリート杭工法。現在はほとんど使用されていない。

ジン ポール [gin pole derrick] 太い丸太を立てて数本のとら綱で支え,先端に滑車を付けた簡易揚重機。「ぼうず」ともいう。

シンボリズム [symbolism] 象徴主義。19世紀末におきた芸術運動の一つの流れで,思考や精神の状態,夢の世界を表現しようとした。

シンボル [symbol] 記号,符号のこと。図面を書くときに使用する。

シンメトリー [symmetry] 左右対称。物が安定して見えることの一つの造形手法だが,イメージが堅くなりすぎるきらいがある。→アシンメトリー

シンメトリカル アクセス [symmetrical access] 科学技術の研究の分野で優れた日米両国間の研究機関に,研究者が平等の割合で受け入れられること。日米摩擦を契機に出現した概念である。

ス

スイーツ カタログ ファイル［sweets catalogue file］アメリカの著名な建築資材・設備のカタログ集。アマゾン社のホームページから入手可能。

スイート［suite］⇨スイートルーム

スイート ルーム［suite room］ホテルの2部屋続きの客室で，2寝室，居間，食堂などが付いたものもある。「スイート」ともいう。

スイベル ジョイント［swivel joint］配管主管の伸縮による影響を枝管に及ぼさないように，エルボを複数個組み合わせた配管方法。「エルボ返し」ともいう。

スイング チャッキ バルブ［swing check valve］逆止め弁の一種。弁体の自重によって弁座面に圧着し，さらに背圧がかかり弁は完全に閉止する。

スウィーパー［sweeper］電動式の床掃除機。床などにたまった水を排水する機能ももつ。

スウィーベル チェア［swivel chair］座面，背もたれが回転する椅子。事務用，製図用椅子に多く使われる。「ラウンドチェア」ともいう。

スウィンギング ドア［swinging door］⇨スウィングドア

スウィング ドア［swinging door］前後どちらの方向にも開くことのできる扉。自由丁番，フロアヒンジを使った玄関扉に多く使われている。「自由扉」「スウィンギングドア」ともいう。

スウェーディッシュ ウインドー［Swedish window］2枚のガラス間にベネシアンブラインドを挿入した障子をもった窓。→ベネシアンブラインド

スウェーデン式 サウンディング［Swedish sounding method］5〜100kgの荷重を載荷したときの沈下量や，100kg載荷による沈下1m当たりの回転数からN値を換算する地盤調査方法。→N値

スウェー方式［sway method］⇨スライド方式

ズートロン［zootron］バイオトロンのうち対象が動物に限定されたもので，動物生育環境を人工的に制御できる施設。

スーパー ウッド［super wood］燃えない，腐らない，狂わないことを特長とした，木材のもつ欠点を加工によって克服した新木材の総称。

スーパー エコ住宅［super eco-house］建設資材の有効利用を図るとともに省エネルギー実現のために環境負荷の低減を目指した住宅建設。建設省（現国土交通省）が1998年から工事費の一部を負担する補助事業を開始した。

スーパー グラフィック［super graphic］①自動車のように移動する視点から見て効果的な大型看板などに描かれるグラフィックデザインのこと。②1970年代に新しい芸術・建築運動として世界的に広まった建物内外全面を意匠的に塗装したデザインの総称。

スーパー クリーン ルーム［super clean room］非常に高度な空気清浄度を求められるクリーンルームのこと

で，LSI製造工場などに使用される。アメリカ連邦規格クラス100よりも厳しい条件を要求される。→クリーンルーム，バイオクリーンルーム

スーパーゴミ発電　自治省（現総務省）が1994年から計画実施しているゴミ焼却場での廃熱を，再度タービンで熱するなどして，効率を上げた発電システム。

スーパー コラム［super column］　加熱処理を加えながら成形された鉄骨。従来のものより内部ゆがみが少なくねばりがある。「ホットコラム」ともいう。

スーパー スケール［super scale］　人体の寸法，動作姿勢を基準にしたヒューマンスケールを超え，権威の象徴ともなる巨大なスケールの建造物の尺度をいう。「スーパーヒューマンスケール」ともいう。

スーパー ストラクチャー構造［super structure building］　巨大な四本柱や吊橋のような支持体で建物を構築する方式。新都庁舎はこの構造であり，柱の数が少ないことから各階が自由に構成できる特徴をもつ。「メガストラクチャー」ともいう。

スーパー繊維［super fiber］　繊維強化プラスチックの強化材料として用いられる高性能強化繊維の総称。比弾性率，比強度の優れたボロン繊維，炭素繊維，アラミド繊維などがある。

スーパーバイザー［supervisor］　①客のさまざまな要望を的確にとらえ，商品を決めるカウンセラー。②アメリカ企業の職階名で，高級管理を担当する監督者のこと。

スーパー ヒューマン スケール［super human scale］　⇨スーパースケール

スーパー ファンド法　⇨CERCLA

スーパー フレーム構法［building construction for super frame］　柱のない大空間や梁のない大きな吹抜けなどを可能とするために，柱・梁・ブレースなどの部材を組み合わせて大きな柱・梁を構成してつくる大型の構造方式。日本電気本社ビル，東京都新庁舎などがこの構法である。

スーパー ブロック［super block］　道路と道路により区画される敷地をブロックというが，再開発計画をする場合まとまった数ブロックをいう。

スーパー リアリズム［super realism］　1970年代以降，アメリカを中心に提案されている写実主義の新しい傾向の一つで，人間の姿をそのまま石膏で固めたような表現や写真をカンバスに直接プリントするものなど。

スーパー レジェラ［supper Leggera］　イタリアの建築家ジオ・ポンティによりデザインされた小椅子。重量1.3kgの超軽量で世界的に知られている。

スカーフ ジョイント［scarf joint］　木材の接合方法の一つで，相互に斜めに削った部分を接着する。

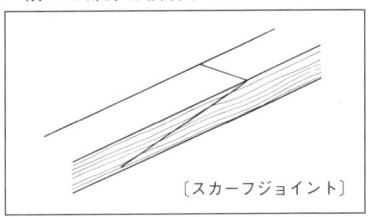

〔スカーフジョイント〕

スカイ ウエイ［ski way］　⇨スカイウォーク

スカイ ウォーク［sky walk］　ビル相互間の避難や連絡のため，建物同士を上階でつなぐ通路のこと。「スカイウエイ」ともいう。

スカイ サイン［sky sign］ ネオンサインのことで，屋上など高所に設置されることが多い。

スカイ スクエア［sky square］ 高層ビルが建ち並ぶ一画をいう。

スカイスクレーパー［skyscraper］ 天に届きそうな建物の意で，超高層ビルのこと。「摩天楼」と訳されているが，漢字で摩天は天にせまるの意。

スカイ パーキング［sky parking］ 都心部等で空間を有効利用するために考案された駐車方式で，垂直に重ねるシステム。30mで30台ほど収納可能。

スカイ ハウス［SKY HOUSE］ 建築家菊竹清訓氏の自邸の愛称で，1958年に建てられた。居住空間を浮かせ地上を開放したのでこの名がある。屋根はHPシェルで作られ，ユニットバスの前身であるムーブネットでユニット化が計られている。

スカイ マスター 高所作業車の一種。ブームが伸縮すると同時に屈折するタイプ。作業高さが高いのが特徴で，25mくらいまで届く機種もある。

スカイ モルタル パーライトや特殊繊維を骨材として混入し，乾燥した後も釘打ちができるモルタル。金属板やスレート葺き斜め屋根の下地等に使用される。

スカイ ライト［sky light］ ⇨トップライト

スカイライン［skyline］ 建物の空に対する輪郭線のこと。逆に山のスカイラインに合わせて設計したローマ終着駅が有名。

スカイ ラウンジ［sky lounge］ 高層ビル最上階に設けられるレストラン。

スカイロビー［skylobby］ ビル最上階など見晴しのよい所にある休憩所・展望台あるいは食堂のこと。

〔スカイスクレーパー〕　　（写真：日色真帆）

スカム [scum] 汚水処理施設などの池または槽の水面に浮上した，油脂や固形物の集まったものをいう。

スカラップ [scallap] 2方向からの溶接線が交わる場合に溶接のダブリを避けるため，片方の部材にあけた扇状の欠込みのこと。

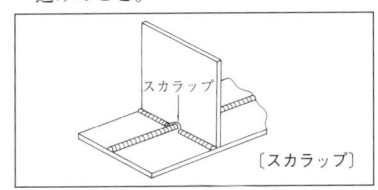

〔スカラップ〕

スカラップ カーテン [scallap curtain] カーテンの吊り方の一つで，中央部に膨らみ（スカラップ）の飾りを付けたタイプ。

スカンス 壁に付けられる照明器具で「ブラケット」ともいう。→ブラケット

スキージー ガラスのクリーニングに使用する清掃用具。T字型の柄の部分を手に持って，自動車のワイパーのように表面の水をぬぐうように清掃する。

スキーム [scheme] 概略的に表す図および図式。

スキップ カー [skip car] シールド工事などの掘削土の揚重に用いるスキップタワーのバケットのこと。

スキップ タワー [skip tower] シールド工事などで掘削土を地下から揚げるために用いる機械。ガイドレールにそってバケットが上下する。

スキップ フロア [skip floor] 傾斜地など勾配のある土地の有効利用を考え，室と室の床の高さを約半階分段差をつけた空間構成。空間に変化をつけることができる反面，床の段差が身障者・高齢者には負担となる。「ステッ

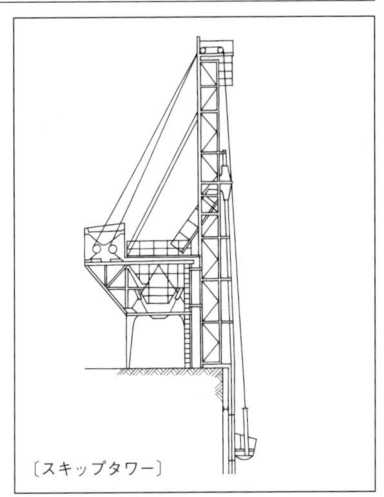

〔スキップタワー〕

プフロア」ともいう。

スキップ レベル エレベーター システム [skip level elevator system] 1階おきに止めるようにしたエレベーターで，停止階数が少なくなるので運転効率を高めることができる。

スキミング プライス [skimming price] 販売時の価格設定を，それまでかかった開発費や宣伝費を早期に回収するために高額に設定すること。「初期高価格政策」ともいう。

スキャナー [scanner] 多数の情報を走査しながら検出し，各々の情報を短時間ごとに切り替えて一つの情報として伝送する装置。

スクイーズ式コンクリート ポンプ チューブ内に送り込まれたコンクリートを2個のローラーの回転で絞り出すように押し出すコンクリートポンプ。

スクイズ ジョイント工法 鉄筋の圧着継手の一種。スリーブ内に挿入した2本の異形鉄筋をダイスで絞って一体化する。

スクウル

〔スクイーズ式コンクリートポンプ車〕

スクール型〔school type〕 同一向きに家具を配置するパターン。同向型家具配置のこと。

スクールゾーン 学童の登下校時に、交通安全のために設けられる車両等の制限区域のこと。

スクールテンパ 学校用に開発された強化ガラス。厚さは4mmと5mmがある。旭硝子の商品名。

スクールパーティション 学校の教室と廊下の仕切り用に開発された既製間仕切り。スチール製、アルミ製、木製などがある。

スクエア〔square〕 ①四つ辻の方形の広場。②曲尺(かねじゃく)。直角定規。③ヤード・ポンド法による面積の単位。④四角形・正方形。

スクラッチ仕上げ〔scratch processing〕 金属の表面につける引っ掻き状の模様で、エレベーターの扉や装飾用の壁や柱などに使われる。「サテン仕上げ」「シルクライン仕上げ」などともいう。

スクラッチタイル〔scratched face tile〕 表面をくしで引いて水平溝を付け、焼成した外装用タイル。

スクラップ〔scrap〕 ①新聞や雑誌などの切り抜き。②金属くず、鉄くずなどの総称。→ミニミル

スクラップアンドビルド〔scrap and build〕 老朽化した施設を廃棄し、新しい効率的な施設をつくること。本来は製造業の経営の刷新策を意味する言葉だが、今日では建築物一般に使われている。

スクラバー〔scrubber〕 煙突から放出される有毒ガスを吸収する装置の部品。液体を使う方法と固体を使う方法が考案されている。

スクラフィト〔sgraffito〕 かき落しのことで、重ね塗りした塗料や壁土をかき落として素地を見せる手法。

スクランブル〔scramble〕 交差点内を自由な方向へ進むことができるようにした歩行方式。

スクリーニング〔screening〕 ①上映。②選別、ふるい分け。③審査、選抜。④病気の可能性を見つけること。

スクリーン〔screen〕 ①視線、風、熱などを遮るものの総称。空間を2分する間仕切り、つい立て、屏風など。②水処理および下水処理の最初の段階において、水中の紙、綿、固形物などの粗大浮遊物を取り除く装置。

スクリーンテーブル〔screen table〕 甲板を垂直にすることで、つい立てにもなり得る机。

スクリーントーン〔screen tone〕 あらかじめ模様を印刷したフィルムを貼って使うもので、他にカラートーンがある。

スクリプト〔script〕 手書きの文字。広告・宣伝において商品の特徴を引き出すために作られる字体のこと。→レタリング

スクリュー釘〔screw nail〕 先端がねじのように螺旋状に加工された釘。

スクリューコンベヤー〔screw conveyor〕 セメントや石灰、砂の搬送

に適した螺旋棒を利用した連続運搬機械。

スクリュー ジャッキ［screw jack］ 重量物を持ち上げるときに使用する工具で,ねじの回転を利用した簡単なもの。「キリンジャッキ」ともいう。

スクレーパー［scraper］ ①土砂を削り,かき取りながら移動する機械。②塗装などのために鉄部のさび・汚れをかき落とす工具。

スケア［square］ 電線の断面積を表す単位。1スケアは1mm^2。8口,22口などとも書き,8スケ,22スケなどという。

スケーリング［scalling］ 剥離。コンクリートやモルタルの表面が部分的にはがれること。

スケール［scale］ ①金属の酸化物や硫化物の腐食生成物。多孔性でもろく,延性に乏しい。②ボイラー給水中の硬度分が,ボイラー内の加熱面に結晶状態で付着したもの。ボイラーの亀裂の原因となる。③物差し。④図面の縮尺。

スケール アップ［scale up］ 計画や物の大きさを率に応じて拡大すること。→スケールダウン

スケール ダウン［scale down］ 作図において,縮尺を一定の割合で小さくすること。→スケールアップ

スケール ヒエラルキー［scale hierarchy］ それぞれの表面の粗さ(テクスチャー)には,それをとらえる空間の大きさ(スケール)により段階があり,上位のテクスチャーの中に下位のテクスチャーが組み込まれるという,J. J. ギブスンの提唱する空間概念。

スケール ファクター［scale factor］ 熱交換器表面に気体や液体中の不純物がついて,熱伝導特性を低下させる程度を示す指数。

スケール モデル［scale model］ 模型。ブロック模型,外観模型,構造模型,インテリア模型,ディテール模型などがある。

スケジュール管［schedule pipe］ 使用圧力の目安をスケジュール番号で表示した圧力配管用炭素鋼鋼管。

スケッチ［sketch］ 写生。イメージや物を紙などに表現する,いわゆる写し取ること。「エスキース」「デッサン」「クロッキー」を包含する表現。

スケッチ マップ［sketch map］ 建築計画において,人がどのように空間を認知するかは大事な要素だが,地図上に認知したものをプロットして全体像を把握しようとするもので,「イメージマップ法」「サインマップ」「認知マップ調査」「メンタルマップ」とも呼ばれる。→インタビュー調査

スケルトン［skeleton］ 柱・梁など建築物の骨組のこと。

スケルトン インフィル［skeleton infill］ 建築物を構造体(スケルトン)と内装・設備(インフィル)に分けて考え,構造体をいじらずに内装・設備が更新しやすい建築物を造る考え方。略して「SI」という。「SI住宅」のように,おもに共同住宅に使われている。→インフィル

スケルトン貸し 賃貸ビルにおいて,テナントが専用部分を自らのインテリア仕様やニーズに合わせて仕上げられるよう,構造体,共用部分等のみを仕上げて,床・壁・天井などの内装工事を施さない状態でビルを賃貸する手法。欧米などではスケルトン状態での賃貸が一般的である。→クォータースケルトン貸し

スケルトン住宅［skeleton house］ 建物の骨組・躯体（スケルトン）を賃貸の対象とした住宅。水回り（台所，浴室，便所など）の間取りは決められているが，その他は入居者にまかせる仕組み。住宅・都市整備公団（現都市基盤整備公団）でも「フリープラン賃貸住宅制度」という名称で採用された。

スケルトン ダイヤグラム［skeleton diagram］ 物質，エネルギー，情報などの流れ方向，接続，分岐などを簡単に単線で表示した結線図。

スケルトン プラン［skelton plan］ 都市づくりの骨格となる計画。

スケルトン方式［skeleton system］ マンションなどで，基本構造のままで供給し，入居者の要望により間取り，内装，設備などを取り付ける方式。

スコーピング［scoping］ 環境影響評価開始前に，住民や自治体の意見を考慮して評価項目を絞り込むこと。

スコップ［scoop］ 土砂をすくう道具。「シャベル」と同じ。schopはオランダ語。

スコヤ［square］ 短手を厚く長手を薄くしてある直角を調べる定規。木製と鋼製がある。「巻矩（まきがね）」ともいい，指矩（さしがね）の1/3の大きさ。→カーペンター定規

スター結線［star connection］ 変圧器の三相結線の一つで，スター形（星形）に結線してあるもの。

スターデルタ始動［star-delta starting］ かご形誘導電動機の始動方法。スターデルタ始動器を使い，まず固定子巻線をスター結線にして始動し，全負荷速度近くになったとき，デルタ結線に切り替える方法。

スター ハウス［star house］ 集合住宅の配置パターンの一つで，3住戸が星形に配置されたもの。

スターラップ［stirrup］ 鉄筋コンクリートの梁配筋において，上下の主筋をつなぐリング状の鉄筋。「あばら筋」ともいう。略して「STP」。

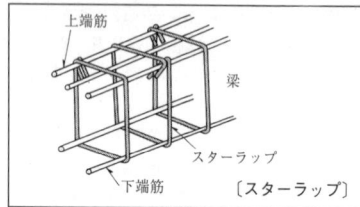

〔スターラップ〕

スターリング サイクル［stirling cycle］ 等温膨張，等積圧縮，等積加熱による熱機関サイクル，理論効率は高い。

スタイリスト［stylist］ ファッション写真の撮影やディスプレーのために衣裳，家具，室内装飾品などを選択，整える職能。

スタイル カーテン［style curtain］ カーテンの吊り方で，センタークロス，クロスオーバー，スカラップセパレートなどがある。

スタイロフォーム 押出し発泡ポリスチレン成型品の製品名。断熱材として用いられる。〔製造：ダウ化工〕

スタジオ［studio］ ①録音，放送，撮影などの設備を備えた部屋。②芸術家・デザイナーなどの仕事部屋。

スタッカー クレーン［stacker crane］ 自動倉庫で使用されるクレーン。建屋内を上下左右に移動し，約1tの荷をパレットごとラックに出し入れする。

スタッキング［stacking］ 各要素の近接関連度，動線やアクセス，建物構造等を勘案して行う，入居組織や必要機能の建物複数階に対する断面配置計画，「バーティカルゾーニング」とも

スタッキング チェア [stacking chair] 使用しないときには積み重ねて収納できる椅子。

スタック レイン [stack rain] 石油, 石炭を燃焼させた後の排ガスは, 煙道・煙突内の冷却効果により, 凝縮水となって煙突内部表面に付着する。この酸性の有害な水が高速の排ガス流により吹き上げられ, 水滴となって地上に降り注ぐ現象。放置しておくとコンクリートの劣化などを招く。

スタッコ [stucco] セメントモルタルを5～10 mm程度吹き付けたり, 塗り付けた後, こてやローラーで表面に大柄の凹凸模様を付けた外装材。本来は大理石に似せたイタリア産の塗装材。「セメントスタッコ」ともいう。

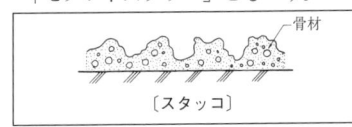

〔スタッコ〕
骨材

スタッド [stud] ①軽量鉄骨の間仕切りを構成する縦材のこと。②⇒スタッドボルト

スタッド ボルト [stud bolt] 鉄骨梁のフランジ面に抵抗溶接によって取り付けたボルト。コンクリートスラブとの一体効果を増大させる。「スタッド」ともいう。→シアコネクター, ジベル

スタッド溶接 [stud welding] ボルトや丸鋼の先端と母材間にアークを発生させて圧着する溶接方法。

スタッフ [staff] 中空の柱状の測量用器具。外側に目盛りが付いていて, レベルで高さを測定するときに用いる。「箱尺」ともいう。

スタッフ ラウンジ [stuff lounge] 従業員用の休憩室。→ラウンジ

スタディ [study] 書斎, 勉強部屋。

スタティック型氷蓄熱 [static type ice storage] 氷を冷却面上で固定, 成長させ, 放熱時も氷を移動させず溶解させるタイプの氷蓄熱方式。機構は簡単だが, 氷が厚くなると効率が落ちる。

スタディ ビルド方式 [study and build fomula] 土木工事を対象に, 工事着手前の研究段階から施工会社が参画し, 工期短縮やコスト削減に有効な工法を検討したうえで施工を行う工事発注方式。「研究開発・施工一貫発注方式」ともいう。

スタビライザー [stabilizer] 軟弱な地盤を, 土と固化材を混ぜ合わせて建設機械や車両等の走行に支障のないように安定させる地盤改良の機械。軟弱地盤走行用のキャタピラとかくはん装置を備えている。一般的には安定装置や安定剤のこと。

スタンション [stanchion] 床の端部や開口部に取り付ける仮設の手すり。

スタンド [stand] 照明器具の中で, 卓上で使うテーブルスタンド, 床置きのフロアスタンドなどの総称。

スタンド ランプ [stand lump] 照明器具の種類で, 床置き式 (フロアスタンド), 卓上置き式 (テーブルスタンド), 卓上固定式 (アームスタンド) などがある。

スチーム アキュムレーター [steam accumlator] 蒸気を一時的に貯蔵する装置。圧力タンク中に蒸気を吹き込み, 凝縮させて高温水として貯蔵する。圧力が下がれば高温水は自己蒸発して, やや低圧の蒸気を取り出せる。

スチーム ハンマー [steam hammer] 蒸気または圧縮空気を原動力として, ピストンを連続的に上下させて杭を打

撃する構造の杭打ち機械。「気力杭打ち機」「蒸気ハンマー」ともいう。

スチーム ヒーター［steam heater］ ボイラーでつくられた蒸気を利用した暖房設備。

スチール［steel］ 電気工事で電線管に電線を挿入するときに呼び線として使用する鋼線。

スチール ウール［steel wool］ 綿繊維状の鋼を編み合わせてつくった研磨材料。スチール製料理具などを洗うのに用いられる。

スチール サッシュ［steel sash］ 鋼製の窓枠・框のこと。→アルミサッシ

スチール シャッター［steel shutter］ 鋼製のシャッター。→シャッター

スチール テープ［steel tape］ 帯状の薄鋼板に目盛りを施した巻尺。

スチール ドア［steel door］ 框や桟を山形鋼や折曲げ鋼板で構成し、片面ないし両面に鋼板を張って製作された鋼製戸。玄関ドアや防火戸に用いられる。

スチール パイプ［steel pipe］ 鋼管。

スチール ハウス［steel-structured housing］ 木造ツーバイフォーの部材をスチールに置き換えた住宅。部材には亜鉛メッキした厚さ1mm前後の軽量形鋼が使用される。パネルの面材等は木造ツーバイフォーと同様の合板を使用し、仕上材も同様。アメリカで環境問題による木材価格の高騰などの影響を受けて採用が増えている。日本では1995年から鉄鋼メーカー6社が協力して研究を開始し、1997年9月に建設大臣より設計法の認定を取得した。

スチール ファイバー［steel fiber］ コンクリートのひび割れ防止や伸びおよび靱性を増大させるために用いる鋼製の繊維材料。「鋼繊維」。略して「SF」ともいう。

スチール フラッシュドア［steel flash-door］ ⇨フラッシュドア

スチップル仕上げ［stipled finish］ 表面に小さい波形模様の付いた塗装仕上げ方法。スポンジのローラーブラシに塗料をふくませ、下地面を回転させながら塗ることで凹凸ができる。

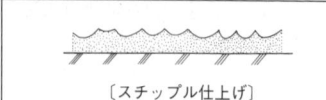

〔スチップル仕上げ〕

スチフナー［stiffener］ 鉄骨のプレート柱やプレートガーダーのウェブ部分の座屈防止のため、ウェブに添えて取り付ける補強用の鋼板。

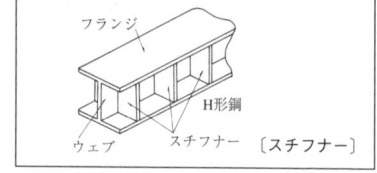

〔スチフナー〕

スチルブ［stilb］ 光源の単位面積当たりの光度・輝度を表す単位。1 cm² 当たり1カンデラの輝度で、記号は〔sb〕。

スチレン ブタジエン ゴム［styrene butadiene rubber］ スチレンとブタジエンの共重合体の合成ゴム。耐オゾン性に劣るため外部使用はできない。「SBR」と略す。

スチレン ボード［styrene board］ スチロールを芯に紙で圧着したもので、模型の材料として使われる。

スチロール［styrol］ ⇨フォームポリスチレン

スツール［stool］ 背もたれのない腰掛け。補助用、作業用、化粧用があり、バーカウンターなどで使う座面の高いバースツールなどもある。

ズック [duck] 黄麻で織った丈夫な布で、家具の下張りなどに使われ、薄手のものをヘッシャンといい、壁装材として用いられる。

ステイ [stay] ①吊り構造や膜構造で、建物が内側へ倒れないように頂部から斜め反対方向に設けた控えの引張材。「控え」ともいう。②揚重機、コンクリートタワー、ポールなどの直立する不安定構造物を支えるために、頭部や上方部から四方ないし八方へ張った補強用の控えの綱。「ガイ」「ガイデリック」「とら」「控え綱」ともいう。

スティーブンスの法則 スティーブンスにより提唱された、空間から受ける感覚を数値化する試み。

スティグマ [stigma] 身体障害や精神障害をもった人が受ける恥辱、汚名、いじめなどのこと。

スティフネス [stiffness] 応力とひずみ、作用力と変形の関係のことで、変形に対しての抵抗力。「剛性」ともいう。

スティフレッグ デリック [stiff-leg derrick] 三角の台枠の頂点にたつマストを2本の斜め支柱（レッグ）で固定する構造の揚重機。「三脚デリック」ともいう。

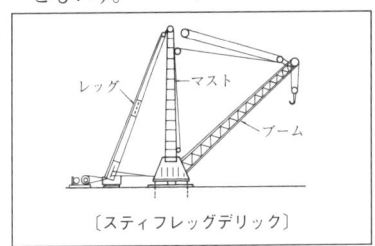

〔スティフレッグデリック〕

ステイン [stain] 木材着色剤の一種。顔料を水や油、アルコールで溶かして作られる。水性ステイン、油性ステイン、アルコールステイン、ワニスステインなどの種類がある。

ステイン クリヤー [stain clear] 上塗り工程で使われる着色トナーで、「カラークリヤー」ともいう。

ステイン仕上げ [stain finish] 染料で木材を着色する塗装法。

ステイン シーラー [stain sealer] 木目を生かした塗装の下塗り用塗料で、木地に合わせるため着色したもの。

ステーション [station] 現場詰所。

ステーション ビル 「駅ビル」ともいわれ、鉄道の利便性を利用したビルで、デパートやホテル、オフィスが入る。

ステーション ホテル [station hotel] ⇨ターミナルホテル

ステープル [staple] ①木製の下地にメタルラスを貼ったり、天井吸音ボードを貼る場合、またFケーブルなどを壁面に固定するときに使用するU字形の釘。②天然繊維などの綿やウールのように、撚りをかけて糸にするような短い繊維のこと。

ステッカー マーキング [sticker marking] 床に敷かれた木材（桟木）の上に積まれた板材に付く桟木の跡で、木材の抽出成分の変化により発生する。

ステッチ [stitch] 縫い目。タフテッドカーペットの丈方向に刺されているパイルの本数を示す。例えば、8ステッチは1インチの間に8本のパイルが刺されている。

ステップ コール [step call] 内線電話で相手が話し中の場合に、番号の最後の1桁をダイヤルし直すだけで別の内線電話につながる機能。

ステップバック [stepback] ⇨セットバック

ステップ フロア ⇨スキップフロア

ステファン・ボルツマンの法則
[Stefan-Boltzmann law] 絶対温度T〔°k〕の黒体表面から放出されるふく射量はT^4に比例するという法則。比例定数をステファン・ボルツマン定数という。

ステム [stem] 戸・障子，家具・物入れなどを開閉するときにつまむために取り付けた金物。「つまみ金物」ともいう。

ステン ステンレススチールの略称。

ステンシル セリグラフィー [stencil serigraphy] ⇨セリグラフィ

ステンド グラス [stained glass] 小さく切断した色ガラスを鉛で接合し図柄や模様を表現した装飾用ガラス。中世よりヨーロッパのゴシック教会などで装飾窓ガラスとして使用される。

ステンレス鋼 [stainless steel] ⇨ステンレススチール

ステンレス シート防水 [stainless steel sheet-applied waterproofing] ステンレス鋼の薄板による防水工法。接合部はシーム溶接を用いる。

ステンレス スチール [stainless steel] ニッケル・クロムを含んだ炭素量が非常に少ない特殊鋼。耐食性に優れ，流し台，サッシュや工業用品まで用途は広い。「ステン」「ステンレス鋼」ともいう。→ニッケルクロム鋼

ステンレス防水 [stainless waterproofing] ステンレス板を防水層とした防水方法。

ステンレス浴槽 [stainless bath] 熱伝導が低く，熱の反射効果などから沸きやすく，さめにくい特徴をもつステンレス製の浴槽。

ストア ロイヤリティ [store loyalty] 店舗に対して顧客の信頼性・忠実性のこと。

ストゥーパ [stupa] 仏舎利を収めた建物で塔婆のこと。

ストークス [stokes] 動粘度のCGS単位。記号〔St〕。

ストーブ [stove] まき，石炭，ガス，電気，石油などを熱源とした室内用の暖房器具。

ストーマー粘度計 [Stomer's viscometer] ペイントのようなペースト状の液体の粘度を計る器具。

ストール小便器 [urinal stall] 小便器の一種で，床から立ち上げた縦形でそで付きのもの。

ストック スタンド [stock stand] プレキャスト鉄筋コンクリート部材のうち，板状のものを垂直に立ててストックしておく装置。一般にはコンクリート製。

ストック ビジネス [stock business] ライフサイクルアセスメント関連分野のこと。

ストックホルム会議 [Stockholm Conference] 1972年にストックホルムで113ヵ国が参加して開催された国連人間環境会議。地球環境問題における画期的な会議といわれ，その後国連環境計画を生み出すもととなった。

ストックホルム宣言 環境問題の重大性の確認，国際的な協力の必要性などの内容を盛り込んだ環境問題に関しての最初の国連会議。「国連人間環境会議」の宣言で，「人間環境宣言」ともいう。1972年ストックホルムで開催された。

ストック ヤード [stockyard] 建築工事の際，使用する資材や部品を一時的に仮置きする敷地。一般的には現場内に確保する。

ストッパー［stopper, door stopper］①幅木や床に取り付けて、開いた扉が壁などに当たって損傷するのを防止する金物。②鴨居に取り付けて、引分け戸などを閉める際に、行きすぎを防止する装置。③車やキャスターの固定安全装置。

ストップ シーラー［stop sealer］木材から抽出する樹液を止めるために使われる下塗り塗料。

ストラクチャー［structure］①建築物の構造体、あるいは建築物そのもののこと。②鳶(とび)職のこと。エレクター、サイトワーカーなども当てられる。昨今のイメージアップで登場。

ストラクチャー シール［structural sealant］ガラスの受けた風圧を、シールの接着力のみでサッシに伝える場合に用いられる特殊なシール。SSG構法における負の風圧に対応するために開発されたシール。「構造シーラント」ともいう。→バックマリオン、SSG構法

ストラップ アンカー［strap anchor］組積造の壁に石材を張る場合に用いるアンカー。

ストランド［strands］フィラメントあるいは繊維の束。

ストランド ロープ［strand rope］鋼のより線を何本かより合わせてつくられた一般的なワイヤーロープ。PCストランドとは、プレストコンクリートに使われる高強度のより線をいう。

ストリート ウォッチャー［street watcher］都市設計における考え方の一つで、道路は常に誰かが使っていて、街路に面して人が住み、街路を眺める人が多ければ街は安全であるというもの。→タウンウォッチャー

ストリート シアター［street theater］道路や広場で演じられる演劇で、いわゆる大道芸といわれるもの。

ストリート ファニチャー［street furniture］道路、特に歩道に置かれている歩行者のための備品で、ベンチ、噴水、彫刻、電話ボックスなど。→アーバンデコレーション

ストリーミング［streaming］インターネットでラジオやテレビ放送を実現するために使われる技術で、ダウンロードしながら順次再生するもの。

ストリップ階段［strip stair］階段の段板を、両側の厚手の板(側桁または登り桁)で固定している階段。

ストレイン ゲージ［strain gauge］コンクリートやワイヤーの歪みを測る歪み計の総称。「ゲージ」ともいう。

ストレージ タンク［storage tank］給湯設備において、温水をためておくタンク。

ストレート アスファルト［straight asphalt］アスファルト基原油から低沸点溜分を取り除いた残留物。軟質で伸びが大きくアスファルト舗装やアスファルトフェルトの製造に用いられる。ほかにブローンアスファルトがある。→ブローンアスファルト

ストレーナー［strainer］①配管内を循環する水、温水、蒸気などの気体、流体に含まれた不純物を捕取するため、配管途中もしくは揚水ポンプのサクションホースの先端に取り付けるろ過用器具。②深井戸の鋼管ケーシングに設ける採水管。砂粒の流入を防ぐ。

ストレス［stress］①変形、ひずみ、応力。②心身に生じたひずみ、抑圧。

ストレッチャー［stretcher］病人を運ぶための移動用寝台、担架または車付

ストレッチ ルーフィング [asphalt stretchy roofing felt] 合成繊維にアスファルトを浸透させ，表面に鉱物質の粉末を付着させたルーフィング。強度・耐久性に優れていることから，アスファルト防水に用いられるルーフィングの主力となっている。JIS A 6022。

ストロボコープ効果 [storoboscope effect] 光のちらつき（フリッカー）等が原因で，視対象の正しい動きを確認できない現象のこと。単に「ストロボ効果」ともいう。

ストロボ法 [strobograph method] 調査対象である被写体の動作範囲や速度を写真撮影によって解析する手法。写真撮影は一定の間隔で点滅可能なストロボ装置を用いて行う。

スナッチ ブロック [snatch block] ⇨キンネンブロック

スナップ スイッチ [snap type switch] ばね作用を利用した小形スイッチ。

スナップ タイ [snap-tie] 型枠の間隔を保持する緊張材。型枠脱型後に両端部を切断する方式。→フォームタイ

スネーク式モルタルポンプ ロータ ーと呼ばれるねじれた鋼製の軸が，ゴム製のチューブ内で回転してモルタルを圧送する機械。

スネーク ワイヤー [snake wire] 配水管の掃除に使われる渦巻状のスプリングのこと。

スパーレン 鉄筋コンクリート造の梁に設備用配管などを貫通させる場合の補強用金物。スパイラル加工した異形鉄筋と帯鋼を組み合わせたもの。〔製造：東京ガス圧接〕

スパー ワニス [spar varnish] 乾燥が早く，塗膜が硬くて耐候性に優れた油

〔スパーレン〕

分の多いワニス。耐熱性もあり，熱湯をかけても変色しない。JIS A 5411。

スパイキ [spike] 軌条用レールを枕木に固定する際に使用する釘。「犬釘」ともいう。

スパイラル階段 [spiral stair] 円または楕円状に回りながら上がる階段で，螺旋階段のこと。

スパイラル筋 [spiral bar] 螺旋状に巻いた鉄筋の総称。鉄筋コンクリート柱のフープやコンクリート杭などに使用。「螺旋鉄筋」ともいう。→スパイラルフープ

スパイラル鋼管 帯鋼を螺旋状に丸め，継目を溶接して製作した鋼管。かなり大口径のものまで製作できる。

スパイラル ダクト [spiral duct] 亜鉛メッキ板を螺旋状に巻いて円形に成形した管。直管のほか各種の継手類があり，継目ははんだ付けされる。「丸ダクト」ともいう。

スパイラル フープ [spiral hoop] 柱のせん断補強と座屈圧縮強度を高めるために用いる帯筋（フープ筋）が螺旋状に連続したもの。円形および矩形のものがある。→スパイラル筋

〔スパイラルフープ〕

スパッター〔spatter〕 溶接作業中に溶接棒から飛び散る溶融金属の粒。

スパッタリング〔sputtering〕 低圧気体中の金属を加熱あるいはイオン照射することによって金属分子を飛ばし、それをほかの物体に付着させること。

スパッド金物〔spud hardware〕 金属と陶器の接合に用いる金物。水洗式大便器と洗浄管との接続に用いる。

スパナ〔spanner〕 ⇨レンチ

スパン〔span〕 梁やアーチなどの支点間距離。「梁間」「張り間」ともいう。

スパンクリート〔spancrete〕 プレストレストを導入したプレキャストコンクリート製品の一種。板の縦方向に複数個の中空孔があり、床・壁などに使用される。〔製造：スパンクリートコーポレーション〕

スパンドレル〔spandrel〕 ①三角状の壁。②カーテンウォールにおける上下の窓の間を満たす壁。③目透し張り用に加工された幅の狭い長尺の金属板。

スパン表〔span list〕 木造住宅用に作られた横架材の断面数値の早見表。

スピニング加工〔spinning processing〕 金属加工法の一つで、板材を回転させながらボール状（椀状）にへら棒で絞りながら成型する方法。照明器具のシェードなどはこの方法で作られる。

スピンドル〔spindle〕 ①主軸。②箱錠のレバーハンドルの心棒のこと。

スピンドル チェア〔spindle chair〕 木製の椅子の一種で、丸棒（挽き物）を多用したもの。

スフ staple fiberの略。化学繊維で作った短繊維の素材。レーヨン、アセテートなどが代表的。

スプール アキスミンスター〔spool axminster〕 アキスミンスターカーペットの製法の一つ。多色使いが可能で複雑な色柄の高級カーペット。

スプライススリーブ工法 プレキャスト鉄筋コンクリート造で用いられる鉄筋の接合方法。円筒状の鋳鉄製スリーブに鉄筋を突き合わせて挿入し、周囲を無収縮性高強度グラウト材で固めて鉄筋の一体化を図るもの。〔開発：日本スプライススリーブ〕

スプライス プレート〔splice plate〕 鉄骨柱・梁などの継手を構成するために母材に添える板。「添え板」「ジョイントプレート」ともいう。

〔スプライスプレート〕

スプラット バック チェア〔splat back chair〕 花瓶形の板を背もたれにデザインされた椅子。

スプリット型ルームエアコン〔split type room air conditioners〕 圧縮機と凝縮器よりなる屋外ユニットと、蒸

発器からなる室内ユニットで構成され、両者間を冷媒配管で連結する。室内騒音は小さいが、換気が不能。住宅でよく使われる。

スプリットダンパー［split damper］割り込み分岐ダクトの分岐部に設けるダンパーで、位置を調節することによって、分岐風量を調整できる。

スプリングコンパス［spring bow compasses］製図用器具の一つで、スプリングとねじを使って微調整が可能なコンパス。→ドロップコンパス

スプリング丁番［spring hinge］丁番の軸部にスプリングを内蔵し、自動的に閉まる。「自由丁番」ともいう。

スプリングディバイダー［spring bow dividers］スプリングとねじによって微調整ができるディバイダー。

スプリングテンション［spring tension］固定できない壁の両面に対してスプリングの力で突っ張り、物を吊るパイプなどを設けるのに使う。浴室のタイル壁や押入内の収納に使われる。

スプリングマットレス［spring mattress］ベッドに使用するばね入りの敷ぶとん。

スプリンクラー［sprinkler］発生した火災の熱により自動的に散水する消火装置。

スプリンクラー設備［sprinkler system］火災が発生すると天井面に取り付けられたスプリンクラーヘッドの可溶片が溶けて、自動的に水を噴出する消火装置を持った設備。

スプリンクラーヘッド［sprinkler head］スプリンクラー設備の末端に取り付けられ散水を行うもので、火災の熱によりヒューズが溶けて散水を開始する閉鎖型と、一斉開放弁で操作する開放型がある。

スプリングワッシャー［spring washer］ボルトを取り付ける際、ナットのゆるみを防止するため、ナットの下当てに用いるばね機能をもった板状の金属片。→ワッシャー

スプルース［spruce］おもに造作材に使われる北米産の白色系の針葉樹。アラスカ産の松といわれている。

スプレー［splay］①西洋建築の開口部の側面を、壁面に対して斜めに切る手法、またはそれによってできた壁面のこと。②音を適当な角度に反射させるようにした傾斜面や傾斜のついた壁。

スプレーガン［spray gun］塗料やセメントを圧縮空気で吹き付け塗りする工具。→ガン

スプレースタッコ［spray stucco］吹き付けたモルタルに、こてやローラーで大柄の凹凸模様を付けた外装材。

スプレー塗装［spray coat］塗装方法の一種で、塗料を霧状あるいは噴霧化し吹き付けて行う。圧縮空気を用いる方法と塗料自体に圧力をかける方法がある。

スプロール［sprawl］都心部の地価の高騰等により、郊外へ向けて無秩序に宅地化していく現象。「アーバンスプロール」ともいう。→ドーナツ現象

スペイン瓦［Spanish roof tile］洋瓦の一種。半円筒形の瓦で、上向きと下向きを交互に並べて使う。2つ合わせたものを「S形瓦」といい、急勾配で使う。→S形瓦

〔スペイン瓦〕

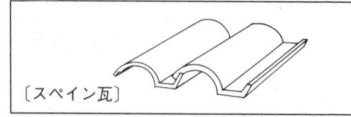

スペーサー［spacer］鉄筋コンクリー

ト工事で型枠と鉄筋のすき間を一定に保つために使用する部品。

スペーサー ブロック [spacer block] 型枠のせき板と鉄筋の間隔を保持するために用いられるモルタル製・プラスチック製のブロック。

〔スペーサーブロック〕

スペーシング [spacing] 箱錠のシリンダーの中心から握り玉あるいはレバーハンドルの中心までの寸法。

スペース [space] 空間。特にその大きさ・広さが問題となる場合に用いる。

スペース アカウンティング [space accounting] 資産としてのスペースを会計的な視点から管理すること。

スペース インベントリー [space inventory] スペースの利用状況台帳。建物内のスペースを管理するため,各スペースの番号,種類・用途,利用者・利用組織,利用スペース規模等を管理する。データベース化することにより,CAD図と併用することにより効率的なスペース管理が可能となる。

スペース オウディット [space audit] スペース利用の現況監査。スペース利用の実態を把握し,スペースインベントリーの最新化を図るため,定期的にスペースの構成,利用者・利用組織,利用スペース規模を確認する。

スペース サジェッション [space suggestion] 空間処理の方法の一つ。天井,床の高低差などで空間を分割し,固定した壁,間仕切りを使わない方法。

スペース スタンダード [space standard] 建物の計画規模を算出するための基準。部屋の用途,ワークステーションの構成やレイアウト,必要機能等を想定して設定する。

スペース チェア [space chair] ビニール製の袋に空気を入れ,ふくらませた椅子。

スペース ヒーター [space heater] 機器内部空間の結露防止を目的とするヒーター。

スペース プランニング [space planning] 組織等を建物内に機能的に配置し,快適で効率的に業務・生活ができるよう,要求条件の整理,ゾーニング,ワークプレースの形態やレイアウト等を計画,設計すること。

スペース フレーム [space frame] ①棒状の部材をジョイント金物で組み合わせトラスを立体的に構成したもの。天井など大規模空間によく使われる。②部材の大量生産や組立方法の単純化をねらって,少ない部種で組み立てられた骨組。

スペース マネジメント [space management] 組織等が建物内に機能的に配置され,快適で効率的に業務・生活ができるよう,経済的,効率的にスペースを管理すること。スペースプランニング,スペースオウディット,スペースアカウンティングが含まれる。

スペース ユニット [space unit] 工場生産化されたインテリア構成材の中

スペーディング [spading] コンクリート打ちの際に，型枠面に発生する気泡を少なくするため，すきのような道具でコンクリートを締め固めること。

スペクトル [spectre] 光線をプリズムで分光して現れる赤から紫までの色の帯。光の波長の差で色の帯ができる。

スペクトル3刺激値 [spectral tristimulus value] 特定の波長における等エネルギーをもつ3つのスペクトル。

スペシャリティーストア [superciality store] 専門店のこと。その分野の専門的な品を取り扱う店で，豊富な品ぞろえと専門的なコンサルティングを有することが特長。

スペック [spec] specificationの略。特に海外工事などにおいて用いられる仕様書，もしくは仕様に対する呼称。

スポーツクラブ [sports club] 健康管理・体力づくりを目的に作られた会員制の団体。

スポーツ照明 [sports lighting] スポーツ施設の夜間照明。野球場，スキー場，テニスコートなどでよく使われる。

スポーツホテル [sports hotel] スポーツ施設と併設されたホテル。リゾート地に建設されることが多い。

スポカルゾーン sports culture zoneの略。国民の余暇活用の施設を集中的に配置した地域。

スポット [spot] ⇨スポットライト

スポットオフィス [spot office] 郊外や地方都市に，小規模の単位で配置するオフィス形態。顧客サービスの向上，職住接近，施設運営費の低減等を目的とする。

スポットクーリング [spot cooling] 工場などの発熱や放射熱の大きい場所で，全体換気による冷却が有効でない場合，限定された作業場所に冷却空気を供給して作業者の冷房を行う方法。

スポット照明 [spot lighting] 舞台やスタジオ，展示場でスポットライトなどにより特定部分を照らす照明。

スポットネットワーク受電 [spot network receiving system] 3～4回線の配電線をT分岐で引き込み，ネットワーク変圧器の二次側を並列にしてネットワーク母線とする受電方式。1回線が停電しても残りの変圧器の過負荷運転で電力供給できる。

スポット溶接 [spot welding] 2枚の鋼板を重ね合わせ，点のような狭い範囲に電流を集中させ，加圧しながら行う電気溶接。「点溶接」ともいう。

スポットライト [spot light] 光の方向と範囲を反射鏡やレンズで集め，部分的に光を当てるもの。舞台照明，ディスプレーなどに使われる。「スポット」ともいう。

スポンサー [sponsor] ⇨スポンサー企業

スポンサー企業 [sponsor enterprise] JV工事における構成員の代表者。単に発注者に対する窓口のみで，運営は共同で行う方式から，運営のすべてを一任される方式まで多様だが，おおむね運営の主導権をもつ。単に「スポンサー」「プライムコンストラクター」ともいう。

スポンジチタン [titanium sponge] 一般的なチタン精錬の方法のクロール法によって得られる海綿状の金属チタン。これをインゴットにし，その後加工したチタン展伸材が航空機関係，海

水淡水化装置，原子力発電用復水管などの素材として需要が増大している。

スマートビル［smart building］　インテリジェントビルのこと。アメリカではこう呼ばれる。「ブレーンビル」ともいう。

スマートマテリアル　自己修復能力をもつ未来志向の建築材料。現在はまだ概念だけで具体的なものは存在しない。例えば，コンクリートの中に接着剤入りカプセルを混入し，コンクリートに亀裂が生じたら，自力でカプセルが割れて接着剤が流れ出し亀裂部を自ら修復する等がイメージされている。

スムージング［smoothing］　時系列データの不規則性を除去する方法の総称で，平均化のこと。文字や画像のギザギザをなくし滑らかにすること。

スメルスケープ［smell scape］　においの心理的効果等を都市や地域レベルで捉え，におい環境を表現する試み。においの疲労・順応性・個人差などがあることから，この考え方には問題点も多い。

スモーキングスタンド［smoking stand］　立ったままタバコの灰が捨てられる床置き式の灰皿。くず入れと兼用のものもある。

スモークタワー［smoke tower］　自然排煙方式の一つで，高層建物に煙の流路として設けた竪穴。煙の温度差と竪穴頂部の外気風による誘引効果を利用して煙を排出する。

スモークテスト［smoke test］　排水通気管の試験法，トラップを水封した後，通気管内に煙を充満させ，通気管頂部からの放出や各部の漏れの有無を確認する。

スモークハッチ［smoke hatch］　屋根に取り付ける排煙装置。手動または煙感知器連動装置によって上部のふたが開き自然排煙される。

スモールビジネス［small business］　⇨ベンチャービジネス

スモッグ［smog］　smoke(煙)＋fog(霧)の合成語。煤煙と水蒸気が結合してできる霧状のガス。大都市の大気汚染の代表格で，呼吸器障害等を起こす公害。

スラー　揚重機の巻きワイヤーロープを緩めるよう指示する場合に用いる鳶(とび)職用語。

スライサー［slicer］　大型角材を削って作る化粧単板で，集成材の表面に使われる。

スライダック［slidac］　しゅう動形電圧調整器。

スライディングウォール［sliding wall］　天井に設けたレールから吊ったパネルを継いで間仕切りとする可動間仕切り。不要のときはレールにそってパネルを移動し，収納部に重ねる。

スライディングステージ［sliding stage］　劇場の舞台形式の一つで，舞台の一部が左右に移動し，場面変換のできるもの。

スライディングドア［sliding door］　引戸。重いものは，天井に取り付けたレールで吊る。

スライディングフォーム工法［sliding form construction method］　内外両面の型枠を徐々に引き上げながらコンクリートを連続して打設する工法。打ち継目なしのコンクリート壁面がつくれ，サイロや煙突に適する。「スリップフォーム工法」ともいう。

スライディング窓［sliding window］　引違い窓。

スライドクローザー［slide closer］

引戸の上部に取り付けられる自動開閉装置。

スライド条項 工期内に賃金,物価の変動などにより当初の請負代金が著しく不適当となった場合,請負代金額の変更について規定した条項。請負契約約款に記載。

スライドスクリーン [slide screen] 布で作られた平面状のスクリーンを数枚レールから吊し,開閉や移動が自由にできる布製のスクリーン。「パネルシェード」「パネルスクリーン」ともいう。

スライドダンパー [slide damper] 平板をダクトの流路に直角に挿入する型式のダンパー。排気フードの頂部で,ダクトとの接続部に取り付けられることが多い。

スライド蝶番 [slide hinge] 蝶番の軸が扉の開閉にともない移動するもので,表からは隠されて取り付けられ,扉のデザインが重視される化粧室などの軽い扉に使われる。

スライド方式 [sliding method] 地震や強風による構造体の変形に追従させるための,PC版やALC版の取付け方法の一つ。2フロアーにまたがる版の固定を,下階をピン接合,上階をローラー接合,または上階をピン接合,下階をローラー接合とすることで,版の横ずれで上下階に生じる変形に追従する。「スウェー方式」ともいう。

スライドレール [slide rail] 扉や引出しの移動を容易にするためのレール。

スライム [slime] ①場所打ちコンクリート杭で,掘削孔に注入したベントナイト液と掘削土の粒子が混じって孔底に沈殿したもの。コンクリート打設前に取り除かなければならない。②冷却水系,排水管その他に付着する細菌・藻類および空気中から混入するゴミなどの混合物で,粘着性の高い不純物。通水障害や金属孔食の原因となる。

スラグ [slag] ①高炉で鉱石から金属を採取した後に残る残滓で,高炉セメントやコンクリート骨材の材料となる。「高炉スラグ」「高炉鉱滓」「鉱滓」「かなくそ」ともいう。②溶接ビードの表面を被覆している非金属物質。

スラグセメント [slag cement] 高炉鉱滓を混ぜて製造されたポルトランドセメントのこと。耐熱性が大きく,海水に対する抵抗性があるため,ダム,河川,湾岸工事などに用いられることが多い。「高炉セメント」ともいう。

スラグハンマー [slag hammer] 溶接の際,溶着部に生じる非金属物質(スラグ)を取り除くためのハンマー。

スラグ流 [slug flow] 排水竪管内で空気の気泡を含む流れ。

スラッジ [sludge] 下水・上水・工場排水処理の際に発生する泥状の固形分。重金属などが含まれる場合は廃棄処分が難しい。

スラット [slat] シャッターやブラインドにおいて,遮へい面を構成する小幅板のこと。

スラットコンベヤー [slat conveyor] チェーンに鋼板を一定の間隔に取り付け,支持力を増したコンベヤー。→エプロンコンベヤー

スラブ [slab] 床版のこと。一般的には鉄筋コンクリートの床をいう。

スラブ基礎 [slab foundation] 基礎地盤の反力を床版が受け持つようにした床版基礎構造のこと。

スラブタイプ [slab type (apartment house)] 梁間に比較して桁行方向が

スラム［slum］ 都会の中で貧しい人々の集住している地区または通り。衛生上も防災上も都市部の病巣となっているところで、再開発が必要とされている。→スラムクリアランス

スラム クリアランス［slum clearance］ 都市において集中的に環境の悪化しているスラム街に対し有効な土地利用を計るために行う再開発事業。→アーバンリニューアル、スラム

スラリー［slurry］ 微粒子の土や微粉末を水で溶かしたような泥状の液体。

スラリー爆薬［slurry explosive compound］ 硝酸アンモニウムを主体とした爆薬。水を含んでいることから「含水爆薬」ともいう。

スランプ［slump］ コンクリート施工軟度を示す言葉で、この値が大きいほど軟らかい。→ワーカビリチー

〔スランプの測定〕

スランプ コーン［slump cone］ スランプ試験に用いる円錐台状の鉄製容器。

スランプ試験［slump test］ コンクリートのワーカビリチー（施工軟度）を知るための試験方法の一種。鉄製の平板上にスランプコーンを置いて、その中にコンクリートを一定方法で詰め、スランプコーンを引き上げて抜き、その頂部の下がった値を測定する。この値をスランプ値（cm）といい、この値が大きいほど軟らかい。JIS A 1101。

スランプ低下 ⇨スランプロス

スランプフロー フレッシュコンクリートの流動性の程度を示す指標の一つ。スランプコーンを引き上げた後、円形に広がったコンクリートの直径で表す。

スランプ メーター［slump meter］ コンクリートミキサー駆動モーターの負荷の変化を、電圧を応用してスランプ値に換算して測定する装置や、ミキサーから排出後のスランプ値を間接的に測定する装置のこと。

スランプロス［slump loss］ コンクリート打設前のスランプが、セメントの凝結や水分の空気中への逸散などによって低下する現象。「スランプ低下」ともいう。

スリー イン ワン［three in one］ 浴槽、便器、洗面器を一つにまとめたもので、3点ユニットとしてホテルなどで水回りをコンパクトにまとめるときに使われる。

スリー ウエイ フロア ダクト［3 way floor duct］ フロアダクトを電源、信号（データ）、電話の3系統に分けて床に埋め込んだもの。オフィスの床配線に用いられるが、OAフロアの出現によって採用が減っている。

スリー サイド ステージ形式［three side stage type］ 劇場の舞台形式の一つで、観客席の中に張り出し、観客が三方向から見ることができる。

スリーパー［sleeper］ 地上に直接置いた根太またはコンクリート面上に置いた支材。転ばし根太、枕木をいう。

スリーパー シート［sleeper seat］ ジ

ェット機のファーストクラスなどの座席で、座面の幅が広く、折りたたみ式の足掛けの付いたもの。

スリーブ[sleeve] 設備工事において、配管の継手に用いられる筒状の部品。またコンクリート構造体の梁や壁、床を貫通する設備の配管類のためにあらかじめ埋め込んでおく筒状の金属管。

スリーブ伸縮継手[sleeve expansion joint] 軸方向に対して自由に移動できるようになっている継手。継手本体の片側または両側にすべり管を挿入し、熱膨張による配管の伸縮を吸収する仕組みとなっている。

スリーブナット[sleeve nut] 鉄骨引張材の丸鋼棒を継ぐ場合に用いる筒形の細長いナット。

スリット[slit] 細いすき間または切れ目のことで、建築では力学的な力をわざと伝えないように、柱につく壁等に設けられる。雨仕舞上は問題となる。

スリット目地 コンクリートの壁や仕上面に設ける細長いすき間の総称。コンクリート壁に設ける場合は、構造上の免震スリットとして用いられることが多い。

スリッパラック[slipper rack] 玄関などに置かれるスリッパを収納する棚、小物。

スリップバー[slipbar] コンクリートの目地や隣接する暗きょ（カルバート）で、両方の面を同一に保つために目地を横断して入れる鋼棒。

スリップフォーム工法[slip form construction method] ⇨スライディングフォーム工法

スリングシート[sling sheet] 介護リフトを構成する布製やメッシュ性のハンモック状の吊り具のこと。

スリングチェア[sling chair] ル・コルビュジエのデザインした椅子。

スレート[slate] 屋根や外装材に使用される石質の薄い板。粘板岩を薄くはいだ天然スレートと、石綿とセメントを加工した石綿スレートがある。一般的には後者をさす。→カラーアスベスト

スレンダー[slender] ほっそりとした、すらっとしたの意で、建築物の構造部材の断面寸法を、経済性を重視して極力小さく設計する場合などに使われる。

スロープ[slope] ①一般的には斜面をいう。建築的には廊下あるいは通路の高低差を、階段ではなく歩行面の傾斜で処理した部分を指すことが多い。身体障害者の車椅子の通行のためスロープを取り入れた建物が多くなっている。②⇨ランプウェイ

スロープ板付きバス 車椅子の人や高齢者等がスムーズに乗降できるようなスロープ付きの構造としたバス。

スロッシング[sloshing] 水槽や油タンクなど、容器中で液体が自由表面をもつ場合に、地震などの外力によって液面が動揺する現象。共振を起こして構造物の破壊につながることがある。

スロット型吹出し口[slot type diffuser] 縦横比の大きなスロット状の開口を持つ空調吹出し口。窓面近くの天井に設けられることが多い。

スロップシンク[slop sink] モップや雑布などを洗うための深目の掃除用流しで、略して「SK」ともいう。

セ

セイラー タイル，床用シートの模様のパターン。

ゼーゲルコーン [segercone] 粘土焼成品の焼成温度測定や耐火・耐熱試験の温度判定に用いる三角錐の試験体。

セーフティー エンジニアリング [safety engineering] 工場内での安全確保のため，人体や周囲に重大な損害を与えないような装置・機械の設計を組み入れた技術体系。「安全工学」ともいう。

セーフティー コーン [safety cone] ⇨カラーコーン

セーフティー シュー [safety shoe] エレベーターの戸の先端に設けられる安全機構で，閉まりつつある戸が人体などに触れると，スイッチが作動して戸を開かせる装置。

セーフティー ネット [safty net] 建設産業雇用セーフティーネットという場合は，建設産業の変革過程において失業のない労働移動を実現すめための取組みの総称。

セーブル焼 [sevres mare 仏] フランスのセーブルで開窯され，エジプト風の新古典調のデザインで知られている陶磁器。

セーリング ポイント [salling point] 顧客のニーズに合わせた商品の特徴・特性。「セールスポイント」ともいう。

セールス プロモーション [sales promotion] 販売促進を手助けする活動で，広告・出版・人的な補完等を行う。略称で「SP」ともいう。

セオドライト [theodolite] 墨出しや実測に使用する測量機器。直線の延長や角度を振る機能はトランシットと同様だが，角度の読み取りは数字表示。

ゼオライト [zeolite] 工業用ガス浄化や汚水処理などに使われるアルミナケイ酸ソーダのこと。

ゼオライト板 [zeolite board] アルミニウムを含む珪酸塩の一種の沸石とモルタルを練り混ぜ，加工した吸放湿性能をもった材料。

ゼガー ミキサー [Seger's concrete mixer] とっくり形の可傾式ドラムを備えた可搬型コンクリートミキサー。

セカンド スクール 都会の児童に自然環境を体験させるため，適した場所に作られた施設。

セカンド ハウス [second house] 別荘。週末，休日などに利用するレジャー用住宅。

セキュリティ [security] ①敷地，建物，スペース等の防災，防犯，安全の確保。②情報の機密保持。コンピューターの情報が外部に漏れたり，改ざんされることを防止する方法や安全性の度合い。

セキュリティ システム [security system] 建物および人命を火災，水害，地震，犯罪などから守るためコンピューターで自動制御された各種の感知・通報システム。

セキュリティ ゾーン [secutity zone] あらゆる危険から作業者などの安全を確保するために設置された空間。

セキュリティライン 建物種別，組織・業務の特性に応じたセキュリティを確保するために，許可された者以外の立入りを制限する範囲の外縁。敷地境界線，建物外周，部屋外周等に設定されることが多い。

セクショナル キッチン［sectional kitchen］流し，調理台，レンジなど別々に作られたものを並べて使うもので，「1種S型キッチン」ともいう。

セクショナル チェア［sectional chair］ ⇨セパレートチェア

セクショナル ボイラー［sectional boiler］鋳鉄製のセクションを何枚かボルトで組み合わせてつくるボイラー。小型で低圧用に限られるが，耐久性があり搬入・据付けが容易で，セクション数の増減で能力を変えられる。

セクション［section］空間または物を水平，垂直に切断した様子を描いた図面のことで，普通，垂直面のことをいう。水平面のほうは平面図という。

セクション パース［section pers］物の断面（切り口）から見た透視図。外側と内部の構成がわかるもので，普通一点パースが多い。

セクション ペーパー［section paper］方眼紙。

セクレタリー［secretary］①秘書。②ライティングビューローの内上部に本棚を付けたもの。

ゼツェッシォン［Sezession 独］1897年ウィーンにおこった芸術運動で，過去の伝統様式からの分離をめざす。「分離派」といい，日本でも1910年頃から影響を受けた。

セッティング ブロック［setting block］板ガラスをサッシ枠にはめ込んだとき，ガラス端部がサッシに直接触れるのを防止するために挟む合成ゴムなどの小片。

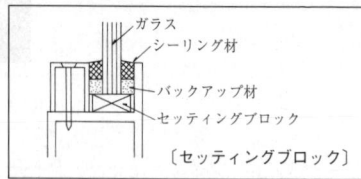

〔セッティングブロック〕

セッティング ベース プレート［setting base plate］壁式プレキャスト鉄筋コンクリート造で，壁パネルを溶接で接合するための鋼製プレート。

セット［set］①一組，一式。②組合せ。③用意すること，整えること。④舞台装置。⑤試合の区切り。

セット家具［set furniture］リビングセット，ダイニングセットなどがある。

セット時間［setting time］接着剤を塗布，または主剤・硬化剤を混合してから実用強度に達するまでの時間。「準硬化」ともいう。

セットバック［setback］道路面の天空光を確保する目的で建物上部を壁面より後退させること。「ステップバック」ともいう。

セットバック制御［set-back control］夜間など未使用時間帯に，設定条件を緩和させて省エネルギーをはかるために，一時的に設定値を変更させる制御方法。

ゼネコン general contractorの略。総合建設業者のこと。工事を元請し，職別および設備業者を下請として使い工事管理全般の責任をもつ。ただし，設備工事専門の元請については通常，ゼネコンとは呼ばない。「総合請負業者」ともいう。→サブコン

ゼネコン7団体 国土交通省の法人許可をとっている団体のうち，わが国の

ゼネコンを代表する7団体をいう。日本建設業団体連合会, 日本土木工業協会, 建築業協会, 日本道路建設業協会, 全国建設業協会, 日本建設業経営協会, 全国中小建設業協会をいう。

ゼネラル スタッフ[general staff] 経営全般にわたり経営者を援助・補佐するスタッフのこと。

ゼネラル マーチャンダイズ ストア[general merchandise store] 食品以外の日用品全般を扱う大型スーパーマーケットのこと。略して「GMS」。

ゼネレーター[generator] 軽油などを動力とした発電機。トラックなどで運搬し仮設電源として使用する。

セパレーション[separation] 分離, 分け隔てるの意で, 曖昧なものを区別するために加えられる色, 隔て板, 干渉材をいう。

セパレーター[separator] 鉄筋コンクリート造の梁や壁において, 相対する型枠の相互間隔を保持するために取り付ける飼い物。

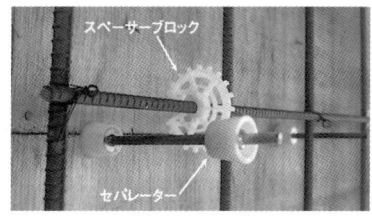

〔セパレーター〕

セパレート カーテン[separate curtain] カーテンの吊り方の一つで, 生地ごとに分割し独立した形にしたもの。

セパレート型ルーム エアコン[split type air conditiner] 機器を屋内と屋外に分けて設置し, 冷媒配管で両者を連結した空冷型パッケージエアコンディショナー。

セパレート チェア[separate chair] 部屋の形状や目的に合わせて配置される家具で, コーナー用, ひじ掛け用, 中間用などに分けて作られるソファー。「セクショナルチェア」ともいう。

ゼブラ ゾーン[zebra zone] 横断歩道を表示するための白線が, シマウマ(ゼブラ)と似た文様となるところからつけられた。

セミアーゴノミー系家具[semi ergonomie system furniture] テーブルやカウンターなどの人の作業を機能的に設計する家具で, 「準人体系」ともいう。→アーゴノミー系家具

セミオートバス ⇨オートバス

セミ オープン ポアー仕上げ[semi open pore finish] 木目に出る木材の導管を塗料で埋めて, 木目の肌ざわりを残した塗装方法で, ケヤキ, ナラ, タモに使われる。→オープンポアー

セミ ダブル ベッド[semi double bed] ベッドサイズの一つ。小幅な2人用寝台で, 日本の家屋事情に合わせて考えられたもの。幅は1200 mm, 長さは1950, 2000, 2050 mmなどがある。単に「セミダブル」ともいう。→ダブルベット

セミハード ボード[semi-hard board] 植物繊維と接合剤とを熱圧成形して作られる半硬質の繊維板。「半硬質繊維板」または略して「MDF」ともいう。

セミ パブリック スペース[semi-public space] ホテルのロビーのよう

［セミパブリックスペース］

な準公共的空間や，団地内の庭に代表される共同管理空間のこと。

セミ パブリック ゾーン［semi-public zone］ 便所や浴室など，不特定多数の個人が使用する空間。

セミ ブローン アスファルト［semi-blown asphalt］ ストレートアスファルトとブローンアスファルトとの中間の性質をもつアスファルト。道路舗装に用いられる。

セミラティス［semilattice］ ものの関係を図式化して表すもので，半網の目状の構造。ツリー構造の関係もある。

セメンテーション［cementation］ ①トンネルの掘削において岩盤の亀裂にセメントペーストを注入すること。②金属の表面に他の金属を浸透させ耐食性を向上させる表面処理方法。

セメント［cement］ ①接着・接合剤の総称。アスファルト，にかわ，石膏，石灰，ポルトランドセメントなどがこれにあたる。②コンクリートの主原料の石灰を主成分とした無機質の水硬性の材料。ポルトランドセメントが一般的だが，その他にも混合セメント，特殊セメントなどの種類もある。

セメント ウォーター ペイント［cement water paint］ 白セメントや顔料，防水剤を混和したものを水で練り混ぜて吹付けないし塗布して用いる塗料。下地はコンクリートやモルタルの壁が多い。「セメントペイント」ともいう。

セメント瓦［cement(roof) tile］ ロー

ル成形したモルタルの表面に，少量のセメントをまいて平滑に仕上げた瓦の総称。形状により和形，洋形，平形に分類される。

セメントガン [cement gun] モルタルまたはミルク状のセメントを吹き付ける機械。→ガン

セメントガン工法 [cement gun shooting (method)] ⇨ショットクリート

セメント顔料 [pigments for coloring cement] セメントを着色する各種無機質顔料の総称。耐アルカリ性の無機化合物でカーボンブラック，弁柄，酸化鉄，アンバーなどがある。「セメント着色剤」ともいう。

セメント強度 [strength of cement] セメントの曲げおよび圧縮強度のこと。JIS R 5201（セメントの物理試験方法）に規定されている。

セメントグラウト [cement grout] ひび割れや空洞の細かなすき間に充てんするもので，混和材料を加えて充てん性を良くしたセメントペースト。

セメントスタッコ [cement stucco] ⇨スタッコ

セメント着色剤 [pigment for coloring cement] ⇨セメント顔料

セメントバチルス [cementbacillus] ⇨エトリンガイト

セメントペイント [cement paint] ⇨セメントウォーターペイント

セメントペースト [cement paste] セメントを水で溶いてペースト状にしたもの。俗に「とろ」「のろ」「あま」ともいう。

セメント水比 [cement-water ratio] 水セメント比の逆数で，使用水量（W）に対するセメント量（C）の重量比（C/W）のこと。リースの説では，コンクリートの強度はセメント水比に比例する。

セメントミルク工法 コンクリート既製杭の低振動・低騒音工法の一種。アースオーガーで掘削した孔にセメントミルクを注入し，杭を挿入する。周囲をモルタルで固めた杭ができる。

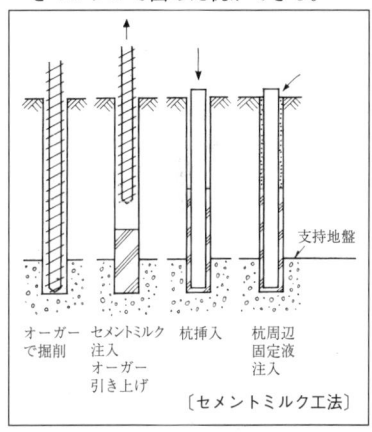

〔セメントミルク工法〕

セメントモルタル [cement mortar] ⇨モルタル

セメントリシン [cement lithin] ⇨リシン

セラー [cellar] 地下室あるいは半地下室で，倉庫，機械室，ブドウ酒等の酒倉として使われる室のこと。

セラック [shellac] ⇨シェラック

セラックニス [shellac varnish] 家具やラワン材造作の仕上げ塗装に用いられるセラックをアルコール，テルピン油などで溶解した揮発性ワニス。「ラック」「ラックニス」ともいう。

セラピスト [therapist] 身体障害者のリハビリテーション・プログラムの中で，医師の治療プログラムの処方にしたがって活動する。理学療法士，作業療法士，言語療法士等がある。

セラミックウッド 木材の化学処理により，内部に不溶性無機物を生成させた無機物複合化木材のこと。耐火性と防腐性に優れ，木製防火ドア等に使用される。

セラミック住宅 [ceramic house] 軽量で耐熱性に優れたセラミックを外壁に使用した住宅のこと。

セラミックス [ceramics] 一般的にはセメント，ガラス，宝石，ホーローや人工原料を使ったファインセラミックスなどの非金属・無機の固体材の総称。狭義には陶磁器のように粉末を固めて焼いた非金属の固体材をいう。語源はギリシア語の「陶器」を意味した。

セラミックス ファイバー [ceramics fiber] 断熱材などに用いられるセラミックス材料からつくられる繊維の総称。軽量で耐熱性に優れる。

セラミック タイル [ceramic tile] 窯業製タイルの総称。

セラミック パイプ [ceramic pipe] 直径150mm以上の肉厚をもった陶管の総称。下水管などに使用される。

セラミック ヒーター [ceramic(s) heater] セラミック(ス)の発熱体を使った暖房用機器。

セラミック ブロック [ceramic block] 窯業製ブロックのことで，空胴コンクリートブロックと類似した寸法をもつ。吸水・収縮・強度面などはコンクリート製に比べて優れた性能を示すが，コストが高い。

セリーズ原則 セリーズが定めた，企業が守るべき環境保全の原則で，当初「バルディーズ原則」と呼ばれた。セリーズは1989年アメリカのエクソン社のタンカー「バルディーズ号」の座礁・石油流出事件をきっかけに発足した，投資家・投資顧問会社・環境保護団体が構成する組織。

セリグラフィー [serigraphy] 着物地に型紙を使って染色すること。「シルクスクリーン」ともいう。→ステンシルセリグラフィ

セル型消音器 [cell type sound absorber] 大きな直管ダクト内に，縦横の仕切り板を設け，これに吸音材を貼りつけた消音機構。

セルフ ケア ユニット [self-care unit] 医療看護があまり必要とならない退院直前の患者を集めた看護単位。医療看護の必要度合いに応じた段階的看護単位にグループ分けをするプログレッシブペイシェントケアの考え方による。

セルフ シールド溶接 [self shield welding] ⇨ノンガスアーク溶接

セルフ バラスト水銀ランプ [self-ballasted mercury-vapour lamp] 白熱電球と高圧水銀ランプを混合したもので，観葉植物の補光用に使われる。

セルフ ライフ [self life] 接着剤の製造後，使用するまでに缶などの容器に入った状態での寿命。セルフライフ内で接着剤を使用しないと品質の低下により欠陥が生じる。

セルフ レベリング工法 [self leveling method] 石膏やセメントを用いたペースト状の上塗り材をコンクリートスラブ上に流し，自然拡散によって平滑な仕上面をつくる工法。

セルフ レベリング材 [self leveling material] コンクリートスラブ上に流し，自然拡散によって平滑な仕上面をつくる石膏やセメントを用いた材料の総称。カーペットなどの仕上材を直貼りする場合に用いられる。「SL材料」ともいう。

セルラーダクト [cellular metal floor raceway] デッキプレートの下端に鉄板を張り,できた空間を配線ダクトに使用するもの。オフィスオートメーションのための床配線方式として用いられる。

セルラー方式 [cellular method] 折板屋根に用いる薄鋼板の断面性能をあげるため,折板を2枚重ねに葺く方法。

セルラー無線 [cellular mobile telephone] 自動車電話等に利用されている無線通信方式。市街地で3〜5kmのゾーン,郊外で10kmの小さいゾーンに分割し,同無線周波数を繰り返し使え,有効利用ができる方式。

セルロース [cellulose] 植物の細胞の主成分で,人造絹糸や紙の原料として使われ,「繊維素」ともいう。

セルロース ファイバー [cellulose fiber] セルロースを原料とした繊維。断熱材として使用される。

ゼロ エミッション [zero emission] 廃棄物を出さない産業を目指して,種々の企業や自治体などが取り組んでいる施策。1974年国連大学が提唱した。

ゼロ エミッション マテリアル [zero emission material] 国連大学が提唱したゼロエミッション運動に対応し,地球環境保護のために,リサイクル等により廃棄量をゼロとすることを目指した原材料。

ゼロ スパン テンション [zero span tension] 防水層が下地のひび割れなどにより局部的に引っ張られて大きな伸びが生じること。

ゼロ ディフェクト運動 [zero defect movement] ⇨ZD運動

セロテックス [celotex] 木材,パルプ,わらなどを接着剤で固めた断熱材。断熱のほか,吸音・吸湿効果もある。

ゼロ ホルマリン シックハウス症候群の原因の一つであるホルムアルデヒドを含まない建材。ホルマリンはホルムアルデヒドの水溶液。

ゼロホルマリン型接着剤 従来の接着剤と異なり,ホルマリンを含まない壁

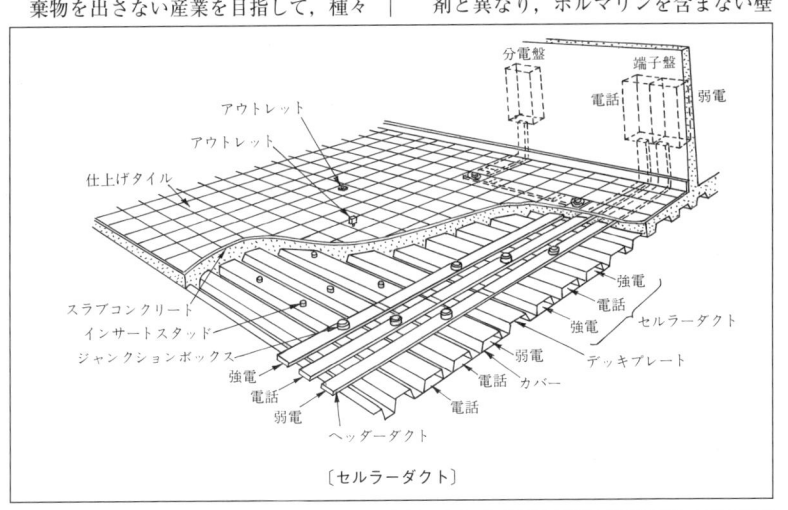

〔セルラーダクト〕

紙施工用の接着剤。

センサー [sensor] 人間の五感の役目を果たし，さまざまな物理量を測定する装置。味覚分野以外はすべて人間以上に正確に感知する。暖房機器の温度・湿度センサーに使われ，また防犯用・防災用，さらには自動車や航空・宇宙機器関連で実用化されつつある。

センター クロス カーテン [center cross curtain] カーテンの吊り方の一つで，開口の中央を固定して左右に振り分け山形に吊るタイプ。

〔センタークロスカーテン〕

センター コア [center core] 給排水，冷暖房空調，エレベーターなどの設備部分を機能的・構造的な核として構成した建築。

センター施設 [center facilities] ショッピング等を集中的に配置した中心街。

センター スポット室 [center spot room] 客席後部中央に設置された劇場などの投光室のこと。

センター テーブル [center table] 居間や応接室の中心に置くテーブル。

センタリング [centering] アーチを作るときの木製・鋼製の型枠。

セントラル エアコン [central air conditioning system] 機械室に中央式の空気調和機を設置し，各階の空調をまかなう方式。

セントラル キッチン [central kitchen] ホテルやレストランで一個所の厨房で調理し，食堂などに供給する方式。

セントラル クリーナー [central cleaner] 電気掃除機を持ち運んで掃除をするのではなく，床や天井に配管されたパイプを通し一個所の吸引機で行えるようにしたもので，ビルや家庭でも使われる。

セントラル システム [central system] ①病院において検査，手術，薬局などの各科に共通な諸施設を1個所に集めるような中央管理方式・中央サービス方式のこと。②中央機械設備室を設置し各室の暖房・冷房などを行う方式。

セントラル ヒーティング [central heating] 中央暖房方式のこと。建物内部の1個所に暖房用熱源装置を設け，そこから各部屋に温風，温水，蒸気などを送って暖房する方式。

セントラル ミクスト コンクリート [central mixed concrete] 固定ミキサーで練り混ぜられたコンクリート。

ソ

ソイル杭柱列山留め壁 アースオーガー機により現場の土とセメントとベントナイトの液をかくはんし，土中にソイルセメントの柱を作り，それを連続させて構築する止水壁のこと。柱の中にH鋼を挿入すれば山留め壁となる。「SMW」ともいう。

ソイル コンクリート [soil concrete]

⇨ソイルセメント

ソイル セメント[soil cement] セメントと土中の砂・礫などを練り混ぜたもの。硬化するとかなりの強度が出るため，既製杭周囲の根固め，路盤の安定処理，トンネル覆工の背部の裏込めなどに使用される。「ソイルコンクリート」「ソイルモルタル」ともいう。

ソイル モルタル[soil mortal] ⇨ソイルセメント

ソーイング テーブル[sewing table] 裁縫や編物用の家具。引出しなどの収納部分や衣類を入れるかご・棚で構成されている。

ソーシャル サービス[social service] 社会福祉において，利用者に応じて提供される現金，現物，援助活動などのサービスの総称。

ソーシャル サポート ネットワーク[social support network] 医療・保健・福祉・建築などの専門分野の担当者が，高齢者・身体障害者およびその家族に対して行う社会的支援体制のこと。「社会的支援ネットワーク」ともいう。

ソーシャル テクノロジー[social technology] 社会工学。公害，交通，環境など，都市に発生する社会問題を扱う学問分野。

ソーシャル ワーカー[social worker] 社会福祉に従事している人の総称。

ソース マーキング[sauce marking] 製造元が出荷時に付ける製品番号や価格などのバーコードのこと。

ソーダ ガラス[soda glass] 成分中にナトリウム分（ソーダ）が多いガラス。原料が安価で，溶解温度が低いことから，窓ガラスやガラス器具に使用。「ソーダ石灰ガラス」ともいう。

ソード単板[sawed veneer] ⇨ソードベニヤ

ソード ベニヤ[sawed veneer] 大型材をひいた薄い単板。「ソード単板」「ソーンベニヤ」「ソーン単板」ともいう。

ゾーニング[zoning] 空気調和において，一つの建物の中を複数の区域に分け，おのおの別個の空調機で空調すること。区域の分け方としては，方位別，用途別，使用条件別および使用時間別などがある。「ゾーニングコントロール」ともいう。

ゾーニング コントロール[zoning control] ⇨ゾーニング

ゾーニング条例[zoning ordinance] 建設できる施設の種類を示し，その他の開発を認めない厳しい規制に特徴をもったアメリカの市町村などが制定する土地利用規制条例。

ゾーニング図[zoning map] 建物の使われ方を目的別に色分けしたり，面積を書き込んだりした区域図。

ソーラー コレクター[solar collecter] 太陽光の入射面に選択膜を張って，入射光が逃げない工夫をした最も一般的な平板型の太陽熱集熱器。

ソーラー システム[solar system] 太陽熱を利用して冷暖房，給湯などを行うシステムの総称。専用の設備機器を利用したアクティブソーラーと設計上の工夫によって太陽熱や通風の活用によるパッシブソーラーおよびそれらを組み合わせたハイブリッド方式などがある。

ソーラー セル[solar cell] 太陽の光エネルギーにより電力を発生させる素子，シリコン結晶板にp-N接合を設けたものなどがある。

ソーラー ハウス［solar house］冷暖房や電力の補助エネルギーとして太陽熱を利用する装置を持った住宅の総称。

ソーラー ヒーター［solar heater］太陽熱を利用した温水器・暖房機械。

ソーラー ファウンテン システム［solar fountain system］地下に蓄積されている太陽熱を利用して冷暖房を行う方法。

ソーラー ファウンテン ハウス　太陽熱を地下の土に蓄え，その熱を利用して暖房や冷房を行う設備をもった住宅。

ソーラー ポンド［solar pond］底面に太陽熱吸収面をもつ浅い池で，池の表面に密度の低い液体を充満させ，底部の重い液体のみが加熱される現象を利用した太陽集熱池。

ソーレル セメント［sorel cement］⇨マグネシアセメント

ソーン［sone］音の大きさの感覚的な単位で，40ホーン（周波数1000ヘルツ，音圧40デシベル）の音の大きさを1ソーンと規定。ラテン語のsonus（音）から派生した言葉。

ゾーン制御［zone control］空調ゾーンごとに独立して，温湿度を調整すること。

ソーン単板［sawn veneer］⇨ソードベニヤ

ソーン ベニヤ［sawn veneer］⇨ソードベニヤ

ソケット接合［socket］鉄筋や配管の接合方法の一種で，ソケットと呼ばれる接合部品に圧を加え締め固めるもの。

ソケット継手［soigot and socket joint］配管継手の一種。ヒューム管，鋳鉄管，鋼管を接合する際，受け口をもった管に他の管をさし込む。ねじ込みによる方法とコーキングによる方法とがある。

ソシアル ケース ワーカー［social case worker］患者の医療および生活上の問題を解決するため，患者と社会福祉施設との仲介の労をとること。ケースワーカーがこれを行う。

ソシオフーガル［socio-fugal］ソシオペタルとともに人間関係の状態と位置関係を表す言葉で，目線が合わないようなかたちで向かい合うこと。→ソシオペタル

ソシオペタル［socio-petal］ハンフリー・オズモンによる空間デザインの提案。人間同士の交流を活発にするような位置関係のこと。→ソシオフーガル

ソシオメトリー［sociometry］社会心理学の一つで，「社会測定」ともいい，あらゆる種類の相互人間関係の量的研究。建築的には病室の分け方と患者の人間関係，集合住宅における近隣交流等の研究に利用される。

ソニック ガイド［sonic guide］視覚障害者用の眼鏡（メガネ）型をした補助器具のこと。

ソファー［sofa］両ひじ掛けが付き，背もたれの高い長椅子。

ソファー ベッド［sofa bed］折りたたみ式のベッドをもった寝台にもなる長椅子。→インナーベット

ソフトウッド［soft wood］針葉樹林を原材とした木材の総称。→ハードウッド

ソフト エネルギー パス［soft energy path］1976年にA.ロビンスが提唱したもので，地球環境を守るために石油，石炭，原子力の依存を減らし自然エネルギー（太陽，風，植物など）を

ソフトダウンウォール システムキッチンの吊り戸棚の内側に取り付け，取手を手前に引くと目の高さまで降りてくる機構をもった棚。踏み台を使わなくても吊り戸棚の物の出し入れができる。

ソフトテクノロジー [soft technology] ①石炭や石油，原子力などのハードエネルギーに対して，太陽，風などの自然エネルギーを開発する技術。②機械を主体にしたハードな技術に対する総合的な技術。

ソフト幅木 [soft skirting (base)] ビニル樹脂系の材料でつくられた幅木の総称。モルタルやボード面に接着剤を使って貼る。

ソフトボード [soft board] 断熱・吸音用の材料として用いられる，比重が0.4以下のファイバーボード。「軟質繊維板」ともいう。JIS A 5905。

ソフトレイ カーペットの下に敷くクッション材の一つ。ポリエチレン製でフェルトに代わるものとして開発された。

ソリッド [solid] 中身の詰まった物の意で，塊のこと。物の外形が重視される。これと反対に中身が空の状態をボイド（中空）という。

ソリッドコーンノズル [solid corn nozzle] 冷却塔や空気清浄器に使用される散水ノズルで，噴霧水が円錐状に散布される。

ソリッドモデル [solid model] 粘土模型などのように中身の詰まった模型のことで，コンピューターグラフィックスなどでは重さを持った形として扱われる。線分のみで表現される模型をワイヤーフレームモデルという。→クレイモデル

ソリューションビジネス [solution business] 顧客が抱える諸問題を解決することを主眼とする事業経営。

ソリューションプロバイダー [solution provider] その企業に合ったコンピューターの使い方を支援する企業。ソリューションとは解決法，解答のこと。

ゾル [sol] 固体の微粒子を液体に分散したもの。「懸濁液」ともいう。→ゲル

タ

ダーク カラー [dark color] 明度が低く(暗く)、彩度の低い(色味の少ない)落ち着いた色。

タービン ポンプ [turbine pump] 渦巻型の羽根を回転させて揚水するポンプ。

ターボ ファン [backword-curved blade fan] 羽根が板状でかつ後方に曲がった形状の遠心ファン。静圧が大きく、効率が高い。

ターボ冷凍機 [turbo refrigeration machine] 圧縮式冷凍機の一つで、羽根車の回転によって冷媒ガスを圧縮する機構をもつ。

ターミナル [terminal] 終着駅の意であったが、他の交通機関に乗り換えることができることから、いろいろな交通機関の集中地点をいう。

ターミナル アダプタ [terminal adapter] NTTのISDN回線とコンピューターを接続するときに使うデータ信号の変換を行う接続器。

ターミナル ケア [tarminal care] ガン末期患者などのように、死期の近づいた終末期の患者のための医療・看護・介護などの総称。

ターミナル デパート [terminal departmentstore] 交通網の交差する駅ビルにあるデパートで、その便利性がホテル等とともに高く評価されている。→ターミナルビル

ターミナル ビル [terminal building] ターミナルは終着駅の意であったが、現在は鉄道の交差する駅の上部に設けられるビルで、利便性が評価されデパートやホテルに利用される。→ターミナルデパート

ターミナル ホテル [terminal hotel] 交通機関に付属する形で設けられているホテルで、「ステーションホテル」ともいう。

タール [tar] 石炭や木材などの固体有機物を乾留した際に得られる黒褐色で油状の物質の総称。防水性、絶縁性、接着力があるため、防腐剤、接着剤、道路舗装材として使われる。

タール紙 [tar paper] 炭化水素とその誘導体を主成分とした黒褐色の油状物質に浸した紙。防腐材・防水材として利用される。

タール ピッチ [tar pitch] ⇨ピッチ

ターン キー [turn key] 海外建設工事などの契約方式の一つで、鍵を回せば機械が動き出す状態にして引き渡すという意味からきており、一括受注契約をさす。完全なものを「フルターンキー」という。

ターン キー 契約 [turn key contract] 建物やシステム等の建設や導入に関して、発注者の要望するものをすべて用意して引き渡す契約。発注者がキーを回したり、スイッチを入れればよい状態での引き渡しのためこの名称が用いられる。

ターン キー方式 [turn key system] 鍵を回せばすべてが作動するという意だが、建築では設計施工の意で用いられる。すなわち施主はキーを受け取り、

キーを回すだけで即座に入居できるというもの。

ターンテーブル [turn table] 立体駐車場の出入口に設けられ、自動車の方向を変えるための円盤状の台。立体駐車場に組み込まれているものもある。

ターンバックル [turn buckle] ワイヤーロープなどを緊張するのに用いるねじ式の引締め金具。

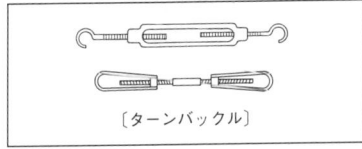

〔ターンバックル〕

タイ [tie] 繋ぎ材。二つの部分を繋ぐために使われる引張り材。ターバー、タイビーム、ウォールタイなどがある。

ダイアグラム [diagram] 図表・図式のこと。

ダイアゴナル フープ [diagonal hoop] 柱の主筋位置を固定するため、主筋相互を対角線上に結んだ補強筋のこと。フープ筋の数段おきに入れる。略して「ダイアフープ」または「斜め帯筋」「筋違い筋」ともいう。

ダイア フープ [diagonal hoop] ⇨ダイアゴナルフープ

ダイアフラム [diaphragm] ①鉄骨部材を組み合わせた構造の水平スチフナー。②シェル構造の妻部の補強材や支点中間部に設ける隔壁。

ダイオード [diode] 整流特性を有する半導体素子。

ダイオキシン [dioxin] 発がん性、催奇形性を有し、皮膚および内臓障害などをもたらす毒性物質。ポリ塩化ジベンゾダイオキシンという有機塩素化合物の略称。

ダイオキシン対策特別措置法 ダイオキシンの許容1日摂取量をWHOにならって、体重1kg当たり4ピコグラムと定めた法律。1994年7月に成立した。

ダイカスト [die casting] ⇨ダイキャスト

ダイ キャスト [die casting] 金属製鋳型で製造する鋳物。アルミニウム製のものが建具金物やカーテンウォールに使用されている。「ダイカスト」ともいう。

ダイクロイックミラー おもにハロゲン電球の反射鏡に使われるもので、赤外線を80%以上後方に放射させ、可視光線のみを反射させるもの。

タイト フレーム [tight frame] 金属板による折板屋根の部品の一つ。帯鋼を折板の形に曲げ加工したもので、折板を梁に固定するために使用する。

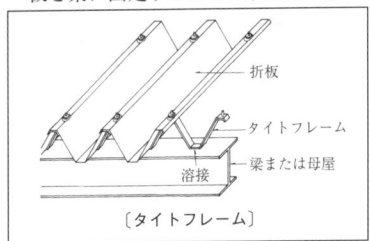

〔タイトフレーム〕
折板
タイトフレーム
梁または母屋
溶接

ダイナミック型氷蓄熱 [dynamic type ice storage] 氷を間欠的または連続的に製氷面から脱離させ、別の場所に貯蔵して蓄熱するタイプの氷蓄熱方式。効率が高いが機構が複雑となる。

ダイナミック シンメトリー [dynamic symmetry] 調和をとりながら左右対称を崩した形態。→アシンメトリー

ダイニング キッチン [dining kitchen] ⇨ダイニングルーム、DK

ダイニング ルーム [dining room] 食

事室，食堂ともいい，台所と同一空間の「ダイニングキッチン」や，さらに居間とも一体化した「リビングダイニングキッチン」等の考え方もある。

タイバック工法 [tieback method] 壁のうしろの地山にアンカーをとり，これに腹起しを緊結して山留め壁を支える山留め方法。「アースアンカー工法」「バックアンカー工法」ともいう。

タイ プレート [tie plate] 鉄骨などで帯状に加工された鋼板。「帯板」ともいう。

タイポロジー [typology] type（型）+ logy（学問）の合成語で，類型を研究する学問。文化財保護を含む都市計画に応用される既存建物の調査分析方法で，イタリアで研究された。→プランタイプ

タイム シフト [time shift] 通勤時間帯の混雑を避けたり，休日を利用して作業体制をとること。「デイシフト」ともいう。

タイム スイッチ [time switch] 設定された時間によりスイッチを開閉させる装置。

タイム スタディ [time study] 作業工程と所要時間を分析して効率化をはかること。

タイム リレー [time relay] リレーの動作を一定時間遅らせるために使用するリレー。

ダイヤフープ [dia-hoop] 鉄筋コンクリートの柱の配筋で，対角線上の鉄筋同士を結んだフープ（環状の鉄筋）のこと。

ダイヤモンド カッター [diamond cutter] ドラムの先端に人工ダイヤモンドを取り付け，これを回転させながらコンクリートや鉄板などの硬い材料を切断する機械。

ダイヤルアップ接続 コンピューターからインターネットを使うために，電話回線を使ってプロバイダーに接続すること。

ダイヤル イン [dial-in] ビル電話の機能。外部からの電話が交換手を通さず直接内線電話機に接続されること。

ダイヤル錠 [dial lock] 鍵を使わずに，文字や数字を合わせて開ける錠。

タイヤ ローラー [tire roller] 盛土などの転圧を行う機械。空気タイヤを多数装着している。

タイル [tile] ①内外装の仕上材として用いられる陶磁器製品の総称。素地質によって磁器質タイル，せっ器質タイル，半磁器質タイル，陶器質タイルなどに区分される。JIS A 5209。②内外装の仕上材に用いられる小片状の薄板の総称。ルーフタイル，陶磁器タイル，プラスチックタイルなどがある。

タイル打込み PCF 板 主として外壁に使用される，工場で製造された薄肉のコンクリート製の部材（PCF板）で，表面に仕上材としてのタイルが製作段階で打ち込まれている。→PCF板

タイル カーペット [tile carpet] 50cm角のタイル状に切断したじゅうたん。部分的取替えが可能。「カーペットタイル」ともいう。

タイル型枠先付け工法 型枠にあらかじめタイルを組み込んでおき，コンクリートとタイルの一体化を図る工法。「先付けタイル仕上げ工法」ともいう。

タイルシート工法 タイルを張り付けたユニット状のシートを用いた，タイル型枠先付け工法。

タイル目地 [tile joint] タイルの付着性の強化，タイル割りによる寸法調整，

化粧などの目的から必要となるタイル相互の継目。タイルの厚さや用途により目地幅は変えることになるが，一般的にはタイルの厚さと同程度とする。

タイル ユニット　タイルを台紙またはプラスチックフィルムに張り，一定の大きさにユニット化したもの。PC板など，コンクリート打込みタイルとして使用される。コンクリート打設後も，目地部分が溝になるように加工されている。

タイル割り [layout of tiling]　意匠上タイルを見栄えよく配置するために割り付けること。原則として，小さな切り物を使用しない，左右端部のタイル寸法をそろえるなどの注意が必要。

ダイレクト ゲイン システム [direct gain system]　直接，日射を利用して暖房効果を得るとともに，熱容量の大きい壁や床に蓄熱させ，日射が利用できないときに放熱させて暖房を行う，太陽エネルギー利用のパッシブヒーティングシステム手法。

ダイレクト コード式 [direct code system]　ブラインドの開閉を，コードを引きドラムを回転させて行う方式。

ダイレクト バトン式 [direct baton system]　ブラインドの開閉を，棒を回転して直接操作する方式。

ダイレクト マーケティング [direct marketing]　訪問販売・産地直送・通信販売など，中間に販売業者を入れないで直接消費者に販売すること。

タイ ロッド [tie rod]　つなぎ材。2つの部材を連結し，引張材として機能する部材。ロッドは棹とか棒の意で，棒鋼のように細くて長い部材をいう。

タウン ウォッチャー [town watcher]　街路の景観を観察する人。街の風俗を観察する人。→ストリートウォッチャー

ダウン サイジング [down sizing]　①経営の合理化，効率化を目的に，組織や所有資産の整理，規模縮小を図ること。②コンピューターや各種機器の小型化。

タウン スケープ [twon scape]　都市設計において建物相互が生み出す空間のドラマ・おもしろさをパターン化し，都市景観の活性化を計る手法。「シティースケープ」ともいう。

ダウン ゾーニング [down zoning]　まとまった地域に対して，建築物の容積率を引き下げて開発を規制すること。

ダウンタウン [downtown]　都市部のうち標高の低い平らな場所で，最初に商業等の中心となったところで下町という。それに対し高台は，商業には向かないが住居に適しているのでアップタウン（山の手）という。

ダウン ドラフト [down draft]　煙突などからの排ガスが，障害物周辺に生じる気流の乱れから，排出口より下方に巻き込まれる現象。

タウン トレイル [twon trail]　町をよく知り親しみをもってもらうために企画された名所めぐり・歴史探訪等の町の探検ルートのこと。

タウン ハウス [town house]　郊外型の長屋形式の低層集合住宅で，同義語に「テラスハウス」がある。

ダウン ピーク [down peak]　エレベーターにおける交通需要のパターン。夕方のラッシュ時などに起こり，降り方向の乗客が多く，昇り客は少ない。

タウン ホール [town hall]　市役所，会議場または事務所等が含まれている建物で，市民のためのものの意が含ま

タウンマネジメント機関［town management organization］ 衰退する中心市街地の商業活動の活性化を図る目的で、中心市街地活性化法に基づいて設置される商工会、商工会議所、財団法人などの機関。「TMO」ともいう。

ダウンライト［down light］ 白熱電球を天井に埋め込み、直接下向きの照明をする器具。「下向き灯」ともいう。これにレンズ、反射板もしくはルーバーなどを組み込んだ照明方式をダウンライティング（下向き照明）という。

ダウンロード［down load］ インターネットからデータを自分のコンピューターに読み込むこと。

タオル掛［towel hanger］ 温水を通し、乾燥・保湿させるものもある。

タキストスコープ［tachisto scope］ 瞬間的な（短）時間で図や文字などの視覚的な刺激を提示できる知覚研究用瞬間露出機器。

タグ［tag］ タグとは荷札のことであるが、ホームページをつくるための言語がこのタグを使ってつくられているので、この言語の命令をいう。

タグタイル［tag-tile］ ワイン名称等のタグ（札）を焼き付けたタイル。

ダクト［duct］ 空気調和や換気に際して空気を送る目的に使用する管路のこと。「風道」ともいう。亜鉛鉄板製が一般的。また複数の管を納めるコンクリート製の空間（ダクトスペース）のことをいう場合もある。

タクト工程［tact scheduling］ 基準階の階数が多い超高層建物などで採用される工程で、1階分の工程を十分検討して決め、後はこれを単純に繰り返す方式。

タクトシステム［tact system］ 部品・部材の製造において、全工程とも同時に加工を行い、同時に次工程へ移動する流れ作業のこと。加工部品が移動する方式と作業者が移動する方式がある。→フローラインメソッド

ダクトシャフト［duct shaft］ 建物内の上下階を接続するダクトをまとめ、閉鎖した空間内に収容するようにした、上下階をつなぐ垂直の筒状部分。

ダクトスペース［duct space］ 空調や換気のための風道を収納するスペース。通常は建物の上下を結ぶ風道スペースを指すことが多い。略称「DS」。

ダクトファン［duct fan］ 小口径ダクトに直接接続する送風機。

ダクトレス空調［ductless air-conditioning］ 空調した空気を室内に吹き出すにあたり、横引きダクトを利用せず、天井裏や床下空間をチャンバーとして利用する空調方式。

ダグマーモデル［DAGMAR model］ 広告目標の設定と効果の測定に関するコーレイの理論で、認知・選好・購買の広告前と後の比較をする。

ダグラスファー［douglas fir］ ベイマツ。

タスクアンドアンビエント照明［task and ambient lighting］ タスクライティングは作業に必要な照明であり、アンビエントライティングは周辺の照明のことだが、それぞれ個々に最適な状態を得ようとすること。略して「TAL」ともいう。→ホームアンビエント照明

タスク空調［task air conditionning］ 発熱量の大きな情報機器が設置されることによる温湿度問題の解決、個人の執務環境コントロールの要望等に対応

[タスクアンドアンビエント照明]

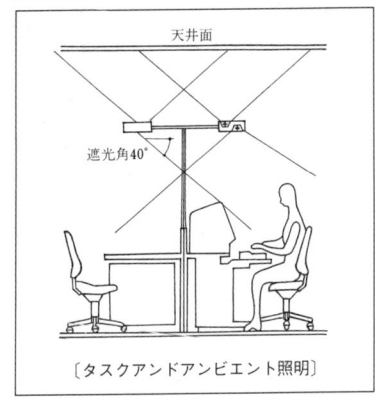

天井面
遮光角40°

するための，ワークステーションへの局部的な空調。

タスク フォース［task force］ 企業の企画開発部やプロジェクトチームのこと。

タスク ライティング［task lighting］ 事務室の省エネルギー照明方法。天井の全般照明にはほとんど頼らず，机や戸棚などに組み込んだ下向きあるいは上向きの照明器具による，まぶしさのない快適な照明。

ダスト アイランド現象［dust island pattern］ 大気汚染物質や空気中の浮遊粒子などによって上空に発生するベレー帽状の汚染のかたまり現象。

ダスト カウンター［dust counter］ 空気中に浮遊する粉塵の量を計測する装置の総称。

ダスト シュート［dust chute］ ゴミ類を建物の上部各階から最下部に設けた焼却炉または塵芥集積所まで投下する竪型のコンクリート製筒。

ダダイズム［dadaisme 仏］ 第一次世界大戦中におこった芸術運動で，過去の芸術や文化の徹底した破壊と否定の方法で新しい価値観を提案した。→アバンギャルド

タッカー［tacker］「ガンタッカー」ともいわれ，鋲や釘を打つ機械。

タッキー ドライ［tacky dry］ 接着剤の揮発成分が蒸発し，あるいは被着材に浸透すること。乾燥接着性。

タック コート［tack coat］ 道路舗装用の瀝青(れきせい)材料。基層表面または既設道路の上にアスファルト舗装をする場合に用いる。→アスファルト舗装

タック フリー［tack free］ 不定形シーリング材の硬化時間。充てんしてから触れても付着しなくなるまでの所要時間を測る。

タッセル［tassel］ カーテンを開口部の片側か両側かで束ねて留めるための帯状の装飾ひも。→カーテンホルダー

タッチ アップ［touch up］ 塗装工事などで一度仕上げたところを部分的に補修塗りすること。

ダッチコーン［dutch cone］ ⇨オランダ式貫入試験

タッチ ハンドル錠［touch handle lock］ 手や体で触れただけでかんぬきが外れる錠。病院やレストランのキッチンで使われる。

タッチ ミュージアム［touch musium］ 目の不自由な人のために彫刻などの作品に直接手を触れて鑑賞できる，触われる美術館。

タッピング［tapping］ 軽くたたくこと。コンクリートの場合，スランプ試験の測定後，コンクリート側面や下の鉄板を軽くたたくことをいう。コンクリートの変形やくずれ方からワーカビリチーを判断する。→タンピング

タッピング ビス［tapping screw］ 薄鉄板を締め付けて固定するために用いるビス。「シートメタルスクリュー」

「タップビス」ともいう。

タッピング マシン [tapping machine] 床の衝撃音遮断性能を調べるための軽量衝撃音発生装置。

タップビス ⇨タッピングビス

タバコ ジュース現象 コンクリート下地から出てくるアルカリ性の水分が、プラスチック系床材の接着剤を変質させて染み出してくる現象。床仕上げの汚染の原因となる。

ダブテール継ぎ [dovetail joint] dove(ハト)の tail(尾)の形をした継ぎ方で、材の木口を互いに欠き込んで組み合わせる方法。あり継ぎ、刻み継ぎ、包み継ぎなどがある。

タフテッド カーペット [tufted carpet] 基布にパイルを刺し込み、裏にラテックス(ゴム糊)で抜けないようにしたじゅうたん。

ダブル [W] ワイド(width)の略で、設計図書において機器の幅、または間口を表示し、W=○○等のように使われる。

ダブル アクティング ヒンジ [double-acting hinge] 自在性丁番。→シングルアクティングヒンジ

ダブル クッション [double cushion] 優れたクッション性を確保するため、マットレスとそれを支えるボトムの二重構成をもったベッドの構造。

ダブル グリッド [double grid] 建築空間の構成の基礎となる碁盤目で柱、壁の厚みを二重線として格子を組む。これで構成された空間は、内法寸法が同じため、部材がどの位置でも使えるという特長をもつ。

ダブル シンク [double sink] 大・小2槽の流しを持った流し台。

ダブル スキン [double skin] 中間空間の換気による熱負荷の軽減や室内窓際の環境改善を目的とした外壁面の二重構造。

ダブル ステイ [double stay] 2つの住まいを持って住み分けること。余暇の増大でリゾートマンションや別荘を持つ場合と、地価の高騰でやむなく2つの住居を持つ場合がある。いずれも1個所は空き家になることが多く、セキュリティの問題がクローズアップされている。→マルチハビテーショーン

ダブル チューブ構造 [double tube structure] チューブ構造を二重に配置した架構。例えば、コア部分に内側のチューブ構造を配置し、その周囲に執務スペースを取って、外周に大きなチューブ構造を配置したもの。→コアウォール構造、チューブ構造

ダブル デッキ エレベーター [double deck elevator] 2つのかご室を積み重ねた2階建のエレベーター、上下階で同時に乗り降りができ、効率化が図れる。

ダブル デューティー ファニチャー [double duty furniture] 2つ以上の用途・目的をもった家具。

ダブル ナット [double nut] ボルトの緩みを防止するために二重に締め付けるナットのこと。

ダブル ハング窓 [double hung win-

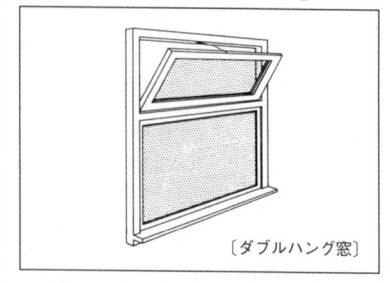

〔ダブルハング窓〕

ダブル ハング ウインドウ[double hung window] 窓が上部と下部に二分されており、おのおのが手前に可動(内倒し)できる窓。

ダブル フェース カーペット[double face carpet] ⇨フェースツーフェース

ダブル ベッド[double bed] 2人用の幅の広い寝台。幅1500 mm。→ツインベッド、セミダブルベッド

ダブル ベッド ルーム[double bedroom] ダブルベッドを1台備えた2人用のホテルの客室。「ダブルルーム」ともいう。

ダブル ボウル 住宅の洗面台において、水やお湯を溜める槽が2つ並んでいるもの。大きさの違う槽を組み合わせるのが普通である。

ダブル ルーム[double room] ⇨ダブルベッドルーム

タブロー[tableau 仏] 絵画作品のこと。建物の壁画などから独立し、板や布に描かれた絵画の完成品。

タペストリー[tapestry] 壁に掛ける装飾用の織物(つづれ織り)。

タペストリー加工 ガラスの表面加工の一種。サンドブラスト処理した表面をさらに化学処理して、半透明で滑らかな肌合いを出す。タペストリーガラスは商品名。

ダボ[dowel, joggle] ずれ防止などのため、材相互の接合部分にまたがって挿入する小片。

ダム ウェーター[dumb waiter] 小荷物や料理、書類の上下運搬に使用される小型の昇降設備。かごの大きさは有効床面積1 m^{2}以下、有効高さは1.2 m以下。安全装置は省略される。建築基準法施行令第129条の3。「リフト」ともいう。

ダメージ トレラント[damage tolelant] 1995年1月の阪神大震災後、建設業界に広まった低コストの制震工法。設計段階で、地震の際に崩壊する部材を特定し、その部材に揺れの被害を集中させて主要構造部を守る手法。

タラップ[trap] 非常時や点検時に昇降する設備で、壁に鉄筋やアングル材などをコの字状に30 cm程度の間隔で取り付けたはしご状のもの。

ダル カラー[dull color] 曇りのある、暗く濁った色。

タワー クレーン[tower crane] 塔状をしたマストに水平ブームを取り付けたクレーン一般のこと。

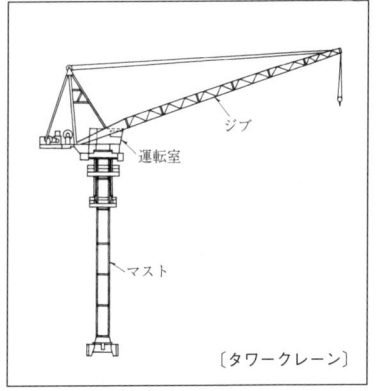

[タワークレーン]

タワー バケット[tower bucket] コンクリートや掘削土を揚重するタワーのバケットのこと。所定の高さまでくるとバケットが転倒して中身をホッパーに放出する。

タワー ピット[tower pit] コンクリートなどを揚重するためタワーの基礎部分を地中に掘り込んだ穴のこと。

タワー ビル[tower building] 一見塔のような細長い高層建築物のこと。

タワー ホッパー[tower hopper] タワーバケットによって揚重されたコン

クリートなどを受け取り，シュート・ねこ車などへ流し出す漏斗状の装置。

タワーモード移動式クレーン タワーブーム（マスト）と呼ばれる固定式垂直ブームと起伏可能なジブブームからなるクレーンのこと。プレキャストコンクリート（PCa）による集合住宅の組立て用クレーンとして多用されている。

ダンゴ張り タイルの裏側にモルタルをダンゴ状に盛って下部から一段ずつ張り上げていくタイル張り工法。下地の精度をあまり必要としない反面，タイル工の経験と熟練が要求されたり施工能率が悪いなどの欠点があり現在はあまり用いられていない。

ダンス ホール [dance hall] 社交ダンス専用のホール。

タンデム ローラー [tandem roller] 盛土などを締め固める機械。前輪と後輪が同一幅で1列に配置された2軸タンデムが一般的。

タンパー [tamper] 亀裂や骨材の浮き上りを防ぐため，打設直後のコンクリートの表面をたたく道具。

ダンパー [damper] ①ダクトや空気出入口などで，空気量の調節をしたり防

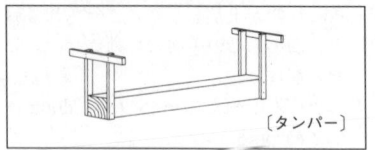

〔タンパー〕

火のために空気の流れを遮断したりする装置。②振動エネルギーを吸収する制振装置。

タンピング [tamping] 床のコンクリートを打設した後，タンパーでコンクリート表面をたたくこと。コンクリートを密実にし，亀裂や骨材の浮き上りを防ぐ。→タッピング

ダンピング受注 一般の市場価格よりも不当に低い価格で受注すること。工事を入手するため作為的に行われる。

タンピング ローラー [tamping roller] 盛土などの締め固めに使用される表面に突起物の付いたローラー。

ダンプ カー [dump car] 土や砂利を運搬する車両で，荷台を油圧により傾斜させて積荷を降ろす。

ダンプ サイト [dump site] ゴミ捨て場。

タンブラー スイッチ [tumbler switch] スイッチを上下して点滅する電気点滅器。

チ

チーク [teak] ミャンマー，タイなど南洋に産する落葉高木。堅くて耐久性があり，内装・家具等に使用。

チーズ [tees] 三方に接続口のあるT字形をした配管用の継手。

チーム オフィス [team office] タスクフォース等のチーム構成される業務に対して，中規模の空間を用意し，デスクをレイアウトするオフィス形態。チーム内のコミュニケーションと一体感の醸成を目的とする。

チーム ティーチング [team teaching] 教育方法またはその組織の一つで，複数の教師が授業の計画，指導，評価等

を協力して行うもの。

チーム テン [Team 10] 1928年に始まった現代建築国際会議(CIAM)も第10回大会を最後に閉幕，これを継ぐべく新しく結成された建築グループ。

チェア [chair] 背もたれのある1人用の椅子。ひじ付きのものもある。

チェア テーブル [chair table] 甲板を立てると椅子になる家具。

チェーン ストア [chain-stores] 中央管理方式による相互に連携した小売店舗の集団組織で，レギュラーチェーンとボランタリーチェーンがある。

チェーン スリング [chain sling] 荷揚げに用いるチェーン式の吊り治具。

チェーン ソー [chain saw] 鎖状の歯を長円形鋼板の縁に沿ってベルト状に回転させて木材を切る機械鋸。

チェーン ドア ファスナー [chain door fastener] 玄関扉の内側に取り付けられる鎖付きの金物。来訪者の確認をする際，扉はわずかに開くのみで人の出入りを不可能としたもの。「ドアチェーン」ともいう。

チェーン ブロック [chain block] 滑車と鎖の組合せによって，人力で重量物を持ち上げる工具。

チェーン ボルト [chain bolt] ラッチボルトに鎖を付けたもの。回転窓の上框に取り付けたキャッチ錠を開くのに用いる。

チェスカ チェア [cesca chair] マルセル・ブロイヤーによりデザインされた片持ち形式の椅子。→カンチレバーチェア

チェスト [chest] 衣類などを入れるふた付きの収納家具。

チェッカード プレート [chequered plate] 表面に滑り止めとして縞模様の凹凸のある鋼板。「縞鋼板」ともいう。

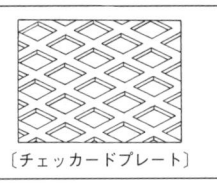

〔チェッカードプレート〕

チェッキ ダンパー [check damper] ばねの力や自重を利用した逆流防止弁。

チェッキ バルブ [check valve] 配管中の流体を一方向にのみ流す逆流防止のある弁。

チェッキング [checking] 充てんしたシーリング材や塗膜の表面に起こる細かいひび割れのこと。

チェック シート [check sheet] 点検・検査項目をあらかじめ記入しておき，容易かつ迅速に点検できるように様式化されたシートで，QC七つ道具の一つ。

チェックリスト [check list] 調査・確認。検討事項など照合すべき点を列挙した表。

チェリー [cherry] 家具用木材の一種。サクラ材。

チェン サイクル [cheng cycle] ガスタービンコージェネレーションにおいて，廃熱回収で発生した蒸気の一部をタービン燃焼室に挿入する方式。

チェンバー [chamber] 室，私室，個室。独身者向きの個室。

チオコール [thiokol] アメリカのチオコール社やその関連会社で生産されたポリサルファイド系の弾性シーリング材のこと。ポリサルファイド系シーリング材の別称として使われることもある。

チキソトロピー [thixotropy] 温度が一定のとき，かくはんするとゾル状（液状）となり，静止するとゲル状になるコロイド分散体の可逆的な性質で，せん断力によって一時的に見掛けの粘性係数が低下する現象をいう。

チタン [titanium] 軽くて強度が大きく，耐久性・耐食性に優れた金属。アルミニウムとの合金として使用されることが多く，建築では高級屋根葺材料として使用されているほか，白色顔料としても利用されている。

チタン鋼板葺き屋根 チタンの薄板で葺いた屋根。厚さ約 0.3 mm，防水のためジョイントは全溶接を行う。

チッピング [chipping] 硬化したコンクリート面をたがねではつること。

チッピング ハンマー [tipping hammer] 溶接部のスラグを落としたり鋼板端部の削り取りなどに用いられる小型のハンマー。

チップ [chip] 切りくずのこと。

チップソー [chip saw] 電動丸鋸の歯に超硬質合金を付けたもの。

チップ ボード [chip board] ⇨パーティクルボード

チッペンデール [Chippendale] 18世紀イギリスの家具作家。クイーン・アン様式をベースに独自の様式を創造。

チッペンデール様式 [chippendeale style] 18世紀中頃イギリスにおけるインテリアや家具の装飾様式で，中国の装飾美術を取り入れたもの。

チムニー [chimney] 煙出し，煙突。

チャージ [charge] バッテリーなどに充電すること。

チャージ バック [charge back] 建物やスペースの利用にともない，入居組織に対してスペースやサービスの対価を請求するコスト管理手法。

チャート [chart] 薬液注入時の注入圧力，注入量を記録したグラフ，またはその用紙。

チャーン レイト [churn rate] 組織における移動の程度を示す指標。異動や組織変更，移転などで移動した年間延べ人数をその組織の全人数で除して算出する。または，異動に関連したワークプレース面積をその組織が占める面積で除して求める。

チャコール チップ [charcoal chip] 炭のこと。室内環境からホルムアルデヒドやVOCの排除や防腐，防蟻に対応するために使われている。

チャコール フィルター [charcoal filter] 活性炭に空気を通過させて，空気中の臭気を吸収，除去するフィルター。

チャット [chat] ネットワーク上で複数の人々による即時会話が可能となるような交換サービス，交換システムのこと。「オンライントーク」ともいう。

チャペル [chapel] 学校，病院，刑務所等に付属した礼拝堂。

チャンネル [channel] コの字形をした形鋼。「Cチャン」「溝形鋼」ともいう。

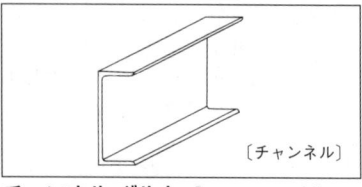

〔チャンネル〕

チャンネル ボルト [channel bolt] フックの付いたボルト。鉄骨造の仕上材を緊結するのに用いる。

チャンバー [chamber] 空調用ダクトの途中に接続して消音や空気の混合の目的で使用されるボックス。「エアチャンバー」「消音チャンバー」「混合チ

ャンバー」などという。→デュアルダクト方式

チューダー［tudor］ イギリスの後期ゴシック建築様式。チューダー家のヘンリー8世の頃のことなのでこう呼ばれている。

チューダー ゴシック様式［tudor gothic style］ イギリスのチューダー朝時代の建築様式で，ゴシック様式に似ており国会議事堂はその代表である。

チュービズム［tubism］ メイン通りからはずれた路地を中心にした街づくりのこと。

チューブ構造［tube structure］ 超高層建築において，建物全体を一つの筒とみなし外周面を筒の外殻として水平荷重に抵抗させる構造システム。外周面を構成する柱と梁の剛性を大きくすることが必要であるが，内部は大梁を設けず自由な空間が実現できる。→コアウォール構造，ダブルチューブ構造，ハンドルチューブ構造

チューブラー錠［tubular lock］ 室内側からはサムターンの回転で施錠・解錠できるような構造をもつ円筒錠。

チューリップ チェア［tulip chair］ ⇨ペデスタルチェア

チョーキング［chalking］ 塗装やシーリング材の表面劣化によりチョーク状の粉をふくこと。「白亜化」ともいう。

チラー［chiller］ 一般に小型冷凍機で，冷媒配管系がすべて工場でユニット内に組立て完了しているものをいう。

チリダニ 鼻炎，ぜん息，アトピー性皮膚炎などのアレルギーを起こす物質の一つとなるダニ。家庭のゴミの中からとれる代表的なダニ。→アトピー性皮膚炎

チリチリカーテン ⇨オーストリアンスタイル

チルチングレベル 水平墨出し用の計測器の一種。暗い場所でも気泡像がはっきり見えるように照明が内蔵され，50cmの近距離まで視準できる。

ツ

ツインコリダ（ド）ー型［twin corridor type］ 集合住宅などの平面計画で，吹抜けをはさんで廊下を向かい合わせて配置する計画パターン。

ツインベッド［twin bed］ 寝台の配列の一つで，2つの寝台を組み合わせて使う。→ダブルベッド，ツインルーム

ツインルーム［twin room］ 寝台を2つ組み合わせたホテルの2人用客室。→ツインベッド

ツーウェイ キッチン 集合住宅のキッチンの出入口が食堂あるいは廊下からの他に，キッチンに接する洗濯場や脱衣場にも直接出入りできるようになっている平面計画。家事の動線が短くてすむ。

ツーサイクル発電［two cicle generation］ ⇨バイナリーサイクル発電

ツートン カラー［two-tone color］ 色の要素は色相・明度・彩度に分けられるが，同一明度のものは柔らかな調和をだすといわれ，特に同一明度で2つの色相を並べた色の配合をいう。→ハーフトーン

ツー バイ フォー [two by four method] 住宅用にアメリカ・カナダで普及し、日本でも1974年から採用された壁式構造の木造住宅建築。2インチ×4インチの断面寸法をもつ木材を組み合わせて床・壁を構築することからこの名前で呼ばれる。→バルーン構法、プラットフォームフレーム工法

ツー パネルドア [two panel door] 框ドアで、中間の框により上下に板が分かれているもの。→ワンパネルドア

ツールボックス ミーティング [tool-box meeting] 現場において作業前に行う作業手順・安全などに関しての簡単な話し合いのこと。ツールボックスは道具箱のことで、ここでは作業現場を意味する。

テ

テアトル [théâtre 仏] 演劇等の上演のための建築で、舞台と客席とからなる。円形状のものを特にアリーナという。英語ではシアター(theature)。

ディーゼル パイル ハンマー [diesel pile hammer] ディーゼルエンジンにおけるピストンの落下とシリンダー内の燃焼爆発を打込み力に利用した杭打ち機。

ティー テーブル [tea table] 居間、応接間などで使われる接客・喫茶用の卓。「コーヒーテーブル」と同じ。

ディープ ウェル工法 [deep well method] 井戸の集水部分を根切り底より深く下げ、そこにポンプをセットして排水を行う工法。地下掘削が深く、地下水位が高く、水量が多い場合に採用される。

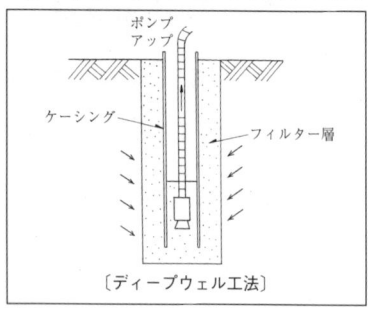

〔ディープウェル工法〕

ディープ カラー [deep color] 明度が低い(暗い)が、濁りのない色。

ディープ シャフト法 [deepshaft sewer processing] 汚水を地中深く埋設した鋼管内を循環させ、微生物の働きで有機物を分解させ浄化させる方法。

ディーラー [dealer] ①販売特約店、貿易会社。②トランプの札の配り手。③株式、債権などの売買を業務とする人、会社。

ディーラー コンテスト [dealer contest] 自社製品に対する販売意欲を増進させるために行う、販売業者を対象にした競技会。

ディーラー プレミアム [dealer premium] 販売業者に対するセールスプロモーションの一つで、旅行接待・報奨金景品を付けた販売のこと。「ディーラーローダー」ともいう。

ディーラー ローダー [dealer loader] ⇨ディーラープレミアム

デイ ケア [day care] 病院や社会福祉

施設などに通いながら，在宅の精神障害者などがリハビリテーションや食事・入浴などのサービスが受けられる制度。→デイホーム

デイ ケア センター［day care center］ 昼間だけの通院で老人医療を行う施設。→デイケア

デイ ケア ホスピタル［day care hospistal］ ⇨デイホスピタル

デイ サービス［day service］ 日常生活に支障がある人，痴呆性高老人を地域ケア施設等で一日介護するサービス。→ショートステイ，ホームヘルプサービス

デイ サービス センター［day service center］ 老人福祉センターに併設された在宅の虚弱老人などに対する訓練や入浴，給食等のサービス施設。

ディシジョン ルーム［decision room］ 企業経営の最高意思決定を行う会議場。OA・AV装置により必要な情報を即座に提供できるグレードの高い機能を装備する場合が多い。

デイ シフト［day shift］ ⇨タイムシフト

ディスアビリティ［disability］ 機能障害のために，正常な活動を行ううえでの能力が低下すること。「能力低下」ともいう。

ディスク サンダー［disk sander］ コンクリート面を平滑にしたり，金属のさび落しに使用する電動研摩機。

ディスクロージャー［disclosure］ 投資家を保護するために企業の情報を公開すること。

ディスチャージ［discharge］ バッテリーから放電すること。反対に充電することを「チャージ」という。

ディストリクト［districts］ 地区の意

［ディシジョンルーム］

であるが，都市空間を構成する要素の一つとして定義される空間で，K.リンチにより提唱された。

ディスプレー［display］ 展示。店舗や展覧会，博物館などで，見せるために陳列されること。

ディスプレー照明［display lighting］店舗等で陳列品やディスプレーを効果的に見せるための照明，スポットライト等が用いられる。

ディスプレーデザイン［display design］商品・製品を見せるための構成，陳列，展示を計画すること。色，光，音など動きのあるものが目立つ。

ディスペンサー［dispenser］ ①混和剤溶液などを一定量ずつ繰り返し供給する計量装置。②台所，洗面所，トイレなどで使用する紙タオルの容器。

ディスポーザー［disposer］ 台所の流しに取り付けて，生ゴミをくだいて排水とともに下水道に流す装置。

ディップ［dip］ U字管のくぼみ部分のこと。U字トラップの管の曲がりの上部内側で水平接線との交点をいう。「ディップをとる」とは，電線のたるみを少なくすることを指す。→ウエア

ディテール［detail］ 全体に対して特定部分の詳細をいう。図面化したものが詳細図（detail drawing）。

ディバイダー［dividers］ 製図道具の一つ。直線を均等に分割するためのもので，イギリス式とドイツ式がある。

ディフューザポンプ［diffuser pump］遠心力の作用で排出するポンプ。

デイベッド［day bed］ 昼寝，仮眠用の長椅子。→カウチ

ディベロッパー［developer］ 都市の市街地再開発や宅地・別荘地の開発を中心業務とする不動産業者。→ディベロップメント

ディベロップメント［development］展開図。室内の壁面を一面ずつ図面として描くことで「おこし絵」ともいう。→エレベーション，ディベロッパー

ディペンタビリティ［depentability］ISO9000Sで，信頼性，保全性および保全支援の能力を表現するために使われる総称的な用語。

デイホーム［day home］ 在宅虚弱老人を昼間だけ預かる施設で，老人保健法に基づく。→デイケア

ディポジットシステム［deposit system］ 缶入りの清涼水などの販売の際，預り金（ディポジット）を上乗せし，消費後に返却したら返金するシステム。「ディポジット制度」ともいう。

デイホスピタル［day hospital］ 入院しないで毎日通院し，医療の指導を受けるシステムの病院で，「デイケアホスピタル」ともいう。→デイケア

ディメンション［dimension］ 寸法。

デイユース［day youth］ ホテルが昼間の客室の有効利用を図るため宿泊料金の20〜60％程度割引して提供するサービス。

デイルーム［day room］ 病院や社会福祉施設に設けられる住宅の居間に相当する休憩・談話室。

ティルトアップ工法［tiltup construction method］ 外壁となるコンクリートパネルをあらかじめ現場内でプレキャスト化し，クレーンで所定の位置に取り付ける工法。

ディレクショナルサイン［directional sign］ 矢印などを使って方向を指示する表示法。誰にでも通用するようにシンボルマークを使う。

ディレクトワール様式［directoire

style 仏] フランス革命後のディレクトワール時代の建築・工芸の様式で，ギリシア・ローマの造形に忠実な装飾性をもつ。

ディンクス [DINKS] double income no kids の略。余裕のある生活をするために，夫婦とも働きながらかつ子供を作らない生活スタイル。

ティンバー [timber] 製材された木材の総称。「ランバー」ともいう。

ティンバー フレーム工法 [timber framing construction] 木骨軸組工法。

データ ウエア ハウス [data-wear house] 過去から蓄積されてきたデータを，情報技術を用いて精度の高い分析をするためのデータの保管場所。

データ通信 [data communications] 通信回線を利用してデータの送受信をコンピューターで行うこと。

データ バンク [data bank] ①データの銀行の意味で，必要なデータを収集・整理・蓄積し，必要に応じて提供する情報サービス機関のこと。②企業，その他のデータファイル。③データを記憶しておく装置。

データ ファイル [data file] 必要な情報を記憶させた磁気ディスクなど。

データベース [database] ⇨DB②

データベース マーケティング [deta base marketing] 売場のレジスターからデータを取り出し，そのデータをもとに商品の品ぞろえに生かすなど，マーケティングの調査手法の総称。

テーパー [taper] 勾配・傾きのこと。

テーパー ジョイント [taper joint] テーパーボードを使用した石膏ボードの目地処理のこと。

テーパージョイント用ボード [taper joint board] ⇨テーパーボード

テーパー ボード [taper board] 長手方向の側面にテーパーを付けた石膏ボードの総称。「テーパージョイント用ボード」ともいう。

テーパー ボルト [taper bolt] 先端（ねじの切ってある部分）が細くなった形のボルト。

テープ合せ 鉄骨部材の現寸作業と現場とでおのおのの使用するスチールテープを比較して，誤差を確かめること。

テーブル [table] 卓，台などの総称。引出しのない机，食事・作業用の台。

テーブル ウエア [table ware] 卓上で使う道具類。おもに食器類をいう。

テーブル クロス [table cloth] テーブル甲板の汚れ防止，食器との接触音を弱めるなどの役目がある。

テーブル コーディネーター [table co-ordinater] 食事の目的，様式などに合せ，食器，ナイフ，フォーク，ガラス器，テーブルクロス，花などの選択，構成について助言・提案する人。

テーブル スタンド [table stand] ⇨テーブルランプ

テーブル セッティング [table setting] 食卓上の食器，ナイフ・フォーク，調味料等の配列をすること。目的に合わせ花などを生ける食卓の装飾も含む。

テーブル タップ [table tap] 電気配線器具の一種。卓上に置ける可動コンセント。

テーブル丁番 [table hinge] テーブルの拡張に使われるもので，甲板と同一面に仕上がるもの。「ミシン丁番」ともいう。

テーブル ランプ [table lump] 卓上に置かれ，移動可能な照明器具で，「テーブルスタンド」ともいう。

テーブル リネン [table linen] おもに

食卓で使われる繊維製の生活用品の総称。テーブルクロス，ランチョンマット，ナプキンなどがある。

テーマ パーク [theme park] 特定のテーマのもとに遊戯施設や集会施設，ホテルなどを配置した大型レジャー施設の総称。

テーリング [tailing] 作業性の向上やひび割れ防止のため，モルタルの混和材として使用される粉末状の石綿。

デカ [déca 仏] 10倍を表す単位。記号は〔da〕。ギリシア語の deca(10)から派生している。

デカダンス [décadence 仏] 19世紀末の病的なほどの堕落，退廃的，耽美的，反社会的な考え方，あるいは反社会的傾向のこと。

テキスタイル [textile] 織物，布地のことだが，室内装飾用の染織デザインとしてテキスタイルデザインや表面に彫刻的なデザインを施したテキスタイルブロックの略称としても用いられる。

テキスタイル ブロック [textile block] 表面に彫刻模様のあるコンクリートブロック。

テクスチャー [texture] 材料のもつ質感のことで，「きめ」「生地」ともいわれる。造形要素の形態・色とともに基本的な概念。

テクノ依存症 [techno dependency] コンピューターなどのハイテクノロジーに適応しすぎたために，人格が変わり，通常の社会生活ができなくなったストレス状態のこと。

テクノ エコノミックス [techno economics] 経済学と先端技術分野の学者が連携して進める学問。

テクノ拒否症 ⇨テクノ不安症

テクノクラシー [technocracy] 社会資本の効率化のために，技術を中心に行おうとする思想。これを行う技術者をテクノクラートという。

テクノ ストレス症候群 [techno stress syndrome] 職場に導入されたコンピューターなどのハイテクノロジーに対する不安やそれに適応しすぎたために人格が変容するなどの症状となるストレス状態。→テクノ不安症，テクノ依存症

テクノ不安症 [techno anxiety] ベテランの作業者がコンピューターなどのハイテクノロジーに対してもつ，不安や拒否などのストレス状態のこと。「テクノ拒否症」ともいう。

テクノロジー アート [technology art] 時代とともに分離していった技術と芸術を新しい技術を使って可能性を追及した芸術。ビデオアート，コンピューターアート等をいう。

テクノロジー アセスメント [technology assessment] 技術事前評価あるいは技術審査などと訳される。技術の開発および適用に際して，技術による影響を多面的な見方から事前に把握して，その利害・得失を総合的に評価することにより，技術の展開に対する意思決定に反映すること。

テクノロジー トランスファー [technology transfer] 技術移転。特許，製造上のノウハウなど技術に関する知識を自社(自国)から他社(他国)に譲り渡すこと。

デグリー デー [degree day] 室内の基準温度と日平均温度との差を度日といい，一定期間中の度日の合計値を度日数というが，この合計値のことを単に度日といっている。この値は各地の暖

冷房の熱量計算に使われる指数。

デコラ［Decola］ 家具や建材に用いる合成樹脂加工された化粧板の商標名。

デコラティブ アート［decorative art］ 装飾美術。純粋美術に対する言葉で、衣服や室内の装飾のこと。

デコラティブ チェア［decorative chair］ デンマークのハンス・J・ウェーグナーのデザインによる小椅子で、Y字の背もたれが特徴なので「Y（ワイ）チェア」ともいう。

デコラティブ ライティング［decorative lighting］ 光源の色・動き・点滅・グレアなどによる照明で光のアート的役割を果たし、一種のサインやオブジェ的効果もある。

デコレーション［decoration］ 装飾、加飾。美しく飾ること。

デコレーター［decorator］ 室内装飾家。デパートの売り場やショーウインドーの装飾専門家を指すことが多い。

デザイン［design］ もともとは物を造るときにサインだけする人の意。転じて企画・設計・構想・計画等をいう。

デザイン コンシャンス［design conscious］ 良心としてのデザインと訳す。デザイナーの間で使われる。

デザイン サーベイ［design survey］ 新製品をつくる場合、そのデザインのために社会の動向や人の考えを調査すること。また建築設計する場合は、その建物の建つ街並み等の現状調査をすることをいう。

デザイン タイル［design tile］ 主として室内の壁・床に使われる内装用の陶器質の模様入りタイルのこと。

デザイン ビルド［design-build］ 建築物の設計と施工を同一の業者あるいは同一の共同企業体に発注する方式。設計施工一貫方式のこと。「DB」とも略す。

デザイン プロセス［design process］ デザインを進めていく過程のことで、抽象的なことから具体的なことへと移行する。

デザイン マネジメント［design management］ 設計段階から運用管理段階にわたって、与えられた時間、費用、品質などの資源を有効かつ適正に管理すること。今後は、この概念にライフサイクルの考え方を含めたものとなる。略して「DM」ともいう。

デザイン レビュー［design review］ 設計を進める各段階で、与条件に適合しているかなど検討して見直すこと。ISO9000Sにおける設計審査のこと。

デシ［déci 仏］ 10分の1を表す単位。記号は〔d〕。ラテン語のdecimusから派生している。

デジタル家電 デジタル信号による高速情報処理機能や、ネットワークに接続して通信機能を発揮できる家電製品のこと。デジタルテレビ、DVDレコーダーなどがある。

デジタル コンテンツ［digital contents］ インターネット上で販売されるサービスや商品のうち、ソフトウエアなどのデジタルデータとして流通が可能で、購入、決済から利用まですべてがパソコンのネットワークにより完結するもの。

デジタル情報［digital signal］ 電気信号に変換した際、あらかじめ定められた2つの電圧値で表現される情報、一般的には0と1を用いる。

デジタル署名［digital standard］ 電子メールやオンライン商取引きなどにおいて、その内容が正当な発信者からの

ものであるかを決めるシステム。

デジタル地図情報［digital map］ 必要な情報を数値化・符号化してコンピューター処理を可能とした地図のこと。

デジタル デザイン［digital-design］ コンピューターグラフィックス（CG）によって表現された建築デザイン。コンピューターでなければ表現できない技法を使うことによって，高度な建築空間のデザインが可能となる。CADとCGを連動させて作成する。

デジタル デバイド［degital divide］ インターネットの急速な普及によって生まれる情報技術を利用できる者とそうでない者の格差のこと。「情報格差」ともいう。

デシベル［decibel］ 音の強さを相対的に比較するための単位。最小可聴音を0デシベルと設定し，これとの比較で音の強さを表したもの。記号としては〔dB〕を用いる。→ノイ，dB

テス ⇨TES

デスク［desk］ 事務用・勉強用の机。甲板の片側に引出しの付いたものを片袖デスク，両側のものを両袖デスクという。

デスク プラン［desk plan］ 現況調査等は後回しにして与条件とイメージだけで計画を進める方法で，全体のボリュームを早急につかむ段階で行われる設計手法。

デ・スティール［De Stijl 蘭］ 20世紀前期にオランダでおきた芸術運動。モンドリアン，リートフェルト等が参加。

テストハンマー ①［concrete test hammer］ コンクリートテストハンマー。②［test hammer］ 鉄骨構造のリベットの締まり具合などを検査するためのハンマー。

テスト ピース［test piece］ コンクリートや鉄筋などの強度や性質を調べるための試験片。形状・寸法が規格化されている。

テスト マーケット［test market］ 試験的に販売するための特定地域または市場。

テスト マーケティング［test marketing］ 新製品の発売などで特定の地域を決めて試験的に販売を行うこと。

デッキ［deck］ ①船舶，車両などの床。「甲板」ともいう。②陸屋根などの平らになっている部分。

デッキ グラス［deck glass］ 天井窓や地下室の採光用の80～200 mm角のガラスブロック。入射光線の分散・集中で柔らかい光となるように工夫されている。「プリズムグラス」「ペーブメントガラス」ともいう。

デッキ チェア［deck chair］ 本来は船の甲板で使われる寝椅子。木製または金属製で住宅のバルコニー，プールサイドなどで使われる椅子。

デッキ プレート［steel deck］ コンクリートスラブの型枠や床板として用いられる波形の薄鋼板。床の軽量化・工期短縮などの利点がある。

テックス［texture］ 植物繊維を主原料として成形した軟質繊維板の一種。藁（わら）を原料とし，吸音性が良いので天井の仕上材として使用されていたが，最近はあまり使われない。→ファイバーボード

デッサン［dessin 仏］ 木炭，鉛筆，ペン等によって描く線画で，「素描」とか「下絵」ともいわれる。→スケッチ

テッセラー［tessera］ 大理石などの自然石をタイル状の細片にした材料。壁

テッセラ タイル [tessera tile] 外壁に使われるせっ器質，磁器質の無釉のタイルで，石割り肌のテクスチャーがある。

デッド [dead] ⇨デッドルーム

デッド スペース [dead space] 有効な空間利用のできない場所のこと。階段の下や屋根裏のスペースをいうが，日本間の床の間はこれに当たらない。

デッド スポット [dead spot] 公会堂やホールなどで，音が届きにくい場所のこと。

デッド ボルト [dead bolt] 本締めボルトのこと。サムターンや鍵を錠面から出し入れさせるボルトで，扉を閉め受け座の中へボルトを入れると締まる。→ラッチボルト

デッド ルーム [dead room] 室内の音響効果のうち，吸音が良くて音が響かない，残響時間の短い空間のことで，いわゆる音が死んでしまう部屋。単に「デッド」ともいう。

テナント [tenant] ビルのフロアを借りてでる店舗や事務所の出店者。

テナント リーシング [tenant leasing] テナント誘致，交渉。

デニール [denier 仏] 繊維の太さを表す単位。長さ450mの糸の重さが0.05gを1デニールという。

テノーナー [tenoner] 枘(ほぞ)を作る機械。

テノコラム 地盤改良工法の一つ。オーガーの先端に取り付けたノズルから，セメント系固化材液を噴出しながらオーガーを回転させ，液と土をかくはんして地盤の中にソイルセメントの柱を構築する。建物を支える地盤の支持力の増大，地盤の液状化防止，地下工事の山留めなどに使用される。テノックスの商品名。

テノン [tenon] 枘(ほぞ)。

テノン ジョイント [tenon joint] 枘(ほぞ)を用いてつぐ木材の継手方法。

デパートメント ストア [department store] 百貨店。デパートメントとはいろいろな部門という意味。

テビ [tebi] ナイル川の泥を使って作ったエジプトの煉瓦。

デファクト スタンダード [de-facto standard] 押しつけられた基準ではなく，市場等から自然的・必然的にできあがってきた基準。

デフォルマシオン [deformation 仏] ⇨デフォルメ

デフォルメ [deformer 仏] 形態を意識的に変形すること。その形のもつ特徴を誇張して表現することにより，その物のもっている内容を強く印象づけようとする表現手法。「デフォルマシオン」ともいう。

テフロン加工 [teflon processing] デュポン社の商品名で，酸や高温に強くする加工。

テフロン支承 [Teflon bearing] 摩擦抵抗の少ないテフロンを鋼板に貼り，その滑りやすさを利用したローラー接合。

デマンド バス [demand bus] 基本路線以外に迂回路を設定し，利用者（需要）に応じて迂回路を走行するバスのこと。

デミング賞 [Deming Prize] 品質管理の第一人者，W. E. デミング博士（米国）の業績を記念して1951年から実施されている品質管理（QC）向上のために年一度授与される賞。統計的な品質管理の理論および応用研究，その普

デモグラフィックス [demographic factors] 「人口統計学的属性」といわれ，消費者の性別，年齢，職業，学歴，所得などを市場調査や分類の基準とすること。

デモンストレーション [demonstration] 店頭で商品の特性や使い方を実演すること。

デュアル ダクト方式 [dual duct system] 空調方式の一つ。中央の空気調和機から各部屋に冷風と温風を別々のダクトで送り，部屋の負荷条件に応じてサーモスタットにより混合チャンバーで自動的に混合して室内へ吹き出す方式。「二重ダクト方式」ともいう。→チャンバー

デュアル リビング [dual living] 雰囲気の違う2つの居間を設けること。

デュー デリジェンス [due diligence] 不動産に投資するとき，その不動産が実際に市場で通用する価格を調査すること。不動産の物的調査や権利・契約等の法律的調査，マーケット調査，収支実績や税金等の財務調査などを詳細に調査し，市場価格を評価・算定する。「適性評価手続き」ともいう。

デュプレックス [duplex] 上下で1住戸を構成する共同住宅のタイプ。→メゾネット

デュラクロン アルミニウムの焼付け塗装に用いられる熱硬化形アクリル樹脂塗料。「ジュラクロン」とも呼ぶ。

テラ [tera] 10^{12}倍を表すSI単位の接頭語。記号〔T〕。

テラコッタ [terracotta] 引き金物で構造体に固定するような焼物の外装用大型タイルのこと。イタリア語の素焼きの意味で，テラコッタブロックとは焼物の空胴ブロックをさす。

テラス [terrace] 土地の一部を盛り上げ平らにした場所で，レンガやタイルで舗装し，住宅の居間と連絡して使用する。→テラスハウス，フラット

テラス ガーデン [terrace garden] 傾斜面に数段の露段（テラス）を造り，階段やスロープなどで連結したイタリア式庭園の一様式。

テラス戸 [terrace door] 居間などからテラスやバルコニーへ出入りする部分に用いられる掃き出し窓。

テラス ハウス [terraced houses] 1住戸が1階あるいは2階建の庭付き連続式の集合住宅で，「タウンハウス」ともいう。→テラス

テラゾー [terrazzo] 顔料・白セメントに大理石などの砕石粒を練り合わせて塗り，硬化後，研磨つや出しした大理石の代用品とした材料。工場で板状に製作したものを「テラゾーブロック」，現場で研磨つや出ししたものを「現場研ぎ出しテラゾー」という。

テラゾー タイル [terrazzo tile] 床用テラゾーブロックの規格品の通称。一般的には，30cmまたは40cm角で厚さ3cmのもの。

テラゾー ブロック [terrazzo block] ⇨テラゾー

テラリウム [terrarium] 小型の観葉植物を透明ガラス容器内に寄せ植えし，インテリア装飾の一部として鑑賞栽培する方法。「ボトルガーデン」「グラスガーデン」とも呼ばれている。

デリック [derrick] マスト，ブーム，ワイヤーロープ等からなる揚重機。構造により「ガイデリック」「スティフレッグデリック」などがある。

テリトリー制 [territory system]　特定の業者に一定の地域を決めて販売する方法だが,独占禁止法に違反することが多い。

デリベリ [delivery]　ポンプや送風機における吐出し側をいう。これに対して吸込み側を「サクション」という。

デルファイ法 [Delphi technique]　世論調査などのいわゆる社会調査の方法の一つで,専門家や個人の意見をアンケート調査し予測の資料とする。調査結果を回答者にフィードバックして意見の収れんを図る方法。

デルフト陶器 [Delft ware]　オランダ西部のデルフトを産地とする陶器。伊万里焼の影響を受け,青一色に模様を付けた陶器。

テルミット溶接 [telmit welding]　アルミニウム粉末と酸化鉄によるテルミット反応で発生する熱を利用した溶接法。鉄筋の接合,鉄道レールの溶接等に応用されている。

テレコミューティング [telecommuting]　本社とは離れた場所で,通信やコンピューターを利用して仕事をするスタイル。在宅勤務。本社とのホストコンピューターと回線でつながれ,情報の入手・送付は迅速に行える。

テレコンファレンス [teleconference]　「テレビ会議」のこと。テレビ画面を通じて会議を行うシステム。画像,音声,文書などをやり取りしながら会議を進めることができ,会議のメンバーが一個所に集まる必要がなく,遠隔地との会議が自由にでき,時間,経費の節約になる。

テレックス [telex]　電話回線を利用した通信装置であるが,最近はコンピューターネットワークの普及によりほとんど使用されなくなった。

テレテキスト [teletext]　多重放送サービスの一つで,テレビ電波のすき間を利用して,文字や図形を放送する情報伝達手段の国際的な統一呼称。わが国では「文字放送」という。

テレビ会議 [teleconference]　⇨テレコンファレンス

テレビ共同聴視設備 [master antenna television system]　1本のアンテナで電波を受信し,分配用機器と同軸ケーブルを用いて多くのテレビ受像機に電波信号を分配する設備。「ビル共聴」ともいう。

テレビ電話　画像を見ながら通話できる電話で,静止画と動画のタイプがある。

テレビ ドア ホン　住宅用インターホンに,訪問者を映像で確認できる監視機能を加えたもの。訪問者がインターホンの呼出しボタンを押すと,組み込まれたカメラレンズを通して,訪問者の姿が住戸内インターホンのモニターテレビに映し出される。オートロック式の共同住宅の場合は,共同玄関のインターホンと各住戸内のインターホンの間で同様の仕組みとなる。

テレビ モニター付き ドアホン　⇨テレビドアホン

テレピン油 [oil of turpentine]　生松やにを乾留して作る揮発油。塗料のシンナーなどに使用。

テレフォン チェア [telephone chair]　電話台の付いた椅子。

テレワーク [tel-work]　情報通信機器と情報通信ネットワークを活用して,時間と空間の制約を受けずに行う勤務形態。テレワークのため各種のワークプレースが提案されている。

テロテク

テロ テクノロジー [tero-technology] システムを設計，製作，保全，更新する諸活動と，ライフサイクルコストの適正化をはかる一連の総合工学。

デン [den] 動物の巣から転じて個人のプライバシーの高い部屋，あるいは仕事部屋。→イン

テンション構造 [tention structure] ワイヤーロープ使用のサスペンション構造，薄い被膜を用いるテント構造，床荷重を鋼棒などで吊り下げて支持する構造など，構造物の重量を材の引張力を利用して支点に伝達させる構造の総称。

テンション膜構造 [tention structure] 屋根の架構方式の一つで，鉄骨に薄い膜を張ってワイヤーで引っ張った構造としたもの。→テント構造

テンダー [tender] 入札のこと。

テント構造 [tent structure] 布地やプラスチックシートを柱に張り渡し，屋根や壁を構成する構造。→テンション膜構造

デンドログラム [dendrogram] 建築計画における機能図の表現方法。空間の隣接，相互関係を階層的に表したもので，「トリー図」とも呼ばれている。

テンパー グラス [tempered safety glass] 強化ガラスのこと。

テンプレーティング [templating] 金属板や合板の複雑な曲面を成形する場合，あらかじめ所定の形状と寸法に単板を切断すること。

テンプレート [template] ①鉄骨工事においてアンカーボルト位置決め用の鋼製型板のこと。②製図用の文字板。

テンペラ [tempera] 顔料をにかわに混ぜた不透明絵の具，あるいはそれで描いた絵。

テンポイント構法 DPG構法の商品名。〔製造：旭硝子〕→DPG構法

ト

ドア [door] 扉，戸，戸口。

ドア アイ [door eye] 玄関ドアに魚眼レンズを取り付け，内から外の様子が広く見えるようにしてある。ここにテレビカメラを取り付けたものもある。「ドアスコープ」「マジックアイ」ともいう。

ドア ガラリ ⇨ドアグリル

ドア グリル [door grille] 扉の下部に取り付けられる通気用の開口部で，室内が見通せぬように羽根が付いている。「ドアガラリ」とも呼ばれる。

ドア クローザー [door closer] 扉を自動的に閉めるアーム式の金物。ドア上部に付けるが，床下に埋め込むものや丁番に組み込まれたものもある。「ドアチェック」ともいう。略称「DC」。

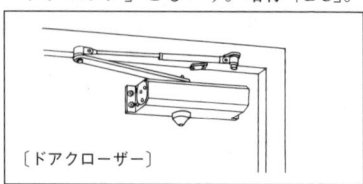

〔ドアクローザー〕

ドア スイッチ [door switch] マイクロスイッチを利用し，扉の開閉により動作させるスイッチ。

ドア スコープ [door scope] ⇨ドアアイ

ドア ストッパー [door stopper] 開き戸の場合，建具枠の戸当たり部分のこと。一般的には枠の断面形状を凸形にする。引戸の場合，戸の当たる柱や建具枠の見込み面をいう。

ドア ストップ [door stop] 戸当たり金物。

ドア チェーン [door chain] ⇨チェーンドアファスナー

ドア チェック [door check] ⇨ドアクローザー

ドア ノッカー [door knocker] 扉に取り付けられているノックに使われる金物。

ドア ノブ [door knob] 扉の取手。握り玉形状のもの。

ドア ハンガー [door hanger] 上吊り式の引戸のドアを吊るため，上框に取り付けた車付きの吊り具。「吊り車」ともいう。

ドア ハンドル [door handle] 扉の取手。直線的形状のもの。→レバーハンドル

ドア プル [door pull] 扉の引手。

ドア ベッド [door bed] 壁に収納できる寝台。収納したときにドアのように見える。

ドア ホルダー [door holder] 開いた扉が風であおられたりしないように，床または幅木に取り付ける金物。

ドア ホン 玄関に設置して室内外の通話を行う通話器。

ドイツ下見 [German siding] 板相互の水平目地を太い筋として現した壁の横板張り仕上げ。「箱目地張り下見」ともいう。

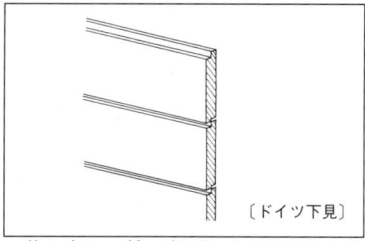

ドイツ積み [German bond] レンガの積み方の一種。表面に小口面だけを出すような積み方。「小口積み」ともいう。→アメリカ積み，イギリス積み，フランス積み

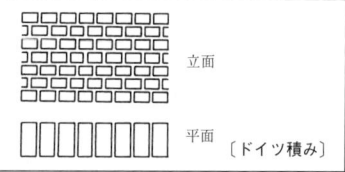

〔ドイツ下見〕

〔ドイツ積み〕

トイレタリー [toiletry] 洗面用品。化粧品，洗面用具，タオル類の総称。

トイレット [toilet] 日本では便所のことだが，化粧室・洗面所の意もある。

トイレット カバー [toilet cover] 便座にかぶせる便座カバー（シートカバー）と，便器のふたにかぶせるふたカバー（リッドカバー）などの総称。

トイレット マット [toilet mat] 便器の前の床に敷くタオル布地で作られたマット。アメリカでは「カウンターラグ」ともいう。

トイレット ルーム [toilet room] 化粧室，便所，洗面所，手洗所。

トイレ ブース [toilet booth] 合板や石材などのパネルで囲まれた便所。プレファブ化され，移動可能にしたものもある。→ブース

ドゥエリング [dwelling] 固定した住居をもつこと，いわゆる住むこと。

ドゥエリング ハウス [dwelling house]

⇨ハウス

ドゥエル [dowel] 太枘(だぼ)。

ドーザー [dozer] 排土板を取り付け，整地，掘削，盛土，除雪などに使用する土木機械の総称。機能によって「ブルドーザー」「アングルドーザー」などと呼ばれる。

ドーター ハウス [daughter house] 三世帯用住宅。

トータル インテリア 室内の総合的な計画。内装材，家具，照明器具，窓処理材などの相互調整と構成を行う。

トータル エネルギー システム [total energy system] 建物単位で発電を行って自己消費するとともに，発電機を駆動する熱機関から発生する廃熱を回収し，冷暖房や給湯に利用する方式。

トータル家具 [total furniture] 椅子，テーブル，収納家具など一連の家具を統一されたデザインでまとめた家具のシリーズ。

トータル クオリティ コントロール [total quality control] 製品・サービスの品質向上のため組織として取り組む総合的品質管理。「TQC」とも呼ぶ。TQMが顧客の満足度達成のための外部に向けた活動であるのに対して，TQCは品質向上に向けた社内の自主的な活動である。

トータル クオリティ マネジメント [total quality management] 問題分析技術を適用して，従業員の参加を得ながら業務プロセスを絶えず改善することにより，顧客の要求と満足を達成するための総合的な取り組み。「TQM」とも呼ぶ。

トータル コーディネーション [total coordination] インテリアにおけるコーディネーションの方法の一つで，カーテンの生地やベッドカバー，壁などの繊維製品の色や柄の調和を考えて構成すること。

トータル ソリューション [total solution] 顧客が求めるハードやソフトだけでなく，すべてのニーズに総合的に対応し問題解決を図ること。

トータル フロート [total float] ネットワーク工程表において，ある作業の完了を予定の時間より引き伸ばしても工期に影響を与えない場合に，最大限伸ばせる余裕時間をいう。

トータル ワークプレース [total workplace] 個人用の個室やワークステーションだけではなく，地域，敷地，アメニティ施設，共用スペース，業務・生活支援スペースまで含んだ執務・生活のための統合的なスペースであるとする，ワークプレースの一つの捉え方。

トーチ式防水工法 [torch applied] アスファルト系ルーフィングの表層をガスバーナーで加熱溶融し，下地への接着とジョイントの接合を行うアスファルト防水工法の一種。

トーチ ランプ [torch lamp] 鉛管のはんだ接合やビニル管接合で使用する手持ちバーナー。ガソリンまたは石油を燃料として気化燃焼させる。

トートロジー [tautology] 同じことを別の表現で繰り返し述べること。同語反復。

ドーナツ [doughnut] 鉄筋と型枠の間隔を保つためのスペーサー。プラスチック等で作られた円環形のもの。

ドーナツ現象 [doughnut pattern] 都市が発展すると中心部の価値が高くなり，住む人がいなくなり空胴化する状態がドーナツと似ていることからいわれる現象。→インナーシティ，スプロ

トーネット [Thonet] 20世紀初期にオーストリアのミハエル・トーネットが作った曲木椅子。

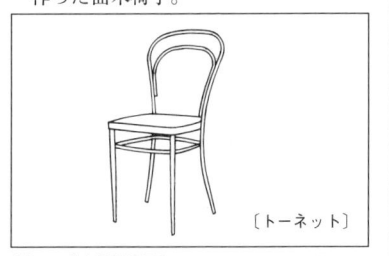

〔トーネット〕

ドーバル試験器 [deval machine] コンクリートに用いる粗骨剤のすりへり試験用の機械。

ドーマー ウインドー [dormer window] 屋根裏部屋に造られ、屋根より突き出して設けられた窓。→ゲーブルウインドー

ドーム ハウス [dome house] ドーム型建築で壁や柱を必要としないため自由な発想でインテリア設計ができ、かつ自然光を採り入れられ室内から星空も見られる。セカンドハウス向き。

トーメンター [tormentor] 劇場などの舞台脇の目隠しのために用意された、左右一対の縦に細長い幕や張り物のこと。→トーメンタータワー

トーメンター タワー [tormentor tower] トーメンターの裏側にある舞台照明器具操作のための鉄骨製塔状の枠組装置。→トーメンター

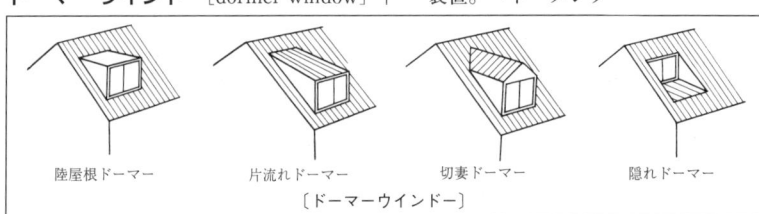

陸屋根ドーマー　　片流れドーマー　　切妻ドーマー　　隠れドーマー

〔ドーマーウインドー〕

〔ドームハウス〕

ドーリア式 [doric order] 古代ギリシアの建築様式の一つで、柱の上部と下部に簡素な表現が力強く、「ドリス式」ともいう。他にイオニア式、コリント式、トスカナ式等がある。→オーダー

トール キャビネット [tall cabinet] 高さのある収納家具で、食器、台所用品などを入れる戸棚。システムキッチンのユニット棚の一つとして組み入れられている。

トーン [tone] 色の調子あるいは色の鮮やかさ。

ドキュメント プロセッシング [document processing] 文書処理のこと。文書の作成、流れ、蓄積、検索が対象となる。データプロセッシング（データ処理）、ワードプロセッシング（文章処理）に対応した言葉。

ドクター ページング システム [doctor paging system] 病院内を頻繁に移動する医師や管理職員などを呼び出すための設備の総称。誘導無線方式、電灯による表示方式などがある。

ドグマ [dogma] 独断または独断的な主張、考え方。

ドコモモ ⇨DOCOMOMO

トタン [galvanized sheet] 鋼板を亜鉛で被覆した材料で、屋根葺きなどに試用される。ポルトガル語のtutangaがなまったもの。

ドットコム企業 [dot com companies] インターネットビジネスにおいて、企業のコンピューターの識別名はアメリカで取得した場合、.comが付くことからこう呼ばれるが、ベンチャービジネスを指して言われている。

ドット ポイント グレイジング [dot point glazing] ⇨DPG構法

トップ アングル [top angle] 鉄骨造の柱と梁の接合部分で、梁の上端に付ける取付け用金物。→シートアングル

トップ筋 [top (steal) bar] 梁の主筋あるいはスラブ筋のうち、スパンの途中で止まる鉄筋のこと。「カットオフ筋」ともいう。→ベンドスラブ

トップ クリアランス [top clearance] エレベーターが最上停止階に停止しているときの、かご枠上端から昇降路天井面までの垂直距離。

トップ コート [top coat] ①上塗りのこと。②露出防水の上や床コンクリートの表面に塗って摩耗や滑りを防ぐ仕上材。

トップ サイド ライト [top side light] ⇨トップライト

トップ ダウン [top-down] 経営における上意下達方式。これと反対がボトムアップ（稟議方式）。ISOの基本方針で、経営者が品質方針を示し、それに従って各部門が仕事を進めていく方式。

トップ トリートメント カーテンやブラインドの周囲に施された布の飾り。布の立体的な裁断と結びによって襞(ひだ)を装飾的に見せている。

トップ マネジメント [top management] 企業の最高幹部。経営管理、企業活動の全体を見る人、またはそれらが行う経営管理方式。

ドップラー効果 [doppler effect] 音源が接近してくる時は音が高く聴こえ、遠ざかる時は低く聴こえる現象。

トップ ライト 屋根等の天窓からの採光のことで、英語ではスカイライト。壁に設けられる普通の窓より3倍の明るさが得られる。「トップサイドライト」ともいう。

トップ ランナー方式 電気製品や自動車などの省エネルギーの目標値を設定

するために提唱された方式。現在製品化されたもののうちで，一番効率の大きいものを省エネルギーの目標値とするもの。

ドバル試験［Deval test］ コンクリート用骨材の硬さ・摩耗の試験。円筒の中に骨材と鋼球を入れて回転させ，すり減った骨材の重量を測定する。

トピアリー［topiary］ 主として常緑樹を鳥や他の動物状に刈り込んだり，幾何学形にして彫塑的造形物に仕立てた人工樹形。

トビック ユニット足場の一種。梁鉄骨の上フランジに引っ掛けて吊る形式のもの。梁のボルト締め用足場等に使用される。折畳み式である。商品名。

トポス［topos 希］ 型にはまった表現。

トポロジー［topology］ topos（位置）+ logos（形）の合成語で，位相幾何学。

ドミトリー［dormitory］ 高等学校や大学の宿泊施設のことで，寄宿舎，学生寮。

ドミナンス［dominance］ 造形上中心的役割を果たすもので，支配性のこと。

ドムス［domus］ 家。大聖堂をイタリアではドゥオーモ（doumo），ドイツでは「ドーム」（dom）というが，神のための家の意からきている。

ドメイン［domain］ インターネットに接続されているコンピューターを識別するための名前のこと。

ドメス［domes］ ⇨グライド

ドメスティック リヴァイヴァル［domestic revival］ 19世紀後半のアーツアンドクラフツ運動におけるイギリスの住宅建築に対する提案。ホールを中心に各室を有機的に配列し，装飾をできるだけ抑えた様式。

ドライ アウト［dry-out］ モルタル，プラスターなどの湿式材料が，直射日光・風・下地の吸水などによる水分の急減で，正常な凝結硬化をしないこと。

ドライウォール工法［dry-wall construction］ 乾式壁工法またはテーパージョイント工法のこと。

ドライ エリア［dry area］ 地下室のイメージアップや換気・採光，庭，避難のために設けられる空堀りのこと。

〔ドライエリア〕

ドライ コンストラクション［dry construction］ 主として工場生産された部品・部材を組み立てて建築物を構築する方法。「乾式構造」ともいう。

ドライ システム［dry system］ ①通常は通水されていない状態だが，使用時だけ通水する配管方式で，スプリンクラー配管などに採用されている。②便所，厨房，手術室等の床を，清掃時に水洗いせずふき取りを前提とした仕様にすること。水洗いの場合に必要な防水や排水設備が不要となる。

ドライ ジョイント［dry joint］ プレキャストコンクリートの接合を，コンクリートを使わず，ボルト締めや溶接で行うこと。→ウェットジョイント

ドライブイット［drive-it］ 火薬の爆発を利用してコンクリートにボルトや特殊釘を打ち込む工具。

ドライブ イン シアター［drive-in theater］ 車に乗ったままで観ることの

できる屋外劇場のこと。

ドライブ イン レストラン［drive-in restaurant］　高速道路のサービスエリアや観光地の主要道路に沿って設けられた，車で移動する人のためのレストラン。

ドライブ スルー［drive through］　車に乗ったままで買物ができる店のことで，駐車場のチケット販売，本屋，レストランや金融機関もある。

ドライ フラワー［dry flower］　自然の花を切り花にして乾燥させたもの。インテリアの装飾に使われる。

ドライ マーカー［dry marker］　揮発性溶剤に顔料を混ぜたカラーペン。

ドライ ログ［dry log］　木材を伐り出してから長期間自然乾燥させた良質な丸太。

トライング ルーム［trying room］　⇨フィッティングルーム

ドラグ ショベル［drag shovel］　⇨バックホー

トラクター ショベル［tractor shovel］　先端に油圧で動くバケットを取り付けたキャタピラ式トラクター。土砂の掘削と積込みを行う。

〔トラクターショベル〕

ドラグ ライン［drag line］　土工事用掘削機の一種。クレーンで吊ったバケットを振り子のように前方に投げ，たぐり寄せながら土をすくう。

トラス［truss］　部材の節点がピン接合

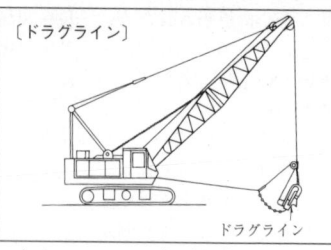

〔ドラグライン〕

となっている三角形を基本単位とした構造骨組。鉄骨屋根や木造屋根に用いられる。→ビルトアップメンバー

トラック［track］　運動競技をするための走路で，走りやすくするため床に水はけのよいアンツーカーやゴム性のタータンが使われている。

トラック クレーン［truck crane］　トラックに360度旋回可能な揚重装置を搭載した移動式クレーン。

ドラッグ ストア［drug store］　ドラッグは「薬剤」の意だが，薬以外に文具や化粧品も売る店。

トラック ターミナル［truck terminal］　荷物の収集・配送のため主要な道路沿いに設けられる貨物自動車のための物流施設。

トラック導線［trafic line, flow planning］　顧客が店舗内を歩く通路計画。

トラック バース［truck berth］　トラックを停めて置く場所。

トラック ミキサー［truck mixer］　生コンを運搬するトラック。荷台にかくはん機を装備している。「生コン車」ともいう。

トラック ライト［track light］　⇨ライティングレール

トラッド［trad］　トラディショナルの略。流行にとらわれず伝統的なデザインを基調とする表現。

トラップ［trap］　衛生器具と排水管の

接続部または屋内排水の末端部に設ける水封装置。排水管の一部にU字形の部分を設け，排水した水の一部が常時たまるようにして下水管中の有毒ガスや小動物などが室内に侵入しないようにした装置。

トラップ枡 [trap chamber] 排水の臭気を侵入させないために，底部に水だめを設けて，それに流水管の先端を没入させたトラップ形式のもの。

トラバース測量 [traverse surveying] 既知点から次の測点の方向角と距離を測定し，その測点からまた次の測点を測量していく測量法。測量にはトランシットと巻尺が使用される。

トラバーチン [travertine] 多孔質で縞模様のある茶褐色の石灰石。上質のものは大理石の一種として壁や床の仕上材に用いられる。

トラフ ①[trough] U字溝，道路排水溝および配管・配線などのためのU字形の溝，ボックスをいう。②[cable trough] 地中に布設するケーブルを保護するために使われるコンクリート製の溝とふたをいう。

トラフィカビリティ [trafficability] 工事用機械の走行に対する地盤の耐力の良否をいう。一般にコーン指数で表し，12以上はダンプカーの走行可能，3程度だと湿地ブルドーザーのみ。→コーン指数

トラフィック [traffic] 電話交換設備における通話量，通話密度のこと。

トラフィックペイント [traffic paint] 路面に交通標識線を描くのに用いるエナメルペイント。

トラフ形照明器具 [single-lamp batten] 取付け台が箱形となっている照明器具。

ドラフター [drafter] 製図用器機の商品名。〔製造：武藤工業〕

ドラフティング [drafting] ⇨ドローイング

ドラフト [draft] ①設備関係で用いられる場合は空気の流れのこと。②意匠関係では図面のことをいう。

ドラフトスイッチ [draft switch] 気流中に板を挿入し，流れ抵抗による板の変形により気流の有無を検出する装置。燃焼装置への空気供給確認に使用されることが多い。

ドラフトチャンバー [draft chamber] 発生する汚染物質の室内への拡散を防止するため，実験台と排気フードが箱型に一体化された装置。

ドラフトマン [draftman] 設計者の意図することを図面化する人。外国では専門職として，設計者とは区別した存在となっている。

トラベリングフォーム工法 [travelling form construction method] 連続シャーレンの屋根・ドームおよびトンネルなどで用いられる移動式の型枠工法。せき板・支保工を組んだまま台車などで横移動させる。

ドラム [drum] 機械部品などで円筒形をしたものに対する通称。

ドラムトラップ [drum trap] 太鼓のような形をしたトラップで，阻集器の機能をもっている。

トランクルーム [trunk room] 家具や書類を保管するための部屋で，共同住宅に設けられているが，防犯・温湿度・防磁気等の設備を設けてある特殊な保管室もある。

トランジェントホテル [transient hotel] 短期滞在型のホテル。日本における普通のホテルをいう。→アパー

トメントホテル，パーマネントホテル，レジデンシャルホテル

トランジション [transition] 造形の繰り返し配列されるものをリズムといい，曲線の繰り返しは注目される度合いが高い。

トランシット [transit] 水平角と鉛直角とを測定する測量機器。望遠鏡をのぞきながら基準点と目標点をセットし，方向角と高度角を目盛盤で読み取る。

トランシット測量 [transit survey] トランシットを用い，角度や方向を測って離れた二点間の距離や高低差を測定したり，基準点の設定などを行うこと。

トランジットモール [transit mall] 歩行者専用空間としたショッピングモールなどに，路面電車やバスなどの路面走行用の公共交通機関を導入した空間のこと。→モール

トランス [transformer] 鉄心に巻いた2つの巻き線の間に生じる電磁誘導作用を利用して，交流の電圧や電流の大きさを変える装置。

トランスファーボード [transfer board] 高齢者や身体障害者の異常動作の際の腰掛け兼用の補助台。「移乗台」ともいう。

トランスファーリスト [transfer list] 公営住宅などの住み替え希望者の名簿のこと。

ドリ(レ)ーキップ [drehkipp fenster 独] コンチネンタルウインドー（複合開閉機構）の一種で，打ち倒しと縦軸回転ができる窓。他に引違いと内倒しができるシーベキップ窓がある。

トリー図 [tree] ⇨デンドログラム

トリエンナーレ [triennale 伊] 3年目ごとに開かれる国際美術展。2年目ごとのビエンナーレもあり，イタリアのミラノ・トリエンナーレが有名。→ビエンナーレ

トリクル充電 [trickle charge] 蓄電池の自己放電を補うため，負荷状態から切り離して，絶えず微小電流で充電すること。

トリクロロエチレン [trichloroethylene] 発ガン性の疑いや地下水汚染で話題となっている物質で，ドライクリーニングや半導体工場で溶剤・洗浄剤として使用される炭化水素の塩素置換体。1987年5月施行の「化学物質の審査及び製造等の規制に関する法律」により規制の対象となる。

ドリス式 [doric order] ⇨ドーリア式

ドリゾール [dorisol 西] 木片セメント板の商品名。木片をセメントで固めた準不燃材で，断熱効果や吸音効果がある。

トリハロメタン [trihalomethane] 消毒用塩素と水中のフミン酸などの有機質とが結合してできるクロロホルム，ブロモジクロロメタン，ジブロモクロロメタン，ブロモホルムの総称。特に水質汚濁の進行によって浄水場で前塩素処理をすることも影響して水道水中に存在することが発見され，発ガン性を有するため法的な規制がある。

ドリフター [drifter] 圧縮空気を用いて刃先に回転打撃を与える削岩機の大型のもの。

ドリフトピン [drift pin] 鉄骨の建方で接合部材のボルト穴がずれている場合に，部材を引き寄せて穴を合わせるため，その穴にたたき込む鉄のピン。「ポルシン」ともいう。

トリプルチューブ構造 [triple tube

structure] コアウォールの外側にチューブ構造を二重に配置した架構。コアウォールを含めて三重のチューブ構造となる。→コアウォール構造, チューブ構造

トリプレックス [triplex] ポリビニルブチラールの透明プラスチックフィルムを2枚の板ガラスで挟んだ安全ガラス。この膜のため破損しても破片は飛散しない。「合せガラス」ともいう。

トリプレット [triplet] 集合住宅において, 一住戸が3階にわたって計画されるタイプのもの。→メゾネット

トリム [trim] カーテン, ドレーパリーなどの縁飾り用のテープ。

トリメトリック [trimetric] 「不等角投影法」といい, 右と左の水平面に対する角度が異なる作図方法。

ドリル [drill] 木材や鋼板, コンクリートに孔をあける工具。電動ドリルが一般的だが, ハンドドリル, 空気ドリルなどの種類がある。

トルエン [toluene] キシレン等と同様に, シックハウス症候群の原因の一つとみられる揮発性有機化合物 (VOC) の一種。木材保存剤や油性ニス・建材の接着剤等に含まれ, 住宅室内の空気汚染を引き起こす化学物質の一つといわれている。厚生労働省では室内濃度のガイドラインを 0.07 ppm と定めている。→キシレン

トルク [torque] 回転軸に沿って回転させる偶力, ねじり力のこと。

トルク コントロール法 [torque control method] ハイテンションボルトの締付け力をトルク量によって判定する方法。トルクコントロール装置をもつインパクトレンチなどでトルク量を管理する。

トルク レンチ [torque wrench] 鉄骨工事におけるハイテンションボルトの締付け, およびその検査に用いるレンチ。メーターが付いていて, 締付け力が数値で確認できる。

トルコ緞通 [Turkish rag] 地糸は羊毛もしくは山羊毛で, 立毛の長さは短い。大胆な花柄が多く, 色はトルコ特有のトルコ赤が主。アナトリアンカーペットとして世界的に有名。

トルシア型高力ボルト [torqueshear type high tention bolt] 一定のトルクでナット部分が破断して, それに対応する軸力が導入される仕組みとなっている特殊な高力ボルトのこと。

トルソー [torso 伊] 手足のない胴体部だけの彫刻のこと。

トレイル [tarail] 公園や山道にある自然の道路のこと。

ドレーキップ サッシュ 内開きと内倒しの2つの機能を併わせもつサッシュ。内開き機能により室内からガラスの清掃ができ, 内倒し機能により自然換気ができる。ドレーは内開き, キップは内倒しの意。「ドリーキップ」ともいう。

トレーサー ガス法 [tracer gas method] フロン R-11, 四塩化炭素, 二酸化炭素などを混入したガスを使って, 換気量を推定する手法。

トレーサビリティ [traceability] 不適合が発見されたとき, どこに原因があったかをさかのぼって追跡する調査のこと。ISOで用いられる専門用語。

トレーシングペーパー [tracing paper] 図面等をなぞって複写するときに用いられる用紙で, 薄美濃紙, 硫酸紙, マイラー等の名で呼ばれている。→トレース

トレース [trace] なぞることの意。一般に図面等を複写するために元図の上に半透明用紙を重ね，これをなぞって写すこと。→トレーシングペーパー

トレーディング スタンプ [trading stamps] 消費者への利益還元の方法の一つで，点数券のこと。

トレードマーク [trade mark] 登録商標のこと。

ドレーパリー [drapary] 厚手のカーテン用，椅子張り用の布地。

ドレープ [drape] 厚手の布地を使った窓掛け(カーテン)，壁掛け。

トレーラー [trailer] PCパイル，鉄骨部材などの長尺物や大型部材を運搬するための車両。エンジン部分のある車体と荷台とは分離可能な構造となっている。

トレーラー化 物流の効率化や環境負荷の軽減のために，動力のない被けん引車であるトレーラーを推進する運動。

トレーラー ハウス [trailer house] 自動車に牽引させる住宅で，ヨットのキャビンのように狭い空間を合理的に設計してある。イギリスでは「キャラバン」という。

ドレッサー [dresser] 鏡台，鏡付き化粧ダンス，鏡付き衣裳ダンス。

ドレッシング ルーム [dressing room] 化粧室，劇場などの楽屋。

ドレネジ継手 [screwed drainage fitting] ねじ込み式の排水鋼管用継手。

トレミー管 [tremie pipe] 場所打ち杭のコンクリート打設に用いる鋼管。掘削の完了した杭孔の中に管を入れ，その中を通してコンクリートを打設しながら管を徐々に引き上げていく。→アースドリル工法

トレミー コンクリート [tremie concrete] 水中にコンクリートを打つときに，トレミー管を用いて行うコンクリート工法をいう。

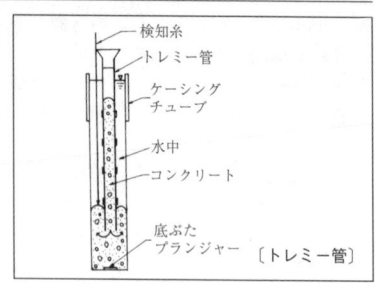

〔トレミー管〕 検知糸／トレミー管／ケーシングチューブ／水中コンクリート／底ぶたプランジャー

トレリス [trellis] 木材や鉄で作られた面格子。庭等に設け，空間の区切りやガーデニングに用いられるパーティションの一種。

ドレン [drain] ①排水，あるいは水抜きのこと。②雨水，雑排水などを流すパイプや溝。③冷暖房設備における蒸気の凝縮水。

ドレンアップ排水 天井内に収められた空調機から発生する水の排水で，自然排水の勾配が取れない場合に小型ポンプで排水すること。

トレンチ [trench] 設備配管などのため，床下あるいは土中に設けた溝。

トレンチカット工法 [trench-cut method] 掘削部分の外周をあらかじめ溝形に掘って構造体を造り，これを山留めとして中間部を掘削する方式。

トレンチ シート [trench sheet] 鋼製矢板の一種。根切り底の浅い場合の山留めに用いられる。

トレンチ ダクト [trench duct] フロア配線のため床スラブに設けられる上面から開閉可能な配線ダクト。

ドレンチャー [drencher] 建物の外壁に取り付け，水を噴霧する消火装置。

ドレンチャー設備 [drencher system]

火災の際，外部からの延焼を防止するため，自動または手動で建物外部を水幕で覆う防火設備。建物の屋根，外壁，軒先などに設置した散水ノズルから放水する。

ドレンチャー ヘッド [drencher head] ドレンチャー設備の先端に取り付けられる開放型のヘッド。

トレンド商品 [trend goods] 時代の先端を表現した商品で，ファッション関係に多く見られる。

ドレン パン [drain-pan] 屋内に設置した水槽などの下部に設けて，結露水などを排水するための受け皿。

ドローイング [drawing] 設計意図を一定の規則に従って表現する，いわゆる製図のこと。デッサン。製図室はドラフティングルームといい，ドローイングルームは応接室の意に使われる。「ドラフティング」ともいう。

トロッコ 建設工事用の手押し車，無蓋貨車。トラックのなまったもの。

トロッファ [troffer] 開口面が天井面と同一面にある下面開放型の照明器具。

ドロップ コンパス [drop compass] 直径20〜30mm程度の小円を描くために考案されたスプリングコンパスの一種。→スプリングコンパス

ドロップ丁番 [drop hinge] ドロップドアに用いられる丁番。「フラップ丁番」ともいう。

ドロップ ドア [drop door] 水平面が開閉の軸となり，上方または下方に開く扉。音響機器のキャビネットなどに用いられる。「フラップ」「フラップドア」ともいう。

ドロップ パネル [drop panel] フラットスラブにおいて，柱頭部の床剛性を増すために，柱頭部まわりのスラブを厚くした部分。→フラットスラブ

ドロップ ハンチ [drop haunch] 鉄筋コンクリートスラブの床剛性を増強するために付けた段差付きハンチ。

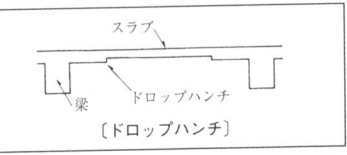

〔ドロップハンチ〕

ドロップ ハンマー [drop hammer] 自由落下で杭を打設するおもり。「もんけん」ともいう。

ドロップ リーフ テーブル [drop leaf table] テーブルの両サイドの甲板が折りたたみ式になっていて，使用時に普通のテーブルになるタイプ。「エクステンションテーブル」ともいう。

ドロマイト石灰 [dolomite lime] ⇨ドロマイトプラスター

ドロマイトプラスター [dolomite plaster] 白雲石を焼成して作られたアルカリ性の強い気硬性の左官材料。ひび割れを少なくするため，砂やすさを混入して壁や天井に使用。「ドロマイト石灰」「マグネシア石灰」ともいう。

ドロワー [drawer] タンス，机の引出しのこと。

トロンブルイユ [trompe l'oeil 仏] だまし絵のことで，窓やドアに木などを本物そっくりに描いた絵。

トロンベ壁 [Trombe wall] パッシブソーラーシステムを代表する一手法で，建物南面の窓内側に，厚いコンクリート壁を設置し，この壁で光を呼吸し，蓄熱して室内に放熱する。

トロンメル [trommel] 回転式のふるい。表面がふるい網となった円筒形容器にコンクリート用骨材などを入れ，

低速回転させながらふるい分ける。

ドワーフ コニファー［dwarf conifer］ 樹木が低い針葉樹または生育の非常に遅い針葉樹の総称。ヒバやヒノキをもとに改良したもので、庭の狭い都市部の住宅に適している。

トン扱い 材料の取引きにおいて、トン単位で購入・運搬などを行うこと。鉄骨や鉄筋が該当する。

トンネル［tunnel］ ①地中に穴を掘り、道路、鉄道などを通すことを目的にした空間。②鉄道トンネルの意味から転じて、請け負った工事を他の一業者にそのまま下請させること。建設業法では、発注者の書面による承諾なしにこれを行うことを禁じている。「丸投げ」ともいう。

トンボ ①梁の型枠を受ける短い角材。「トンボ端太(ばた)」ともいう。②防水層の立上り面にラスを張るための金物。防水層に接着で取り付ける。③根切りの深さなどを測るためのT形の定規。④漆喰(しっくい)やプラスターの亀裂防止およびはく離防止のために、下地に取り付けるひげ状の材料。

トンボ クレーン 工事に使用するタワークレーンの一種で、ブーム(腕)が水平で360度回転する。大きな作業半径がとれる。

ナ

- **ナーサリー** [nursery] 幼児の世話をする所，託児所または子供室。
- **ナーサリー スクール** [nursery school] アメリカにおける3歳から5歳児までの学校。日本における保育所は「デイナーサリー」といい，幼稚園は「キンダーガーデン」という。
- **ナーシング ホーム** [nursing home] 小さな私的病院，医療・福祉を備えた老人ホームのこと。
- **ナースコール設備** [hospital nurse call system] 病院において看護婦詰め所と病室の患者との間の通話に使用される通信設備。親子式インターフォンのほか，病室の入口に取り付けられる表示灯およびその復旧押しボタンなどで構成される。
- **ナース ステーション** [nurse station] 病院における看護婦の常駐する詰め所のことで，病室を管理する上で重要な役割を果たす。外来者の管理もできるようにその位置が重要となる。
- **ナイトケア** [night care] 夜間（夕方から翌朝まで）だけ，高齢者・障害者などを短期間預かるサービス。
- **ナイトケア サービス** [night care service] 夜間の介護が困難な寝たきり老人，痴呆性老人を，施設で一時的に夜間介護するサービス。
- **ナイト テーブル** [night table] 寝台脇の小卓。テーブルスタンド，電話機などを置く。
- **ナイト デポジット** [night deposit] 夜間用の銀行の預金口。
- **ナイト パージ** [night purge] 冷房立上り時の負荷軽減や臭気除去の目的で，夜間に室内の空気と外気を入れ替えて建物内部に蓄積された熱量の除去や冷却を行うこと。
- **ナイト ラッチ** [night ratch] 外側からは鍵で開けるが，内側からはノブを回転するだけで開けられる錠。
- **ナイフ スイッチ** [knife switch] 刃と受台で構成され，手で操作して開閉を行う充電部の露出したスイッチ。ヒューズと組み合わせ，絶縁台上に取り付けて使用する。
- **ナイン** [nain] ペルシアじゅうたんの一種で，産地の名前を付け，固有の柄，色をもつ。
- **ナショナル トラスト** [national trust] イギリスで始まった自然保護のための市民活動。無秩序な開発や都市化の波から自然や歴史的環境の破壊を防止し，保全するために広く人々から基金を募って，土地を購入したり，寄贈を受けて保存・管理・公開するもの。日本の第1号は「知床国立公園内百平方メートル運動」である。
- **ナショナル パーク** [national park] 国立公園。日本には27個所あり，国立公園法により管理されている。
- **ナショナル ブランド** [national brand] 特に全国に販売網をもつ有名メーカーの商品で，略して「NB」という。
- **ナショナル ミニマム** [national minimum] 全国民が均等に享受すべき社会保障の最低限のサービスのこと。

ナチュラル エナジー [natural energy] 太陽熱，風力，地熱，バイオガス，波力などのエネルギーのことで，脱石油エネルギーともいう。→ローカルエネルギーシステム

ナチュラル シーズニング [natural seasoning] 木材を天(自)然乾燥させること。

ナックル [knuckle] 丁番を構成しているピン（回転軸）を通すための円筒状の部分。

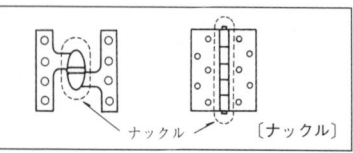

〔ナックル〕

ナット [nut] ボルトと対をなし，通常六角形の雌ねじを切ってあるねじ止めの金属製品。

ナット回転法 ハイテンションボルトの締付けをナットの回転量によって判定する方法。

ナトリウム ランプ ナトリウム蒸気中のアーク放電による光を利用した照明。黄色のまぶしくない光で霧やもやに対して透過性が良く，高速道路の照明に使われる。

ナノ [nano] 10億分の1を表す単位。語源はラテン語のnanus（小びと）から派生している。

ナノテクノロジー [nanotechnology] バイオ，情報技術（IT）に続く第三の先端技術である超微細技術。原子や分子など非常に微小なものを利用したり，極微の世界で起こる特殊な現象をものづくりに取り組む技術。→ナノ

ナフサ [naphtha] 石油・油頁岩・石炭タールなどを蒸留して得られる透明の油状液体で，沸点が250℃以下のもの。

ナレッジ エンジニア [knowledge engineer] 専門家の知識・ノウハウを分析し，プログラム化する技術者。知識工学者。

ナレッジ マネジメント [knowledge management] 企業・組織や社外の過去の経験から得られた知識（ナレッジ）を，新しい価値を創造する資産に変えていく経営管理の手法。情報技術を駆使して社員個人や部門に偏在する業務体験から得た専門知識，ノウハウ，情報（知的資産）をデータベース化し企業など組織全体で一元管理し，社内のネットワークにより情報を利用・交換するなど，情報の一元化を図ること。「KM」と略す。

ナローギャップ溶接法 [narrow gap-welding] I形の開先を片面からアーク溶接する方法。溶接部の開先面積が小さく，溶接金属が少なくてすむことから厚板の溶接に適する。

ニー キッカー カーペットをグリッパー工法で敷き詰めるときに使用する工具。ニーキッカーでカーペットを伸長させてグリッパーに止める。敷き詰め面積の小さい場合に使用される。

ニート セメント [neat cement] セメントと水を混ぜたペースト状のもの。

ニードル パンチ カーペット [needle

punch carpet〕織られていないフェルトを固めたようなじゅうたん。

ニコレット モール〔Nicollet mall〕モールとは繁華街につくられる歩行者専用の歩道状空間のことで，ミネアポリス市の噴水や彫刻を配したモール。

ニス〔vernish〕 ⇨ワニス

ニッカド電池 ニッケル-カドミウム電池の略で，長寿命で放充電の繰り返しに耐えるため多用されてきたが，ニッケル-水素電池に代わりつつある。

ニッカボッカーズ〔knickerbockers〕膝上までが太く，膝下で絞ってある職人の作業ズボン。絞る位置が膝下，ふくらはぎ，足首とさまざまである。正式には西欧において，乗馬・登山等に愛用されていたもので，略して「ニッカ」と呼ばれる。

ニッケル クロム鋼〔nickel chrome steel〕ニッケル7～12％，クロム18～20％，炭素0.1～0.4％の合金。耐食性が大きく，比較的軟らかい。→ステンレススチール

ニッチ〔niche〕西洋建築で壁に彫像などを収めるために設けられた小さなくぼみ。

ニッチャー〔nicher〕市場競争の中で，大手企業が乗り出していない分野で活動する企業で「すきま産業」ともいう。

ニット カーペット〔knit carpet〕機械編み機により，基布とパイル(毛足)とを同時に編み上げるカーペットの製法。

ニップル〔nipple〕配管継手用の短管で，両端外周にねじを切ったもの。

ニトリル ゴム〔nitoril-butadiene rubber〕アクリルニトリルとブタジエンによる合成ゴム。耐熱性・耐油性に優れるが，耐オゾン性に劣る。「NBR」ともいう。

ニトロセルロース ラッカー〔nitro-cellulose lacquer〕木材パルプなどから得られる繊維素（硝化綿）を原料とした塗料。

ニブラー アメリカ・ハイマック社が開発したコンクリート破砕機。油圧ショベルの先端にはさみ状のアタッチメントを取り付け，油圧力でコンクリートの圧砕と鉄筋の切断を行う。鉄筋コンクリート造の解体に用いられる。他に鉄骨造解体用のアタッチメントもある。

ニュー オフィス〔new office〕快適空間の創造という観点からとらえた新しいオフィス空間のこと。「オフィスを人間生活の場ととらえ，快適かつ機能的なものをめざす」として昭和62年(1987)，通商産業省(現経済産業省)によりニューオフィス協議会が設立された。

ニューガラス〔newglass〕光ファイバーに代表されるように，従来のガラスの性能に特定の高い機能をもたせた高機能ガラスの総称。「ファインガラス」ともいう。

ニュー サンシャイン計画〔The New Sunshine Program〕1993年度からエネルギー・環境問題と持続的な成長の同時解決を目的として発足した研究開発制度。

ニュー シティー〔new city〕新たに計画的に建設される都市。ニュータウンよりさらに規模が大きく，小都市の機能を備えている。

ニュー セラミックス〔new ceramics〕⇨ファインセラミックス

ニュー タウン〔new town〕大都市周辺部に計画的に建設される住宅中心の新都市。「ベッドタウン」ともいう。

ニュートン [Newton]　力のSI単位の接頭語。記号〔N〕。質量1kgの物体に1m/s²の加速度を与える力を1Nという。

ニュー ビジネス [new business]　①大手ゼネコンがこれまで設計や工事受注のためにサービスとして行ってきた業務（ソフトサービスという）を有償で行おうとするビジネスをいう。耐震・環境・医療・福祉・食品衛生・新素材などの技術と実績をもとにコンサルティングを行う。②大手ゼネコンや設計事務所が施設の設計・施工ではなく、プロジェクトのより上流や資産運営を中心とした顧客企業の経営戦略にまで及ぼうとするビジネス。

ニューマチックケーソン工法 [pneumatic caisson method]　掘削部を気密にし、圧縮空気を送って高圧にしながら掘削を進めるケーソン工法。掘削部への地下水の流入を防ぐため高圧にする。

ニューマチック構造 [pneumatic structure]　大スパンを必要とするスポーツ施設などに利用される曲面状の皮膜の内外両面に気圧差を与え、膜面に生ずる引張力によって空間を構成する構造。「空気膜構造」ともいう。

ニュー メディア [new media]　活字やテレビに続く新しい情報伝達媒体の総称。CATV、キャプテン、テレビ文字多重放送が3大ニューメディアといわれている。

ニューラル ネットワーク [neural network]　人間の直感を人工知能（AI）化するための情報処理手法。「神経回路網」ともいう。

ニューロ コンピューター [neuro computer]　マルチメディア分野や自動制御などへの応用のために、人間の脳の情報処理機能をまねたコンピューター。

ヌ

ヌック [nook]　住宅において、家族がなんとなく集まってくる部屋の隅あるいは奥まった場所。大きな住宅でないとそうした場所は確保されない。

ネ

ネイラー [nailer]　自動釘打ち機。

ネーム プレート [name plate]　表札、出入口に掲げる標識板。

ネオ クラシシズム [neo-classicism]　20世紀初頭におこった古典への復帰運動を新古典主義という。ゴヤ、アングル、スフロ等がいる。

ネオ ゴシック [neo-gothic]　19世紀のイギリスやヨーロッパで再現されたゴシック建築様式。

ネオパリエ [Neopariés]　人造石に似た結晶化ガラス製品。壁・柱などの仕

上材料として用いられる。〔製造：日本電子硝子〕

ネオ バロック [neo-baroque] 19世紀後半，ヨーロッパに興こった芸術様式で，ルーブル新宮殿が代表。→バロック

ネオポリス [neopolis] ネオ(neo)は新しいの意で，ポリス(polis)はギリシア語の古代都市国家を意味する言語。新しく開発された住宅地または新興都市をいう。

ネオ ルネサンス [neo-renaissance] 19世紀にルネッサンス建築の再興を目標とした様式。

ネガティブ スペース [negative space] 物体(positive)によって囲まれてできる空間のこと。

ネガティブ フリクション [negative friction] 地盤沈下が原因で杭に下向きの摩擦力が生じること。

ネゴ ネゴシエーション(negotiation)の略。入札や見積合せなどで請負者が決まらない場合，発注者が最低金額入札者や適確者を選定して交渉すること。利害をともなう打合せなどをあらかじめ調整することにも用いる。

ネスト テーブル [nest table] 積み重ねたり，入れ子にして格納できる大小3～4個の組みテーブル。「コンビネーションテーブル」ともいう。

ネダフォーム おもにコンクリートの集合住宅に用いられる床下地材の商品名。モルタルで高さを調整しながら発泡ポリスチレン板を全面に敷き詰め，その上に畳やフローリングなどの仕上げを行う。〔製造：三菱化学〕

ネッキング [necking] 弾性シーリング材などが引張応力を受けてくびれる現象のこと。

ネット [net] ①本来は本質を意味する語で，総（グロス）に対して用いられる。具体的には利益（粗）などのような減価償却費や資本の減耗を含めた工事費をグロスとすると，純工事費がネット。「純」ともいう。→グロス ②安全ネットや養生ネットなどの総称。化学繊維や金網などの製品が一般的。

ネット オークション [net-auction] インターネット上で行われる競売(オークション)のこと。

ネット クロス ユニット工法 [net cloth unit method] タイルの落下防止のために開発されたタイル張り工法。ユニットタイル工法（タイルを1枚1枚張るのではなく，工場で30cm角ほどのユニットにしたものを張る）において，タイルの裏側にユニットタイルを連結する特殊繊維のネットを接着し，張付けモルタルでタイルを張る。その後目地の位置にステンレス製押え金物（長さ10cm）をビス2本でコンクリートに固定し，目地詰めを行う。仮にタイルが下地からはく離しても，タイルはネットに接着され，ネットは押え金物でコンクリートにつながっているのでタイルは落下しないという仕組みである。略称「NCU工法」。

ネット コミュニティー [net-community] インターネットのネット上で，メールや電子掲示板などのツールを用いて形成されている集団のこと。現在，ボランティア活動などがネットコミュニティを形成し活動している。

ネット フェンス [net fence] 鋼製の柱・横桟から構成された骨組に，金網を張って製作されたフェンス。種々の規格の既製品が多い。

ネット密度 [net density] 全面積から

道路，公園，公共施設，学校，病院等を差し引いた純住宅用地に対する総人口のことで，住宅の建築形式や収容人口を決めるのに用いられる。→グロス密度

ネットワークインフラ［network infrastructure］　光ファイバーや衛星通信などに代表される情報の物的伝送装置のこと。

ネットワーク工程［network planning］　ネットワーク手法によって作成された工程のこと。作業関係が丸印と矢印を使って表現され，サークル型ネットワークとアロー型ネットワークの2種類がある。またネットワーク手法には，プログラムの開発過程や適用分野によって，「PERT」と「CPM」および「マルチプロジェクト」とに分類される。

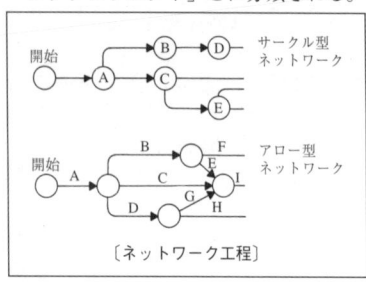

〔ネットワーク工程〕

ノイ［noy］　被害者側からみた騒音（やかましさ）の単位。1959年アメリカのK. D. クレーターにより提案されたもので，音量の計測に際して騒音のもつ感覚的な大きさを採用している。→デシベル

ノイエ ザッハリッヒカイト［Neue Sachlichkeit 独］　新即物主義。1920年代にドイツでおこった芸術運動。細密な描写，客観的把握等で実在性を求める考え方で，A. カーノル，W. ショルツらがいる。

ノイズ［noise］　音響機器などに発生する雑音。

ノイズレス レール［noiseless rail］　引戸のレールに戸車との摩擦音を少なくしたもの。

ノウハウ［know-how］　技術の秘訣，技能のこつ。

ノースランプ コンクリート［no-slumpconcrete］　ゼロスランプまたはこれに近い超硬練りのコンクリート。即時脱型工法によるコンクリート製品の製造に用いられる。

ノーテーション［notation］　空間を記号で表現する表記法。

ノード［node］　ネットワーク工程表における作業と作業の節目。円で表示し，中に通し番号を書き込みノード番号とする。ノードとノードを結ぶものが個々の作業（ジョブという）となり，→で表示される。

ノーヒューズ ブレーカー［no-fuse breaker］　過電流が流れた場合に，自動的に電流を遮断して電気回路を保護する装置で，ヒューズを使用しない機構のもの。略して「NFB」という。

ノー ファニチャー［no furniture］　家具をあまり使わない生活様式。日本の伝統的な生活様式に見られるように，

折りたたんだり片付けたりして部屋を多目的に使えるようにしたもの。

ノーブランド商品[no-brand goods] 無印商品のことで、宣伝費などのぶんだけ低価格で販売できる商品。「ジェネリックブランド商品」ともいう。

ノーポイ運動 タバコの吸いがらや空き缶などを投げ捨てることなく、整理整頓された快適な職場・作業場を作る運動。

ノーマライゼーション[normalization] 正常化あるいは標準化の意だが、特に福祉社会の考え方として障害者も高齢者も普通の人と同じように社会参加し、平等に暮らせるという考え。

ノーマル オープン[normal open] 自動制御において、信号を与えない時、あるいは停電時に全閉となる機構。弁やダンパーに組み込まれ、システムの安全性を高める。→ノーマルクローズ

ノーマル クローズ[normal close] 自動制御において、信号を与えない時、あるいは停電時に全閉となる機構。→ノーマルオープン

ノーマル ベンド[normal bend] 電気設備工事において、電線管を直角に曲げて接続する継手。

ノーレッジ マネジメント[knowledge management] ⇨ナレッジマネジメント

ノギス[slide calipers] 0.1mm台まで測定できる金属製の物指し。スライドする副尺が付いており、物を挟んで測定する。

ノズル型吹出し口[nozzle type diffuser] 吹出し口で流路を絞り風速を上げて吹き出す円筒形状の空調吹出し口。吹出し速度が高く、気流到達距離が大きいため大空間の空調に適する。

ノッカー[knocker] 来訪者がたたいて来訪を知らせるために、玄関の扉に付ける金具。

ノックダウン[knockdown] 部品に分割して運搬し現場で組み立てる製品の納入方法。輸出入の際も、この方式が使われることも多い。

ノック ダウン家具[knock down furniture] 部品を組み立てて作る家具。組立て式家具。

ノッチ[notch] ①構造部材などの材料の断面が切り欠かれたり、欠き込んで凹となった部分。②溶接のアンダーカット、溶込み不良、割れ、スラグの巻込みなどの溶接欠陥。①、②はともに「切欠き」ともいう。

ノッチ効果[notch effect] 穴や溝のある材料に応力を加えたとき、応力集中によって強度が低下する現象。

ノッチ タンク[notch tank] 根切り工事のときの排水の土砂を沈殿させるための水槽。水槽内の仕切りの上部がV字形に切り込まれ、水槽のうわ水だけが排水されるようになっている。

ノット[knot] ①木材の節。樹幹の枝跡。②ぼさのこと。石材中に見られる粘土質の斑点。石材の欠点の一つ。

ノトバイオート[gnotobiotes] 体に持っている微生物の種類がすべて明確に知られている特別飼育された動物。

ノブ[knob] 扉や引出しの取手。鍵穴付きのもの、押しボタン付きのものなどがある。

ノベルティ[novelty] 商品に社名を入れて無料で配る宣伝方法。

ノマド[nomad 仏] 遊牧民の意であるが、定住民との対比の中から、都市における漂流現象や越境現象を見出そうとしたフランスの哲学者 G.ドゥルー

ズの提唱する言葉。

ノミコン方式 発注者が，元請会社に対して下請会社を指定する発注方式。ノミネートされたサブコントラクターという意味で，ノミコンといわれる。コストオン方式と同様に，下請会社に対する工事価格はあらかじめ決められているが，瑕疵担保や品質に対する責任分担が異なる。外資系企業の発注に採用されている。

ノロ [paste] セメントやプラスターなどを水のみで混練してペースト状になった物質。「あま」ともいう。

ノンアスベスト [non-asbestos] 天然に産する蛇紋石系及び角閃石系の繊維状けい酸鉱物である石綿の代替物としての，ガラス繊維やパルプ繊維などの総称。

ノンアスベスト タイル [non asbest tile] 従来の半硬質ビニルアスベストタイルに代わって開発された，アスベストを含まないプラスチック床タイル。アスベストの人体への有害性が指摘されたために生産されたもの。

ノンガス アーク溶接 [nongas arc welding] シールドガスを使用せず，ソリッドワイヤーやフラックスワイヤーを用いて空気中で直接溶接を行う方法。半自動溶接の中では最も容易なので，風に対しても強い。「セルフシールド溶接」「ノンガスシールド溶接」ともいう。

ノンガス シールド溶接 [nongas shield welding] ⇨ノンガスアーク溶接

ノンサグ タイプ [non-sag type] 目地に充てんしたとき，たれ下がらないように作られたシーリング材。

ノンスカラップ工法 [non-scallop method] スカラップを用いない溶接方法。

ノンステップ バス [non-step bus] バリアフリーの一環として利用されている昇降口にステップがなく，直接床に乗降可能な超低床のバス。→バリアフリー

ノン スリップ [non slip] 階段などで床のすべりを防ぐため段鼻に取り付ける部品。

ノンテリトリアル オフィス [non-territorial office] 個人のための固定席を設けないオフィス形態。

ノンブラケット工法 鉄骨を現場で組み立てるときの接続位置に関する工法の一つ。柱と梁の接続面が現場での接続位置になる。ブラケット工法に相対する呼称。→ブラケット工法

ノンワーキング ジョイント [non-working joint] シーリング工事で使われるコンクリート打継ぎ目地，収縮目地などのように，ほとんど動きが生じない部分の総称。

ハ

バー イン コイル [bar in coil] コンクリートの補強用鉄筋として用いられるコイル状に巻かれた鋼材。

バー型スペーサー スラブ筋を点でなくバーで受ける形状のスペーサー。

パーカッション ボーリング [percussion boring] 土質調査などに使用される掘削機。ビットと呼ばれる鉄の刃先をロープで吊り、これを60〜70cmの高さから落下させ、その衝撃で穿孔する。

バー カッター [bar cutter] 電動もしくはてこを利用して、鉄筋を所定の長さに切断する機械。

パーキング エリア [parking area] 車を止めることのできるスペースで、駐車場のこと。

パーキング ガレージ [parking garage] 自動車の車庫・室内駐車場。

パーキング スペース [parking space] 車庫や駐車に必要な面積のことで、道路に対して直角に設ける場合は、2.5×5.5m、平行な場合は2.5×7.5mが必要である。

パーキング用エレベーター [elevator to parking] 地下駐車場や屋上の駐車場へ自動車を運ぶための自動車専用のエレベーター。

パーク [park] 公園、運動場、遊園地、駐車場のこと。

パーク アンド ライド システム [park and ride system] 都心部の自動車交通混雑緩和のため、郊外駅やバスターミナル周辺に駐車場を整備し、自動車を駐車させて鉄道やバスを利用させるシステム。「P&R」ともいう。→キスアンドライドシステム

パーク ウエー [park way] 自動車専用道路。

パーケット [parquet] 寄木細工の床張り。

パーゲット [parget] 漆喰(しっくい)。

パーケット フローリング [parquet flooring] 寄木による床張り仕上げ。

パーケット ブロック [parquet block] 長さの等しいひき板を3枚以上並べて正方形のブロック(30cm程度)とし、側面をさねはぎ加工した木質の床仕上材。

バー コード [bar code] 光学的に読み取る商品に付けられた識別記号で、線の大小で表す。

パーゴラ [pergola] つる性植物をはわせて日陰をつくる日除け棚。テラスや庭園の点景施設として造られる。

バー サポート [bar support] 鉄筋下部のかぶりの厚さの確保や鉄筋の支持を目的とした補助材。鋼製、コンクリート製、プラスチック製、ステンレス製などのものがある。

パーシャル プレストレッシング [partial prestressing] コンクリート部材に発生する長期荷重による引張応力度の一部を打ち消すように、プレストレスの大きさを設定するプレストレスの導入方法。→フルプレストレッシング

ハース [hearth] 床に設けた炉、いろり、炉辺。

パース [pers.] ⇨パースペクティブ

バーズ アイ ビュー [bird's-eye view] 透視図のうち，高所から見たように画くことで，「鳥瞰図」という。→パースペクティブ

パースペクティブ [perspective] 単に「パース」ともいう。透視図および透視図法のことで，物を立体的に表現する製図法。1点透視図，2点透視図，3点透視図等がある。→バーズアイビュー，レンダリング

バーゼル条約 1989年に採択された，先進国で発生した有害廃棄物の開発途上国への輸送を防止する条約。

パーセンタイル [percentile] 計測した値の分布で，少ないほうから数えて何パーセント目の値がどれくらいかを示す統計的表示。人間の年齢，体重のデータが示す正規分布において，平均値付近の値を50パーセンタイルという。

パーソナライゼーション [personalization] ワークステーションを自分の業務の進め方やニーズに合わせて配置を変化させたり，好みに合ったアクセサリー等を掲示したりすること。

パーソナル空調 [personal air conditioning] 執務環境の快適性への関心の高まりや勤務形態の多様化に対応するために，空調のゾーニングを細かくし，個人での空調制御を可能とする空調方式。

パーソナル ケア [personal care] 食事，入浴，用便などの日常生活に支障のある高齢者や身体障害者などを介護すること。

パーソナル スペース [personal space] 個人的な感覚の及ぶ体から数メートル以内の領域のこと。駅のホームなどで普通の状態で人が並んでいるときに観察される人と人の間隔。

パーソナル セーリング [personal selling] 人対人の個人的なコミュニケーションによる販売活動。

パーソナル チェア [personal chair] 個人が専用に使う椅子。

パーソナル マーケティング [personal marketing] マスマーケティングに対する言葉で，消費者と個別に対応する企業活動のこと。

パーソン トリップ [person trip] 都市における交通体系を調査する方法で，人を対象に年齢・職業・地位・移動目的・手段・どこからどこへ等を調査するもので，「パーソントリップ調査」「PT調査」ともいう。

パーソン トリップ調査 [person trip study] ⇨パーソントリップ

バーチャート [bar chart] 縦軸に作業項目をとり，横軸に時間（暦日などの月・日数）をとって，各作業の開始から終了までを棒状で表現した工程表。見やすく，わかりやすいなどの長所がある反面，各作業の関連性や作業の余裕度がわかりにくいといった欠点もある。「棒(状)工程表」ともいう。→ガントチャート，マルチアクティビティーチャート

バーチャル モール ⇨サイバーモール

バーチャル リアリティ [virtual reality] コンピューターにより人工的に作られた仮想空間で，あたかも自分がその空間にいるかのような感じが得られるシステム。

バーティカル ゾーニング [vertical zoning] 各要素の近接関連度，動線やアクセス，建物構造などを勘案して行う，入居組織や必要機能の建物複数階

に対する断面配置計画,「スタッキング」ともいう。

バーティカル ブラインド [vertical blind] 竪型の帯状のブラインド。→ブラインド

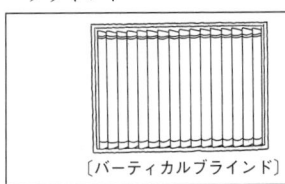

〔バーティカルブラインド〕

パーティクル ボード [particle board] 木材の破片を接着剤で熱圧成形した板。遮音・断熱性に優れ,加工性が良いことから屋根・壁・床の下地あるいは表面加工して家具や建具に使用される。「チップボード」ともいう。略して「PB」。

パーティション [partition] 空間を仕切る壁のことで,レール等で一個所に収納できるものや簡単に取り外しができるものがあるが,いずれも遮音性に劣る。→ローパーティション

ハート [heart] ①シートパイルを引き抜く際に使用するハート形の工具。②ハート形をしたスペーサーブロック。

パート [PERT] ネットワーク手法の一つで,サークル型で表現される。矢印(各作業の所要時間として表現)は,楽観値・最可能値・悲観値を荷重平均した期待値として考え,これとそのばらつきからプロジェクトの工期内での完成の可能性を検討する。この手法は,作業時間が不確定なプロジェクトの計画・管理に適用される。「PERT」ともいう。

バード アイ [bird eye] 透視図法の一つで,建物を上空から見たもので消点が3つあるので「三消点パース」ともいう。

ハートウッド [heart wood] 木材の心部分から採れる心材。

ハードウッド [hardwood] クヌギ,ナラなどの広葉樹からとれる硬い木材。堅木,硬木。→ソフトウッド

ハード エネルギー パス [hard energy pass] 石炭や石油,原子力を利用するシステム。またそれらを利用するエネルギー政策。→ソフトエネルギーパス

ハート コア [heart core] 空調,給排水・給湯などの建築設備を建物の一部に集中してまとめる方式。→ウェットコア,コア,コアシステム

ハード ツイスト [hard twist] カーペットのパイル糸に強いよりをかけたもの。弾力性に富み重厚感があり丈夫。

パートナー コーポレーション [partner corporation] 協力業者,協力事業者。

ハートビル法 「高齢者,身体障害者等が円滑に利用できる特定建築物の建築の促進に関する法律」の通称。病院,劇場,デパート,ホテル等の不特定多数が利用する建築物の出入口,廊下,階段,トイレ等を,高齢者や障害者が円滑に利用できるように,その障害を除去する建築基準を定めてある。この法に基づき都道府県知事が認定した建築物は,補助,低利融資,税制などの優遇措置が受けられる。平成6年9月に施行された。→バリアフリー

ハートフル ビルディング 高齢者や障害者等の社会参加を促進するため,バリアフリーに配慮した人に優しい建築。

ハード ボード [hard board] 内装材や家具に使用される繊維板の一種。材質が均一で,硬く,加工が容易といった

特徴をもつ。JIS A 5907では「硬質繊維板」と呼ばれている。

ハードボードサイディング [hard board siding] 硬質繊維板でつくられた外壁用の羽目板。

バーナー仕上げ [burner finishing] ⇨ジェットバーナー仕上げ

バーニア [vernier] 計測機器であるノギスの副尺のこと。

ハーバードタンク（室） [Hubbard Tank] 身体の水治療に使うステンレス製のタンクで、温水と気泡で筋肉を刺激しながらマッサージを行うためのもの。

バーハンドル [bar handle] 扉に付けられる棒状の取手。縦方向に付けるものと、非常口用扉のように横方向に付けるものとがある。

ハーフカット [half cut, depressed] 道路や駐車場・競技場・広場を、周囲の地盤面から1段掘り下げて造ること、またその技法。道路に採用した場合、出入り制限が確実となったり、立体交差が容易などの利点がある。

ハーフティンバー [half timber construction] イギリス中世につくられた木造住宅の手法の一つで、柱・梁・斜材などを外部に現したもの。

ハーフトーン [halftone] 色の組合せを行う場合、表現を和らげながらアクセントを付けるのに用いられる中間色のこと。→ツートンカラー

ハーフPC 鉄筋コンクリート部材をプレキャストコンクリート（PC）化する場合、部材の一部をPC化し、他は現場打ちコンクリートとするもの。例えば、スラブの下半分をPC化し、上半分は現場打ちコンクリートとするなど。他の部材との取り合いやコスト・工期などの条件によって採用される。

ハーフPCa合成床板 薄肉（50～120mm程度）のプレキャスト（ハーフPCaと呼ぶ）部材を床型枠として敷き込み、その上に配筋を行った後、現場打ちコンクリートを打ち込んで一体の合成スラブとする工法。

ハーフミラー [half mirror] 透明ガラスの片面を鏡面とし、明るいほうから見ると鏡状となり、暗いほうから見ると透明なガラス。防犯用扉や特殊窓に使用、一方の側からのみ見えるように作られた特殊ガラス。「マジックガラス」「マジックミラー」ともいう。

ハーフユニット [half unit] ユニットバスの製法で、下半分に浴槽、便器、洗面器を取り付けた製品。

ハーフルーバー [half louver] クローゼットのドアなどに使われる通気のために付けられるガラリで、ドアの上半分に付けられたもの。→フルルーバー

バーベンダー [bar bender] 鉄筋を曲げ加工するための機械。略して「ベンダー」とも呼ぶ。

パーマカルチャー [parme-culture] 自然にもとづく生産、生活あるいは人間にとって恒久的持続可能な環境を造るデザイン体系のこと。永続性（parmanent）、農業・園芸（agriculture）、文化（culture）との合成語。

パーマネントコレクション [permanent collection] 美術館や博物館で永久に保存展示する国宝級の美術品。

パーマネントサポート [parmanent suport] 根太とせき板を取り外してもスラブを支え続けることのできるパイプサポート。

パーマネントホテル [parmanent hotel] 滞在日数の比較的長い業務上の

［パーマネントサポート］
スラブせき板／根太／大引き

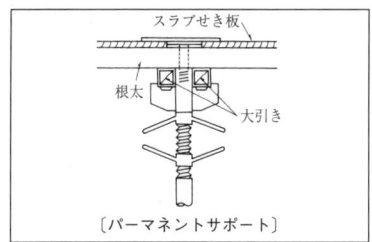

旅行者や高級の客を対象としたホテルのこと。客室はツインベッドルームが主体で、スイートルームや特別室も準備されている。「アパートメントホテル」ともいう。→トランジェントホテル、レジデンシャルホテル

パームロック［palm lock］ ⇨ヘアーロック

パーラー［parlor］ 住宅の応接間、居間、ホテル・クラブの談話室、休憩室。

パーライト［perlite］ 黒曜石や真珠岩を砕き、焼成して作られる人工軽量骨材。断熱性・耐火性に優れているため軽量コンクリートの骨材のほか、モルタル・プラスター用として間仕切り壁、断熱板にも使用される。

パーライトボード［perlite board］ 軽量化・断熱化を目的としてパーライトを混入して製作された建材。

パーライトモルタル［perlite mortar］ パーライトをセメントまたはプラスターなどと混合したもの。吸音・断熱性に優れ、壁・天井用の左官材料として用いられる。

バール［crawbar］ 重い物を持ち上げるとき、その物の下に差し込んで「てこ」として用いる鉄製の棒。「かじや」「クローバー」ともいう。

パールタイル［pearl tile］ ⇨ラスタータイル

バーレル［barrel］ 容量の単位。液体または果実、野菜などの量を計るためにおもにアメリカやイギリスで用いる。1バーレルの大きさは種類および国によって異なるが、ほぼ160〜190l。

バーンアウトシンドローム［burnout syndrome］ 仕事に没頭していた人が突然無気力や心身症などの状態に陥ること。「燃えつき症候群」ともいう。

ハイアート［high-art］ 密度あるいは質の高い建築または美術品のこと。

ハイアンドロー［high and low］ パイル(毛)のループ(輪)に高いものと低いものとがあるカーペット。

バイオインダストリー［bioindustry］ 生物が保持する機能を高めたり、有機的な生物をつくり出す産業。遺伝子の組み換え、細胞融合、細胞大量培養といった技術が活用される。

バイオエコロジー［bioecology］ 動植物の生物と環境との各種関係を研究する学問。「生物生態学」ともいう。

バイオガス［bio-gas］ 生物資源であるゴミ、排泄物、植物などからつくり出されるメタンガスが主成分のガス。

バイオクリーンルーム［bioclean room］バイオテクノロジーに関連する実験や生産を行うための研究所や工場のクリーンルーム。室内の塵芥や微生物を極力少なくした設備。→クリーンルーム、スーパークリーンルーム

バイオサイエンス［bioscience］ 生命科学。

バイオチップ［biochips］ 生物の細胞(セル)を利用した電子素子のこと。優れた生体機能を直接利用したり、模倣したりすることが可能であるため急速に発展している。

バイオテクノロジー［biotechnology］ 生物工学あるいは生命工学と呼ばれる

もので，バイオロジー（生物学）とテクノロジー（技術）の合成語。遺伝，増殖，代謝などの生命活動の仕組みを科学的に解明し，工業的に利用しようとする技術。遺伝子組み換え技術，細胞融合技術，組織培養技術，生物反応器の4つの基本技術からなる。

バイオデザイン［biodesign］ 生体を形づくっている曲線を基調とするデザインで，ルイジ・コラーニが提唱しているデザインの考え方。

バイオトロン［biotron］ 温度，光，熱などの条件を変化させて生物を育て，その影響を研究するための実験室（装置）。環境は人工的に調整できる。

バイオニクス［bionics］ 生物の各種機能を分析し，工学的に実用化することを研究目的とした学問。「生体工学」ともいう。

バイオハザード［biohazard］ 実験研究用の微生物や病原体が施設から漏えいすることによって発生する新公害。「生物災害」「生物障害」ともいう。

バイオ プラスチック［bio plastic］ 自然界の水素細菌や窒素細菌などの微生物がつくる高分子ポリエステル化合物のこと。一般のプラスチックと異なり廃棄後は土壌中で分解することから公害問題のない新素材として注目されている。

バイオマス［biomass］ 樹木，家畜の糞など燃料となる生物体で，石油などの化石燃料に対して「生物燃料」といわれる。

バイオマス エネルギー［biomass energy］ 海藻，廃棄物，ふん尿を発酵させた燃料の開発，生物からの石油成分の抽出，特殊な菌の培養による水素の発生など，生物体（バイオマス）を利用したエネルギーの総称。実用化したものは少ないが未来のエネルギーとして注目されている。

バイオミメティクス［biomimetics］ 生命機能を科学的に模倣することで，種々の新分野の技術を開発する学問。

バイオメトリクス［biometrics］ 指紋，声紋，網膜パターン等の身体的特徴を利用した個人認識手法。ファシリティの入退管理に利用する。

バイオリズム［biorhythm］ 人の体は感情，体力，精神それぞれが特有の周期をもっていると考えられ，それらの周期率のことをいう。

バイオ レメディエーション［bio-remediation］ 自然の生態系が保有している浄化能力を人為的に強化し，有毒汚染物質を微生物を使って分解・無害化することで現状の修復を図る技術。

バイオロジカル クリーンルーム［biological clean room］ 手術室や製薬工場等に設置される，空気中の細菌や微生物等を極低量にコントロールしたクリーンルーム。

ハイカット スイッチ［high cutoff switch］ 圧力や温度が，設定値以上になった場合に停止信号を出す装置。

パイ キャビネット［π cabinet］ 自立型高圧キャビネットの俗称。電力引込み線の電力会社側と需要家側との境界に設置。キャビネット内に開閉器を収納，配線の形状がπ型をしている。

バイコロジー［bicology］ 自転車を多用し，公害をなくして自然を守ろうとする市民運動のこと。→アルコロジー

ハイ サイドライト［high side light］ 古い美術館や工場などに利用された高窓採光。側窓採光の中でも，目の高さよりも高い位置に設けられるもの。

- **ハイサ グラフ**［hyther graph］ 月平均の気温と降水量を表したもの。
- **ハイ サッシュ** 住宅において，高さが床から天井まであるサッシュ。部屋の開放感・採光・通風・眺望などで良好な居住性が得られる。
- **ハイ ステージ**［high stage］ 鉄骨部材のボルト締めや溶接作業に用いる吊り枠足場。
- **バイステックの7原則**［seven law of social casework］ ソーシャルワーカー（援助者）とサービス使用者間の援助関係を示した原則で，アメリカのフェリックス・バイステックが提唱した。①個別化，②意図的な感情表現，③統制された情緒的な感情表現，④受容の原則，⑤非審判的態度，⑥利用者の自己決定，⑦秘密保持からなる。「個別援助の7原則」ともいう。
- **ハイ スピード スチール**［high speed steel］ 600℃以上の高温でも硬さが減じないため，高速度の切削に用いられる特殊合金鋼。一般的には，炭素0.7％，クロム4％，タングステン2％以下，コバルト2〜11％の含有量をもつ。「高速度鋼」ともいう。
- **ハイスプリット**［hisplit］ 鉄骨部材の組立てにおいて，柱と梁を接合するために用いる部品。〔製造：日立金属〕
- **ハイ ソリッド ラッカー**［high solid lacquer］ ニトロセルロースと樹脂の割合が1：2以上のもの。樹脂にはアルキド樹脂が一般に使用されている。不揮発分が35％以上に作られているため乾燥がきわめて速い。光沢・耐候性に優れている。
- **ハイタンク**［high tank］ 大・小便器の洗浄方式の一つで，天井近くに水槽を置き，水の位置エネルギーによって便器を洗浄する方式。→シスターン
- **ハイツ**［heights］ 高台にある住宅地の意で，終戦後にアメリカ軍がワシントン・ハイツ等いくつかの住宅団地を造ったところから一般化した。
- **ハイテク** ⇨ハイテクノロジー
- **ハイテク汚染** 先端産業のIC製造工場から排出される有害化学物質による環境汚染のこと。広義にはエレクトロニクス，バイオテクノロジーや薬剤などによる汚染も含むことがある。→IC製造工場
- **ハイテク家具**［high-technology furniture］ 機能性に優れ，メカニックな事務用家具を家庭用に使ったもの。
- **ハイテク セラミックス**［high-technology ceramics］ ⇨ファインセラミックス
- **ハイ テクノロジー**［high-technology］ マイクロエレクトロニクス，バイオテクノロジー，メカトロニクスなどの高度先端科学技術のこと。略して「ハイテク」ともいう。
- **ハイ テンション**［high-tension］ 降伏点強度の大きい場合に用いる語。
- **ハイ テンション アウトレット**［high tension outlet］ フロアダクト配線から電気を取り出す個所に取り付ける床に露出したコンセント。
- **ハイ テンション ボルト**［high-tension bolt］ 鉄骨部材の接合に使用される高張力鋼でできたボルト。機械構造用炭素鋼や低合金鋼を熱処理してつくられる。「高張力ボルト」「高力ボルト」「ハイテンボルト」ともいう。
- **ハイ テン ボルト**［high tension bolt］ ⇨ハイテンションボルト
- **ハイドローリック ジャンプ**［hydraulic jump］ 排水横主管の中で水面が盛

り上がる現象で,跳水現象のこと。

ハイドロ カルチャー[hydroculture] 本来は水耕栽培を意味するが,植木鉢状の容器に発泡練土(ハイドロボール)を入れて植物を植え,容器底部に水を溜めて栽培する容器栽培のこと。

ハイドロ クレーン[hydro-crane] 油圧を動力源とした移動式クレーンの総称。

ハイドロ スイーパー 床にたまった水を排水するポンプ。じょうご状の口から水を吸い込む方式で,浅い水溜まりの排水に適している。

ハイドロダイナミックス[hydrodynamics] hydro(水)+dynamics(力学)の合成語。飛行機や船の設計に必要な学問分野。「流体力学」ともいう。

ハイドロテクト 素材の表面に分子レベルの水分薄膜を形成することで,水をまったく弾かない効果を発揮させる技術(光触媒超親水性技術),同様に有機物等を分解させる技術(光触媒有機物分解技術)の総称。光触媒の薄膜を衛生陶器やタイルの表面に固定すると,その触媒が光に反応して分子レベルの水分薄膜を形成し,付着した汚れが水で簡単に洗い流せる,雑菌や汚れ,臭いの原因になる有機物を分解する等の効果を発揮する。TOTOの開発技術。

バイナリー サイクル発電[binary cyclic power generation] 環境汚染対策や発電効率向上のために考案された地熱発電方式。低温熱水を利用し,水よりも沸点の低いフロンなどの二次媒体を加熱蒸発させ,タービンを回して発電する。「ツーサイクル発電」「熱水利用発電」ともいう。

ハイパーウッド構法 柱・梁に構造用集成材を使用した木造住宅の構法。壁は筋かいを使わずにパネル,床は24mmの構造用合板,部材の接続には金物を使用する。集成材を使用することで,木材の強度と耐火性を高めている。

ハイパー繊維[hyper fiber] 超極細ポリエステル繊維を使用した眼鏡ふきに代表されるような,付加価値を高めた高機能繊維。

ハイパー ビルディング[hyper building] 平面的にスプロール化した既存都市に対して,都市問題を考慮した新たな都市の規模と機能をあわせもつ,高さ1,000m,延べ面積1,000haの規模の建築物。立体化することで高密度,長寿命,フレキシビリティ,環境共生,省エネなどを実現する。

ハイパーマーケット[hypermarket] スーパーマーケットの規模をさらに拡大した小売店舗で,1〜5万m^2くらいのものまである。

バイパス[bypass] ①自動車の迂回用道路。②配管工事における側管。

バイパス制御[bypass control] 機器の能力制御方式の一つ。機器を通過しない流路を設けておき,ここを通過する流量を制御することにより機器の能力をコントロールする。

ハイ バック チェア[high back chair] 背もたれの高い休息用の椅子。

ハイビジョン[Hi-Vision] 日本放送協会(NHK)が中心になって開発した高品位テレビ方式。略称「HDTV」。

パイピング[piping] 浸透水流で地盤内の砂質土の粒子が流出し,水みちができる現象。

パイプ足場[steel pipe scaffold] 鋼管を緊結金具(クランプ)や継手金具を用いて組み立てた足場。「単管足場」

ともいう。

バイフォールド ドア［by-hold door］ クローゼットなどに使われる折戸のこと。二枚のドアが蝶番で連結されて、左右一対としてピボットとレールで可動する。

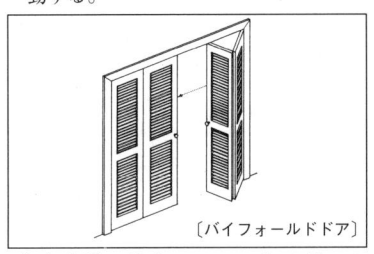

〔バイフォールドドア〕

パイプ ガード［pipe guard］ 配線や配管が他の部材と交差する部分に使われるΩ形をした保護金物のこと。

パイプ家具［pipe furniture］ 鋼製またはアルミ合金製のパイプを主材とした家具。主として椅子に使われる。

パイプ クーリング［pipe cooling］ マスコンクリートの温度上昇を抑えるために、配管した通水パイプに冷却水を通して、水和熱を除去すること。

パイプ クランプ［pipe clamp］ ⇨クランプ

パイプ サポート［pipe support］ スラブや梁の型枠を支える支柱。2本の鋼管を組み合わせ、長さが調節できる。

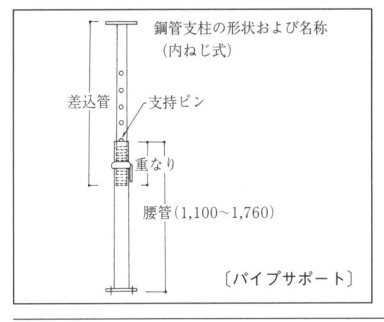

鋼管支柱の形状および名称
（内ねじ式）
差込管
支持ピン
重なり
腰管(1,100～1,760)

〔パイプサポート〕

パイプ シャフト［pipe shaft］ ⇨シャフト、パイプスペース

パイプ スペース［pipe space］ 建築設備用の各種配管を集中的に収納したスペース。各階を貫通した竪方向のスペースで、一部にメーター類を納めてメーターボックスを兼ねる場合もある。「パイプシャフト」また略して「PS」ともいう。

パイプ スリーブ［pipe sleeve］ パイプを壁や梁などに貫通させるために、あらかじめ開けておく貫通孔。

パイプ ファン［pipe fan］ 便所や洗面所の排気容量確保のため、パイプ部分に小型のファンを内蔵させたもの。

パイプ ペンダント［pipe pendant］ パイプを用いた吊下げ型の照明器具。

バイブラ バス［vibra bath］ 気泡などを使って体に振動を与える健康用入浴法、およびその浴槽のこと。

ハイブリッド［hybrid］ 異種の材質を組み合わせた部材の総称。普通鋼材のウェブに高張力鋼のフランジを溶接したハイブリッドI型梁が代表的。

ハイブリッド ガーダー［hybrid girder］ 異種の材質を組み合わせた組立梁。フランジとウェブの材質が異なったH形鋼などがこれにあたる。

ハイブリッド型新コンクリート補強材 高強度炭素繊維(HSCF)、高弾性炭素繊維(HMCF)、アラミド繊維(AF)、ガラス繊維(GF)に代表される高度繊維などの異種の複合材料を組み合わせてコンクリートを補強する材料としたもの。コンクリートの耐久性の向上、軽量化などの利点がある。

ハイブリッド構造［hybrid construction］ 「合成構造」「複合構造」などともいわれ、鉄骨、鉄筋コンクリート、

鉄骨鉄筋コンクリート，プレキャストコンクリート，木などを複合させて使用する構造のこと。架構としての複合と部材としての複合があるが，明確な定義はない。

バイブレーション仕上げ ステンレス鋼などの表面仕上げの一つ。繊維状の研磨材により，金属表面に方向性のない無数の螺旋状ヘアラインを付けたもの。抑制された光沢となり，きずが目立ちにくい。「無方向性ヘアライン」ともいう。

バイブレーター [concrete vibrator] 打設中のコンクリートに振動を与える機械。コンクリート中の気泡の発生を防いだり型枠や鉄筋によくなじんで密実なコンクリートを作るために行う。「コンクリート振動機」ともいう。

パイプレンチ [pipe wrench] パイプをつかんで回転させる工具。ねじ切りしたパイプのねじ込みや取り外しに使う。略して「パイレン」ともいう。

バイブロパイルハンマー [vibro pile hammer] 杭に縦振動を伝えながら機械および杭の自重で杭打ちを行う機械。「振動式杭打ち機」ともいう。

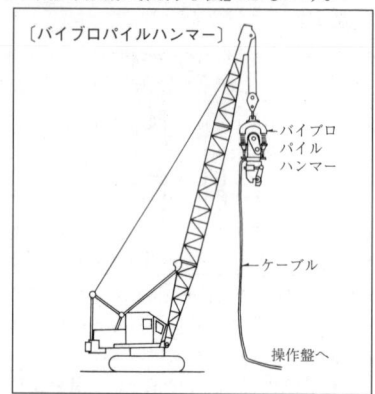

〔バイブロパイルハンマー〕

バイブロフローテーション工法 [vibro-floatation method] 振動とジェットの併用で砂杭を作る砂質地盤の

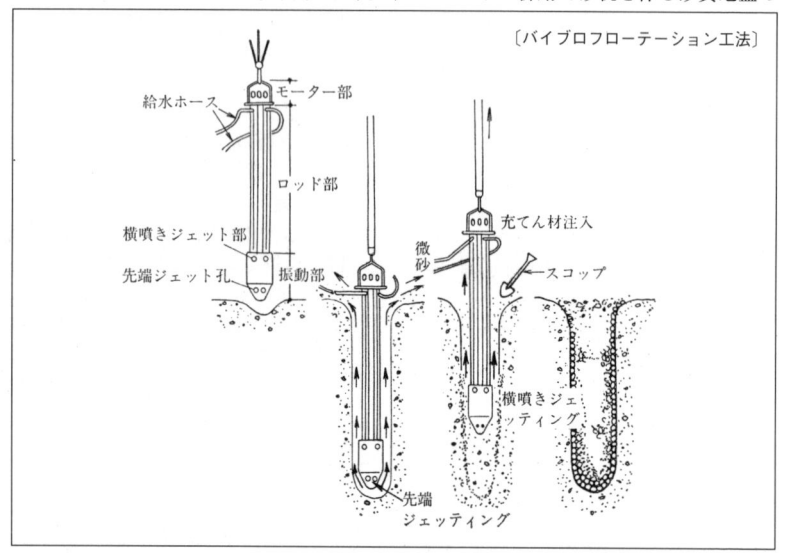

〔バイブロフローテーション工法〕

- **改良工法**。
- **バイブロランマー**［vibro-rammer］砕石などを締め固める機械。ガソリンエンジンの回転力を往復運動に変え、その衝撃を利用する。
- **ハイベース**［hibase］鉄骨部材の組立てにおいて、柱脚部の接合に用いる部品。〔製造：日立金属〕
- **ハイム**［heim］英語の「ホーム」と同義で、家または家庭のこと。マンション等の名前に用いられている。
- **バイメタル**［bimetal］熱膨張率の異なる2種類の金属を貼り合わせて電気の入切をさせるもの。
- **ハイモル** セメント・天然砂・珪砂を主成分とし、特殊樹脂をプレミックスした左官材の商品名。一般用、補修用、下塗り用など用途に応じた種類がある。〔製造：昭和電工〕
- **ハイリブラス**［high rib lath］メタルラスのうちリブ付きのもので、リブの背が17mm程度と高いもの。
- **パイル**［pile］①杭のこと。②タオルやじゅうたんなどの織物の表面に糸を毛房に織り立てたもの。毛房を切らないものを「アンカットパイル」、切ったものを「カットパイル」という。
- **パイル カーペット**［pile carpet］基布（下地となる織物）の表面に繊維を立てて織りあげたじゅうたんの総称。
- **パイル キャップ**［pile cap］①杭打ちの際、杭頭の保護とハンマーの打撃を有効に伝えるために杭頭にかぶせるキャップ。鋼製の輪と木や古タイヤでできている。②基礎コンクリートがPC杭の中空部に流れるのを防ぐため杭頭に取り付けるキャップ。
- **パイル ドライバー**［pile driver］杭打ち機。
- **パイレン** ⇨パイプレンチ
- **パイロット サーベイ**［pilot survey］本格的な調査の前に先行して行う予備調査のこと。一般的に「あたり」をつけるという。
- **パイロット ショップ**［pilot shop］⇨アンテナショップ
- **パイロット デザイン**［pilot design］きちんと作る前に試しに作ってみること。試作品。
- **パイロット バーナー**［pilot burner］大型のバーナーに着火する前に用いる、小形で着火しやすい燃料を用いた小型バーナー。
- **パイロット ハウス**［pilot house］政府の推奨するモデル住宅。提示された条件に基づき民間会社が提案・試作して選定する。
- **パイロット プラン**［pilot plan］本案に対する試案。
- **パイロット プラント**［pilot plant］新生産プラントの建設に先立ち、種々のデータ・資料を得るためにつくられる試験施設・工場。
- **パイロット ランプ**［pilot lamp］電気回路に所定の電圧が加えられているかどうかを表示するランプ。
- **パイン**［pine］松材のこと。
- **バインド線**［binding wire］絶縁および耐水処理がなされている線で、碍子（がい）に電線を固定する際に使用。
- **ハインリッヒの法則** アメリカの安全技術者ハインリッヒが主張した事故に関する法則で、重大事故と軽度の事故とヒヤリ・ハットの事故徴候は1：29：300の割合で発生するとしたもの。事故が発生する場合、往々にして一つの重大事故の前に何十という軽い事故が起こっており、また何百という予兆

的な危険信号があるというもの。

ハウジング [housing] 住宅に関するすべての産業の総称。→ハウス

ハウス [house] 人がそこで生活を営むための建物で、住宅のこと。同義語に「ドゥエリングハウス」「ハビテーション」「ホーム」などがある。→ハウジング

ハウスウエア [housewares] 家庭用雑貨。

ハウス オーガン [house organ] 企業などが発行するPR誌、社内報。自社の活動を社内、社外に知らせるために発行する定期刊行物。

ハウス キーピング [house keeping] 家政、家事、家庭管理。

ハウス クリーニング [house cleaning] 住居内外の清掃作業を代行するサービス業。

ハウス コントロール システム 住宅に設置されているエアコンや照明器具などを制御し、室温や湿度・照明などを自動調節する仕組み。

ハウス ダスト [house dust] 室内の空気中に飛び散る細かなゴミやほこり。

ハウスホン [housephone] ホテル用交換機の付加機能。ハウスホンクラスに設定された内線の送受器をとると、自動的に交換手を呼び出し接続する。

パウダー クリーニング [powder cleaning] カーペットの清掃方式。吸着性の強い粉末に有機溶剤をしみ込ませ、これをカーペット上に散布し、ブラシで汚れを吸い取り、粉末を回収する。

パウダー ルーム [powder room] 女性用の化粧室。白粉（パウダー）を使うことからこう呼ばれている。「ファンデーションルーム」ともいう

ハウ トラス [howe truss] アメリカのG.ハウが考案した台形状のトラス。

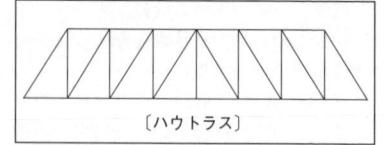

〔ハウトラス〕

バウハウス [Bauhaus 独] ワルター・グロピウスがドイツのワイマールで設立したデザイン・建築・工芸のための造形学校で、建築に向けてすべての芸術の統合を計ろうとした。

バウビオロギー [boubiologie 独] 工業化に向かった家づくりや街づくりを天然の材料に戻そうとする、地球環境という視点から捉えた研究分野。「建築生物学」ともいう。

ハウラ音 [howler] 電話機の受話器がはずれているとき、交換機または試験台から信号を送出して、受話器がはずれていることを知らせる警報音。

ハウリング [howling] スピーカーから出た音がマイクロホンに達し、増幅されて再びスピーカーから出ること。

パオ [bào 中] 蒙古など北方遊牧民の天幕式の住居。樺、楊柳の枝を骨にして羊毛フェルトや毛皮で覆ったもので移動性に富む。「包」と書く。

バキューム コンクリート [vacuum concrete] 強度の増大、乾燥収縮の低減、凍結防止などの目的で、打設直後のコンクリート表面に真空マットを敷き、真空ポンプを使ってコンクリート中の余剰水を吸引脱水する工法。「真空コンクリート」ともいう。

バキューム ブレーカー [vacuum breaker] 給水管系に設ける洗浄弁に付属する汚染防止装置。容器内に水がある場合は、水圧で閉止した状態とな

っているが，容器内が真空状態となると大気圧が弁にかかって真空状態を破る機能をもっている。

バケット [bucket] 土砂やコンクリートを入れて運搬する容器一般。

バケット エレベーター [bucket elevator] 砂利・砂などを上部に垂直運搬するための機械。輪にした鎖に一定間隔でバケットを取り付け，輪を回転させ材料を運搬する。

パケット交換 [packet switching] 送信するデータを一定の大きさのブロックに分割し，これに宛先情報を付加して，相手方に送信し，元のデータに変換する通信方式。

バケット コンベヤー [bucket conveyer] 1連または2連のコンベヤーチェーンにバケットを付け，下部で投入されたものを上部に運搬・排出するコンベヤー。

バザール [bazar 仏] アラビアやトルコなど中近東イスラム圏の市場。英語でバザー，特にチャリティーバザー（慈善市）をバザーという。

バジェット型ホテル [budget type hotel] 低価格で宿泊費が特別価格となるように設定したホテル。

バジェット フロア [budget floor] バーゲンセールとは異なり，常設の低価格商品を集めた特売場。

バス [bath] 浴槽。タイル張りが一般的だが，プラスチック製，ホーロー製，ステンレス製がある。特にステンレス製は湯がさめにくい。

パス [path] ネットワーク工程表における2つ以上の作業の連なり。

パスカル [Pascal] 圧力，応力，弾性係数のSI単位。記号〔Pa〕。

パス間温度 [interpass temperature] 溶接の進行方向に沿って切れ目なく行う1回の溶接操作をパスといい，パスを重ねて溶接するときの前のパスによって生じたビードの温度のこと。あまり高温になると溶接欠陥が起こる場合がある。

バス コート [bath court] 浴室の窓越しに造られた坪庭のこと。

バス ダクト [bus duct] 大電流を送る幹線に使用するダクト。ケーブル工事に比べて構造が簡単で経年変化が少なく，コンパクトで保守も容易。「ブスダクト」また略して「ブス」ともいう。

バスタブ [bathtub] 洋式の浴槽で，体を横たえて入る浅いもの。シャワーでそのまま体が洗える。

バスタブ曲線 [bathtub curve] 機器の使用時間と故障率との関係を示す図。洋風バスの型をしていることから，このように呼ぶ。

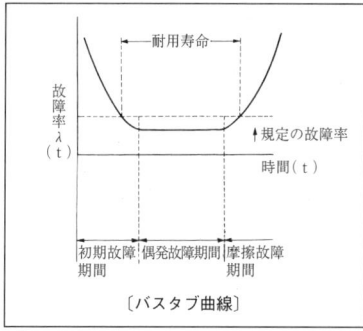

〔バスタブ曲線〕

パステル [pastel 仏] 顔料をアラビアゴムで練り固めたもので，絵を描くもの。柔らかい感じが表現できる。

パステル カラー [pastel color] パステルで描いたような柔らかい中間色。

バス ブザー [bath buzzer] 温度センサーを組み込んだ製品で，湯の温度や水位が設定された値になるとブザーが

鳴る装置。

バスベイ［bus bay］　バスが停車しやすいように、歩道側に入り込んだスペース。

パスボックス［pass box］　クリーンルームやバイオクリーンルームの壁面に取り付けられる小物移送用の装置で、箱状容器の両面に扉があり、両者が同時に開かない機構となっている。

バスマット［bath mat］　欧米の浴室は便所と洗面所が一体となっており、入浴で床が濡れるので、これを防ぐための敷物のこと。

バスユニット［bath unit］　浴槽などが組み込まれた住宅設備空間。工場で生産、仕上げられ、現場で組み立て設置される。→ユニットバス

バスルーム［bath room］　浴室。防水上、便器や洗面器とともに一室となっているプラスチック製の一体型を「ユニットバス」という。

パターンスティニング　石膏ボードをGL工法で施工した場合、接着材（GLボンド）部分の石膏ボードの表面に汚れが付着する現象。外気温がコンクリートとGLボンドを伝わり、石膏ボードの表面が室内温度より低温になり、微細なほこりが低温部に付着して汚れが現れる現象。低温になった石膏ボードの表面が、結露してほこりが付着する場合もある。

パターンランゲージ［pattern language］　建築空間について使う人と作る人が共通にコミュニケートできるように考えられた言葉で、C・アレクサンダーによって提唱された。

バタコー　資材などを運搬する小型トラックのこと。

バタフライテーブル［butterfly table］　折りたたみ式テーブルの一種。半円形の甲板が両端に付き、使わないときは折り下げておく。「ゲートレッグテーブル」ともいう。

バタフライバルブ［butterfly valve］　流体を制御する弁の一種。

バタフライ屋根［butterfly shaped roof］　中央部に谷をつくったV字形断面をもった屋根。

バチェラーズチェア［bachelor's chair］　⇨パレットチェア

ハッカー　①［hooker］　鉄筋を番線で結束するときに用いる工具。「手ハッカー」ともいう。②［hacker］　通信回線から他のシステムに入り込み、データやプログラムを破壊する特異なコンピューターマニア。システム破り。

〔ハッカー〕

ハッキング　鉄筋をなまし鉄線で結束すること。ハッカーという工具を使って行われる。

パッキング［paking］　気密性や水密性を確保するため部材の接続部に挟み込むゴムなどでできた部品。

バック［back］　洗面器や流しを使用する際、水はねなどにより壁面を汚さないように設けられる、水受け容器の壁面に接する部分の立上りをいう。

バックアップ材［back-up material］　シーリングの3面接着を防止したり、目地を浅くしたりする目的で目地底に詰める合成樹脂系の発泡材。「ボンドブレーカー」ともいう。

バックアンカー工法［back anchor method］　⇨タイバック工法

バックオフィス［backoffice］　①都心への一極集中を避け、その周辺に事務

所を構えること。②フロントオフィスを支援する目的で，これに接して設けられるオフィス。→フロントオフィス

パック オン［pack on］ おまけ付き商品で，買った人に利益が還元される仕組み。「オンパック」ともいう。

バックグラウンド ノイズ［background noise］ 執務中にスピーカーから気にならない程度の連続する雑音を流し，「BGM」と同じ効果をねらったもの。流す雑音によってOA機器の騒音や会話音が気にならなくなる。→BGM

バックグラウンド ミュージック［background music］ ⇨BGM

バック スツール［back stool］ 背もたれの低い腰掛け。バーカウンターなどで使われる。

バック セット［back set］ 錠前の面座すなわちドアの端から握り玉やレバーハンドルの軸の中心までの距離。

バック ファイヤー［back fire］ ボイラーの燃焼室で，起動時に燃料が出てから遅れて着火したり，燃料の供給が小きざみに断続したときに発生する爆発的燃焼。

バック フロー［back flow］ 水道の圧力が低下したときに，汚れた水が給水管のなかに逆流すること。

バック ホー［back hoe shovel］ 地盤面よりも低い部分の掘削に適した油圧の掘削機械。遠くのほうから手前へバケットを動かして掘削する。「ドラグショベル」ともいう。

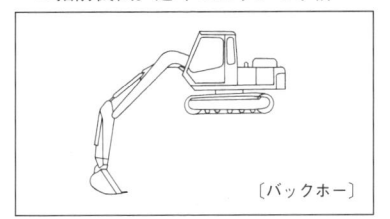

バック マリオン［back mullion］ 外部からは見えないように，ガラスの裏側に配置されたサッシの方立て。連窓サッシなどでガラスとガラスの縦ジョイントをシールのみとし，ジョイント部の裏側に方立てを配置する。ガラスにかかる負の風圧に対応する場合は，ガラスと方立てをストラクチャーシールでつなぐ。→ストラクチャーシール，SSG構法

バックレスト［backrest］ 高齢者や身体障害者の上半身を起こし，背部を支えるL字型の補助器具。

パッケージ［package］ ⇨パッケージ型空気調和機

パッケージ型空気調和機［packaged air conditioner］ 冷凍機・送風機・フィルターなどを本体の箱に収めた室内用の空気調和機。搬入・据付けが簡単。単に「パッケージ」ともいう。

パッケージ ユニット方式［unitary air conditioning system］ パッケージユニットを使って空調する方式。比較的安価で簡便に空調したい場合や，小さい部屋単位で独立して運転したい場合に採用される。

バッゲージ ラック［baggage rack］ ホテルの客室に備えられる家具の一つで，客のトランク，スーツケースなどの手荷物を置く台。

パッシブ型制振構造（方式）［passive type seismic control structure］ 建物の中に地震動や風による振動をそのまま受け入れ，減衰を付加して共振振動を抑える方式。

パッシブ換気［passive ventilation］ アクティブ（活発な）に対する意で，

［バックホー］

空気の温度差などを利用した自然換気のこと。換気扇などを使用した強制換気に対する言葉。

パッシブ クーリング [passive cooling] 床下や日影側の地上の冷気などを利用して,涼しい室内環境を確保すること。「換気冷房」ともいう

パッシブ システム [passive system] 特別な機械装置を使わず,日射,気温,風,地熱などの自然エネルギーを活用して生活環境を調整すること。

パッシブ センサー [passive sensor] 遠赤外線を用いた検知器で,侵入者の表面温度を検出して信号に変える。センサー自体からは何も放出されておらず温度差を検知するのみなので,パッシブ(受け身の)といわれている。→アクティブセンサー

パッシブ ソーラー システム [passive solar system] 機械力は用いず,自然循環力や電熱現象などを用いて太陽熱を受動的に利用するシステム。

パッシブ ソーラー ハウス [passive solar house] 太陽熱を利用して採暖を行う住宅形式の一つ。特別な機械装置を設けず,建物に太陽熱を十分取り入れ,それを逃がさない工夫を凝らしたもの。→アクティブソーラーハウス

パッシブ タイプ制振システム 建物の揺れに対し,設置された制振装置が慣性力によって作動し,揺れのエネルギーを吸収するシステム。タワーや超高層ビルでは,最上部に水槽あるいはおもりを載せ,建物の振動に共振させることによって揺れを止める力を発生させる等の装置がある。中高層ビルでは,振動エネルギーを吸収する材料(極低降伏点鋼,粘弾性体など)を使用した制振装置を構造架構の中に組み込む。このタイプの制振装置は,さまざまな形状のものが開発されている。

パッシブ ヒーティング [passive heating] 特別な機械装置を用いないで,建物の性能によって熱の流れを制御し,暖かな室内環境を得ること。

ハッチ [hatch] ①床や屋根に取り付け,人が出入りできるようになっている開口部。天井点検口。②人がくぐって出入りが可能な小さな出入口のこと。③食堂と台所間に設けられた食器・料理の受渡し口など。④斜線,平行線を用いた図面の表現。→ハッチング

バッチ [batch] ミキサーなどを使って1回に練り混ぜるコンクリート量。

ハッチ ウォール [hatch wall] 食堂と台所の境に置かれる収納を兼ねた間仕切り壁,または間仕切り用の家具。料理の出し入れをする開口部があり,両側から食器戸棚として使用する。

バッチ ミキサー [batch mixer] コンクリート1回分の材料の投入・排出を交互に行う形式のミキサー。ドラム式・可傾式などの重力式ミキサーや水平二軸式の強制練りミキサーがある。

バッチャー プラント [batcher plant] セメント・骨材・水などの自動計量装置を備えたコンクリート製造設備。

パッチ ワーク [patch work] 異なった柄・色の布地を縫い合わせ模様を作る手芸品。ベッドカバーや敷物等,アメリカの植民地時代から作られていた。

ハッチング [hatching] ある特定部分を強調するため描かれる斜線または平行線のこと。ハッチを表示するための交差線表示からきている。→ハッチ④

バッテリー打ち [battery type placing] バッテリーの電極板状に並べた縦方向へのコンクリートを打設する型枠を用

いて，プレキャストコンクリートを製造する方法。

バッテリータイプ式型枠［mold of battery casting］プレキャストコンクリート板の生産方式の一つ。型枠を縦に並べてコンクリート板を製作する方式。型枠のコストは高くなるが，設備に要する面積が少なくてすみ，生産効率も高い。主として間仕切り壁や戸境壁など，形状のシンプルな無開口のパネルの製造に用いられる。

バッテリー プラン［battery plan］階段などの共有スペースや共有する部屋を挟んで，その両側に同種の部屋を配置する平面計画。代表的なものに学校の教室と階段室との関係や病院の手術室と準備室との関係がある。

バッテング［batting］1つの仕事がかちあうこと。

パット［pat］セメントペーストで作った小塊。主としてセメントの膨張性によるひび割れやゆがみの発生の有無を調べるために用いる。

ハット形鋼［hat section steel］帽子（ハット）の形状を持つ軽量形鋼の一種。

バットジョイント［butt joint］部材相互を突き合わせて接合する継手・仕口のこと。「突付け」ともいう。

パットフォーム工法　壁の型枠工法の一つ。せき板・縦端太（ばた）・横端太・フォームタイという一般的な工法に対し，せき板に椀型のフォームタイを直接取り付ける工法。縦端太・横端太が不用なため，狭い場所や埋殺し型枠に使用される。

バットレス［buttress］外壁が外側に倒れないよう外部につけられる補強用部材。ゴシック建築では力学的意味とその表現のおもしろさから「フライングバットレス」といわれている。

パテ［putty］ガラスの取付け，塗装の下地処理，鉄管継目の水漏れ・ガス漏れ防止などに使用する硬いペースト状の充てん材の総称。

パティオ［patio 西］スペインの住宅建築における中庭で，噴水と植込み，床を多彩なタイル貼りとしたもの。

パティオ ドア［patio door］掃き出し窓あるいはテラス窓のこと。

パテかい［puttying］塗装やクロスの下地の不陸・目違い・きずを，パテをへらで塗り付けて平らにすること。「パテしごき」ともいう

パテしごき［puttying］ ⇨パテかい

ハトロン紙　⇨クラフトペーパー

バトン　①［batten, pipe］劇場の吊り物機構に付いている横棒のこと。平らな道具や照明器具などを取り付ける。②［button］張り物を構成している骨枠材料。

バトンタッチ方式　他品種少量の混流組立てラインにおいて，前工程と後工程の引継ぎを一定とせず，幅をもった作業域をもたせることによりバランスを保つこと。

バナナ曲線　建築工事の出来高管理において，着工から竣工までの出来高を月次の累積曲線グラフで表すと，一般的に緩いS字カーブを描くといわれている。これを「バナナ曲線」あるいは「Sカーブ」と呼んでいる。

ハニカム コア［honeycomb core］リボン状の厚紙やアルミニウムなどの金属板を，蜂の巣状に構成してつくったサンドイッチパネルの心材。

ハニカム合板［honeycomb board］ ⇨ハニカムボード

ハニカム

〔パティオ〕 (写真：福井 通)

〔ハニカムコア〕

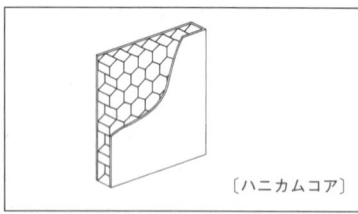

ハニカム スクリーン [honeycomb screen] 窓の外光遮へい用スクリーンの一つ。和紙に似た不織布製で断面がハニカム状に作られたスクリーン。不織布が二重になるのでプリーツスクリーンより遮光効果があり、ハニカムの中の空気層により断熱・保温効果が期待できる。→プリーツスクリーン

ハニカム ビーム [honeycomb beam] H鋼のウェブ部分に六角形の空隙が並んだ形状のH形梁。H鋼のウェブを切断加工して2つに割り、それをつないで作ると、元のH鋼よりも梁せいの大きいH形梁ができる。

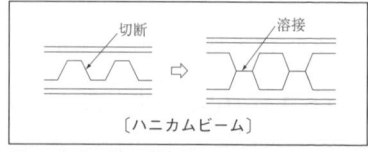

〔ハニカムビーム〕

ハニカム ボード [honeycomb board] クラフト紙などをハニカム状の構造にして心材に使い、両面に合板・石綿板などを張り合わせたもの。軽量で強度が大きく、熱伝導率も小さい。「ハニカム合板」ともいう。

バニシング ポイント [vanishing point] ⇨フォーカルポイント

パニック ハンドル錠［panic handle］非常口の扉に付けられた錠。内側からハンドルを押すだけで開けられる。外側からは鍵が必要。

バニティー キャビネット　洗面化粧台。

パネル［panel］下地なしでも独立できるよう1枚の板状に形成した材料。種類・目的により，型枠パネル，内装パネル，PCパネルなどがある。

パネル クーリング［panel cooling］床や天井内に冷水管を配して冷房を行う「ふく射冷房」のこと。これだけでは不十分なため，冷風を供給しなければならないことが多い。

パネル ゲート［panel gate］幅45cmほどのパネルを連続してハンガーレールで吊り，屏風のように折りたたんだり伸ばしたりして開閉する扉。現場の出入口などに使われる。

パネル構造［panel construction］コンクリートあるいは木材で，軸組状あるいは板状にした部材による壁式構造の一種。

パネル シェード［panel shade］レールから吊った布製のスクリーンで，移動・開閉ができる。「スライドスクリーン」「パネルスクリーン」ともいう。

パネル スクリーン［panel screen］⇨パネルシェード

パネル ゾーン［panel zone］鉄骨の柱と梁の仕口部で，柱・梁それぞれのフランジに囲まれたウェブ部分のこと。大きなせん断力を受ける場合，板厚のアップ，スチフナーなどで補強する。

パネル タンク［panel tank］FRPや鋼板で，モジュール寸法に成型されたパネルを用いて組み立てた水槽。

パネル調査［panel research］消費者や小売店などの同一集団を継続的，規制的に面接や郵送などの方法で行う調査方式。

パネル ドア［panel door］ガラスや板を枠にはめ込んだ形式のドア。

パネル ヒーター［panel heater］薄いパネルの中に入れたオイルを電気で暖め，ふく射熱を放散させる暖房器具。

パネル ヒーティング［panel heating］床，壁，天井にコイルなどを埋設して温水や蒸気を通し，そのふく射熱で暖房する方式。

パネル方式［panel system］プレファブ工法やカーテンウォール工法に採用されている，建築各部をパネルで構成する方法。

パネル割り［layout of panelling］型枠工事の際，使用する型枠パネルを割り付けること。

ハバード バス［hubbard bath］医療用設備の一つで，運動機能障害のある患者に対する水治療法およびマッサージ機器として用いる。

ハビタット［habitat］開発と居住環境改善。

ハビテーション［habitation］⇨ハウス，ホーム

パビリオン［pavilion］一時的な小さな建物，テントや公園の「あずまや」または博覧会の展示館をいう。

ハブ［hub］車輪などの中心部をいう言葉から，コンピューター同士を接続して使うときの中継点，あるいは一個所に集まる主要な空港のこと。

パフォーマンス コンセプト［performance concept］性能発注や性能仕様の基本概念で，材料や構造の選択の際に，その性能に基づいた評価によってグレードを選択する手法。

バフ仕上げ［buffing］ 金属の表面を磨き，光沢のある仕上げとすること。

パブリシティ［publicity］ 企業・団体・個人が社会的信頼を得るために行う広報活動。

パブリック アート［public art］ 公共的空間に設置される壁画や彫刻などの美術作品。

パブリック アクセス［public access］ 人々が安全で快適に往来ができ，散策やレクリエーション等が可能となるようにした空間（港湾）。

パブリック アクセプタンス［public acceptance］ 原子力発電所や空港の建設など，周辺地域に大きな影響を与えるような建設に対して，政府や企業が地域住民の合意を取りつけるときなどに用いる。「PA」ともいう。

パブリック インボルブメント［public involvement］ 建設省（現国土交通省）が道路整備計画の策定の際，住民など広く関係者の意見，意志を確認し，決定過程を周知させようとして始めた手法。関係者に計画時から情報を提供し，意見を取り入れながら計画内容の改善，合意を形成するもの。略して「PI」ともいう。

パブリック オフィス［public office］ 官公庁。

パブリック コーポレーション［public coorporation］ 公共事業体。

パブリック コメント［public comment］ 行政の施策，法律案，通達見直し案などに関する一般からの意見。

パブリック スピリット［public spirit］ 一人一人が自分の個性を重んじつつも全体の調和や利益を考える精神。都市づくりに不可欠といわれる。

パブリック スペース［public space］ 建物の内外で人が集まれるように設計された空間のうち，一般の人に開放されているスペース。

パブリック ゾーン［public zone］ 公共的な空間。住宅では居間，応接間などをいう。

パブリック ニューサンス［public nuisance］ 大気汚染，水質汚濁など不特定多数の人のこうむる害のこと。地球規模での環境問題としてオゾン層の破壊，温暖化，熱帯雨林，酸性雨等があげられている。→エコロジー

パブリック ハウス［public house］ 公共機関がつくる集合住宅。

パブリック ヒアリング［public hearing］ 地域の再開発を行う場合，近隣住民の意見を聴いて進める，いわゆる「公聴会」のこと。

バブル［bubble］ ①泡，気泡のこと。②半円形のドーム構造。③経済が実質以上に膨らんで，泡沫的な投機現象となること。日本経済は1980年代後半はバブル期の絶頂であったが，1990年代に入って崩壊した。

バブル ダイアグラム［babble diagram］ スペースプランニングにおいて，配置すべき機能やスペース，組織などを円形や矩形で表現し，関連の深い相互を線で結んだ図形。円形や矩形の大きさでスペースや組織の規模を表示し，線の太さで関連の強さを表示する。

バライト［baryte］ 原石を粉砕したものは，重量骨材として放射線遮へい用コンクリートの骨材に用いられる。粉砕し，水で溶いて白色顔料に用いる。黒変せず，酸，アルカリに安定。「重晶石」ともいう。

バラエティーストア［veriety store］ 日常雑貨全般を扱う店であるが，公共

料金の振込等もできる。→コンビニエンスストア

パラジクロロベンゼン 防虫剤などに使用されているシックハウス症候群の原因の一つとみられる揮発性有機化合物（VOC）の一種。厚生労働省では室内濃度のガイドラインを0.04 ppmと定めている。→VOC

バラス ⇨バラスト①

バラスト［ballast］ ①砂利のこと。略して「バラス」ともいう。②船などが空荷の状態時に安定性確保のために入れる水やおもり。

パラダイム［paradigm］ 規範，例，枠組，時代を反映する考え。

パラダイム シフト［paradigm shift］ 芸術表現や思想の進化を止めて，過去の表現を現代と並列に考えること。「レトロ感覚」ともいう。

パラチオン［Parathion 独］ 一般に使用されているなかでは最も毒性の高い殺虫剤。日本では製造が中止されている。

バラック［barrack］ 仮設小屋，兵営のこと。粗末な造りの建物をいう。

パラッツォ［palazzo 伊］ 王様や帝王の公式の住居。宮殿。→パレス

パラドックス［paradox 希］ ギリシア語で，一般の予期に反するようにみえてよく考えると真理を言っているという，いわゆる逆説。矛盾したこと。

パラフレーズ［paraphrase］ 解説，わかりやすく言い換えること。

パラペット［parapet］ 橋，廊下または屋根の端部から立ち上がった手すり壁のことで，現在では屋根の立上りのことをいい，防水上その納まりが重要な役割を果たしている。

パラボラ アンテナ［parabola antenna］ 指向性の特に強いアンテナの一種。回転放物面（パラボラ型）の金属板でいったん電波を反射させて受信する。

パラメトリック［parametric］ 統計的な推測をする場合，有限個の母数（パラメーター）を含んだ分布の特定を行うこと。→アイソメトリック

バランス カーテン［balance curtain］ カーテン上部に付けられる飾りの布。

バランス釜［balanced flue bath heater］ 釜内部に給排水の機能をもち，水の対流を利用して風呂焚きを行う方式。バランストップを室外へ突出させていることから，室内での空気汚染防止にもなる。→BF

バランス照明［balance linghting］ カーテンやブラインドのボックス内に付けられる照明で，カーテンなどのアクセントに使われる建築化照明の一つ。

バランス トップ［balance top］ バランス釜の構成部分で，室外へ突出した給排水を行う機能をもった装置。

バリア システム［barrier system］ SPF動物などを多量に飼育する場合に採用されるもので，建築平面的に清浄域と汚染域を区分し，両者の動線が交わらぬようにしている。→SPF動物

バリア プライマー 下地材と仕上材を物理的に絶縁するための下地処理材。外壁の吹付け塗装仕上げにおける伸縮目地のシーリング部分等に実施される。

バリアフリー［barrier-free］ 本来は，段差の解消や手すりを取り付けるなどの配慮をした設計を意味する建築用語であったが，現在は障害者や高齢者が生活する際の障壁（バリア）を除き，暮らしやすい環境をつくるという考え方が一般的となっている。→ハートビ

ル法

バリアフリー住宅［barrier free house］高齢者や障害者が安全に生活するために、歩行や車椅子での走行の支障となる床段差の解消、階段に代わるスロープやエレベーターの設置、廊下や浴室・トイレ等への手すりの設置などを考慮した住宅。→ハートビル法

バリアフリー タイプ［barrier free type］住宅金融公庫の「バリアフリータイプ技術基準」のこと。

バリアフリー デザイン［barrier free design］障害者や高齢者等が暮らしやすく、利用しやすいように都市や建築、器具・用具等について障害を設けないデザイン手法。

ハリウッド タイプ［Hollywood type］ボトム、マットレスにヘッドボードが付いたベッド。フットボードがない。

ハリウッド ツイン［Hollywood twin］シングルベッドを2つ並べ、ヘッドボードを1枚にしたベッド、配列方法。

ハリウッド ベッド［Hollywood bed］マットレスとボトムに取り付けたヘッドボードのみの寝台。

バリウムモルタル塗り［barium mortar plastering］バリウムを混ぜたモルタルで、放射線を止める性能があるためレントゲン室などに使われる。

バリエーション［variation］標準型から変化した応用型をいう。大きな変化はない。

バリケード［barricade］関係者以外が作業域内に侵入しないように設けた柵。

バリテーション［validation］医薬品の製造工程や製造環境を科学的根拠に基づいて設計し、それが目的通りに機能していることを検証・文書化するなどの一連の品質保証行為。

バリュー［Munsell value］マンセル表色系における明度のこと。

バリュー エンジニアリング［value engineering］⇨VE

パル［perimeter annual load］建物外周部の建築的手法による空調負荷の省エネルギー効果を評価する指標。建物外周から5m以内のペリメーターゾーンと、最上階の年間の暖房と冷房の負荷の和を、その部分の面積で除して求める。「年間熱負荷係数」「PAL」とも呼ぶ。

バルーン カーテン［balloon curtain］⇨ローマンシェード

バルーン構法［balloon(frame)construction］機械割りした薄い長尺の間柱に外装材を張り付けて組み立てられる木構造。19世紀アメリカで発達した構法だが、後に枠組壁工法として広く普及した。類似した構法にプラットフォーム構法がある。→ツーバイフォー、プラットフォームフレーム工法

バルーン シェード［balloon shade］窓装飾の一種。裾の部分が風船のようにふっくらとしたスタイルのシェード。→シェード

バルカ⇨バルカナイト

バルカナイト［valcanite］くし、ボタン、電気絶縁体などの材料に用いられるゴム。ゴムに多量の硫黄を加えて長時間加硫して作られる。略して「バルカ」ともいう。→エボナイト

バルキング［bulking］砂が水を含んで膨張する現象。また、砂を盛り直したときに容積が膨張する現象のこと。

パルク［PALC］ALCの機能をさらに高めたもの。大型パネルを一体成形できるのが特徴。高層ビルの外壁、住宅

の構造材に用いられている。略して「PALC」ともいう。

パルコ [parco 伊] 広場，公園のこと。

バルコニー [balcony] 2階以上の開口部に付けられ，人が出入りできる建物から張り出した部分で，「バルコン」ともいう。

バルコニー アクセス [balcony access] 学校や幼稚園の教室の平面配置計画において，バルコニーを利用して出入りするタイプのこと。

バルコニー フロント [balcony front] スポットライトが取り付けられた劇場のバルコニー前面の垂直部分のこと。

バルコネット [balconet] 窓の外に設ける手すりで，一見バルコニーに似ているが，人が出られる床がないもの。

バルコン [balcon 仏] ⇨バルコニー

バルサ [balsa] 絶縁材料や工作材料として用いられるアメリカ産の軽軟木。比重が0.1～0.2の淡紅白色の木材で，加工が容易。

バルセロナ チェア [Barcelona chair] スペイン・バルセロナ万国博覧会のためにミース・ファン・デル・ローエがデザインした椅子。

バルディーズ原則 ⇨セリーズ原則

バルネラビリティ [vulnerability] ぜい弱性。もろさ。コンピューター化が進んだ社会で，万が一コンピューターが故障した場合に起きる情報の混乱や社会的な機能のもろさをいう。

バルビゾン派 [ecole de barbizon 仏] 19世紀中頃，パリ近郊のバルビゾンという村に居住していた風景画の画家達で，コロー，ミレー，ルソー等がいる。

パルプ セメント板 [pulp cement board] 断熱性・吸音性・防火性に優れた木毛セメント質の成形板。吸水した木材をリボン状に削った木毛とセメントとを混入し加圧成形したもので，天井・壁の下地や化粧材として用いられる。「木毛セメント板」ともいう。

パレート図 [Pareto diagram] QC7つ道具の一つ。部品の不良，各種クレーム，事故などに関する発生件数や損失金額について，原因・現象別にデータをとって多い順に棒グラフを書くとともに，これらの値を逐次累積して折れ線で表した図。

パレス [palace] 宮殿または大邸宅のこと。マンション等の集合住宅につけて用いられている。→パラッツォ

パレッター 油圧で荷台がせり上がる手押しの小型運搬車。

パレット [pallet] リフトなどを使って荷降しをする際に使う台座。

パレット チェア [palatte chair] デンマークのハンス・J・ウェーグナーによりデザインされた椅子で，ズボン掛けや小物入れの付いた独身者向けのもの。「バチェラー(独身)ズチェア」ともいう。

ハロー法 有機系の抗菌剤の効果を確認するために行う試験方法。

ハロゲン化物消火設備 [halogenated extinguishing system] 炭化水素のハロゲン化合物の消火剤を防護対象物に放射して，その窒息作用と抑制作用および冷却作用を利用して消火を行う設備。毒性が小さく，二酸化炭素と比較して危険性が少ない。水をきらう中央監視室やコンピューター室に用いられる。略して「ハロン消火」ともいう。

ハロゲン ヒーター ハロゲンランプの出す赤外線の熱で調理する電気式調理器。セラミックプレート製の加熱面の明るさで火力の強弱がわかる。

ハロゲンランプ [halogen lamp] ハロゲンガスを封入した電球。白熱電球より強い輝きをもつのが特徴で,展示用,屋外灯用として使われる。

バロック [Baroque 仏] ゆがんだ真珠の意。17世紀ヨーロッパの装飾様式。楕円を用い,ベルサイユ宮殿に代表される曲線を主体とした表現形式。

ハロン [halon] ハロゲン化消火剤,オゾン層破壊物質として使用が抑制されている。

ハロン消火 ⇨ハロゲン化物消火設備

パワーグリップ工法 鉄筋の圧着継手の一種。鋼製スリーブに異形鉄筋を突き合わせて挿入し,加圧して一体化させる。

パワーショベル [power shovel] ①バケットが上向きに付いており,下から土をすくうように掘削する土工事用掘削機。②バケットの交換ができる油圧ショベル一般のこと。単に「ショベル」とも呼ぶ。

パワーストレッチャー カーペットをグリッパー工法で敷き詰めるときに使用する工具。パワーストレッチャーでカーペットを伸長させてグリッパーに止める。延長パイプを接続することで長い距離を伸ばすことができ,大きな面積の敷き詰めに使用される。

パワーレベル [power level] 2つの音源から発生する音響出力の比。音響パワーレベルの略。

パン [pan] 防水性のない床に洗濯機など水を使う機器を置く場合に,下に置く排水口を持った水受けをいう。

ハンガードア [hanger door] 戸の上部に取り付けた吊り車を天井や鴨居に設けたレールから吊り下げて左右に開閉する戸。「吊り戸」ともいう。

ハンガーボルト [hanger bolt] 吊りボルトの総称。

パンカールーバー型吹出し 空調の吹出し口で,風向が自由に変えられるもの。

ハンガーレール [hanger rail] 吊り車を通して左右に移動させるために天井や鴨居に取り付けるレール。吊り戸に使用。

パン型吹出し口 [pan type diffuser] ダクト出口に皿状のじゃま板を持つ空調吹出し口。

バンガロー [bungalow] ベランダの付いた簡易な木造住宅。風通しの良さが特徴で,リゾート地等で用いられる。

ハンギングバスケット [hanging basket] 立体的な装飾園芸の一つで,種々の植物の根付けたかごを壁やフェンスに掛けたり,軒先に吊り下げること。

パンク コンクリート打設の際,コンクリートの圧力によって型枠が破壊されてコンクリートが流れ出ること。

パンザーマスト 鋼材を円筒形にした組立式鉄柱。小型車でも運搬可能。

ハンダ [solder] 鉛管類やブリキ板の接合に用いられる錫と鉛の合金。融点が低く,作業も容易なことから従来は多く使用されていた。

ハンチ [haunch] 曲げモーメントやせん断力の抵抗を大きくするために,梁やスラブ端部の断面を大きくした部分のこと。

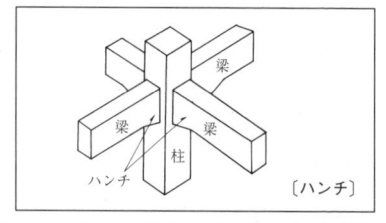

〔ハンチ〕

- **パンチ カーペット**［punch carpet］ 正式には「ニードルパンチカーペット」のことで，プラスチック繊維を針でたたきながらフェルト状に固めた不織布のカーペット。
- **ハンチ筋**［haunch reinforcing bar］ 梁やスラブの端部（ハンチ部）に設ける補強用鉄筋。
- **パンチング シアー**［punching shear］ 板状の部材の小面積に集中荷重が作用したとき，その作用した部分を押し抜くように生じるせん断力のこと。「押し抜きせん断力」ともいう。
- **パンチング ブラインド**［punching blind］ スラット（羽根板）に小さな穴をあけ，カーテンのようにソフトな光の調節ができるブラインド。
- **パンチング メタル**［punching metal］ 換気孔や排水溝のふたに用いる金属板に種々の形状の穴を打ち抜いた材料。
- **ハンディキャップ**［handicap］ 身体に障害があるなど，健常者より社会的行動が不利となるような条件。
- **パンテオン**［pantheon］ ローマの円形神殿。パリのサント・ジュヌヴィエーヴ聖堂もパンテオンと呼ばれる。
- **ハンド クラフト**［hand craft］ 手工芸。手工芸によって作られたもの。
- **ハンド シールド**［hand-shield］ 遮光窓のあるアーク溶接用保護面（具）。
- **ハンド シャワー**［hand shower］ 洗髪用洗面化粧台に付けるシャワーヘッド付き水栓。ヘッド部分が手で引き伸ばして使えるようになっている。
- **ハンド タオル**［hand towel］ ハンカチーフ程度のサイズの小型タオル。手ふきなどに使う。
- **ハンド タフテッド**［hand tufted］ 布地に1本針の電動マシンでパイル（毛足）を打ち込む方法。1品生産方式で手づくり効果のある織物ができる。
- **ハンド ツール**［hand tool］ 手で使う道具の総称。
- **バンド パス フィルター**［band pass filter］ 特定の周波数の幅（帯域）だけを透過させるフィルター。「帯域フィルター」ともいう。→フィルター
- **ハンド ホール**［hand hole］ 地中に埋設する電話線などの敷設・修理のために，埋設区間の途中に設けるコンクリート製の小さな升。人が入って作業する「マンホール」に対し，手だけ入れて作業する孔をいう。→マンホール①
- **ハンドメイド**［handmade］ 手づくりの，手製の。
- **パントリー**［pantry］ 食器類やテーブルリネンを入れておく部屋，または配膳室のこと。
- **ハンド リフト** 設備ダクトや配管をスラブ下に取り付ける場合などに使われる手動の揚重機。垂直なはしご状のレールに沿って荷台が上下に移動する。車輪付きの簡易な機械である。
- **バンドル**［bundling］ ハードウェアにソフトウェアが付属して，一つの製品になっていること。パソコンに始めからアプリケーションが組み込まれて販売されている状態などをいう。
- **バンドル チューブ構造** いくつかのチューブ構造を集合させて一つの建物を構成するもので，「束ねチューブ」ともいわれ，大規模な超高層ビルに適応される。→チューブ構造
- **ハンプ**［hump］ 道路上に舗装を盛り上げ，自動車の速度を抑制しようとするもの。
- **ハンマー グラブ**［hammer grab］ ベノト工法による場所打ちコンクリート

杭の造成において，杭孔の土砂の排出に使用する機械。クレーンで吊り下げたバケットを，孔内に落下させて土砂をつかみ取る構造になっている。

ハンマードリル〔hammer dril〕 コンクリートや岩石の破砕に使用する小型の砕岩機。

ハンモック〔hammock〕 両端を柱や壁に吊した布製，網製の寝具。

パンヤ〔pāina ポ〕 パンヤ科の植物の種の綿毛。フトン，枕，クッションなどの詰め物として使う。

ヒ

ピア〔pier〕 橋脚のこと。

ピアカウンセリング〔peer counseling〕 身体障害者に対して，自立生活ができるようになった障害者がサポートすること。

ピア基礎〔pier foundation〕 建物の基礎にかかる荷重を硬質地(基)盤まで伝達させるため，基礎の下に設ける独立柱状のRC場所打ち杭。

ピアッツア〔piazza 伊〕 ⇨プラザ

ピアット 荷台(足場)をレールと歯車のかみ合せで上下させる昇降足場の商品名。〔製造：三井三池製作所〕

ピアテーブル〔pier table〕 ⇨コンソールテーブル

ピアノ線〔piano wire〕 炭素の含有量を0.6〜0.95％とした硬鋼線。引張強さ，弾性限度，疲労限度が高いことからプレストレストコンクリートの緊張材として用いられる。

ピアノ丁番〔piano hinge〕 吊り元の全長にわたり連続して付ける丁番。ピアノの鍵盤のふたに使われるところからいう。

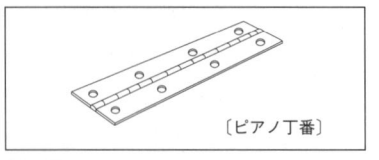

ピークカット〔peak-cut〕 電力，水，都市ガスなどの尖頭的需要をなくし，他の時間帯に負荷をずらせて平滑化すること。夏期の午後の電力需要ピークが大きな問題となっており，ピークカットを強制されることがある。

ピーク熱負荷〔peak heat load〕 外気条件や建物使用条件により変化する建物の冷暖房に対する熱負荷のうち最大の値。

ピークロード〔peak load〕 一日のうちで電力の消費量が最大となる時刻の電力負荷。また，使用水量の消費が最大となる時刻のこと。

ピーコックチェア〔peacock chair〕 1947年，デンマークのハンス・J・ウェーグナーによりデザインされた，ウィンザーチェア。背もたれの形状から付けられた名称で，「アローチェア」ともいう。

ピース敷き〔piece laying〕 カーペットの敷き方の一種。応接セットの下や部屋の必要な部分だけにカーペットを敷く方法。「部分敷き」ともいう。

ビーズブラスト ステンレス鋼などの表面仕上げの一つ。高圧空気で微細なガラスビーズを打ち付け，表面に凹凸

〔ピアノ丁番〕

を作り，梨地肌としたもの。球形ビーズを使用するため，滑らかな凹凸となり，指紋がつきにくい。

ビーダーマイヤー様式［biedermeier stil 独］ ドイツの18世紀前半の家具様式。単純明快なものが多い。

ビーチ［beech］ ブナ材。

ビーチ ハウス［beach house］ 一般に「海の家」といわれている海水浴場の休憩所のこと。

ヒーツ 集合住宅におけるセントラル方式による給湯・暖冷房システム。屋上などに設置した熱源機あるいは冷温水機から，各住戸に熱媒や温水・冷水を送る。給湯，暖房給湯，暖冷房給湯の3システムがある。各戸の使用料算定は，ヒーツメーターあるいは温水メーターで行う。大規模な集合住宅で使用されることが多い。「HEATS」ともいう。東京ガスの商品名。

ビード［bead］ ①溶接作業において溶着部分にできる帯状の盛り上がり。② ⇨グレイジングビード

ヒート アイランド［heat island］ 大都市の気温は排気ガス，冷暖房，照明等の影響で周辺部より高くなり，同じ温度を結んでいくと島状になることから「熱の島」と呼ばれる。都市および周辺部の気候を研究する資料となる。

ヒート アブソービング グラス［heat absorbing glass］ 熱線吸収ガラス。病院の窓や自動車に用いられる赤外線を吸収し熱を遮断するガラス。

ヒート インシュレーション［heat insulation］ 保温や断熱などの熱絶縁のこと。

ヒート ショック［heat shock］ 冷房している部屋から外部へ出たとき，突然不快な熱気を感ずる現象のことで，「ホットショック」ともいう。

ヒートソーク試験 強化ガラスはまれに，ガラス中の硫化ニッケルの結晶が膨張して自然破壊することがある。この不良ガラスを取り除くため，工場であらかじめ硫化ニッケルの体積膨張を促進させて人工的に破壊させること。

ヒート トランスミッション［heat transmission］ 伝熱・熱伝達のこと。

ヒート ブリッジ［heat bridge］ 例えば，外気温を遮断する外壁の構成材の中にきわめて熱伝導率の高い部材が，壁を貫通するような位置に入っている場合，その構成材の周囲が他より外気温に近くなる現象。「熱橋」ともいう。

ヒートポンプ［heat pump］ 冷凍機の原理を応用して，凝縮器から放出される熱を利用し，暖房にも冷房にも使える空調方式。略称「HP」。

ヒート ポンプ エアコン［heat pump air conditioner］ 冷凍機を本来の目的の冷却と加熱の手段として用いる機構をもったヒートポンプ付きの冷暖房機器。

ビードロ［vidro ポ］ 室町時代にポルトガルから伝来したガラス，その製法。

ヒートン［hooked nail］ 木ねじの端部を環状にしたもの。

ヒービング［heaving］ 地下掘削において，土止め壁の背面の土が掘削面に

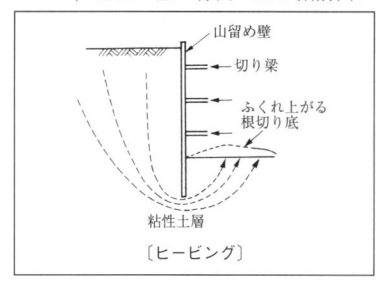

〔ヒービング〕

まわり込み根切り底を押し上げる現象。

ビーム [beam] 一般的には，光，光線，電波の意味だが，建築では梁のこと。

ビーム照明 [luminous beams] 建築と一体化されている照明で，直線的に配灯された照明方法。

ピーラー [peeler] ベイマツの柾目材。樹齢の経た大きな木から製材され，目幅が密で均一である。構造材，造作材のいずれにも使用される。

ピーリング [peeling] ①塗膜や防水シートなどがはがれること。②耐火レンガ製造の際，加熱面と反対側の亀裂により加熱面表層部がはく離すること。「シェリング」「フレイキング」ともいう。

ピーリング試験 [peeling test] ひきはがし試験。アスファルト防水のルーフィングと下地との接着性能を確かめる試験。

ピール アップ形接着剤 [peel up type adhesives] タイルカーペット用の接着強度の弱い粘着はく離形の接着剤の総称。その機能・用途が一様ではなく品種もさまざまある。「粘着はく離形接着剤」ともいう。

ピールアップ工法 [peel up method] カーペットの裏地に接着剤を塗り，下地に直接接着して敷き込む方法。

ビーワン ハウス [B1 house] 地下1階をB1 (basement) ということから，地下室のある住宅の意。

ピヴォテッド ウインドー [pivoted window] 水平または垂直軸を中心に回転する窓。

ヒエラルキー [hierarchy 独] 階層的秩序を表すもので，上位から下位へピラミッド型になる組織など。

ビエンナーレ [biennale 伊] 2年目ごとに開かれる国際美術展。→トリエンナーレ

ビオ ガーデン [bio-garden] 生物共生庭園。

ビオトープ [biotope 独] 野生生物の生息空間の意で，都市の開発で自然が壊されることに対する対策としてドイツで提案されている手法。自然環境の積極的な整備・育成に基づいた住宅や工場建設，緑地帯の造成，人工池の造成などを含んだ河川・道路工事のこと。

ビオトープ ネットワーク [biotope network] 特定の生物群集が存在可能な環境条件を備えた均質で限られた地域としてのビオトープを，植栽や水路などで有機的に連携させた生息空間のこと。

ピクチャー ウインドー [picture window] 外の景色を見せるために作られた大きなはめ殺し窓のこと。

ピクチャー レール [picture reil] 絵などを掛けるために，天井と壁のコーナーに取り付けられている溝状の金物。

ピクトグラフ [pictograph] 文字を使わずに案内，誘導，注意，禁止などの表示を絵で表現したもの。空港や博覧会場などでは，文字を理解しない外国人や子供などのためにも有効。

ビクトリア様式 [victorian style] ビクトリア女王時代の建築・工芸の様式で，装飾過剰な様式。

ピグメント [pigment] 顔料。塗料・ゴム・プラスチックなどの色付けに用いられる鉱物質や有機質の粉末の総称。

ピコ [pico] 1兆分の1を表す単位。イタリア語のpiccolo (小さい) が語源。

ピコス [Precast Insiteplaced Concrete

Composit Slab〕現場内で製作したプレキャスト鉄筋コンクリート床板と現場打ちコンクリートとの合成床板工法。「PICOS」と略す。〔開発：清水建設〕

ビザンチン建築［Byzantine architecture］4世紀から15世紀にわたるイスタンブールを中心とした東ローマ帝国のドームに特色のある建築で、バギアソフィア大聖堂が有名。

ビジネスパーク［business park］オフィスビルを中心として、関連施設を集中配置した地区。都市近郊等に建設され、快適な環境と利便性を備え、かつ低廉なオフィス賃料で広いオフィススペースを提供できる。

ビジネスホテル［business hotel］ビジネスマンが出張や仕事で使う必要最小限の空間と機能を備えたホテルで、比較的低料金で泊ることができる。→カプセルホテル

ビジネスホン［key telephone system］交換手なしでどの電話機からも送受信でき、他の電話機にボタン操作で転送することもできるボタン電話装置。

ビジネスマインド［business mind］ビジネスとしての自己管理で、時間の効率化、商品・工事に関する打合せや手配の正確さなどのこと。

ビジネスモデル特許［business model patent］インターネットをはじめ、情報技術（IT）を使った新たな事業のアイデアを対象とする特許の総称。

ビジュアライゼーション［visualization］文字や言葉を視覚化、図表化すること。

ビジュアルアイデンティティ［visual identity］店内の装飾から商品に至るまで、視覚的なものの統一デザイン。

ビジュアルサイン［visual sign］店舗などの看板で、文字を使わず商品の形を店頭に掲げたもの。

〔ビザンチン建築〕　　　　（写真：日高健一郎）

ビジュアル デザイン [visual design] 視覚的な表現を主体としたデザイン。

ビジュアル プレゼンテーション [visual presentation] 図面, 写真, 模型など視覚的表現を用いて提案を行う方法。

ビジュアル マーチャンダイズ [visual marchandise] 視覚的効果, 訴求力を強調した商品化計画。

ビジョン [vision] 将来展望。

ビス [vis 仏] 小さいねじ釘の総称。鉄, 黄銅, ステンレス製などのものがあり, 金属板の取付けに用いられる。

ビスタ構成 ビスタとは見通しのことだが, 都市設計において主要な地点における見通しを検討すること。

ヒストグラム [histogram] QC7つ道具の一つ。製品の品質状態が定められた値(規格値)を満足しているかどうか判断する場合に用いる柱状のグラフ。測定値の範囲を複数の区間に分け, そのばらつき程度を棒グラフで表したもの。

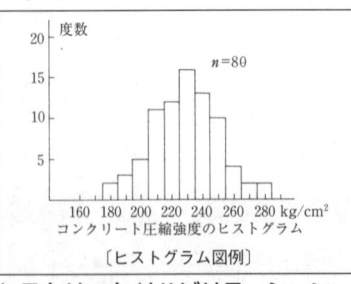

〔ヒストグラム図例〕

ヒストリック リハビリテーション [historic rehabilitation] 歴史的なまた著名建築家による建造物に手を加えて再利用すること。構造体が損傷していないことが重要。→リフォーム

ピストン式コンクリートポンプ 2本のピストンが油圧で交互に作動し, コンクリートを押し出す方式のコンクリートポンプ。

ビチューメン [bitumen] 熱作用によって原油から得られる炭化水素で, 気体・液体・半固体・固体の形状がある。「瀝青(れきせい)」ともいう。

ビッカース硬さ [Vickers hardness] 材料の硬さを表す。微小ダイヤモンドを用い, どんな材料にでも適用可能。

ピック [pick hammer] ⇨コールピックハンマー

ピッチ [pitch] ①電気絶縁材, 防水, 舗装などに用いられる石油やコールタールの残留物。「タールピッチ」「ロジンピッチ」「石油ピッチ」ともいう。②ねじ山の間隔やたるき, 根太などの間隔のように, 同形のものが等間隔に配置されている場合の間隔をいう。

ピッチ線 [pitch line] 設計製図における線の種類の一つ。繰り返し使われる図形の間隔の基準とするための線の表現で, 細い1点鎖線が使われる。

ピッチング [pitting corrosion] 孔状に深く腐食していく状態で, 「孔食」あるいは「点食」ともいう。

ビット [bit] ①ボーリングの際, 穿孔機の先端に付ける刃先。②削岩機ののみ先。③情報量を表す単位。→ワード

ピット [pit] 穴または溝のことで, 周囲より一段下がった部分。エレベーターピット, 配線ピット, オーケストラピット等がある。

ヒッパラー チェーンブロックの商品名。

ヒップ ポイント [hip point] 運転室や操縦室の室内寸法, シート寸法を決定するための基準となる点。三次元マネキンにおいては, 臀部の下線から93mm, 後縁から118mmと規定されて

いる。「Hポイント」ともいう。

ビデ［bidet 仏］ 女性用の局部洗浄器。

ビティ足場［prefabricated scaffold］ 鋼製の建枠・布板・筋違い・ジャッキベースなどを使って組み立てた足場。「枠組足場」ともいう。

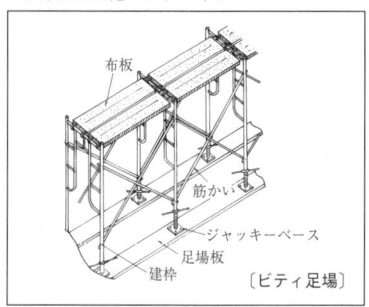

〔ビティ足場〕
布板／筋かい／ジャッキーベース／足場板／建枠

ビデオ オン デマンド［video on demand］ ケーブルテレビのシステムの一つで、好きなときに番組を呼び出して見れるもの。

ピトー管［pitot tube］ 気流の全圧と静圧からその流速を求める検出端。

ビニトップ鋼板 あらかじめ工場で表面にビニール被膜を張った化粧鋼板。スチールドアや化粧のスチールパネルなどに使用される。

ビニル アスベスト タイル［vinyl asbest tile］ 床用のPタイルのこと。

ビニル壁紙［vinyl wall covering］ 塩化ビニルを主材料とした壁装材。塩化ビニルのシート地に紙を裏打ちしたもの。→ビニルクロス

ビニル クロス［vinyl cloth］ ビニル製の壁紙の総称。→ビニル壁紙

ビニル系タイル［vinyl tile］ ビニルを主材とした床材。石綿を加えた半硬質のもの、炭酸カルシウムを加えた軟質のもの、ビニルだけの弾力性のあるものなど、使用場所、目的によって使い分ける。→ホモジニアスビニルタイル

ビニル系床タイル［PVC-floor tile］ 合成高分子系床タイルの中で最も使用量の多い、塩化ビニル樹脂を主原料とした床タイルの総称。

ビニル ケーブル［PVC insulated, PVC sheathed cable］ 塩化ビニルを絶縁材料として使用したケーブルで、外装も塩化ビニルを使用する。

ビニル コード［PVC insulated flexible cord for electrical appliances］ 交流300V以下の小型電気器具に使用するビニル絶縁コード。

ビニル シート床［vinyl sheet floor］ 長尺のプラスチック系床仕上材の呼称。「ビニル床シート」ともいう。

ビニル樹脂塗料［vinyl paint］ ⇨ビニルペイント

ビニル フェンス［vinyl fence］ 網状スチールにビニル系塗料を施した既成品のフェンス。

ビニル ペイント［vinyl paint］ 木材、コンクリートおよびモルタル面などの塗装に用いられるビニル樹脂を用いた塗料の総称。「ビニル樹脂塗料」「VP」ともいう。

ビニル床シート［vinyl floor sheet］ ⇨ビニルシート床

ビニル ライニング鋼管［vinyl lining pipe］ 内側を塩化ビニル樹脂などを用いて被覆した管の総称。

ビニロン強化コンクリート［vinylon fiber reinforced concrete］ 合成繊維のビニロンを補強材とした繊維補強コンクリート。略して「VFRC」ともいう。

ビヒクル［vehicle］ 油性ペイントの油、合成樹脂ペイントのワニス、ラッカーエナメルのクリヤラッカーのように、

塗料成分の基材となるもの。「展色剤」ともいう。→フタル酸樹脂ワニス

ビビッドカラー [vivid color] 鮮やかな原色に近い強烈な色。

ビブラート工法 タイルの張り方の一種。張付けモルタルを下地に塗り,ビブラートという電動工具で振動を与えながらタイルを張る。

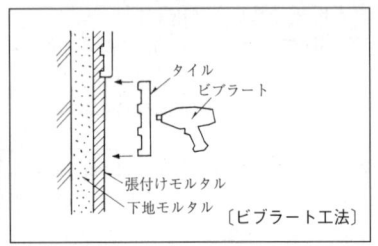

〔ビブラート工法〕

ピボットヒンジ [pivot hinge] 重い扉を縦軸中心に容易に回転させるための開閉金物。「軸吊り金物」ともいう。

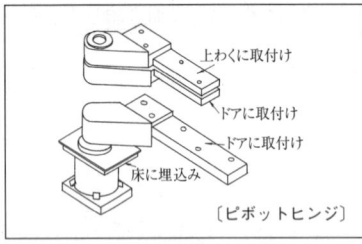

〔ピボットヒンジ〕

ヒヤリ・ハット運動 作業者が作業中にヒヤリとしたり,ハッとした災害に直接結びつかなかった潜在災害情報を集めて,予防対策を行う運動。

ピュアCM [pure construction management] 発注者のマネジメントを純粋に代行するコンストラクションマネジメント。→CM

ヒュー [Munsell hue] マンセル表色系における色相のこと。

ビューフォート風力階級 [Beaufort wind scale] 気象庁が採用している風の強さの段階的表示法。煙が真っすぐに上る風力を0とし,人家に被害が出る風力を10としている。

ヒューマンアセスメント [human assesment] アメリカで普及した経営管理技法で,人材を登用する際に企業が事前に人物の適正を科学的に評価すること。

ヒューマンインターフェース [human interface] 物と人との接点のことで,コンピューターのキーボードなど。

ヒューマンエコロジー [human ecology] 人間生態学。

ヒューマンエラー [human error] 事故の原因が機械などの故障でなくて人間によるもの。

ヒューマンエンジニアリング [human engineering] 人間工学。人間の機能・特性等を研究し,最適な作業空間の設計に応用される。「エルゴノミクス」ともいう。略称「HE」。

ヒューマンスケール [human scale] 人間の体の大きさを基準尺度として空間を設計すること。

ヒューマンファクターエンジニアリング [human factors engineering] 工学は人のためにあるという考えに基づいた人間工学。→エルゴノミクス,ヒューマンエンジニアリング

ヒューミディスタット [humidistat] 自動制御において,空気の湿度を調節するための機器。

ヒューム管 [Hume pipe] 排水管として用いられる遠心力を応用して製造されたコンクリート管。正式には「遠心力鉄筋コンクリート管」という。

ビューロー [bureau] ①小引出し付きの机。②案内所。

ビューロ キャビネット［bureau cabinet］ 書類棚の扉を手前に倒すとテーブルになる家具。

ビュッフェ［buffet 仏］ ①食器棚, サイドボードなどの収納家具。②列車内や駅, 劇場内の簡易食堂のこと。③立食形式のパーティーなどで料理を置くテーブル。

ピュリスム［purisme 仏］ 1918年, A. オザンファンとル・コルビュジエによって主張された機械時代を意識した純粋主義理論。建築やデザイン分野に影響を与えた。

ビラ［villa 仏］ ヴィレッジ(村)はビラの集まったものをいうように, もとは農家の意であったが, 今は別荘等の意に用いられている。→ビラージュ

ビラージュ［village 仏］ 英語読みではヴィレッジで村の意。ビラ(農家)の集まったもの。分譲宅地の名称に用いられている。→ビラ

ピラスター［pilaster］ 壁に付け加えた偏平の柱形で, 壁の補強と装飾のためのもの。

ビラム風速計［Biram's wind meter］ 円筒の中に多数の翼を持つ軸流翼車を取り付け, 一定時間内の軸回転数から風速を読み取る風速計。

ビル［building］ 「ビルディング」の略で建築物のこと。

ビル陰共聴 建物等で発生するテレビ受信障害を解決するために設置されるテレビ共同聴視設備。

ビル風［wind shear］ 建物が高層化することによって, 上空を流れる強い風が下方やあるいは建物に回り込んで吹いてくる突風。→ウインドシアー

ビル管法 「建築物における衛生的環境の確保に関する法律」の略称。室内空気の温湿度, 浮遊粉塵濃度, 一酸化炭素や炭酸ガス濃度の許容範囲, 水の残留塩素量などを定めている。

ビル管理システム［building control system］ ビル内の空調, 防災, 暖房, 衛生, 照明など, ビルにかかわる諸設備をコンピューターによって総合的に管理するシステム。

ビル共聴［master antenna television system］ ⇨テレビ共同聴視設備

ビル・ジョイの法則 情報通信のスピードを表す法則の一つ。ネットワーク性能は1年で2倍, 10年では約1,000倍となると定義した。

ビルダー［builder］ 施工業者や不動産業者などの建築供給業者の総称。

ビルディング［building］ ⇨ビル

ビルディング エレメント［building element］ 建物の部位, すなわち空間を仕切る屋根, 床, 外壁, 間仕切り壁, 基礎などのこと。「BE」と略す。

ビルディング オートメーション システム［building automation system］ 情報技術を活用して, 空調設備, 電気設備, 給排水設備, 機械設備, 防災・防犯設備を総合的に管理するシステム。システムにより得られたデータを利用し, 室内環境の快適化, 省エネルギー, 防災・防犯監視, 建物管理の省力化等の効果が高い。「BAS」ともいう。

ビルディング コンプレックス［building complex］ 情報ネットワークで結ばれ, 統一管理されているインテリジェントビル群をいう。管理の一元化によってメンテナンス費の軽減や業務の効率化を図る。

ビル電話［Centrex system］ 局線からの電話が交換手を通さず直接個々の内線電話機につながるダイヤルイン機能

をもった電話設備。

ビルトアップ エリア［built up area］既成市街地で、ビルなどが立ち並ぶ評価の高い地域。

ビルトアップ メンバー［built-up member］数種の形鋼・鋼板などを組み合わせてつくられた部材。「トラス」「ラチス」「ビルトエッチ」などのこと。

ビルドアンドスクラップ工法 老朽化した工場の改修や生産設備の交換などを、既存部分の操業を中断しないで、既存工場を覆う形で新しいフロアを造り出す工法。「B&S工法」ともいう。その代表的なものが「トラベリングフォーム工法」である。

ビルトイン［built-in］造付け。

ビルトイン機器［built-in］システムキッチンなどにすでに組み込まれている機器のこと。ガスレンジ、オーブンなど。

ビルトイン タイプ［built-in type］造付け方式。建築物の一部として造り込まれており移動できないもの。

ビルトイン ファニチャー［built-in furniture］建築に固定された造付けの家具。

ビルトイン方式［built-in system］建物の部材や構成材、家具等を完成品として工場生産し、現場に組み込む施工方式。

ビルトエッチ［built H］左右のフランジ材と間に入れるウェブ材を溶接によって組み立てたH形鋼のこと。→ビルトアップメンバー、ロールエッチ

ビル ドック 昭和55年（1977）に建設省（現国土交通省）が作成した基準で、既存建築物の耐震性能を算定するもの。「耐震診断」ともいう。

ビル内無線ラン［wireless LAN］ビル内、構内など比較的狭い地域に分散配置された情報機器や端末を、高速の無線ネットワークで結んだ通信ネットワーク。

ビル ピット［building pit］下階に設けられるピットで、汚水・雑排水槽のこと。「排水タンク」ともいう。

ビルメンテナンス業［building maintenance trade］ビルの総合的な維持および管理を専門とする企業。

ビル ラッシュ ある期間または一定地域に集中的にビルが建設されること。

ピロー［pillow］就寝用の枕。

ビロード［veludo ポ］木綿や絹を素材にした滑らかで光沢のある起毛した織物。英語ではvelvet。→カットパイルベルベット、ベルベッチン

ピロ ケース［pillowcase］枕カバー。

ピロティー［pilotis 仏］高床式の建物の地上部分のこと。多くの人の流れと建物をマッチさせる手法としてル・コルビュジエより提唱された。丹下健三による広島の原爆記念堂が有名。

ビン［bin］集積貯蔵用の容器。コンクリート用の砂利・砂の貯蔵設備を指すことが多い。

ピン［pin］建築物の骨組において、回転が自由な部材の節点または支点のこと。鉛直と水平方向の移動は拘束されている。「ヒンジ」と同じ。→ピン接合

ピングラウト工法 地下外壁などの漏水の止水工法の一つ。漏水個所を溝掘りしてメッシュホースを埋め込み、表面を急結セメントなどでシールして、メッシュホース内に親水性のポリウレタン樹脂を注入する。樹脂が水とゆっくり反応し硬化する。

ピンコロ 9cm角程度の小舗石。手割

りでつくる比較的安価な御影石の舗石で、歩道や商店街の車道に用いる。

ヒンジ [hinge] ①建具の開閉金具。丁番。②⇨ピン

ピン接合 [pin joint] ピンを用いた接合方法。→ピン

ヒンターランド [hinter land] ①港をかかえ、その港の活動を支えている地域。後背地。②事業所を設置したり広告物を設置する条件に適した地域。

ピンタンブラー錠 [pin tumber lock] 「シリンダー錠」ともいう。筒（タンブラー）の内部にセットされたピンにより、キーの位置を合わせて開錠するシステムの錠前。→シリンダー錠

ピンチブロック ドアや窓の召し合せ部の隙間をふさいだり、開閉時の衝撃音を緩和するために取り付けるひも状の材料。ゴムに繊維を植毛してある。

ピン丁番 [pin hinge] 最も一般的な丁番で、ナックルに軸ピンを差し込んだもの。

ピンテール 特殊高張力ボルトの一種。ボルトの先端がくびれており、そこから破断することで所定の締付け力が確認できる。

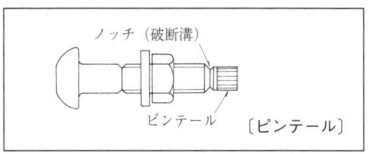

〔ピンテール〕

ピンニング工法 [pinning method] モルタル面の浮きや亀裂などを補修する場合、モルタルのはく落を防止するために、モルタル表面からステンレスビスを打ち込んでエポキシ樹脂を注入して固定する方法。

ピンホール [pinhole] 塗装・タイル・衛生陶器など平滑な仕上面に生じた小さな孔。欠陥の一つ。

ピンホールテスト [pin hope test] 塗装面や金属皮膜面にある、目視ではわかりにくい微細な孔の有無を確認する試験。

フ

ファーストアンドセカンド [first and second] 「FAS」と略す。木材の等級で1等級、2等級のこと。木材をこの等級にくくると、丸太の15%しか使われないので問題視されている。

ファーニッシングデザイン [furnishing design] インテリアの設計で、建築に合わせた家具のデザインをすること。

ファイアアラーム [fire alarm] 火災の発生を知らせる警報装置。

ファイアストップ材 [fire stop material] レンガ、コンクリート、木片ブロックなどに代表される火災の伝播作用を防止する個所に使用するブロック状の材料。

ファイアダンパー [fire damper] 換気用または空調用ダクト内に設置される火災や煙を遮断するためのダンパー。「防火ダンパー」「FD」ともいう。

ファイアプレース [fire place] 暖房のため薪や石炭をじかに燃やすための炉で、煙突を設けるため壁際に造られる。家のシンボルと考えられている。

ファイアンス焼き [faience mare] イタリアのフィレンツェに由来する，スズ釉の透明感のある焼物。

ファイトトロン [phytotron] バイオトロンのうち，対象が植物に限定されたもので，植物生育環境を人工的に制御できる施設。

ファイバー [fiber] 繊維のこと。天然繊維としては植物（綿，麻など）繊維，動物（羊毛，絹など）繊維，鉱物（石綿）繊維など。人工繊維としてはガラス繊維，プラスチック繊維，鋼繊維，炭素繊維などがある。

ファイバー グラス [fiber glass] 断熱材などに用いられるガラス繊維。→グラスウール

ファイバースコープ [fiberscope] 「内視鏡」ともいい，ガラス繊維のケーブルと光源装置を用いて配管や機器の内部を見る機具。

ファイバー トゥー ザ オフィス [fiber to the office] オフィスビル間を光ファイバーで多重伝送する光アクセス網の方式。「FTTO」とも呼ぶ。

ファイバー トゥー ザ カーブ [fiber to the curb] 一般加入者の街路の近くまで光ファイバーで多重伝送し，加入者の近くで電気信号に変案して伝送する光アクセス網の方式。「FTTC」とも呼ぶ。

ファイバー トゥー ザ ホーム [fiber to the home] 一般加入者の家まで光ファイバーで伝送する光アクセス網の方式。「FTTH」とも呼ぶ。

ファイバーボード [fiberboard] 各種の繊維材料を主材料として圧縮成形した繊維板の総称。軽量，軟質で，吸音，断熱性が大きいなどの特徴をもつ。比重により硬質繊維板（ハードファイバーボード），半硬質繊維板（セミハードファイバーボード），軟質繊維版（インシュレーションボード）の3種類がJISで規定されている。略称「FB」。→テックス

ファイリング システム [filing system] 事務合理化のため書類がすみやかに取り出せるように決められたルールで，整理配列をすること。

ファイル長 オフィス等における文書資料量を表す指標。文書資料を積み重ねた長さで表示する。

ファイル トランスファ プロトコル [file transfer protocol] ネットワークにアクセスされたほかのコンピューターから，ファイルを取り出したり送り込んだりする機能。インターネットでは「FTP」といわれる。

ファイン ガラス [fine glass] ⇨ニューガラス

ファイン ケミカル [fine chemicals] 加工度が高い，限定された用途で大量生産ができない，直接最終消費されるなどの特徴をもつ医薬品，染料，各種添加剤，界面活性剤等の商品。素材を生産する基礎化学と区別するために使われる言葉で，「精密化学」ともいう。

ファイン スチール [fine steel] 金属複合材料に使用される耐熱性，強度，耐食性といった特定の機能を高めた鋼材の総称。

ファイン セラミックス [fine ceramics] 窯業系の製品で，セラミックスの特徴である耐熱性，耐食性，電気的絶縁性などをさらに高度化させたものの総称。用途は人工骨，人工歯，コンデンサー，切削工具，自動車エンジン，光通信ケーブル，IC基板他。「エンジニアリングセラミックス」「ニューセ

ファインセラミックス「ハイテクセラミックス」ともいう。略称「FC」。→アルミナセラミックス

ファイン ポリマー[fine polymer] プラスチック系の新素材。

ファウンデーション エンジニア[foundation engineer] 基礎を専門に担当する技術者のことで、海外工事などで使われる。おもな業務は、土質試験、基礎形式の提案など。

ファクトリー オートメーション[factory automation] ⇨FA

ファクトリー ランバー[factry rumber] 輸入木材のうち、工場で再加工して使われるもの。そのまま造作材として使われるものを「クリア材」という。

ファサード[façade 仏] 建物の正面のことで、主出入口のある道路に面した側のことをいう。都心部に造られる建物は両側が隠れるため、正面だけのデザインになることから、一面しか考えない建物をファサード建築という。

ファサード保存 ファサードとは建物の道路に面した正面のことだが、特にその町並みが歴史的に価値をもつような場合、その通りに面した建物の外観を保存しようとする考え方。

ファジィ制御[fuzzy control] 経験に基づくあいまいな判断ルールを数量化して行う制御。

ファジー理論[fussy theory] 自然現象・社会現象・人間の認識などにつきまとうあいまいさをあるがままに認め、そのあいまいな部分を含んで推論や理論を展開しようとする考え方。1965年カリフォルニア大学のデザーが提唱した理論。地下鉄の自動制御や洗濯機、冷蔵庫、電子レンジなどの家電製品に応用されている。

ファシリティ[facility] 事業や生活に利便を与える施設。ファシリティマネジメントでは、土地、建物、建築設備、執務・生活空間、家具・什器、機器・装置、備品など。

ファシリティ プランニング[facility planning] ⇨ファシリティマネジメント

ファシリティ マネジメント[facility-management] ①企業で人員や作業あるいはコンピューターシステムがうまく配置され、効率よい運用がなされているかを管理すること。内容は、計画、実行、管理という3つのプロセスから成り立ち、これらのプロセスの運用はコンピューターにより処理される。「FM」とも略す。②企業・団体などの全施設および環境を経営的視点から総合的に企画、管理、活用する経営・管理活動。

〔ファシリティマネジメント〕
イ:企画・計画
ロ:設計・供給
ハ:維持管理・運転
ニ:運営・管理

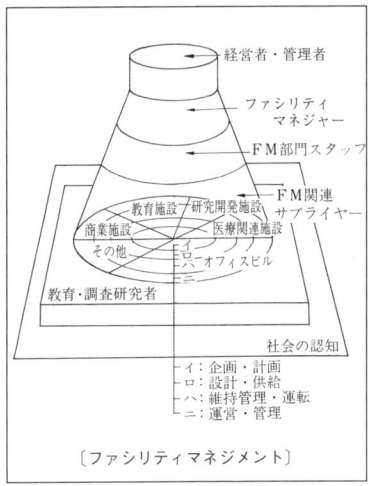

ファシリティ マネジャー[facility manager] 組織においてファシリティマネジメント（FM）を担当するも

の。ファシリティマネジャーはFM業務の中で，経営者や施設利用者等のユーザーとFM関連のサービスを提供するサプライヤーとの仲立ちをする。JFMAがファシリティマネジャー資格を認定している。

ファスナー [fastner] PC版あるいは金属製パネルなどのカーテンウォールを躯体に取り付ける金物。

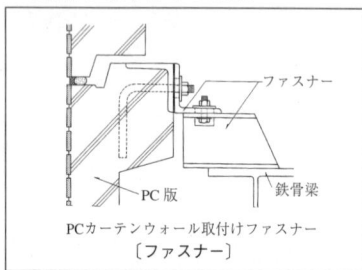

PCカーテンウォール取付けファスナー
〔ファスナー〕

ファッションビル [fashion building] ブティックやショールーム等の華やかな専門店を集めたビルで，建物もそれにあった空間演出をしているもの。

ファニチャー [furniture] 家具。調度品。主として移動できるもの。

ファブ ⇨ファブリケーター

ファブデッキ 上端筋と下端筋を溶接で一体に組み，その下に薄鋼板を型枠としたスラブ工法。デッキプレートと同様に工場で製作される。〔販売：伊藤忠商事〕

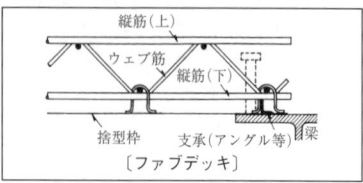

〔ファブデッキ〕

ファブリケーター [fabricator] 工場で，鋼材の加工・組立てを行う鉄骨組立て加工鉄骨業者のこと。「ファブ」とも略す。

ファブリック [fabric] ①カーテンやテーブルクロス等の織物，布地などの総称。②仕組みや構造のこと。

ファミリー ライフ サイクル [family life cycle] 結婚，出生，成長，死亡などのような家族の発展の段階における循環的な時期区分のこと。単に「ライフサイクル」ともいう。

ファミリー ライフ ステージ [family life stage] ファミリーライフサイクルにおいて，時期区分された結婚，出生，成長などの一つの段階。→ファミリーライフサイクル

ファミリー ルーム [family room] アメリカの住宅において，ダイニングキッチンと居間を兼ねた部屋。日本でいうLDKの意味。「リビングルーム」ともいう。

ファラド [farad] 静電容量の単位。1C（クーロン）の電気量を与えて電位が1V上昇する静電容量。記号〔F〕。

ファン [fan] 送風機，扇風機，換気扇などの送風機器。

ファンクショナリズム [functionalism] 機能主義。近代建築の理論を支えてきた考え方で，「形態は機能に従う」といった機能的要素との関係の中で建築が成り立つとした主張。

フィン コイル [finned coil] 熱交換に利用される，管周囲にフィンを取り付け電熱面積を増加させたコイル。

ファンコイル ヒーター [fancoil heater] 放熱器と送風機を組み合わせた暖房器具。

ファンコイル ユニット [fancoil unit] 放熱用のフィン付きコイルの中に冷・温水を送り，送風機で風を通して冷暖房を行う小型空調機。→ラジエーター

ファン コイル ユニット方式 [fancoil-unit system] 小型空調機を各室に設置する空気調和方式。

ファン コンベクター [fan convector] 暖房用の放熱器を鋼板製のケースに収めて送風機を付けたもの。

ファンダメンタルズ [fundamentals] 経済成長率。

ファン チャート [fan chart] 複数の項目について，ある期間の時系列的変化を表した折線グラフのこと。

ファンデーション [foundation] 基礎，土台。

ファンデーション ルーム [foundation room] 洗面所のことで，「パウダールーム」ともいう。

ファンデルワールスの力 [wan der Waals force] ファンデルワールスの状態式にある分子や原子相互に働く引力のこと。セメント生成物は結晶や非結晶の小さな粒子状のものであり，この力によってつながっているとされている。

ファンネル粘性 アースドリル工法など泥水（安定液）を使って掘削孔の土の崩壊を防ぐ工法において，安定液に要求される粘性のこと。じょうご型の容器に一定量の安定液を入れ，通過する時間で粘性を計るファンネル粘度計からきた呼び名。必要な粘性は土質により異なる。安定液の主材料は，主としてベントナイトが使われる。

ファン ヒーター [fan heater] 石油やガスを燃焼させて，その熱を送風機で送る暖房器具。

フィージビリティ スタディ [feasibility study] 新しく事業を計画する場合に，採算をベースにして実施可能性を事前に調査すること。「企業化調査」とか「採算可能性調査」などともいう。略称「FS」。

フィート [feet] ヤード・ポンド法による長さの単位で，1フィートは3分の1ヤード（約30.3cm）。

フィードバック [feed-back] ①目標値と異なる出力値の場合に，その値を調整すること。②情報を元に戻して再度検討し直すこと。

フィードバック制御 [feedback control] 制御対象の実際の出力と目標値の偏差により，制御対象への入力を調節する制御法式。

フィードフォワード制御 [feed-forward control] 制御に影響を与える外乱を捉えて，これと目標値から制御対象への入力を調節する制御方式。

フィー ビジネス [fee business] 建設行為に付随するさまざまなサービスを有償で提供する事業。これまでは総額一括請負方式というゼネコンの契約方式で，これらのサービスは無償という考え方が顧客にもゼネコンにも浸透していたが，それを否定する未開拓のビジネス分野。

フィールド [field] 競技場。

フィールド サーベイ [field survey] 現地で行う調査。「フィールド調査」ともいう。

フィールド実験 [field test] 人間工学や環境心理学の研究のうち，実験室で行えるものと現実の条件の中で行うものがあるが，後者の場合の人間の行動・意識を直接取材する方法をいう。

フィールド調査 [field research] ⇨フィールドサーベイ

フィーレンディール梁 [vireedeel trager 独] はしごを横にした形状で，各接点を剛接合としたトラス梁。たわみ

フィクスチャー [fixture] 造付けの家具、備品。

フィジオロジー [physiology] physio（身体）+logy（学問）の合成語で、生理学。

フィックス サッシュ [fixed sush] 固定されて開閉できないこと。はめ殺し窓のこと。

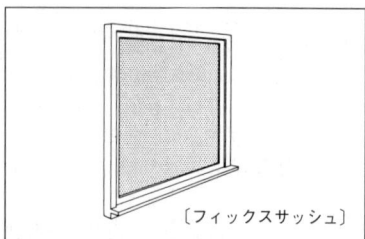

[フィックスサッシュ]

フィッシュ ボーン [fish bone] 特性要因図。QC7つ道具の一つで、品質の特性や不良特性とその原因との関係を系統的に整理した図。問題点の整理および改善、各種実験計画の要因などの整理に有効。魚の骨に似ているところから呼ばれる。「キャラクタリスティックダイヤグラム」ともいう。

フィッティング ルーム [fitting room] 仮縫いの服を試着する室。「トラインググルーム」ともいう。

フィットアップ [fit-up] 建物に入居するために行う、建物や建築設備の改修や模様替え。

フィットネス センター [fitness center] 健康維持のためのトレーニング設備を各種用意した健康管理施設。アスレチックジム、スカッシュコート、プール、サウナなどが備えてある。

フィトンチッド [fitontsid 露] 樹木から発散される芳香性物質で、殺菌力があり、森林浴の効果の源といわれている。

フィニッシャー [finisher] ツーバイフォー住宅における造作大工。

フィニッシャビリティ [finishability] コンクリートの打上り面を仕上げる際作業性の難易を示すまだ固まらないコンクリートの性質。

フィニッシュ コート [finish coat] 最終の表面仕上げとなる上塗り層。

フィニッシュ ハードウエア [finish hardware] 単に「ハードウエア」ともいい、ドアの取手など、いわゆる建築金物をいう。

フィニッシュ フロア [finish floor] 床を構成する材料のうち、一番最後になる材料すなわち仕上材のこと。美観と耐摩耗性が要求される。

フィニッシュ モデル [finish model] 完成模型。

フィニッシュ ランバー [finish lumber] オーク材のうち、造作用に使われるもの。

フィボナッチ数列 [Fibonacci's sequence] 1, 2, 3, 5, 8, 13……等のように、隣り合う2項の和が、次の項になっている数列のこと。

フィラー [filler] すき間や穴を埋める材料一般。例えば鉄骨のジョイント部の板厚調整には、フィラープレートを入れる。

フィラー プレート [filler plate] 厚さの異なる鉄骨部材を添え板で挟んでボルト接合する場合、厚さを調整するために挿入する薄い鋼板。

フィラメント [flament] ①長く連続した一本の繊維で、絹糸やナイロンなど。

②電流で発熱する導体で，白熱電球に使われるタングステンなど。

フィランソロピー [philanthoropy] 企業活動の国際化にともなって発生する現地との摩擦や環境汚染などをなくすため，民間企業が行う公益，寄付活動などの社会貢献のこと。本来は「博愛」「慈善」を意味する。

フィルター [filter] ①空気中の浮遊粒子を除去する濾紙。→エアフィルター ②浸透水を助長して，土粒子を流出させないようにした透過性の層。③光の量を調節したり分光組成を変化させるための薄い板状の材料。④低域フィルターやバンドパスフィルターなどの変換器。

フィルム アプリケーター [film applicator] 塗膜をある一定の厚さに塗布する器具。塗膜試験で試料を作るのに用いる。JIS K 5400。

フィンガー ジョイント [finger joint] 左右の指を組み合わせたような木材の継手方法。

フィンガージョイント材 [finger joint lumber] 木材の小口を鋸刃の形状に加工し，指を組み合わせるように接合した軸材の総称。

フィンガー プラン [finger plan] 病院などでみられるように，各病棟を管理しやすくするために，1個所から数棟が分枝する型式の設計方法。

フィンク トラス [Fink truss] アメリカ人フィンクの発明による，圧縮材を短くした点に特徴があるトラス。

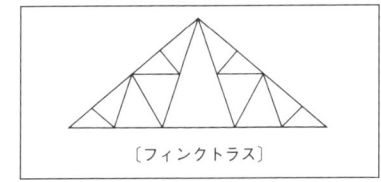

フィン コイル [finned coil] 熱交換に利用される，管周囲にフィンを取り付け電熱面積を増加させたコイル。

ブー ⇨ブーム

ブース [booth] つい立て等で仕切られた小空間。レストランの仕切り席，便所などに使われる。→トイレブース

ブースター [booster] ある装置の能力不足分を，その後部に取り付けて補う装置。ブースターファン，ブースターポンプ，ブースターコイルなど。

ブーチャン ⇨ブーム

フーチング [footing] 鉄筋コンクリートの建物において，荷重を杭または地盤に伝えるため，柱や壁の最下部を拡大した部分。俗に「フーチン」あるいは単に「基礎」ともいわれる。→ベース

フード [hood] 熱気，水蒸気，煙，臭気などを排出するための換気用の天蓋。厨房のレンジ上部や粉塵など有害物が発生する作業場所に取り付ける。

フート弁 [foot valve] ポンプの吸込み管の入口に取り付ける弁。ポンプの運転が停止しても水が落ちないように逆流防止構造となっている。

フープ [hoop, tie hoop] せん断補強として鉄筋コンクリート柱の主筋を一

〔フィンクトラス〕

〔フープ〕

定の間隔で水平方向に巻く鉄筋のこと。「帯筋」ともいう。

フープクリップ工法 フープ筋の機械的接合法。楕円形の鋼製スリーブに2本の鉄筋を重ねて入れ，スリーブの中心部の孔にウエッジを圧入して一体化をはかる。

ブーム [boom] クレーンなどの揚重機の腕木の部分。略して「ブー」「ブーチャン」とも呼ぶ。→ガイデリック

ブーム メーキング マーケティング [boom-making marketing] 知名度を上げるために行われる人為的なブームづくり。

ブーム リフト ブームの先端に作業台を載せた高所作業車。駆動はエンジン形式で，車輪式とクローラ式がある。作業台の中で走行，起伏，旋回，伸縮，首振り等すべての操作ができる。

プール [pool] 水溜りの意でスイミングプールがあり，置場の意でモータープールがある。また玉突きの意からプールバー。

プール バー ビリヤードもできるようにしてあるバーのこと。→カフェバー

ブールバール [boulevard 仏] 大通り，並木のある散歩道。「ブルバール」「ブルバード」ともいう。

フール プルーフ [fool proof] 人的ミスや故障が発生したときに，全体として災害が起こらないように，誰でも安全に扱えるように設計すること。→フェイルセーフ

ブール様式 [boole style] ルイ14世の家具師シャルル・ブールが考案した装飾家具の様式。

フェイジング [facesing] 商品の陳列での見せ方，並べ方。

フェイス シート [face sheet] 顧客の個人的な情報カード。アンケート等で回答者の属性を把握するための質問シート，回答者の特性を理解するとともに，回答分析に利用する。

フェイス シェル [face shell] 組積みしたコンクリートブロックの表，裏両面に露出する板状部分のこと。

フェイス タオル [face towel] 浴室用タオルの一つ。洗面時に使うもの，普通の浴用タオルのサイズのもの。

フェイル セーフ [fail-safe] 構造の一部に欠陥・ミスが発生しても，破壊が構造全体に進まないような措置を施し二重に安全性を考慮したシステム。→フールプルーフ

フェーシング [facing] 表面仕上げ。

フェース ツー フェース [face to face] ウィルトンカーペットの製法の一つで，二重カーペット織機で織ったものの中央をカットし，同時に2枚織れるようにしたもの。「ダブルフェースカーペット」ともいう。

フェステバル マーケット プレイス [festival market place] イベント広場。

フェノール樹脂接着剤 [phenol resin adhesive] フェノール類とホルムアルデヒド類との縮合反応したものを主成分とした接着剤。一般に接着力が大きく，耐水・耐熱・耐久性に優れるが，可使時間の温度による影響が大きい。JIS K 6802。

フェノール樹脂塗料 [phenolic resin paint] フェノール類とホルムアルデヒド類を縮合反応させて作った合成樹脂を主要素とする塗料。耐酸・耐アルカリ・耐水性に優れている。

フェミニズム [feminism] 男女同権主義のことだが，家庭生活の機能をこの

立場から見直して設計するときの考え方をいう。

フェムト [femto]　10^{-15}倍を表すSI単位の接頭語。記号〔f〕。

フェライト [ferrite]　鉄を主成分にコバルト・ニッケル・マンガンなどの複合酸化物で、強い磁性をもつ。フェライト粒を骨材としたモルタルは電波吸収体としての性能をもつため、都市の高層ビルの電波障害解消としてフェライトを混入した外壁プレキャスト版の使用が増えている。同じ理由で、フェライト混入の外装タイルも開発されている。

フェルト [felt]　①繊維を加湿・加熱してシート状に成形したもの。吸音・断熱・緩衝用に用いられる。また薄物はアスファルトフェルトやアスファルトルーフィングの原紙として使用される。②⇨アスファルトフェルト

フェルトカーペット [felt carpet]　洗浄した羊毛を均等な厚さに並べ、水分・熱・圧力を加え加工したものを染色して作られる敷物。

フェロセメント [ferro cement]　2層以上の金網と小径の補強鉄筋を埋め込んだセメントモルタルの薄い板（4〜5cm）。カーテンウォールや階段の段板や手すりに使用されている。「フェロモルタル」と同じ。

フェロモルタル [ferro mortal]　⇨フェロセメント

フェンス [fence]　囲い、柵。おもに金属や合成樹脂製で、中が透けて見える囲いを指すことが多い。

フォアナイン [four nine]　金属などの純度、確率を示す表現で99.99%の略称。高純度、高確率の代名詞となっている。

フォアマン [foreman]　海外工事において使われる言葉で、職種別作業員グループを指導監督する技能労働者のこと。職長・世話役に相当する。

フォーカルポイント [focal point]　①透視図における目線の集まる点、いわゆる消点のことで、「バニシングポイント」ともいう。②鉄道や路線バスの集中による交通の利便性が基礎となった都市機能の交点。「結節点」ともいう。これらの間の部分を「リンク」という。

フォークリフト [fork lift]　荷物の積込み、積下ろし、運搬に使用される機械。パレットやコンテナのように下部にすき間のある荷台にフォークを挿入し、持ち上げて運搬した後、所定の位置におろしていく作業を行う。

フォーム [form]　型枠のこと。

フォームガラス [foam glass]　不燃性断熱材や保冷材として用いられる発泡ガラス。板ガラスを冷却しない間に粉砕機で微粉末にして炭素やカーボンなどの発泡剤を混入し、再度加熱発泡させたガラス。「多泡ガラス」ともいう。

フォームタイ [form tie]　型枠締付け用金具。せき板の間隔を一定に保つとともに、締付け用パイプを取り付ける役目をもつ。→スナップタイ

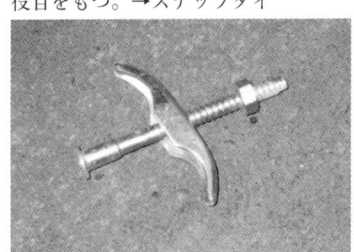

〔フォームタイ〕

フォームポリスチレン [form poly-

フォーム [styrene] ビーズ状に発泡させたポリスチレン樹脂を金属製型枠で加熱・発泡させ成形したプラスチック発泡材。断熱性・耐水性に優れ,「スチロール」「発泡スチロール」ともいう。

フォーム ラバー [foam rubber] 寝具や防寒衣料に用いられる多孔性ゴム。細かな気泡を多く含んだスポンジ状のゴムで断熱効果がある。

フォーメーション レベル [formation level] 路盤の仕上げを表す基準面。

フォーラム [forum] 古代ローマの公共広場のことで,そこでよく討論が行われていたことから,現在では座談会または公開討論会の場をいう。

フォーラム ラバー [foam rubber] 天然ゴムや合成ゴムに発泡材を加え,型枠に入れ加硫してつくられる保温材。

フォールディング チェア [folding chair] 使わないときには,折りたたんで収納しておく椅子。

フォールディング テーブル [folding table] 折り畳み式のテーブル。

フォールディング ドア [folding door] 上部のレールから吊り下げ,折りたたみ式に開閉するドア。門扉などに使用。

フォト壁紙 [photo wall paper] 風景写真などを拡大して,壁紙にプリントしたもの。壁面全体に壁画のように使われる。

フォト モンタージュ [photo montage] 部分的に切り抜いた写真を合成してつくる作品。幻想的な表現やイメージの合成的な表現に使われる。

フォルム [forme 仏] 美的感覚から形や形態をいう場合には仏語のフォルムが使われるが,英語読みのフォーム(form)といった場合は型枠をいう。建築では設計者の考え・経験的思考など,その人のすべてを包含した様式的な意に使われる。

フォローアップ審査 [follow up audit] ISO9000Sや14000Sで,本審査やサーベイラインで指摘された是正指摘事項の結果確認のために行う審査。

ブス ⇨バスダクト

ブスダクト ⇨バスダクト

ブタジエン ゴム [butadiene rubber] ブタジエンの重合によって生成される古くから用いられている合成ゴム。現在は溶液重合から作られるステレオブタジエンゴムが主流。略して「BR」。

フタル酸樹脂エナメル [phthalic acid resin enamel] 塗膜は平滑で耐久性に優れ,刷毛塗りが容易で,他の合成樹脂調合ペイントより高級な塗料。鋼製建具・設備機器に用いられている。

フタル酸樹脂塗料 [phthalic resin coating] 油変性フタル酸樹脂を用いた塗料。耐候性は良好だが,耐アルカリ性は良くない。

フタル酸樹脂ワニス [phthalic resin varnish] 油ワニスの一つ。液状,酸化乾燥性の塗料で,自然乾燥で塗膜を形成し透明塗装に適する。防錆塗料のビヒクルとして使用する。「クリア」ともいう。→ビヒクル

ブタンガス [butane gas] 常温で5気圧ぐらいに加圧すると液化する石油系ガス。小型ボンベに圧入され家庭やキャンプ用燃料として市販されている。

ブチル ゴム [butyl rubber] イソブチレンとイソプレンの共重合で得られる耐候性に優れた合成ゴム。シーリング材や防水用シートの材料となる。

フック スイッチ [hook switch] 電話機の送受話器の上げ下げにより作動する電話機内蔵のスイッチ。

- **フックドラグ** [hooked rug] ベースになる布に毛糸を植えつけた敷物。毛皮のような毛足の長さ，手づくりによる柄，色彩の多様性が特徴。
- **ブックバリュー** [book value] 建物等の固定資産台帳への計上額。
- **フックボルト** [hook bolt] 波形鉄板，スレートなどを鉄骨に止めたり，アンカーボルトに使用される先端がかぎ状に曲がったボルト。
- **ブックモビール** [book mobile] 過疎地域などでの図書館利用のため，自動車に図書資料を積んで貸し出しを行う移動図書館のこと。アメリカでブックワゴンという形でスタートした。
- **プッシュアップ工法** [push-up method] 地上階で建物の最上層を最初に構築し，それをジャッキで押し上げて下部に空間をつくり，そこに下層階を構築してまたジャッキで押し上げる，というように建築物をジャッキで押し上げながら上層から下層に構築していく工法。高所作業を大幅に削減できるが，押上げ装置はかなり大掛かりとなる。
- **プッシュ戦略** [push strategy] メーカーによる卸売り・小売業者に対するセールスプロモーションのことで，人的販売を中心とする活動。
- **プッシュロック** [push lock] 握り玉にシリンダー錠を組み込んだ錠前。通常，内側はプッシュボタンまたはサムターンとなっている。モノロック・ユニロックなどの商品名で呼ばれていることが多い。
- **ブッシング** [bushing] 電線を電線管に引き入れる際に，電線を傷損させず滑らかに行う目的で，電線管の端部にはめ込む付属部品。
- **フッ素ゴム** [fluorocarbon rubber] フッ化ビニリデンと六フッ化プロピレンの共重合体からなるゴム。耐熱性が特に優れ，耐油性・耐薬品性にも優れている。略して「FRM」という。
- **フットパス** [footpath] 人だけが通る小道あるいは歩道のこと。→ペデストリアンウエイ
- **フットボード** [foot board] 寝台の足側の板。→ヘッドボード
- **フットライト** [footlights] 舞台照明の一つで，舞台先端の床面に設置し，足元から斜め上方に照明するもの。「足もと灯」ともいう。
- **フットレスト** [foot rest] ①足掛け，足のせ，足休め台。→オットマン ②車椅子で足の部分を支持する装置のこと。
- **フュージョン** [fusion] 融合すること。クロスオーバー。
- **フラース脆化破壊点** [Fraass breaking point] アスファルトを冷却したときに脆化が始まる温度。この値が低いほど低温に対する特性がよい。
- **プライ** [ply] 合板を構成する単板の一つの層をいう。例えば3枚合せの合板は3プライ合板という。
- **フライアッシュ** [fly-ash] 火力発電所の微粉炭燃焼ボイラーの煙道から採取される粉塵で，コンクリートの珪酸質混和材として用いられる。
- **フライアッシュセメント** [fly-ash cement] ポルトランドセメントクリンカーと少量の石膏とフライアッシュとを混合したセメント。フライアッシュの分量によってA種（5〜10％），B種（10〜20％），C種（20〜30％）とに区分される。水和熱が少なく初期強度が小さいが，長期にわたって強度の増進

プライウッド [plywood] 薄い単板(1〜3mm)を数枚積み重ね、接着剤で張った合板のこと。普通合板、化粧合板、ランバーコア合板などがある。「ベニヤ」「ベニヤ板」ともいう。

プライオリティ [priority] 優先順位。

フライ ギャラリー [fly gallery] 劇場において綱元の操作、フライブリッジへの通路、ギャラリースポットの取付け場所として使用するデッキ。主舞台の側方の上部に、舞台側壁に沿って設けられている。→フライフロア

フライズ [flies] 劇場において、舞台の背景や大道具を操作する部分。

ブライトカラー [bright color] 彩度、明度の高い色。

フライ フロア [fly floor] 綱元の操作やフライブリッジへの通路として使用されるフライギャラリーの下段部分。→フライギャラリー

プライベート ゾーン [private zone] 私的空間、区域。住宅では個室や個人使用の便所、浴室などをさす。

プライベート ブランド [private brand] 販売業者の商標のこと。商品に対する品質保証、責任の所在を明示する意味から信頼度が向上する。「PB商品」ともいう。

プライベート ルーム [private room] 一人の人だけが使う部屋。個室。ホテル等では逆に従業員関係の部屋の意に用いられる。

プライマー [primer] ①防水用の溶融アスファルトを下地と密着させるためコンクリート下地面に塗る液状物。アスファルトプライマーのこと。②木部、金属などの塗装下地の浸み込みやさびの発生を防止して、上塗りとの付着性を高めるための下塗り用塗料。

プライマリー カットアウト スイッチ [primary cut-out switch] 一般の木造住宅に用いられる磁器製のもので、30アンペア以下のヒューズを用いた過電流保護器のこと。

プライマリー ストラクチャー [primary structure] 土が最初に堆積したままの状態であること。「土の一次構造」ともいう。

プライマリー ヘルス ケア [primary health care] 初期診療および一時医療のこと。「PHC」ともいう。

プライム コート [prime coat] 路盤と舗設するアスファルト混合物とのなじみをよくし、表面水の路盤への浸透防止のため、路盤面上に散布するアスファルト乳剤。

プライム コンストラクター [prime constructor] ⇨スポンサー企業

フライング コリドー 集合住宅において、居住部分と共用廊下の間に空間を設けて、居室のプライバシーを確保するように計画された廊下。

フライング ショア [flying shore] スラブの型枠と支保工および外部のはね出し足場が一体となった大型移動式スラブ型枠。

フライング ドア [flying door] ⇨オーバーヘッドドア

ブラインド [blind] 日除け。一般的には窓の内側に取り付け、羽根(スラット)の向きを変えて日照を調節する。→バーティカルブラインド

ブラインド監視方式 [blind supervision system] 多数の監視点を常に同時に監視するのではなく、スキャナーを使用して一定時間間隔で順次監視する監視方式。

ブラインド シャッター［blind shutter］ブラインドとシャッターの機能を合わせもち，住宅の雨戸として開発された製品。上部にシャッターボックスがあり，スラットはシャッターレールに沿って電動で上下する。スラットは遮光・通風に対応するための角度調整ができる。窓の外に付けるタイプと内に付けるタイプがある。スラットはアルミ製で遮音性の向上も期待できる。

ブラインド ボックス［blind box］ベネシアンブラインドを開けたときに，ブラインドを収納する箱。

ブラインド リベット［blind rivet］板金工事において金属製薄板の取付けや接続に使う鋲。鋲を鋲穴にさし，その先端をつぶして鋲が抜けないようにする。この作業を「かしめる」あるいは「からくる」と呼ぶ。

ブラウザー［www browser］①データやファイルの中身を見るためのソフトの総称。②インターネットのウェブサーバーにアクセスするためのインターネットエクスプローラーやネットスケープナビゲーターを指す。「ブラウザ」ともいう。

ブラウジング ルーム［browsing room］雑誌や娯楽書などを自由に取り出して読める形式とした図書館内の部屋。気軽にくつろいだ雰囲気で読書ができるように，家具などの備品を設ける場合も多い。

プラ キャップ 躯体工事中の安全対策として，差し筋など下から伸びてきている鉄筋の先端に，一時的に被せるプラスチックのキャップ。

フラクタル幾何学［fractal geometry］自然の複雑な形をコンピューターで描くのに有効とされる数学理論。

フラクタル次元［fractal dimention］B・マンデルブロの造語による数学上の概念で，自然界にある不規則な形態を数学的に記述しようとするもの。

プラグ溶接［plug welding］重ねた2枚の鋼板を接合する際，一方の板に穴をあけ，その内側全周に隅肉溶接したり，穴すべてを接着金属で埋めて溶接する方法。「栓溶接」ともいう。→プラグ溶接継手

プラグ溶接継手［plug welding joint］プラグ溶接法を使って鋼板などを接合する方法。→プラグ溶接

ブラケット［bracket］①はね出し金具。②窓庇などを支える腕木。③壁に付けるはね出し状の照明器具。→スカンス

ブラケット工法 鉄骨を現場で組み立てるときの接続位置に関する工法の一つ。柱間に渡る1本の梁を3分割し，両端の梁は工場で柱に接続され，中央の梁が現場で接続される。梁の端部が柱にブラケット状についた姿で建方が行われる。→ノンブラケット工法

プラザ［plaza 西］一般に広場のことだが，単なるスペースのことではなく，建物等の外壁によりつくりだされる目的をもった外部空間のこと。「ピアッツア」ともいう。

プラスター［plaster］鉱物の粉末や石膏を主成分とした壁・天井の塗り仕上材料。石膏プラスター，ドロマイトプラスターなどがある。

プラスター トラップ［plaster trap］病院などにおける石膏材の廃棄場所。

プラスター ボード［plaster board］石膏を中心に，その両面を厚紙で被覆し形成した材料。防火・防音性に優れ，温度・湿度による変形が少ないこ

プラスタン接合 [plastan joint] 鉛管の一端を拡げ，そこに接合する鉛管を差し込み，プラスタンという接合剤を塗布してトーチランプで加熱する接合方法。

プラスチシチー [plasticity] 外力によって生じたひずみが，外力を取り去っても再び原形に復さない性質。

プラスチック [plastics, synthetic resin] 石油や石炭を原料として重合・縮合などの合成で得られる樹脂状物質。熱可塑性と熱硬化性の2種類があり，塗，接着剤などの原料となる。

プラスチック系接着剤 [synthetic resin adhesive] 合成樹脂が基剤となった接着剤の総称。「合成樹脂接着剤」ともいう。

プラスチック化粧板 [plastic decorative board] 紙にメラミン樹脂，フェノール樹脂などを含浸させて，合板やファイバーボードの木質材料の上にオーバーレイ処理した仕上材料。

プラスチック コンクリート [plastics concrete] セメントコンクリートの引張りや曲げに弱い性質，酸その他の化学薬品に対する抵抗性が劣る性質などを改善するために，結合材に天然または合成ポリマーを混入したコンクリート。製造方法によって「ポリマーセメントコンクリート」「ポリマー含浸コンクリート」「レジンコンクリート」などがある。「樹脂コンクリート」などともいう。

プラスチック サッシュ [plastic sash] プラスチック製の工業建具製品。結露しにくい，腐食しにくいなどの利点がある。→アルミサッシュ

プラスチック シート床 [plastic sheet floor] 長尺のプラスチック系床仕上材の呼称。

プラスチック タイル [plastic tile] プラスチック樹脂を原料としたタイルの総称。塩化ビニル樹脂からなる床タイルが主流で，「Pタイル」とも呼ばれる。アメリカなどではスチロール樹脂による壁用タイルも用いられている。

プラスチック ライニング鋼管 [plastic lined steel pipe] 鋼管内側にプラスチックをライニングした防食鋼管。

プラズマ アーク切断 [plasma arc cutting] 通常のアークよりもさらに高温のプラズマ炎を利用する鋼材の加熱切断方法。

プラス YOU住宅 建設省（現国土交通省）が平成6年3月に策定した「住宅建設コスト低減に関するアクション・プログラム」の施策の一つ。「断熱性，高齢者への配慮など基本性能を備え，居住者のライフステージやライフスタイルの変化に応じて，内装などを居住者自らがDIY方式によって追加・変更もできる仕組みを持つと共に，住宅建設コストが従来の3分の2程度に低減されている住宅」と定義され，平成7年3月に提案募集を実施した。DIY（Do it yourself）は，住まいと暮らしを自分たちの手で作ろうという運動で，1945年にイギリスで始まった。

フラックス [flux] 溶接で生じる酸化物や有害物を取り除くため，溶接棒の被覆剤およびアーク溶接・ガス溶接などの添加剤として用いられる有機質の粉末状の材料。

フラックス タブ [flux tab] 突合せ溶

接などの両端部に取り付ける補助板（エンドタブ）の一種。セラミック製のブロックで，押え金物で所定の位置に取り付け，溶接完了後に取り外す。

ブラックボックス［black box］　内部構造がわからないものをいう。

プラッシュ［plash］　最も一般的な毛足を短くカットしたカーペット。

ブラッシュアップコース［brush up course］　ISOの内部監査員や第三者の審査員のレベルアップを目的とした研修コース。

フラッシュオーバー［flash over］　火災の初期段階で燃焼物からの可燃性ガスが天井付近にたまり，それが一時に引火して爆発的に室全体に炎が回る現象。

フラッシュ構造［flash structure］　家具に使われる板材の種類で，木枠に合板を貼り合わせたもの。→フラッシュドア

フラッシュドア［flush door］　下地の骨組に対し両面から板を張り，一枚の厚い板のようにみえる扉。「スチールフラッシュドア」とも呼ぶ。

〔フラッシュドア〕

フラッシュバット溶接［flash butt welding］　溶接面に大電流を流し火花を発生させて加熱し，圧力を加えて接合する溶接方法。「フラッシュ溶接」ともいう。

フラッシュパネル［flash panel］　骨組の両面に板を張り，一枚板に見えるように加工した部材。

フラッシュバルブ［flush valve］　水洗用大・小便器の洗浄水を流すための弁。レバーや押しボタンを操作すると一定量の水が瞬時に勢いよく出て，自動的に閉止する。

フラッシュ溶接［flash welding］　⇨フラッシュバット溶接

フラッシング［flashing］　高圧の高温水や冷媒が容器内で再蒸発すること。

ブラッシング［blushing］　塗装のとき湿度の影響で塗膜が白くなること。「白化」「かぶり」ともいう。

フラッター［flutter］　テレビの電波障害。画面がふらついたり，コントラストが変動したりすること。飛行機，電車などの移動体による電波反射が原因で発生する。

フラッターエコー［flutter echo］　反射音が何度も繰り返して聞こえる現象で，日光の本地堂に起こるため「鳴竜（なきりゅう）」ともいう。

フラット［flat］　一家族で一つの階を使う形式の共同住宅のことで，高級感をイメージさせる語としてマンション等の名前に使われる。→アパート，テラス，フラットアパート

フラットアパート　一家族で一つの階を使う形式の共同住宅のことで，フラットだけでその意味をもっているが，和製英語でアパートを加えたもの。→フラット

フラット型住戸［flat］　⇨フラット

フラットケーブル [flat cable] アンダーカーペット配線に使用するテープ状の電線。厚さは1～3mm程度。

フラットスラブ [flat slab] 鉄筋コンクリートの構造体の架構に梁を用いず、柱で直接スラブを保持する構造。「無梁スラブ」「マッシュルーム構造」ともいう。→カラムキャピタル、ドロップパネル

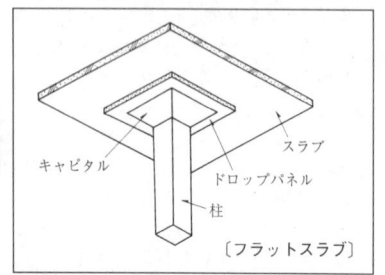

〔フラットスラブ〕

フラットデッキ [flat steel deck] 鉄骨造のスラブの埋込み型枠として用いられる上部が平らなデッキプレート。

プラットトラス [pratt truss] アメリカのプラットが考案したトラス。束材に圧縮力、斜材に引張力が生ずるようになっている。トラスの形状は矩形。

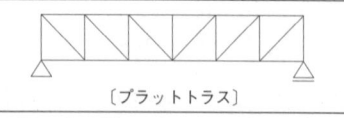

〔プラットトラス〕

フラットバー [flat bar] 帯状の肉厚の薄い鋼材。幅は25～300mm、肉厚は6～30mm程度。「平鋼」ともいう。

プラットフォーム [platform] 基本ソフトや機種ソフトなどの稼働環境のこと。

プラットフォーム フレーム工法 [platform frame construction, light framing construction] 木造住宅の工法の一つで、2インチ×4インチの木材を使うことから、「ツーバイフォー工法」ともいう。木材で組まれた枠組に構造用合板を張っていく工法。耐久性が高く火災に強い。→ツーバイフォー、バルーン構法

フラットヤーンクロス [flat yarn cloth] ポリプロピレンやポリエチレンなどの繊維でできた布。押えコンクリートの伸縮などによるアスファルト防水の損傷を防ぐため、コンクリートと防水層の絶縁シートとして使用される。

フラットルーフ [flat roof] 水平な屋根、陸(ろく)屋根のこと。鉄筋コンクリート造に多いが、防水が難しい。建築様式の側面から捉えると、勾配屋根を排除したグロピウスやル・コルビュジエに導かれた、近代建築の一つの重要なエレメントといわれている。

フラットレール 引戸のレールの一種で、V字溝のレールを床仕上げ面と同じ面に埋め込んだもの。床上に出っ張らないので安全性が高い。

フラップ [flap] ⇨ドロップドア

フラップ丁番 [flap hinge] ⇨ドロップ丁番

フラップドア [flap door] ⇨ドロップドア

フラップハウス [flop house] 労働者のための簡易宿泊施設。フラップはばたっと倒れるの意。→ベッドハウス

プラトゥーン型 [platoon type] 学校の運営方式の一つ。全クラスを2グループに分け、一方が普通教室を使用しているとき、他方は特別教室・体育館・運動場を使用する。過密学校の解決方法として考案された。

プラニメーター [planimeter] 図面をスケールに合わせて必要範囲をなぞることで、その面積が求まる製図道具。

プラネタリウム［planetarium］ 天体の星を投影機で映し出し，天体構造を説明するための施設。

フラワーベイス［flower vase］ 飾り鉢。植木鉢にキューピットなど特別な模様を施したもの。

フラワーベッド［flowerbed］ 花壇。

フラワーポット［flowerpot］ 植木鉢。歩道や広場，庭，出窓に設置する。

プラン［plan］ 企画あるいはそれを表現した平面図のこと。→プランニング

プランク フローリング［plank flooring］ 一般的なフローリングの幅は57〜70 mm程度であるが，63〜165 mmの幅広のものをいう。→フローリング

フランジ［flange］ H形鋼やI形鋼のウェブを挟む上下の鋼材。

フランジ接合［flange joint］ 管端部に設けられたフランジをボルトで締め付けて接合する鋼管継手法。

プランジャー［plunger］ 油圧エレベーターのかごを昇降させるためのジャッキの可動部分。

フランス落し［flush bolt］ 両開き扉の召し合せ面に彫り込んで取り付ける上げ落し金物。錠のつかない側のたて框に彫り込む。

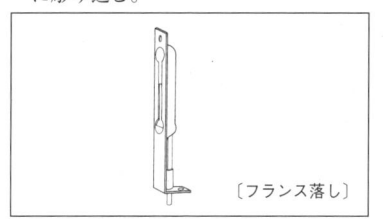

〔フランス落し〕

フランス瓦［French roof tile］ 洋瓦の一つ。表面の縦溝でかみ合わせる。

フランス丁番［olive knuckle butts (hinge)］ 軸部がなつめの実の形（たて断面は楕円形）をした丁番。収納棚の両開き戸や物入の戸に多用される。「ルーズジョイント丁番」「なつめ丁番」ともいう。

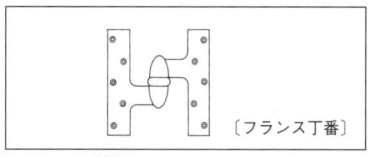

〔フランス丁番〕

フランス積み［Flemish bond］ レンガの積み方の一種。同段に小口面と長手面とが交互に現れる積み方。「フレッシュ積み」ともいう。→アメリカ積み，イギリス積み，ドイツ積み

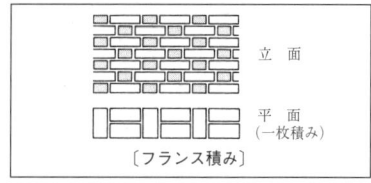

立 面

平 面
（一枚積み）
〔フランス積み〕

フランス窓［french window］ 框戸にガラスのパネルをはめ込んだ室内用のドア。「フレンチドア」ともいう。この場合，窓でも人の出入りができる。

フランス屋根［French roof］ ⇨マンサード屋根

プランター［planter］ 植木鉢を入れたり，土を入れて植物を植える容器。陶製，コンクリート製，木製などがあり，屋外で使われるものもある。→プランターポット，プランターボックス

プランターボックス［planter box］ 花壇用の箱。→プランター

プランター ポット［planter pot］ 植木鉢を入れる装飾用容器。土や水による床の汚れを防止する役目もある。→プランター

プランタイプ［plantype］ 建築の図面（プラン）を機能の型（タイプ）別に分類して研究すること。→タイポロジー

フランチャイズ チェーン［franchise chain］　本部が加盟店から看板料をとり，商品供給，経営指導，援助などを行う小売り形態。

ブランド［brand］　商標のこと。

プラント［plant］　システム化された製造工程をもつ工場で，建築では生コン製造施設をいう。

ブランド スイッチング［brand switching］　特定銘柄を他の銘柄に変える要因を予測する手法。「マルコフ連鎖」という。

プラント ハンター［plunt hunter］　18世紀後半から20世紀前半にかけて，ヨーロッパが世界中に送り出した有用植物採集を専門とする人々。

ブランド法　商標を保護し使用者の信用を図ることを目的にした法律。商標の登録，審査，商標権，存続期間，使用権，権利侵害などを定めている。

プラント ボックス［plant box］　ガーデニング，小型庭園などに使用される植物を栽培するための箱（ボックス）。→ガーデニング

プランナー［planner］　企画・立案をたてる人で設計者。→アーキテクト

プランニング［planning］　平面計画を行うことだが，単に平面図をかくことではなく，企画する，計画する，設計するの意。→プラン

プランニング グリッド［planning grid］　設計において用いられる基準寸法（モジュール）で作られたます目。これを下敷きにして設計が行われる。

フリー アクセス フロア［free access-floor］　コンクリートスラブと床仕上げとの間に，配線や配管のために空間を設けた二重床。電算室やインテリジェントビルの床に多く用いられているが，そのほか電気室や放送スタジオにも使われている。「OA用二重床」ともいう。

フリー アドレス制［free address］　オフィス等で固定席を廃止し，あいている席に自由に座らせて業務を行うもので，オフィス空間の有効活用を目的としている。

フリー ウエイ［free way］　アメリカの高速道路。

ブリージング［bleeding］　コンクリート打設後，混練水が分離してコンクリートの上面に上昇する現象。

フリーズ［frieze］　壁の上部に設けた帯状の装飾部分。

ブリーズ ソレイユ［brise soleil］　ルーバーやひさしのように建物と一体化した日除け。

プリーツ［pleats］　布地の加工方法の一つで，合成繊維の熱可塑性を利用してひだを半永久的に付ける方法。

プリーツ シェード［pleated shade］　布または加工された紙を，折目を水平方向にプリーツ加工し，折りたたみながら開閉するシェード。→プリーツブラインド

プリーツ スクリーン［pleated screen］　窓の外光遮光用スクリーンの一つ。表面加工した和紙や布・不織布に襞（ひだ）を付け，窓の上部から垂らして遮光する。付けたひもをたくし上げると，スクリーンが上部に折り畳まれる。ブラインドよりも和風の感じが出せ，畳し

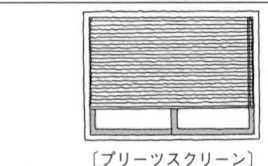

〔プリーツスクリーン〕

ろも半分ほどで収まる。左右に開閉するバーチカル型もある。→ハニカムスクリーン

プリーツブラインド［pleated blind］スクリーンの折目を水平方向にプリーツ加工し、折りたたみながら開閉するブラインド。→プリーツシェード

ブリード［bleed］写真や図を切り落とすこと。

ブリード現象 外壁の塗装や吹付けタイルなどの仕上材が、伸縮目地等に施したシールの可塑材と反応して変質し、シールの周辺が汚れたり仕上材のはく離などが生じる現象。

フリーハンド［freehand drawing］図面を定規やコンパスなどの製図道具を用いずに自由に描くこと。

フリープラン［free plan］プレファブ住宅や規格住宅を、注文者の希望にそってプランの一部を変更すること。

フリープラン賃貸住宅制度 入居者の好みで間取りや内装、設備を考える賃貸住宅制度。→スケルトン住宅

フリーフロート［free float］ネットワーク工程表において、ある作業の工程表上の時間のなかに後続作業が最も早く開始しても、なお含まれている余裕時間をいう。

ブリキ 錫をメッキした薄い鉄板。blikはオランダ語。

フリクション丁番［friction hinge］ナックルの中に摩擦装置を設置して、扉を任意の位置に停止させることができる丁番。

フリクションパイル［friction pile］杭周辺の摩擦抵抗力を支持力として計算された杭。コンクリート製の三角節杭など。

プリズム板ガラス［prism plate glass］片面はのこぎり状、他面は平滑で、平滑面を外にして光を入れると屈折拡散して室内の照度を均一にする。天窓や地下室の採光に用いられる。

プリズムグラス［prism glass］⇨デッキグラス

プリセリング［preselling］正式販売前に消費者の関心を高めるために行うテスト販売。

フリッカー［flicker］輝度または色が時間的に変化する光が目に入るとき、定常な光刺激として感じられない現象、ちらつきのこと。蛍光灯やトンネル照明等でおきる。

フリッカーレス［flicker less］蛍光ランプや水銀ランプ等の放電ランプでちらつきのないもの。

ブリッジ構法［bridge construction method］橋の構法を建築に応用したもので、独立した柱の上にピン接合によって梁を架構する構造。

フリッチ［flich］突板用に挽き出された木材。

プリッツカー賞［pritzker architectural prize］アメリカのハイアット財団が中心になって制定した建築賞。建築界のノーベル賞といわれている。

プリテスト［pretest］アンケート調査などの質問内容を決めるため、前もって第三者数名に回答を求め、その様子を見て調査標を作る予備調査。

ブリネル硬さ［Brinell hardness］材料の硬さを表す方法の一種で、ブリネル硬さ試験法によって求められた硬さの程度の値。→ブリネル硬さ試験

ブリネル硬さ試験［Brinell hardness test］ブリネル硬さを求めるための試験。試験体に鋼球を当て、そこにできたくぼみの表面積と加えた荷重から硬

さの程度を求める。JIS B 7724。→ブリネル硬さ

プリベンティブ メンテナンス［preventive maintenance］　機器の定期点検を行って,設備に故障が発生したり,または機能を失う前に修理や部品を交換して機能維持を図ること。

プリミティーフ［primitif 仏］　先史時代の原始的美術のことで,未開民族の造形物の中に高度な芸術性を見い出し評価するもの。

フリンジ エリア［fringe area］　フリンジは淵とか辺の意で,電波の届くぎりぎりのあたりのことで,テレビ・ラジオの受信状態の悪い地域をいう。

フリンジ パーキング［fringe parking］　都市の中心部への車の乗り入れを制限するために,周辺部に設けられる駐車場。

プリント カーテン［printed curtain］　型紙を使って柄を捺染・印刷した布地で,縫製したカーテン。

プリント合板［printed plywood］　合板の上に木目などを印刷した紙を張った化粧合板。

プリント ハード ボード［printed hardboard］　表面に種々の模様の印刷を施したハードボード。

プリント ボード［print board］　化粧石膏ボードの一種で,表面に模様を印刷したもの。

フルーイディクス［fluidics］　流体を使用した自動制御装置に関する研究。「流体工学」ともいう。

フル ウェブ［full web member］　H形鋼やI形鋼の梁や柱のように,ウェブ材がめくら板になっているもの。「充腹材」ともいう。

ブルー エンジェル マーク［blue angel mark］　環境保護に貢献する製品であることを認定するエコロジーマーク。1978年にドイツ連邦政府の環境自然保護原子力安全庁が世界で最も早く発足させたもので,世界的に認められた権威あるもの。→エコマーク

〔ブルーエンジェルマーク〕

フルオートバス　⇨オートバス

プルキン工現象［Purkinje phenomenon］　人の目の感覚の変化に関することで,明るい場所から暗い場所へ移行した際,青い光に比べて赤の光の明るさの低下が著しい現象。

プル戦略［pull strategy］　メーカーによる消費者に対する指名買いなどの直接的なセールスプロモーションのこと。

フル ターン キー［full turn key］　企画・計画から設計・施工まで,プロジェクトの一切を引き受ける契約方式。注文者はできあがった工場など建設物のキーを回すだけということからこのようにいわれる。→ターンキー

ブルドーザー［bulldozer］　整地・掘削・盛土・運搬・除雪などに使用する土木作業用機械。

フル プレストレッシング［pull presutresshing］　コンクリート部材に発生する長期荷重による引張応力度のすべてを打ち消すように,プレストレス

を設定するプレストレスの導入方法。
→パーシャルプレストレッシング

プル ボックス [pull box] 電気の配管工事において，管が長い場合や分岐する場合など，電線の引き入れを容易にするために設ける鋼板製の箱。

フル メンテナンス契約 メンテナンス契約の一形態で，修理・調整，部品交換を契約内で行い，常に良好な機能を発揮できるように維持する契約。

フル ルーバー [full louver] クローゼットドア全体をガラリ戸としたもの。→ハーフルーバー

フレア溶接 [flare grove weld] すそが広がった2部材間に行う溶接。

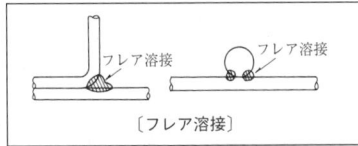

〔フレア溶接〕

フレイキング [flaking] ⇨ピーリング

プレウェッチング [prewetting] 吸水性の大きい軽量骨材をコンクリートに用いる前に，骨材をあらかじめ散水または浸水させて十分に吸水させること。コンクリートの練り混ぜ中やポンプ圧送時に，軽量骨材が吸水してコンクリートのコンシステンシーが変化するのを防ぐことを目的とする。

ブレーカー [breaker] ①規定以上の電流が流れた場合，自動的に電流を遮断して電気回路を保護する安全遮断装置。②コンクリートの破砕機械。先端に取り付けられたのみに，圧縮空気を利用して打撃力が加わる仕組み。

ブレーク イーブン ポイント [break even point] 事業収支の損益分岐点。

ブレークダウン メンテナンス [breakdown maintenance] 事後保全のこと。機器が故障停止や機能低下をしてから修理や取替えを行うこと。

プレーサビリティ [placeability] まだ固まらないモルタルやコンクリートのワーカビリチーの一つの性質を表す語。所定の場所や型枠の中に打ち込むことの難易さの程度を表す。

ブレース [brace] 地震・風などの外力に対し，建物の軸組を強化するために入れる斜め材。木造では圧縮材として柱の2つ割り程度，鉄骨造では引張材として丸鋼やアングルが用いられる。「筋違い」ともいう。

ブレースド フレーム [braced frame] 骨組を斜材を用いて強化した工法。

プレート ガーダー [plate girder] ウェブ材に鋼板を用い，ウェブ部分をスチフナーで補強した鉄骨組立て梁。I型断面をもち，クレーンガーターや橋桁などに用いられる。「プレート梁」ともいう。

プレート ガラス [plate glass] 磨きガラスのこと。

プレート梁 [plate girder] ⇨プレートガーダー

フレート ビラ [freight villa] 都市部の地価の高騰にともない，使わない家具類を過疎地の保管庫にあずけ，空間の有効利用を計るための倉庫。

ブレードレス ポンプ [bladeless pump] 汚物を排出するためのポンプで，羽根（ブレード）のない構造となっているもの。

プレート ワイヤー ガラス [plate wire glass] 網入りの磨き板ガラス。

プレーナー [planer] 木工用電動かんな。

プレーナー構法 DPG構法の商品名。「プレーナーフィッティングシステム」

のこと。〔製造：日本板硝子〕→DPG構法

プレーパーク［play park］　冒険広場。子供の運動を主体とした広場。

フレーマー［framer］　ツーバイフォーの枠組をつくる人。

フレーミング［framing］　枠を付けること，枠組をすることだが，形を整える，調整するの意として用いる。

フレーム［frame］　建物などの骨組，軸組。「フレームワーク」ともいう。

フレームワーク［framework］　⇨フレーム

プレーロット［play lot］　おもに幼児が利用する簡単な遊び場。

プレーンコンクリート［plain concrete］　①混和剤をいっさい用いないコンクリート。②無筋コンクリート。→レインフォーストコンクリート

プレーン試験［blaine test］　粉体の粉末度を測定する試験。空隙率（ポロシティ）を一定にした粉体中を空気が一定量透過する時間より比表面積（cm^2/g）を求める。JIS R 5201。

ブレーンストーミング［brainstorming］　参加者が思いつきを自由に出し合い，独創的なアイデアを引き出すことを目的とした集団的な討論方法。

ブレーンビル［brain building］　⇨スマートビル

フレオン［flon］　⇨フロン

プレカット［pre-cut］　木造住宅用木材の加工を工場において機械で大量に行うこと。

プレカット方式［precut system］　プレファブ住宅などの工場生産方式に対して，在来工法において省力化や加工精度の向上のために行われる予備加工のこと。

フレキシビリティ［flexibility］　空間の使い勝手が特定なものに限定されず，柔軟性をもって対応でき，自由度があること。

フレキシブルシート［flexible sheet］　⇨フレキシブルボード

フレキシブルジョイント［flexible joint］　配管の伸縮，振動，歪み等にともなう配管面間距離や配管芯の変位やずれを吸収するための，可とう性をもった配管継手。

フレキシブルタイム　フレックスタイム制において各自が設定，管理できる時間帯。

フレキシブルダクト［flexible duct］　施工性の向上やずれの吸収を目的に，主ダクトと吹出し口間を接続する可とう性の高いダクト。

フレキシブルボード［flexible board］　石綿セメント板の一種で，JIS規格により「フレキシブル板」あるいは「軟質フレキシブル板」として規定された内外装材。耐火・耐水性に優れ，たわみに対しても強い。「フレキシブルシート」ともいう。

フレキシブルマニュファクチャリングシステム［flexible manufacturing system］　FA（ファクトリーオートメーション）の中核をなす生産システムで，ロボット，NC工作機械，自動倉庫，無人搬送車などからなる多品種少量自動生産システムのこと。「FMS」ともいう。

プレキャストコンクリート［precast concrete］　現場ですぐ取付けや組立てができるように，あらかじめ工場製作されたコンクリート製品・部材の総称。「プレコン」「PC」ともいう。

プレキャストコンクリートパネル

[precast concrete panel] 工場などで型枠に打ち込んで製作されたコンクリート部材(板)。型枠の転用を図るため蒸気養生を行って早期に脱型する。

プレキャスト鉄筋コンクリート[precast reinforced concrete] 工場や現場の仮設工場であらかじめ製作された鉄筋コンクリート部材。

プレクーリング[pre-cooling] コンクリートの硬化熱によるひび割れを防ぐため水や骨材を事前に冷却すること。

フレクサラム アルミニウムの板をC型断面に加工したルーバーの既製品。外部の目隠し用の囲いなどに用いられる。〔製造：三協アルミニウム工業〕

プレコン ⇨プレキャストコンクリート

プレシンクト[precinct] 一定の領域を区切って車両の乗入れを禁止したり，特殊目的のみに使用する区域のこと。本来は構内・領域の意味をもつ。

フレスコ[fresco 伊] 壁画技法で，漆喰(しっくい)が生乾きのうちに水彩絵具で描かれたもの。

プレス コンクリート[pressed concrete] まだ固まらないコンクリートに直接圧力を加えて余分の水分や気泡を追い出し，その圧力を保持したまま養生して硬化させたコンクリート。

プレスティージ ストア[prestige store] 一流品を厳選すること，対面販売を重視すること，店の雰囲気や接客態度を品よく保つことなどを特色とした店。

プレストレス[prestress] 種々の荷重外力による応力の一部を打ち消すためあらかじめ計画的にコンクリート部材に導入された応力。

プレストレスト コンクリート[prestressed concrete] PC鋼線を用いてあらかじめ圧縮力を加えたコンクリート。曲げ抵抗の増大や収縮ひび割れが防止できる。略して「PCコンクリート」ともいう。

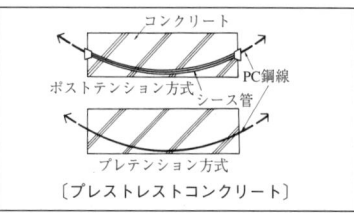

〔プレストレストコンクリート〕

プレストレスト コンクリート構造[prestressed concrete structure] 構造上の主要部位にプレストレストコンクリートを用いた構造。

プレゼンテーション[presentation] 本来は自分の考え方を表現する意味だが，建築では図面や模型を使って主張し，表現すること。

プレゼンテーション ツール[presentation tool] 顧客に対する提案に用いられるもので写真，カタログ，サンプルスケッチ，パース，ビデオ，スライドなどイメージを効果的にするもの。

プレゼンテーション パネル[presentation panel] 提案に用いる図面や写真，パースなどを貼るためのパネルまたはボードのこと。

プレゼンテーション ボード[presentation board] ⇨プレゼンテーションパネル

プレ ソーキング[pre soaking] コンクリートに多孔質骨材を使用する際，あらかじめ骨材を熱間吸水，散水，水中浸漬などの方法で十分吸水させておくこと。

フレックス ウォール 住宅において，家族構成の変化に対応して移動したり取り外したりできる間仕切り壁。

フレックス工期 [flextime system] 労働者不足の現状を反映し、施工平準化対策の一貫として請負業者が着工・施工時期を選択できるとする制度。施工時期選択可能工事制度。1990年に新潟県が試行。

フレックス住宅 [flex-house] バリアフリー対応が可能なように、浴室・台所・便所などの水回り部分を除く他を自由な空間とした戸建ての分譲住宅のこと。

フレックスタイム [flextime] 勤務時間を自由選択できる制度。ただし、規定の労働時間は確保するとともに、全員がそろう時間帯も含まれることが条件となる。通勤ラッシュの緩和や安定的な生活といった利点がある。

ブレックファースト ヌック [breakfast nook] 朝食用のテーブルのある天井の低い食事コーナー。

フレッシュ コンクリート [fresh concrete] 混練後、まだ硬化の始まっていないコンクリート。テストピースはこの状態のとき採取する。「グリーンコンクリート」ともいう。

フレッシュ積み [Flemish bond] ⇨フランス積み

プレテンション方式 [pretensioning system] コンクリートにプレストレスを導入する方式の一つ。PC鋼線を緊張してからコンクリートを打設し、硬化後、PC鋼線の緊張を解放する。コンクリートとPC鋼線の付着力によって圧縮力が加わる。

プレナム チャンバー [plenum chamber] 気流の混合や分岐、方向変換、減音を目的に、ダクト系の中間部や端部に設置される箱状の空間。

フレネル レンズ [fresnel lens] 光が一転または一線上に収束するように、透明平板の片面に、勾配をを変えた三角状の溝を連続して切り込んだレンズ。

プレパーク prefinish parquetの略。あらかじめ工場で塗装仕上げしてあるパーケットブロック。

プレパクト コンクリート [prepacked concrete] あらかじめ型枠内に粗骨材を詰めておき、その中にモルタルを注入してつくられるコンクリートのこと。「注入コンクリート」ともいう。

プレパレーション キッチン [preparation kitchen] 調理室。

プレハング ドア [pre-hang door] ドア枠にすでにドアがセットされているもののこと。

プレファブ ⇨プレファブリケーション

プレファブ建築 [prefabricated building] あらかじめ工場生産された部品・部材を現場で組み立てて完成させる建築方式、またはその建築物。

プレファブ住宅 [pre fab house] 工場で生産された部品を現場で組み立てる住宅。工業化住宅。→プレファブリケーション、ポータブルハウス

プレファブリケーション [prefabrication] あらかじめ工場で部材・部品を製作し現場で組み立てて完成させる生産方式。「プレファブ」ともいう。→プレファブ住宅

プレフィニッシュ [pre-finish] 部品時に塗装をするなど、前もって仕上げまで行っておく方式。

プレ(リ)プレグ [prepreg] 炭素繊維に熱硬化性樹脂を含浸させ、シート状にしたもの。耐震補強の材料として使われている。→NFM

プレボーリング工法 [preboring method]　既製コンクリート杭や山留め杭などの施工において，あらかじめアースオーガーなどで先行掘削し，その孔内に杭を挿入する工法。最終工程で杭をハンマーでたたく工法や杭先端を根固め液で固める工法がある。低振動・低騒音工法として採用される。

プレミックス モルタル [premix mortar]　セメントと種々の細骨材・混和剤をあらかじめ調合混入し袋詰めしたモルタル材料。水を混ぜるだけで使用できる。

プレラック　重い家具を滑りやすくして床を保護するもの。→グライド

プレロード工法　①[pre-loading method] 山留め工事で，予想される土圧をあらかじめジャッキで切ばりに導入してから掘削する工法。②[preload system] 構造体の外側にPC鋼線を固定後，PC鋼線の緊張を行うプレストレストコンクリート工法。

フレンチ ドア [french door]　⇨フランス窓

フレンチ プロビンシャル [French provincial]　フランスの田園地方の様式。手づくりの素朴な木製家具など。

フロア [floor]　床。2階建以上の建物の階。

フロア貸し　賃貸ビルで，フロアを単位として賃貸する方式。レンタブル比を高くすることができる。

フロア キャビネット [floor cabinet]　⇨フロントキャビネット

プロアクティブ [proactive]　ものごとに先立ち計画的に行動すること。ファシリティマネジメントでは従来の施設管理のように事態が発生してから対症療法的に対応するのではなく，計画的，先取り的に問題や課題を把握し，必要な行動をとることが期待される。

フロア クライミング [floor climbing]　タワークレーンのクライミング方法の一種。タワーを鉄骨の構造体にあずけて上昇していく。「ベースクライミング」ともいう。→クライミング

フロア コンセント [floor consent]　床に取り付けるコンセント。埋込み式，露出式，使用時のみ露出する方式がある。

フロア ジョイスト [floor joist]　床板の下にある横架材である根太。

フロア スタンド [floor stand]　床置き型の照明器具。

フロア ゾーニング [floor zoning]　各要素の必要面積や近接関連度，動線やアクセス，建物フロア形状等を勘案して行う，入居組織や必要機能の各階フロアに対する平面配置計画。「ブロッキング」ともいう。

フロア タイル [floor tile]　床仕上材用のタイルの総称。

フロア ダクト [floor duct]　必要な場所から電線を引き出すためにコンクリート床に埋め込んだ配線用ダクト。

フロア ドレーン [floor drain]　浴室，便所，厨房などの床に設ける排水用器具。受け皿や密閉したトラップ（逆流防止弁）が付く。

フロア パーケット [floor parket]　合板にサクラやナラ材などの薄い板を寄木張りにした床材の総称。

フロアパネル工法　鉄骨造の高層ビルなどにおいて，1スパンの大梁・小梁・デッキプレートや天井内に付くダクト・空調機・配管を地上で地組みしてから所定の位置に取り付ける工法。組合せ部材については，現場の条件に

よって変わる。資材の揚重回数の削減による作業効率の向上と高所作業の削減を目的に行われる。

フロア ヒーティング［floor heating］　床に発熱装置を埋め込み，ふく射暖房を行うもの。通常，熱源として温水，蒸気などが用いられる。暖めた煙を循環させる「オンドル」もこれに該当する。「床暖房」ともいう。

フロア ヒンジ［floor hinge］　速度が調整できる床用丁番で，重量のあるドアに用いられる。「FH」とも略す。

フロア フィニッシャー［floor finisher］　床コンクリート打設後，コンクリートの表面仕上げに用いる機械ごてのこと。

フロア ポケット［floor pocket］　舞台床に設けられた，電気接続口（ソケット）が収納された金属製ボックス。

フロア ボックス［floor box］　床面に設置するフロアコンセントや電話アウトレット用の床埋込み位置ボックス。

フロア ホッパー［floor hopper］　カートにコンクリートを供給するため一時的に貯蔵する容器。

フロア ライフ［floor life］　洋風の室内で椅子を使わず，床でくつろぐ生活スタイル。

フロア ランプ［floor lamp］　床に直接置かれる照明器具。光源が床より高い位置にある「フロアスタンド」とは異なる。床にじかに座る生活様式を背景に使われている。

フロアリング［flooring］　⇨フローリング

フロアリング ブロック［flooring block］　⇨フローリングブロック

ブロー［blow］　ボイラーや冷却塔系統の水は循環使用されているため溶解物質が過度に濃縮し，障害の原因となるばかりでなく，過飽和のため浮遊固形物が遊離され沈殿物を生成する。このような状態を緩和するため濃縮水を吹き出し，新鮮な水を補給すること。

ブロー アウト［blow out］　水洗便器の洗浄方法の一種。ゼット穴から水を強く噴出させる方法。

フローコーター［flow coater］　被塗物に塗料を流しかけて塗布する機械。

フロー シート［flow sheet］　⇨フローチャート

フロー試験［flow test］　モルタルやコンクリートの軟度を測定するための試験。供試体を乗せた「フローテーブル」に上下振動を与え，底面のひろがりをフロー値として示す。JIS R 5201。

ブロー水［blow down water］　機器や配水管内に水中の不純物が過度に濃縮しないよう，継続的に少量ずつ排出される水。

フロー スイッチ［flow switch］　液体中に小板を挿入し，その変形で管路やダクト内の流れを検出する装置。

ブロー ダウン［blow down］　タンクや配管系から水を抜くこと。

フロー チャート［flow chart］　流れ図。流れ作業図。種々の問題を発生の流れに従って分析したり，解決したりする場合の図的表現の一種。品質管理の分野においてクレーム処理体系図や品質保証体系図に活用。「フローシート」ともいう。

フローティング基礎［floating foundation］　軟弱地盤に採用される基礎で，建築物の重量とその建築物によって排除された土の重量がほぼ等しくなるように設計されている。

フロー テーブル［flow table］　コンク

リートのフロー試験用の鉄製テーブル。JIS R 5201によるモルタルのフロー試験では直径30cm,上下振動落差10cmのものを用いる。

フロート［float］ ネットワーク工程表において,ある作業の工程表上の時間のなかに,他の作業あるいは工程に影響を与えない余裕時間をもっている場合,その余裕時間を「フロートタイム」といい,略してフロートという。

フロート ガラス［float glass］ 磨き板ガラスと同様にゆがみの少ない滑らかな表面をもつ高級透明板ガラス。ガラスを溶融金属面に浮かせ高温で製造。略して「PSG」。→フロート発色ガラス

フロート スイッチ［float switch］ シスターンや高架水槽に用いる浮子と開閉器を組み合わせた自動スイッチ。

フロート タイム［float time］ ⇨フロート

フロート発色ガラス［float color glass］ コバルト・鉄・セレン等の金属をガラス原料に加えて作られるフロートガラスで,ブルー・グレー・ブロンズグリーン等があり,一般に「熱線吸収ガラス」といわれる。→フロートガラス

フロート バルブ［float valve］ 水位の上下によって浮子が作用し,バルブを開閉させるもの。

ブロードバンド集合住宅 光回線など高速大容量のブロードバンド(広帯域)通信を利用できる環境を整備した集合住宅。おもに全戸に光回線を標準装備するケースと,電話局などから住戸までを光回線とし住棟内はLANを整備するケースとがある。

ブロー バス［blow bath］ 穴からお湯と空気を強く噴き出させて,体に刺激を与えたりマッサージ効果を与える,いわゆる泡風呂のこと。

ブローホール［blowhole］ ①溶接欠陥の一つである溶接金属内部に発生した空洞。「気孔」ともいう。②ガラス,陶磁器,金属などの鋳型成形の際にできる微小な気泡。「ぶく」ともいう。

フロー ライン メソッド［flow line method］ タクトシステムの理想型で,直列の順序関係にある所要時間の同じ作業が連続的に行われること。→タクトシステム

フローリング［flooring］ 木質系床仕上材の総称。日本農林規格(JAS)によると,単層フローリング,複合フローリング,フローリングボード,フローリングブロック,モザイクパーケットなどに分類される。「フロアリング」ともいう。

フローリング ブロック［flooring block］ ひき板を接合して正方形または長方形のブロックとした床仕上材。厚さ15mmまたは18mmで,30cm角のものが多く用いられる。「フロアリングブロック」ともいう。

フローリング ボード［flooring board］ 表面がかんな仕上げの幅5〜10cm程度の板で,側面をさねはぎ加工した床仕上材。「縁甲(えんこう)板」ともいう。

ブローン アスファルト［blown asphalt］ 石油の重質油を加熱し,空気を吹き込んで作られる石油アスファルト。硬質性で耐熱性が大きいことから防水工事のルーフィング貼りなどに用いる。→ストレートアスファルト

プロクセミックス E・T・ホールの提唱する動物の行動と空間の関係を,集団と空間に発展させようとするもの。

プログラム制御［program control］ 目標値の時間変化をあらかじめプログ

ラムとして設定し，これにより制御対象への入力をコントロールする制御方式。

プログレッシブ ペイシェント ケア [progressive patient care] 医療看護の必要度合いに応じて患者を段階的にグループ分けして治療をほどこす医療看護方式。

プロコン production control の略。生産管理。

プロジェクト [project] 企画または計画案。

プロジェクト エキストラネット [project extranet] 内向けのネットワークであるイントラネット同士をインターネットで結んだ外向けのネットワーク。

プロジェクト情報 [project data] 特定業種の顧客に関わるデータ情報。商品，見積書，契約書，領収書などの文書を含む情報。

プロジェクト チーム [project team] 研究開発や大規模工事において，計画から実施に至るまで一つのプロジェクトを遂行するために編成される組織のこと。プロジェクト完了時には解散する臨時のもの。

プロジェクト マネジメント [project management] 工事を効率化してコストを削減するため，プロジェクトの企画段階からプロジェクトマネージャー（PMR）が参画して工事の発注から管理までを行う方式。建設工事に対象を限定したコンストラクションマネジメント（CM）よりは幅広い概念をもつ。→コンストラクションマネジメント（CM）

プロジェクト マネジメント データベース [project management data base] プロジェクト（業務）を遂行するために，必要なデータを迅速かつタイムリーに検索できる目的で作成された基礎データ。エンジニアリング会社などの海外プラント工事の際，情報をコンピューター処理するために行われた。[PMDB] ともいう。

プロジェクト マネジャー [project manager] 開発事業・新規工事などの大規模工事で，プロジェクトチームを組む場合，その計画を総合的に運営していく責任者。略して「PM②」「プロマネ」ともいう。

フロスト加工 ガラスの表面加工の一種。サンドブラスト処理した表面をさらに化学処理して，半透明で滑らかな肌合いを出す。フロストガラスは商品名。

プロセス コントロール [process control] 温度制御のために関連する室内外空気，熱交換，冷温水制御など種々の制御・調節を行うように，一つの制御対象を全体的に制御する方式。

プロセス ベンチマーキング [process benchmarking] 成功している組織の類似した業務プロセスを参考にして，これを構成する個々の作業や手順を比較し，自らの業務改善を図るベンチマーキング。

プロセニアム [proscenium] 劇場で客席と舞台の境の開口のことで，アーチとして作られることから，この額縁を「プロセニアムアーチ」という。

プロセニアム アーチ [proscenium arch] 客席と舞台の境にあるアーチ状の額縁のこと。

プロセニアム ステージ [proscenium stage] 舞台と客席の間に建築的な区画を設け，客は映画を見るように枠を通して演劇を見る方法。「額縁舞台」

プロセニアム ブリッジ［proscenium bridge］プロセニアムの裏側に設けられる照明用ブリッジ。→プロセニアム

プロダクト アウト［product out］消費者やユーザーの要求を考慮せず，生産側の都合のよいような製品をつくって押し付けること。品質管理のなかで用いられる言葉。→マーケットイン

プロダクト プランニング［product planning］商品を消費者のニーズに合わせる計画。

ブロッキング［blocking］ ⇨フロアゾーニング

フロック［floc］水処理，汚水処理などの過程で，凝集によって生じる固形物。粒径数mmに及ぶものまである。

ブロック［block］①本来はかたまりの意味をもつが，一般的にはコンクリートブロックをさす場合が多い。→コンクリートブロック

フロック カーペット［flock carpet］カーペットの製法の一つで，接着剤を塗った基布に静電気でナイロンなどの繊維を吸い上げ，接着したもの。

ブロック建築［concret block building］建築基準法上では「補強コンクリートブロック造」といい，コンクリート製のブロックに鉄筋を通してモルタルで組み立てる工法。

ブロック積み［block masonry］通常，建築用の空胴コンクリートブロックを壁などに積み上げていくこと。またブロックで構成された壁のこと。

ブロック プラン［block plan］一つの敷地に数棟の建物を設計する場合の全体計画を示す平面図のこと。「ブロック割り」ともいう。

ブロック割り［block plan］①⇨ブロックプラン ②建物のアウトラインを示すためのスケッチ。

フロッタージュ［frottage 仏］木や石に紙を当てて鉛筆等で上からこすり木目や石の表現を写しとる手法。シュールレアリスムで用いられたが，石碑等に墨を塗り写しとる拓本とはその意味を異にする。

プロトタイプ［prototype］原型，基本型，標準型，手本。

プロバイダー［provider］インターネット接続サービス提供事業者。

プロパティー マネジメント［property management］資産の管理業務を行うこと。不動産の収益を増大させ，価値そのものを高めることを目的とした管理のこと。「アセットマネジメント」ともいう。

プロパン ガス［propane gas］おもに家庭用燃料に用いられる液化石油ガス。LPガスの一般的呼称。

プロパンガス法　液化石油ガスの保安の確保などを法制化したもので「液化石油ガス法」という。

プロフィット センター［profit center］事業，製品，地域，顧客別等に設けられ，損益を明確にして利益目標達成のために組織される利益責任単位。

プロフィリット ガラス［profilit glass］耐風圧に優れた溝型ガラス。厚さが6〜7mm程度の板ガラスに溝型を付けたもので，カーテンウォールなどに用いられる。

プロペラ ファン［propeller fan］数枚のプロペラで構成される軸流ファン。

プロポーザル方式［proposal system］発注者が設計者あるいは施工者を選定する場合，予定する建築物に対する設計提案あるいは技術提案の提出を求

め、その内容を評価して決定する方法。高度な設計・施工技術が要求される場合に行われる。その他に特名・指名コンペ、公開コンペ等の方法がある。→コンペ

プロポーション［proportion］ 形の比例あるいは比率のこと。一般には美しく見える比例、安定した比例などで黄金比、ルート長方形、整数比、級数比などがある。

プロマネ ⇨プロジェクトマネージャー

プロムナード［promenade 仏］ 遊歩道または散歩道のこと。商店街の活性化を計るために、タイル舗装や植栽、ストリートファニチャーを設け、この名前をつける例が多い。→エスプラネード

プロモーションテーブル［promotion table］ 鉄骨・PC版・サッシュ・金物など、おもに工場製作されるものの発注から現場納入までの時期を記入した工程表。発注時期、製作図作製期間と承認時期、工場製作期間、製品検査時期、現場納入時期が示されている。

プロモーションミックス［promotion mix］ 広告・パブリシティ・人的販売・セールスプロモーションの総合的効果を考えた調整や総合計画のこと。「コミュニケーションミックス」ともいう。

フロン［chloro-fluoro carbon］ 冷凍機の冷媒、ウレタンフォームの発泡剤、スプレーの噴射剤などに用いられる無毒で安定した気体で、圧縮すると液化する。正式名称はクロロフルオロカーボンで、「フレオン」ともいう。化学的に安定なため、分解されずに成層圏まで達し、太陽の紫外線で分解され大量の塩素原子を放出してオゾン層を破壊することから、地球規模での環境問題となり使用が禁止された。

フロンガス規制 フロンに対する国際規制で、1985年に取り決めた「オゾン層保護のためのウィーン条例」や1987年に採択された「オゾン層を破壊する物質に関するモントリオール議定書」がこれに当たる。

ブロンズ［bronze］ 一般には、銅と他の金属との合金をいう。強度、硬度、耐食性に優れ、鋳物も可能。特に銅と錫の合金を指す場合もある（青銅）。

フロンテージセービング［frontage saving］ 都市住宅などで南側の前面を狭くし、奥行を長くする計画方法。

フロント［front］ ①建築では玄関を入った所の正面の意で、カウンターが設けてあり、客の案内や取り継ぎ等のサービスをする所。→フロントサービス ②舞台の前方の部分。③箱錠の小口部分。「錠面」ともいう。

フロントオフィス［front office］ 客への対応、案内、会計などの業務を行うフロントカウンターに接するオフィス。→バックオフィス

フロントキャビネット［front cabinet］ 上部が作業台になっている収納家具で、システムキッチンに使われる。「フロアキャビネット」ともいう。

フロントサービス［front service］ 高級マンション等のエントランスホールで、ホテルと同様の管理サービスをすることをいう。→フロント

プロンプターボックス［prompter box］ 演技中の俳優に舞台の陰からセリフを教えるための劇場装置。舞台前端中央に半地下式に設けられた小室で、プロンプター（後見役）が入る。

フロンフ

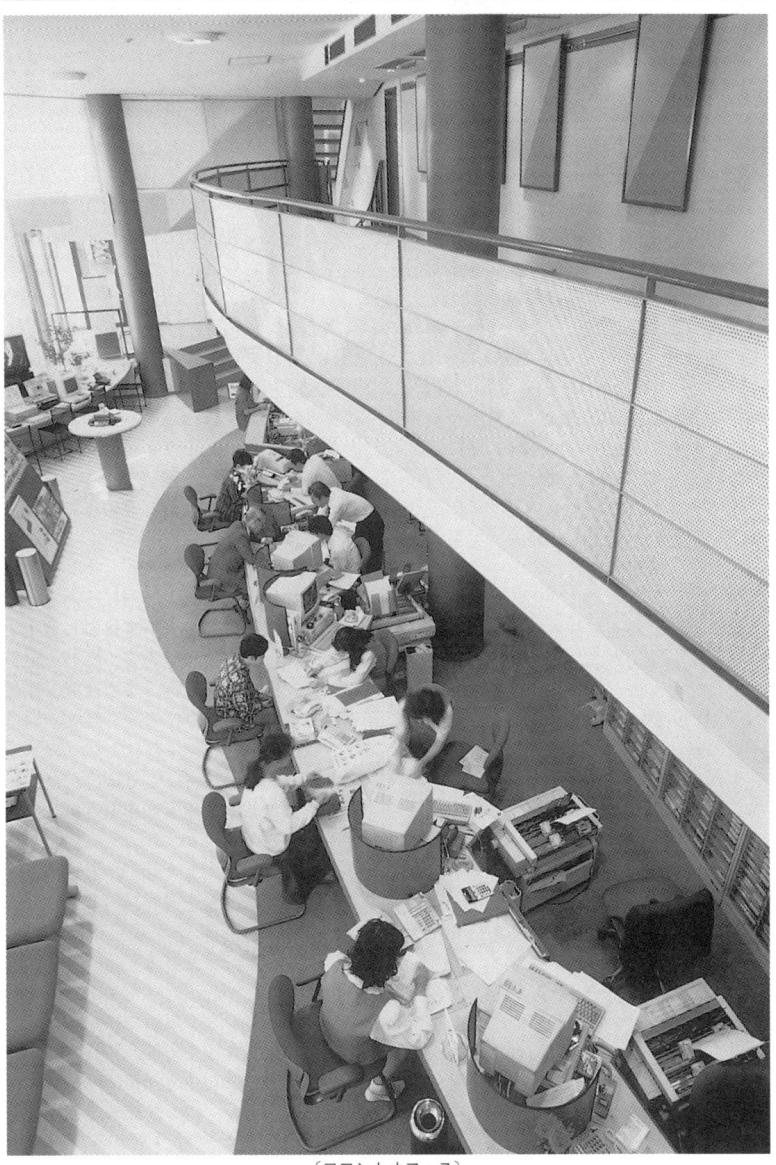

〔フロントオフィス〕

ヘアー キャッチャー 髪の毛が配水管に流れ込まないように，ユニットバスの排水口に付ける網のついた目皿。

ヘアー トラップ [hair trap] 排水管内の髪の毛を除くための装置。

ヘアー ロック [hair rock] 椅子貼りに使う充てん材で，「パームロック」「ラバーライズドヘアー」ともいう。

ペア ガラス [pair glass] 断熱や結露防止のため，2枚の板ガラス間に空隙をつくって組み合わせたガラス。「複層ガラス」ともいう。略して「PG」。

ヘア クラック [hair crack] 毛髪のように細い亀裂のこと。

ペア ケーブル [pair cable] 2条の導体をより合わせて作ったケーブルを，さらにいくつかまとめて1本のケーブルにしたもの。通信用に使用される。

ペア サッシュ 二重サッシュのこと。窓の遮音あるいは断熱対策として採用される。

ヘア ライン仕上げ [hair line finish] ステンレス鋼の研磨仕上げの一つ。ステンレスの溶接部の余盛り部分をサンダーやヤスリを使って除去し，平滑にした後，研磨して仕上げる方法で，すべて手作業となる。

ベアリング ウォール [bearing wall] 構造体の壁の中で，鉛直および水平荷重を負担するための壁。地震力に抵抗するために設けたものは耐震壁という。「耐力壁」ともいう。→カーテンウォール

ベイ ウインドー [bay window] サンフランシスコで湾を見るためのベイビューウインドーが語源。現在は出窓の総称として使われている。平面的にみて長方形，多角形，弓形等の形状がある。弓形のときは「ボウウインドー」ともいう。

ベイ エリア [bay area] 臨港地区。海岸，川岸から一定地域が決められており，港湾関係施設のみしか建てることができない。→ウォーターフロント

ペイント [paint] 塗装材料の総称。

ベーカリー [bakery] その場で作って売る屋台などの店。

ベークアウト [bake-out] 新築や改築の建物において，入居前に室内を30度以上の高温にして，内装材から発生する人体に有害な化学物質の揮発を促進させ，排除する技術。まだ研究・開発段階の技術であり，今後一般化が期待されている。

ベーシック デザイン [basic design] 色や形の基本的なものを使うデザイン手法。

ベーシック モデュール [basic module] 建物の寸法調整や構成材のサイズを調整するためにEPAが規定した基礎的モデュール。→サブモデュール寸法

ページング [paging] 電話からの発信を呼出し音や文字表示でキャッチする小型の携帯無線受信機。ポケットベル。

ベース ①[base board] ⇨ベースボード ②[base] 柱の基部のことだが基礎のフーチング部分をいうこともある。→フーチング

ベース金物 [base hardware] ジャッキベースや固定ベースのように,枠組足場の脚部に取り付けられる金物の総称。

ベースカラー [base color] 基調色。配色において基礎となる,色味の少ない色。

ベースキャビネット [base cabinet] 流し台のうち,調理や配膳に使われる床置きの部分をいう。上部をカウンタートップといい,人造石,ステンレス,メラミンなどで作られている。高さは80cmから90cmまである。

ベース筋 [base (steal) bar] 基礎の底面に発生する引張力に抵抗させるためもち網状に組んで敷く鉄筋。

ベースクライミング [base climbing] ⇨フロアクライミング

ベースコート [base coat] 左官工事や塗装工事における下塗りと中塗りとの総称。

ベースコンクリート [base concrete] ①建物の基礎のうち,最下部にあって一番最初にコンクリート打設が行われる底盤やフーチングコンクリートのこと。②流動化コンクリートの製造に際し,流動化剤を使用する前の基本となるコンクリート。

ペースト [paste] セメント,プラスター,石灰などを水で練ってのり状としたもの。

ベースネット工法 コンクリート下地に塗るモルタルのはく落を防ぐため,化学繊維(ポリプロピレンなど)のネットを専用のペーストでコンクリート下地に張り,その上にモルタルあるいはタイルの張付けモルタルを塗る工法。

ベースプレート [base plate] 鉄骨柱脚部に取り付ける鋼製の底板。アンカーボルト用の穴があいている。

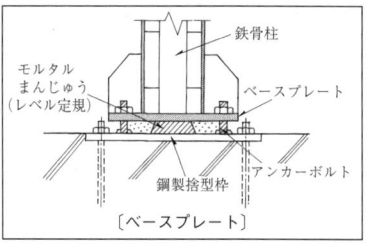

〔ベースプレート〕

ベースボード [baseboard] 幅木のこと。単に「ベース」ともいう。「モップボード」と同義。

ベースボードヒーター [baseboard heater] 温水や蒸気を熱源とする暖房で用いる放熱器の一種。機構はコンベクターとほぼ同様だが,室内の幅木部分に取り付けられる形式。→コンベクター

ベースメタル [base metal] 比較的埋蔵量の多い鉄,銅,鉛などの古くから使用されている金属の総称。→レアメタル

ベースメント [basement] 地下室,地階,建築物の基部。

ベースモルタル [base mortar] 鉄骨柱のベースプレートと基礎の間に敷く,高さ調整用のモルタル。

ベータトロン [betatron] 医療や(核)物理学などの実験用磁器誘導電子加速装置。

ペーハー [pH 独] 水質を表す指標の一つ。水中の水素イオン濃度で,pH=7が中性,それより大きいとアルカリ性,小さいと酸性。「pH」と略す。

ペーパードレーン工法 [prefabricated drain method] 地盤改良工法の一種。土中に特殊な紙などでできたドレーン材を専用の埋設機で打ち込み,そのド

ペーパー ハニカム［paper honeycomb］　室内のスクリーンや扉用のサンドイッチパネルの心材として用いるクラフト紙で作ったハニカムコア。

ペーパー モデル［paper model］　厚手の紙で作られる検討用の模型。

ペーパーレス オフィス［paperless office］　情報や資料，これまで文書に頼ってきた書類等を，コンピューターなどのディスプレー上で処理することで，紙を使わなくなったオフィス。文書が消え情報電子機器で処理・保存されるオフィスをいう。

ペーブメント［pavement］　コンクリートやアスファルトコンクリートで舗装された道路。イギリスでは歩道の意となるが，アメリカではサイドウォークという。→サイドウォーク，モール

ペーブメント ガラス［pavement glass］　⇨デッキグラス

ヘーベシーベ［hebeschiebe 独］　コンチネンタルウインドーの一つで，引違い戸で換気ができるようにしたもの。ドイツ製の窓。→ドリ(レ)ーキップ

ペール カラー［pale color］　明るく，色味の少ない色。淡い色。

ベーン コントロール［vane control］　遠心送風機，軸流送風機，圧縮機等の出入口の案内は，根の角度を変えて流量を変化させる制御方式。

ベーン テスト［vane test］　十字形に組み合わせた羽根（ベーン）を回転させトルクを測定することにより，粘土のせん断強さおよび粘着力を求める試験。軟弱な粘土地盤の原位置での強さを求めるのに多く用いられる。

ヘクト［hecto］　100倍を表す単位。記号は〔h〕。ギリシア語のhecton(100)から派生している。

ペコビーム　長さ調整できる仮設用鋼製梁。スラブ型枠の支持あるいは仮設通路に使われる。〔開発：住金鋼材〕

ペシマム量［pessimum value］　アルカリシリカ反応による膨張量が最大となるときの反応性骨材の含有量。

ベスト プラクティス［best practice］　ベンチマーキングにおいて，優れた成果を上げていると認められる活動，管理・運用方法など。

ベセル法　木材に防腐剤をしみ込ませる方法で，加圧したり減圧して行うこと。

ペタ［peta］　10^{15}倍を表すSI単位の接頭語。記号〔P〕。

ベター ゾーン［better zone］　⇨ボリュームゾーン

ベター リビング［better living］　より優れた住まいづくりの意味。優良住宅部品として認定された製品には，BLマークを表示できる。→BLマーク

ベタ基礎　建物の地盤全体をコンクリートで一つの基礎版にしたもの。基礎が一体のため不同沈下のおそれがない。

ペチカ［pechka 露］　壁に組み込まれたロシア独特の暖房器具。石，粘土，レンガ等で部屋の隅などに造り付け，壁自体を温めて暖をとる。

ベックマン温度計［Beckman thermometer］　棒の上下部分に大きな水銀だめの感温部をもつ棒状水銀温度計。任意の温度帯で高感度に温度変化を検出できる。

ヘッシャン［hessian］　麻で織った布のことで，壁張り用クロス。ヘッシャンはhesse地方で作られた麻製の粗い布の意で，「ヘンプクロス」ともいう。

- **ヘッダー** [header] 蒸気，温水などを系統別に分配する多数の取出し口の付いた円筒形の容器。
- **ヘッダーダクト** [header duct] デッキプレートの溝を利用して配線するセルラーダクトと配線シャフトなどを結ぶため，セルラーダクトに対し直角方向に床コンクリート内に埋め込む配線ダクト。オフィスオートメーション用の床配線方式として用いられる。
- **ヘッダー配管** [header system] ヘッダーと呼ばれる分岐管により，給水・給湯による腐食，不安定な水圧，施工の煩雑さ，メンテナンスの困難さを解消するために開発されたシステムで，一般に「ヘッダーさや管システム」と呼ばれる。
- **ヘッド** [head] ①水頭。水の高さまたは深さのこと。また流体の有するエネルギーの総称。②現場では，2地点間の水圧差のことをさす場合が多い。
- **ベッド** [bed] 寝るために床の上に作られた台状のもの。
- **ベッドカバー** [bed cover] 寝台に掛ける覆い布。「ベッドスプレッド」ともいう。
- **ベッドスプレッド** [bed spread] ⇨ベッドカバー
- **ベッドセンター** [bed centre] 欧米の病院に設けられている，患者用ベッドのマットレスとフレームを消毒し，メーキングを行う部屋または担当部署。日本ではあまり普及していない。
- **ベッドタウン** [bed town] 働く場所が大都市で，寝るためだけに帰ってくる周辺部の住宅地のこと。地元のためにはあまり役に立たないという批判的意味あいがある。「ニュータウン」「ベッドルームコミュニティー」ともいう。
- **ベッドハウス** ベッドの簡易宿泊所で，「カプセルホテル」ともいう。→フラップハウス
- **ベッドパッド** [bed pad] ベッド用品の一つ。マットレスの上に敷くキルティングをした薄いマット。保温性，クッション性を良くするために使う。
- **ヘッドボード** [head board] 寝台の頭部の板。→フットボード
- **ペットボトル** [polyethylene terephthalate resin bottle] リサイクル法でリサイクルを推進しているプラスチック容器。ペットとはポリエチレン・テレフタレートの略で，完全燃焼の際は有毒なガスが発生せず，高温にならないため焼却炉を傷めない利点がある。
- **ペットマンション** 犬や猫などのペットを飼ってもよいように防音・防臭を考慮した特別仕様のマンション。
- **ベッドメーキング** [bed making] 寝台の敷布，毛布などを整理しつくり上げること。
- **ベッドリネン** [bed linen] 寝台，寝室で使われる布製品，枕カバー，シーツ，ベッドカバーなど。
- **ベッドルーム** [bed room] 寝るためのベッドが置かれている部屋。隣室に浴室・便所を設けたものを「マスターベッドルーム」という。
- **ベッドルームコミュニティー** [bedroom community] 大都市周辺の住宅地域で，一般に「ベッドタウン」ともいわれ，地元住民との交わりの少ない地域。
- **ヘッドレール** [head rail] バーチカル（たて型）ブラインドのルーバーを吊るためのランナーを内蔵したアルミ合金製のレール。モーターなどの操作機構も付いている。

ヘップルホワイト様式 [hepplewhite style] イギリスのジョージ・ヘップルの創始といわれる，ハート形の椅子が特徴の家具様式。

ペディメント [pediment] ①ギリシア・ローマ建築における三角形の切妻壁。水平コーニスと傾斜したレーキングコーニスとに囲まれている。②開口部上部に設けられた三角形の部分。

ペデスタル杭 [padestal pile] 先端部が球根（ペデスタル）状となっている場所打ちコンクリート。内管・外管の二重の鋼管を埋め込み，コンクリートを投入して，内管でコンクリートに打撃を加えながら，外管を引く抜く作業を交互に繰り返して形成する。

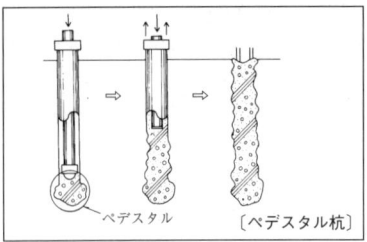

〔ペデスタル杭〕

ペデスタル チェア [pedestal chair] エーロ・サーリネンによりデザインされたチューリップ型をした椅子。プラスチック製で「チューリップチェア」ともいう。

ペデストリアン ウエイ [pedestrian way] 歩行者専用路(歩道)。→フットパス

ペデストリアンデッキ [pedestrian deck] 駅前広場などで，歩行者と車を立体的に分離するために設けられる歩行者専用の通路のこと。

ベトン [baton 独] コンクリートを意味するドイツ語。

ベニヤ [veneer] 木材の薄板を異なった繊維方向に3枚以上重ねて接着した合板。正式には plywood という。この正確な語義は，家具の表面に張る薄い板（突板）である。「ベニヤ板」「プライウッド」ともいう。

ベニヤ板 ⇨プライウッド，ベニヤ

ベニヤ コア合板 [veneer core plywood] 心板に単板を用いた合板。→ランバーコア合板

ベニヤ フラッシュ ドア [veneer flash door] 合板製の両面が平らな扉のこと。正確にはベニヤは木材を薄く切った板（単板）のことで，接着剤で数枚重ねたものを合板という。

ペニンシュラ タイプ [peninsula type] システムキッチンの配置方法の一種。半島型に流し台などが張り出した形。

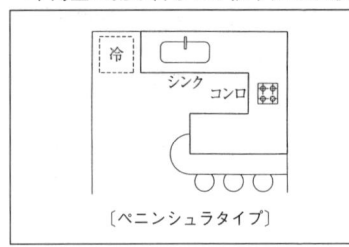

〔ペニンシュラタイプ〕

ベネシアン ブラインド [Venetian blind] 複数の水平な可動スラットから構成されるブラインド。スラットを上げたり，傾斜を調整することで，光や視線の遮断，調整が可能となる。→スウェーディッシュウインドー

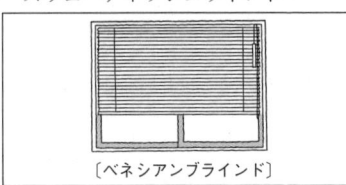

〔ベネシアンブラインド〕

ペネトレーション プライス [penetration price] 大量広告で大量販売が可

能な商品の価格決定で，相対的に低く抑える販売戦略。「浸透価格政策」という。
- **ペネトロメーター**［penetrometer］ 人力で行う土質調査の器具。先端に，コーンと呼ばれる錐先の付いた鉄棒に圧入用のハンドルと貫入抵抗を読み取るダイヤルゲージが付いている。軟弱地盤用であり，5m程度が限度である。この器具を使用して行う試験をポータブルコーン貫入試験という。
- **ベノト杭**［Benoto pile］ オールケーシングの場所打ち鉄筋コンクリート杭。→ベノト工法
- **ベノト工法**［Benoto method］ 場所打ちコンクリート杭の一種。ハンマーグラブで土砂を排出しながらケーシングを杭先端まで圧入する。コンクリート打設後，ケーシングを引き抜く。→ベノト杭

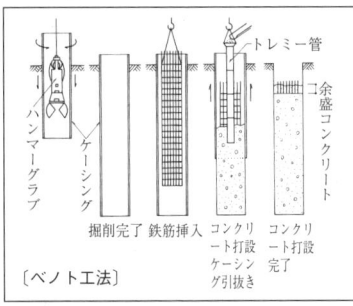

〔ベノト工法〕
掘削完了／鉄筋挿入／コンクリート打設ケーシング引抜き／コンクリート打設完了
トレミー管／余盛コンクリート／ハンマーグラブ／ケーシング

- **ヘビー ティンバー**［heavy timber］ 大断面の集成材を用いた大スパンの架構方法。
- **ヘビー ティンバー コンストラクション**［heavy timber construction］ 耐火性能の向上を目的として各部材の寸法を大きくした木構造のこと。「重量木構造」ともいう。
- **ヘビー デューティ ゾーン**［heavy duty zone］ オフィスにおいて通信機器やOA機器を集中的に配置した区画のこと。OA機器ルーム・ディシジョンルーム・CADセンター・コンピュータールームなどの総称。情報機器や特殊機器等が集中的に配置されるため，床積載荷重条件や電源容量，空調容量を特に大きめに考慮したスペース。
- **ベビー ベッド**［baby bed］ 幼児用寝台。周囲に柵を付けたものもある。「クリップ」ともいう。
- **ベビーホテル** 子供を連れて行けない親のための乳幼児専用の一時預り所。
- **ベビー ルーム**［baby room］ 幼児室。赤ん坊用の寝室。
- **ヘムロック**［hemlock］ カナダツガ。
- **ベランダ**［veranda］ 建物の外周に設けられる屋根のあるテラス。
- **ペリスチリューム**［peristilume］ ローマ時代の周囲に柱列のある中庭。
- **ペリフェリー**［periphery］ 花壇などの円形の周辺部。
- **ヘリポート**［heliport］ ヘリコプター（helicopter）＋エアーポート（airport）の合成語。ヘリコプター専用の発着場のこと。
- **ペリメーター ゾーン**［perimeter zone］ 空気調和において，建物をゾーニングしたときの窓側および外壁側にある室内部分のことを指す。建物内では外周部からの熱量変化の影響が大きいので，その部分をほかと区分して空調制御を行う。「エクステリアゾーン」ともいう。→インテリアゾーン
- **ペリメーターレス空調**［perimeterless air-conditioning］ 建物外周の断熱や日射遮蔽性能を向上し，ペリメーターゾーンとインテリアゾーンの熱負荷の差を小さくして，両ゾーンの区分

ヘリューズ管 給水管と水栓，あるいは大便器のロータンク等をつなぐ連結管。

ヘリングボーン [herringbone] 床タイルの文様で，矢のように斜めに組み合わす矢筈(やはず)組のこと。「ヘリボーン」ともいう。

ベル型トラップ [bell trap] キッチンや浴室の排水に使われる臭気防止装置で，椀を伏せた形（鈴の形）をしているので「椀形トラップ」ともいう。

ベルコン ⇨ベルトコンベヤー

ペルシア絨緞 [Persian rug] ペルシア（現在のイラン）で紀元前より織られていたカーペット。手作業による芸術的なパターン，色彩と伝統的な技術とによって作られた高級品。

ヘルス サイコロジー [health psychology] 人体の健康を中心に医療，教育，福祉を統合していく応用心理学。

ヘルス センター [health center] 本来は保健所の意だが，日本では大衆娯楽場の意味で使われている。

ヘルス モニタリング [health monitoring] 建造物の性能を絶えずチェックし，安全性を確保するために行われる調査。

ベル タワー [bell tower] 教会の鐘を設置するための塔。

ヘルツ [hertz 独] 振動数や周波数を表す単位。1秒当たりの振動数・周期数となるため，サイクル毎秒と同じ意味。現在，電気や音響関係もヘルツが使われている。記号〔Hz〕。

ベルト コンベヤー [belt conveyer] コンクリートや土砂を運ぶゴムベルト運搬器。可搬式では長さ7mが一般的。略して「ベルコン」ともいう。

ベル トラップ [bell trap] 排水孔に付ける逆流防止弁の一種。釣鐘型のもので，台所の流し台によく使われる。

ベルベッチン [velveteen] 綿ビロードで「ベッチン」ともいう。→ビロード

ベルベット [velvet] ⇨ビロード

ヘルメット [helmet] 現場内で落下物などから頭部を保護するために着用する帽子。「安全帽」「保護帽」ともいう。

ベロ ⇨サムピース

ベンガラ [Bengala 蘭, red oxide rouge] 古くから塗料・モルタルの着色，研磨剤などに用いられている赤色顔料。

ペンキ [paint] 顔料と油や水などの溶剤を混合してつくられた塗料。着色や表面保護が目的であり，一般的には乾燥が遅い。乾燥の早いラッカーとは異なる。ペイントは塗料の総称。

ペンション [pension] 年金生活者が自宅の空き部屋を宿泊施設として利用したことが原義。日本では食事付きの洋風化した民宿をいう。

ペンシル ビル [pencil building] 鉛筆のように細長いビルという意味だが，建物の高さと幅の比が4を超え6以下のものを塔状建築物といい，特別な検討を要求されている。

ベンゼン [benzene] ガソリン車から発生する臭気をもった無色の揮発性の液体で，ガンを誘発する。

ベンダー ①[vendor] OA機器，ソフトウエア，コンピューターシステムなどを販売，納入する業者のこと。②⇨バーベンダー

ベンダー リスト [bender rist] 評価，選定が完了した購買先を，一覧表と個別購買先の評価リストとしてまとめたもの。「購買先登録台帳」ともいう。

ペンダント [pendant] ⇨コードペンダ

ント

ペンダント スイッチ［pendant type switch］ コードの先端に取り付けたスイッチ。

ペンダント ライト［pendant light］ ⇨ コードペンダント

ペンダント ランプ［pendant lump］ 天井や軒,屋根などから,コードや鎖で吊った照明器具。

ベンチ［bench］ 主として公園など屋外で使われる横長の長椅子。

ベンチ カット［bench cut］ 法($^\circ_\circ$)勾配をつけて掘削する際に,法足が長くなって地山が崩れる危険がある場合,中間に段形をつくること。

ベンチマーキング［benchmarking］ 世の中のベストプラクティスを調査して適切な成果を導入し,組織の事業や業務の進め方,サービス品質の向上等を図るシスティマティックで継続的な改善活動。

ベンチ マーク［bench mark］ 施工の際に建物の位置・高さを決める基準点。

ベンチャー ビジネス［venture business］ 独創的な経営システムを導入して,技術や製品等の開発を行い新規市場を開拓しながら急成長している企業の総称。創業が新しく小規模企業が多いことから,アメリカでは「スモールビジネス」と呼ばれている。

ベンチュリー管［Ventury tube］ 管路をいったん絞り,その後をゆるやかに元の管径まで戻した形状を利用し,絞りの前後の圧力差から流量を求める装置。

ベンチレーション［ventilation］ 通風・換気を行うこと。

ベンチレーター［ventilator］ 換気扇あるいは通風筒のこと。工場などの換気に用いられる。

ベンディング マシン［bending machine］ 自動販売機のこと。

ベント足場 橋脚のような形状の足場。大スパンのトラス梁を中間で支えるために組む足場など。ベント（bent）は橋脚の意。

ベント キャップ［vent cap］ 通気管が外気に開放される部分に,小動物の侵入を防止する目的で取り付ける金物。

ベンド筋［bend bar］ 梁やスラブの主筋で,途中が45度の勾配で折れ曲がったもの。「折り曲げ筋」ともいう。

ベンド スラブ［bend slab］ 端部の上筋と中央部の下筋を,1本の鉄筋を折り曲げて配筋したスラブ。→トップ筋

ベントナイト［bentonite］ 溶液にして場所打ち杭の掘削孔に入れ,側壁の崩壊を防止するために使用する微細な粘土。

ベント パイプ［vent pipe］ 排水管内の気圧を調整するためのパイプで,通気管のこと。

ペントハウス［penthouse］ 建物の屋根よりさらに突き出した部分のこと。通常エレベーター機械室となっている部分で「塔屋」という。略して「PH」。

ヘンプ クロス［hemp cloth］ ⇨ヘッシャン

ホ

ボア シーツ［boa sheet］ 毛皮に似せて織った布地で作った敷布。肌ざわり，保温性に優れている。

ポアソン数［Poisson's number］ 材料を圧縮した場合の横ひずみに対する縦ひずみの比。ポアソン数は，鋼材で3，普通のコンクリートで6〜7，高強度コンクリートで3〜5程度。→ポアソン比

ポアソン比［Poisson's ration］ ポアソン数の逆数。すなわち縦ひずみに対する横ひずみの比。フックの法則が成立する範囲では横歪み／縦歪みの比は一定となる。→ポアソン数

ホイール クレーン［wheel crane］ トラッククレーンなどのように揚重装置を自動車に取り付けた移動式クレーン。「モービルクレーン」ともいう。

ホイールチェア ハウジング［wheelchair housing］ 身障者あるいは老人用に車椅子の利用を前提とし，床の高低差や便所・洗面所等が広く計画された住宅。

ポイ捨て禁止条例 タバコの吸いがらや空き缶のポイ捨てを防止する目的で定めた，自治体の罰則付きの条例。

ホイスト［hoist］ モーターとワイヤー巻き取りドラムが一体となった小型のウインチ。「モーターホイスト」ともいう。

ボイド［void］ 空隙の意。コンクリートの中に意図的につくる空隙，あるいはそのための材料をいう。

ホイトコ 滑り出し窓に用いる建具金物。たて枠の中央部分に取り付けられ，開閉の際に任意のところで止められるようになっているが，強風にあおられやすい。大きな窓には不向き。→オーニング窓

ボイドスラブ［void slab］ 床厚を厚くして，断面中に規則的に中空管部分を持つコンクリート床。梁が不要になり，中空部を空調ダクト代わりに使用できる。「中空スラブ」ともいう。

ボイド チューブ［void tube］ 設備配管用のスリーブや円柱の型枠材として使用される円筒形の厚紙製品。

ボイラー［boiler］ 蒸気や温水をつくる缶で，電気，ガス，重油などを熱源とする燃焼装置を有するもの。

ボイラー室［boiler room］ ボイラーを収容する部屋。ある規模以上のボイラーを設置する場合，「ボイラー及び圧力容器安全規則」によって部屋の大きさ，出入口，構造などが規制される。

ボイリング［boiling］ 砂質土の根切り底などにおいて上向きの水圧により，水とともに砂が吹き上がる現象。

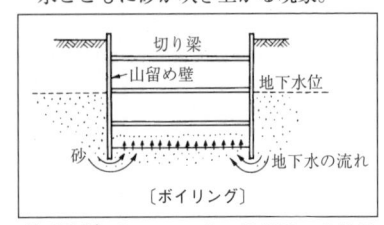

［ボイリング］

ボイル油［boiled oil］ 乾性油や半乾性油に空気を吹き込んで加熱し，乾燥性をさらに良くしたもの。油性塗料によ

く用いられる。

ポイント システム［point system］ 順番を決めるのに，一定基準に対する得点（ポイント）によって決める方法。

ボウ ウインドー［bow window］ 平面が曲面（弓形）をした出窓。ベイウインドーの一種。→ベイウインドー

ボウ ビーム［bow beam］ 弓形をした梁の意味で，スラブ型枠や仮設の床に使用される組立式の支保工。

ポークスルー方式 下階の天井裏を配線スペースとし，スラブを貫通してその階の床に配線を取り出す方式。

ボーシン［bosun］ 棒心。作業グループの長のことであり，職長・世話役などと同じ。ボースンがなまったもので棒心はあて字。

ホース ニップル［hose nipples］ ホース接続用の短管。

ボーダー［border］ ふち，へりのことで，機能的に設けられる線状の区切り。

ボーダー花壇 主として垣根に沿って直線的に植栽されることが多い，低灌木を基本にして多彩な宿根草を用いて作られる花壇。

ボーダー タイル［border tile］ 縁取りに用いるような細長いタイルの呼称。

ボーダー ライト［border light］ 舞台照明の一つで，上方から一列に数個のランプを並べて行う装置。

ポータブル ウェルダー［portable welder］ 小型で持ち運びが容易な溶接機。

ポータブル コーン貫入試験 ペネトロメーターと呼ばれる器具を土中に人力で圧入し，器具に付けてあるダイヤルゲージを読み取って地盤の貫入抵抗を測定する土質調査法。人力のため軟弱地盤で行われ，調査深も5m程度ま

でである。→ペネトロメーター

ポータブル ハウス［portable house］ プレファブ形式による移動可能な簡易住宅。→プレファブ住宅

ポータル［portal］ 大きな教会堂や記念建築物の正面玄関。彫刻などによって装飾されている。現在はホテルや高級マンションの車寄せをポータルと呼ぶこともある。

ポータル サイト［portal site］ インターネットの「玄関」にあたるサイト。

ポーチ［porch］ 建物のエントランスに設けられる空間で，車寄せのこと。

ポー(ル)チコ［portico］ 切妻の屋根を持ったポーチのことだが，建物正面のアーケードのこともある。

ホーティーセラピー［hortitherapy］ 園芸植物を通して，人々の身体・精神的な治療を行うこと。園芸（horticulture）と療法（therapy）との造語。

ホーティカルチャー セラピー［horticultural therapy］ 障害者や高齢者が植物に接することで，身体的・精神的な回復および向上を図る療法のこと。「園芸セラピー」「園芸療法」ともいう。

ボード［board］ 板状の建築材料の総称。

ボード ウォーク［board-walk］ 海岸沿いの板敷きの歩道。アメリカに多い。

ボードしゃくり［board groove］ ボード相互の目違いなどを処理するために，ボード端部に長手方向に沿って刻み（欠込み）をつけること。

ポートフォリオ分析［portfolio analysis］ 多角化が進んだ企業の経営戦略を考える手段の一つ。四角い枠の縦軸に市場成長率，横軸に自社の市場占有率をとったグラフで表現される。例えば，市場成長率が小さく市場占有率が小さい場合は投資を控えめにするとい

った判断の材料となる。

ホーム［home］ 家・家庭・自宅。家を表す言葉としては「ハウス」「ハビテーション」などもある。

ホーム アンビエント照明［home ambient lighting］ 住宅の照明において，室全体を明るく照明（アンビエント）しながら，特別に食卓の上面のみを照明する（タスク）という2つの照明を組み合わせたもの。→タスクアンドアンビエント照明

ホームイング 住宅の建築をハウジング（housing）というのをまねて，インテリアを整えて生活空間をつくり，家庭（ホーム）を作るという意味で作られた和製英語。→ルーミング

ホーム インプルーブメント［home improvement］ 自分で家の修理改造を行うこと。あるいはそのための道具・材料の販売。

ホーム インプルーブメントセンター［home improvement center］ 家庭で必要とされる一切の品物を置いてあるセルフサービスの店。

ホーム エコノミックス［home economics］ 家庭科，家政学。

ホーム エレクトロニクス［home electronics］ 家庭生活に電子技術を応用した機器を導入し便利にしようという考え方で，防犯，温度制御，電話回線を利用した遠隔操作等がある。「HE①」と略す。→ホームオートメーション

ホーム エレベーター［home elevator］ 個人住宅用に開発された小型，軽量，低価格のエレベーターのことで，3階建の住宅や高齢化対応住宅の進展にともなって実用化されている。「個人住宅用エレベーター」ともいう。

ホーム オートメーション［home automation］ 家庭生活にエレクトロニクス技術を導入し，自動化を計ることで，防犯・防災・照明・冷暖房・給湯・洗濯等を自動制御する。「HA」と略す。→コントロールユニット，ホームエレクトロニクス

ホーム オフィス［home office］ 住宅内の仕事を能率的に行えるよう設備化された，すなわちオフィス化されたスペース。

ホーム カウンター［home counter］ 住宅のキッチンとダイニングルームとの間のカウンター，または住宅のバーカウンターなどをいう。

ホーム ギャラリー［home gallery］ 家庭で美術品の展示してある場所。

ホーム コマース［home commerce］ ⇨エレクトロニックコマース

ホームコロジー［homecology］ 住居とその住まい方を総合的な生態系としてとらえる考え方。homeとecologyの合成語。

ホーム シアター［home theater］ ビデオなどを利用して行う茶の間劇場。

ホーム ショッピング［home shopping］ 家庭にいながらスーパーや百貨店の商品情報から買物ができるシステム。通信販売，テレショッピング，誌上ショッピング，最近ではインターネットによるホームショッピングも始まっている。

ホーム セキュリティ［home security］ ⇨ホームセキュリティシステム

ホーム セキュリティ システム［home-security system］ 家庭の安全をコンピューターを利用して集中管理するシステムで，ガス漏れ，火災，盗難，施錠忘れ，風呂の水位などを自動的に感知するなど，さまざまな機能をもたせ

ホーム センター [home center] 趣味の延長として日曜大工，園芸，自動車修理等をするための材料や道具を売っている店。→DIY

ホーム テレホン 1台の親電話を数台の子電話機で使えるようにした親子電話で，インターホン代わりにもなる。

ホーム バー 住宅内の一角につくられた，簡易カウンターバー。

ホーム バンキング [home banking] 家庭と銀行を通信回線で結び，家庭にいながら振込，振替，残高照会などさまざまなサービスが受けられる。略称「HB」。

ホーム ビルダー [home builder] おもに建売住宅を供給する業者。

ホーム ファニシング [home furnishing] 生活に必要な家具・備品を備え付けること。

ホームページ [home page] インターネットにおいて，情報提供者が情報を紹介するためにつくったページ。文字や画像，音声を入れることができる。

ホーム ヘルパー [home helper] 日常生活を営むのに支障がある寝たきりや痴呆性のある高齢者の家を訪問し，介護サービスや家事サービスを提供する資格者。

ホーム ヘルプ サービス [home help service] ホームヘルパー（訪問介護員）が日常生活に支障のある高齢者がいる家庭を訪問して行う介護や家事のサービス。「訪問介護」ともいう。→デイサービス，ショートステイ

ホーム リザベーション [home reservation] 家庭にいながらインターネット等を利用して飛行機や列車，劇場のキップの予約をするシステム。

ホーム ローン 宅地や建物の購入に際して，金融機関による長期貸付制度。

ポーラス コンクリート [porous concrete] 粒径の小さい粗骨材のみを骨材とした，多孔質で透水性のあるコンクリート。

ボーリング [boring] 掘削用機械を用いて地中に深い穴を掘ること。土質調査はボーリングによることが多く，土質調査の意味で使われることもある。

ボーリング データ [boring data] 地質調査の記録で，地面下の状態を図示したもの。

ホール [hall] 広間。大きな部屋，大広間，集会場，公会堂など。

ポール [pole] 測量の際用いられる赤白交互に色分けがしてある木の棒。測点上に立てて測線の方向を決めるときに用いる。

ホール アクセス タイプ [hall access type] 事務所や集合住宅の平面計画に多く見られる形式で，中央にホールを設け，その周囲に各室が配置されてホールから直接各室への出入りが可能となるもの。

ホール イン アンカー [hole in anchor] コンクリート躯体に孔をあけ，鉛製の円筒座金またはプラグを打ち込んでアンカーとする方法。このアンカーにボルトやねじを施した鉄筋をねじ込んで用いる。

ホールダウン金物 [hold-down bolt] 木造の補強金物の一つで，柱の引抜きに対応するため土台や基礎に接合する金物。

ボール タップ [boll tap] 水洗トイレのハイタンクあるいはロータンクの水

量を自動的に調節する器具。

ホールディング ゲート [holding gate] 駐車場の出入口などに使用されるスチール製の竪格子の付いた吊り戸。伸縮戸。

ポール トレーラー [pole trailer] 既製杭やシートパイルなどの長い重量物を運搬するトラック。前輪と後輪の間隔を変えることができる。

ポール ライト [pole light] 屋外専用の照明器具で、棒の先端に器具を取り付けた防水タイプが一般的。道路、広場、植込み、庭園、防犯灯などに使われる。

ボール ルーム [ball room] 舞踏室。

ホーロー [viteous enamel] 金属に対するガラス製被覆材のことで、粉末ガラスのフリットで金属表面を被覆する。浴槽、食器、化学処理槽などの加熱容器・耐熱板に使用される。

ボーン チャイナ [bone china] 18世紀ロンドンで開窯され、陶土に牛骨灰を加えた軟質の陶器で、乳白色の肌合いと透明性が特徴。

ポケット ドア [pocket door] 輸入建材の引込み戸で、上部のレールから吊って可動する。

ポケット パーク [pocket park] 都会の小公園。ベストのポケットのように小さいことから、ベストポケットパークの略。

ポジティブ オプション [positive option] カタログなど注文者の申込みで物の販売を行う販売形態。

ポジティブ フリクション [positive friction] 杭に作用する摩擦力のうち、上向きに働く周面摩擦力のこと。下向きに作用する負の摩擦力はネガティブフリクションと呼んでいる。

ポスター カラー [poster color] 絵の具の一種で、顔料にごふん、にかわを入れ平坦に同じ濃さで描けるようにしたものをいう。

ポスト [post] 柱、郵便受け箱。

ポストテンション方式 [post tensioning system] コンクリートにプレストレスを導入する方式の一つ。コンクリート硬化後、埋め込んだパイプの中にPC鋼線を通し、緊張後、端部を固定し、パイプ内にグラウティングを行う。

ポスト パージ [post purge] 爆発の危険性を除去するため、ボイラーの消火後、燃焼室に一定時間外気を供給して残存延焼ガスを除去すること。

ポスト ハーベスト [post harvest] 収穫された農産物に殺虫剤や防カビ剤などを散布して、輸送・保存を行うこと。農薬残留の基準が甘い国からの農産物の輸入で問題となっている。

ポスト フォーミング [post forming] 熱硬化性のメラミン樹脂を合板に貼り合わせる際に重合させながら曲面に貼り付ける方法。キッチンのワークトップ（作業面）のエッジなどに使われる。

ポストフォーム カウンターの甲板や棚板の出隅や入隅部分に使用される仕上材。曲面をもった板の表面にプラスチック化粧板を高温で圧着している。〔製造：アイカ工業〕

ポスト メタボリズム [post metabolism group] 1960年の世界デザイン会議を契機に結成された建築家集団（メタボリズムグループ）の後の建築家世代をいう。→メタボリズム、メタボリズムグループ

ポスト モダニズム [post-modernism] 近代建築の考え方や表現方法をのり超

えようとする新しいデザイン運動。→ポストモダン

ポストモダン［post-modern］ 機能中心の合理性に対するものとして，感性の自由な表現や遊びの要素を取り入れた考え方や表現手法で，近代（modern）主義の次（post）にくるものの意。→ポストモダニズム，モダニズム，モダンアート

ホスピス［hospice］ 死の間近い患者を看護する病院。治療よりも苦痛や不安の軽減に重点をおく。→ホスピタル

ホスピタル［hospital］ 病院。→ホスピス

ホスピタル カーテン［hospital curtain］ 病院で使われるカーテン。菌が付着しないように加工されている。

ポゾラン［pozzolan］ ワーカビリチーの増加，ブリージングや水和熱の減少を目的としたセメント混和材。火山灰，火山岩の風化物で，アルミナが主成分である。

ポゾラン ポルトランド セメント［pozzolanic portland cement］ ポルトランドセメントにポゾランを混合したセメント。フライアッシュセメント，シリカセメントなどがある。

ポゾリス コンクリートに使用される混和剤の商品名。(AE) 減水剤の標準形，遅延形などの種類がある。〔製造：日曹マスタービルダーズ，ポゾリス物産〕

ボタン ロック 従来の錠と異なり，キーボードの番号を押すことで施錠が解除となる電子装置付きの錠。

ボックス［box seat］ 特別に仕切られた座席また観覧席。

ボックス カルバート［box culvert］ 下水道，排水路の暗きょ水路，地下道の共同溝などに使用される箱形断面の鉄筋コンクリート製品。

ボックス コック［box cock］ ガス栓の取付け方の一つ。金属製の箱に収められているタイプで，他に露出タイプもある。

ボックス スプリング ベッド［box spring bed］ 箱形の木枠の下側に力布を張り，その上にコイルスプリングを並べ，詰物を入れて張り上げた簡単なクッション形式のベッド。「シングルクッション式ベッド」ともいう。

ボックス柱［box section column］ 箱形の断面をもった柱の総称。「箱形断面柱」「箱柱」ともいう。

ホット区域［hot zone］ 放射性物質を取り扱う施設内で，放射性汚染が発生する危険性のある領域。

ホットケープ［hot cave］ 放射線の外部への漏れを防止する遮へい用安全設備を設けた部屋。

ホット コラム［hot column］ ⇨スーパーコラム

ホット コンクリート［hot concrete］ 骨材やミキサーの中のコンクリートを加熱して混練したコンクリート。蒸気養生期間を短縮するため，プレキャストコンクリートの工場などで採用されている。

ポット栽培［pot cultivation］ 塩化ビニール，発泡スチロール，プラスチックなどの容器を使って，緑化樹林，地被植物，草花の苗を植えて育成すること。

ホット ショック［hot shock］ ⇨ヒートショック

ホット スポット［hot spot］ 発熱量の大きな事務機器や情報機器が集中的に配置されることにより生じる，オフィス等における局所的な温度上昇。

ホットセル [hot cell] 高い放射能を有する放射性物質を扱う室で,人間が立ち入らずに実験可能な機械設備をもつもの。

ホットタブ [hot tub] 治療のため集団で入る温水浴槽のことだが,これに入って行うパーティをホットタブパーティという。

ホットドラフト [hot draft] ドアや窓からの隙間風,窓面からの熱により暖められた空気により生じる,人体に不快感を与える温風。

ホットハウス [hothouse] ⇨グリーンハウス

ホットプレス [hot press] 合板などを熱板間に挟み,圧力と熱を加える装置。合板を製造する場合,接着剤を塗布した単板同士をホットプレスにかける。ほかにパーティクルボードなどの製造にも用いられる。

ホットメルト接着剤 [melt hotly adhesive] 加熱溶触した状態で施工し,冷却によって硬化する接着剤。

ポットライフ [pot life, working life] 接着剤を空気中に出して使用不能となるまでの時間。「可使時間」「可用時間」ともいう。

ホットラボ [hot laboratory] 放射性物質を扱う実験室。

ホッパー [hopper] コンクリートや骨材を仮受けし,所定量を下方へ出すために使用する漏斗形の容器。

ポップアート [pop art] ニューヨークを中心におこった大衆芸術で,popular artの略。

ポップアウト [pop out] コンクリート表層下に存在する膨張性物質や軟石がセメントや水との反応および気象作用により膨張し,コンクリート表面を破壊してできたクレーター状のくぼみ。「ポピング」ともいう。

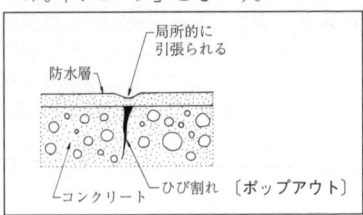

〔ポップアウト〕

ボディーワニス [body varnish] 油ワニスのうち長油ワニスの一つ。耐久性・耐候性が大。上塗り用として使用。JIS K 5411。

ホテリング [hoteling] 利用者が事前に予約するシェアードオフィスの利用形態の一つ。

ホテル [hotel] 洋式客室・洋式バスルームを持つ宿泊施設。滞在期間によってトランジェントホテル,パーマネントホテル,アパートメントホテル,レジデンスホテル,場所によってシティホテル,ダウンタウンホテル,サバーバンホテル,ターミナルホテル,ステーションホテル,リゾートホテル,レイクサイドホテル,レジャーホテル,ハイウエイホテル,エアポートホテル,また用途によってコンベンションホテル,コマーシャルホテル,ビジネスホテル等に分類される。

ホテルライクマンション [hotel like-mansion] ホテルのフロントサービスと同様のサービスを売り物にしたマンション。

ボトム [bottom] 寝台の下部,マットレスを支える台。

ボトムコード [bottom code] バーチカル(たて型)ブラインドのルーバーの下部を連結しているコード。風による乱れを防ぎ,順序よくルーバーが開

閉するようにするためのもの。

ボトム スプリング［bottom spring］ベッドのボトムの枠組に取り付けられるスプリング。マットレスを敷く際のクッション性を良くするためのもの。

ボトル ガーデン［botle garden］⇨テラリウム

ボトル トラップ［bottle trap］ビン型のトラップで、ヨーロッパでは洗面器に使われる。

ホビー ルーム［hobby room］趣味として工作などを行う部屋。

ポピュレーション ステレオ タイプ［population stereo type］家具の使われ方、機器の操作など、設計に使われる人間の癖の研究。

ポピング［popping］⇨ポップアウト

ポプリン［poplin］布地の織り方の一つで、縦糸を細い糸、横糸を太い糸で織り、うねを出す織り方。ワイシャツなどの布地に多い。

ホモジニアス ビニル タイル［homogeneous vinyl tile］ホモジニアスとは均質なという意味で、ビニル系タイルのこと。→ビニル系タイル

ホモジニアス ビニル床タイル　ビニル床タイルの加工時には、柔らかく加工しやすくするために可塑剤、劣化を防ぎ品質の安定を図るために安定剤が添加される。JISでは添加剤の含有率が30%以上のものを「ホモジニアスビニル床タイル」、30%未満のものを「コンポジションビニル床タイル」と呼ぶ。

ホモトロン［homotron］バイオトロンのうち、対象が人間に限定されたもので、人間の生活環境を人工的に制御できる施設。

ボランタリー チェーン［voluntary chain］共同仕入れを行う小売店舗の連合体。

ポリアミド［polyamide］強度・耐薬品性・耐水性に優れたアミド結合をもった高分子化合物の総称。

ポリアミド樹脂［polyamide resin］アミド結合をもつ高分子化合物。耐薬品性・耐水性に優れ、強度をもつ。

ポリウレタン［polyurethane］ウレタン結合をもった、熱可塑性の高分子化合物の総称。弾性に富み、強じんなため塗料、接着剤、断熱材、防水材など用途は広範囲にわたっている。

ポリウレタン樹脂塗料［polyurethane resin paint］ウレタン結合を高分子形成の主要因とした合成樹脂塗料の総称。

ポリエステル［polyester］アルキド樹脂、熱可塑性ポリエステル、不飽和ポリエステルなどの高分子化合物の総称。内装用のポリエステル合板や強化プラスチックに用いられる。

ポリエステル管［polyester pipe］強化ポリエステル管という。ポリエステル樹脂とガラス繊維を基材とし、強度が強く、耐熱性がある。

ポリエステル合板［polyestel plywood］ポリエステル系のプラスチック板を貼った化粧合板。間仕切り壁や木製扉に使用される。「ポリ合板」ともいう。

ポリエチレン［polyethylene］エチレンを重合して得られる安定性の高いプラスチック。フィルム、チューブ、容器、バケツなど広く使われている。

ポリエチレン フィルム［polyethylene film］おもに防湿層として用いられる透明なシート。厚さ0.1〜0.2mm、幅0.9〜1.8mの長尺シートとして多く使われている。

ポリ塩化ビフェニール［polychlorinated biphenyls〕 電子回路の絶縁体などに使用される物質で,毒性をもち,分解しにくく,燃焼するとダイオキシンが発生する。現在,製造は中止されている。一般的には「PCB」と呼ばれることが多い。

ポリオレフィン〔polyolefine〕 炭素と水素を構成元素とした高分子化合物の総称。焼却時にダイオキシンを発生する塩化ビニールに代わる素材として,床タイルやクロス,タイルカーペットなどに使用されている。完全に燃焼すると水と二酸化炭素になる。ポリエチレン,ポリプロピレンが代表例。

ポリカーボネイト〔polycarbonate〕 衝撃強さと引張強さのバランスのとれた炭酸エステル型構造をもつ高分子化合物の総称。ガラスに近い透明度があり,安全ガラスなどに利用される。また機械的性質に優れ,温度変化による強度変化も少ないことから機械,電気部品,ヘルメットなどに用いられる。

ポリクラール繊維 ポリ塩化ビニール系の繊維で,吸湿性があり柔らかな肌合いが特徴。カーテン地に使われる。

ポリ合板〔polyester plywood〕 ⇨ポリエステル合板

ポリサルファイド シーラント〔polysulfide sealant〕 合成ゴムの一種であるポリサルファイドを主成分としたシーリング材。カーテンウォールなどの外装用に用いられる。

ポリシング〔polishing〕 ①塗装面を研磨したり,つや出しすること。②床面を磨き用機械を用いて清掃すること。

ポリシング コンパウンド〔polishing compound〕 ラッカーや塗膜を研磨してつやを出すための材料。

ポリスチレン フォーム〔polystyrene foam〕 スチレン樹脂の発泡体(ビーズ)を融着成形(A類)と連続押出し発泡(B類)して作られた保温材料。発泡プラスチックの中で最も早く工業化され,慣用的に「ポリスチレン」や「発泡スチロール」とも呼ばれている。

ポリスボックス〔policeman box〕 警察署の出先機関で,派出所または交番のこと。町の中の一つの目標となるためデザイン化される傾向にある。

ポリセンター システム〔polycenter system〕 都市計画や設計に際し,各種機能に応じた複数の中心地区を意図的に組み込もうとする考え方。また住宅地計画では,利便の均等性を考慮して住区単位の構成に応じた中心地区を設けるような考え方。

ホリゾント〔horizont 独〕 劇場において,舞台後方に半円筒形に湾曲した吊り幕で屋外の感じを出し照明効果を高める。「サイクロラマ」ともいう。

ホリゾント照明〔cyclorama light〕 舞台の背景を均等に明るくする照明。照明器具は舞台の上部から吊り下げるか床に埋め込む。

ポリバス ガラス繊維強化プラスチックで作られた浴槽の通称。

ポリブテン管〔polybtain pipe〕 ポリブテン樹脂製の管で,耐熱性,耐食性に優れている。

ポリプロピレン〔polypropylene〕 プラスチックの中で比重の最も小さいプロピレンの重合によって得られる熱可塑性プラスチック。フィルム,容器などの成形品や合成繊維の原料となる。

ポリマー〔polymer〕 重合体のこと。合成樹脂などの原料となる高分子化合物のように分子が複数結合したもの。→モノマー

[ポリスボックス]

ポリマー サイエンス [polymer science] 高分子重合体に関する研究を行う学問。

ポリマー 含浸 コンクリート [polymer impregnated concrete] 硬化コンクリートにモノマーを含浸させ，加熱して重合などの操作を経て，コンクリートとポリマーを一体化させたもの。「PIC」ともいう。

ポリマー セメント コンクリート [polymer modified concrete] 混和剤としてゴムやプラスチックのようなポリマー（重合体）を加えたコンクリート。強度・接着性・水密性などが向上し，防水材・接着材・補修材として使用される。

ポリューション [pollution] 自動車の排気ガスや工場の排水などによる大気汚染（エアポリューション）や水質汚濁のこと。

ボリューム ゾーン [volume zone] グレード（等級）分類の中で，品格や価格が比較的高級な区分をいい，量的にも質的にも中心となる区分をいう。「ベターゾーン」ともいう。

ボル [VOL] ボリュームの略で，オーディオ機器等で音量を調節する部品に表示される。単位はデシベル。

ボルシン ⇨ドリフトピン

ボルト ①[volt] 電圧(電位差)の単位。1アンペアの電流が1オームの抵抗をもつ2点間を流れたときに生ずる電位差で，記号は〔V〕。イタリアの物理学者ボルタにちなんだ名称。②[bolt] 鉄・木材などの継手・仕口部の緊結用の金属製品。ボルト本体，座金，ナットから構成される。

ボルト錐 ⇨ギムネ

ボルトクリッパー [bolt clipper] 番線や径13mm程度までの細物鉄筋を切断

する大ばさみ。

ボルト締め [bolting] 鉄骨構造や木構造の接合部分をボルトで締め付けること。

ボルト接合 [bolted joint] 鉄骨構造や木構造の継手・仕口部をボルトを使って接合する方法。

ポルトランドセメント [Portland cement] ごく一般的なセメント。石灰石・粘土・酸化鉄などを混合して焼成し，石膏を加えて粉にしたもの。

ホルマリン [formalin] 消毒剤，防腐剤などに使用されるホルムアルデヒドの40％水溶液。

ホルムアルデヒド [formaldehyde] メチルアルコールを銀などを触媒とし酸化して得られる気体。合板の接着剤の防腐剤としてこの水溶液（フォルマリン）が使われていたが，人体に有害ともなることから使用が禁止された。

ホローブロック [hollow block] ⇨コンクリートブロック

ホログラフィー [holography] レーザー光線を被写体にあて，特殊な方法で記録したものに，さらに光をあて物体の立体像を再現する技術。立体写真。レーザーホログラフィーはディスプレー等に利用されている。

ポロシティー [porosity] ①粉体の占める全容積に対する粉体層中の空隙の容積の割合。「空隙率」ともいう。②多孔体。③溶着金属中の小さなブローホールの群。

ボロッコ 滑車のこと。

ボロノイ多角形 都市施設の実態調査において，利用圏がその施設を中心に多角形になるというもので，地域施設の利用予測に用いられる。

ホワイエ [foyer 仏] 劇場における談話室または休憩室のこと。ホテルにおける「ラウンジ」「ロビー」と同義に使われている。

ホワイティング [whiting, chalk] ペイント・パテ・水性塗料の原料となる炭酸カルシウムの粉末。石灰石を粉砕した石粉と貝殻を粉砕した胡粉とがある。「白亜」ともいう。

ホワイトセメント [white cement] 白色の水硬性石灰，マグネシアセメントやプラスター類を含んだ白色のポルトランドセメント。人造石の製造，塗装に利用される。「白色セメント」「白色ポルトランドセメント」ともいう。

ホワイトノイズ [white noise] 連続の音響スペクトルを有する雑音。「白色雑音」「ランダムノイズ」ともいう。

ホワイトルーム [white room] クリーンルームよりグレイドの低い防塵装置を施した部屋。Federal standard-209B（米国連邦規格）に規定されたクリーンルームの規格を満足しない下級のもの。

ホン [phon] 身体に感ずる音の大きさのレベルを近似的に示した音の大きさの単位。JISに定められた指示騒音計で得られた値で，普通の会話は40ホン程度。

ボンエルフ [woonerf 蘭] 街路空間を規制する手法で，通過交通の排除，車道を狭くし，曲線化するなどして歩行者の安全を確保すること。

ボンゴシ [bongossi] 防腐処理を施さなくてもきわめて耐久性のある西アフリカ産の木材。剪（せん）断に対する耐力が大きく，木製の橋や桟橋など外部の木製構造物の材料に使用される。

ポンス ⇨ポンチ

ポンスケ ⇨ポンチ

ポンチ［punching］ 鋼材にボルト孔の位置などの印をつける工具。「ポンス」「ポンスケ」ともいう。

ボンディング加工［bonding finish］ 2枚の布の間にウレタンフォームなどを貼り合わせ保温効果を高めたもの。→キルティング加工

ボンデ鋼板 亜鉛メッキ鋼板の一種。電気亜鉛メッキした鋼板の表面にボンデライト処理によるリン酸塩被膜を施したもの。〔製造：新日本製鐵〕

ボンデライト［bpnderite process］ 鋼材の表面処理の一種。リン酸塩の水溶液中に鋼材を浸し、表面に耐食性と塗装性の優れたリン酸塩被膜を生成させたもの。

ボンド制度 契約の履行を保証会社が建築主に対して保証する制度。工事完成保証人制度に代わる履行保証制度として、平成8年度から本格実施された。落札者の工事請負契約の実行を保証する「入札ボンド」、建設会社の契約通りの工事完成を保証する「履行ボンド」、建築主が支払った代金が下請業者等に支払われることを保証する「支払いボンド」の3種類がある。

ボンド付きポストテンショニング方式［bonded posttensioning system］ 現場でコンクリートにプレストレスをかける方式の一種。PC鋼線をさや管に入れてセットし、コンクリート打設後に緊張する。さや管内にはグラウトを行い、コンクリートPCと鋼線を付着させる。

ボンドブレーカー［bond breaker］ コの字形目地に充てんするシーリング材を、目地底面に接着させないために貼るテープ。3面接着による破断を防ぐために行う。「バックアップ材」はボンドブレーカーを兼用する。

ボンネルフ［woonelf 蘭］ オランダ語で「生活の庭」といった意味で、都市設計で歩車共存の街路設計のこと。「ボンエルフ」ともいい、一般に「コミュニティ道路」といっている。

ポンプ［pomp］ 揚水機。水などを低所から高所へ移動させる機械。

ポンプクリート［pumped concrete］ コンクリートポンプを使用して打設するコンクリート。

ポンプ車［mobile concrete pump］ ⇨ コンクリートポンプ車

ポンプ直送給水方式［booster pump system］ 受水槽に貯留した水を、給水ポンプにより各所に圧送する給水方式。

ボンベ［bombe］ 気体を圧縮して詰め込んだ金属容器。

マ

マーキング［marking］ 部材を加工したり組み立てる際の目印となる型別記号や部材記号のこと。また，この記号を記入する作業のこと。

マーケットアナリシス［market analysis］ 市場分析。

マーケットイン［market-in］ 消費者やユーザーの要求する品質を，相手の立場に立った考え方でつくりあげ提供すること。品質管理のなかで用いられる言葉。→プロダクトアウト

マーケットシェア［market share］ 市場占拠率のことで，市場の中で自社製品の販売量の占める割合をいう。

マーケットセグメンテーション［market segmentation］ 消費者の細かい好みや生活様式に合わせて商品を提供すること。

マーケットバリュー［market value］ 財貨やサービスが市場で得ている価格。

マーケットリーダー［market leader］ 最大の市場シェアをもつ企業のこと。

マーケティング［marketing］ 市場を的確に捉え，生産者から消費者にわたるまでの一切の事業活動。

マーケティングコンセプト［marketing concept］ 企業活動の基本となる考え方。

マーケティングチャンネル［marketing channel］ 商品サービスの生産から消費までの流通過程に関する経路（チャンネル）の組合せ。

マーケティングリサーチ［marketing research］ 市場調査。

マーチャンダイザー［marchandiser］ 小売店舗において，商品の仕入れから販売業務までの商品化計画業務に関する権限と責任をもつ担当者。仕入れを中心とする担当者はバイヤーと呼ばれる。

マーチャンダイジング［marchandising］ 商品開発や商品仕入れ・陳列まで一連の商品化計画のこと。

マーブル［marble］ 大理石。

マイカ［mica］ 電気の不良導体で耐熱性のある半透明の天然珪酸塩鉱物。「雲母」ともいう。

マイグレーション［migration］ 移住とか移動の意。下地に残っていた塗料や糊・油などが仕上材と反応して，仕上げの表面に現れた汚れ。

マイクロ［micro］ 100万分の1を表す単位。ギリシア語のmicrosから派生している。記号〔μ〕。

マイクロエレクトロニクス［micro electronics］ IC（集積回路）やLSI（大規模集積回路）などの電子技術全般の総称。略称「ME」。

マイクロストレーナ［micro strainer］ 原水中の藻類を除去するための，極細の金網を筒状に巻いたもの。これを回転させることで除藻した水が得られる。

マイクロゾーニング［microzoning］ 都道府県以下の狭い地域についてきめ細かく地震の危険度を区分けすること。日本全体を大きく区分けすること

をマクロゾーニングという。

マイクロフィニッシュ [micro finsh] 材料表面を磨いて平滑にする仕上げ。

マイクロメーター [micrometer] 0.01mm台の長さまで読み取れる測定器。被測定物をねじで挟むようにして測定する。

マイセン磁器 [Meissen Porzellan 独] ドイツのマイセンで作られる磁器で，中国や日本の影響を受けたロココ風の装飾をしたもの。

マイタージョイント [miter joint] 留継ぎのこと。家具などの仕口に用いられ，材を45度または種々の角度に組んで木口を外部に見せない接合法。平留継ぎ，雇い実留継ぎ，突入れ留継ぎなどの種類がある。

マイティシャックル 柱鉄骨建方用の玉掛け機械。無線操作によって自動的に玉掛けワイヤーが吊り荷から外れる仕組みになっている。一種の建設ロボットでありきわめて安全性が高い。

マイナーストラクチャー [minor structure] 建物の構造上，地震などの外力に対して主要な役割をもたず補助的に使われる構造体。

マイホーム 借家や貸間でなく，みずから所有する持ち家。マイホーム主義とは職場や社会的関係より家庭の幸福を第一に考えること。

マイルストン [milestone] 1マイル里程標。建築工事の工程管理における工程の節目のこと。

マインド分類 意識感覚による区分。ヤングマインド，アダルトマインドなど。

マガジンラック [magazine rack] 雑誌，新聞などを入れる物入。

マカダム工法 [macadamization] 舗装路盤成法の一つで，マカダムローラーで転圧しながら仕上げてゆく工法。

マカダムローラー [macadam roller] 前輪が1輪，後輪が2輪の鉄輪ローラー。舗装，路盤の転圧に用いる。

マキシマム [maximum] ある範囲や条件の下での最大値。最大限，極大値。→ミニマム

マグニチュード [magnitude] 地震の大きさ・規模を表す単位。記号〔M〕。

マグニチュード推定法 [earthquake magnitude conjecture method] 建築における心理現象を客観的にとらえることの中に感覚・知覚の測定方法があるが，観察者が自分自身の感じている感覚の大きさから直接的に尺度を構成するもの。

マグネシア石灰 [magnesia lime] ⇨ドロマイトプラスター

マグネシアセメント [magnesia cement] 早期に硬化し，強度と硬度が大きい。硬化体は光沢もあり半透明で着色が容易なため，床や壁の塗装，人造石やタイルの製造に用いられる。「MOセメント」または発明者の名に由来して「ソーレルセメント」ともいう。

マグネシウム硬度 [magnesium hardness] 水分中のマグネシウムイオンの総量に対応する硬度。

マグネット効果 集視ポイントなどにより，客の視線を引きつけ注目される効果のこと。

マグネットセンサー [magnet sensor] ドアや窓など開閉する場所に設置して，侵入者を検知する防犯検知器。磁石部とスイッチ部からなり，両者が接近するか離れるかすると，電気接点が開いて（閉じて）作動する。

マクロエンジニアリング [macroengi-

マクロ試験 [macrocosm testing] 溶接の試験方法で，溶接部分を切断し，薬品などを使って欠陥の有無を調べる。

マクロ セル腐食 [macro cell corrosion] 局部的にできる電池により腐食すること。

マジック アイ [magic eye] ①放送用装置に用いられる同調指示用の特殊真空管。②⇨ドアアイ

マジック ガラス [magic glass] ⇨ハーフミラー

マジック ハンド [magic hand] ⇨マニピュレーター

マジック ミラー [magic mirror] ⇨ハーフミラー

マジョリカ タイル [majolica-tile] 酸化スズの釉による，乳白色の地に明るい色釉で着色したタイル。

マジョリカ陶器 [majolica pottery] イタリアのマジョリカで作られる装飾陶器。

マシン ハッチ [machine hatch] 機械を出し入れするための開口。

マシンルームレス エレベーター 従来，最上停止階の上部に設置されていたエレベーター機械室が不要なロープ式エレベーター。巻上げ機と制御盤をコンパクトにして，昇降路（エレベーターシャフト）内に収める機構となっている。巻上げ機と制御盤の設置場所はメーカーによって異なる。

マス カーブ [mass curve] 横軸に測点，縦軸に始点からの切り盛土量の累計をとってプロットしたグラフ。ここで描かれる曲線は，道路などで切土，盛土のバランスを図ったり，平均運搬距離を推定するのに利用される。「土積図」「流土曲線」ともいう。

マスキング [masking] ①一文字や見切り幕に代表される劇場の舞台部分を隠す装置。②大きい音の作用で小さい音が聞こえなくなってしまう現象。「マスキング現象」「サウンドマスキング」ともいう。

マスキング現象 [masking phenomenon] ⇨サウンドマスキング，マスキング②

マスキング テープ [masking tape] 後ではがしやすい接着剤を塗ったテープ。塗装やシーリングなど塗り分けの線をきれいに仕上げるために用いる。

マスク工法 タイルの裏面に形板（マスク）を使って張付け用モルタルを塗り，それを下地に張っていくタイル張りの方法。モザイクタイルのように，一枚一枚ではモルタルが塗りにくい場合にマスクを使用する。

マス コンクリート [mass concrete] ダムのように，一度に大量な塊として打設されるコンクリート。水和発熱による被害を抑えるため，中庸熱セメントを用い，埋込みパイプに冷水を通したりする。

マスコン セメント [cement for mass concrete] マスコンクリートに用いられる水和発熱の少ないセメント。中庸熱ポルトランドセメント，混合セメントなどが用いられる。

マスター キー [master key] 複数の錠に共通して使用できる合い鍵。事務所やホテルの客室の管理に必要な全館共通の鍵。親鍵。→サブマスターキー

マスター スイート [master suite] 暖

マスター スペース［master space］ ルイス・カーンが空間を説明するのに使った「サービスされる空間」（研究室，実験室など）のことを，通称としてこのように呼ぶようになった。→サーバントスペース

マスター ビルダー［master builder］ 職人（石工・大工などの建設技術者）の棟梁。

マスター プラン［master plan］ 都市計画や地域計画において，その計画全体と他の地域との関連や基本方針をまとめた計画のこと。

マスター ベッドルーム［master bedroom］ 夫婦の寝室で，プライバシーが求められ，就寝，更衣，化粧から読書，音楽鑑賞など教養のための空間ともなる。

マスチック［mastic］ ①アスファルトに石綿や石粉を混ぜた防水材または床仕上材の総称。②塗料に石綿や岩綿を混ぜ，ローラーで表面に波形の厚い塗膜をつくる外装材。

マスチック防水［mastic waterproofing］ 鉱物粉末や繊維をブローンアスファルトに加えて防水層を形成する防水工法で，アスファルト防水冷工法の一つ。

マスト クライミング［mast climbing］ タワークレーンのクレーン本体を上昇させる方法で，マストを継ぎ足しながら上昇させる。→クライミング

マス マーケティング［mass marketing］ 大量生産，大量販売，大量消費を前提とした企業活動の戦略のこと。高度成長期の頃の戦略であった。

マズローの欲求段階説 アメリカの心理学者マズローの提唱する人の欲望の上昇段階説。生理的欲求から自己実現的欲求まで5段階に分けている。

マチエール［matière 仏］ 材料・材質の意。絵画などではさまざまな素材や絵の具の塗り方によってつくり出された画面の肌や材質感をいう。

マックス セメント［max cement］ 高温で含水分を脱水した石膏に硫酸ソーダまたは硫酸アルカリを少量混合して焼成したセメント。耐火性，硬質なので天井・壁の仕上げに用いる。

マッサージ吐水［massage spout］ 高圧でマッサージ効果が得られるシャワー。

マッシュルーム構造［mushroom construction］ ⇨フラットスラブ

マッチング［matching］ 化粧張り合板などの表板に使われ，単板を継ぎ合わせて模様を作ることをいう。

マット［mat］ 敷物，足ふき用敷物。玄関，浴室などで使う。

マットコンクリート［mat concrete］ 下敷きとなるコンクリートのことで，捨てコンクリートやべた基礎をいう。

マットレス［mattress］ 敷ブトンの下やベッドに使う敷物。弾力性のある綿や発泡材料を使った厚い敷物。

マテハン ものの移動や取扱い状態を示す表現。Materials Handlingの略。

マテリアル［material］ 材料，原料，素材，材質，資料。

マテリアル サイエンス［material science］ 材料科学，素材科学。

マトリクス［matrix］ データの項目とその特性を縦横に配置して，全体の特性を把握するために用いられる表。

マトリクス法［matrix method］ 住宅地の人口変動予測等に利用される方法

の一つで，居住世帯を家族型に分類し家族変化率行列式による演算で推計する。

マニエリスム [manierisme 仏] 16，17世紀ルネサンスの巨匠たちの様式を重視した美術様式。イタリア語のマニエラ（作風，様式の意）に由来している。「マニエリズモ」ともいう。

マニエリズモ [manierismo 伊] ⇨マニエリスム

マニピュレーター [manipulator] 人間の手と同じ働きをする遠隔自動装置。原子炉内など直接人間ができない部分に用いられている。「マジックハンド」ともいう。

マニフェスト [manifest] 産業廃棄物監理表のことで，廃棄物の名称，数量，性状を記したもの。

マニフェストシステム マニフェスト（積載目録）という伝票を使用して，元請業者（ゼネコン）が建設廃棄物の流通過程を管理する仕組みのこと。マニフェスト伝票は排出事業者，収集運搬業者。処分業者のそれぞれ保存用シート3枚，廃棄物の受渡し，中間処分，最終処分の結果を排出業者に報告するシート3枚，中間処分を収集運搬業者に報告するシート1枚の計7枚綴りになっている。厚生省（現厚生労働省）の指導により平成2年から実施されている。

マニュアル [manual] 機械類の取扱い説明書。人の行動や作業の手順・定型をまとめた小冊子。

マニラ ロープ [Manila rope] マニラ麻で作ったロープ。強じんで水湿に耐え，また軽くて浮遊力が大きい。

マネジリアル マーケティング [managereal marketing] 経営者による企業活動の総合的管理と長期的戦略をいう。

マネジメント レビュー [management review] トップマネジメントが定期的（通常，半年あるいは1年ごと）に行う品質システムの見直し。

マノメーター [manometer] 空気の圧力差を計る圧力計のこと。

マフラー型消音器 [muffler type sound absorber] ダクトの外側に空洞を取り付け，ダクトと空洞間を細穴で連結，共鳴現象により特定の周波帯に対して減音効果をもつ消音装置。

マホガニー [mahogany] アメリカ産の良質の家具・造作用の木材。紅黒色，光沢，堅さが珍重され，水に強いのが特徴。高級家具に使われる。

マリオン [mullion] 大きな開口部を支えるための間柱または縦桟のこと。カーテンウォールでは方立てという。

マリン ランチング [marine ranching] 大規模な人工岩礁などを設けて魚を栽培する海洋牧場づくりのこと。

マルコフ過程 [Markov process] 未来は現在のみに関係し，過去には関係しないという条件を満足する確率過程をいう。

マルコフ連鎖 [Markov chain] ⇨ブランドスイッチング

マルチ アクティビティー チャート [multi activity chart] 複数の作業チームによって行われる相互関係をもつ繰返し作業を調整し，作業順序・時間を示す計画手法。チームを構成する作業者1人ずつの作業を1日単位で時間表に表す。略称「MAC」。→バーチャート

マルチ エアコン [multi air-conditioner] 一台の屋外機と複数台の屋内機

と，これらを結ぶ冷媒配管で構成される空調システム。ダクトが不要であり，屋内機が分散配置，個別制御できる。

マルチ サイト［multi site］ 各支店や営業所が本社を中心として，同一システムのもとで活動していくこと。

マルチ スタジオ［multi studio］ 音楽録音用スタジオで，個々の楽器の録音を個別にできるように，ブースまたは間仕切りで仕切られたスタジオ。

マルチ ステーション［multi station］ オフィス空間のゾーニングの一つで一般事務のゾーンとビルのコア部分（通路・エレベーターなど）との間にOA機器のゾーンを配置する方法。OA機器の利用度が高くなったため，このような配置が多くなった。

マルチゾーン ユニット［multi-zone unit］ 異なる負荷条件のゾーンに対応して送風する空調機。空調機の出口に加熱器と冷却器をセットし，温風と冷風を混合して各ゾーンの負荷に応じて同量を調節，ダクトで送る。

マルチ テナント サービス ⇨シェアードテナントサービス

マルチパーパス ルーム［multi-purpose room］ 多目的に使われる部屋。

マルチハビテーション［multi habitation］ 一つの世帯が複数の住宅を持ち，必要に応じて使い分けること。たとえば勤務地の近くと郊外の家族の居住地など。→ダブルステイ

マルチプロジェクト［multi-project］ ⇨ネットワーク工程

マルチレベル ループ［multi-level loop］ ループ（輪）状の毛足の敷物で，ループの高さにいろいろと差のあるもの。

マルチン式計測法 人体の測定方法の一つで，マルチン式計測器で2点間を計るもの。

マンアワー［man-hour］ 作業者1人が1時間に行う仕事量。「人・時」ともいう。

マンサード［mansard］ ⇨マンサード屋根

マンサード屋根［mansard roof］ 2つの異なる勾配をもつ屋根。「フランス屋根」「マンサード」「マンサーロ」「腰折れ屋根」ともいう。

マンサーロ［mansarde 仏］ ⇨マンサード屋根

マンション［mansion］ 中高層の集合住宅。本来は高級邸宅の意味。民営のものが多い。→レジデンス

マンション管理士 管理組合等の委託を受け，マンションの維持・修繕などについて管理組合の管理者や区分所有者の相談にのる専門家として認定される国家資格制度。マンション管理を円滑に行うことをおもな業務とする。

マンション法 マンション法という名の法律は存在しないが，一般には「建物の区分所有等に関する法律」，略して「区分所有法」といい，マンションの維持管理に必要な規定が盛り込まれている。

マンスリークリア方式 銀行などの翌月一括払いによる決済方法。

マンセル記号［Munsel symbol］ 色相，明度，彩度で表現する色の表示記号。

マンセル表色系［Munsell notation system］ 色彩表示に使用される記号の一種。色相・明度・彩度を立体的に組み合わせた体系をもち，マンセル記号で表示する。アメリカのA.H.マンセルにより考案された。

マンテル［mantle］ マントルピースのまわりに付けられる飾り棚。

[マンセル色立体]

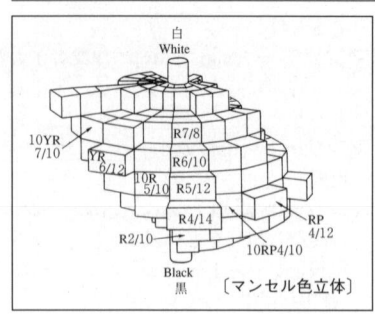

マントル [mantle] ①地球の地殻下から深さ約2900 kmの核に届くまでの層のこと。地球全体積の80％余を占め、上部で摂氏約1000度、下部で5000度という高温。②ガス灯の輝きを出すためのもの。

マントルピース [mantelpiece] 壁に組み込まれた装飾的な暖炉。また暖炉の上の飾り棚を言う。

マンパワー スケジューリング [man-power scheduling] 工程計画における作業員の配員計画。技術者や労務者の必要人数が最も経済的、合理的になるように作業の予定を決めること。

マンホール [manhole] ①各種の目的のために人が出入りするための開口部。→ハンドホール ②下水管きょの点検・清掃、管きょの接合などのために設けるもので、円形で、底部にインバートを設ける。③地中ケーブルの接続を行い、故障時に点検、修理のため人が入って作業ができるようにした地下の施設。④エレベーターが故障停止したときに、かご室内の乗客を救出するため、かご室天井部に設けられる救出口。

マン マシン インターフェース [man machine interface] 情報機器や装置・機械等を効率的、快適かつ確実に利用するための人間と情報機器との関係。ハード・ソフト面での対策が取られる。

マンマシン システム [man-machine system] 人と機械が情報交換をしあう装置。中央監視制御盤で、人がランプの表示を見て判断し、機器操作ボタンを押すような装置をいう。

マン マシン チャート [man-machine chart] 人の閑視作業を減らし、効率の良いシステムをつくるために、作業者とその担当する機械や装置の稼働分析を行って、作業ダイヤに示す手法。「連合作業分析」「M-Mチャート」ともいう。

ミ

ミーニング [meaning] K.リンチの提唱する環境のイメージを表す三要素（アイデンティティ，ストラクチャー，ミーニング）の一つで、人に共通する意味性のこと。

ミキサー [mixer] セメント・骨材・水などをかくはんしてモルタルやコンクリートをつくる機械。

ミキシング バルブ [mixing valve] 別別に配管された湯と水を混合させて適温水をつくる水栓。

ミキシング プラント [mixing plant] セメント・骨材・水・混和剤などの貯蔵・計量・混練・積込みおよび管理を一貫して行うコンクリート製造装置。

ミグ溶接 [metal inert gas welding]

アルミ合金のスポット溶接に用いられる不活性ガスアーク溶接法。「MIG溶接」ともいう。

ミクロン［micron 仏］ 1 mmの1000分の1の長さ。記号〔μ〕。

ミシン丁番［machine hinge］ ⇨テーブル丁番

ミスト［mist］ 空気中に浮遊する微細な液滴。

ミゼットハウス［midget house］ 小型住宅、最小限住宅。

ミックスフォーム コンクリート［mixfoaming concrete］ 気泡コンクリートの一種。スラリーにあらかじめ気泡剤を添加しておき、ミキサーで混練して空気を連行させるもの。

ミッション センター［mission center］ 人工衛星をコントロールする場所。

ミティゲーション［mitigation］ 開発などで失われていく自然環境を代償するために、他の場所で再生したり、代替資源を供給するなどの環境保全のための代償措置のこと。

ミドル デッキ［middle deck］ メインデッキに対して、その中間階に設けられるフロア。→メインデッキ

ミドル マネジメント［middle management］ 中間管理職。

ミニアースドリル工法 掘削部と起動部を分離して軽量化した小型のアースドリル杭の工法。

ミニ開発 規制対象外となる100 m²以下の宅地開発のことであるが、規制を受けないため住環境の悪化が問題となっている。

ミニ キッチン 独身寮やワンルームマンション等で使用される間口1.2 m前後の流し台。一般的には水槽と1口コンロ、下部の収納部に冷蔵庫が組み込まれ、上部に吊り戸棚が付いている。

ミニビル 町中に建つ3〜4階建の小規模なビル。

ミニマム［minimum］ 最小限、最小。→マキシマム

ミニミル［mini mill］ スクラップや還元鉄を材料として、電炉、スラグ鋳造、簡易圧延機械を組み合わせて100トン以下の生産を行う小型製鉄所のこと。→スクラップ

ミュージアム［museum］ ギリシア神話の詩神 MUSES から作られた語。美術館・博物館。

ミュージック ホール［music hall］ 音響効果を十分に考慮した音楽演奏のための室。

ミラー ガラス［mirror glass］ 片面に硝酸銀を引いて鏡面とした熱反射ガラス。普通ガラスの数倍の断熱効果があり、高層ビルの外装材や店舗の内装材として使用される。

ミル［mil］ 長さの単位で、1インチの1000分の1を表す。1ミルは0.0254 mm。機械の精度に関しては0.01 mmが基準であることから、ミルも使いやすい単位として多用されている。

ミル シート［mill sheet］ 鉄筋の品質を保証するため、メーカーが規格品に対して出す証明書。「鋼材検査証明書」ともいう。

ミル スケール［mill scale］ 鋼材を熱間圧延するときに生ずる黒い酸化被膜。またメッキなどの表面処理を施していない鋼材を呼ぶこともある。「黒皮」ともいう。

ム

ムーブメント [movement] 地震，風圧，温度変化などが原因で，建築物を構成する部材の接合部に生ずる各種の動き。

ムーブル [meuble 仏] 動くものという意味。移動できる家具，椅子，テーブルなどをいう。ドイツ語ではMöbel（メーベル），イタリア語ではMobilia（モビリア）という。

メ

メイン デッキ [main deck] 展示場などの大空間に設けられる中心となる人工地盤（デッキ）で，2～3層ごとに設けられるもの。→ミドルデッキ

メーソンリー [masonry] 石，レンガ，コンクリートブロックなどの組積造の建築物，あるいは組積工事のこと。

メーソンリー工法 [masonry construction] 石，レンガ，コンクリートブロックなどを積み上げて造る構造。「組積造」ともいう。ヨーロッパでは古くから用いられているが，地震の多い日本ではほとんど採用されていない。

メーソンリー セメント [masonry cement] レンガ，ブロックなどの組積工事や塗り壁などの左官工事に適するモルタル用のセメント。ポルトランドセメントを基材として，これに極微粉砕した石灰石およびAE剤などを混合して製造される。

メーソンリー モルタル [masonry mortar] 組積作業に適するように作られたモルタル。

メーター [meter] 電気・ガス・水道などの使用量を測定する自動計量器。

メーター ボックス [meter box] 戸建住宅や共同住宅でガスメーター，水道メーター，電気メーター等を1個所にまとめたスペースで，排水管のパイプスペースと併用される場合がある。略して「MB」ともいう。

メーター モジュール [metric module] 設計の基準寸法を1mに設定した考え方で，従来の尺モジュール（約91cm）と比べ出入口や門口寸法が大きくなることや住空間が20%程度アップするなどの利点がある。

メートル法 昭和34年に，長さ重さの単位である尺貫法を国際的なメートルに法制化した。

メープル [maple] キャビネットの扉などに使われるカエデ。

メール サービス [mail service] 郵便物や連絡文書等の集配を行うサービス。

メール シュート [mail chute] 建物の上階から下階のポストへ郵便物を投入する竪穴。→リネンシュート

メールマガジン［mail magazine］ インターネットの電子メールで配信されるオンライン出版物。一部を除いて基本的に無料でだれでも発行者になれる手軽さからマガジン数は急増している。建築系もある。

メガ［mega］ 100万倍を表すSI単位の接頭語。ギリシア語のmegas（大きい）から派生している。記号〔M〕。

メガー［megger］ 電気機器の絶縁抵抗を測定する計器。JIS C 1302。

メガーテスト［megger test］ メガーを用いて電気の絶縁を計測すること。

メガシティ［megacity］ 人口100万人以上の都市をいう。東京など1000万人以上の国際的な都市のこと。→メガロポリス，メトロポリス

メガ ストラクチャー［mega structure building］ ⇨スーパーストラクチャー構造

メガ トレンド［mega trend］ 大きな傾向，潮流。

メカトロニクス FA（ファクトリーオートメーション）化の核をなす産業用ロボットやNC工作機械などの機械システムをコンピューター制御で動くようにした産業技術。メカニクス（機械技術）とエレクトロニクス（電子技術）とを結合させた和製英語で，略して「メカトロン」ともいう。

メカトロン ⇨メカトロニクス

メカニカル アンカー［mechanical anchor］ 機器などをコンクリート面に固着するアンカーの一形式で，コンクリートのせん孔部にボルトやナットを挿入し，その奥の部分を拡大させて摩擦力で固定するもの。

メカニカル ジョイント［mechanical joint］ ボルト・ナットで接合し，充てん材としてゴムを使用する鋳鉄管の継手法。

メガフロート［mega-froat］ 複数の鋼製ユニットを海上で接合して製作する超大型浮体構造物。

メガヘルツ［megahertz］ 周波数の単位。記号〔MHz〕。

メガロポリス［megalopolis］ 巨大都市が連なって形づくられた都市群をいい，アメリカの地理学者ゴットマンが提唱した。東海道メガロポリスがある。→メガシティ，メトロポリス

メガロポリス構想 東京都が，2001年にまとめた首都圏の一都三県（東京・千葉・埼玉・神奈川）にまたがる広域都市圏を対象とする，都市基盤などの整備方針のこと。高度道路交通システム（ITS）を活用した交通管理や，大気汚染監視体制の構築など，自治体が横断的に取り組むべき13分野の課題と効果が示された。

メザニン［mezzanine］ 中間階，中2階。

メジアン［median］ ⇨メディアン

メジャー ストラクチャー［major structure］ ①部分的に完成された複数の構造を組み合わせて構成される大規模建築物において，それを支えている大型構造部分のこと。②部分的な構造に対する全体構造システムのこと。

メセナ［mécénat 仏］ 文化・芸術活動に対しての支援を意味するフランス語で，企業が冠コンサートや冠イベントなどの企業名を使った催しや寄付を行う直接的な方法と，基金を設定して財団を通じて支援活動を行う方法がある。

メゾネット［maisonette 仏］ 中高層の共同住宅で，1戸（世帯）が上下2層ま

たはそれ以上にまたがる形式。→デュプレックス，トリプレット

メゾン［maison 仏］中高層の共同住宅。本来は石造建築物全般の意味。

メタアクリル樹脂［polymethyl methacrylate］メタアクリル酸エステルの重合体をいう。耐久性・強度に優れる。特に透光性が良く，ガラスと同程度の透明度を示すことから，採光窓・透明ドアなどに用いられる。

メタボリズム［metabolism］生物の新陳代謝に注目し，建築における同様の考え方を主義としたもの。→ポストメタボリズム，メタボリズムグループ

メタボリズム グループ［metabolism group］CIAMの解散後，1960年に浅田孝，菊竹清訓，黒川紀章，大高正人，槇文彦等により結成された「代謝」を意味する生物学用語からとった日本の建築運動。→ポストメタボリズム，メタボリズム

メタモルフォーゼ［metamorphose 独］変形。

メダリオン［medallion］建築における円形模様の浮き彫り彫刻。

メタリコン法［matalikon process］鋼材の防食や塗装に用いられる溶融金属を噴霧状にして吹き付ける表面処理方法。

メタリック［metallic enamel, metallic paint］ラッカーエナメル，アクリル樹脂エナメルなどの多少透明度のあるものに，アルミニウムペーストを混入して金属的な光沢をもたせたエナメルの総称。

メタリック壁紙［metalic wall covering］金属箔の表面を透明塗料でコーティングし，紙で裏打ちした壁紙。

メタリック塗装［metalic paint］塗料の中に細かい金属粉を混ぜて塗装する方法で，金属的な光沢をもつ。

メタル タッグ［metal tag］鉄筋材がメーカーから納入されるときに付いてくる，種別・呼び名・寸法・本数・鋼番などを記入した札。1束ごとに付いてくる。

メタル タッチ［metal touch］柱の軸力が非常に大きく，引張力がほとんど発生しない超高層の下部の柱などにおいて，上下部材の接触面で軸力を伝達させる継手方法。全軸力の約半分をこの方法で伝えることができる。

メタル ハライド ランプ［metal-halide lamp］水銀ランプの中に金属のハロゲン化合物を入れた放電ランプ。太陽光に近い白色光を出す。

メタル フォーム［metal form, steel form］コンクリート型枠工事に用いる鋼板製の型枠。

メタル メタアクリレート［metal methaacrylate］人造大理石に用いられるアクリル系樹脂塗料。「MMA」と略す。

メタルラス［metal lath］薄鋼板に一定間隔で切れ目を入れ，引き伸ばして網状にした金物。塗り壁などの下地に使用される。JIS A 5505。→エキスパンデッドメタル

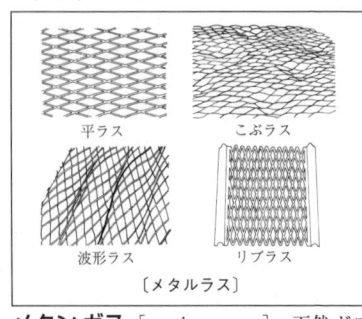

平ラス　こぶラス
波形ラス　リブラス
〔メタルラス〕

メタン ガス［methane gas］天然ガス

の主成分で，LNGの原料となる。有機物が嫌気性菌によって分解されても発生するので，下水処理場の消化層からも得られる。

メチル水銀 日本の四大公害である水俣病，新潟水俣病の原因となった有毒物質。手足が不自由となる，言語障害，難聴，神経系障害などの症状があり，1960年代後半から社会問題となった。

メッキ [plating, gilding] 金属の表面に他の金属薄膜を定着させ，防錆や装飾を行う方法。

メッシュ [mesh] ①網のこと。②網目の大きさの単位。1インチ×1インチの寸法の中にある網目の数の呼称をいう。400メッシュとは縦横に20の網目があることを示す。→ワイヤークロス

メッシュ型枠工法 せき板の代わりに特殊リブラスを使用したコンクリートの型枠。地中梁や基礎などに使用。

メッシュ データ [mesh data] 地域の特性を知る方法の一つで，一定の広さの面積ごとの数値を立体的に表示して計画に役立てることができる。コンピューターにかけやすく表示が明確に得られる。

メッシュデータ システム [mesh-data system] 地図上にグリッドを設定し，そのグリッド内に含まれる内容を数値化し，地域の特性を視覚的に表現する方法。→メッシュマップ

メッシュ マップ [mesh map] 地域をグリッドに分け，グリッドごとに色分けをして量的および質的分布状態を表現した地図。→メッシュデータシステム

メッセ [messe 独] ドイツ語で会議場のこと。見本市。わが国では千葉の幕張メッセが知られている。

メッセージ ランプ [message waiting lamp] ホテルの宿泊客に対し，外部からのメッセージが届いていることを知らせるランプ。

メッセンジャー ワイヤー [messenger wire] 架空ケーブルを吊り下げて支持するための亜鉛メッキ鋼製より線。

メディア スペース [media space] テレビ，ビデオ，オーディオ等の機器が設置してある室。

メディア ミックス [media mix] 最も効果的に訴求対象に認知させるために新聞・雑誌・電波などさまざまな媒体を効率よく組み合わせる広告戦略。

メディアン [median] データ分析において値を順に並べたとき，ちょうど真ん中に位置するデータ値のこと。「メジアン」ともいう。

メディカル センター [medical center] 地域の医療の中心であり，医科大学を含む総合病院と各種の専門病院とからなる医療センター。

メディカル マネジメント コンサルタント [medical management consultant] 会計士・税理士などが医療分野へ参入したり，大手建設会社が病院施設の設計や建設にともなって経営指導を行うような病院経営に関する指導診断業のこと。

メディシン キャビネット [medicine cabinet] 浴室や洗面所に設けられる化粧品や洗面用具の収納家具。

メディシン ボックス [medicine box] 本来は薬箱を示す言葉であるが，洗面台の脇に取り付けた透明な扉が付いた棚のこと。通常，化粧品，歯ブラシ，ひげそり等を収納する。

メトロ [metro 仏] 単にメトロといった場合はフランスの地下鉄をさし，メ

トロポリタン・レイルウェイ（The Metropolitan Railway）は英国地下鉄道の意味をもつ。

メトロポリス [metropolis]　古代ギリシアの都市国家の中心地のことから，現在では100万人都市を指していう。100万人以上の都市をメガシティという。→メガシティ，メガロポリス

メトロポリタン エリア [metropolitan area]　首都としての機能を及ぼすと考えられる範囲のことで，「首都圏」といい，日本の場合，東京を中心に半径150km以内をいう。

メニュー方式 [menu form]　住宅販売の方法の一つ。いくつかの種類の住宅を購入者に選ばせる方式。

メラミン化粧板 [melamine resin plastic board]　テーブルやカウンターの甲板に使用される，メラミン樹脂のプラスチック板を貼った化粧合板。

メラミン樹脂 [melamine resin]　メラミンとホルムアルデヒドの縮合反応によりつくられる熱硬化性プラスチック。耐熱性に優れ，硬度が大きいため食器や化粧板に使用されている。

メラミン樹脂接着剤 [melamine resin adhesive]　メラミンとホルムアルデヒドとの縮合によって得られる熱硬化性樹脂を接着剤として用いたもの。耐熱性・耐水性に優れる。金属，ゴム，ガラス以外の接着に用いられる。

メラミン焼付け　メラミンアルキド樹脂系の焼付け塗装。

メリクローン [meri-clone]　植物の組織培養で繁殖されたコピー植物群（栄養系）のこと。商品質植物の生産に適し，株ごと出荷される。分裂組織（meristem）と栄養系（clone）との合成語。

メリット制　事業主の労災保険料負担の公平を図り，自主的な労働災害防止努力の高揚のために，一定規模以上の事業について，個々の事業ごとに収支率に応じて労災保険率を上げ下げする制度。

メリヤス [meias ポ]　経糸（縦糸）と緯糸（横糸）で織るのでなく，1本または2本の糸を編んで作る布地。伸縮性，柔軟性に富み，下着，靴下などに使われる。

メルティング ポット [melting pot]　るつぼ。いろいろな人種や文化，民族などが融合した都市や地域のこと。ニューヨークはその代表。

メルテンスの原理 [Martens principle]　⇨D/H

メンタル ヘルス [mental health]　心の健康，精神衛生。情報化社会の進展により，より高度で複雑なシステムの導入が，人間の精神的健康を阻害しているといわれており，身体の健康ばかりではなく精神の健康の重要性も見直されている。

メンタル マップ [mental map]　⇨スケッチマップ

メンテ　⇨メンテナンス

メンテナビリティ [maintainability]　日常点検，定期点検，清掃，終常的修繕などの建物の維持管理のしやすさを示す言葉。

メンテナンス [maintenance]　完成後の建物の機能を維持管理すること。清掃・点検・修理・部品交換なども含まれる。「メンテ」とも略す。「アフターケア」と同義。

メンテナンス コスト [maintenance cost]　維持管理に必要とされる費用。運転，清掃，保守・点検，修繕・更新，改修・模様替え，管理費から構成され

る。

メンテナンス フリー [maintenance free] 点検や保守・整備が不用。

メンテナンス マネジメント [maintenance management] 既存建物の保全時の対応を対象として，メンテナンス時点での効用の創出と向上および総費用の削減を目指す考え方・手法のこと。

メンブレンフィルター [membrane filter] 超微粒子や微生物の除去に使用される微細孔を持つ面状フィルター。

メンブレン防水 [menbrane waterproofing] 屋根などの広い面積を薄い防水層で全面に覆う防水工法の総称。アスファルト防水，シート防水，塗膜防水などがこれに当たる。

モ

モアレ [moire 仏] 幾何学模様の重なりでできる縞模様。

モーション マインド [Motion Mind] 無駄な動作を感知し，良い動作を思いつく勘のこと。

モーター グレーダー [motor grader] 地盤面を精度よく平滑にならすための自走式機械。前輪が2輪，後輪が4輪で，前輪と後輪の間にブレードというならし板が付いている。土木工事や外構工事に使用される。

モーター ダンパー [motor damper] 空調設備の自動制御に用いられる機器の一つ。風量を制御するダンパーをモーターで開閉操作する。

モーター プール [motor pool] ①駐車場。②ゼネコンなどが所有する建設機械類のセンターをいう。

モーター ホイスト [motor hoist] ⇒ホイスト

モーター ホーム [motor home] ⇒モービルハウス

モータリゼーション [motorzation] 自動車が一般化して人や物の移動が車によって行われるようになった社会現象をいう。活動範囲が広がった半面，ラッシュ時や災害時の危険度や排気ガスによる環境汚染等が問題となる。

モーダル シフト [modal shift] 石油危機の際に省エネルギーの視点から提唱された，大量一括型の輸送機関に貨物を移行していく方式のこと。

モーテル [motel] ドライバーのための宿泊施設で，motoriets hotelの略。日本では自動車で乗りつけるラブホテルの意に使われている。

モード [mode] ①データ分析において値を順に並べたとき，いちばん頻度の高いデータの値で「最頻値」という。マンション分譲価格等において，いわゆる最多価格帯のこと。②音楽の音階，音調のことから，コンピューター関係では情報の形態，形式，操作性をいうようになった。

モーニング コール [morning call] ホテル用電話交換機の機能。客室の電話機から起床したい時間をダイヤル操作で装置に記憶させておき，その時刻になれば自動的に呼び出し，モーニングメッセージを流す。

モーニング ルーム [morning room] 朝食用の台所のそばの室をいい，庭な

ど眺められるような位置に作られる。

モービル クレーン [mobile crane] ⇨ホイールクレーン

モービル ハウス [mobile house] 自走または牽引式の移動住宅。居間,寝室,シャワーなどを完備した住宅。「モーターホーム」「モービルホーム」ともいう。

モービル ホーム [mobile home] ⇨モービルハウス

モーフォロジー [morphology] 「形態は機能に従う」といった場合の形態についての理論。形態学。

モーメント [moment] 物体を回転させる力の量。回転の中心点から力の作用線までの垂直距離と作用する力との積から算出する。

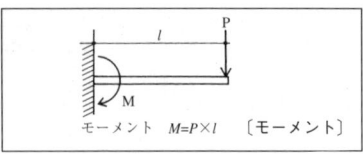

モーメント $M=P×l$ 〔モーメント〕

モーメント マグニチュード [moment magnitude] 震源断層の面積やずれの大きさといった断層運動の量(地震モーメント)から求めたマグニチュードのこと。「Mw」と表す。国際的に広く使われ,今後,気象庁も気象庁マグニチュード(MJI)に加えて用いることを決めた。

モール [mall] 街の活性化のために歩道の環境を考慮し,ベンチ,植栽,タイル貼りの舗装等を設けた商店街や遊歩道のこと。「コミュニティー道路」ともいう。→トランジットモール,ペーブメント

モールディング [moulding] 建築や家具に付けられる帯状の装飾。「繰($\frac{く}{り}$)形」ともいう。

モールデッド フォーム [moulded foam plastics] ポリウレタン・ポリエステルなどを型に入れて発泡させたもの。合成樹脂の「成形発泡体」ともいう。

モールド [mould] プラスチックや軽合金成形用の鋳型。プレキャストコンクリート製作用の鋼製型枠あるいはコンクリートのテストピース製作用の鋼製型枠。

モールドスター コンクリートの表面に模様を付けるために,コンパネの上に張り付けるプラスチックの型枠材。〔製造:東海ゴム工業〕

モケット [moquette] 縦糸でパイルを作った織物で,椅子張り地として,車両の座席によく張られる。

モザイク [mosaic] 壁や床の表面にガラス,タイル,大理石,金属などの細片を組み合わせ,模様や図形を表した装飾物。

モザイク ガラス [mosaic glass] 壁や窓にはめ込んで装飾物とした色ガラスを散りばめて図案化したもの。

モザイク タイル [mosaic tile] 1辺の長さが10~50mmの小型タイルの総称。形は長方形,角形,丸形などがあり,1辺が30cmの台紙に貼って,ユニット貼りを行う。

モザイク パーケット [mosaic parquet] ひき板の小片を数枚組み合わせて1ブロックとし,それらを市松模様に貼る木質の床仕上材料。板厚は6~9mmで,接着剤貼りを行う。

モスク [mosque] イスラム教の寺院,礼拝堂。イスラム教の聖地メッカの方向に礼拝堂を設け,中庭に泉水をもつ。

モダニズム [modernism] 表現は鉄とガラスとコンクリートで,考え方は機能主義といった,いわゆる近代主義。

→ポストモダン

モダニゼーション［modernization］社会や技術の変化による建物等の機能や性能の要求レベルの高度化に対応するための保全。改修や模様替えが含まれる。

モダンアート［modern art］ゴシック，新古典主義，ロマン主義を経て，20世紀に入ってから社会変化や科学の進歩とともに次々に現れてきた，主として抽象的美術に対する考え方の総称。→ポストモダン

モダンリビング［modern living］近代的な生活，生活様式。

モチーフ［motif 仏］デザインをするときの手がかりとなる，主題あるいはテーマとなるイメージのこと。

モチベーション［motivation］作業員の意識や意欲の高揚などの意味。また需要者の購買意欲を発生させる意味をもつ。

モチベーションリサーチ［motivation research］消費者の購買動機をつかむ調査。動機調査法。

モックアップ［mock-up］設計者が外観などを決定するために作成する原寸見本。

モップボード［mopboard］ ⇨ ベースボード

モデム［modem］コンピューターを端末としてデータをやり取りする場合のデジタル信号をアナログ信号に交換（変調）したり，その逆を行う変復調装置のこと。

モデュール［module］建築生産における基準寸法。単位となる1つの寸法をいう場合と，何らかの法則によって定められた寸法の組織をいう場合があり後者の意味で用いることが多い。建築の工業化を合理的に進めるためJISで「建築モデュール」として規定している。JIS A 0001～0004。→モデュール基準線，MC，モデュロール

モデュール基準線［modular line］設計における基本寸法線。→モデュール

モデュールグリッド［modular grid］モデュラーコーディネーションされた構成材を位置づけるために割り付けられた格子状のもの。「モデュラーライン」「モデュール格子」ともいう。

モデュール格子 ⇨ モデュールグリッド

モデュール呼び寸法 隣り合う基準線間の値を呼び寸法というが，これにモデュールを使ったもの。→モデュール

モデュール割り ⇨ モデュラーコーディネーション

モデュラーコーディネーション［modular coordination］モデュールをあてはめて建築平面・部位・部材・家具・設備機器などの寸法調整をはかること。これによって，量産性の向上，現場作業の単純化などが図られ，プレファブ化の促進に役立つ。略して「MC」あるいは「モデュール割り」ともいう。→モデュロール

モデュラーホーム［modular home］モデュール（基準寸法）によって構成された住宅。

モデュラーライン［modular line］ ⇨ モデュールグリッド

モデュラス［modulus］弾性シーリング材などの特性を表す数値で，材料を1.5倍に伸ばしたときの引張応力（kg/cm^2）のこと。

モデュロール［modulor 仏］ル・コルビュジエの考案によるモデュール（単位長さ）で，黄金分割と人体寸法を組

み合わせたもの。→モデュール，モデュラーコーディネーション，MC②

モデルスコープ [model scope] シミレーションメディアの一つで，建物模型を作り，その細部空間を視点の高さから見れるように工夫されたファイバースコープの一種。

モデルノジー 現代の風俗・生活を研究する分野で，考古学に対してつくられた和製英語。「考現学」という。

モデルハウス [model house] 住宅展示場に建てられる展示販売用の住宅。

モデルルーム [model room] 集合住宅やホテルなどの実物大の模型，現物見本。

モドゥルス [modulus] 基準単位を決めるときに用いられる単位長さで，人体寸法のうち足の歩幅・手のひら・腕の長さなど，肢体の一部が使われる。

モニター [monitor] 監視装置のこと。放送などにおけるモニターテレビ，コンピューターの画面表示装置など。

モニター調査 [monitoring] 特定の人を選んでいろいろな内容を聞き出す調査方法。

モニュマン [monument 仏] ⇨モニュメント

モニュメント [monument] 記念碑または記念建造物のことで，「モニュマン」ともいう。

モニュメントオブザミレニアム [monument of the millennium] アメリカ土木学会（ASCE）が選定する，20世紀を代表する十大事業に与えられる賞。2001年4月，関西国際空港プロジェクトに授与された。

モノトーン [mono tone] 白，黒，グレーの無彩色で構成されている配色。単調な様子。

モノマー [monomer] 合成樹脂が重合などにより結合する前の分子。→ポリマー

モノリシック構造 [monolithic structure] 鉄筋コンクリート構造のような一体化された構造の総称。

モノリシック仕上げ [monolithic surface finish] 躯体コンクリート打設後，硬化しないうちに表面を金ごてで仕上げ，モルタル塗りを省略する方法。「一発仕上げ」ともいう。

モノレールホイスト [monorail hoist] Ｉビームのレールに沿って走行する小型の巻上げ装置（ホイスト）。

モノロック [mono lock] ドアの錠前の一種。室外側の握り玉の中心にシリンダー錠の鍵穴，内側の握り玉の中心にプッシュボタンが組み込まれており，プッシュボタンを押すと外側からは施錠された状態になる。

モパート [mopart] 車庫付き集合住宅。1階を車庫，階上を住宅とする。

モバイルオフィス 携帯情報端末を用いて，移動先や移動手段である車等をワークプレースとするオフィス形態。

モバイルコンピューティング [mobile computing] 通信装置を使ってどこからでも使えるようにした移動可能なコンピューターシステム。

モビール [mobile] 動く彫刻といわれ，金属などの小片を天秤を利用して吊し，風力で動くように構成されたもの。

モビールクレーン [mobile crane] ⇨ホイールクレーン

モビリティー社会 [mobility society] 経済の活性化にともない，人間の移動や職業の流動性が活発になった社会現象。

モビリティー住宅 [mobility house]

移動可能なように造られている住宅。トレーラーハウスはモバイルハウスという。

モビレージ［mobillage］ ドライビング式のセンターの周囲にテント，キャンピングカー，コテージ（小屋）が設けられた宿泊施設の総称。mobilとvillageとを組み合わせた語。

モラール サーベイ［morale survey］ 品質管理を実施する上での小集団活動の一つ。従業員・作業員の職場・作業場における士気の実態を質問用紙，面接，観察などの方法で調査すること。

モリエ線図［Mollier chart］ 冷凍サイクルにおける熱量を表示できる線図。縦軸に絶対圧力，横軸に熱量をとったP-i線図が用いられる。

モルダー［moulding machine］ 多軸（4～10軸）の面取りが可能な木工用機械。

モルタル［mortar］ セメント，砂および水を混ぜた材料。仕上げ用，下地用，貼付け用，保護用など用途は広い。「セメントモルタル」ともいう。

モルタル金鏝押え［mortar trowel finish］ モルタル仕上面を金属製のこてを使って平滑に仕上げる方法。

モルタル工法　⇨ショットクリート

モルタル水分計［mortar moisture meter］ 高周波や直流電気抵抗を使って，コンクリート躯体表面の水分を測定する計器。アスファルト防水を行う場合は含水率8％以下がよい。

モルタル吹付け［mortar spray］ 吹付け機械を使ってモルタルを壁面に吹付けて仕上げること。

モルタルポンプ［mortar pump］ 軟かく練ったモルタルを所定の場所へパイプで圧送する機械。

モルタル ミキサー［mortar mixer］ モルタルを作るためのかくはん機械の総称。直径1m程度の円筒容器の底にかくはん用の翼の付いた回転翼式のミキサーが一般的。

モンキー［monkey］　⇨イギリス

モンキー スパナ［monkey spanner］　⇨イギリス

モンキー レンチ［monkey wrench］ 径の異なるナット類を回転させるため，調整ねじの付いたスパナ。「イギリス」「イギリススパナ」ともいう。

モンケン　杭打ち工事で杭を打設するための重錘（おもり）。ウインチで持ち上げ，自由落下させて杭を打ち込む。

モンテカルロ法［monte carlo method］ ある母集団から乱数を用いてサンプルを抜き出す方法，およびこのようなサンプリングに基づく決定の問題や統計的問題の議論を総称していう。数学的な解析が困難であったり不可能であったりするような待ち行列の問題においては特に有効。

モントリオール議定書［The Montreal Protocol on Substances that Deplete the Ozone Layer］ フロン，ハロン，四塩化炭素などの利用削減スケジュールを定めたオゾン層破壊防止策を定めた議定書。ウィーン条約に基づいて，1989年に発行，数回改正されている。

モンロー工法　山留め壁を隣接する建物により近づけて施工できるように開発された機械による杭打設工法。オーガーとその回転駆動部，ガイドレール付きマスト等からなる削孔機を，油圧の移動式クレーンで吊って作業する。

ヤ

ヤード [yard] 庭園, 中庭, 構内, 置場。

ヤネカート 軽量のパネルなどを運搬するための手押しの2輪車。ALC版の運搬などに用いられる。

ヤマトシロアリ 台所, 風呂場, 洗面所などの水を使用する場所や湿気の多い場所を好む建築木材を食害するシロアリ。日本全土に分布している。

ヤミカルテル 少数の業者が結束し自己に有利なように不当に協定すること。排他的な取引き慣行の一つ。

ヤング オールド [young old] 高齢者のうち, 65歳以上75歳未満の人。「前期高齢者」ともいう。

ヤング係数 [Young's modulus] 弾性体の応力度と歪み度との関係を示す比例定数。垂直応力度(σ), 歪み度(ε), ヤング係数(E)との関係は, $\sigma = E \cdot \varepsilon$ で表される。「ヤング率」ともいう。

ヤング・ヘルムホルツの説 [Young・Helmholtz theory] ヤングの三色説を発展させ, 網膜が三種の色覚細胞を持ち, それらが脳で混合されて種々の中間色が見えるとした説。

ヤング率 ⇨ヤング係数

ヤンピー [yumppie] 羊の皮。

ユ

ユーエスビー [Universal Serial Bus] ⇨USB

ユーゲント シュティール [jugendstiel 独] フランスやベルギーを中心にしたアール・ヌーボーに影響され, ドイツで生まれた新しい芸術運動。

ユーザーウエア [userware] 情報システムの高度化, 複雑化に対応し, 利用者が有効, 簡便に利用できるよう支援するための利用システム。

ユーザーズ マネジメント [user's management] 建物の使用者の総合的な効用の創出と向上および総費用の削減の面を企画段階, 設計段階, 運営管理段階などで検討・考慮し, 最適な案を選択していく新しい考え方・手法のこと。

ユース ゲスト ハウス [youth guest house] 個室があり, 飲酒も認められたユースホステル。

ユーズド ファニチャー [used furniture] 中古家具。

ユース ホステル [youth hostel] 旅行をする青少年のための安価な宿泊施設で, 世界的に協会を設立しており会員制。「YH」と略す。

ユーティリティー [utility] ⇨ユーティリティールーム

ユーティリティー ルーム [utility room] 住宅にあっては家事作業(洗濯, 乾燥, アイロン, 収納)を行う部屋。病院等では, サービス関係を行う部屋。給排水, 電気, 換気, ガス等の設

備が充実している。単に「ユーティリティー」ともいう。

ユートピア [utopia] イギリスのトマス・モアの小説から抜粋した名前で，理想的な都市，空想社会，理想郷のこと。→ガーデンシティー

ユーメイク住宅 入居者がライフステージに応じて自分で間取りを変更できるように計画された集合住宅。トイレ・浴室・キッチンの水回りと1寝室は固定とし，他はオープンスペースとして入居者が間取りを決める。1995年ころ住宅・都市整備公団（現都市基盤整備公団）が提唱した。

ユニオン [union] ①既設配管の切断，延長，取り替えなどに利用される継手部品。配管を回転させることなく，継手自身を回転させるだけで管の接合や取り外しが可能。②職能団体

ユニクロ 電解亜鉛メッキより白色のつやのある，耐食性に優れたメッキ。クロムメッキと同様に強くて耐食性のあるきれいなメッキとの意味から名付けられた和製英語。

ユニック 荷台に揚重装置を取り付けたトラック。

ユニット足場 鉄骨建方時において，ジョイント部のボルト締めや溶接作業のために，その必要な部分のみに掛けるユニット化された既製の足場。地上であらかじめ鉄骨部材に取り付けておくものと，建方終了後に取り付けるものがある。また建方用足場と兼用するものもある。

ユニット家具 [unit furniture] 単位となる家具を組合せや重ねたりして全体を構成していくもの。

ユニットキッチン [unit kitchen] 一定の寸法，材料，仕上げに統一され，組合せを可能にした厨房用家具。

ユニット住宅 [unit house] 工場生産された建築の各部材を目的に合わせて選択し，組み合わせてつくる住宅。「ユニットハウス」ともいう。

ユニットタイル [unit tile] タイルの表面に台紙を貼り，30cm角ほどのユニットにして貼付けを行うタイル。モザイクタイルや50角タイルなど比較的小さいタイルに用いられる。

ユニットトイレ トイレの内装と設備をコンテナのように工場でユニット化し，現場に運搬して据え付けるトイレの施工法。高層ビルで採用される。

ユニットハウス [unit house] ⇨ユニット住宅

ユニットバス バスルームユニットの略。便器，洗面器，浴槽，換気設備，電気設備などを工場で一体に組み込んでユニット化したもので，ホテルやマンションで使用される。

ユニット貼り あらかじめタイルを30cmほどの台紙に貼り，それをセメントペーストなどで下地に貼るタイルの貼り方。

ユニットヒーター [unit heater] 送風機と加熱器（加熱コイル，電熱器）を組み合わせた温風暖房装置。

ユニットファニチャー [unit furniture] 一定の寸法，材料，仕上げで統一され，組合せ可能な収納家具。

ユニットプラン [unit plan] 工業製品としてあらかじめ作られた空間を，その組合せによって全体を構成していく計画。

ユニットフロア コンクリート造集合住宅の床下地工法の商品名。コンクリートの床面にゴムパッキン付きのボルトを束材として一定間隔に立て，その

上にパーティクルボードの板を全面に敷き、さらにその上に仕上げを行う。遮音性の向上、床仕上げレベルの調整のしやすさ等の目的で使用される。〔製造：ブリジストン〕。同様の工法が多数のメーカーから発売されている。

ユニットフロア工程［unit floor construction］地上で所定の大きさの床デッキやプレキャスト（PCa）部材のフロアパネルを組み立て、これに配管材を組み込んで一体化した後、揚重して建物を構築する工法。

ユニティー［unity］いろいろな要素を調和をとりながら一つにまとめていくこと。

ユニバーサル アクセス［universal access］居住地域や年齢、障害の有無にかかわらず、だれもが快適に美しく情報通信システムを利用できるような環境のこと。

ユニバーサル オフィス［universal office］一定形態のワークプレイスを複数配置し、移動や配置替えに際し、家具等を移動することなく、人のみが移動するオフィス形態。オフィスコストの削減効果がある。

ユニバーサル ジョイント［universal joint］自在性のある継手のこと。

ユニバーサル スペース［universal space］大展示場のように内部に柱や壁を設けず自由に区画できる建築空間で、事務所建築や展示場などに要求される。→オープンプラン

ユニバーサル デザイン［universal design］設計のはじめの段階から、できるだけすべての人に利用できるように製品、建物、空間をつくること。バリアフリーが既存空間からバリアを排除する引き算型に対して、足し算型の設計手法である。

ユニバーサル リフト［universal lift］工事現場において資材を上下に運搬するリフト。枠組足場に取り付けた1本のレールをガイドに、ワイヤーロープで荷台を上下させる。

ユリア樹脂［urea formaldehyde］尿素とホルムアルデヒドとを縮合してできる熱硬化性プラスチック。充てん材を加えて電気器具類などの成形品や接着剤・塗料に用いられる。「尿素樹脂」ともいう。

ユリア樹脂接着剤［urea resin adhesives］尿素とホルムアルデヒドの縮合から得られるユリア樹脂を用いた熱硬化性樹脂接着剤。耐水性は優れているが、老化性が大きい。「尿素樹脂接着剤」ともいう。

ヨ

ヨーロピアン スタイル［European style］ベッドの形態の一つで、ボトム、マットレスにヘッドボードとフットボードの付いたもの。「コンチネンタルスタイル」ともいう。

ヨットハーバー［yacht harbour］ヨット専用の係留施設で、ヨットを陸に揚げる施設やレストラン・宿泊施設等を備えたレジャー用の港。

ラ

ラーニング カーブ [learning curve] 作業の工数や習熟度を把握するために, 作業を繰り返して行った回数の関数として示した曲線。「慣熟曲線」「習熟曲線」ともいう。

ラーバン地域 [rurban community area] rural（農村）+ urban（都市）の合成語で, 農村が都市化していく中間的な位置付けをされる地域のこと。

ラーメン [Rahmen 独] 柱・梁の節点が強固(剛)に接合され, 一体となっている骨組。「剛節架構」ともいう。

ラーメン構造 [Rahmen (独) construction] 建築物の基本的な骨組で, 柱・梁の節点が剛接合で一体となっている構造。

ラーメン プレファブ工法 [portal frame construction] プレキャストコンクリート(PCa)製の柱, 梁, 床などを組み合わせて構築するSRC造およびRC造のコンクリート系ラーメン構造をプレファブ化した工法。

ライズ [rise, over height] 階段の踏上げ寸法や梁のむくりに用いられる基準水平面から上方に測った高さのこと。下方に測った場合はサグという。

ライス ハスク アッシュ [rice husk ash] もみがら灰のこと。シリカを多く含みコンクリート用混和材として利用される。「もみがら灰」ともいう。

ライティング [lighting] 照明。照明技法。照明配置。照明計画。

ライティング ダクト [lighting busway] 絶縁物で支持した導体をダクトに入れたもの。専用のアダプターにより任意の個所で電気を取り出すことができる。

ライティング デスク [writing desk] 書斎などに置かれる執筆・事務用机。

ライティング ドレッサー [writing dresser] 化粧用と事務用を兼ねた収納家具。

ライティング ビューロー [writing bureau] 書斎などで使われる書棚と組み合わされた上げぶた付きの机。

ライティング レール [lighting rail] 通電できるレール状の金属を天井に埋め込み, そのレール内にアダプターを使ってする照明装置で,「トラックライト」「配線ダクト」「ライティングダクト」ともいう。

ライト アップ [light up] 夜間の都市景観を色どるものとして, 歴史的な建物やモニュメント, タワーあるいは噴水などを夜間照明して浮かび上がらせ, 夜景に映えるよう照らし出すこと。

ライト アンド レフト階段 [right and left stair] 右足用と左足用, 別々に踏板が配置されている階段。

ライト ウェル [light well] 光井(こうせい), 狭い光庭, あるいは中庭のことで, ウェル (well) は井戸のこと。→ライトコート

ライト コート [light court] 中庭。住宅やビルの内部に光を取り込むために設けられた外部空間で, 通風にも有効。「コートヤード①」ともいう。→ライトウェル

ライト サイジング [right sizing] 経営の効率化，合理化に対応して，組織や資産規模を最適化すること。

ライト タワー [light tower] ①野球場や飛行場の夜間照明用の鉄塔のこと。②舞台照明用のはしごとプラットフォームを持つ移動式の照明装置。

ライト プラン [light plan] 都市生活の多様化にともない夜間の生活時間も増加する傾向にあり，建築物の夜間照明が都市のアイデンティティを高め，都市に時間感覚を与えるとして考えられている照明計画のこと。

ライト ブリッジ [light bridge] 舞台用の照明器具を操作するために必要な狭い歩橋。

ライナー [liner] 機器の水平を出すために高さ調整用として，部材の基礎部分に挿入する薄い金属片。

ライニング [lining] 裏打ちまたは被覆。内側をビニールなどで被覆したパイプをライニングパイプ，トイレの配管などのために積むコンクリートブロックをライニングブロックという。

ライニング管 [lining steel pipe] 鋼管の耐腐食性を高めるため，管の内面に塩化ビニル樹脂やエポキシ樹脂などを塗ったもの。「ライニングパイプ」ともいう。

ライニングパイプ ⇨ライニング管

ライフ サイエンス [life science] 生命科学。生命現象を従来の学問領域にとらわれずに総合的に研究する学問。

ライフ サイクル [life cycle] ①生物の誕生から死までの全過程をいくつかの周期に分けたもの。ライフヒストリー。②商品が市場に登場してから売行きが伸び，やがて落ちるまでの過程。③生活設計などのため，人生をいくつかの段階に分けたもの。

ライフ サイクル アセスメント [life cycle assessment] 原料を得る段階から捨てられた後まで，一貫して環境に与える影響の調査とそれを最小限に抑える方法などのガイドライン。略して[LCA]ともいう。

ライフ サイクル エネルギー [life cycle energy] 建物を建設し，寿命期間中運転し，維持保全し，最後に取り壊す時までに要する総エネルギー。建築資材を製造するために要したエネルギーも含む。

ライフ サイクル エンジニアリング [life cycle engineering] 建物の企画・設計から建設，運営，解体，廃棄にいたるまでの生涯計画を実行し，建物の生涯価値向上を支援する分野。おもな活動としては，ライフサイクルコストを低減する技術手法を開発し実行することにある。「LCE」とも略す。

ライフ サイクル計画 [life cycle planning] 建物等のファシリティのライフサイクルを対象に，計画と設計を総合した計画。

ライフ サイクル コスティング [life cycle costing] 設定期間内の初期投資，運営費，メンテナンス費，修繕費，改修費等の投資決定を，現在価値等により評価する手法。

ライフ サイクル コスト [life cycle cost] 建物の企画・設計から施工，運用，保全，取壊しまでにかかる建物の一生の総費用。「LCC」とも略す。→イニシャルコスト，ランニングコスト

ライフ サイクル シーオーツー [life cycle CO_2] 建築活動の地球環境負荷の指標として用いられる，建物の生涯にわたって発生する二酸化炭素総量。

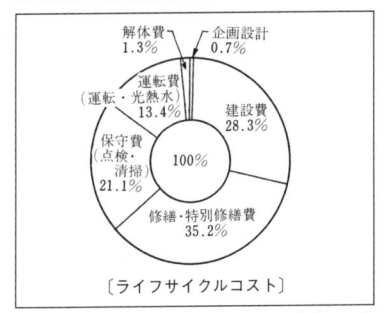

[ライフサイクルコスト]
- 解体費 1.3%
- 企画設計 0.7%
- 運転費（運転・光熱水）13.4%
- 建設費 28.3%
- 保守費（点検・清掃）21.1%
- 修繕・特別修繕費 35.2%
- 100%

建設資材の生産から，建設，運用，保全・改修，解体・除却に至るまでの全期間を対象とする。「LCCO₂」と略す。

ライフサイクル設計 [life cycle design] ライフサイクル評価で得られた最適解を与条件の一つとして，建物等のファシリティの設計を行うこと。社会・経済環境の変化や劣化にともなう改修・更新に対応できるメンテナビリティの高いファシリティの設計を目指す。

ライフサイクルマネジメント [life cycle management] 建物の企画，設計，建設，運営管理，廃棄処分までのライフサイクルにわたって，総合的に建物の効用の創出と維持，向上ならびに総費用の削減などの面から検討・考慮し，最適の代替案を選択していく行為のこと。略して「LCM」ともいう。

ライフスタイル [light style] 生活様式。

ライフスタイル別マンション 生活様式の多様化に対して，居住者の生活様式に合わせて入居を限定する集合住宅のこと。ピアノが弾ける，ペットが飼える，高齢者向けといった内容をもったマンション。

ライフステージ [life stage] 人生の幼年期や老年期といったそれぞれの段階のこと。

ライフライン [life line] 都市機能，都市生活を支える電気・ガス等のエネルギー，上下水道，電気通信，交通機関等のシステム。

ライブラリー [library] 図書室または図書館。

ライリーの法則 [Reilly law] 小売店の販売量は人口に比例し，近郷都市との距離の二乗に反比例するという，ライリーにより提唱されたモデル。

ライレム [RILEM] 国際建築材料構造研究機関連合。略して「RILEM」。

ライン組織 [line organization] 組織の意志を徹底し，統一した行動をとるための命令と権限の系統として構成される組織。

ラインバランシング [line balancing] 生産ラインにおけるライン全体の能力を整理すること。プレファブ化された同タイプ住戸の多量生産や超高層建築において必要とされる生産管理技術の一つ。

ラインロビング [line robbing] 特定のテーマに絞り込んで専門化をはかり奥行のある商品構成を行うこと。

ラウドネスレベル [loudness level] 音の大きさを，これと同じ大きさで聞こえる1,000 Hzの純音の音圧レベルで表示した値。

ラウンジ [lounge] 元来はリラックスして人が集まる場所のことで，劇場等の休憩室，談話室をいう。「ホワイエ」「ロビー」と同義。

ラウンジチェア [lounge chair] 談話室や娯楽室に置かれる休息用の椅子。

ラウンジピット [lounge pit] くつろぎを演出するために，居間の床を一部掘り下げて造ったスペース（空間）。

ラウンディング [rounding] 切土や盛土において，周囲の自然と調和させるため法(%)肩に丸味をつけたり，法面の両側に在来地盤の丸味をつけてすりつけること。

ラウンドチェア [round chair] ⇨スウィーベルチェア

ラウンドテーブル [round table] 円形のテーブル。円卓。

ラグ [rug] 毛皮の敷物，ひざ掛け毛布など。

ラグスクリュー [lag screw] 六角ボルトの先端が尖っていて，ねじって接合するもの。「コーチボルト」ともいう。

ラジエーター [radiator] 放熱装置の一つで，パイプ中に温水(冷水)を流し，熱を大気中に放射熱として放散するもので，建築では暖房器として用いる。対流式によるものをコンベクターといい，送風機を内蔵したものをファンコイルユニットという。

ラジオアイソトープ [radioactive isotope] ⇨RI

ラショナリズム [rationalism] 合理主義。

ラス ①[lath] 塗り天井などの左官下地用の木ずりのこと。メタルラス，ワイヤーラスなど。②[RAS] コンピューターなどの電子機器に要求される機能。Reliability(信頼性)，Availability(利用性)，Serviceability(実用性)の頭文字をとったもの。

ラス釘 [lath nail] メタルラスやワイヤーラスを取り付けるための釘。

ラスシート [lath sheet] 角波形の亜鉛鉄板にメタルラスを溶接したもの。壁・屋根・床のモルタル下地に使用。

ラス下地材 ラスシートや石膏ボードなどのように，モルタル塗りの下地となる材料の総称。

ラスタータイル [luster tile] 塩化錫，石灰石などを成分としたラスター釉をうわ薬として焼成したパール状の光彩を発するタイル。「パールタイル」ともいう。

ラストワンマイル [last-one mile] 最寄りの電話局からユーザー宅までの接続回線のこと。

ラスボード [lathing board] 塗り壁の下地材に使用される孔のあいた石膏ボード。

ラスモル ⇨ラスモルタル

ラスモルタル [mortar finish on metal lathing] ワイヤーラスやメタルラスを下地としたモルタル仕上げ。略して「ラスモル」ともいう。

ラダー [ladder] はしごのこと。

ラダーチェア [ladder chair] はしご状の背もたれの付いた高い椅子。

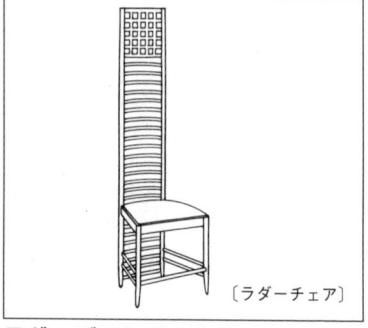

〔ラダーチェア〕

ラダーバックチェア [ladder back chair] 椅子の背もたれがはしご状になっているイギリスの古い様式。

ラダーリング [laddering] レパートリーグリッド法などで用いられる面接のしかたで，回答者が自発的に述べた項目から次の項目を誘導する方法。

ラタン [rattan]　籐(とう)。

ラチェット [ratchet]　レンチの一種。ナットを挟む回転部と取手部の工夫で一方向が空回りするので，取手の往復運動でナットを締めたり緩めたりできる。

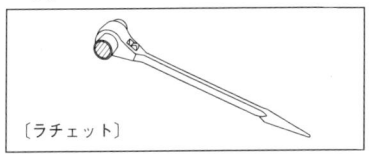

〔ラチェット〕

ラチス [lattice]　山形鋼や帯板の鋼材で組み立てられた梁材部を構成するジグザグ状，あるいは斜めに挿入されたウェブ材。→ビルトアップメンバー

ラッカー [lacquer]　硝化繊維を主原料とする塗料。乾燥時間が早く，短時間でつやのある固い塗膜ができる。

ラッカー エナメル [lacquer enamel]　ラッカーに顔料を加えた塗料。光沢があり，家具の金属部や自動車の外装に使われる。「エナメル」「エナメルペイント」「エナメルラッカー」「LE」ともいう。

ラッカー シンナー [lacquer thinner]　ラッカー専用のうすめ液。

ラッギング [lagging]　給湯管など配管の保温材を保護し，保温効率を高める目的で保温材の上に亜鉛引き鉄板やステンレスの薄板を巻くこと。

ラック　① [lac]　⇨セラックニス　② [rack]　資材や工具を整理して並べておく棚枠のこと。③ [rack]　回転歯車の歯形にかみ合って直線運動を行えるようにした歯車の歯ざおのこと。

ラック駆動ジャッキ [rack and pinion jack]　歯車をハンドルで回しながら歯ざおを上下させ，ものを持ち上げる構造のジャッキ。小さなすき間を利用して12～18t程度のものを25cmの高さまで移動できる。

ラック ジョバー [rack jobber]　大きな販売店の中で，決められた場所でお店を出すこと。

ラック倉庫　コンピューターによる倉庫管理システム。自動化が進んでおり，無人化されているところもある。

ラック ニス [lac varnish]　⇨セラックニス

ラッチ [latch]　空締めボルトの付いた簡単な建具の留め金具。鍵はかからない。

ラッチ ボルト [latch bolt]　空締めボルトのこと。ボルトをスプリングで錠前から突き出すようにし，受け座の穴に押し込んで扉が閉まる構造としたもの。錠を用いず握り玉を回転させるだけで開くため，防犯用の扉とはならない。→デッドボルト

ラッチ ロック [latch lock]　戸締り用の本締めボルトと空締めボルトを併用した錠前。

ラッパ継ぎ [flared joint, trumpet joint]　鉛管継手の一つ。鉛管の一端をラッパ状に開いて接合端をそこに差し込み，すき間にはんだを流し込んで接合する。

ラッピング [wrapping]　包むこと，包むもの，包装。

ラッピングバス [wrapping bus]　広告を車体に掲載したバスのこと。東京都の財政難から始めたものだが，景観行政の後退という反発もある。

ラップ ジョイント [lap joint]　鉄筋の継手や鋼材の溶接部のように，部材の端部を重ね合わせた継手のこと。「重ね継手」ともいう。

ラップ トップ コンピューター [lap-

ラップトップ コンピューター [lap top computer] ラップとは人間の腰から膝頭のあいだのことで，膝の上に置いて使用できる小型コンピューター。

ラップル コンクリート [rubble concrete] 直接基礎において，フーチング下端と支持地盤との間に大量に打設されるコンクリート。また玉砂利を用いたコンクリートのこと。

ラディエーション [radiation] リズムの一パターンで，放射状に広がる形態。

ラテックス [latex] 天然ゴム樹に含まれる白色の分泌液。30〜45％のゴム分のほか，たん白質や糖類も含む。水性のラテックスペイントの原料となる。また合成ゴムエマルジョンもラテックスと呼ばれる。

ラド [rad] 物質に吸収された放射線エネルギー量の単位で，1g当たり100erg吸収するのを1ラドと呼ぶ。

ラドバーン方式 [Ladburn System] ニュージャージー州のラドバーンで試みられた，人と車の分離方式による町づくり。

ラドン [radon] ウラニウム系のガス体放射性物質。土壌，骨材，石膏ボード等より発生する，シックビル症候群の原因の一つとされている。

ラバー タイル [rubber tile] ゴム製の床タイル。

ラバー フォーム [rubber foam] 天然ゴムを原料として作った発泡体。敷ブトンや組み合わせて使う寝具に利用。

ラバーライズドヘアー 椅子貼りに使う充てん材で，獣毛にラテックスを混入したクッションで「ヘアーロック」ともいう。

ラバトリー [lavatory] lave(洗う)からの派生語で，洗面所，化粧室のこと。

ラバトリー ヒンジ [lavatory hinge] トイレブースの扉に使用する丁番。スプリングにより自動的に開いた状態または閉じた状態を保つことができる。

ラバトリー ロック [lavatory lock] 使用中の表示が可能な便所用の錠。

ラビリンス [labyrinth] 迷宮または迷路。ギリシア神話の怪物ミノタウロスを閉じ込めるために造られた神話上の迷宮をラビリントスといったことからきているが，最近は遊園地等で造られる迷路として話題となっている。

ラフ オープン [rough open] サッシを取り付けるために，軀体に開けられる少し大きめの開口寸法。

ラブキャナル事件 1947〜1953年までアメリカのフッカー化学会社がニューヨークのラブキャナル運河に産業廃棄物を投棄し続け，一帯に有害物質が漏れ出た事件。これがもとで，アメリカのスーパーファンド法が成立した。

ラブ シート [love sheet] ⇨ラブチェア

ラフ スケッチ [rough sketch] 大まかにとらえた平面図あるいは立面図，透視図等のことで，イメージを確定するための草案。「アイディアスケッチ」ともいう。→エスキース

ラフ ター クレーン [rough terren crane] 移動式油圧クレーンの一種。走行用運転席と揚重装置の運転席が一緒のため，車両の全長が短く回転半径が小さい。正式には「ラフテレーンクレーン」。

ラブ チェア [love chair] ひじ付きの2人掛けソファー。「ラブシート」「ロマンスシート」ともいう。

ラフ テレーン クレーン [rough terren crane] ⇨ラフタークレーン

ラボラトリー オートメーション [laboratory automation] 実験室，研究室

などにおいて研究開発業務の自動化，コンピューター化による業務の効率化をめざす。略称「LA」。

ラミナ［lamina］ ①薄い層のこと。②集成材を構成する薄板。一般的には，10〜30mm程度の厚さをもつ。

ラミネイテッド フローリング［laminated-flooring］ 何層にも重ねて接着されたフローリングで，単一材より材の狂いが少なくでき，仕上材の均質化が得られるが単価も高くなる。→フローリング

ラミネーション［lamination］ ①鋼材に含まれる硫黄などの不純物が熱応力を受けて裂ける圧延鋼材の欠陥。②耐火レンガの成形時に生じる組織的方向性。レンガの欠陥となる。

ラミネート［laminate］ 材料を薄い板にすること，あるいはプラスチックなどを布や鉄板に薄くかぶせること。

ラミネートティンバー［laminated timber］ 集成材。木材の板または小角材の繊維方向を長手にそろえて接着貼りし，角材や厚板材としたもの。

ラミン［lamin］ 輸入木材で辺材，心材ともに黄白で，家具や造作に使われる唐木材。

ラミンボード［laminated board］ 積層材の積層面に対して直角にある一定の厚さにひいたものを心として，添え心板および表，裏板を張って作った合板のこと。

ラム［ram］ ディーゼルエンジンや油圧で駆動する杭打ち機のおもり（ピストン）。

ラムサール条約［Ramsar Convention］ 1971年にイランのラムサールで採択された生物の生息地である湿地を保護するための条約。締結国は湿地保全計画の実施，湿地変化に関しての連絡義務がある。

ラムダ 押出し成形セメント板の商品名。押出し成形された後に高温養生した中空のセメント板で，厚さは15, 20, 25, 55, 65mmなどがある。〔製造：昭和電工建材〕

ラメラティア現象 鋼材中に含まれる非金属の影響で，溶接個所に層状の割れが発生する現象。

ラルゼン型鋼矢板［Larssen steel sheet pile］ 隣接する矢板を裏返しになるようにかみ合わせていく方式で，左右対称の断面をもち，折曲げ部が丸みを帯びている鋼製の矢板。→シートパイル

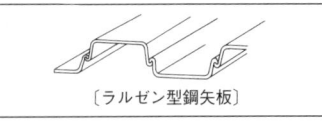

〔ラルゼン型鋼矢板〕

ラワン［lauan］ 東南アジア原産の常緑高木。合板や住宅の家具・造作に多用されている。

ラン［LAN］ ⇨LAN

ランキング［ranking］ ゼネコンや設備工事業者の順位表のことで，受注高・売上高・経常利益の各ランキングがあり，業界新聞に公表される。

ランク別発注制度 工事の規模に応じてあらかじめランク分けした建設業者に公共工事を発注する制度。施工能力上無理のない建設業者の選定あるいは工事の適正配分，中小業者の保護などのために行われる。

ランゲージ ラボラトリー［language laboratory］ テープレコーダーやイヤホーンを備えた語学学習室。「LL」と略す。

ランゲリア係数［Langelier index］ 水

の理論的pH値と実際のpH値の差。水中の炭酸カルシウムの皮膜形成の目安となる。

ランダム サンプリング[random sampling] ある集団の特性を知る方法の一つで,その中のいくつかを選んで調査することで全体に関する結論を引き出す方法。

ランダム ノイズ[random noise] ⇨ホワイトノイズ

ランチョン マット[luncheon mat] 食卓で使われる1人用のテーブルクロス。食器,グラスなどの下に敷くテーブルリネンの一種。

ランディング マット[landing mat] 鋼製の道板。リブを付けて強度を増し,地面の凹凸になじむよう小穴があいている。

ランド アート[land art] 地形等の表情やテクスチャーを素材に,景観の造形をしようとする現代芸術の手法。「アースワーク」ともいう。

ランドスケーピング[landscaping] ⇨ランドスケープガーデニング

ランドスケープ[landscape] 風景,眺望,または美しい景観をつくること。

ランドスケープ アーキテクチャー[landscape architecture] 都市計画または景観設計(造園)のことで,街並みや景観を中心に都市空間の設計をする技術をいう。

ランドスケープ ガーデニング[landscape gardening] 地形や自然美を生かした庭園作り,造園のこと。「ランドスケーピング」ともいう。

ランドスケープ ガーデン[landscape-garden] 風景庭園。

ランドスケープ デザイン[landscape-design] 造園設計。

ランドスケープ プランニング[landscape-planning] 造園計画。

ランドトロニクス[landtronics] landとelectronicsの合成語。不動産管理技術の一つ。コンピューターを利用して,建築・システム工学など広い分野から都市のあり方,建物の維持管理・再開発等を考えようというもの。

ランドマーク[landmark] 都市や地域の中で目標となる建造物,あるいは樹木等の目印。歴史的建築物が多い。

ランドマーク タワー 横浜の「みなとみらい21(MM21)」地区に建つ超高層ビルの名称。高さは296mで1993年7月に完成した。

ランドリー[laundry] 洗濯屋。クリーニング屋。コインを入れて自分で洗濯するものはコインランドリー。

ランドリー ルーム[laundry room] 洗濯室。洗濯機と乾燥機を設置した室。合宿所や研修所に設置されている。

ランドルト環[Landolt rings] 眼の解像力を測定するための黒色の環。白地に直径の5分の1の太さと切れ目をもった黒色の環で,5mの距離から見て測定する。

ランナー[runner] ①カーテンレールの溝内を走る金具。②軽量鉄骨間仕切りのたて胴縁(スタッド)のガイドとして床および天井に取り付けるコの字形の金属部材。

ランニング コスト[running cost] 運転資金。機械・装置・設備などの維持にかかる費用。→イニシャルコスト,ライフサイクルコスト

ランニング トラップ[running trap] U字形をした配管で,水を溜めて下水管などからの悪臭を防ぐための装置。「Uトラップ」ともいう。

- **ランバー** [lumber] 一定の寸法にひき割って板状にした木材の総称。イギリスでは「ティンバー」という。
- **ランバー コア合板** [lumber core plywood] 厚さ1cm以上の小角材と添え板を心材に用いた特殊合板。ドアや家具、間仕切りに使用される。「コアボード」ともいう。→ベニヤコア合板
- **ランプ** ①[ramp] 傾斜した道。高速道路や駐車場の出入口の傾斜路。建築基準法では人の場合1/8、車の場合1/6以下。②[lamp] 灯火，電球。
- **ランプ ウエイ** [ramp way] 高速道路等への進入通路。「スロープ」ともいう。
- **ランプ効率** [luminous efficiency] 1ワット当たりの明るさ。蛍光灯は白熱灯に比べてランプ効率が高い。
- **ランプ シェード** [lamp shade] ランプなどの照明器具にかぶせる装飾用の笠。
- **ランベルト** [lambert] 輝度の単位。完全拡散面において、1cm²当たり1ルーメンの光束発散度をもつときの輝度を1ランベルトという。記号〔L〕。
- **ランマー** [rammer] ガソリンエンジンの爆発反力を利用して、割栗石などを突き固める機械。

リ

- **リアクティブ** [reactive] 消極的，受け身的で，問題が発生した後に対応する行動を形容するのに使用される，プロアクティブの反対のことば。
- **リアリズム** [realism] 18世紀中頃以降，ロココ，ネオクラシシズム，ロマンチシズムと様式の変遷した後を継ぐ形で出現した芸術の動向で，事物をありのままにとらえようとする考え方。
- **リアル エステート** [real estate] 不動産。
- **リアル ターゲット** [real target] 主力となる販売客層のことで、品ぞろえのポイントとなる。
- **リアル タイム** [real time] ①コンピューターでデータ処理を即時に行うこと。②同時進行の意。
- **リージェンス様式** [regency style] イギリスで起こった古代ギリシア風の室内装飾や家具の様式。
- **リージョナル ショッピング センター** [regional shopping center] 郊外型の大規模な小売店舗で、公共施設や娯楽施設を設けたものもある。
- **リース** [leace] 比較的長期間，商品や設備を賃貸借契約を結んで借りること。→レンタル
- **リース マンション** 人に貸すことを目的に購入する，いわゆる賃貸マンションのこと。
- **リーディング ルーム** [reading room] 図書館の閲覧室または読書室のこと。
- **リード ターゲット** [lead target] 販売店の目標とする顧客層のこと。「イメージターゲット」ともいう。
- **リード タイム** [lead time] 注文品をメーカーなどに発注してから入手するまでの期間。JISによるリードタイム（調達期間）は、調達の場合だけに使用されるものではなく、広い意味で

「所要期間」として使用される。

リーマー [reamer] 鋼材にあけられたボルト孔を広げたり、孔心をそろえるときに用いる錐(きり)。

リーマー仕上げ [subpunching and reaming] 鋼材の孔の精度を良くしたり、孔心が一致していない場合の孔ざらいのために、錐(リーマー)を通して整孔すること。

リヴァイヴァリズム [rivivalism] 18世紀後半から19世紀にかけて、過去の建築様式を再成(リヴァイヴ)させるという建築の考え方。

リエンジニアリング [reengineering] 経営効率を上げるため、情報機器を活用し、顧客の視点に立って業務の進め方を見直し、コスト・性能・サービス等を改善すること。

リオ宣言 持続可能な開発と公害防止を目的として、環境政策、費用負担の原則、情報公開、南北問題の原則を定めたもの。1992年、ブラジルのリオデジャネイロで開催された地球サミットで採択された。

リカバリールーム [recovery room] 病院において、手術後の患者を医療監視のもとで麻酔が醒めるまで収容する部屋。

リカレント教育 [recurrent education] 社会人が必要な知識・技術を習得する目的で大学等に再入学して学習・研究などを行うような、技術革新の著しい進展や産業構造に対応した教育。

リグニン [lignin] 木材や竹などの植物繊維中に含まれる、細胞の接着・結合を強める作用をもつ芳香族の高分子化合物。植物繊維中に20〜30%程度含まれる。

リクライニングチェア [reclining chair] 背もたれの傾斜が変えられる椅子。

リクワイアメント [requirement] 建物等のファシリティに関する要求事項や要求条件。

リサイクル [recycle] 一度使用した資材を、不要になった段階で再度加工して再利用すること。ゴミを単に捨ててしまうのではなく、分類して収集し、再度品物を作る素材に戻して活用すること。対象は紙類、鉄くず、ガラスくず、古繊維、プラスチック。

リサイクル建材 建設廃材やリサイクルされたものを材料として再生産された建材。

リサイクル資源 [recycled resources] 古紙や鉄のスクラップに代表されるように、一度市場に出回った商品を回収して再利用する素材。

リサイクルショップ [recycle shop] 古道具屋とは少し意を異にし、不用品を集めて安く売る店。個人で行うガレージセールと同じ意。

リサイクル法 再生資源の利用の促進に関する法律の通称。1991年に策定された法律で、企業が製品の回収や再利用に努力することと各家庭が分別回収に協力することが定められている。ただし、罰則が弱く、強制しているわけでもないため、1997年に「容器包装に関わる分別収集及び再商品化の促進などに関する法律(通称:容器包装リサイクル法)」が定められた。この法律は、製品の中でもリサイクルしやすいと言われるペットボトル、ビン、缶などについてのもの。

リサイクル率 [recicle facter] 廃棄物の排出量に対しての資源化された量の比率。省資源・省エネルギー化の指標

リシン［lithin］ セメントに防水剤や粘着剤・顔料を加えた外装用吹付材。比較的安価。「セメントリシン」ともいう。

リシン仕上げ［lithin finish］ 大理石の細砕石を混ぜた色モルタルを塗り，表面が未硬化のうちにワイヤーブラシなどでかき落とし，粗面仕上げとした外装。

リスク［risk］ 組織等の経営に悪影響を与える恐れのある危険。火災・地震等が発生すれば悪影響のみを与える純粋リスクと，不動産投資等の収益も期待できるが場合により損害を与える可能性のある投機リスクがある。

リスクポイント［risk point］ 交通，情報通信ネットワークの幹線が複数集中し，地震などの被災を受けた際に，その障害が広域的に大規模な影響を及ぼす可能性をもつ地域。

リスクマネジメント［risk management］ 人々の安全や組織の安定を保持するために，事故や事件による損害を最低限に抑制する技術・手法。「危機管理」ともいう。→クライシス

リスタイリング［restyling］ 建物の構造体に手を加えることなく，外観だけを造り直すこと。→リフォーム

リストスラブ工法 建物の柱を先にたて，地上で打設したスラブまたはプレキャストコンクリートスラブを柱の頂上からジャッキで吊り上げ，各階の所定の位置に固定する工法。工期短縮，仮設資材の節減，安全性の向上などが図れる。

リストラクチャリング［restructuring］ 企業の存続を図る過程で，成長分野の拡充，不採算部門の切捨てなどによって，収益力や成長性の維持を行う事業の再構築のこと。

リストレーション［restoration］ 回復，復旧。建築や美術品の復元あるいは修復のこと。

リストレッチャー カーペットをグリッパー工法で敷き詰めるときに使用する工具。リストレッチャーでカーペットを伸長させてグリッパーに止める。入隅部等の狭い場所に使用される。

リスニングルーム［listening room］ 音響効果を考慮した音楽を聴くための部屋。残響時間を調節することはもとより，外部に対する防音処置も必要。

リゾート［resort］ スポーツ・レクリエーション等ができる地域のことで，保養地。民間活力を生かした大規模計画を支援するリゾート法がある。

リゾート型サテライトオフィス 自然の豊かな地方に立地した職住近接のオフィスで，高度情報通信技術を活用して業務を行う。

リゾート法 ゆとりのある国民生活のための利便性の増進や当該地域の振興を図るために，1980年代後半に制定された「総合保養地域整備法」のこと。

リゾートホテル［resort hotel］ レクリエーションのために利用する客を対象としたホテル。目的によって海浜ホテル，温泉ホテル，スポーツホテルなどに分けられる。

リゾートマンション 保養地や行楽地に建つ分譲・賃貸マンションのこと。英語では vacation comdominium または resort comdominium という。

リゾーム［rhizome］ 多様性・多面性。

リターダー［retarder］ ①塗膜の乾燥を遅くする目的で，ラッカー塗装の際，ラッカー用シンナーに混入する溶剤。②モルタルやコンクリートの凝結・硬

化を遅らせるための混和剤。

リターナブル瓶[returnable bottle] 何度でも洗って再利用できるビール瓶，牛乳瓶，一升瓶などの総称。→ワンウェイ瓶

リターンガラリ 空調吹出し口より室内に供給された空調空気を空調機に戻すために，壁や扉等に設けられるガラリ。

リターンダクト[return duct] 空調吹出し口より室内に供給された空調空気を空調機に戻すためのダクト。「還気ダクト」ともいう。

リタイアコミュニティー[ritire community] アメリカで発達している高齢者だけで生活する地域共同体。商業施設，医療施設，運動施設が備わっており，入居には高額な資金を必要とする。アメリカのアリゾナ州サンシティにその例をみることができる。

リダンダンシー[redundancy] 国土計画の際，あらかじめ交通ネットワークやライフライン施設の多重化や予備の手段を用意することで，自然災害時の一部区間の途絶や施設の破壊が全体の機能につながらないようにしたもの。

リタンピング[retamping] 打設したコンクリートの沈み亀裂を防止するために，再び突き固める作業を行うこと。

リックス[RICS] ⇨RICS

リッドカバー[lid cover] 便器のふたにかぶせるカバーのこと。

リッパー[ripper] 硬い土や軟岩を掘り起こす爪状の機械。

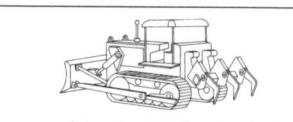

〔リッパー付きブルドーザー〕

リップ[leap] ワイヤーロープを張りわたす際にできる緩みのこと。

リップZ形鋼[rip Z section steel] 軽量形鋼のうちZ形をしたもので，両先端が座屈防止のため折り曲げてあるもの。

リップ溝形鋼[rip channel steel] 局部座屈を防止するためのリブを端部に付けた軽量溝形鋼。

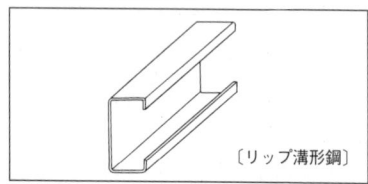

〔リップ溝形鋼〕

リップル加工[ripple processing] リップルとはさざなみの意で，布地にしわを付けること。特にひだ付き加工をプリーツ加工という。

リテイラー[retailer] 小売り人。

リテールサポート[retail support] 小売店を支援するための援助の総称。

リテラシー[literacy] 読み書き能力，教養のことで，コンピューターでの読み書き操作をコンピューターリテラシーという。

リテンションストラテジー[ritension srategy] 有望な人材を確保するための戦略。

リト ⇨リトグラフ

リトグラフ[lithographie 仏] ギリシア語の石(lithos)から転じた語で，平らな石灰石に油性の絵を描き，その上にアラビアゴム液を塗って処理し，インクを付着させて印刷する方法。「リト」ともいう。

リニアック[linear accelerator] ガン細胞などに代表される病気に対して細

胞の破壊によって治療を行う装置。通常，高エネルギーのβ線を直接照射したり，X線に変換して照射する。

リニアック室［lineac (liear accelerater) room］　放射線治療室。

リニアプラン［linear plan］　線形に機能を配置した計画で，動線計画が単純でわかりやすい。

リニア メトロ［linear metro］　トンネル断面の小型化，建設コストの低減，低騒音化などを目的とした，リニアモーターを動力とした地下鉄。東京都12号線（大江戸線）や大阪市鶴見緑地線などで実用化されている。

リニア モーター エレベーター［linear motor elevator］　駆動装置にリニアモーターを使用したエレベーター。従来の巻上げ式や油圧式に比べて構造が簡単なため，故障が少ない，保守が容易，建物の単純化が図れるといった特徴がある。

リニア モーター カー［linear motor car］　回転モーターの代わりに線状（リニア）に運動するモーターによって車体を推進させる列車。車体は磁石の反発力を利用してレールから浮上させる。「MAGLEV」ともいう。

リニューアル［renewal］　新しくすること，再生することの意だが，店舗の改装や大きくは商店街の活性化を計るための再開発事業もいう。

リネン室［linen closet］　シーツ，枕カバー，毛布等の洗濯したものを収納しておく室。ホテルや病院に設置。

リネン シュート［linen chute］　ホテルなどの宿泊施設で使用済の敷布などを下階へ落とすための堅穴のこと。→メールシュート

リノベーション［renovation］　⇒リフォーム

リノベーション マネジメント［renovation management］　建物のリノベーションを行う際，その設計段階で建設，運営管理そして廃棄処分に至るまでを総合的に効用の増大と総費用削減の面から検討・考慮し，最適な代替案を選択していく考え方と手法のこと。

リノリウム［linoleum］　事務所や病院の床材として用いられる亜麻仁油を主原料とした長尺シート。長尺床シートの中では最も早く開発され実用化されてきたが，最近は同種の新材料にとって代わられつつある。

リノリウム タイル［linoleum tile］　リノリウムを切断し，床仕上材のタイルとして使用したもの。

リバース サーキュレーション工法　［reverse circulation drill method］　場所打ちコンクリート杭の一種。掘削孔にドリルを回転させながら清水を注入し，掘削土を泥水にしてポンプで排水する。泥水の土砂を分離して水は再使用する。

〔リバースサーキュレーション工法〕

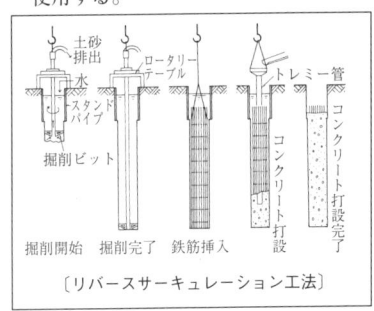

リバース モーゲージ［reverse mortgage］　資産活用制度の一つで，金融機関等が高齢者に対して，その所有する住宅を担保に年金式の融資を行うもの。死亡時又は融資機関終了時に，こ

の住宅を処分して精算する仕組み。武蔵野市が昭和56年に，市が直接本人に融資する制度で導入した。地方自治体が金融機関を紹介して利子を補助したり，民間の金融機関が直接融資することもある。

リバイタリゼーション［revitalization］不用の建物を利用し，他の目的のために活性化していく計画。

リバウンド量 既製杭の打設において1回の打撃で瞬間的に生じた最大の沈下量から，その後の静止状態の沈下量へのもどり量のこと。

リハビリテーション［rehabilitation］個人の機能的能力を可能な最大限にまで高めるために，訓練や再訓練を目的とした医学，社会，教育，職業的方法等の総合的活用。

リハビリテーション施設［rehabilitation facilities］けが人や病人が機能回復や社会復帰のために体の訓練をするための施設。→クアハウス

リバリング［livering］塗料などが凝固してこんにゃく状の塊となること。

リピート［repeat］壁クロス，カーテンなどの柄の繰返し，繰返し寸法。

リビール工法 岩綿吸音板天井の施工法の一種。60cmピッチの格子に組んだTバーに岩綿吸音板を落とし込む。

リビング［living］住まい，住まい方，暮らし方。

リビング キッチン［living kitchen］住宅における家族のくつろぐ場所に台所も加えるという考え方で，小家族の場合に合理的な空間構成。食事スペースも同時に考慮するので，一般的に「LDK」という。

リビング スペース産業［living space industry］家具・照明器具などの製品を製造する産業。

リビング ダイニング［living dining］台所だけを独立させ，食事室と居間をくつろぎのスペースとして一体化させるプランニング。「LD」と略す。→LDK

リビング ダイニング キッチン［living dining kitchen］食事を作る所も食べる所もくつろぎの場の一つという考えから，居間・台所・食堂を一体空間としたプランニング。「LDK」と略す。→ダイニングルーム，LD②

リビング ダイニング チェア［living dining chair］居間用と食事用を兼ねたひじ付き椅子で，高さが中間的となり，機能面では問題があるがマンションなどではよく使われる。

リビング デザイン［living design］生活をより豊かに，快適にすることを目指す生活空間の設計。

リビング プラン［living plan］暮らし方の計画，生活設計。

リビング ボード［living board］居間に置かれる装飾用のサイドボードなどの棚の総称。

リビング ルーム［living room］住宅における居間または茶の間のことで，家族がくつろぐ場所。「シッティングルーム」「ファミリールーム」ともいう。

リブ［rib］板などの平面的な材を構造的に補強するために取り付けた突起物。肋骨の意から転じたもの。

リファイン建築 建築物の改修において，既存は柱，梁，床等の構造体のみ使用し，仕上げ・設備はすべて新たにして，改修前とまったく異なる外観・用途とする改修方法または改修建築物のこと。

リファレンス［reference］参考書。持ち出し禁止の図書館をリファレンス

ライブラリーという。

リフォーム 増築・改装(カーペット,壁紙などの取替え)・模様替え(外壁の塗替え,玄関扉の取替えなど)・住宅設備の取替え・新設などの新築以外の工事の総称。英語ではalterationであり,アメリカではリモデル(remodel)という。

リフォーム インストラクター [reform instructor] 建築の増改築,改装に際し,助言,相談,設計を行う職能,または人。

リフォーム ヘルパー [reform helper] 高齢者・身障者対応の住宅の増改築に際し,依頼者の希望に合致した室内外のプラン作成や調整を行う専門家。

リブ スレート [rib slate] 波形石綿スレートの一つ。曲げ耐力を増すために全幅に一定間隔にリブ状部を設けて成形したもの。

リフティング テーブル [lifting table] テーブルの甲板が上下する仕組みのもの。

リフト [lift] ①資材などを上下方向へ運搬する仮設揚重機械。通常人は乗れない。②「ダムウェーター」のこと。

リフトアップ工法 [lift-up method] 高所に構築される建築物の一部分,例えば屋根とか二つの建物をつなぐブリッジとかを地上で組み立て,すでに構築の終わった柱とか建物にセットしたジャッキで所定の位置まで引き上げて固定させる工法。所定の位置での組立てでは,大掛かりな仮設と危険作業がともなう場合などに採用される。

リフトカット [rift cut] 柾目を得る木取り。

リフトスラブ工法 [lift-slab construction] 柱を先につくり,地上で作成したスラブを柱の頂上からジャッキで引き上げ,各階の所定の位置に固定する工法。

リフトバス 身体障害者や老人の入浴を助けるリフト付き浴槽。

リブ ボールト [rib vault] 同形の2つの半円筒ヴォールトが直角に交差した交差ヴォールトの補強のため,稜線下側に太いアーチを架け渡した構造。

リブ補強 [rib reinforcing] 角ダクト等において,内圧によるダクトの膨らみや振動を防止するために,ダクト外側にリブを設けたり,アングル材等で補強すること。

リフューズ ペーパー プラスチック フェーエル [refuse paper plastic fuel] ⇨ RPF

リブラス [riblath] 10cm前後の間隔で山形のリブが入ったメタルラス。一枚の薄鋼板を加工してつくられる。

リフレクター [reflector] 仮設工事などで用いられる照明用の投光器。

リフレッシュ [refresh] 店舗のイメージアップのために行う改装工事。

リフレッシュ空間 [refresh space] アメニティ向上対策の一つとして導入される,ワーカーの執務にともなう疲労回復やワーカー間のインフォーマルコミュニケーションのためのスペース。

リフレッシュ ペイント [refresh paint] 外壁の砂壁状吹付材の塗替え用に開発されたアクリルエマルジョン系の塗料。塗膜が厚く,耐ひび割れ性や耐候性に優れている。

リベート政策 販売促進のためにとられる奨励金や割戻し金などを行う経営方針。

リベッター [riveter] 鋲金物(リベット)を打つ機械。打撃型のリベッティ

ングハンマーと加圧型のジョーリベッターとがある。

リベット［rivet］ 鋼材を接合する鋲。赤く焼いてから鋼材の穴にさし込み，専用工具で端部をたたきつぶして抜けないようにする。この作業を「かしめ」という。

リベット接合［riveting, riveted joints］ 鋼材接合の方法の一つで，接合材に孔をあけて，これを重ねて赤熱した鋲金物（リベット）を孔に通して水圧・油圧・空気圧などで加圧・打撃して接合すること。

リペティション［repetition］ レピート（繰り返し）の意で，リズムを構成する要素の一つ。

リボルビング ドア［vevolving door］ ホテルなど人の出入りの多い場所に用いられる回転式のドア。

リボン バック チェア［ribbon back chair］ 椅子の背板にリボン状の透かし彫りを施したもの。

リミッター［limiter］ 電流などで，容量を越すと自動的に遮断する安全装置のこと。

リミット スイッチ［limit switch］ ある限度をこえたら自動的にスイッチが切られる安全装置。

リミット デザイン［limit state design method］ 構造物がその機能を果たさなくなる限界状態を明確にし，荷重，断面力算定式，材料強度，終局強度算定式などそれぞれのばらつき，不確実性などを確率統計的に条件設定を行う設計法。「限界状態設計法」ともいう。

リミット ロード ファン［limit load fan］ 羽根形状が板状で，S字状に曲げられている形状の遠心ファン。風量が過大になってもモーターが過負荷にならないのが特徴。

リムーバー［remover］ 塗装の塗替えなどで，古い塗膜をはがすときに使う塗布剤。

リム ロック［rim lock］ 戸の室内側の表面に取り付ける箱錠のこと。「面（めん）付け錠」ともいう。

リモート コントロール スイッチ［remote control switch］ ⇨リモコンスイッチ

リモート センシング［remote sensing］ 環境計測，資源探査，気象観測などの目的で，人工衛星や航空機を用いて遠隔から計測すること。

リモコン スイッチ 離れた所から機器のON・OFFを操作できるように赤外線や音波を使って作られたスイッチ。「リモートコントロールスイッチ」の略。

リモデリング［re-modeling］ 建築の改装，改築。製品の形態を変えること。

リユース［reuse］ 一度使用した資材を，不要になった段階で洗浄や清掃して再利用すること。

リラクゼーション［relaxation］ ①PC鋼材の引張応力が時間とともに減少する現象をいう。②緊張をといてくつろぐこと。「レラクゼーション」とも呼ぶ。

リロケーション［relocation］ 再配置，移転の意。不動産用語としては，転勤者の住宅を預かり，それを賃貸住宅として貸し出す不動産事業のこと。

リンク［link］ ネットワーク表示した交通網のノードとノードとの間の部分。具体的には，主要交差点やインターチェンジなど以外の各路線区間のことをいう。

リング ランナー［ring runner］ 棒状

の装飾形レールに使われるリング状のカーテン吊り金具。

リンゲルマン濃度表[Ringelman chart] 煙突から排出される煙の黒さを視覚的に評価するための濃淡表。

リンテル[lintel] 開口部の上のまぐさのように,両端を支持された小さな梁のこと。

ル

ルイ15世紀様式[Louis XV style] 17世紀後半,バロック様式についでロココ様式が生まれ,変化に富む曲線を重視し優雅で流麗なロココ調の家具を,時の王の名をとりルイ15様式という。

ルイ14世紀様式[Louis XIV style] 17世紀,フランス・ルイ14世の時代に栄えたバロック様式。ブルボン王朝の権威を示すため家具は大きく豪壮。金メッキや象眼が特徴で,ベルサイユ宮殿が代表作。

ルイ16世紀様式[Louis XVI style] 18世紀後半,古代ギリシア・ローマ様式への回帰として新古典主義(ネオクラシシズム)が生まれた。直線的・先細り型が特徴で,ギリシア建築のコリント式の柱型や月桂樹の葉などがデザインに用いられた。

ルーズ ジョイント丁番[loose joint butt (hinge)] ⇨フランス丁番

ルーター[rooter] 鋭い刃で硬い土や舗装などを掘り起こす土木機械。

ルート[root] 溶接部の断面における溶着金属の底と母材の交点をいう。

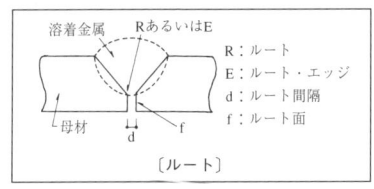

ルート セールス[route sales] 巡回販売のこと。一定の順路で一定の得意先を定期的に回って販売すること。→ローラーセールス

ルート長方形[root rectangle] 正方形の一辺とその対角線($\sqrt{2}$)を他の辺とする長方形と,これにより作られる対角線($\sqrt{3}$)を一辺とする長方形など一連の長方形のこと。紙の形としてA判B判などとして使われている。

ルーバー[louver] 一定幅の板を平行に並べて,日除け・視線の遮へい・照明の制御,通風・換気などの用途に供するものの総称。建具や設備の吹出し口などに使われる小規模なものは「ガラリ」または「グリル」と呼ばれることもある。→アルミルーバー

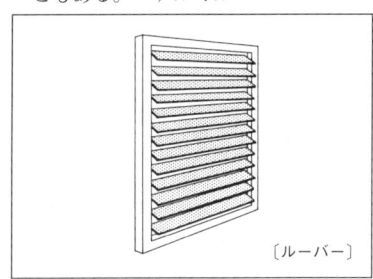

〔ルート〕
R：ルート
E：ルート・エッジ
d：ルート間隔
f：ルート面

〔ルーバー〕

ルーバー天井照明[louvred ceiling lighting] 天井全面にルーバーを張りその上部に光源を設けた照明方式。

ルーバードア [louver door] 鎧(よろい)戸，ガラリ戸，通気性のある戸。

ループ [loop] 環状線。建築では特にシカゴの中心部の環状高架鉄道で囲まれた地域をいう。この地域にはシカゴ派，第二シカゴ派と呼ばれる前衛的な建物が多く建っていることで有名。

ルーフィング [roofing] ①屋根葺き，またはその材料。②アスファルト防水に使用するシート状の材料。

ルーフィング フェルト [roofing felt] 屋根葺きや屋根防水の際に用いられる，繊維を適当な厚さで加湿・加熱した断熱・防水用材料。

ルーフ ガーデン [roof garden] 屋上庭園。

ループ カーペット [loop carpet] リング状をした糸で織られた絨毯で，耐久性と装飾性があるのでホテルやリビングに使われる。

ループ タイプ [loop type] ⇨ループパイル

ループ通気管 [loop vent system] 各々の排水管の流れをスムースにするために，通気管を1個所で通気立管に接続するシステムで，管内圧力を平均化できるメリットをもつが，自己サイホンの防止には役に立っていない。

ルーフ デッキ [roof deck] 板厚0.4～0.8mmのカラー鉄板またはアルミ板を折板に加工した屋根材。倉庫や工場で用いられる。

ルーフ ドレン [roof drain] 屋根やバルコニーに設置し，雨水をたて管に導くための排水金物。ドーム形，半球形，平形などがあり，ストレーナーによりゴミや木の葉を取り除く構造をもつ。

ループ パイル [loop pile] カーペットのパイル(毛足)を輪状にしたもの。「ア

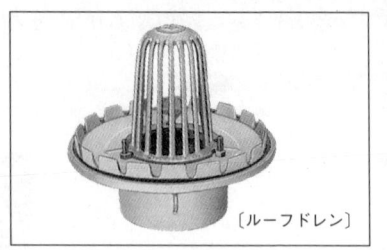

[ルーフドレン]

ンカットパイル」「ループタイプ」ともいう。

ルーフ バルコニー [roof balcony] 屋上の露台。「ルームバルコニー」ともいう。

ルーフ ファン [roof fan] 換気のため屋根に取り付ける送風機。

ルーフ ベンチレーター [roof ventilator] 工場の屋根などに取り付ける自然換気装置。屋根面に点状に配置される。

ルーフ ポンド [roof pond] 屋上に蓄熱槽として設ける水袋のこと。

ルーミング 自分の部屋を生活に合うようにデザインし作り替えること。部屋の改造。→ホームイング

ルーム [room] 部屋。室。

ルーム アクセサリー [room accessory] 室内小物，室内装飾用品。

ルーム デバイダー [room devider] 室内を分割する間仕切り，屏風，ついたてなど。

ルーム バルコニー [room balcony] 集合住宅において，下階の屋上を利用したバルコニー。斜線制限等でセットバックしている建物で採用される。「ルーフバルコニー」ともいわれる。

ルーム フレグランス [room fragrance] インテリアを色や形だけでなく，良い香りのあるものにするもの。単なる芳香剤でなく，商品に香りをつけたもの。

ルーメン［lumen］ 光の量（光束）を表す単位。1ルーメンの光束を出す光源の強さを1カンデラ（cd）という。記号は〔lm〕。→ルクス

ルクス［lux 仏］ ある面積にあたる光の量（照度）を表す単位。1m²に1ルーメンの光があたる場合を1ルクスという。記号は〔lx〕。→ルーメン

ルスティカ［rustica 伊］ 表面を粗くした石を突出させ、目地を深く引き込ませた石積み工法。

ルネサンス［Renaissance］ 15世紀から16世紀にかけてイタリアを中心に起きた芸術の再興、復興のことでギリシア、ローマの古典芸術の再現をいう。

ルネサンス様式［Renaissance style］ 15世紀にイタリアで興った人間復興を目指した新しい芸術様式。

ルビンの壺 形の認識は地と図の関係で決まるが、その説明に使われる図形で、図は壺の形をして見えるが地のほうは人の顔に見える。

レ

レア メタル［rare metal］ おもに第二次世界大戦以降に利用されてきた埋蔵量の限られたニッケル、クロム、タングステンなどの金属。「希少金属」ともいう。→ベースメタル

レイアウト［layout］ ものを配置したり、割り付けたりすること。

レイタンス［laitance］ コンクリート打設後、コンクリートの表面に生ずる微細な粉末を含んだ泥分の層。骨材中の泥やセメントに含まれた粘土が浮き水とともに浮上したもの。

レイトモダニズム［late modernism］ 近代建築初期のものを現代風にアレンジすること。

レイノルズ数［Reynolds number］ 液体の中にある物体に作用する慣性力と粘性力の比。

レインズ［REINS］ Real Estate Information Systemsの略。建設省（現国土交通省）が企画した不動産情報ネットワークのこと。売り手と買い手の希望条件を照合させるため、主要不動産業界の情報をデータベース化したシステム。業界内に構築されたシステムであり、消費者が直接情報を入手することはできない。

レイン バリア［rain barrier］ カーテンウォールのオープンジョイント構法におけるジョイント部の等圧空間は、屋外側に雨水の浸入を防ぐバリア（ガスケット等）と室内側に空気を遮断するバリア（ガスケットやシール）で構成される。屋外側のものをレインバリア、室内側のものをウインドバリアという。

レインフォースト コンクリート［reinforced concrete］ 鉄筋コンクリートのこと。略して「RC」。→プレーンコンクリート②

レーキ［rake］ 砂利をかき集めたりアスファルトをかきならすための熊手形の道具。

レーキ アスファルト［lake asphalt］ 天然に地下で生成されたアスファルトが湧出し、地殻のくぼみに表面堆積物

として生じたもの。

レーザー［laser］ 誘導放出現象を利用した，光の増幅装置。周波数，位相，波長など指向性のよい光が得られる。遠距離通信，物性研究，医療など多方面に利用されている。

レーザー加工装置［laser processing apparatus（machine）］ レーザー光線を使って材料の切断，穴あけ，溶接などの加工を行う装置のこと。

レーザー屈折器［laser distance meter］ 光源にレーザー光を用いた光波距離計のこと。

レーザー ビーム［laser beam］ 誘導放出による光増幅（light amplification by stimulated emission of radiation）の英語の頭文字を取って作られた語で，分子や原子の出す電磁波（光）のこと。単一波長で進行方向がまっすぐで強い光を得ることができる。

レーザー マーカー［laser rays maker］ レーザー光線を用いて壁などに水平な印を表示する，持ち運び可能な装置。

レーシー ガラス［lacy glass］ 表面に刺繍やレース状の模様を付けたガラス。カットガラスの模造品として安価なものが大量に生産された。

レース［lace］ 透視性の高いカーテン地で，調光の目的に使う。

レースウェイ［raceway］ 幅5cm以下の露出配線用金属ダクト。

レーダー・アメダス解析雨量［amount of precipitation analyzed by rada-AM-e DAS］ 地域気象観測システム（アメダス）の降雨量を使って，気象レーダーで観測された雨の分布と強さを補正した，5km間隔（ごと）の詳細な1時間の雨量。

レーダー チャート［radar chart］ 構成要素を円形上に数値化して表示したもので，特性が一目で把握できるグラフ。

レーヨン［rayon］ パルプや綿くずを溶かして使う再生繊維で，人造絹糸のこと。

レール［rail］ ①引戸の閉開を滑らかにする棒状の金物で丸型，V型，角型などがある。②鉄道やクレーンに用いられる耐摩耗性に優れた含有炭素量の多い圧延形鋼。

レール ブラケット［rail bracket］ エレベーターのガイドレールを建物構造体に取り付けるための鋼製支持金物。

レオロジー［rheology］ 物質の粘性や可塑性も含めた変形と流動に関する材料工学分野の学問。「流性学」「流動学」ともいう。

レギュラー チェーン［regular chain］ 本部で直接経営管理をする連鎖店舗のこと。「コーポレートチェーン」ともいう。→コーポラティブチェーン

レギュレーター［regulator］ 調整装置。

レクリエーション ハイツ［recreation heights］ 余暇を利用して運動や娯楽を楽しむ勤労者のための施設。宿泊・娯楽施設のほかに研修施設なども備えている。

レコード マネジメント［record management］ 文書・記録・資料・データ等の情報を体系的に管理し，活用すること。

レジオネラ症 水中や土中に常時存在しているレジオネラ菌が，ビル冷房用冷却装置の冷却水に発生・繁殖してダクトを通し，ビル内に拡散して体力の弱っている人や免疫力の劣っている人に感染するもの。「存郷軍人病」ともいう。

レジスター [register] 空調用・換気用の通過空気量を調節する装置。空気の吹出し口や吸込み口に取り付ける。

レジデンシャル ホテル [residential hotel] ハイクラスの客を対象とし,滞在日数の長いツインベッドを主体とした豪華なホテル。「レジデンスホテル」ともいう。→トランジェントホテル,パーマネントホテル

レジデンス [residence] 住宅,邸宅,高級分譲アパート。→マンション

レジデンス ホテル [residencial hotel] ⇨レジデンシャルホテル

レジビリティ [legibility] 設計評価において,明瞭さ,わかりやすさを示すこと。

レジャー ハウス [leisure house] 余暇を楽しむための第2の住宅(セカンドハウス,マルチハビテーション)で,別荘やキャンピングカーがある。

レジャー ホテル [leisure hotel] 観光地にあるリゾートホテルの一種で,テニスコートやゴルフ場,プール等が利用できるホテル。

レジュメ [resume] 要約。レジメ。

レジン [resin] 石油や石炭を原料とし,重合・重縮合・縮合などの合成反応によって得られる合成樹脂の総称。

レジン コンクリート [resinification concrete] 不飽和ポリエステル樹脂,エポキシ樹脂などを液状にして,砂・砂利等の骨材と混練してつくったコンクリート。普通コンクリートに比べ,強度,耐久性,耐薬品性に優れる。

レジン モルタル [resin mortal] 乾燥した細骨材とエポキシ樹脂・ポリウレタンなどの熱硬化性合成樹脂を混練した材料。耐薬品性や耐摩耗性に優れていることから塗り床材として多用される。「樹脂モルタル」ともいう。

レスト チェア [rest chair] 休息用の椅子,安楽椅子。

レスト ハウス [rest house] 休憩所・保養所の意。アメリカでは公衆便所,インドでは簡易宿泊所の意に用いられる。→レストルーム

レスト ルーム [rest room] デパートや劇場の休憩室だが,便所の意に用いられる。→レストハウス

レスパイト ケア [respite care] 1976年からショートステイとして事業化された,一時的な介護交替制度。「レスパイトサービス」ともいう。→ショートステイ

レスパイト サービス [respite service] ⇨レスパイトケア

レスピレートリー ケア ユニット [respiratory care unit] 心臓疾患をもつ患者用の高度医療看護が必要な看護単位のこと。「CCU」「カディアックケアユニット」ともいう。

レセス ベッド [recess bed] 一般の固定式のベッドと異なり,壁や戸棚に立ち上げて収納できるベッド。

レセプション [reception] 応接,宴会,パーティなどの客をもてなすこと。

レゾール シノール樹脂接着剤 [rezorcinol resin adhesion] 熱硬化性の樹脂接着剤で,屋外に使われる大型の集成材に使われる。

レターン [return] 空気,温水,蒸気などの戻りの意。リターンのなまり。レターンパイプ,レターンガラリなどという。

レタリング [lettering] 表現する内容の特徴に応じて個性的にデザインされた文字を描くこと。→スクリプト

レッカー [wrecking car] トラックに

揚重装置または吊上げ装置を取り付けた移動式クレーン。

レッド アンド ブルー チェア [Red & Blue chair] オランダの新造形主義者リートフェルトがデザインした椅子。抽象的なコンポジションと、赤・青・黄などの原色で構成されている。

レッドチェック ⇨カラーチェック

レッド データ ブック [red data book] 世界の絶滅に瀕する生物に関するデータで、国際自然保護連合（略してIUCN9が1966年から発表している。わが国でも1989年、環境庁が日本版レッドデータブックをまとめた。→IUCN

レッド ハウス [red house] 1859～1860年、ロンドン郊外に建てられた、アーツアンドクラフツ運動を主唱したW.モリスの自邸。外観に赤レンガが使用され、「赤い家」ともいう。

レディース マンション [ladies mansion] 女性専用のワンルームマンションで、特に防犯設備に重点をおく。

レディ ミクスト コンクリート [ready mixed concrete] 工場で調合され、荷下し地点まで配達されるJIS規格のコンクリート。生コン工場で生産される。「生コン」「レミコン」ともいう。

レトリック [rhetoric] うまい言い回しあるいは表現。

レトロ [retro] レトロスペクティブ（retrospective）の略。レトロは「過去」、スペクティブは「見る」で、懐古的の意。

レトロ感覚 ⇨エスノ感覚、パラダイムシフト

レトロフィット [retrofit] ①既存の建築構造物を耐震的な面から補強を行うこと。②歴史的な建築物をその外観や内装をそのままにして耐震補強すること。リニューアルとは少し意味合いが違い、良さを残す意味合いがある。

レバー ストッパー [lever stopper] ⇨アームストッパー

レバー タンブラー錠 [lever tumbler lock] 数枚の跳ね板を棒状の鍵で移動させ、デッドボルトを出入りさせる箱錠。

レパートリー グリッド発展手法 建築空間の評価基準の研究の一つで、心理学の面接調査手法（レパートリーグリッド法）を応用可能なように改良発展させたもの。→レパートリーグリッド法

レパートリー グリッド法 [repertory-grid technique] 認知心理学の考えに基づいた臨床心理学の面接調査のこと。→レパートリーグリッド発展手法

レバー ハンドル [lever handle] 扉の取手の一種でL型のもの。バックセットが小さくてすむとか、挺子(てこ)式のため、取手の回転が軽いなどの特徴がある。→ドアハンドル

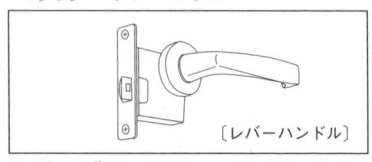

〔レバーハンドル〕

レバー ブロック [lever block] レバーで操作するチェーンブロックのこと。重量物を引っ張ったり、トラックの積み荷にかけるロープを締め付けるときに使用する。〔商標：キトー〕

レファレンス コーナー [reference corner] 図書館などで利用者に対する問合せのための部門・部署、あるいはカウンターのある場所。→レファレンスサービス

レファレンス サービス [reference service] 図書館などで利用者の問合せに答えるサービス。→レファレンスコーナー

レプリカ [replica 伊] 模写, 複製品, 模造品。

レベル [level] ①水平・標準を示す言葉。②水準測量および高低測量用の機械。

レベル スイッチ [level switch] 液体や固体の表面位置を検出して信号を発生する装置。

レベル ループ [level loop] ループ状の毛足が同じ高さのカーペット。

レミコン ⇨レディミクストコンクリート

レム [rem] 放射線の生物に対する影響を表す単位。現在はシーベルトが用いられている。

レラクゼーション [relaxation] ⇨リラクゼーション

レリーフ [relief] 平面的な彫刻で, 厚みをもって浮き出すように彫り上げたもの。

レリーフタイル [relief tile] 表面に浮き彫りを施したタイルで, 室内の装飾に使われる。

レンジ フード [range hood] 調理用レンジの熱・煙を排出するための天蓋。

レンタブル比 [ratio of rentable area] ①貸し事務所建築における総床面積に対する賃貸部分の床面積の割合。通常, 基準階で75〜85％が必要とされる。「賃貸面積比」ともいう。②自社ビルにおける配分可能な床面積を延べ床面積で除した値。建物の利用効率の指標として用いられる。

レンダリング [rendering] 立面図や展開図に影を付け立体感を出すこと。工業デザインでは完成予想図のことをいう。→パースペクティブ

レンタル [rental] 設備機器などを短期間賃貸借契約によって利用するもの。→リース

レンチ [wrench] ボルトやナットを締め付けたり緩めたりする工具。「スパナ」ともいう。

レンフロークランプ 鋼材の吊上げに際し, ワイヤーロープを巻く代わりに鋼材の一部をくわえるようにつかむ器具。

ロ

ロー インパクト住宅 [low impact house] 自然エネルギーである太陽熱や雨水などを可能な限り利用した住宅。

ローカット スイッチ [low temperature-off switch] 流体温度が設定値以下になったときに停止信号を出す装置。

ローカル エネルギー [local energy] 地熱, 太陽熱, 風力等による発電。地熱など比較的狭い地域で利用可能なエネルギー源。

ローカル エネルギー システム [local energy system] 各地域で自然から得られる太陽熱・風力・水力・地熱などのエネルギーを利用する小規模なエネルギーシステム。→ナチュラルエナ

ジー

ローカル オフィス システム [local office system] ⇨サテライトオフィス

ロー コスト住宅 [low cost house] 一定の住宅水準を確保しながら, 建築単価を可能な限り切り下げて設計された住宅の総称。

ローズウッド [rosewood] 家具材として用いられ, 香気があり。木目が美しい熱帯産の堅い木材。「紫檀(したん)」という。

ローダー [loader] 土砂などの積込み機械の総称。

ロータリー クローゼット [rotary closet] 限られたスペースを最大限に利用して, 衣類を収納するために造られる回転式ハンガーパイプを備えたクローゼット。

ロータリー システム [rotary system] 自動車の交通システムの一つで, 信号を用いず一方向に旋回させながら処理する方式。

ロータリー スイッチ [rotary switch] つまみの回転で開閉するスイッチ。

ロータリー単板 [rotary veneer] 原木丸太の中心を軸心にして回転させ, 軸に平行に切削した単板のこと。「丸はぎ単板」ともいう。

ロータリー広場 [rotary place] 円周上に車を回すことで信号機を用いずに交通整理をする方式で, 中心部の島状のスペースを公園にしたもの。

ロータリー ボーリング [rotary boring] 土質調査などに一般的に使用されている掘削機。ロットといわれる鉄パイプの先端に刃を取り付け, 刃先に圧力水を送りながら高速回転させて穿孔する。

ロータリー ポンプ [rotary pump] 回転子がケーシングに対して偏芯して回転し, 三日月形の部分に入った液を仕切り板により送り出す旋回ポンプ。

ロー タンク [low tank] 便器の洗浄用水を蓄えておくタンク。

ローディング [roading] コンピューターにおいて, 外部からデータを読み込むこと。

ロードサイド リテーラー [roadside retailer] 郊外の幹線道路沿いに立つ小売店舗。都心の地価高騰により, 新たな商業地域として進出する店が増えてきている。

ロード セル [load cell] コンクリートや鉄筋材の圧縮強度や引張強度, ひずみなどの試験機。

ロード ヒーティング [road heating] 積雪による交通止めを防ぐため, 道路下にヒーターを通す融雪装置。

ロード プライシング [road-pricing] 公共交通機関の利用促進や交通量の平準化等を図るために, 混雑する地域や混雑の時間帯の道路利用に課金するシステム。

ロード ローラー [road roller] 地盤を締め固める転圧機械。マカダムローラー, タンデムローラーの2種がある。

ロー パーティション [low partition] オフィスのレイアウトに使われる低い間仕切り。腰掛けると目線が隠れる程度の高さ。→パーティション

ロープ [rope] 網・縄類の総称。麻などの繊維から作られる麻ロープ, ナイロンなどの人工繊維から作られるもの, 鋼製のワイヤーロープなどがある。

ロー ボード [low board] 窓下などに置かれる高さの低い食器棚, 飾り棚。

ローマン シェード [Roman shade]

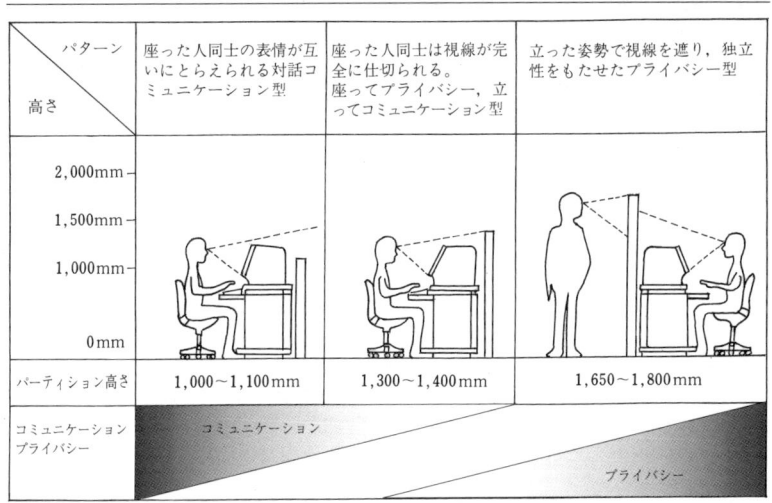

パターン＼高さ	座った人同士の表情が互いにとらえられる対話コミュニケーション型	座った人同士は視線が完全に仕切られる。座ってプライバシー，立ってコミュニケーション型	立った姿勢で視線を遮り，独立性をもたせたプライバシー型
パーティション高さ	1,000〜1,100mm	1,300〜1,400mm	1,650〜1,800mm

〔ローパーティション〕

開閉が上下に行われるカーテン。カーテンの装飾性を高めるときに使われることが多い。ひもでたくし上げるコード式と，上部のドラムに巻き取らせるドラム式がある。「バルーンカーテン」ともいう。

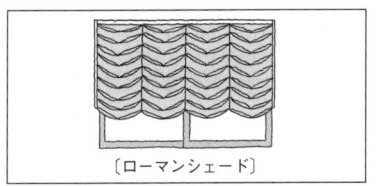

〔ローマンシェード〕

ローマン スタイル［Roman style］ 布地を使用した窓処理方法の一つで，下げたときは平面状だが，水平に線をつくりながらたたみ上がってゆく方式。

ローム［loam］ 火山灰が堆積し風化した土層。砂，微砂（シルト），粘土をほぼ等量に含んだ堆積土。関東ローム層が有名で，黄褐色ないし赤褐色を呈している。

ローラー押え［roller finish］ 吹付け仕上材を塗布し，凹凸部分をローラーで平滑に仕上げる方法。

ローラー シェード［roller shade］ ブラインドのこと。

ローラー支点［roller support］ 支点を固定せず，水平移動を可能とした端部。「可動端」ともいう。橋桁などに用いる。

ローラー セールス［roller sales］ ある一定の地域をくまなく販売の対象にした訪問販売のこと。→ルートセールス

ローラー接合［roller support (bearing)］ 構造部材の支持端が，ある方向に自由に移動するローラーとなっている支持方法。

ローラー塗り［roller coating］ 外壁の塗装や天井面のペンキ塗りに際し，ローラーを使って仕上げる方法。

ローラー パイプ［roller pipe］ ロールブラインドを巻き上げ収納するスプリングを内蔵したパイプ。

ローラー ブラシ［roller brush］ 刷毛

に代わる塗装用具。羊毛などを巻いたローラーに塗料を含ませ回転させながら塗装する。

ローラー ラッチ［roller latch］ 閉じた扉が開かないように止める金物。スプリングで押さえたローラーと受け座の組合せになっている。

ローリング シア［rolling shear］ 接着した合板の接着層に働く層内せん断力，その現象のこと。

ローリング タワー［rolling tower］ 枠組足場と車を組み合わせた移動式足場。

ロール エッチ［roll H］ 回転ロールを使って熱間圧延した既製のH形鋼。→ビルトエッチ

ロール カーテン［roll curtain］ 巻上げ開閉式のカーテン。→ロールスクリーン

ロール コア合板［rolling core veneer］ ⇨ロール合板

ロール合板［rolling core veneer］ ハニカム合板のコア構造と類似のもので，合成樹脂を含浸処理したクラフト紙を特殊の構造に成形してコアとしている合板のこと。「ロールコア合板」ともいう。

ロール シェード ⇨ロールブラインド

ロール スクリーン［roll screen］ 巻上げ開閉式のフラットな布地のスクリーン。「ロールシェード」ともいう→ロールカーテン，ロールブラインド

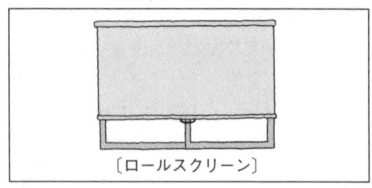

〔ロールスクリーン〕

ロール ブラインド［roll blind］ 窓の内側に取り付ける巻上げ式の日除け。サランまたはグラスファイバー製のスクリーンを，スプリングの入った上部の軸へ巻き込んで開ける。「ロールシェード」ともいう。→ロールスクリーン

ロール プレーイング［role playing］ 社員にいろいろな立場の人を演じさせて，参加者にそれぞれの問題点や解決方法を考えさせる社員教育法の一つ。

ロール マーク［roll mark］ 鉄筋材の一本ごとに刻まれている種類・規格を示す識別記号。「圧延マーク」ともいう。

ロールもの［roll steel］ 製品の断面形状と同型の回転ロールを使って製作された鋼材の総称。I形，H形などの形鋼やレール，シートパイルなどがある。

ロカイユ［rocaille 仏］ ①庭園に造られた貝殻・岩からなる人工岩窟のこと。②小石や貝殻などで装飾された壁。③巻貝状の曲線模様をもつロココ美術の基本的装飾。

ログアウト［log-out］ コンピューターのネットワークとの接続を切断すること。「ログオフ」ともいう。→ログイン

ログイン［log-in］ コンピューターでネットワークにアクセス（接続）するために，ユーザーIDとパスワードを入力する操作。→ログアウト

ログオフ［log-off］ ⇨ログアウト

ログ キャビン［log cabin］ 丸太小屋。→コテージ，ログハウス，ロッジ

ログ ハウス［log house］ 丸太を平に積み上げ，壁式でつくられた住宅。キットになっているので素人でも組立てができる。日本では校倉造りといい，正倉院が有名。→コテージ，ログキャビン，ロッジ

ロココ［Rococo］ 貝殻細工やその文様の意から，曲線や渦巻を用いた装飾を

中心とした建築表現様式で，18世紀中頃，ルイ15世の時代に栄えた。

ロゴタイプ [logotype] CIの一環として制定する視覚的シンボルとしての商標。

ロジスティクス [logistics] システムの維持，管理にかかる必要費用を最小にするとともに，性能を最適化するための一連の作業。企業活動において仕入れから販売にいたる物流管理のこと。本来は軍事用語で，軍需品の確保・管理・補給のこと。

ロジスティック カーブ [logistic curve] 生成，発展，成熟，衰退の過程をたどる自然現象や社会現象を数学的に説明するためのすべり台の形に似た曲線。変化の法則のうち，現状の値と上限値との差との積に比例して増加するカーブで，一般的には人口増加などの成長現象を表すものとして知られている。

ロジットモデル [logit model] 交通計画において，交通需要の予測を立てる方法で，確立モデルとして行うもの。

ロジン [rosin] 接着剤の充てん材や溶着材として用いられる有機溶剤に溶解させ，けん化された添加物のこと。一般には松やにのことをさす。

ロジン ピッチ [rosin pitch] ⇨ピッチ

ロジン ワニス [rosin varnish] ⇨コーパルワニス

ロスナイ 熱交換器を組み込んだ換気扇の商品名。排気と吸気を同時に行い，排気の熱を吸気に置換することで室内の熱エネルギーの消失を少なくする。〔製造：三菱電機〕

ロス リーダー [loss leader] 販売促進のために，原価割れをしても売り出す特価政策で使われる商品のこと。

ロッカー [locker] 鍵付きのスチール製の収納家具。

ロッキング [rocking] 剛な建物や耐力壁の振動モデルにおいて，転倒モーメントによって生じる基礎の回転振動成分。

ロッキング チェア [rocking chair] 揺り椅子，カーブした脚部で揺らす。

ロッキング バー [locking bar] 両開き用の扉の錠付きかんぬき。

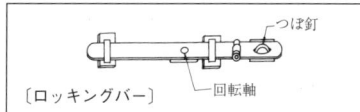

〔ロッキングバー〕　つぼ釘　回転軸

ロッキング 方式 [rocking method] 地震や強風による構造体の変形に追従させるための，PC版やALC版の取付け方法の一つ。2フロアーにまたがる版の固定を，下階1個所または上下階1個所ずつをピン接合とし，他はすべてローラー接合とすることで，ピンを支点とした版の回転で上下階に生じる変形に追従する。

ロック [lock] 施錠，鍵をかけること。

ロック ウール [rock wool] 安山岩などを高温で溶かし，圧縮空気や高圧蒸気を吹き付けて繊維状にした材料。断熱・吸音・耐火性に優れていることから，ボードやフェルトに加工したり，吹付材や保温材として使用される。「岩綿」ともいう。

ロック ウール吸音板 [rock wool sound absorbing board] 岩綿を主成分に，接着剤・混和剤を用いて成形した仕上材料。断熱性や吸音性に優れ，施工性も良いため各種建築物の天井材として使用。

ロック ウール ボード [rock wool board] 石綿を板状に加工した防音・防火材料。「石綿板」ともいう。

- **ロックオーガー** [lock auger] 杭や山留め工事のため，土中の転石や埋設されたコンクリート構造物をくりぬいて穿孔する機械。特殊な刃先の付いた掘削機をクローラークレーンのマストに取り付けて施工する。

- **ロックガーデン** [rock garden] 山岳のように岩石を配し，その間に高山植物，山野草などを植え込んだ庭園。

- **ロックナット** [locknut] 電線配管工事などで電線管をボックスに接続，固定するための鋼製あるいは可鍛鋳鉄製のナット。

- **ロックナットジョイント** [lock nut joint] ねじ加工した鉄筋の接合方法。カプラーおよびナットを鉄筋にねじ込んで接合。

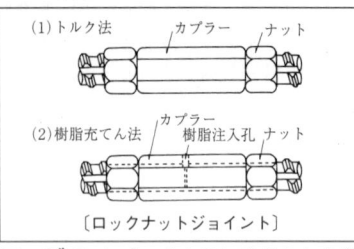

〔ロックナットジョイント〕

- **ロッジ** [lodge] 山などに設けられる簡易宿泊施設（山小屋）。→キャビン，コテージ，ログキャビン，ログハウス

- **ロッジング** [lodging] 人に室を貸すこと，いわゆる貸間。

- **ロット** [lot] 同じ条件のもとで作られたものをいくつかに分割した一つをいう。土地をいくつかに分割した一筆や鉄骨の建方の区画等に使われる。

- **ロッド** [rod] ①岩盤や土質のボーリングに用いる試錐用の鋼管。このジョイントをロッドカップリングという。②スライディングフォームにおけるジャッキを昇降させるパイプのこと。

- **ロッドレール** [rod rail] 棒状のカーテンレール。木製，金属性が多い。

- **ロビー** [lobby] 公会堂，ホテルなどの入口の広間。広い廊下，控え室。「ホワイエ」「ラウンジ」と同義。

- **ロフストランド杖** [lofstrand cane] 手首で杖を使えない人のために，ひじ関節を屈曲体勢で使用する杖のこと。「前腕固定杖」ともいう。

- **ロフト** [loft] 屋根裏部屋，物置，倉庫。

- **ロフトベッド** [loft bed] 屋根裏などの一段高い空間に設けられるベッドで，はしごなどを利用して昇降する。

- **ロフトビジネス** [loft business] 工場や倉庫を改造せずにそのまま他の商売に貸すことで，大きな空間や粗っぽい雰囲気が好まれ，画廊やディスコ，レストランに利用されている。

- **ロボット** [robot] 危険作業，単純反復作業，重労働などを人間に代わって行う機械装置の総称。建設用ロボットとしては，調査，点検，塗装，吹付け，鉄骨・鉄筋，左官，清掃などさまざまなものが開発されている。建設労働力の不足と熟練工の減少を補うべく，建設ロボットの開発が急がれている。

- **ロボット災害** ロボットの誤動作によって起こる災害。または人間の不注意から生じたロボットによる災害，損傷。

- **ロボティクス** [robotics] ロボット＋テクニクス（工学）の合成語で，ロボットに関する技術工学的研究を行う学問。センサー工学・人工知能の研究，マイクロエレクトロニクス技術の総合的学問分野で「ロボット工学」という。

- **ロボトロジー** [robotology] ロボット＋ロゴス（学問）の合成語で，「ロボット学」といい，ロボットの社会に及ぼす社会的・経済的・技術的な研究を行

う新しい分野。

- **ロマネスク** [Romanesque]　10〜12世紀頃，ヨーロッパ各地で見られる壁面が大きく窓の小さい重量感に富んだ建築様式。
- **ロマンス シート** [romance seat]　⇨ラブチェア
- **ロマンチシズム** [romanticism]　18世紀から美術はバロック，ロココ，新古典主義と変遷，古典主義の反動としておこったもので，個人感情やその国の独自性を表現しようとする芸術運動。絵画ではフランスのドラクロワ，建築ではイギリスの国会議事堂（A. W. N. ピュージン）がある。
- **ロリップ**　高所作業用の墜落防止器具。鉛直方向の移動に合わせ親綱に沿って上下する金物で，それに命綱を掛ける。
- **ロング シート** [long seat]　背もたれと進行方向が平行な座席の配置で，近距離通勤用の車両に用いられる。→クロスシート
- **ロングライフ ビルディング**　建築物を社会資本として捉えた，長期にわたる耐用性をもつ建築物。メンテナンスフリー化による高い耐久性，社会変化に対応できる機能性，飽きのこない好感性，周辺環境との調和をもつ景観性等が要求される。
- **ロング リフト** [long lift]　工事現場で長尺物や大型資材を運搬するための揚重機械。枠組足場などに2本のレールを取り付けて荷台を昇降させる。
- **ロンドン ダンピング条約**　海洋投棄に関する規定を定めた海洋汚染の防止に関する条約。1975年に発行され，放射性廃棄物の全面禁止，産業廃棄物の一部例外を除いた禁止などが定められている。
- **ロンパー ルーム** [romper room]　遊戯室，幼稚園の遊び場。
- **ロン ワークス** [LON Works]　建物の空調，受変電，照明等の機器を総合的に管理・制御する電子化技術の一つ。各機器にLONチップと呼ばれる制御・通信をつかさどるLSIを搭載することで，異なるメーカーの機器の接続と制御が可能になる。各メーカーが開発した中央監視装置による制御に比べ，制御システム構築や保守，機器・システムの更新などが容易になるといわれている。LONは，Local Operating Networkの略。アメリカ・エシュロン社が開発。

ワ

ワーカーズ コレクティブ［worker's collective］ 社会的貢献に関連した生活環境の向上や福祉関連の充実などを実践している自主管理の事業体。

ワーカビリチー［workability］ まだ固まらないモルタルまたはコンクリートの作業性の難易の程度を表す用語。「施工軟度」ともいう。→スランプ，コンシステンシー

ワーカホリック［workaholic］ 仕事中毒。働きすぎ。

ワーク サーフェイス［work surface］ デスク等の作業面。

ワーク サンプリング［work sampling］ 作業者や機械の動きを一定の時間間隔で瞬間的にとらえ，その稼動状況を調査・分析する稼動分析の一手法。観測者が対象物の動作を記録するもので，観測が簡単でかつ複数の対象物を同時に観測できる。

ワークショップ［workshop］ 作業を通して，集団による制作や体験あるいはそれをする部屋（工作室）。

ワークスタイル［work style］ 業務や仕事の進め方や形態。情報技術の発展や国際化によりワークスタイルが多様化してきており，ワークススタイルに適合したワークプレースが求められている。

ワーク ステーション［work station］ 中央コンピューターの端末機の機能だけでなく，文書作成，ファイリング，LAN機能などの処理機能をもつ高性能パソコンをいう。

ワーク スペース［work space］ ワークステーションが配置されている空間。

ワークトップ［worktop］ 流しや調理台の上板。

ワーク トライアングル［work triangle］ キッチンのレイアウトでシンク，レンジ，冷蔵庫の動線計画で作られる三角形のこと。辺の長さが1.2～2.7 mで各辺の総和は3.6 m以上6.0 m以下が使いやすいと言われている。

ワーク パッケージ［work package］ ワークブレークダウンストラクチュアの展開における最下レベルの管理単位で，プロジェクトマネジメントデータ収集および実績原価集計の最終単位として機能する。「WP」ともいう。

ワーク ファクター法［work factor analysis］ 標準作業時間を算定する手法の一つ。前もって測定対象作業者の動作を表にし，この表をもとに作業時間を測定し，分析する方法。「WF法」ともいう。

ワーク ブレークダウン ストラクチュア［work breakdown structure］ プロジェクトの目的を達成するために，実行されるべきすべての作業を組織化し定義し，表示するもの。「WBS」ともいう。

ワーク プレース［workplace］ 人が働く場の総称。情報ネットワークの発達により，時間と場所に制限を受けずあらゆる場が働く場となってきている。

ワード［word］ コンピューターの記憶容量を表す単位。→ビット ③

〔ワークスペース〕

ワードローブ[wardrobe] 洋服ダンス,衣装室,衣裳収納室。→ウォークインクローゼット

ワールド ウォッチ研究所 毎年「地球白書」を発行して環境保護の具体的な提案を行っている非政府組織。

ワーレン トラス[Warren truss] 上下2本の平行材とそれをつなぐ斜材が,山形状に連続して配置されたトラス。ワーレンによって考案された。

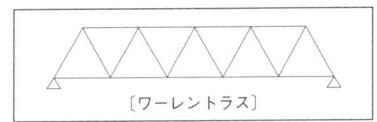

〔ワーレントラス〕

ワイド スイッチ[wide switch] 高齢者対応の大型の照明スイッチの総称。

ワイドビーム構法 建物空間の有効利用を考え大梁の断面形状を幅広で,扁平にした架構形式を持つ構造。通常,階高の低減や階数の増加などの利点があり,事務所倉庫,工場,病院などに採用されている。「扁平梁構法」ともいう。

ワイド フラット[wide flat] 鉄骨梁や柱のフランジ材として使われる電炉製の平鋼。高炉品に比べ品質はやや劣るが,安価で加工が容易。〔製造:関西製鋼〕

ワイナリー[winery] ブドウ酒の醸造所。建築的には年間を通じて一定の湿度と温度が保たれる静かな環境の良い所が選ばれる。

ワイピング ステイン[wiping stain] 木材の着色法。染料を塗り,乾かない

うちにふき取り，凹部のみを着色する方法。

ワイヤー［wire］　針金や電線の総称だが，ワイヤーロープなどを略していう場合もある。

ワイヤー ガラス［wire glass］　割れても破片が飛散しないように，内部に金網や金属線を挿入した板ガラス。防火性に優れている。「網入り板ガラス」ともいう。

ワイヤー クリップ［wire clip］　①ワイヤーロープを留めるときに用いるU字形のボルト。②サッシにガラスをはめ込むための金属製部品。①②とも略して「クリップ」ともいう。

ワイヤー クロス［wire cloth］　金属線で編んだ目の細かい金網の一般的な名称。→メッシュ

ワイヤー ゲージ［wire gauge］　材料規格に従って一連の径を定め，番号を付けた針金の径のこと。「線番」「線番号」ともいう。

ワイヤー コース［wire course］　⇨ワイヤーシンブル

ワイヤー シンブル［wire thimble］　ワイヤーを曲げて使用する際，折り曲がって欠損しないよう円弧状に狭み込む金具のこと。「ワイヤーコース」ともいう。

ワイヤー ストレインゲージ［wire strain gauge］　コンクリートの弾性係数を測定するために使用されるゆがみ計。

ワイヤー スリング［wire sling］　材料の揚重に用いる玉掛けワイヤー。

ワイヤー ソー［wire saw］　ダイヤモンドの切刃を取り付けたワイヤーを高速回転させて石やコンクリートを切断する機械。

ワイヤー ソケット［wire socket］　ワイヤーロープ端部を金具内に入れ，鉛を溶かして注入し固めたもの。

ワイヤー メッシュ［wire mesh］　鉄線を格子状に組み，接点を電気溶接したもの。鉄筋補強やコンクリートの亀裂防止の材料として用いられる。「ウェルドメッシュ」「溶接金網」ともいう。

ワイヤー ラス［wire lath］　モルタルやプラスター塗りの下地に用いられる針金で編んだ網。

ワイヤー ロープ［wire rope］　炭素鋼線を数十本より合わせて子縄（ストランド）とし，それをさらに心網（使用しない場合もある）のまわりに数本より合わせてつくったロープ。

ワインディング パイプ［winding pipe］　薄い帯鋼を螺旋状に巻きながら帯鋼の両端を重ね，接合してパイプとしたもの。中空スラブなどに使用。

ワクセンデハウス［Wachsendehaus 独］家族数の変化に合わせて増築可能なように前もって計画された住宅。

ワゴン［wagon］　酒瓶や料理の移動運搬，配膳などに使うキャスター付きの手押しテーブル。甲板をサービス盆として取り外せるものもある。

ワシントン型エア メーター［washington-type air meter］　まだ固まらないコンクリートの空気量を測定する空気室圧力方法に用いる装置。JIS A 1128。

ワシントン条約［Washington Convention］　1973年ワシントンで調印された「絶滅のおそれのある野生動植物の種の国際取引に関する条約（convention on international trade in endangered species of wild fauna and flora：CITES，「サイテス」ともいう）。」

ワセリン［vaseline］　減摩剤，防錆剤，

〔ワシントン型エアメーター〕

薬剤，爆薬などに用いられる軟質性の固型油。重油を冷却する際，分離して作られる。

ワッシャー［washer］ ボルトを取り付けるときにナットの下当てに用いる板状の金属片。「座金」ともいう。ばね機能をもつものを「スプリングワッシャー」という。

ワット［watt］ 仕事率，工率，動力，電力および熱流の単位。記号〔W〕。

ワットアワー［watt-hour］ エネルギーの単位。1Wの仕事率で1時間になす仕事量。記号〔Wh〕。

ワッフルスラブ［waffle slab］ 仕上りが格天井のような縦横に小梁状のリブを付けた鉄筋コンクリートの床。ワッフル菓子の表面模様に似ていることから名付けられた。

ワニス［varnish］ 家具や木製床の仕上げ塗装や木部塗装の目止めに使用される透明な無着色の塗料。樹脂類を溶剤で薄めて作られ，成分により精ワニス，油ワニス，ウレタンワニスなどがあり，性能によってセラックニス，スーパーワニスなどに分類される。単に「ニス」ともいう。

ワンウェイ瓶［one-way bottle］ 一度しか利用できず，回収して素材に戻してリサイクルする瓶のこと。代表的なものにペットボトルがある。→リターナブル瓶

ワンストップショッピング［one stop shopping］ 一個所でいろいろな買物や金融，旅行案内，郵便局などができる店。

ワンセンターシステム［one center system］ ある一定の中心地区に集中的に商業施設や利便施設を設ける住宅地計画。

ワンパネルドア［one panel door］ 框ドアのこと。→ツーパネルドア

ワンルーム［one room］ ⇨ワンルームシステム

ワンルームシステム［one room system］ 部屋を細分割せず，一つの大きな空間として使う方式。「ワンルーム」ともいう。→オープンプラン

ワンルームツードア方式 2室分の室空間に2つの出入口を設け，将来間仕切りを設けて，2室に分割する設計手法。

ワンルームマンション［one-room apartment house］ 一般的には，1住戸が1つの居室とバス・トイレ・洗面・ミニキッチン・収納庫で構成される集合住宅。

[略語]

A

A 火災 [A fire] 木材・紙, 建築物, 工作物など普通可燃物の火災で, 水による消火が一般的。「普通火災」ともいう。→B火災, C火災, D火災

A 重油 [bunker A, fuel oil A] 重油の中で最も軽質のもので, 引火点は80℃前後。ボイラーやディーゼルエンジン用燃料として広く使用。

A 種絶縁 [class A insulation] 許容最高温度105℃に十分耐える材料で構成された絶縁。

A 種ヒューズ [class A fuse] 溶断特性が配線用遮断器に近いヒューズ。定格電流の110%で溶断しない。→B種ヒューズ

A 種ブロック [A-type hollow concrete blocks] 空胴コンクリートブロック3種の中で一番軽量のもの。 JIS A 5406の品質規定では, 比重1.7未満, 圧縮強度40 kgf/cm²以上, 吸水量0.45 g/cm²以上となっている。

A 特性 [A scale] 指示騒音計の感度特性の一つで, 各周波数に対する感度を人間の耳が40ホンで感じるときに合わせたもの。

AAAI [American Association for Artificial Intelligence] アメリカ人工知能協会。

AAEE [American Association of Electric Engineers] アメリカ電気技術者協会。

AAM [application activity model] アプリケーション作業モデル。

ABC [abridged building classification for architects] 建築用簡略分類法。

ABC 分析 [ABC analysis] 販売効率を分析する手法で, 総売上高の70%を占めるものをA, 20%を占めるものをB, その他をCとして分類する。

ABC 粉末消火器 木材や紙などの普通可燃物の火災(A火災), 引火性液体や油類の火災(B火災), 電気火災(C火災)のすべてに適応可能な消火器。使用方法も簡単で小型であることから現在最も多く普及している。

ABS 樹脂 [acrylonitrile-butadienestyrene resins] アクリロニトリル, ブタジエン, スチレンの重合体プラスチック。強じんで着色が自由などの特徴があり, 設備機器等に使用される。

AC [accordion curtain] ⇨アコーディオンカーテン

ACI [American Concrete Institute] アメリカコンクリート工学協会。コンクリート関連の研究, 標準仕様書の作

成，機関誌の発行などを行っている。

ACM〔advanced composite material〕先端複合材料のこと。

ACMR〔air conditioning machine room〕空調設備等を設置した専用室。「空調機械室」ともいう。

ACWP〔actual cost for work performed〕発生コスト。

AD ①〔aluminium door〕アルミニウム製のドア・扉。→SD，WD ②〔air diffuser〕⇨エアディフューザー

AD 材〔air-dried lumber〕天然乾燥製材。

AD 変換〔AD converter〕アナログ量をデジタル量に変換する装置。

ADA 法〔American with Disabilities Act〕身体的，精神的不自由により発生する生活活動上の差別をなくすために，1990年にアメリカで制定された法律。雇用，公的サービスや交通，私企業等における施設とサービス，電気通信へのアクセスを対象としている。

ADL〔activity of daily living〕身の回りの動作と移動動作からなる人間の日常生活上，必要不可欠な基本動作のこと。「日常生活基本動作」ともいう。→IADL

ADP〔automatic data processing〕コンピューターを使ってデータを処理する自動資料処理方式のこと。

ADSL〔Asymmetrical Digital Subscriber Line〕非対称デジタル加入者線のこと。通信回線の上がりと下りのスピードを変換することにより，既存の電話線を使って高速の伝送速度を実現する技術

AE ①〔acoustic emission〕物体が破壊する際に放出するエネルギーによる弾性波(応力波)のこと。いかなる微小な破壊のときでも生じるので非破壊検査に利用される。②〔architects and engineers〕海外工事において設計事務所の名称に用いられる。

AE 減水剤〔air-entrained dispersing agent〕AE剤と減水剤の2種類の表面活性剤の性質をもたせたコンクリート混和剤。→AE剤

AE コンクリート〔air-entrained concrete〕ワーカビリチーを良くするため，AE剤を混入して気泡を含ませたコンクリート。

AE 剤〔air-entraining agent〕ワーカビリチーを良くするためのコンクリート混和剤の一種。細かな気泡を多量にコンクリート内に連行でき，水量を増やすことなく流動性を大きくすることができる。→AE減水剤

AE セメント〔air-entrained cement〕AE剤をあらかじめ混入したセメント。

AEC〔architecture/engineering/construction〕建設系分野。

AECMA〔Association Europeanne des Constructeurs de Material Aerospatiale〕欧州航空宇宙工業界。

AEP〔acrylic emulsion paint〕⇨アクリル系エマルジョンペイント

AFI 法効率〔American Filter Institute efficiency〕清浄空気中に試験用ダストを混合し，フィルターで捕集されるダスト重量の比率でフィルターの集塵効率を求める試験方法。

AFM〔The Association of Facilities Managers〕(イギリス)ファシリティマネジャー協会。

AFRC〔aramid fiber reinforced concrete〕⇨アラミド繊維補強コンクリート

AGC〔Associated General Constructors

of America] アメリカ建設業協会。

AGT [automated guideway transit] 一般に新交通システムと呼ばれているもので，都市で採用される自動運転の軌道交通機関のこと。「自動運転起動システム」ともいう。

AHU [air handling unit] ⇨エアハンドリングユニット

AI [artificial intelligence] 人工知能のことで，エキスパートシステム，自然言語処理，パターン認識，知覚ロボットに分類される。

AIA [The American Institute of Architects] アメリカ建築家協会。

AIC [Architectural Information Center] (大阪府建築士会) 建築情報センター。

AICBH [Association of International Communication of Building and Housing] 住宅・建築関係国際交流協議会

AID [The American Institute of Decorators] アメリカ室内装飾家協会。

AIDA モデル [AIDA model] アイダモデルと読む消費者行動の心理分析の型。Attention（注意），Interest（興味），Desire（欲望）の略。

AIDCA モデル [AIDCA model] アイドカモデルと読む消費者行動の心理分析の型。AIDAモデルに確信（conviction）を加えたもの。

AIDMA モデル [AIDMA model] アイドマモデルと読み，アメリカのローランド・ホールにより提唱された消費者の購買心理に関する理論で，AIDAモデルに記憶（memory）を加えたもの。

AIJ [Architectural Institute of Japan] 日本建築学会。

AIP [American Institute of Planners] アメリカ都市計画家協会。

AIPH [Association Internationale des Producteurs des l' Horticulture 仏, International Association of Horticultural Producers 英] 国際園芸家協会。

AISC [American Institute of Steel Construction] アメリカ鋼構造協会。

AISI [American Iron and Steel Institute] アメリカ鉄鋼協会。

AITC [Amrican Institute of Timber Construction] アメリカ木構造協会，アメリカ木造建築協会。

AL [aluminium] アルミニウム。

ALA [artificial light weight aggregate] 頁岩・膨張粘土などを原料として人工的に製造された骨材。「人工軽量骨材」ともいう。

ALC [autoclaved light weight concrete] セメントペーストに発泡剤を加え，多孔質化し，オートクレーブ養生を行って製造された軽量気泡コンクリート。

ALS [American Lumber Standard] アメリカ製材規格。

AM [amplitude modulation] 電波の変調方式の一つ。信号に応じて電波の振幅を変える方式。ラジオ，テレビ，映像などの電波形式。→FM③

AMD [active mass driver] ⇨アクティブマスドライバー

ANSI [American National Standards Institute] アメリカ国家規格協会のことで，1969年にASAが改組したもの。

AP [Arakawa Peil] 荒川の平均水面高さを0として測った高さのこと。TPの－1.1344mとなる。→OP，TP

APA [American Plywood Association] アメリカ合板協会。

APCA [Air Pollution Control Association〕大気汚染防止協会(アメリカ)。

APEC エンジニア〔Asia-Pacific Economic Cooperation engineer〕 APEC (アジア太平洋経済協力会議)に加盟する7つの国と地域において,互いに認め合う国際技術者資格のこと。資格には9つの分野があるが,日本は Civil (土木)と Strutural(建築構造)の分野に参加しており,有資格者の登録・審査が行われている。

APS〔application service providor〕 ⇨アプリケーションサービスプロバイダー

APS システム〔all purpose shuttering system〕 型枠工事の省力化,精度の向上,工費の節減などを目的にして西ドイツで開発された大型型枠工法。適用部位は壁。〔実用化:清水建設〕

AQ 認定〔approved quality〕 JAS だけでは対応できない木質建材の品質,性能を保証する制度で,認証されるとAQマークが表示される。

AQL〔acceptable quality level〕 抜取り検査において,そのロットが合格か不合格かを決める値。不良率(%)あるいは100単位当たりの欠点数で表す。「合格品質水準」ともいう。

ARV システム〔automatic rotation vibrator〕 振動機を型枠に取り付け,型枠を振動させながらコンクリートを締め固める工法。〔開発:ARV高野〕

ASA ①〔American Standards Association〕 アメリカ規格またはアメリカ標準規格協会。②〔The Acoustical Society of America〕 アメリカ音響学会。

ASCE〔American Society of Civil Engineers〕 アメリカ土木技術者協会。

ASHRAE〔American Society of Heating, Refrigerating and Air Conditioning Engineers〕 アメリカ暖房冷凍空気調和学会。

ASID ①〔The American Society of Industrial Designers〕 アメリカ工芸意匠家協会。②〔American Society of Interior Designers〕 アメリカ室内装飾家協会。

ASLA〔American Society of Landscape Architects〕 アメリカ造園家協会。

ASME〔American Society of Mechanical Engineers〕 アメリカ機械学会。同学会が定めた規格。ボイラーならびに圧力容器に関する規格として日本でもよく使われている。

ASP〔application service provider〕 ⇨アプリケーションサービスプロバイダー

ASPE〔American Society of Plumbing Engineers〕 アメリカ給排水設備技術者協会。

ASQC〔American Society for Quality Control〕 アメリカ品質管理協会。

ASSE〔American Society of Sanitary Engineering〕 アメリカ衛生工学会。

ASTM〔American Society for Testing Materials〕 アメリカの材料規格および材料試験に関する基準を定める機関。1898年創立,本部はフィラデルフィア。「アステム」ともいう。

AT〔airtight〕 エアタイト。ドアや窓の性能のうち,気密性を表す。

AT & T〔American Telephone & Telegraph Company〕 アメリカ電信電話会社。

ATM〔asynchronous transfer mode〕 従来の交換機に代わって,音声や映像など,多様な情報を効率的かつ高速で

伝送，交換が可能な技術。「非同期転送モード」ともいう。

AV［audio-visual］ 視聴覚の意。AV教室は視聴覚教室，AV教育は視聴覚教育。

AV会議室［audio-visual conference+room］ 会議の内容をより高度に説得力を高めるために用意される電子機器を備えた会議室。

AVセンター［audio video center］ テレビスタジオ，調整室などを映像と音響のセンターとして設置する場合の名称。

AVルーム［audio video room］ オーディオビデオルームで，視聴覚教育用の施設の整った部屋。

AVR［automatic voltage regulator］ 誘導電圧調整器（IVR）と電圧継電器を組み合わせた装置。自動電圧調整器。

AW［aluminium window］ ⇨アルミサッシ

AWS［American Welding Society］ アメリカ溶接協会または同規格。

B

B火災［B fire］ 引火点および発火点が低い油などの可燃性液体の火災で，燃焼時は高温となり，濃度の高いそして有毒ガスが発生する。「油火災」ともいう。→A火災，C火災，D火災

B重油［fuel oil B］ 引火点90～100℃程度の重油。

B種絶縁［class B insulation］ 許容最高温度130℃に十分耐える材料で構成された絶縁。

B種ヒューズ［class B fuse］ A種ヒューズに比較して，溶断しない電流が大きい（定格電流の130%で溶断しない）。→A種ヒューズ

B種ブロック［B-type hollow concrete blocks］ 川砂と軽量粗骨材を使用した空胴コンクリートブロック。JIS A 5406の品質規定では，比重1.9未満，圧縮強度60 kgf/cm²以上，吸水量0.3 g/cm²以下となっている。

B特性［B scale］ 指示騒音計の感度特性の一つ。各周波数に対する感度を人間の耳が70ホンで感じるときに合わせたもの。最近は使われなくなってきている。

BAC［budgeted cost at complesion］ 完成予算コスト。

B＆S工法 ⇨ビルドアンドスクラップ工法

BAS［building automation system］ ⇨ビルディングオートメーションシステム

BBセメント B種高炉セメントのこと。高炉セメントに使用される高炉スラグ（blast furnace slag）BとA，B，C 3種類のうちB種を表す。

BC［begining of curve］ 道路曲線部の始まる変曲点。→IP①

BCCM［building construction core model］ 建築コアモデル。

BCJ［Building Center of Japan］ 日本建築センター。

BCR［bar code reader］ バーコードを読み取る機械。→バーコード

BCS［Building Contractors Society］ 建築業協会。

BCS賞 建築業協会賞。BCSはBuilding Contractors Societyの略。建築業協会が竣工後1年を経た応募作品の中から企画・設計・施工・維持管理を通

じて優秀と認めた建築物について，建築主・設計者・施工者の三者に対し同時に行う表彰。

BCWP〔budgeted cost for work performed〕 予算基準出来高。

BE〔building element〕 ⇨ビルディングエレメント

BELCA〔Building and Equipment Life Cycle Association〕 建築・設備維持保全推進協会。1989年設立。

BEMS〔building energy management system〕 建物のエネルギー管理システム。

BF〔balanced flue〕 燃焼ガスを室内に放出しないように，吸気口と排気口を屋外に設けたガス燃焼方式。→バランス釜

BFRC〔vinylon fiber reinforced concrete〕 ビニロン繊維を補強材としたコンクリートで，炭素繊維よりも引張り強度は大きい。

BGM〔background music〕 バックグラウンドミュージック。作業の能率を向上させたり，気分を和らげる目的で，執務中にスピーカーを通して流す静かな音楽のこと。→バックグラウンドノイズ

BGV〔background video〕 環境映像として放映されるビデオ。バックグラウンドビデオ。

BH 工法 BHはbore hole（さく井）の略。敷地が狭い場合に行う場所打ちコンクリート杭の工法。ロータリー式ボーリング機で杭孔を掘削し，土砂は安定液と一緒にバキュームカーで排出。

BIFM〔British Institute of Facilities Management〕 イギリスのファシリティマネジメント協会。

BIL〔basic impulse level〕 基準衝撃絶縁強度。回路の衝撃電圧に対する絶縁耐力を示す値で，これを基準にして機器の試験電圧を定めている。

BL 住宅部品〔Better Living housing parts〕 ⇨BL部品

BL 部品〔Better Living parts〕 優良住宅部品認定制度に基づいて住宅部品開発センターによって認定された優良住宅部品(1974年発足)。収納ユニット，キッチンユニット，浴室ユニットなどが対象となり，認定された場合BLマークが貼られる。「BL住宅部品」ともいう。→BLマーク

BL 保険 BL（ベターリビング）認定を受けた優良住宅部品が据付け，引き渡しされた後2年以内に設計・製造，あるいは据付け工事に原因する瑕疵・欠陥が発見された場合に，瑕疵や欠陥修理費用を認定メーカーに支払う保険制度。

BL マーク〔Better-Living mark〕 建設省の優良住宅部品認定制度に基づき工場生産される住宅部品のうち，優良と認められたものに付すことができる称号。→BL部品，ベターリビング

〔BLマーク〕

BMS〔building management system〕 建物の運用管理を効率的，合理的に実施するためのコンピューターシステム。固定資産・スペース管理，安全・防災管理，セキュリティ管理，維持管理・保全，光熱水管理等を対象とする。「建物運用管理システム」ともいう。

BN釘 [box nail] JISの「細め鉄丸釘」。ツーバイフォーで使われる。

BOD [biochemical oxygen demand] 生物化学的酸素要求量のことで，水の汚れ具合の一つの目安。水中の腐敗性有機物がバクテリアによって分解されるとき，周囲の酸素を吸収して酸化物となって安定する。このときの水1l当たりの酸素要求量mgをppmで表したもの。この値が大きいほど汚れがひどい。

BOT [build operate and transfer] 公共施設を民間企業が主体となって資金調達を行い，施設を建設して一定期間運営し，その運営による事業収入で投下資金を回収した後，当該施設を発注者に返還する手法。海外ではインフラ整備の手法として行われている。

BP [business process] ビジネスプロセス，業務プロセス。

BPI [bits per inch] コンピューターにおける記憶媒体の集録密度で，1インチ当たりの収録ビット数を示す。

BPR [business process reengineering] （ビジネスプロセス）リエンジニアリング。

BQ数量書 [bill of quantity] イギリスでは公共工事の発注契約において，原則として数量公開入札が行われており，入札に際してクオンティティサーベイヤー（QS）が作成するBQが提示され，入札者は単価だけをBQに記入して見積書の作成を行う。また通常，単価記入に必要な施工法や仕様もBQに記載される。

BR ①[brass] 真ちゅう。銅と亜鉛の合金で，建築金物に用いられる。②[building resources] 建築リソース。③[butadiene rubber] ⇨ブタジエンゴム

BRE [Building Research Establishment] イギリスの建築研究所。火災研究所，スコットランド試験場を持つ。

B-Reps [boundary representations] 境界表現法。

BS ①[British Standard] イギリス標準規格。日本のJISに相当。②[broadcasting satellite] 放送衛星。③[bulldozer shovel] トラクターショベルの通称。

BSアンテナ [broadcasting satellite antenna] 衛星放送の電波をキャッチするアンテナ。弱い電波を効率よく集めるためパラボラアンテナが使用される。

BSコンバーター [broadcasting satellite converter] 衛星放送の高い周波数の電波をテレビ受信用の低い周波数に変換する装置。BSアンテナと一体になっている。

BS 7750 環境マネジメントシステムの構築と環境パフォーマンスの向上の継続を求めた規格。1992年に英国規格協会（略してBSI）が制定したもので，ISO14001の基礎となっている。

BSG [Building Specification Group] 建築仕様グループ。

BSI [British Standard Institution] イギリス規格協会。

BSS [beam string structure] 張弦梁構造。大スパンの屋根などを支える構造の一つで，引張強度の高いワイヤーなどを引張力の掛かる下弦材に使用して架構する構造。基本形は上弦材・下弦材・束材で構成されるが，架構の形状はさまざまである。

BT [British Telecommunications Corporation] イギリス電気通信株式会社。

B to B〔Business to business〕 企業間の電子商取引きのこと。「B 2 B」ともいう。

B to C〔Business to consumer〕 ⇨C to B

BTS〔Broadcasting Technical Standard〕 日本放送協会の放送技術規格。

BTU〔British Thermal Unit(s)〕 英国熱量単位。→エネルギー税

C

C〔cylinder lock〕 シリンダー錠。一般にSと略しているが，Cと略すのが正しい。

C火災〔C fire〕 変電室，発電機室などの電気施設の火災のこと。感電の危険をともなうことから一般の火災と区別される。「電気火災」ともいう。→A火災，B火災，D火災

C型レール〔C type rail〕 カーテンレールの一種。金属製で断面がCの字型をしている最も一般的なもの。

C重油〔fuel oil C〕 最も重質の重油で，引火点は110〜140℃。火力発電所や船舶原動機用に使われている。

C種絶縁〔class C insulation〕 許容最高温度180℃超過に十分耐える材料で構成された絶縁。

C種ブロック〔C-type hollow concrete blocks〕 骨材に川砂利，砕石，川砂を使用した空胴コンクリートブロックで，一般に広く使用されているもの。JIS A 5406の品質規定では，圧縮強度80 kgf/cm²以上，吸水量0.2 kg/cm²以下となっている。

C値 住宅の気密性を表す数値で，床面積1 m²当たりの隙間を示す。数値が小さいほど気密性が優れ，高気密住宅で1.0 cm²/m²程度。「隙間相当面積」ともいう。

Cチャン ⇨チャンネル

C特性〔C scale〕 指示騒音計の感度特性の一つで，各周波数に対する感度を人間の耳が90ホンで感じるときに合わせたもの。

Cマーク〔C-mark〕 日本カーペット協会が定めた品質基準に合格した商品に付けるマーク。

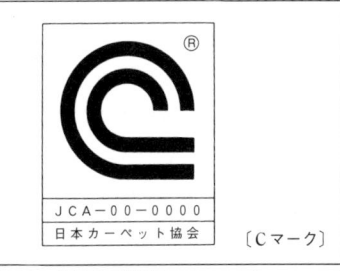

〔Cマーク〕

Cマーク表示金物 ツーバイフォー工法の補強金物のために日本住宅・木材技術センターが定めた規格。ZN釘で取り付けることが義務付けられている。

CA〔construction automation〕 建築工事における施工機能を構成する要素および施工行為を統合化し，総合的に自動化を行うこと（日本建築学会材料施工委員会小委員会の定義）。

CA熱電対〔chromel alumel thermocouple〕 ニッケルとクロムの合金クロメルとニッケルを主とした合金アルメルを利用した熱電対。

CAA〔Clean Air Act〕 アメリカの大気汚染防止法。

CAB〔cable box〕 道路下に埋設されている電線等の溝。

CAD [computer aided design] コンピューターによって設計作業を行うシステム。キーボード，ライトペン，マウスなどを使いディスプレーと対話しながら設計作業を行う。設計作業時間が短縮できる設計支援システム。

CAD/CAM [computer aided design/computer aided manufacturing] コンピューターによって，設計・デザインされた図面にしたがって，生産準備や過程，生産管理をするもの。→CAE

CADD [computer-aided drafting and design] コンピューター援用による設計製図。

CAE ① [computer-aided education] ⇨CAI ② [computer-aided engineering] 企画・設計・施工・保全に至るまでの生産活動におけるコンピューター利用の総合設計生産のこと。「CAD/CAM」もこれに含まれる。

CAFM [computer aided facility management] ファシリティを総合的，計画的，効率的に管理するため，CAD化された図面情報とデータベース，企画・計画・運営管理・業務管理用ソフトウエアを利用したファシリティマネジメント。「コンピューター支援ファシリティマネジメント」ともいう。

CAI [computer assisted instruction] コンピューターを利用して行う教育。コンピューターの端末を各自が使って個人の理解力に合わせて学習を行うシステム。「CAE ①」ともいう。

CALS [continuous aquisition and life-cycle support (commerce at light speed)] 情報通信ネットワークを活用し，製品の設計から保守に至るライフサイクルに関わる情報を電子化することで，関係企業間の意志決定の迅速化，業務の効率化，高度化などを図るシステム。

CALS/EC [computer aided logistic support/electronic commerce] 公共事業支援統合情報システムと電子商取引きのこと。

CAM [computer aided manufacturing] コンピューターCADを利用して設計したものを，図面にしたがい実際の製造まで自動的に行うシステム。

CAT ① [computer-aided testing] コンピューターを利用した品質試験・検査。② [computerized axial tomography] コンピューター断層撮影のこと。

CAT 端末 [credit authorization terminal] キャット端末と読み，クレジットカードの照会のために小売店に置かれる端末機。

CATV [community antenna television, cable television] 有線テレビ。同軸ケーブルや光ファイバーを利用して，加入世帯に対して行う番組・情報の提供サービス。「ケーブルテレビ」「コミュニティーアンテナテレビ」ともいう。

CAV 方式 [constant air volume unit] 吹出し口から出る風量は一定とし，吹出し温度を変化させることにより，冷暖房の負荷変動に対応する空調方式。「定風量方式」ともいう。

CB [concrete block] 空胴コンクリートブロックのこと。

CBD [central business district] 中央業務地区。

C.BOX [curtain box] ⇨カーテンボックス

CBR [california bearing ratio] 路床土の支持力を表す値。たわみ性舗装な

CBS［sick-building syndrome］ ⇨シックビル症候群

CC 熱電対［copper constantan thermocouple］ 銅とニッケルの合金であるコンスタンタンを利用した熱電対。

CCA 処理 防腐土台の処理としてクロム・銅・ヒ素系の化合物を含浸させる。

CCT［clean coal technology］ ⇨クリーンコールテクノロジー

CCTV［closed circuit television］ 特定の建物や施設内だけで利用する有線テレビ。「構内テレビ」「館内有線テレビ」とも呼ぶ。

CCU［coronary care unit］ ⇨レスピレートリーケアユニット

CD ①［compact disc］ コンパクトディスク。デジタル方式によるオーディオディスク。片面のみ使用し、盤面の凹凸をレーザー光によりデジタル信号を読み取る。②［committee draft］（ISO）委員会（原）案。

CD 管 合成樹脂製可とう電線管の一種で、材料が安価なことや施工の省力化ができることなどの特徴をもつ。1982年の電気用品の技術基準の改正時に付属品類の規定も追加されて、一般的な配管材料として使用可能となった。

CD-ROM［compact disk read only memory］ 読出し専用のメモリー。辞典や電話帳などデータ量の多いもののデータベースとして利用されている。

CDM［clean development mechanism］ ⇨クリーン開発メカニズム

CE［concurrent engineering］ ⇨コンカレントエンジニアリング

CE 財団［Construction Industry Engineers Center］ 建築工事監理技術の公的資格である「監理技術者資格者証」の交付事業を行っている建設業技術者センターの略称。昭和63年6月に設立された。平成8年度からは公共工事発注者に対し建設業者に関する各種情報の提供サービスも開始した。

CE マーキング［Conformité Europeenée marking］ 欧州19カ国の地域内で販売される指定工業製品に貼付されるマークで、各国の法令に適合したことを示している。

CEAR［Conter of Envionmental Auditors Registration in JEMAI］ 産業環境管理協会環境マネジメント審査員評価登録センター。→JEMAI

CEC ①［co-efficient of energy consumption］ 建築物の空調設備で消費されるエネルギーが、空調負荷に対してどの程度効率的であるかの判断基準となる空調エネルギー消費係数。②［construction-ec.com］ ⇨コンストラクションイーシードットコム

CEN［Comite' Europe' en de Nomalisation 仏, European Committee for Standardization 英］ ブリュッセルに本部をもつ欧州標準化委員会。

CEO［chief executive officer］ 最高経営責任者。

CERCLA［Comprehensive Environmental Response, Conpensation and Liabilities Act］ 包括的環境対処保証責任法。「スーパーファンド法」ともいう。

CF ①［chimney flue］ 燃焼ガスを屋外に誘引排出するガス燃焼方式。②［carbon fiber］ ⇨カーボンファイバー

CFC［chlorofluorocarbon］ フロンのうち、成層圏のオゾンを破壊する原因となるフロン。冷媒や発材、洗浄材として使用されてきたが、1996年に製造

中止となっている。「特定フロン」ともいう。

CFM [certified facility manager] ファシリティマネジメント協会から認定されたファシリティマネジャー。イギリス、アメリカ、日本で認定試験が行われている。

CFRC [carbon fiber reinforced concrete] 炭素繊維を補強材としたコンクリート。「炭素繊維補強コンクリート」ともいう。→カーボンファイバー

CFRP [carbon fiber reinforced plastic] プラスチックの中に炭素繊維を混ぜた複合材料。テニスのラケット、スキーの板などのスポーツ、レジャー用品のほか自動車のボディー、小型船舶などにも用いられている。「炭素繊維強化プラスチック」ともいう。

CFT [concrete filled steel tube] コンクリートを内部に充てんした鋼管。コンクリートと鋼管の拘束効果（コンファインド効果）で耐力・変形能力が向上する。おもに柱として採用される。→コンファインドコンクリート

CFT構造 [concrete filled steel tube structure] ⇨コンクリート充てん鋼管構造

CG ① [clear glass] 透明ガラス。普通ガラスのうち透明なものをいい、「CSG」ともいう。→SG ② [computer graphics] ⇨コンピューターグラフィックス

CGS単位系 [centimeter-gram-second-system] 物質量の長さ、質量、時間の単位をセンチメートル(cm)、グラム(g)、秒(s)で表す単位系のこと。

CH [ceiling height] 室内の天井高さ。「天井高」という。

CI [corporate identity] 企業の特質や企業の内容を広く社会に認識させるため、マークや色、デザイン等を統一するなどの視覚的手段で経営理念を表現するもの。「コーポレートアイデンティティー」という。

CIAM [Congrés Internationale de l'Architecture Moderne 仏] ⇨シアム

CIB [Conceil International du Batiment pour la Recherchel' Etude et la Documentation 仏] 国際建築研究情報会議。1953年創立。事務局はロッテルダムにあり世界各国の建築研究機関が加盟。CIBは仏文名称の頭文字。→ICONDA

CIC [computer integrated construction] 製造業のCIM（コンピューター総合生産システム）にあたるもので、企画・設計・施工にいたる建築物の全生産過程および完成後の保全を含めたすべてをコンピューターとロボット化により一元的・総合的に管理しようとする考え方。

CIE [Commission International de l'Eclairage 仏] 国際照明委員会。

CIF [CALS Industry Forum] CALS推進協議会。

CII [Center for the Informatization of Industry] 産業情報推進センター。

CIM [computer integrated manufacturing system] 製品の仕様決定、設計、生産、検査までの情報の流れを対象に、製品のデータ処理を統合化して生産性の向上や多品種少量生産を実現するためのコンピューターシステム。

CI-NET [Construction Industry Network] 建設省（現国土交通省）が推進する建設産業情報ネットワークシステムのこと。

CIOB [The Chartered Institute of Building Englemere] イギリス建築積算協会。

CIRIA [Construction Industry Research and Information Association] イギリス建設産業情報協会。

CIRM [corporate infrastructure resorce management] 企業の事業展開の基本的な基盤をなす情報技術，施設，人材を総合的に管理，運営していくこと。

CIS [community information system] 地域情報システム。有線テレビを使い各家庭に情報を送るシステム。

CITES [convention on international trade in endangered species of wild fauna and flora] ⇨ワシントン条約

CITIS [contracter integrated technical information service] 契約者統合技術情報サービス。契約者(受注者)が製品のライフサイクルを通じて必要となる情報をデータベース化し，政府に対して提供する情報サービス。

CL [clear lacquer] ⇨クリヤラッカー

CM [construction management] 第2次世界大戦中，アメリカ軍が作戦遂行上，建設管理契約を建設業者や建築家と結んだことが起源。一般的に施主からCM業務を委任されたコンストラクションマネージャー（CMR）が，施主の立場にたって総合的な建設管理を行い，コストの低減・工期の短縮などを実現する。この方式による施工形態は，一般に専門業者への分離発注と段階的な施工が特色。

CM マシン [commercial message machine] 駅やデパートなどの案内に使用されるエンドレステープによる自動放送装置。BGM放送の合間に間隔をおいて放送することができる。

CMC [carboxy methyl cellulose] ベントナイト液とともに用いられる高分子糊で，孔壁面に不透水膜を形成する。木材パルプを化学的に処理して作る。

CM net インターネット上で建設プロジェクトの受発注を行う建設オープンマーケット。分離発注方式やコンストラクションマネジメント方式を活用し，建設コストや施工会社選定過程が透明化した企業間電子取引市場。〔開発：森ビル，ソフトバンク・イーコマース〕

CMR [construction manajer] ⇨コンストラクションマネジャー

CN 釘 [common nail] JISの「太め鉄丸釘」。

CO [carbon monoxide] 一酸化炭素。血液中のヘモグロビンと結びついて中枢神経系統の障害をひき起こす無色・無臭の有毒ガス。建築基準法における室内環境基準は10 ppm以下となっている。

COD [chemical oxygen demand] 水の汚染度を示す化学的酸素要求量のこと。水中の有機物をすべて酸化させるのに必要な酸素量を測定する。

COFI [Council of Forest Industries] カナダ林産業審議会。日本でも2×4工法の普及で知られる。

COM ①[compressor] ⇨コンプレッサー ②[computer output microfilm]「コム」と一般に呼ばれている。コンピューターのデータを，紙にプリントするのではなく，そのままマイクロフィルムに撮影する方法をいう。

COMBI [computer integrated object-oriented model for the building industry] 建築産業向けコンピューター統

合オブジェクト指向モデル。

CON [condenser] ⇨コンデンサー

COO [Chief Operating Officer] 最高運営役員。

co-op [cooperative society] 生活協同組合。

COP [coefficient of performance] 冷凍機の性能を表す指標。冷却熱量をこれに要した圧縮仕事の熱当量で除して求める。「成績係数」ともいう。

COP 3 [conference of the parties third session] 1997年12月京都で開催された第3回の気候変動枠組み条約締約国会議。「地球温暖化防止京都会議」ともいう。1998年ブエノスアイレスで開催された第4回の会議をCOP 4, 1999年ボンでの会議をCOP 5, 2000年ハーグでの会議をCOP 6と呼んでいる。

COPICS [communication oriented production information and control system] 在庫管理,購買管理,原価管理,作業工程・製造設備などのデータ管理を結びつけた総合的な生産情報管理システム。

CORINS 日本建設情報総合センター(略称JACIC)がデータベースを構築し,公共発注機関に情報提供する「工事実績情報サービス」のこと。登録されている工事は公共工事のみである。1994年から実施されている。

CP [cerebral palsy] 脳性マヒのこと。

CPAJ [City Planning Association of Japan] 日本都市計画協会。

CPIJ [The City Planning Institute of Japan] 日本都市計画学会。

CPM [critical path method] ⇨クリティカルパスメソッド

CPU ①[central processing unit] 演算・制御・記憶の機能をもったコンピューターの中央処理装置。プログラムの命令を解読し,入力されたデータを命令どおりに実行するコンピューターの中心部分。②[cost planning unit] 機能別に分類した建物構成ユニットをコストプランニング用に体系化したコンピューターシステムのこと。

CRC [carbon reinforced concrete] 炭素繊維補強コンクリートのこと。

CS ①[chemical sensitivity] 化学物質過敏症。② [communication satellite] 通信用に打ち上げられた人工衛星。③ [customer satisfaction] 顧客満足度を最大にすることを中心とする考え方をいう。

CSCW [computer supported cooperative work] コンピューター援用協調作業。

CSG [Clear sheet glass] ⇨CG①

CSI [Construction Specifications Institute] (アメリカ標準)建築仕様協会。

CSRC [CALS Shared Resource Center] CALS共通リソースセンター。

CSS [client server system] クライアントサーバーシステム。

CSTB [Centre Scientifique et Technique du Bâtiment 仏] フランスの建築科学技術センター。本部はパリ。

CT ① [computerized tomography] X線撮影とコンピューターによる解析を組み合わせた診断方法で,内臓や脳の断層撮影に威力を発揮している。「コンピューターX線断層撮影装置」ともいう。② [cooling tower] ⇨クーリングタワー

CTN [CALS test network] CALSテストネットワーク。

C to B 顧客,一般消費者と企業の電子商取引きのこと。「B to C」「C 2 B」と

もいう。

CV [center vanishing point] 透視図において, 消点が中央にくる作図方法で「1点透視図」ともいう。

CVS [convenience store] ⇨コンビニエンスストア

CWA [Clean Water Act] アメリカの水質汚濁防止法。

D

D 火災 [D fire] 火災を可燃物の種類によって分類した一種で,「金属火災」ともいい, ナトリウム, カリウム, 粉末のマグネシウムやアルミニウムなどの活性金属による火災。消火には乾燥砂や炭酸ソーダで覆うのが効果的。→ A 火災, B 火災, C 火災

DA [digital-to-analog] デジタルからアナログへの変換。

DA 変換機 [digital analog converter] デジタル量をアナログ量に変換する装置。

DB ①[design-build] ⇨デザインビルド ②[database]「データベース」の略。各種の情報を収集・蓄積し, 記録・整理したもの。統合化されたファイルの集まり。さまざまな検索, 加工が可能で, 用途は広い。

dB [decibel] 国際単位系単位(SI 単位)には属さないが, SI 単位との併用が認められている音圧レベルの単位。呼称は「デシベル」。→デシベル

DBH [diameter at breast height] 胸高直径のことで, 日本では1.2 m を採用。

DBMS [data base management system] データベース管理システム。

DBS [direct broadcasting satellite] 直接放送衛星。各家庭が設置したパラボラアンテナに直接電波を送ることができる大出力の放送衛星。

DBT [design-build team] デザインビルドチーム。

DC [door closer] 「ドアクローザー」の略で, 扉の開閉をスムーズにするため, 扉上部に設けられる金物。

DC ブランド [designer's and character brand] 有名デザイナーや特徴ある商品の総称で, 消費者の差別意識や店舗のイメージ向上を目的に配置される。

DCF 法 [discounted cash flow method] 投資の価値を投資によってもたらされる利益の現在価値の大小で評価する評価手法。「割引きキャッシュフロー法」ともいう。

DDC ①[direct digital control] バルブやダンパーの制御を, 直接デジタル信号によって行うこと。②[Duewy Decimal Classification] デューイ十進分類法。

DDT [dichloro-diphenyl-trichloroethane 独] ドイツで開発されて世界で最も広く使われている殺虫剤の一つ。早くからその毒性が指摘され, 現在先進工業国では全面禁止となっている。

DDX [digital data exchange] デジタルデータ交換網。デジタル技術により任意の相手と高速・高品質でデータのやり取りができる。

DEMOS [denden multiaccess online system] NTT の大型コンピューターを通信で利用する公衆データサービス。建築構造計算などのプログラムラ

イブラリーがある。

DH［district heating］ 地域暖房システム。

D/H［distance/height］ 建物の見え方の変化に対する係数のことで、距離(D)と高さ(H)の比。建築家メルテンスの提案。「メルテンスの原理」ともいう。

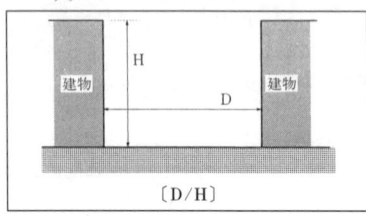

［D/H］

DHC［district heating & cooling］ 複数の建築群や地域内の熱供給プラントからの冷水、温水、蒸気などの熱媒体を利用して冷暖房、給湯およびその他の熱需要を満たすシステム。「地域冷暖房」ともいう。

DI［disconfort index］ 不快指数のこと。

DID［densely inhabited district］ 人口集中地区。

DIN［Deutsche Industrie Norm 独］ ドイツ規格協会。同協会が定めた規格。工業材料や製品にとどまらず、建築工事や土木工事、さらに医療施設にまで及んで規定している。

DINKS［double income no kids］ ⇨ディンクス

DIS ①［Draft International Standard］ 国際規格として発行する前の段階の原案のことで、国際規格はいくつかの段階を経て発行される。 ②［Disaster infomation system］ 国土交通省が開発整備した地震防災情報システムのこと。

DIY［do it yourself］ 住まいと暮らしをより良くするために、自らの手で生活空間を作ろうという考え方。運動として1945年にイギリスで始まった。→ホームセンター

DIY アドバイザー［DIY adviser］ DIY店などで、材料、工具、工作法などについて適切な助言を与えることを職業とする人。

DK［dining kitchen］ 「ダイニングキッチン」の略。食堂と台所が一つになった部屋。

DK 型住宅［dining kitchen type］ 住宅公団が提案した、寝食分離に基づいたダイニングキッチンを中心にした住宅プラン。

DK マーク 「優良断熱建材認定制度」に基づき優良と認定された断熱建材に表示される品質認定マーク。断熱(D)と建材(K)の頭文字を取ってDKマークとしている。

［DKマーク］

DM［design management］ ⇨デザインマネジメント

DNA［deoxyribo-nucleic acid］ デオキシリボ核酸。遺伝情報の担い手となる物質。

DOCOMOMO The Documentation and Conservation of buildings, sites and neighborhoods of the Modern Movement（近代建築に関する建物・周辺環境の記録と保存）の略で、オランダに本部のあるNGO（非政府機関）の名称。「ドコモモ」ともいわれる。

DOS [disk operating system] ディスクオペレーティングシステム。

DP ①[dew point] 露点温度。②[drainpipe] 排水管。

DPD [digital product definition] デジタル製品定義。

DPE [development printing enlargment] 写真の現像，焼付け，引伸しを示す。

DPG構法 [dot point glazing] 強化ガラスを特殊ボルトによって構造フレームに固定させる構法。ガラスが点で支持されるのでサッシが不要となり，ガラスのみの大きな壁面が構成できる。→テンポイント構法，プレーナー構法

DPI [dot per inch] 1インチの直線をいくつの点（ドット）で構成するかを表示する単位。ディスプレーの表示，プリンターの印刷，スキャナーの読み取り等の精度を表現するのに用いる。

DS [duct space] ⇨ダクトスペース

DSS [decision support system] 経営の意思決定に必要な情報提供を目的に整備されたコンピューターシステム。

DTD [document type definition] 文書形成定義。

DTP [desktop publishing] コンピューター上で文字や図形，写真情報を自由に加工，編集すること。

DTSNねじ [drilling tapping screw nail] 「十字穴付きドリリングタッピングねじ」で，ツーバイフォーの耐力壁軸組に使われる。

DVD [digital video display] 画像データを数値化して表示するもので，色や形が鮮明にできる。

DWVシステム [drainage, waste and vent system] 建物・敷地内で生じる各種配水を支障なく配水する設備と，これを円滑に行わせるための通気設備。「配水通気方式」ともいう。

DX方式 [direct expansion system] 室内に設置した蒸発器に，直接冷媒を流入・膨張させ，蒸発器に室内空気を通して冷却する冷却方式。「直膨方式」ともいう。

DXF [drawing interchange file, data exchange format] （オートキャド）図面データ交換形式。

E

Eコマース [electronic commerce] ⇨エレクトロニックコマース

E表示 「針葉樹の構造用製材」の強度区分で，弾性係数で定めたものをE表示としている。

EA ①[environmental assessment] 建設にともなう自然破壊の事前予測の調査で最小限の方法を求めるもの。②[environmental audit] 環境監査のこと。

EAC [estimated cost at complesion] 完成予定コスト。

EAR [Environmental Audit Roundtable] ワシントンに本部をもつアメリカの環境監査関連の専門家組織。

EARA [Environmental Auditors Registration Association] リンカーンに本部をもつイギリスの環境監査員評価登録協会。

EAROPH [East Asia Regional Organis-ation for Planning and Housing] 東アジア住宅都市計画連合。

EC ①[electronic commerce] ⇨エレク

トロニックコマース ②[end of curve] 道路曲線部の終変曲点。→IP①

EC化 [engineering constractor] 機械・装置・システムを含んだ施設全体を,企画,設計,施工,保守など包括的かつ総合的に行う方法。「エンジニアリングコンストラクター」ともいう。

ECE [Economic Commission for Europe] 欧州経済委員会。

ECRS [Electronic Commerce Resource Center] 電子商取引リソースセンター。

ECS [environmental control system] 環境制御装置。日常生活で全面的な介助を必要とする重度の障害者が,残されたわずかな動きを使い,スイッチ類の操作を可能にするもの。

EDA [equivalent direct radiation] 室内温度と熱媒温度が標準状態にある場合の単位放熱面積当たりの放熱量を標準放熱量とし,これに対する実際の放熱器の全放熱量の比で表す直接暖房装置の能力指数。「相当放熱面積」ともいう。

EDB [engineering database] エンジニアリングデータベース。

EDI [electronic date interchange] コンピューター通信を利用して,企業間における商談や取引きに必要な見積書,発注書,請求書などの情報を交換すること。

EEPS [environmental aspects in product stanndards] 製品規格の環境側面。

EI [enterprise integration] 企業統合。

EIA ①[environmental impact assessment] 環境アセスメント。開発行為が原因となる自然破壊に関して事前に予測調査すること。また,その悪影響を最小にする方法を探し出すこと。→アセスメント ②[Electronic Industries Association]アメリカ電子工業会。

EIAJ [Electronic Industries Association of Japan] 日本電子機械工業会。

EL ①[environmental labeling, eco label] 環境ラベル,エコラベル。②[eye level] 透視図法でGLからの視点の高さをいい,水平線上にくる。

ELランプ [electroluminescent lamp] 硫化亜鉛系の蛍光体に誘電体を混ぜて薄膜にし,これに電界を加えて発光させる照明ランプ。「エレクトロルミネンスランプ」ともいう。

ELB [earth leakage circuit breaker] 短絡電流が一定値の場合に,その回路を遮断する機能をもつ回路遮断器。「漏電遮断器」ともいう。

EM [electronic mail] 電子メール。

EMAS [eco-management and audit scheme] 1993年に市場統合を進めるために交付されたEU理事会規則である「環境管理・監査スキーム」のこと。ISO14000Sに似ているが,EMASが規格でなく法律である点が大きく異なる。

EMC [electronic magnetic compatibility] 電気製品等から発生する不要電波により他の機器に電磁障害を起こさないよう,電磁環境として両者が両立できるよう調和を図ること。「電磁環境両立性」ともいう。

EMS [environmental management system] 環境マネージメントシステムの略。

EN [European Norm] CENが制定する規格のことで,EU各国はこれをそのまま自国の規格として採用できる。→CEN

EOS ①[electronic ordering system]

EURO

図中:

PLAN 計画
- 環境側面
- 法的,その他の要求事項
- 目的および目標
- 環境マネジメントプログラム

DO 実施と運用
- 体制と責任
- 訓練,自覚と能力
- コミュニケーション
- 環境マネジメントシステムの文書化
- 文書管理と運用管理
- 緊急事態への準備と対応

継続的改善

CHECK 点検と是正措置
- 監視と測定
- 不適合と是正,予防処置
- 記録
- 環境マネジメントシステムの監査

ACTION 経営者による見直し

〔EMS〕

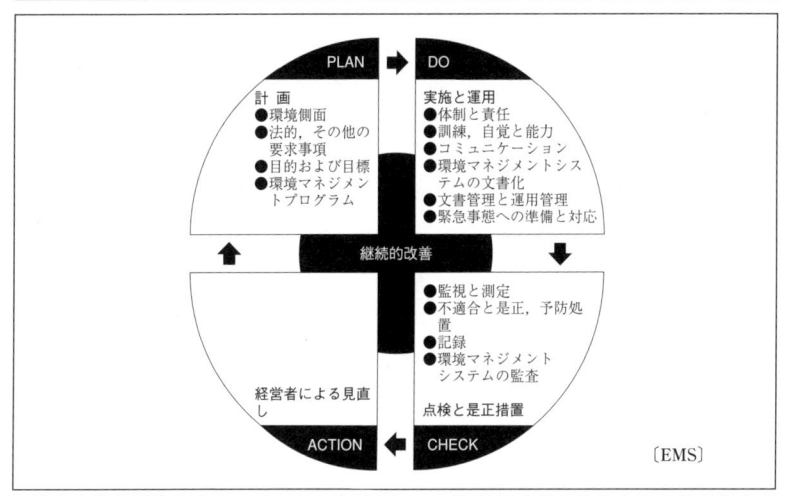

発注企業と受注をオンライン化した仕入業務情報ネットワークのこと。② [ergonomic office system] 人間工学から生まれたオフィスシステム。

EP ① [emulsion paint] ⇒エマルジョンペイント ② [eye point] 透視図法において,建物を見る位置のことで,「SP (stand point)」ともいう。

EPA [Environmental Protection Agency] アメリカ環境保護庁。

EPC コンストラクター [engineering procurement construction] プロジェクトの企画段階から参画して計画・調達・建設をフルターンキーで遂行するエンジニアリング・コントラクターのこと。海外のプラント市場で使われている呼称。

EPE [environmental performance evaluation] 環境パフォーマンス評価。

EPIC [European Product Information Cooperation] エピック。欧州製品情報協調(組織)。

EPR [extended producer responsibility] 環境負荷を発生させる製品を生産する生産者が,それに伴う環境コスト負担の責任を負うルールのこと。「拡大生産者責任」ともいう。

EPS [electric pipe shaft] 電気設備工事において,電気の幹線を設置するスペース。「ケーブルシャフト」と同じ。

ESI [equivalent sphere illumination] 「等価球内照度」といわれ,視作業における見え方に基づき照明環境を質的に評価する尺度として IES (アメリカ照明学会)が推奨している照明評価方法。

ET [equivqlent temperature] アメリカ冷凍協会が採用している,風速 0.25 m/s 以下の室内における温感を数値化した温熱指標。

ETC [electronic toll collection system] ノンステップ自動料金収受システム。

EU [European Union] 欧州連合。

EUCIG [European CALS Industry Group] 欧州 CALS 産業グループ。

EUROFM [Euro Facility Management] 欧州各国のFM協会やFM教

育機関の連携を図っているネットワーク機構。

EV [elevator] 「エレベーター」の略。

EWS ①[emergency warning system] 緊急警報放送システム。②[engineering womp station] エンジニアリングワークステーション。

F

F ①[fuse] ヒューズ。鉛，錫の合金で低い温度で溶けるので，電気回路に組み込んで安全器に用いたり，火災時に作動するように可動シャッター等に組み込まれている金属片。②襖(fusuma)の略号で，建具表やキープランで用いられる。

Fケーブル [F cable] ビニールで被覆した電線を平行に束ねて，その上をさらにビニールで覆ったもの。正式には「VVFケーブル」と呼ばれる。電線管を使用しないで敷設できるので，天井裏のころがし配線などに用いられている。

F種絶縁 [class F insulation] 許容最高温度155℃に十分耐える材料で構成された絶縁。

FA [factory automation] 「ファクトリーオートメーション」の略。コンピューターを利用して，工場の生産ラインなどを自動化・無人化すること。

FAS [first and second] ⇨ファーストアンドセカンド

FB ①[fiber board] ⇨ファイバーボード ②[flat bar] 平鋼のこと。

FBリング 鉄筋をフラッシュバット溶接を使って輪にしたもの。フープ筋などに用いる。〔製造：諏訪熔工〕

FC ①[fine ceramics] ⇨ファインセラミックス ②[specified concrete strength] コンクリートの設計基準強度。構造計算において基準としたコンクリートの材齢28日の圧縮強度のこと。

FC板スラブ工法 FC板(Fuji Channel Form)というチャンネル型の断面をもつプレストレストコンクリート板を支保工なしで梁間に敷き込み，その上に配筋し，コンクリートを打設・一体化する合成スラブ工法のこと。〔開発：富士ピー・エス・コンクリート〕

FCIM [flexible computer integrated manufacturing] フレキシブルコンピューター統合生産。

FD ①[fire dumper] ⇨ファイアーダンパー ②戸襖(fusuma door)。襖で作られている軽いドア。③[floppy disk] フロッピーディスク。

FD申請 特定行政庁における建築確認業務の効率化，完了検査の的確な実施による工事監理責任の明確化，建築確認にかかわる情報の活用等を目的に導入されたフロッピーディスクを使用した確認申請方法。

FDDI [fiber distributed data interface] 光分散データインターフェース。

FF [forced flue] 密閉容器内で燃焼した燃焼廃ガスや排気を強制的に送風機で排出させる燃焼方式。

FF & E [furnishing, fixtures and equipments] 建築本体以外の設備，備品，家具などの総称。

FG ①[family group] ファミリーグループ。②[figured glass] 型板ガラス。表面に凹凸の文様を付けた板ガラスのこと。→FWG

FH [floor hinge]「フロアヒンジ」の略。

FHA [Federal Housing Administration] (アメリカ)連邦住宅局。

FHLB [Federal Home Loan Bank] (アメリカ)連邦住宅金融銀行。

FID [International Federation of Documentation] 国際ドキュメンテーション連盟。

FIPS [Federal Information Processing Standards] (アメリカ)連邦情報処理基準。

FIX [fixed fitting] 開閉できないように固定された窓のこと。「はめ殺し窓」という。

FJ材 [finger joint lumber] 木口(こぐち)を鋸歯状に加工し、指を組み合わせるようにつないだ材。フィンガーの形状、大きさによりさまざまなタイプがある。

FL [floor line (level)] 断面図や矩計図に記載される各階の標準床仕上面。地盤面からの垂直距離で表される。→GL

FLランプ [fluorescent lamp] ガラス管の内面に蛍光体を塗布し、水銀蒸気放電で発光する放電ランプ。「蛍光灯」という。

FM ① [facility management] ⇨ファシリティマネジメント ②[fine-ness modulus] 粗粒率。コンクリートの骨材の粒度を表す指標。③[freque-ncy modulation] 電波の変調方式の一つ。FM放送、テレビの音声などの電波形式の一つ。→AM

FMIS [facility management information system] FMに必要な情報を作成、蓄積、提供するためのコンピューターシステム。資産状況、ファシリティ運用状況、予算執行状況、FMに関わる計画の進捗状況等を管理する。

FMS ① [flexible manufacturing system] ⇨フレキシブルマニュファクチャリングシステム ②[facility management service] ファシリティマネージメントサービスの略。企業内の人や物を、効率よく運用管理するためのサービス。計画、実行、管理の3つの内容になっている。

FOB [free on board] 貿易において、輸出港で買主手配の本船に引き渡すまでの費用のこと。

FOE [Friends of the Earth] 地球の友。1971年に設立された地球の生態系に関わる環境問題に取り組む国際環境保護団体。

FPケーブル [fire proof cable] 非常用照明回路、自家発電回路等の非常用回路に使用される耐火性のケーブル。「耐火ケーブル」ともいう。

FR [family resources] ファミリーリソース。

FR鋼 [fire resistant steel] ニッケル、クロムなどの合金を一般建築構造用鋼材に添加し、高温時における耐力を向上させた鋼材。

FRC [fiber reinforced concrete] 高強度の繊維を補強材として混入したコンクリートの総称。GRC(ガラス繊維)、CFRC(炭素繊維)、SFRC(スチール繊維)などの種類がある。

FRM ① [fiber reinforced metal] 金属中に炭素繊維、ボロン繊維、アルミナ繊維などの無機質を混入して作った複合材料のこと。航空、エンジンなどの極限構造材料として注目されている。② [fluorocarbon rubber] ⇨フッ素ゴム

FRP [fiberglass reinforced plastic]

プラスチックにガラス繊維を混ぜて補強した材料で，ポリバスや高架水槽などに使用。「ガラス繊維強化プラスチック」「GFRP」ともいう。

FRTP〔fiberglass reinforced thermo plastic〕 繊維強化プラスチック。

FS〔feasibility study〕 ⇨フィージビリティスタディ

FSD〔fire steel door〕 防火戸。火災の延焼を防ぐため，防火区画を構成する壁面の開口部等に設ける扉または窓。建築基準法によって性能別に特定防火設備と防火設備の2種類が定められている。

FSH〔fire shutter〕 防火シャッター。防火上の区画の必要な所に設けられるシャッターで，熱や煙を感知し電気的に閉まるものと，ヒューズが溶けて作動するものがある。

FTA〔failure tree analysis〕 設備の開発・設計および仕様，特に発生しそうな故障や発生してしまった故障について，その過程をたどって解析し，発生原因を予測する手法。「故障の木解析」ともいう。

FTP〔file transfer protocol〕 ⇨ファイルトランスプロトコル

FTTC〔fiber to the curb〕 一般加入者の街路の近くまで光ファイバーで多重伝送し，加入者の近くで電気信号に変案して伝送する光アクセス網の方式。

FTTH〔fiber to the home〕 一般加入者の家まで光ファイバーで伝送する光アクセス網の方式。

FTTO〔fiber to the office〕 オフィスビル間を光ファイバーで多重伝送する光アクセス網の方式。

FVD〔fire and volume damper〕 防火ダンパーと風量調節ダンパーの機能を同時に組み込んだダンパー。→SFD

FWG〔figured wire glass〕 型板ガラス（FG）に防火・防犯上より鉄網を入れてつくられた板ガラス。→FG

G

G〔gravitational acceleration〕 重力加速度の大きさを表す単位。呼称は「ジー」。国際単位系単位（SI単位）の表示は cm/s^2 であり，1G＝9.80665 cm/s^2。

Gコラム〔G-column〕 おもに柱に用いられる遠心力を利用して管状に形成された継目なしの鋼管。〔製造：クボタ〕

Gマーク〔G-mark〕 工業製品のデザイン振興のため昭和32年(1957)から通商産業省(現経済産業省)が実施している標示。優秀なデザイン(good design)に選定された製品に付けるマークで，頭文字のGを図案化している。

〔Gマーク〕

GAEB〔Gemeinsamer Ausschuss Elektronik in Bauwesen 独〕 電子的建築連合委員会。

Gal〔gal〕 重力加速度の大きさを表す単位。呼称は「ガル」。→ガル

GATT〔General Agreement on Tarrifs and Trade〕 ガット。関税貿易一般協定。

GBRC〔General Building Research Corporation〕 日本建築総合試験所。

GCB〔gas circuit breaker〕 高消弧性能を有する六フッ化水素の中で，電路

の遮断を行う遮断器。「ガス遮断器」ともいう。

GDB［general data base］ 一般データベース。

GEF［global environment facility］ 地球温暖化対策，生態系の保護，オゾン層の保護などを対象として，発展途上国の地球環境保全活動を支援するための基金。1991年に世界銀行，国連環境計画(UNEP)，国連開発計画(UNDP)が発足させた。「地球環境基金」ともいう。

GEMI［Global Environmental Management Initiative］ 本部をワシントンにもつ地球環境の保全に関心をもつ企業グループ。「地球環境マネジメントイニシアティブ」ともいう。

Gen COM［general construction object model］ 一般建築オブジェクトモデル。

GF［glass fiber］ ⇨グラスファイバー

GFRC［glass fiber reinforced concrete］ ガラス繊維強化コンクリート。セメントペーストやモルタルの中に，耐アルカリガラス繊維を分散して入れたコンクリート系材料。カーテンウォールや内外装のレリーフとして使用されている。「FRP」ともいう。

GHG［greenhouse gases］ 二酸化炭素，メタン，フロンなどに代表される赤外線を吸収する気体の総称。「温室効果ガス」「温暖化ガス」ともいう。

GIS［geographic information system］ 地理情報システム。都市・環境・資源等に関する多量のデータを蓄積し，さまざまな視点から統計処理を行い，必要情報を提供するシステム。

GL［ground line］ ⇨グランドライン →FL

GL工法 GL は gypsum lining の略。石膏ボードの接着貼り工法。コンクリート面などに粘土状の接着剤を一定間隔に塗り，ボードを押し付けて貼る。「ぺたん工法」ともいう。

GLP［good laboratory practice］ 医薬品や食品添加物の開発に関する，動物実験の施設や手順に対する規範。

GM［gun metal］ 砲金。青銅の一種で銅の合金。建築金物に用いられる。

GMP［good manufacturing practice］ 医薬品製造時の品質向上をはかるために作られた規範。製薬工場の清浄度維持に関するものが盛り込まれている。

GMS［general marchandise store］ ⇨ゼネラルマーチャンダイズストア

GN釘［gypsum nail］ ツーバイフォー工法で，石膏ボードを取り付けるための釘。

GP［ground plane］ 透視図において，建物が建つ水平面のこと。

GPS［global positioning system］ 米軍が航空機や船舶運航のために採用した位置測定用の衛星システムのこと。現在のITSのカーナビゲーションシステムに搭載された地図情報を提供している。「全地球測位システム」ともいう。

GRC［glass fiber reinforced cement］ ガラス繊維強化セメント。

GRG［glass-fiber reinforced gypsum］ 石膏をグラスファイバーで補強した製品で，耐候性がありまた型取りができるので古建築の補修などに使われている。

GT［group technology］ グループテクノロジー。

GUI［graphic user interface］ コンピューターと利用者間の意思疎通を円滑にするためのソフトウエアであるユー

ザーインターフェースのうち，マウスとグラフィック画面を利用してコンピューターの使いやすさを高めたもの。

H

H形鋼［wide flange shapes］ 断面がH形をした形鋼。熱間圧延による圧延H形鋼（ロールH）と溶接による溶接H形鋼（ビルトH）の2種類がある。「H鋼」ともいう。JIS G 3192。

H形鋼杭［wide flange shapes pile］ 鋼杭の一種で，断面がH形をしているもの。熱間圧延されたものと，平鋼や帯鋼を溶接したものとがある。仮設の山留め以外はあまり使われなくなった。JIS A 5526。

H形ジョイント 型枠工事において合板型枠の継目のずれ留めに用いるH形をした金物。

H鋼［H (section) steel］ ⇨H形鋼

H鋼横矢板工法［soldier beam and breastboard construction］ 山留め工法の一種。根切りの外周にH鋼やI鋼を1～1.5mほどの間隔で打ち込み，それに木製の横矢板を取り付けて山留め壁とする。「ジョイスト工法」「親杭横矢板工法」ともいう。

H種絶縁［class H insulation］ 許容最高温度180℃に十分耐える材料で構成された絶縁。

Hポイント［hip point］ ⇨ヒップポイント

HA［home automation］ ⇨ホームオートメーション

HABITAT［The United Nations Conference on Human Settlements］ ハビタット。国連人間居住会議。

HACCP［hazard analysis and critical control point of evaluation］ 危害分析重要管理点方式。食品の安全性確保のために監視すべき重要な管理ポイントを定めて，管理・記録する方式。

HASP［heating, air-conditioning and sanitary engineering program］ 空気調和・衛生工学会によって開発された，動的空調負荷計算法の略称。年間を通して，1時間刻みで熱負荷を求められる。

HASS［heating, air-conditioning & sanitary standard］ 空気調和・衛生工学会の定めた規格。

HAW［high activity waste］ 高放射性廃棄物。

HB［home banking］ ⇨ホームバンキング

HCFC［chlorofluorocarbon alternative］ 特定フロンに代替しうる，オゾン層破壊能力の小さな非フッ素化合物の総称。「代替フロン」ともいう。

HDTV［Hi-Vision］ ⇨ハイビジョン

HE ① ［home electronics］ ⇨ホームエレクトロニクス ② ［human engineering］ ⇨ヒューマンエンジニアリング

HEATS ⇨ヒーツ

HEPA［high efficiency particulate air filter］ クリーンルームなどで使用される高性能フィルターの一種。

HEX［heat exchanger］ 熱交換器。

HFC［hydrofluorocarbons］ ハイドロフルオロカーボン。塩素を含まないため，オゾン層を傷つけないが，CO_2の1000倍以上の高い温室効果をもつ。

HFW［high-rise frame wall］ けた行方向が扁平な柱と梁からなる壁式ラー

メンで構成され，梁間方向が最下階から最上階まで連続している耐力壁で構成される鉄筋コンクリート構造のこと。「中高層壁式ラーメン鉄筋コンクリート造」ともいわれる。日本建築センターから出されている設計施工指針で階数，軒高，平面形状等の基準が示されている。おもに集合住宅の構法として採用される。

HG [heat absorbing glass] 熱線吸収ガラス。板ガラスの組成の中に鉄・ニッケル・コバルト等の金属成分を加え，赤外線を吸収することにより，熱を遮断する着色透明板ガラス。

HHFA [Housing and Home Finance Agency] アメリカ住宅金融公庫。

HID ランプ [high intensity dischange lamp] 高圧水銀ランプ，メタルハライドランプ，高圧ナトリウムランプの総称。

HII [home information infrastructure] 家庭内のどの部屋からも外部情報サービスに簡単に接続できる配線システム。外部からの情報を情報分電盤にすべて集約し，情報ケーブルを通して各部屋の情報コンセントに配信する。「住宅情報化配線」ともいわれる。

Hi-RC 工法 高強度コンクリートと太径鉄筋などを利用した鉄筋コンクリート高層建築物工法。〔開発：鹿島建設〕

HL [horizon line] 透視図法における水平線で，目の高さになる。消点もこの水平線上に集まる。→SP③

HLC [Housing Loan Corporation] 住宅金融公庫。

HMTA [Hazerfous Material Transport Act] アメリカの廃棄物輸送規制法。

HP [heat pump] ⇨ヒートポンプ

HP ケーブル [heat resistant cable] 非常用スピーカー，警報装置，表示装置などの非常用機器の制御用に使用される耐熱性のケーブル。「耐熱ケーブル」ともいう。

HP シェル [hyperbolic paraboloidal shell] 水平に切断するとその切り口が双曲線となるシェル。体育館，ホールなど大空間の屋根構造に応用される。「双曲放物線面シェル」ともいう。

HPC 工法 柱をH形鋼と現場打ちコンクリート，梁を鉄骨入りプレキャストコンクリート，壁・スラブをPCとした高層住宅用の構造手法。〔開発：住宅・都市整備公団（現都市基盤整備公団）〕

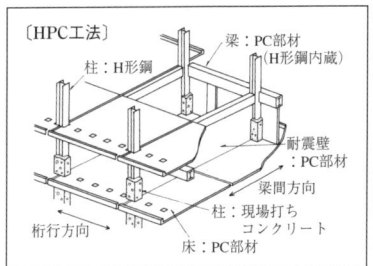

〔HPC工法〕
柱：H形鋼
梁：PC部材（H形鋼内蔵）
耐震壁：PC部材
梁間方向
柱：現場打ちコンクリート
桁行方向
床：PC部材

HPR 工法 H形鋼，プレキャストコンクリート，現場打ちコンクリートを組み合せた高層集合住宅用の構造手法。HPC工法の改良型。〔開発：鹿島建設〕

HTB [high tension bolt] 高張力鋼でできたボルトの総称。主として鉄骨構造の部材接合に用いられる。「高張力ボルト」「高力ボルト」ともいう。

HTML [hyper text markup language] WWWのページを記述するための言語。文章の書式や画像ファイルなどの存在位置やリンク先などを記述する。

HUD [Department of Housing and Urban Development] アメリカ住宅都市開発省。

HVAC [heating, ventilating air-conditioning] 空調。

HWL [high water level] 水槽等において，水面が高くなり，ポンプの発停信号を出す水位。「高水位」ともいう。

Hz [hertz] 国際単位系単位（SI単位）の振動，音波，電磁波などの周波数の単位。呼称は「ヘルツ」。→ヘルツ

I

I 形鋼 [I (section) stell] I形断面をもつ形鋼。単材として柱，梁などに用いる。JIS G 3192。

I 型梁 断面がI型になるように組み合わせた複合梁の一種。フランジと呼ばれる上下弦材と，これをつなぐウェブ材としてせん断強度の高い面材を組み合わせるのが一般的。

I 形ビーム [I (section) beam] 木質材料と金属材料，ネイルプレートなどを組み合わせたボックスビーム，ラチスビーム，ネイルプレートトラス等の総称。

I ターン現象 大都市出身者などが地方の企業に就職，転職すること。

i モード NTTの提携する携帯電話サービスの名称。メールの送受信，ホームページの閲覧が可能であり，独自のコンテンツがそろっている。

IABSE [International Association for Bridge and Structural Engineering] 国際橋梁・構造協会。

IADL [instrumental activities of daily living] 人間が日常生活上，必要とする基本動作群のうち，身の回りの動作と移動動作以外の生活関連動作のこと。「日常生活の関連動作」ともいう。→ADL

IAI [International Alliance for Interoperability] 行っている国際的な非営利団体。→IFC

IAQ [indoor air quality] 室内空気環境。

IATCA [International Audit and Training Certification Associaton] 国際監査員訓練協会。

IB ① [fiber insulation board] ⇨インシュレーションボード ② [intelligent building] ⇨インテリジェントビル

IBI [intelligent building institute] インテリジェントビル協会。

IC カード [integrated circuit card] キャッシュカードやクレジットカードで使われている磁気ラインに代わり，IC（集積回路）を埋め込んだカードのことで，磁気タイプのものの約100倍の記憶容量（約8000字）を持つ。「インテリジェントカード」ともいう。

IC 製造工場 半導体集積回路（IC）を製造するための工場。製品の品質確保のために，クリーンな環境と高純度の物質を必要とする。→ハイテク汚染

ICA [International Congress on Acoustics] 国際音響学会議。

ICE [Institution of Civil Engineers] （イギリス）土木学会。

ICIS [International Construction Information Society] アイシス。国際建設情報協会。

ICOM [International Council on Monuments] ⇨イコム

ICOMOS [International Council on Monuments and Sites] ⇨イコモス

ICONDA CIBがスポンサーとなって

いる国際データベース。通称イコンダ。→CIB

ICOS工法 [Impresa di Construzione Opere Specializzate 伊] イタリアで開発された地中連続壁工法。「イコス工法」ともいう。

ICSA [International Construction Specification Association] 国際(標準)建設仕様協会。

ICU [intensive care unit] 病院内で，手術直後の患者や重病の患者を集めて集中的に観察，看護する室。「集中看護病棟」「集中治療室」ともいう。

ID ①[identification, identity] 身分証明，個人に固有のもの。②[industrial design] ⇨インダストリアルデザイン

IDカード [identification card] 身分証明用磁気カード。出入口の錠前と連動したカードリーダーを設置して入退室管理に利用される。

IDC [internet data center] インターネットデータセンター。インターネットで使われる情報を蓄積・発信する施設，またはその施設を運営する企業。施設では情報を蓄積・発信するコンピューターであるサーバーの設置とその管理が行われる。

IDE [intelligent drive electronics, inetgrated drive electronics] おもにPC/AT互換機の内蔵ハードディスクで使われるインターフェース。

IDEF [Integrated computer aided manufacturing definition] 統合CAM定義(手法)。

IDF [intermediate distribution frame] 電話設備工事で，MDFと末端の端子盤との中間に設置し，配線を系統ごとに分配するための盤。「中間端子盤」ともいう。→MDF①

IDS [integrated data system] 統合データシステム。

IE [industrial engineering] ⇨インダストリアルエンジニアリング

IEC [International Electrotechnical Commission] 国際電気標準会議。

IECA [International Engineering Consultants Association] 国際建設技術協会。

IEEE [Institute of Electrical and Electronics Engineers, Inc] アメリカ電気電子技術者協会。

IES ①[The Illuminating Engineering Society]イギリス照明学会。②[Illuminating Engineering Society of North America] アメリカ照明学会。

IF [interface] ⇨インターフェース

IFC [Industry Foundation Classes] 建設分野の設計，生産関連情報を共有，相互利用するための国際的な標準仕様書。IAIと適宜情報交換を行っている。→IAI

IFHP [International Federation for Housing and Planning] 国際住宅・都市計画・地域計画連合。

IFMA [International Facility Management Association] 国際ファシリティマネージメント協会。1980年アメリカで創立。

IGES [initial graphics exchange specification] 異機種CAD間でデータを交換する際に使用する中間ファイルフォーマットの一つ。

II [industrial identity] インダストリアルアイデンティティー。産業概念の確立と普及を図ることを目的とする戦略。建設省（現国土交通省）が推進している。

略

IISEE [International Institute of Seismology and Earthquake Engineering] 国際地震工学研究所。

IISI [international iron and steel institute] 国連から非政府機関の認定を受けている世界の主要鉄鋼メーカーで組織する国際産業団体。「国際鉄鋼協会」ともいう。

IIW [International Institute of Welding] 国際溶接学会。

IL [independent living] 重度な障害者が, 責任ある個人として自立生活すること。

ILB 舗装 [interlocking block pavement] インターロッキングブロックを用いた舗装。

IMS ①[information management system] 情報管理システム。②[intelligent manufacturing system] 過去に企業から外部に出ることのなかった生産技術を公開して, 標準化また各国の財産として残すことを目的に, 日本の産官学が提唱した国際的な共同研究プロジェクトのこと。「知的生産システム」ともいう。

IMS 規定 壁装材料協会が自主制定した, 加工紙壁紙, 織物壁紙, ビニル壁紙に関する生活環境の安全に配慮したガイドライン。人命・身体・財産を損なうことがないよう原材料,作業環境,製品への配慮を盛り込んでいる。

INS ネット 世界の共通規格である「サービス総合デジタル網（ISDN）」に基づいて NTT が提供する画像・音声・データ通信などの商用デジタルサービスのこと。ISN は information network system の略。INS ネットには従来の電話線をそのまま利用してデジタル伝送を行う「INS ネット64」と光ファイバーを敷設して高度通信を行う「ISN ネット1500」の2種類がある。

IP ①[intersection point] 道路曲線部の両端の接線が交わる点。→SP ②[internet protocol] ⇨インターネットプロトコル

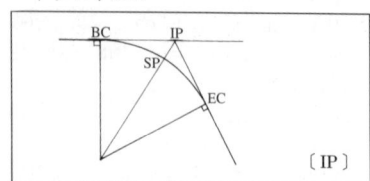

〔IP〕

IPCC [international panel for clomate change] 国連環境計画（UNEP）と世界気候機関（WMO）の共管により設置された気候変動に関しての政府間パネル。→UNEP, WMO

IPP [independent power producer] 卸売り電力の供給を目的とした発電事業者。

IRM [information resource management] 情報資源管理。

IRR 法 [internal rate of return method] 投資に対する収益の利益率で投資の収益性を評価する手法。投資に必要な資金の現在価値と, 投資によりもたらされる収益の現在価値が等しくなる割引率を利益率とする。「内部利益率法」という。

IS [Industry Standard] ①業界標準。②[International Standard] 国際標準。

ISBN [International Standard Book Number] 国際標準図書番号。

ISDB [integrated services digital broadcasting] 音声, テレビ, 文字, データなどの放送をデジタル化することにより広帯域伝送路を活用して伝送するシステム。

ISDN [integrate service digital network] 総合デジタル通信網。アナログ電話回線に代わるデジタル電話回線。大容量で高速の通信が可能。

ISM [in-store merchandising] ⇨インストアマーチャンダイジング

ISO [International Organization for Standardization] 国際的な単位や用語の標準化を推進するための組織。国際標準化機構のこと。「イソ」「アイソ」「アイエスオー」ともいう。

ISO コンサルタント ISOを進める上での問題点を解決するため,営利目的をもって活動する個人や組織。指導方法やレベルにばらつきがあり,問題となっている。

ISO ビジネス ISOコンサルタント,審査員研修セミナー,文書構築支援ソフトなどを対象としたビジネス。

ISO/TC207 [ISO technical committee 207] 環境マネジメントシステムの標準化を審議する専門委員会。「国際標準機構第207専門委員会」ともいう。

ISO 14000 シリーズ 環境マネジメントシステムの一般的な名称。

ISO 19011 シリーズ 外部審査用に作られたISO審査の指針を示すガイドライン。

ISO 9000 シリーズ 国際標準化機構(ISO)の品質管理システム。品質システムを「品質要求を満足しているという信頼感を与えるための体系的活動であり,品質管理を実施するための組織,責任,手順,工程,経営資源」と定義している。企業等の品質管理能力の評価基準として認証制度化されている。

ISP [internet service provider] インターネットサービスプロバイダー。

ISRC [International Standard of Recording Code] 国際標準レコーディングコード。

IT [information technology] データ処理中心の情報処理技術から通信ネットワークまで,広範囲にわたる情報通信に関する技術全般のこと。

ITS [intelligent transport system] 「高速道路交通システム」。最先端の情報通信技術を用いて人と道路と車両をネットワークでつなぎ,交通事故の減少,渋滞の軽減,輸送効率化などの道路交

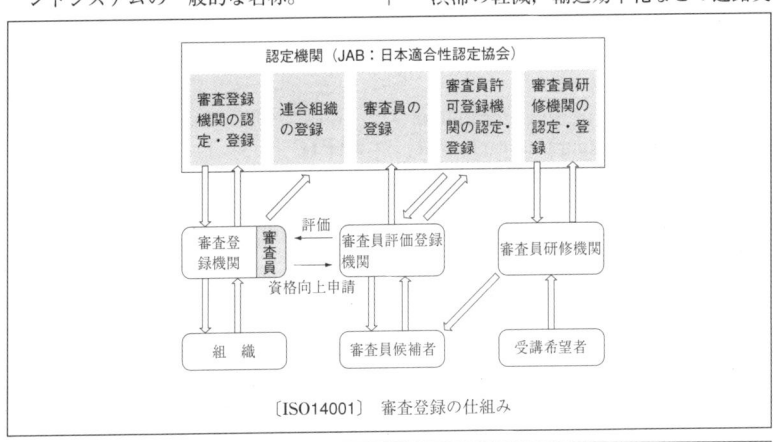

[ISO14001] 審査登録の仕組み

通問題の解決を目的とした新しい交通システム。ナビゲーションの高度化，自動料金収受システム，安全運転の支援など9つの開発分野から構成されている。

ITT [International Telephone & Telegraph Corporation] アメリカ国際電話電信会社。

ITTO [International Tropical Timber Organization] 国際熱帯木材機関。熱帯林の適切な保全と開発を目的に設立された国際機関。

ITU [International Telecommunication Union] 国際電気通信連合。国際連合の電気通信の専門機関で，周波数，宇宙通信，デジタル通信，ビデオテックス，静止軌道など，新しい電気事業が国際的にスムーズなシステムとして運営されるための調整の場としての役割を果たす機関。

ITV [industrial television system] 工場や店舗内で使われる監視用・防犯用の有線テレビシステム。

ITV 設備 [industrial television system] 防犯監視，設備監視等に用いるテレビカメラによる遠隔監視設備。

IU [international unit] ⇨インターナショナルユニット

IUCN [International Union for Conservation of Nature and Natural Resources] 国際自然保護連合のこと。自然環境保護，自然資源の保全を目的に世界の民間団体と公的機関が参加している国際団体。わが国の環境庁や日本野鳥の会も参加している。レッドデータブック刊行も業務のうちの一つである。

J

J [joule] 国際単位系単位 (SI単位) のエネルギー (仕事・熱量) の単位。呼称は「ジュール」。→ジュール

J ターン現象 地方出身者が大都市に進学・就職した後，別の都市に就職しなおすこと。

J パネル 国産材の杉を使用した製品として初めての大臣認定の構造用面材。

JAB [Japan Accreditation Body] 日本適合性認定協会のこと。各国に一つだけ存在するISOの審査登録機関や審査員研修期間を認定する上位機関。

JABEE [Japan Accreditation Board for Engineering Education] 日本技術者教育認定機構。

JACIC [Japan Construction Information Center] 日本建設情報総合センターの略称。情報化社会に対応して建設事業分野の各種情報のデータベース化，流通，販売を行う団体。1985年発足。

JAN コード [japanese article number] 「ジャンコード」といい，日本工業規格制度の標準商品用バーコード。

JAPIC [Japan Project Industry Council] 1979年に設立された日本プロジェクト産業協会のこと。

JAPIO [Japan Patent Information Organization] 特許庁の所管である日本特許情報機構のことで，国内・国外の工業所有権(特許・実用新案など)に関する情報サービスを行う。

JAS [Japanese Agricultural Standard] ⇨ジャス

JASS〔Japanese Architectural Standard Specification〕 ⇨ジャス

JAVA アメリカのSun Microsystems社が開発したソフト開発用言語の名称。クライアントでのプログラム実行により単純なブラウザでは困難なアニメーションやダイナミックな情報の更新が可能になる。

JCI〔Japan Concrete Institute〕 日本コンクリート工学協会。

JEA〔Japan Electric Association〕 日本電気協会。

JEAC〔Japan Electric Association Code〕 日本電気協会作成の電気技術規程。内線規程が代表的。

JEC〔Standard of the Japanese Electrotechnical Committee〕 電気学会の規格調査会制定の標準規格。

JEM〔The Standard of the Japan Electrical Manufacturer's Association〕 日本電機工業会作成の標準資料。電気機器およびその材料を対象としている。

JEMAI〔Japan Environmental Management Association for Industry〕 ISO/TC 207に対応するための環境管理規格審議委員会の事務局。「産業環境管理協会」ともいう。

JES〔Japanese Engineering Standards〕 日本工業規格(JIS)の前身である日本標準規格の略称。

JFMA〔Japan Facility Management promotion Association〕 日本ファシリティマネジメント推進協会。→ジャフマ

JIA〔Japan Institute of Architects〕 日本建築家協会。

JICA〔Japan International Coopration Agency〕 国際協力事業団。「ジャイカ」ともいう。

JICST〔Japan Information Center of Science and Technology〕 国内および海外の科学技術関係の情報を提供する日本科学技術情報センターの略称。

JID〔Japan Interior Designer Association〕日本インテリアデザイナー協会。

JIDA〔Japan Industrial Designer Association〕 日本インダストリアルデザイナー協会。

JIL〔Japan Illumination Luminaires〕 日本照明器具工業会作成の規格。

JIOA〔Japan Institute of Office Automation〕 日本オフィスオートメーション協会。

JIPCA〔Japan Information Processing Center Association〕 日本情報センター協会。

JIRA〔Japan Industrial Robot Association〕 日本産業用ロボット工業会。

JIS〔Japanese Industrial Standard〕 ⇨ジス

JISマーク〔Japanese Industrial Standard mark〕 日本工業規格に適合した製品につけられるマーク。

JISマーク表示制度 工業標準化法に基づいて定められた規格に合格した材料・部品などにJISマークを表示すること。

JISC〔Japan Industrial Standards Committee〕 工業標準化法に基づいて設置され日本工業規格を審査する機関。「日本工業標準調査会」ともいう。

JIT〔just in time〕 ⇨ジャストインタイム

JS〔Japan Sewage Works Agency〕 日本下水道事業団。

JSME〔Japan Society of Mechanical Engineers〕 日本機械学会またはそ

の制定する規格のこと。

JSMS〔The Society of Materials Science, Japan〕日本材料学会。

JSSMFE〔The Japanese Society of Soil Mechanics and Foundation Engineering〕土質工学会。

JTC〔Joint Technical Committee〕(ISO/IEC) 合同専門委員会。

JUST〔Japanese United Standard for Telecommunication〕郵政省（現総務省）が押し進める通信方式の標準規格。日本通信規格のこと。

JV〔joint venture〕⇨ジョイントベンチャー

JV委員会 ジョイントベンチャー（JV）において，実行予算，予定利益，職員の人員構成，賃金，労働時間，その他工事の運営に必要な事項を協議決定する委員会。それぞれの参加会社から選任された複数の委員で構成。

JWDS〔Japan Wiring Devices Association Standard〕日本配線器具工業会作成の規格。

JWWA〔Japan Water Works Association〕日本水道協会。JWWA規格を多数作成，JISやHASSとともにこれらに準拠して給排水設備の設計・施工が行われている。

K

K〔kitchen〕キッチン。

K値〔K value〕①地盤係数。地盤面に載荷したときの単位面積当たりの荷重 P (kg/cm²) を，そのときの沈下量 S (cm) で除した係数。$K=P/S$ (kg/cm³)。「Kバリュー」ともいう。②大気汚染防止法の排出基準により，硫黄酸化物の許容排出量を算出するにあたって使う値で，地域によって異なる。K値が大きいほど地表最大濃度が高くなる。

Kバリュー〔K value〕⇨K値

Kプライ〔K ply〕構造用合板。

KB〔knowledge base〕知識ベース。

KD材〔Kiln-dried lumber〕人工乾燥製材のこと。

KE〔knowledge engineer〕知識ベースをつくる技術者の総称。

KEN法〔Kobe Enclose Narrow gap〕エンクローズアーク溶接技術を応用した鉄筋の接続法。SD30, SD35, SD40およびD16～D41について，（財）日本建築センターの構造評定を取得している。〔開発：神戸製鉄〕

KICS 軽量鉄骨下地の両面にメタルラス（キックスラス）を張った後，石綿モルタルを吹き付けた間仕切り壁。仕上げが必要な場合はひる石プラスター塗りとする。「耐火間仕切り壁」ともいう。

KISS〔kenzai information service system〕日本建材産業協会が行う建材専門の情報サービスシステム。製品情報，メーカーの企業情報，新商品情報などをデータベース化し，設計事務所や建設会社等に提供する。システムの利用には会員登録が必要。

KJ部品 公共住宅用規格部品。

KJ法 当面する課題に対して，種々のデータをカード化しながら小グループ，中グループ，大グループに分け，本質的な問題点を把握したり，新しい発想法を得ようとする手法。QCサークルにおける問題点の発見や新商品開発のアイデア集約に用いられる。川喜

田二郎氏のイニシャルをとってこう呼ばれている。

KKD 経験(Keiken), 勘(Kan), 度胸(Dokyo)の頭文字でつくった俗称。TQCなどの科学的な現場管理の手法に対し, 経験と勘と度胸という古くからの現場管理のやり方をさす。

KM [knowledge management] ⇨ナレッジマネジメント

KMシステム [Kajima Mixed system] 柱はSRC造, 梁はS造(床スラブとの合成梁), 耐力壁はRC造, 床スラブはRC造(アンボンドPC鋼線を使用)にした複合構造。〔開発：鹿島建設〕

KU値 [KU value] クレブス-ストーマー粘度計で測定した塗料のコンシステンシーを示す数値。

KYK 危険(Kiken)予知(Yochi)活動(Katudō)のこと。現場での作業開始前にその日の作業で予想される危険を洗い出し, 事故を起こさないための対策をたてて実行する安全活動。

KYT 危険(Kiken)予知(Yochi)トレーニング(Training)のこと。絵などを使いながら作業にひそんでいる危険とその防止対策をグループ討議で出し合う安全のためのトレーニング。

L

L形 L形の断面をもつコンクリートブロック製の側溝。「L形側溝」の略。

L形側溝 [L-bend side ditch] ⇨L形

L形補強 工事用車両がL形の上を通過する場合, それに耐えられるように交換し補強すること。

L樹 独語Laubholzの頭文字をとった広葉樹の略称。

LA [laboratory automation] 「ラボラトリーオートメーション」の略。研究機関や企業の研究開発部門を自動化したり情報管理の効率化を図るシステムのこと。コンピューターやオンライン分析装置を利用する。

LAN [local area network] 「ラン」。企業内情報通信網, または地域内通信網。ビル, 工場など分散しているコンピューターや端末機を同軸ケーブル・光ファイバーケーブルなどによって接続し, 情報資源の共有化をはかること。

LAS規格 錠基準研究会が提案している, 鍵用途, 形状, 機構, 機能等の呼称と記号を統一表示するための規格。

LAW [low active waste] 低レベル放射性廃棄物。

LC ①[light weight concrete] 軽量コンクリート。②[Library of Congress] アメリカ議会図書館分類法。

LC計画 [life cycle planning] 建物等のファシリティのライフサイクルを対象に計画と設計を総合した計画。

LC設計 [life cycle design] ライフサイクル評価で得られた最適解を与条件の一つとして, 建物等のファシリティの設計を行うこと。社会・経済環境の変化や劣化にともなう改修・更新に対応できるメンテナビリティの高いファシリティの設計を目指す。

LCA [life cycle assessment] ⇨ライフサイクルアセスメント

LCC [life cycle cost] ⇨ライフサイクルコスト

LCCO$_2$ [life cycle CO$_2$] ⇨ライフサイクルシーオーツー

LCD [liquid crystal display] 液晶ディスプレー。

LCE [life cycle engineering] ⇨ライフサイクルエンジニアリング

LCM [life cycle management] ⇨ライフサイクルマネジメント

LD ①[laser disk] 光ディスク。②[living dining] 居間・食堂が一緒になった部屋。「リビングダイニング」ともいう。→LDK

LDK [living dining kitchen] 居間・食堂・台所が一緒になった部屋。「リビングキッチン」「リビングダイニングキッチン」ともいう。→リビングダイニング, LD②

LE [lacquer enamel] ⇨ラッカーエナメル

LED [light-emitting diode] 発光ダイオード。ガリウムひ素, ガリウムリンなどの半導体ランプのこと。

LGS [light gauge steel] 薄肉(厚さ1.6〜4.0 mm程度)の軽量形鋼。形状は溝形, 山形, Z形などがあり, 小規模建築物の構造材のほか, 倉庫・工場の胴縁や母屋など用途は広い。「軽量形鋼」ともいう。

LK [living kitchen] 居間・台所が一緒になった部屋。

LL ①[language laboratory] ⇨ランゲージラボラトリー ②[liquid limit] 液性指数。自然含水比と塑性限界の差を塑性指数で割った値。$I_L=(w-PL)/PI$で表す。$I_L≧1$の場合は, 土を乱せば液状になる可能性があり注意を要する。

LLB [long leg brace] 長下肢装具。足首の固定・矯正, 機能補助のために使用する補装具。

LLDC [Least among Less-Developed Countries] 開発途上国の中でも特に開発の遅れた国々のことで, 後発開発途上国。

LLDK [living lobby dining kitchen] 住宅設計における間取りの考え方の一つで, L(応接間)・L(家族団らん室)・D(食堂)・K(台所)の意をもった住宅のこと。高級感覚のイメージをもつ。

LNG [liquefied natural gas] 液化天然ガス。メタンを主成分とする天然ガスを, −165℃位にまで冷却して液化したもの。液化することにより遠距離輸送が可能となる。

LNG貯蔵基地 タンカーで輸送される液化天然ガス(LNG)を大量に貯蔵ができるようになった根拠地。

LP [linear programming] 労働力とコストの関係や労働力と施工速度の関係などのように, 比例関係になっている事項の配分問題の最適化を図るための手法。「線型計画法」ともいう。

LPガス [liquefied petroleumgas] プロパンおよびブタンを主成分とする液化ガス。常温常圧で石油系や石炭系の炭化水素を圧縮冷却して液化したもので, 家庭用燃料, 工業・内燃機関の燃料や冷媒・溶剤に利用される。「液化石油ガス」「LPG」ともいう。また, その主成分から「プロパンガス」が一般的な呼称となっている。

LPG [liquefied petroleum gas] ⇨LPガス

LRT [light rail transit] 次世代路面電車を導入した都市交通の新しいシステム。

LSA [life support adviser] 高齢者の生活を援助したり助言する人。一人住まいの高齢者の安否を確認する, 相談相手や話し相手になる, ゴミの後片付け等を行う。

LU L形の下にU形側溝を重ねた側溝。

下水の始点側を浅くしたい場合に用いる。

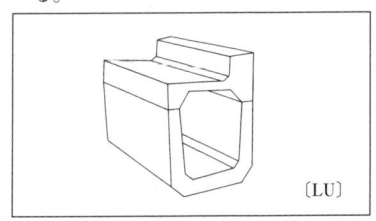

[LU]

LVL〔laminated veneer lumber〕 構造用単板積層材の略で、単板（ベニヤ）を繊維方向を平行にして積層接着して作られた製品。→OSB

M

M バー〔M bar〕 軽量鉄骨の天井下地材の中で、主として野縁用に使われる断面形状がM形の部材。

M マーク〔merchandise mark〕 生活用品振興センターにより、木製家具に付けられるマーク。

MAC〔multi activity chart〕 ⇨マルチアクティビティーチャート

MAGLEV〔magnetic levitation propulsion system〕 マグレブ。リニアモーターカーのこと。

MAN〔metropolitan area network〕 LANが都市レベルまで広域化したもの。

M&A〔merger and acquisition〕 企業の買収・合併。

MATV〔master antenna television〕 テレビ共同聴視施設。

MB〔meter box〕 ⇨メーターボックス

MBA〔Master of Business Administration〕 経営学修士号。経営学について大学院水準の教育を終えたものに与えられるアメリカの学位。建築士と併用して取得している場合が増えている。

MBO〔management buy out〕 経営陣が自社の全部または一部を買い取って、独立して経営を行う企業分割の手法。

MC ①〔machining center〕 NC工作機械をさらに高度に発展させ、穴あけ、ねじ立て、面削り、みぞ削りなどの加工作業を一台でこなす複合工作機械。②〔modular coordination〕「モデュラーコーディネーション」の略で、建築設計を合理化するために一定寸法の倍数で計画を割り付けること。→モデュール、モデュロール

MCA システム〔multi-channel access system〕 複数のチャンネルを複数の加入者で共用する移動無線通信システム。宅配便、トラック業界などで利用されている。

MCR 工法 MCRはMortar Concrete Rivet backの略。凹凸の付いたシートを型枠面に張ってコンクリート表面に凹凸を付け、コンクリート面に塗るモルタルのはく離を防ぐ工法。

MCS 工法〔Mitsui checkered system〕 枠付きパネルを市松模様に配置したものを基本単位として、この2つの平面骨組をX・Y軸に組み合わせた空間構成をもつ構法。〔開発：三井建設〕

mdd 単位〔$mg/dm^2/day$〕のこと。単位面積・1日当たりの腐食量（腐食率）を表すときなどに用いられる単位。

MDF ①〔Main Distributing Frame〕電話局からの引込線を端末部へ分岐するため多くの接続端子をもつ盤。②〔medium density fiberboard〕 ⇨セミハードボード

ME [micro electronics] ⇨マイクロエレクトロニクス

MHD 発電 [magneto hydrodynamics power generation] 電磁流体力学発電。高温ガスプラズマを，高速で強い磁場を通過させて起こす電力。エネルギーロスがほとんどない。

MICOS [meteorological information confidential online system] 日本気象協会・気象情報センターによる気象情報提供システムのこと。

MIG 溶接 [metal inert gas welding] ⇨ミグ溶接

MIS [management information system] 経営情報システム。

MKS 単位系 [MKS system of units] メートル(m)，キログラム(kg)，秒(s)を，それぞれ長さ，質量および時間の基本単位とするメートル法単位系の一つ。

MLSS [mixed liquor suspended solids] 平均浮遊物濃度。ばっき槽内混合液中の浮遊物濃度をいい，〔mg/l〕で表す。

M-Mチャート ⇨マンマシンチャート

MMA [metal methaacrylate] ⇨メタルメタアクリレート

MMI [man-machine interface] マンマシンインターフェース。

MO [magneto optical (disk)] 光磁気(ディスク)。

MO セメント [magnesia oxy-chloride cement] ⇨マグネシアセメント

MOS DOC 工法 MOSはMitsui Outside Structure by short spanned framesの略で，建物の長辺方向を短スパンラーメンとし，短辺方向に耐震壁を配置して梁を設けない構法。DOCはOne Day One Cycleの略で，作業チームを作り，一日サイクルの繰り返しで流れ作業的な工程とする手法。MOS DOCは両者を取り入れた工法。

MP 設計 [maintenance prevention design] 現在使用中の設備の情報を収集整理し，保全性や安全性を考慮した設計を行うこと。

MRF [master reference file] 機械化参照ファイル。

MRSA [methicillin-resistant Staphylococus Aureus] メチシリン耐性黄色ブドウ球菌。

MRT [mean radiant temperature] 壁面からの平均的な放射効果を表す指数。室内各面の壁面温度と面積の積の和を全壁面積で除して求める。「平均放射温度」ともいう。

MSDS [material safety data sheet] 建材から放散するホルムアルデヒド等の有害物質に対して，その安全性確認のためにメーカーが発行する製品安全データーシートのこと。

MSR ランバー [machine stress rated lumber] 北米のツーバイフォーで使われる木材で，機械的等級区分により区別され品質が確保されている。

MSW [medical social worker] 医療ソーシャルワーカー。

MT [magnetic particle testing] 磁粉探傷試験。鋼材や溶接部に磁力線を通過させると，欠陥部分の表面及び内部に漏洩磁束が生じる。そこに磁粉を散布して欠陥を検出する。

Mw [moment magnitude] ⇨モーメントマグニチュード

N

N［newton］ 国際単位系単位（SI単位）の力の単位。呼称は「ニュートン」。→ニュートン

N 樹 独語 Nadelbaum の頭文字をとった，針葉樹の略称。

N-スペース［negative space］ 建物の外部に展開される，いわゆる外部空間のこと。

N 値［N-value］ 標準貫入試験によって得られる地盤の強度を表す値。貫入きりを落錘で打撃し，30 cm貫入させるのに必要な打撃回数。→スウェーデン式サウンディング

NAHB［National Association of Home Builders］ 全米ホームビルダー協会。

NAS 電池［natrium (sodium) -sulfer battery］ 従来の鉛電池と比較して，体積が1/3程度で同量の電力が貯蔵できるナトリウム硫黄電池。

NASA［National Aeronautics and Space Administration］ アメリカ航空宇宙局。

NATM 工法［new austrian tunneling method］ 掘削した空洞の内側から地表との間の地盤に，一定間隔でロックボルト（鋼製棒）を打ち込んで，その上にコンクリートを吹き付けてトンネルを造る工法。

NB［national brand］ ⇨ナショナルブランド

NBR［nitoril-butadiene rubber］ ⇨ニトリルゴム

NBS［National Bureau of Standards］ アメリカ規格局または同規格。

NC 曲線［noise criteria curve］ 会話の聴取妨害の度合いを指標とした騒音の強さを表す値で，オクターブバンドごとに等しい騒音と感じられるラウドネスレベルを折線で結んだもの。騒音対策の計算時によく使われる。

NC 工作機械［numeral controll machine］ 数値制御装置とフライス盤や旋盤などの工作機械とを結びつけた自動工作機械の総称。「数値制御工作機」ともいう。

NC フライス［numerical control fraise］ 数値制御装置を有した，円形の刃物を主軸で回転させ所定の形状に加工できる構造をもつ工作機械。フライスはフランス語の fraise（ひだえり，転がり刃）から派生している。

NC ルーター［numerical control router］ 高速回転の切削歯をもつ機械で，数値制御で高精度に行い，木工ではプレカットに使われる。

NCU 工法［net cloth unit method］ ⇨ネットクロスユニット工法

NDC［Nippon Decimal Classification］ 日本十進分類法。

NDT［non-destructive testing］ 非破壊検査。X線などを使って材料や製品を調査する検査。

NEDO［New Energy and Industrial Technology Development Organization］ 新エネルギー産業技術総合開発機構。石油に代わるエネルギー開発を目的とする。

NEMA［National Electrical Manufacturers Associations］ アメリカ電気工業会規格。アメリカ，カナダの電気メーカーを会員とする団体の規格。

NEPA［National Environmental Protection Act］ アメリカの環境保全基

本法。

NF [Normes Francaises 仏] フランス工業規格。

NFB [no-huse breaker] ⇨ノーヒューズブレーカー

NFM [new fibermesh] ガラス繊維，アラミド繊維，カーボン繊維などをメッシュ状に編み，熱硬化性の樹脂で成形したもの。軽くて強度があるハイブリッド材として注目されている。→プレプレグ

NFPA [National Fire Protection Association] アメリカ火災予防協会。ここで発行されている National Fire Code は権威のある規程。

NGO [nongovernmental organization] 非政府組織。政府間の協定によらずに設立された民間の国際協力機関。

NGR ステイン [non-grain rasing stain] 水性ステインに比べ毛羽立ちが少ないが，刷毛むらが出るので吹付け塗装で行う。

NIES [Newly Industrializing Economies] ニーズ。新興工業経済地域。

NIMBY 症候群 自分の裏庭にゴミが来て欲しくないという意味のnot in my back yardの略。自区域へのゴミ搬入規制，ゴミ回収設置場所問題，焼却炉の建設反対運動などのトラブルが発生している。

NIST [National Institute of Standards and Technology] アメリカ標準技術局。

NNP [net national product] ①国民総生産（GNP）から消耗分の工場や機械設備などを引いたもの。「国民純生産」ともいう。②GNPから，公害因子による発生物を除去するための生産物と環境破壊につながる自然の減耗分を差し引いた考え方。

NO$_x$ [nitrogen oxide] NO（一酸化窒素）やNO$_2$（二酸化窒素）などの窒素酸化物の総称。自動車の排気ガスや工場からの排煙がおもな発生源であり，呼吸器障害や発ガンの原因となる。また，紫外線と炭化水素と反応してオキシダントを生成することから，光化学スモッグの原因ともなる。

NO$_2$ 二酸化窒素。気管や肺に刺激を与え，人体に有害。労働環境の許容濃度は5 ppm以下となっている。

NOPA [New Office Promotion Association] ニューオフィス推進協議会。

NPO [nonprofit organization] 非営利事業体。政府や自治体，私企業から独立した法人として，市民や民間の支援のもとに社会的な公益活動を行う組織や団体。

NPS [new plan series] 公共（公営）住宅の標準設計の一つ。50 m^2, 60 m^2, 70 m^2, 85 m^2, 100 m^{2}の5タイプを基本としている。

NPV [net present value] 将来発生するキャッシュフローを資本コストで割り引いて現在の価値に換算したものの総計。「正味現在価値」ともいう。

NR 曲線 [noise rating curves] 国際標準化機構（ISO）が提案している評価騒音レベルを求める曲線。オクターブ分析した騒音測定データをこの曲線状にプロットし，測定データが上回らない最低の曲線をその騒音レベルとする。

NR 数 [noise rating number] 騒音評価数。騒音に対する安全基準単価。

NTB [non tariff barrier] 非関税障壁のことで，関税以外で行われる輸入制限などの政策や規制のこと。輸入課徴

金，輸入数量割当て，大規模小売店舗法，再販維持制度などがあげられている。

O

OA［office automation］ ⇨オフィスオートメーション

OAダクト［outside air duct］ 外気を導入するためのダクト。

OAフロア［office automation floor］ OA機器や電話の配線を行うための二重床。フリーアクセスフロアの一種だが，荷重条件や床高の異なる電算室用のものと分けて「OAフロア」と呼ばれている。

OAフロアアンダーカーペット［OA floor under carpet］ OAフロアに用いられるカーペットの総称。カーペット下の配線のため，タイルカーペットが一般的に用いられる。

OA用チェア［office automation chair］ OA機器を使用する場合の作業姿勢を考慮し，開発された椅子。体の前後への重心の移動や回転が容易であり，安定化のため5本脚が採用されている。

OA用二重床 ⇨フリーアクセスフロア

OBS［organizational breakdown structure］ 階層的組織構成。

OC曲線 抜き取り検査において，ロットの品質とその合格の確率との関係を示す曲線で，「検査特性曲線」ともいう。JIS Z 8101。

OCAJI［Overseas Construction Association of Japan］ 海外建設協会。

OCB［oil circuit breaker］ 電気回路に異常が発生したときに，電路の開閉をする遮断器で，遮断時に生じるアークを消すため遮断部分が油中にあるもの。「油入遮断器」ともいう。

OCR［optical character reader］ 光学的文字読取り装置。

ODA［official development assistance］ 政府が供与する開発援助。

OECD［Organization for Economic Cooperation and Development］ パリに本部を持つ経済先進国で組織する経済協力開発機構。

OEM［original equipment manufacturing］ 相手先ブランド（商標）製品。コンピューター・オフィス機器や家電製品の業界に顕著に見られる企業間のビジネス形態で，完成品または半完成品を供給先企業のブランドをつけて販売することを前提として生産・供給を行うこと。

OES［order entry system］ 受注情報をリアルタイムで把握し，在庫を照合し，出荷もしくは仕入先へ発注するシステム。

Off JT［off the job training］ 研修施設など職場外の施設を利用して，一定の期間に集団的に行う訓練。→OJT

OHSMS［Occupational health and safety management system］ 労働安全衛生マネジメントシステムのこと。厚生省（現厚生労働省）が1999年，OHSMS指針を公表した。

OHW［Organization for Housing Warranty］ 財団法人住宅保証機構。

OJT［on the job training］ 実際に作業をさせながら，その作業の過程で必要な知識・技能・やり方を身に付けさせる，現場を学習の場とした訓練方法。→OffJT

ONS 工法 [Ohbayashi Nitto screen] 柱列式地下連続壁工法。オーガーとケーシングを互いに反転させるドーナツオーガーで地中にソイルセメント柱をつくり、この中にPC杭を入れて山止め壁とする。〔開発：大林組、日東工業〕

OP ①[oile paint] ⇨オイルペイント ②[Osaka Peil] 大阪湾の平均水面高さを0として測った高さ。TP(Tokyo Peil)の－1.3000mとなる。→ AP, TP

OPD [operational sequence diagram] ⇨オペレーショナルシークエンスダイヤグラム

OR [operations research] 数学モデルの形で現象を理想化し、それに基づいて結果を推定する最適化の手法。確定的手法と確立的手法とがあり、建築の設計段階ではまだ十分活用されてはいないが、管理・コスト分析などの予測手法として採用可能。

ORC-HHH 工法 [Ohbayashi reinforced concrete high rise, high quality and high efficiency system] 中高層の鉄筋コンクリート構造の経済的効果を目的とした、PC部材と現場打ちコンクリートを合理的に組み合わせた工法。〔開発：大林組〕

OS ①[oil stain] ⇨オイルステイン ②[operating system] コンピューター処理の技法と手順を集大成するソフトウエア体系。

OS フープクリップ工法 鉄筋継手の機械的接合法の一種。楕円形の鋼製スリーブに2本の鉄筋を重ねて入れ、スリーブの中心部の孔にウエッジを圧入して一本化をはかる。普通鉄筋ではϕ9, ϕ13, 異形鉄筋ではD10, D13, D16の細径に対してのみ採用できる。〔開発：岡部〕

OSB [oriented strand board] ⇨オリエンテッドストランドボード

OSHA [Occupational Safety and Health Administration] アメリカの労働安全衛生規則。すべての職場に適用され、安全および健康的な労働条件の下にすべての労働者を保護することを目的とする。

OSI [open system interconection] 異なるコンピューターやネットワークを接続するための標準手順。「開放型システム相互接続」ともいう。

OSL [oriented strand lumber] 北米のアスペン(ドノノキ)からストランドと呼ばれる笹の葉状の削片をつくり、繊維方向が一定になるように並べて軸材としたもの。

OSV [oil stain varnish] 樹脂と乾性油とを加熱融合して作られる木部塗装用のワニス。

OT [occupational therapist] 理学療法士及び作業療法士法に基づいた法的資格のこと。「作業療法士」ともいう。→PT②

P

P コン 打放し型枠用の丸セパの端部に取り付けるプラスチック製の部品。コンクリート打設完了後取り外し、その穴の部分にモルタルを充てんする。木製、プラスチック製両者を「木コン」と呼ぶこともある。

P3 レベル [P3 level] 遺伝子操作に際しての、P4レベルにつぐ物理的封じ込めのレベル。感染すると重症となり

[Pコン]

うる病原体を扱う場合のクラス3と同等の設備が要求され，安全キャビネット内で実験する。→クラス②

P-スペース［positive space］建物内部に展開される，いわゆる内部空間のこと。

Pタイル［plastic tile］ ⇨プラスチックタイル

Pトラップ［P-trap］洗面器，手洗い器等の排水口に接続して設けられるトラップ。他にS, Uがある。→トラップ

P4レベル［P 4 level］遺伝子操作にあたり，危険防止用に設定された物理的封じ込めのレベルで最も厳しいもの。ラッサ熱など非常に危険な病原体を扱う実験のクラス4と同等の設備を要求される。実験はすべて連続したグローブボックス内で行う。→クラス②

PA［public acceptance］ ⇨パブリックアクセプタンス

PAC［packaged air conditioner］パッケージ型空調機。

PAL［perimeter annual load］ ⇨パル

PALC［precastable antoclaved lightweight ceramic/concrete］ ⇨パルク

P&H アメリカの建設機械メーカーの名称で，その会社の機械の呼称として使われている。

P&R ⇨パークアンドライドシステム

PB ①［particle board］⇨パーティクルボード ②［plaster board］ ⇨プラスターボード

PB商品［private brand］ ⇨プライベートブランド

PBP法［pay back period method］投資の回収期間により投資の安全性を評価する手法。投資により発生する一定期間内の利益の年平均で投資を除して求める。「回収期間法」という。

PBX［private branch exchange］構内電話交換機。

PC ①［precast concrete］ ⇨プレキャストコンクリート ②［prestressed concrete］「PS」ともいう。⇨プレストレストコンクリート ③［professional corporation］職能団体。

PC圧延鋼棒［prestressed concrete rolled steel bar］PC鋼棒の一種で，特殊合金鋼を所要の引張強度を出すために熱間圧延・焼きなまし，緊張の加工を連続的に行い，さらに降伏点強度を高めるために冷間緊張し，最後に残留ひずみを除却するためブルーイング処理（低温焼きなまし）を行った鋼棒。

PCカーテンウォール［precast concrete curtain wall］プレキャストコンクリートを用いたカーテンウォール。

PC杭［prestressed concrete pile］ ⇨PCパイル

PCグラウト［prestressed concrete grout］コンクリートにプレストレスを導入する場合，PC鋼材とコンクリート間の付着と防錆を目的として，緊張直後にシースとPC鋼材のすき間に注入する充てん材（ポストテンション方式）。一般には混和剤の入ったセメントミルクが多い。

PC鋼材［prestressing steel］プレス

トレストコンクリートにおいて緊張材として用いられる鋼材。PC鋼線，PC鋼より線，PC鋼棒などがある。

PC鋼線［prestressing wire］ 直径2～8 mmの細い線状のPC鋼材。

PC工法［precast reinforced concrete construction］ 在来工法に代わってプレキャストコンクリートを使用した工法一般のこと。

PC鋼棒［prestressing bar］ 直径9～33 mmのPC鋼材のこと。PC鋼線と比べて太径である。

PC鋼より線［prestressing strand］ PC鋼線を複数より合わせたPC鋼材。付着性能に優れ，引張荷重が大きいことから，PC鋼材の主流をなす。「PCストランド」ともいう。

PCストランド［prestressting strand］ ⇨PC鋼より線

PCパイル［prestressed concrete pile］ プレストレスを導入し，製作した中空円筒状の既製コンクリート杭。「PC杭」ともいう。

PCプラント［precast concrete plant］ プレキャストコンクリートの生産設備。

PCA［Portland Cement Association］ アメリカのポルトランドセメント製造業者によって組織された協会の略称。

PCa化率 建物の躯体部分に採用されたプレキャストコンクリート（PCa）部材の使用頻度を表す指標。型枠面積に対してのPCa化率，コンクリート体積に対してや鉄筋重量に対してのPCa化率の表現方法がある。

PCB ①［polychlorinated biphenyl］ ⇨ポリ塩化ビフェニール ②［print circuit basement］ プリント（回路）基板。

PCCS［practical color co-ordinate system］ 日本色彩研究所が開発した色彩調和用の色体系。24色相，9段階の明度，彩度で構成されている。

PCES［personal CAD exchange specification］ パソコンCADデータ交換仕様。

PCF板［precast concreteform panel］ 柱・梁・壁・床などの埋殺し型枠用部材として使用される薄肉のコンクリートパネル（板）の総称。→タイル打込みPCF板

PD［panel discussion］ パネルディスカッション。

PDA［personal date assistant］ 電子手帳程度の大きさの携帯情報通信端末。

PDB［project data base］ プロジェクトデータベース。

PDBMS［project data base management system］ プロジェクトデータベース管理システム。

PDCAサイクル［plan do check action cycle］ 管理のための業務サイクル。計画，実行，確認，反映を意味する。

PDDI［product definition data interface］ 製品定義データインターフェース。

PDF［portable document format］ 異なるコンピューター間で利用できるファイル形式で，アメリカのアドビーシステムズ社が開発したもの。

PDM［product data management］ 製品の企画から設計，製造といった各工程のさまざまな情報を一元的に管理すること。

PDMS［product data management system］ 製品データ管理システム。

PE〔project engineering〕 プロジェクトエンジニアリング。

PERT〔program, evaluation and review technique〕 ⇨パート

PF〔phenol form aldehyde〕 防腐剤の一種で、フェノール、クロム化合物、アンチモン化合物を加えたもので水溶性である。

PF管〔plastic flexible conduit〕 ポリエチレン等に塩化ビニール管を被せた自己消火性のある合成樹脂製可とう電線管。

pF価〔pF value〕 土壌の水分を保持する力を示す値。

PFC ①〔perfluoro carbons〕 パーフルオロカーボン。京都議定書に定められた温室効果ガスの一つ。CO_2の7000倍以上の高い温室効果をもつ。②〔plastic formed carbon〕 プラスチックのように成形が可能なカーボンのこと。

PFI〔private finance initiative〕 民間の資金、経営能力、技術能力等を活用して公共施設などの建設、運営、維持管理等を効果的かつ効率的に実施する方式のこと。わが国では平成11年7月に「民間資金等の活用による公共施設等の整備等の促進に関する法律」(PFI法)が制定され、基本的な枠組が設けられた。

PFRC〔plastic fiber reinforced concrete〕 ビニロン繊維やアラミド繊維で補強されたコンクリートの総称で、短く切断してモルタルに混入したり、鉄筋の代わりに入れたりして使用。「合成繊維補強コンクリート」ともいう。→アラミド繊維補強コンクリート

PG〔pair glass〕 ⇨ペアガラス

PH〔penthouse〕 ⇨ペントハウス

pH ⇨ペーハー

PHA〔Public Housing Administration〕 アメリカ住宅局。

PHC〔primary health care〕 ⇨プライマリーヘルスケア

PHC杭〔pretensioned spun concrete pile〕 圧縮強度が$800 kg/cm^2$以上の高強度の遠心力プレストレストコンクリート杭。

PI〔public involvement〕 ⇨パブリックインボルブメント

PIナット〔PI nut〕 特殊高力ボルトに使用されるナットの一種。ボルト締付けの際、一定の軸力が導入されると二重ナットの溝から破断する機構をもつ。

PIC〔polymer impregnated concrete〕 ⇨ポリマー含浸コンクリート

PICOS〔Precast Insiteplaced Concrete Composite Slab〕 ⇨ピコス

PL ①〔plastic limit〕 塑性限界のこと。②〔product liability〕 製品責任または製造物責任のこと。設計、製造もしくは表示などに欠陥がある製品を使用した者が、その欠陥による被害に対して、製造業者や販売業者が負う損害賠償責任。→PLP

PL法〔product liability law〕 製造物の欠陥により人の生命、身体または財産に関わる被害が生じた場合の製造業者等の損害賠償責任について定め、被害者の保護を図り、国民経済の安定向上と健全な発展を目指した法律。「製造物責任法」という。

PL保険 製造物の欠陥により身体、財産等に被害が生じた場合の製造業者等の損害賠償のための保険。

PLP〔product liability prevention〕 製品責任または製造物責任(PL)の発生防止のための予防活動のこと。→PL

PM ① [preventive maintenance] 機器や部品の使用中の故障を予知し，計画的な点検・検査，試験，再調整などの保全を実施して，故障を未然に防止するための管理体制。「予防保全」ともいう。② [project manager] ⇨プロジェクトマネジャー ③ [project management] 建設プロジェクトの品質，コスト，時間について，企画・計画から，設計，発注，施工，維持管理までの管理をすること。

PMC [property management consulting] プロパティマネジメントコンサルティング。

PMDB [project management data base] ⇨プロジェクトマネジメントデータベース

PMI [Project Management Institute] プロジェクトマネージメント学会。

PML [probably maximum loss] 建築物が地震や洪水などの災害で予想される損失の最大値。格付け，投資リスク，損害保険料計算の指標として用いられる。

PMS [project management system] プロジェクトマネージネージメントシステム。

PMV [predicted mean vote] 熱環境の快適性を基準化するための指標の一つ。温熱四要素に代謝量と着衣量も考慮して求めるもので，デンマークのファンガーにより提案された。→PPD

PN-スペース [pn-space] 外部空間が意味をもつ，いわゆる広場などの空間。

POスラブ工法 プレストレスト・オムニア板工法の略。プレストレスト・オムニア板と現場打ちコンクリートとの合成床板工法。〔開発：高村建設〕

POE [post occupancy evaluation] 居住者による事後環境評価。

POP [point of purchase advertising] 店頭で商品の宣伝や説明に使われる，標示，看板，ポスターなどをいう。読ませるデザイン。

POS ① [point of sales] 販売時点情報管理システム。商品に付けられたバーコードを販売時に読み取り，それをコンピューターで集計，販売管理を行うシステム。データが即時にホストコンピューターに入るため，在庫管理や発注処理に威力を発揮する。

PP [picture plane] 透視図法で，建物の全面に仮定しておかれる透明な垂直面。透視図はこの面上に作図される。

P・P分離 P・PはPublicとPrivacyの略。住宅においてリビング，ダイニングキッチン，応接室などのパブリック部分を1階，寝室，浴室，洗面所などのプライベート部分を2階のように，それぞれを分離する考え方。

ppb [parts per billion] 10億分の1を表す単位。ppmの1000分の1。

PPD [predicted percentage of dissatisfied] 温熱環境下における不快適感についての指標で，予測不満足率のこと。PMVと同様，P.O.ファンガー教授により提唱された。→PMV

ppm [parts per million] 100万分の1を表す単位。超微粒子の濃度の単位をいう。1ppmは気体1m³当たり1cc含まれていることをいう。

PPP [public private partnerships] 公的機関と民間事業者のそれぞれの長所を効果的に引き出し，事業責任やリスクをすべて民間に移転せずに社会資本の整備，運営等を行う手法。

PQ [pre-qualification] 海外工事などにおいて，発注者が入札前にあらかじ

め行う応札者の資格審査のこと。

PQ 分析 製品数量の多寡を分析し，生産形態の実態を把握するため，横軸に製品（Product），縦軸に生産量（Quantity）を示した図表。

PQCDSM 製造業の生産テーマであるProducts：品種，Quality：品質，Cost：コスト，Delivery：納期，Safety：安全およびMorale：意欲の頭文字をとったもの。

PRC [prestressed reinforced concrete] プレストレストコンクリートと鉄筋コンクリートを併用した構造。

PRC 工法 [prestressed reinforced concrete method] アンボンドPC鋼線を利用してRC床スラブなどのたわみやひび割れをおさえる工法。

PRTR [pollutants release and transfer registration] 環境汚染物質排出・移動登録。

PRTR 法 環境汚染物質の排出量等の報告を義務付ける法律で，PRTR（環境汚染物質排出・移動登録）とMSPS（化学物質安全性データシート）を骨子としている。正式には「特定化学物質の環境への排出量の把握等及び管理の改善の促進に関する法律」という。

PS ①[pipe shaft] ⇨パイプシャフト ②[pipe space] ⇨パイプスペース

PS 工法 [prestressed concrete construction] プレキャスト鉄筋コンクリートと鉛直方向のプレストレスを組み合わせた中層住宅用の工法。柱・梁・壁・床版をプレキャストコンクリートとし，基礎に定着されたPC鋼棒の緊張によって鉛直方向の接合を行う。

PS コンクリート [prestressed concrete] ⇨プレストレストコンクリート，PC②

PS コンクリートバー [prestressed concrete bar] 枕木，橋梁，コンクリート杭などに用いられる補強用鋼線や鋼棒に初期圧縮応力を与えておき，引張りに弱いコンクリートの欠点を補ったコンクリート部材。

PS 山留め工法 腹起こし材にPC鋼線の緊張を使ってプレストレスを導入することで土圧に対する耐力を増大し，切り梁を省略する山留め工法。〔開発：カワイ技術産業〕

PSALI [permanent supplementary artificial lighting interiors] 昼間の室内で昼光照明を補助するために常時点灯される人工照明。エネルギー浪費型の照明。

PSC [public sector comparator] PFI方式によって公共サービス提供に使われる税金が，従来のやり方より価値ある使い方であることを示すために，公共側が準備する比較のための物差し。→PFI

PSG [polished sheet glass] 磨き板ガラス。「フロートガラス」ともいう。→SG

PSL [parallel strand lumber] LVLの単板の代わりに，ワリバシ状の木片を接着剤で固めたもの。→LVL, OSB

PSW [psychiatric social worker] 精神科領域を担当するソーシャルワーカーのこと。「精神科医療ソーシャルワーカー」ともいう。→ソーシャルワーカー

PT ①[liquid penetrate testing] 浸透探傷試験。鋼材の表面に浸透液を塗り，ふき取った後に現像液を塗って，最初に塗った浸透液がにじみ出るか否かで鋼材表面の微小な欠陥を検査す

る。溶接部の試験として行われる。「カラーチェック」ともいわれる。②[physical therapist] 医師の指示に従って，理学療法リハビリテーション活動に携わる専門家。理学療法士及び作業療法士法に基づく法的資格で，「理学療法士」ともいう。→OT

PT調査 [person trip] ⇨パーソントリップ

PTS法 [predetermined time standard system] 作業を構成する人の動作の組合せから作業時間を設定する手法。ストップウォッチ等での時間測定は行わない。

PUBDIS [publick building designers system] 公共建築協会が公共建築の設計者選定を支援するために行なう「公共建築設計者情報システム」のこと。2002年春より，インターネットを利用したオンライン化に対応。

PUD [planned unit development] ショッピングセンターや研究開発機関の立地を認めて，利便性，開発価値の向上を図った大都市郊外における住宅開発の手法。1960年代後半からアメリカで普及した。

PVC [polyvinyl chloride] ビニル製品の原料として用いられるアセチレンを塩化水素によって重合させた合成樹脂材料。

PWG [polished wire glass] 磨き網入りガラス。内部にガラスを強化するために鉄網を入れたガラス。→SG

PWL [power level] 音響出力レベル。

Q

Q値 [coefficient of heat loss] 新省エネルギー基準で定めた値で，室内外温度差が1℃の対象住宅の暖房負荷を延べ面積で除したもの。数値が小さいほど断熱性が優れていることを示す。「熱損失係数」ともいう。

QA [quality assurance] 品質保証。品質が所定の水準にあることを保証すること。建築でいえば建築物が発注者の要求に合致するように各部門（営業・設計・施工など）が組織的・体系的に保証のための活動を行うこと。

QC [quality control] 品質管理。品質の不良発生の予防，品質検査の実施，品質不良に対する適切な処置および再発防止 関する一連の活動のこと。「クオリティコントロール」ともいう。

QC工程表 着工から竣工までの作業の流れの中で良い品質をつくるための計画表。作業の流れに沿って起こり得る不具合を明らかにし，それを防ぐために管理すべきポイントと対策，およびそのチェック方法，分担責任者などをあらかじめ定め一覧表にしたもの。「施工品質管理表」ともいう。

QCサークル QCの各種手法を使って自主的に職場の管理改善活動を継続的に行う小集団のこと。和製英語。

QCサークル活動 全社的な品質管理（TQC）活動の一環として，同じ職場内で品質管理（活動）を自主的に行う小グループ活動のこと。

QC7つ道具 QCにおいて事象を客観的に整理し，そこにある法則性・規則性などを把握するために活用する図やグラフで，パレート図，特性要因図，ヒストグラム，チェックシート，散布図，管理図，層別の7つを指す。

QCD quality（品質），cost（価格），

delivery（納期）の頭文字からきたもので，製品が備えるべき不可欠の三要素。TQC活動を行う企業の目的となっている。

QCDMS 現場の第一線監督者がやらなければならない五大使命のこと。Q＝品質の向上（quality），C＝原価の低減（cost），D＝生産量を達成し納期厳守（delivery），M＝作業意欲を盛りあげ明るい職場をつくる（morale），S＝安全確保（safety）。

QCDS［quality cost delivery safety］建設関連の品質管理目標。品質，原価，工期，安全を表す。

QOL［quality of life］ ⇨クオリティオブライフ

QS［quantity surveyor］ イギリスの建築積算士。RICSにおけるQS部門のほかに，IQS（Institute Surveyors）とCSI（Construction Surveyors Institute）とがQSを擁している。後者は建設業に所属するQSの団体。「クオンティティサーベイヤー」ともいう。

QWL［quality of working life］ 労働生活の質的な充実である働きがいを目指す社会運動のこと。

R

RA［rheumatoid arthritis］ 慢性関節リウマチのこと。

RAM［random access memory］ 一般に「ラム」といわれている。コンピューターのデータやプログラムの書込み・読出し・消去が随時に行えるメモリー。電源を切ると記憶が失われるものと，失われないものとがあるが，一般にパソコンに利用されているのは，消費電力が少なく価格の安い前者。

RC［reinforced concrete］ ⇨レインフォーストコンクリート

RC杭［reinforced concrete pile］ 工場製作された既製の鉄筋コンクリート杭の総称。遠心力利用の中空円筒型や三角断面，リブ付き中空円筒型などがある。

RC住宅［reinforced concrete house］ RCは鉄筋コンクリート造の略で，高さ20m（7階建）までの制約があるが，建物の形，壁の量，コンクリート強度等の研究の成果により60m以上の超高層の共同住宅を造ることも可能となっている。

RC超高層建築工法 1970年代から研究・開発が行われた高層建築物を鉄骨造や鉄骨鉄筋コンクリート造としないで，鉄筋コンクリート造とした工法。耐震的な柱配筋方法，鉄筋のプレファブ化，型枠の大型化，高強度コンクリートの使用などの特徴をもつ。

RC超高層住宅［reinforced concrete highrise housing］ 鉄骨を用いない鉄筋コンクリート（RC）造の超高層住宅。

RC造［reinforced concrete construction］ 鉄筋の引張り力とコンクリートの圧縮力のそれぞれの得失を組み合わせた，いわゆるハイブリッド構造で，「鉄筋コンクリート造」という。→レインフォーストコンクリート

RCSS工法［reinforced concrete & steel system］ 鉄骨（S）造の短工期と鉄筋コンクリート（RC）造の低コストの両長所を組み合わせ，柱をRC造，梁をS造とした鉄筋と鉄骨の複合化構法。〔開発：清水建設〕

RDB［relational data base］ リレーシ

ョナルデータベース。

RDBMS [relational data base management system] リレーショナルデータベース管理システム。

RDF [refuse derived fuel] 廃プラスチック, 木くず, 紙くず等の廃棄物を破砕処理し, 石灰等を添加して圧縮・固形化したゴミ燃料。

RDF発電 [power from refuse derived fuel] ゴミ固形燃料 (RDF) を利用した発電。ゴミ発電の一種。

RDF/Mフォーラム 廃棄物の利用を核とした資源循環型社会の構築を目指す産業界の横断組織。85社で構成。

RFP [request for proposal] 要求事項。

RH [relative humidity] 相対湿度。

RH構法 [reinforced heavy-timber structure system] 鉄筋拘束接合による木質ラーメン構法の略で, 柱, 梁の接合部に穿孔して異形鉄筋を挿入したうえ接着剤で接合部を剛接合とする木質ラーメン構造。LVLが使われる。

RI [radioactive isotope] 放射線を放出しながら他の元素に変わっていく同位元素のことで, これを医療等に利用する施設も含む。外部への汚染を管理する放射線管理室が義務づけられている。「ラジオアイソトープ」「放射性同位元素」ともいう。

RIBA [Royal Institute of British Architects] 1834年に結成されたイギリスの建築家の職能団体で, 王立英国建築家協会のこと。→JIA

RICS [The Royal Institute of Chartered Surveyors] イギリスにおける土地, 建物, 鉱物資源, 水利など不動産に関するすべての調査・研究・評価を行う専門技術者の団体組織。120年に近い歴史と3万名を超える会員を有する。なかでも建築積算士 (QS) 部門は最も会員数の多い重要部門であり, 数量書 (BQ: bill of quantities) の作成や入札契約業務のコンサルティングにとどまらず, イギリスの建築生産にかかわるあらゆるコスト関連業務を処理。頭文字をとって「リックス」ともいう。

RILEM [Reunion Internationale des Laforatoires désssais et de Rechercher sur les Materiaux et les Constructions 仏] ⇨ライレム

RM [risk management] 事業活動にともなう災害や事故, 経営的, 社会的リスクなどのさまざまな危険を, リスク評価のもとに最小化し, 事業活動を継続するための管理活動。

RM建築 [reinforced masonry construction] ⇨アールエム建築

RM工法 [reinforced masonry structure] レンガや石積みなどの組積構造を鉄筋コンクリートで補強した構造のこと。「補強組積構造」ともいう。

RMR [relative metabolic rate] 肉体労働の強さを表すエネルギー代謝率のこと。安静状態で生命の維持に必要な最低エネルギーである基礎代謝を基準にした数字で示し, 数字が大きいほど重労働。「労働代謝率」ともいう。

RN [remote network] リモートネットワーク。

ROI法 [return on investment method] 投資によって生じる収益率により投資の収益性を評価する手法。投資によって生じる収益の年平均を投資で除して求める。「投下資本利益率法」という。

ROM [read only memory] 読出し専用の記憶素子。書換えの必要ない固定プログラムや文字パターンの記憶に利用される。

RPC工法 ラーメン・プレキャスト鉄筋コンクリート工法のこと。柱・梁をプレキャスト鉄筋コンクリート製とし、現場で組み立てて接合する。

RPF [refuse paper plastic fuel] 廃棄物のなかで、リサイクルが難しい加工をされた古紙、プラスチックなどを原料とした発電用の固形燃料。「リフューズペーパープラスチックフューエル」の略。

RPPM [real property portfolio management] 組織が所有する複数の不動産について、投資の最適化を図りながら、各不動産の性能の最大化を達成するため、総体として経営的観点から管理すること。「不動産ポートフォリオマネジメント」という。

RSJ [Robotics Society of Japan] 日本ロボット学会。

RSL [roof slab line (level)] 断面図や矩計図に示す屋上面の位置。地盤面などからの垂直距離で示される。

RT ①[radiographic testing] 放射線透過試験。X線またはγ線による透過写真を撮り、その判定で鋼材や溶接部の欠陥を発見する。②[ton of refrigeration] 1トンの0℃の水を、24時間かけて0℃の氷にするために要する時間当たりの熱量。

S

S [steel] スチール。

Sカーブ ⇨バナナ曲線

S形瓦 スペイン瓦の上瓦と下瓦をいっぺんに成形したもので、屋根下地との間に空隙ができるので断熱効果がある。→スペイン瓦

Sコラム [S-column] 断面性能がH形鋼や丸形鋼管柱よりも合理的にできている厚肉角形鋼管柱の商品名。〔製造:神戸製鋼〕

S造 [steel structure] 鉄骨造。構造用鋼材で作られる建物の工法。

Sトラップ [S-trap] 排水トラップの一種で、排水管の一部をS字を横にした形に屈曲させたもの。→トラップ

S波 [secondary wave] 地震の横波のこと。振動方向は波の伝わる方向に直角で、振幅が大きい。

Sより [S type twist] ロープのより方で、ロープを鉛直に見たとき、子縄が左下から右下へ向かうより方。

Sルーム [service room] ⇨サービスルーム

SA [shop automation] 会社や工場の製造・作業現場の自動化のこと。「ショップオートメーション」ともいう。

SAGE [Strategic Adversary Group on Environment] 環境に関する標準化を検討するために、ISOに設置された臨時委員会。「環境に関する戦略諮問会議」ともいう。

SAS [Statistical Analysis System] ノースカロライナ大学で開発された統計解析プログラムのパッケージ名。

SAT [semi air tight] 準エアタイト扉。

SBA [Storage Battery Association Standard] 日本蓄電池工業会作成の蓄電池規格。

SBR [styrene butadiene rubber] 「スチレンブタジエンゴム」の略。スチレンとブタジエンとの共重合体で最も多く生産されている合成ゴム。接着剤やシーリング材として用いられる。

SBS [sick building syndrome] ⇨シ

ックビル症候群

SC ①[shopping center] ⇨ショッピングセンター ②[sub-committee] 小委員会。

SCSI [small computer system interface] スカジー。小型コンピュータシステムインターフェース。

SD ①[smoke dumper] 防煙ダンパー。②[steel deformed] 熱間圧延異形棒鋼。一般に「異形鉄筋」と呼ばれているもの。③[steel door] 鋼製のドア。→AD①, WD①

SD法 [semantic differential method] 互いに相反する意味を+3～-3までの段階に分けて因子分析を行う手法。イリノイ大学のC. E. オスグッド等によって開発された。

SDR [steel deformed bar, rerolled] 鉄筋コンクリート用再生異形棒鋼に対するJIS規格の呼称。「SRR」と同義。

SE [system engineering] ⇨システムエンジニアリング

SECコンクリート [sand enveloped with cement concrete] 品質と施工性の向上を目的として, 表面水率を調整した砂に砂利とセメントを加えて混練し, 骨材をセメントペーストで包んだ状態をつくり, 次に水を加えて混練したコンクリート。

SF [steel fiber] ⇨スチールファイバー

SF 6 [sulphur hexafluoride] 六フッ化硫黄。京都議定書に定められた温室効果ガスの一つ。CO_2の2000倍以上の高い温室効果をもつ。

SFD [smoke and fire damper] 煙感知器と連動した機能をもつ防火ダンパー。「煙感知器連動ダンパー」ともいう。→FVD

SFN釘 ツーバイフォー工法で外部の耐力壁用に使うステンレス鋼の釘。

SFRC [steel fiber reinforced concrete] $1 m^3$のコンクリート中に1～2%（容積混入率）の鋼繊維を分散混合させた鋼繊維補強コンクリート。

SG [sheet glass] 一般に用いられている板ガラスで, 透明, 型板, 色付き, 網入り等がある。→CG, PSG, PWG

SGマーク [Safety Goods mark] 消費生活用製品安全法が定める安全商品のマーク。

SGリング 鉄筋コンクリート造や鉄骨鉄筋コンクリート造の梁貫通孔のせん断補強材として用いられる溶接金網。〔製造：日鐵建材工業〕

SGML [standard generalized markup language] 標準一般化マーク付け言語。

SH [shutter] ⇨シャッター

SHF [sensible heat factor] 湿り空気の状態変化で, 全熱量変化に対する顕熱変化量の割合。「顕熱比」ともいう。

SI [skeleton and infill] ⇨スケルトンインフィル

SI住宅 スケルトン(skelton)とインフィル(infil)を組み合わせた造語。躯体部分と間仕切りや設備などの内装部分とを分離した形態の住宅のことで, ライフスタイルの変化に対して容易に対応できるという特徴をもつ。

SI単位 [international system of units] 国際度量衡総会で採用され勧告された新しい単位系。基本単位, 補助単位およびそれらから組み立てられる組立単位と, それらの10の整数乗倍からなる。SIは国際単位系の略称。

SIS [strategic information system] 顧客への新しいサービスや商品開発のための情報管理, 販売店ネットワークの

構築などを行い，他社より優位にたつための戦略的武器となることを目的としたコンピューターシステム。

SK [slop sink] ⇨スロップシンク

SL材料 [self leveling material] ⇨セルフレベリング材

SM材 [steel marine material] 溶接構造用圧延鋼材のこと。SS材と比べて不純物の含有量が少なく，溶接性に優れている。→SS材

SMM [standard method of measurement of building works] RICSによって作成されたイギリスの建築工事数量積算基準のこと。数量公開入札方式の基盤となる建築数量算出の詳細なルールが定められている。積算士がこれをもとに建築数量を算出する。

SMW [soil mixing wall] ⇨ソイル杭柱列山留め壁

SN釘 ツーバイフォー工法でシージングボードを取り付けるための釘。

SN材 JIS G 3136に規定された建築構造用圧延鋼材のこと。溶接性や建築構造的な材料特性に優れている。SS材，SM材に比べて価格は高い。

SO [satellite office] ⇨サテライトオフィス

SO$_x$ SO$_2$（二酸化硫黄），SO$_3$（三酸化硫黄）などの硫黄酸化物の総称。石油・石炭の燃焼にともなって発生するもので，呼吸器障害の原因となる。また植物の枯死にもつながる。

SO$_2$ 二酸化硫黄（亜硫酸ガス）。人体に害を与え，ぜん息の原因となったり，金属のさびを促進するなどの悪影響を及ぼす。労働環境の許容濃度は5 ppm以下となっている。

SOHO [small office home office] 情報技術の発達がもたらした時間と空間に拘束されない新しいワークスタイルに対応して提案されたワークプレイス形態。SOは家庭の近く，都市近郊，交通拠点近く等に設けられる規模の小さなオフィスを，HOは在宅勤務用のオフィスを意味する。

SP ①[sales promotion] 販売活動のために行う宣伝などのこと。②[secant point] 道路曲線部の円弧が，曲率中心とIPを結ぶ直線と交差する点。→IP① ③[stand point] 人が建物を見るときの位置のことで，距離と角度により安定した形が得られるので大事な要点の一つ。主として平面上での位置をいう。→HL

SPC法 「特定目的会社の証券発行による特定資産流動化に関する法律」の通称。不動産及びその信託受益権等を特定目的会社に移転し，資産から上がる収益を償還原資とする証券を発行することで，当該資産の流動化を図るのが目的。

SPF動物 [specific pathogen free animals] 特に指定された微生物，あるいは寄生虫のいない動物で，動物実験でよく使われる。→バリアシステム

SPH [standard public housing] 標準公共住宅の標準設計の一つ。都市基盤整備公団においてPC化工法のための標準設計として設定された。

SPL [sound power level] 音圧レベル。ある点の音圧を$p(Pa)$としたとき，$20\log^{10}(p\times 10^5/2)$〔dB〕で表される値。

SPM [suspended particulate matter] 大気中に浮遊する粒子状物質で，その粒径が10μm以下のものをいう（1μm＝1 mmの1/1000）。大気中に長時間滞留し，高濃度で肺や気管に沈着して呼吸器に影響を及ぼす。

SQC ① [sequence control] ⇨シーケンス制御 ② [statistical quality control] 統計的品質管理手法。

SQL [structured query language] 標準データベース問合せ言語。

SRC [steel framed reinforced concrete] 鉄骨鉄筋コンクリート。

SRR [steel round bar, merolled] 鉄筋コンクリート用再成丸鋼に対するJIS規格の呼称。

SS ① [stainless steel] ステンレス鋼。クロム, コバルト, ニッケル等の合金で, さびない鋼(不錆鋼)ともいわれ, 厨房器具, サッシュ等に使われる。「SUS」と略記されることもある。② [suspended solids] 浮遊生物質量(濃度)のこと。BODと同様に水の汚染の度合いを示す有力な指標。

SS材 [steel structure] 一般鉄骨構造用圧延鋼材のことで, 鋼板, 平鋼, 形鋼などの種類がある。SM材よりも不純物を多く含む。→SM材

SS試験 [sweden sounding test] 土質の性質を判定する方法で, 一定の長さを貫入するのに要する数値から土の固さなどを推定するもの。スウェーデン国鉄の土質委員会が, 1917年に提案し広く使われているのでこの名前がある。

SSD [stainless steel door] ステンレス製ドア。

SSG構法 [structural sealant glazing system] ガラス辺とサッシ部材とを専用のシーリング材(構造シーラント)で接着して, 負の風圧に対しガラスを支持する構法。→ストラクチャーシール, バックマリオン

STEP [Standard for the Exchange of Product model data] 製品の技術情報

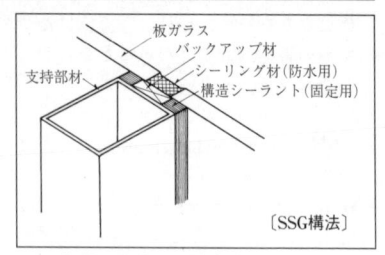

〔SSG構法〕

の表現に関する国際標準規格ISO 10303の通称。

STP [stirrup] 「スターラップ」の略。せん断補強用に鉄筋コンクリートの梁の上下の主筋を囲んで巻いた鉄筋のこと。「あばら筋」ともいう。

STS [shared tenant service] 「シェアードテナントサービス」の略。

SUS [stainless steel] ⇨サス

SW [sub working group] 小作業部会。

SXF [SCADEC exchange format] CADデータ交換標準開発コンソーシアムが2000年に開発したCADデータ交換フォーマットのこと。

T

t [thickness] シィックネスの略。設計図書で物の厚さを表示する場合に, t＝○○または○○tとする。

T形鋼 [T-shape(bar)] 断面がT形に成形された形鋼。

T形丁番 [T-hinge] 扉に取り付けるT形の丁番。

T形陶管 [T-type earthen pipe] 「90°枝付き管」という。継手に用いる。

T定規 [T-square] 製図道具の一つ。製図板とともに用い平行な線を引くための定規で, 一般的には角度は直角に

固定されている。

T形ジベル［T-type dowel］ 断面がT形のジベル。木材の接合に用いる。

T継手 ①［T-joint］ 鋼板や鉄骨部材をT形にセットし、その隅部分を隅肉溶接で接合する継手方法。②［T-piece］ T形をした配管継手。

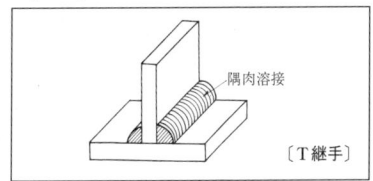

［T継手］（隅肉溶接）

Tバー［T-bar］ T形鋼あるいはT形のアルミニウム型材のこと。

Tバー天井［T bar ceiling］ 逆T字型の長尺支持金物を吊り、この上に天井材、照明器具、空調吹出しユニット等を落とし込んで天井を構成する吊り天井システム。

TA［technology assessment］ テクノロジーアセスメント。科学技術や技術開発の伸展方向を探るために用いられる技術の評価手法。「技術事前評価手法」「技術点検」ともいう。

TAC［The Architects Collaborative］ 1945年、グロピウスを中心にまったく対等な8人の建築家によって設立されたアメリカ・マサチューセッツ州ケンブリッジ市にあるパートナーシップの設計事務所。

TAL［task and ambient lighting］ ⇨ タスクアンドアンビエント照明

TB［technical board］ 技術評議会。

TBT［tributyltin］ トリブチルスズ。船体に貝などの海洋生物が付着するのを防ぐための船底防汚塗料に含まれる有機スズの一種。その毒性による海洋汚染が問題視されている。

TC［technical committee］ 技術委員会。

TCボルト［tension control bolt］ ボルト軸の底部（ピンテール）にくびれを入れた構造で、ボルトを締め付ける際、一定の軸力が導入されるとピンテールが破断する機能をもつ特殊高力ボルトの一種。〔製造：日鐵ボルテン〕

TCO［total cost of ownership］ 機器を所有するためにかかるハードウェアやソフトウェアのほかに、管理や技術サポート、さらにエンドユーザーの労働コストなども含めた費用の総額。

TDM［traffic demand management］ パークアイドライド、自動車の相乗りの促進、時差出勤などを行って道路交通混雑の解消・緩和を図ることを目的とした施策の総称。「交通需要マネジメント」ともいう。→パークアンドライド

TDR［transfer of development right］ 1つの区画内で、使い残した余分の容積率を利用できる権利。アメリカの制度で、歴史的な建造物を保護しながら開発を促進できることに特徴がある。

TES［Thin and Economical System］ 東京ガスが開発した住宅用ガス温水暖冷房システムの商品名。16号または24号TES熱源機を中心に、TESエアコン・床暖房・暖房放熱器・給湯・風呂・浴室乾燥機・食器洗い乾燥機などの組合せで構成されている。

TG［tempered glass］ 製造過程で普通ガラスにひずみ層をつくり強度を大きくしたガラスで、自動車・航空機等の窓や玄関ドア等に用いられる。

TGマーク 日本ガス機器検査協会が表示する、ガス事故を防止することを目的に検査し、それに合格した機器に表示するもの。TOWN GASの略。

[TGマーク]

TIS〔technical information system〕 生産技術，研究開発用の情報をコンピューターを利用し集中管理すること。

TJI Ｉビームの商品名で，ツーバイフォーで使われる。フランジにLVLを，ウェッブにOSBを用いている。

TL〔transmission loss〕 壁や窓の遮音の程度を表す数値。入射音と透過音のエネルギーの比の常用対数の10倍で表す。「透過損失」または「音響透過損失」といわれる。

TMCP鋼〔thermo mechanical control prosess steel〕 熱加工制御と呼ばれる製造法で作られた高性能の鋼材。超高層ビルの構造用鋼材として採用されてきている。

TMO〔town management organization〕 ⇨タウンマネジメント機関

TO〔threshold odor〕 臭気濃度。検水の臭気がほとんど感知できなくなるまで無臭水で希釈したときの希釈倍数値により臭気の強さを表したもの。

TOC〔total organic carbon〕 全有機性炭素量。従来水の汚染度の指標としてBODおよびCODが使用されているが，これらは間接法で時間がかかり，汚濁の著しい場合は汚染度を測定するための有機物の酸化が不十分なので，これに代わって直接法であるTOCの測定（高温酸化によって生じるCO_2から求める）や酸化するのに必要な酸素量（TOD）の測定が重要視されてきている。

TOD〔total oxygen demand〕 水中に含まれる汚濁物質による水の汚れの程度を表す数値。「総酸素要求量」ともいう。

TP〔Tokyo Peil〕 地盤，水位などの高さを測る基準で，東京湾の平均海面高を0として測った高さ。ほかの基準点をTPに換算すると，APが-1.1344 m，OPが-1.3000 m，YPが-0.8402 m。→AP，OP，YP

TPM〔total productive maintenance〕 生産性や品質の向上を図る目的で，全員参加の生産保全活動。

TPO〔time, place, occation〕 時と場所と状況に応じた振る舞いや服装のこと。

TQC〔total quality control〕 アメリカのファイゲンバウムの提唱した「総合的品質管理」。品質管理を経営者が行う経営管理の重要な部分と位置づけ，製造部門だけでなく販売，サービス，営業まで企業のすべての部門に一貫して行う総合的管理体制のこと。日本のTQCはこの考え方を導入して発展したもので，社長から作業員まで含めた全員参加とし，研究・開発・設計・購買・営業・生産技術・経理・総務など全部門参加の品質管理であり，ファイゲンバウムのTQCと区別する意味から「全社的品質管理」と呼ばれる。→インダストリアルエンジニアリング

TQM〔total quality management〕 問題分析技術を適用して，従業員の参加を得ながら業務プロセスを絶えず改善することにより，顧客の要求と満足を達成するための総合的な取組み。→TQC

TR〔technical report〕 技術報告書。

TSスリーブジョイント 鉄筋の圧着

継手の一種。接続する鉄筋を突き付けてその外周に鋼製スリーブをはめ、油圧プレスで加圧して一体化する。「スリーブジョイント」とも呼ぶ。

TSCA［Toxic Substances Control Act］アメリカ有害物質規制法。

TSS［time sharing system］タイムシェアリングシステム。コンピューターを同時に多数の人間が使うとき、CPU（中央処理装置）の処理時間を細かく分割して、複数のプログラムを実行させる方式。

TT［threshold taste］味の濃さの指標。検水の味がほとんど感知できなくなるまで希釈するのに要する希釈倍数値によって表す。

TV 会議［teleconference］⇨テレコンファレンス

TVOC［total volatile organic compounds］建材等から放散される有害な揮発性有機化合物（VOC）の総量。人体に与える影響は、室内において複数の建材等から放散されるVOCの総量が問題とされる。

TWI［training within industry］第一線の監督者を対象とした訓練方式で、手引書をもとに仕事の教え方(JI)、改善のしかた(JM)、人の扱い方(JR)を体得させるもの。

U

U 形側溝［U-bend side ditch］⇨U字溝

U 字型マノメーター［U-shape tube manometer］U字型のガラス管に水や水銀を入れ、ガラス管両端に圧力を加え、これにより生じる水等の両端高さの差から圧力差を求める装置。

U 字溝［U-bend ditch］U字型の断面をもつ鉄筋コンクリートの製品。側溝に用いられる。長さ60cmが標準。「U形側溝」という。

U ターン現象　地方から都会へ出てきた人々が、再び出身地に帰って就職する現象。

U トラップ［U-trap］雨水系統の排水横主管末端の家屋内に設け、公共下水からの下水ガスの家屋内への流入を防止するためのトラップ。

U ボルト［U bolt］パイプを止めたり山留め支保工の切ばりの交点を止めるU字形のボルト。

UBCI［Universal Building Construction Index］建築工事標準分類。

UCI［Uniform Construction Index］（アメリカ）統一建設指標。

UDC 分類［universal decimal classification］書籍分類方法の一つで、書籍、抄録および文献カードを主題別に配列するもの。

UHF［ultra high frequency］波長1m～10cm（周波数300～3000MHz）の電波。

UIA［Union Internationale des Architectes 仏］ユイア。国際建築家連合。パリに本部がある。

UL［Underwriters Laboratories］保険業者研究所。同研究所が定めた規格。生命の危険、火災、盗難事故の防止に関係のある器具、施設、材料が規格の対象。アメリカの保険会社はもとより、日本でも日常使っている家庭電化製品の多くがこの規格によっている。

UNCED［United Nations Conference on Environmental and Development］

1992年にリオデジャネイロで開催された，環境と開発に関する国連会議。「地球サミット」ともいう。

UNCOD［Unites Nations Conference on Desertification］ 国連砂漠化防止会議。

UNDP［united nations development plan］ 国際連合最大の発展途上国を対象とした技術・開発援助機関。1966年に発足し「国連開発計画」ともいう。

UNEP［United Nations Environment Program］ ユネプ。国連環境計画機関。オゾン層の保護，地球の温暖化防止，砂漠化の阻止，熱帯林保護など地球環境保護を目的とした国連環境計画機関。「国連環境計画」ともいう。ナイロビに本部がある。

UNIDO［united nations industrial development organization］ 発展途上国の工業開発のための調査，計画，作成，技術援助などを行う国連の専門機関。1967年に発足し「国連工業開発機関」ともいう。

UPS［uninterruptible power supply］ 停電や落雷による瞬断，ノイズ等の商用電源の異常からコンピューターを保護し，装置の機能を常時確保するため，商用電源と装置の中間に設置される安定電源を供給するバッテリー。「無停電電源装置」という。

UrEDAS［Urgent Earthquake Detection and Alarm System］ ユレダス。早期地震検知警報システム。

USB［Universal Serial Bus］ 高速なシリアルを通信を使って，コンピューターのキーボードやマウス，プリンター，モデムなどの周辺機器を接続するためのインターフェイス。

USD工法 up side downの略で，断熱防水工法の商品名。〔製造：ダウ化工〕

UVカット 紫外線をカットする能力。例えば，UVカットガラスでは，可視領域では一般ガラスと同等の透過率を有するが，合せガラスの中間膜にUV吸収性をもたせ99%の紫外線を吸収してしまう。

UV共用形 テレビ共聴回路の増幅器等の機器がUHF，VHFの両方に使用できること。

UV硬化形塗料［ultraviolet rays setting paint］ 紫外線を照射すると超速（秒単位）で硬化する塗料の総称。家具，建材の工場内での作業に適している。

UVフィルター［ultraviolet rays］ 紫外線をカットするフィルター。

V

V型グリル［V type grill］ 開口部の羽根が垂直方向のみに取り付けられているグリル型吹出し口。

V型照明器具［V-shape lighting fixture］ 反射板がV字形状の照明器具。「逆富士型照明器具」ともいう。

V形溶接 正しくは「フレアV形溶接」といい，主として軽量形鋼のフレア溶接。→フレア溶接

Vカット［V groove cutting］ 鉄筋コンクリート構造物のひび割れやジャンカの補修の際，エポキシモルタルなどで充てんするために対象部分をV字形の溝にはつること。

Vグルーブ合板［V grooved plywood］ 表面にV字形の溝を付けた合板。

Vベルト［V-velt］ 断面がV形をした

ベルト。

VA［value analysis］ 価値分析。1947年，GE社のマイルズによって開発されたコストダウン手法。最低の総コストで必要な機能を確実に達成するために，製品やサービスの機能分析結果に基づいて組織的な努力をすること。

VAN［value added network］ 付加価値通信網。

VAV方式［variable air volume system］ 吹出し口から出る吹出し温度は一定とし，風量を変化させることにより冷暖房の負荷変動に対応する空調方式。「変風量方式」ともいう。

VB装置［Vee-Bee consistmeter］ ⇨ ヴェービーコンシストメーター

VC ①［virtual construction］仮想建設。② ［virtual corporation］ 仮想企業。

VDE［Verband Deutscher Electrotechniker 独］ ドイツ電気協会規格。

VDT［visual display terminal］ コンピューター機器のうち情報が画像で表示される端末機。一般的にはブラウン管で表示される。

VDT用蛍光灯［visual display terminal］ コンピューターによる表示装置の総称で，CRT（ブラウン管）や液晶を用いたものがあるが，それらの機器を見易くするために作られた蛍光灯。

VDU［visual display unit］ オフィスにおける事務機器のうちCRTなどのテレビ画面のことで，画面に照明が入

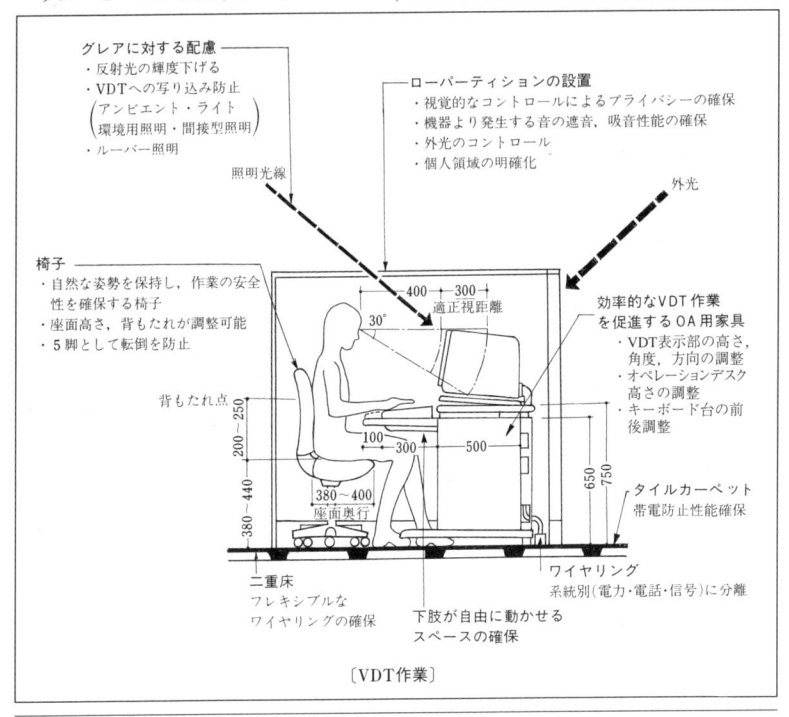

［VDT作業］

らないようにするなど作業環境を考えた照明手法として考えられている。→TAL

VE [value engineering] 建築工事においては，企画・設計・施工・維持管理・解体の一連の機能を最低のコストで実現するために，建物に要求される品質・耐久性・美観などの諸機能を分析し，実現手段を改善していく組織的活動のこと。「価値工学」「価値分析」「バリューエンジニアリング」ともいう。アメリカで発達した。

VEP [vinyl emulsion paint] ビニル樹脂を用いた塗料。

VFM [value for money] PFI方式によって公共サービス提供に使われる税金が，従来のやり方より価値ある使い方であることを示すこと。→PFI

VFRC [vinylon fiver reinforced concrete] ⇨ビニロン強化コンクリート

VH 工法 ⇨VH分離打設工法

VH 分離打設工法 躯体コンクリートを柱，壁の垂直：V (vertical) 部分と梁，床等の水平：H (horizontal) 部分に分けて打設する工法。特徴は，V部分の型枠の施工能率アップとV部分のコンクリートの密実な締固めにある。「VH工法」ともいう。

VHF [very high frequency] 波長1～10 m（周波数300～30 MHz）の電流。波長と周波数をかけると，光の速度（300000 km/sec）に等しい。テレビ放送やFM放送に使われている。

VHS [vertical horizontal shutter] 空調設備の空気吹出し口に取り付けて気流と風量の調節を行う装置。垂直および水平の羽根を格子状に組み合わせてある。

VI [visual identity] 店舗内を視覚的に統一したイメージにすること。

VICS [vehicle infomation and communication system] 運転中のドライバーが経路の渋滞情報，所要時間，交通規制，駐車場の満空情報等をリアルタイムで取得し，経路の選択などを可能とした情報通信システム。「道路交通情報通信システム」ともいう。

VLSI [very large scale integration] 超大規模集積回路。

VMD [visual merchandising] 視覚に訴える商品計画で店内のディスプレーやレイアウトを感覚的に構成して購買意欲を高める手法。

VOC [volatile organic compounds] 揮発性有機化合物の総称。建材や接着剤から放散される空気汚染物質として規制や監視対象になっている。トルエン，キシレン等。→パラジクロロベンゼン

VOL [volume] ⇨ボル

VP ① [visual presentation] 商品企画などの提案を図形やサンプル写真やレンダリングなど視覚的に表示して行うことで人の感覚に直接訴える手法。② [vanishing point] 透視図法における視線の集まる点で，平行透視図では1点，角度を変えると2点，さらに鳥瞰図では3つの消点ができる。③ [vinyl paint] ⇨ビニルペイント

VP 管 主として給排水用および通気用として使用される硬質塩化ビニル管のこと。軽くて強く，耐錆性，耐腐食性に富む。施工性も良い。

VR [virtual reality] ⇨バーチャルリアリティ

VRS [video response system] 会話型画像応答システム。1977年からNTTが実験を進めている。利用者の要望に

応じて，文字，図形，静止画像などの各種情報をブラウン管に即時サービスする。

VVFケーブル [PVC insulated PVC sheathed flat cable] ⇨Fケーブル

VVRケーブル [PVC insulated PVC sheathed round cable] 丸形ビニルケーブル。屋内外低圧配線に使われる。

VWV [variable water volume] 冷温水配管において負荷側（ファンコイルユニットやエアハンドリングユニット）の変動を冷温水ポンプの制御によって対応し，ポンプの消費電力を低減する方式。「可変水量方式」ともいう。

W

W [watt] 国際単位系単位(SI単位)の仕事（仕事率・電力・放射束など）の単位。呼称は「ワット」。→ワット

W(WC) [working commission] 作業委員会。

W式床版 鉄骨梁や打設済みの梁に鉄筋で組んだトラスを渡し，その上にせき板（通常は波形亜鉛鉄板）を敷いた床版型枠。サポートが不用。

Wマーク 合板ボックスビームの構造用木材製品に付けられる認定品。

WAN [wide area network] LANが全国レベルに広域化したネットワーク。

WB [waferboard] ウェファーボード。木材の削片を樹脂で固めたボードで，構造用パネルとして使われる。

WBS [work breakdown structure] ⇨ワークブレークダウンストラクチュア

WC [water closet] 便所。日本語の厠（かわや）と同じ水の上の小室の意で，英語でトイレット，フランス語でトワレというのは化粧室の意味。単に便所だけでなく洗面・化粧も含めた語。「ウォータークローゼット」ともいう。

WCP [wood plastic combination] 木材の化学的加工処理の一種。樹脂液を木材に注入して重合硬化させ，表面強度を強くして耐摩耗性を大きくする。フローリングの表面材として使用される薄い単板などに行われる。

WD ①[wood door] 木製のドア。→AD，SD ②[working draft] 作業部会(原)案。

WECPNL [weighted equivalent continuous perceived noise level] 航空機騒音が空港周辺地域に及ぼす影響の大きさを表す環境省告示の環境基準。

WF法 [work factor method] ⇨ワークファクター法

WG [working group] 作業部会。

WHO [World Health Organization] 伝染病の撲滅，公衆衛生の向上，麻薬取扱いに関する規則の制定，環境問題など健康に関する世界的な専門機関。1946年に設立，スイスのジュネーブに本部をもつ。「世界保健機関」ともいう。

win-win 参加するだれもが勝者になれるようにメリットを享受できるビジネスモデル。「ウイン-ウイン」ともいう。

WMO [World Mathorological Organization] ジュネーブに本部をもつ世界気候機関。

WP [work package] ⇨ワークパッケージ

WPC [wood plastcs composite] 木材にプラスチックを含浸させて耐摩耗性，耐汚染性，硬質を高めた複合建材

でフローリングなどの床材に使われている。

WR・PC 工法［wall rahmen precast concrete］ けた行方向が壁式ラーメン，梁間方向が耐力壁で構成され，主要構造部材の一部またはすべてをプレキャストコンクリートとした鉄筋コンクリート造の工法。地上6階以上11階以下，軒高34 m以下，けた行方向のスパン数は4以上，建物長さは80 m以内等の制約がある。共同住宅の架構として採用される。「壁式ラーメンプレキャスト鉄筋コンクリート造」ともいわれる。

WSN 十字穴付き木ねじ。ステンレス，鋼製，黄銅製があり，ツーバイフォー工法で使われる。

WTO［World Trade Organization］ 世界貿易機関。

WWF［Worldwide Fund for Nature］ 1960年に設立された世界保護基金のこと。世界や生成物基金（World Wildlife Found）から1988年に改称した。スイスに本部をもつ世界最大の民間保護団体で，クジラやサンゴの保護に積極的である。

WWPA［Western Wood Products Association］ アメリカ西部木材製品協会。

WWW［world wide web］ ネットワーク上に散在する情報を，だれもがアクセスできる情報として公開するためのメカニズム。

X

X 形配筋 鉄筋コンクリート造における柱または梁のせん断耐力を向上させるため，主筋を筋違いのように斜めにした配筋。

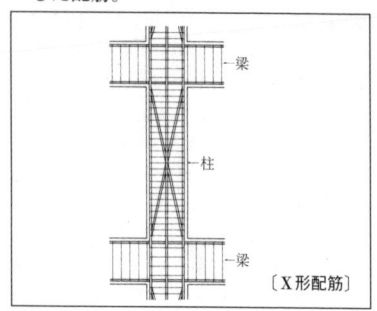

〔X形配筋〕

X 線［X-rays］ 電磁波のうち波長が 10^{-6}〜10^{-8} 程度のもの。「レントゲン線」ともいう。1895年 W. C. レントゲンによって発見。物質に対する透過性能が良いので生物や金属材料の内部を調べるのに用いられる。

X 線遮断用コンクリート［X-ray shielding concrete］ X線の遮断を目的に，バライト（重晶石）を骨材に用いたコンクリート。X線のほかγ線，中性子線などの遮断に用いるコンクリートを総称して「遮へい用コンクリート」という。

$\bar{x}$-R 管理図［$\bar{x}$-R chart］ 製品の製造工程における品質管理に用いられる図。工程平均を平均値$\bar{x}$によって管理するための$\bar{x}$管理図と，工程のばらつきを範囲Rによって管理するためのR管理図を対応させて用いる。また$\bar{x}$-R管理図は工程の解析，工程能力の検討などに有効。

Y

Y種絶縁［class Y insulation］ 許容最高温度90℃に十分耐える材料で構成された絶縁。

Yチェア［Y-chair］ 背もたれがY字型をしているのでこう呼ばれる。「デコラティブチェア」ともいう。

YH［youth hostel］ ⇨ユースホステル

YP［Yedogawa Peil］ 淀川の平均水面高さを0として測った高さ。TPの−0.8402mとなる。→TP

Z

Zグラフ ある期間の項目の合計と累計を表示し、全体としての傾向をつかむのに適する。

Zマーク表示金物 「軸組工法用金物規格」(日本住宅・木造技術センター)に適した接合金物の総称。

ZD運動 ZDはzero defectの略で、仕事・作業のミスをゼロにするための運動。TQCの運動が浸透する以前の昭和40年代に広く行われた。「ゼロディフェクト運動」とも呼ぶ。

ZIPファイル［ZIP file］ 世界的に標準化されている圧縮形式の一つで、アーカイバ(ソフトウェアのひとつ)により複数のファイルをひとまとめにした書庫ファイルの形式の一つ。

ZN釘 ツーバイフォー工法等の補強金物を取り付けるための釘。

2D［two dimension, two dimensional］ 2次元。

3D［three dimension, three dimensional］ 3次元。

3次元デジタイザー［three dimensional digitizer］ 建物とその空間など連続体の広がりの次元が3つある。

4M1T ものづくりに必要なMaterial：原材料，部品，Machine：機械設備，Man：作業者，Method：作業標準，Infomation：作業指示を略した言葉。

4R 環境保全のための4つの行動指針のこと。Refuse＝要らないものは断る，Reduse＝買う量，使う量を減らす，Reuse＝繰り返し使う，Recycle＝資源化するの4つ。

4S運動 安全の基本である「整理」「整頓」「清掃」「清潔」の頭文字を使って、働きやすい環境づくりを推進する運動。

● 執筆者紹介

菊岡倶也	建設文化研究所主宰
庭野峰雄	清水建設株式会社首都圏事業本部生産計画センター
黒田早苗	明伸建設コンサルタント株式会社技術統括部統括部長
望月将地	片山ストラテック株式会社工事本部部長補佐，安全部長
山川　映	株式会社シミズ・ビルライフケア
江口武士郎	株式会社環境開発研究所所長
高橋　考	有限会社建築情報研究所代表
桑原　滋	株式会社エヌ・ティ・ティファシリティーズFM事業本部担当部長

建築カタカナ語・略語辞典 [増補改訂版]

1991年 4月 5日　　第1版第1刷発行
2001年 8月20日　　増補改訂版第1刷発行
2005年10月10日　　増補改訂版第3刷発行

編　者	建築慣用語研究会©
発行者	関谷　勉
発行所	株式会社井上書院
	東京都文京区湯島2-17-15　斉藤ビル 電話（03）5689-5481　FAX（03）5689-5483 振替00110-2-100535 http://www.inoueshoin.co.jp/
装　幀	川畑博昭
印刷所	株式会社ディグ
製本所	誠製本株式会社

＊本書の複製権・翻訳権・上映権・譲渡権・公衆送信権（送信可能化権を含む）は株式会社井上書院が保有します。

＊ JCLS ＜㈱日本著作出版権管理システム委託出版物＞
本書の無断複写は著作権法上での例外を除き禁じられています。複写される場合は，そのつど事前に㈱日本著作出版権管理システム（電話03-3817-5670, FAX 03-3815-8199）の許諾を得てください。

ISBN 4-7530-0089-3　C3552　　Printed in japan

建築現場実用語辞典　建築慣用語研究会編　B6・396頁

慣用語を中心に，土木・設備用語のほか，コンピューター・生産・経営など各種の関連分野の用語約4000語を採用。用語の実際に即して簡潔に説明。**本体3360円**

木造建築用語辞典　小林一元・高橋昌己・宮越喜彦・宮坂公啓編　B6・486頁

木造住宅の現場で実際に使われている用語約4000語と図・写真300余点を収録。関連する図を1頁にまとめ，用語相互の理解に役立つよう配慮した。　**本体3360円**

逆引き・建築用語辞典　建築用語研究会編　B6・320頁

末尾に共通のキーワードを持つ用語をグループとして，キーワード330，用語数5200余語を収録。設計,計画,施工,構造,住宅,法規など建築全般を網羅。**本体3360円**

図解 建築施工用語辞典　建築施工用語研究会編　B6・302頁

若手技術者や学生に必須の施工用語を，千数百余のイラストと簡潔な説明により平易に解説。施工計画，基礎，躯体，外装工事など施工全般にわたる。　**本体3360円**

建築設備実用語辞典　紀谷文樹・酒井寛二・前島健・伊藤卓治編　B6・470頁

空気調和設備，給排水衛生設備，電気設備，情報，通信，防災設備とこれらの関連領域から，実務に即した用語を中心に6000語と図表約560点を収録。　**本体3938円**

庭園・植栽用語辞典　吉河功監修，日本庭園研究会編　B6・418頁

住宅建築の庭づくりや植栽，プランニングに必要な基本用語約2600語と図表・写真約330点を収録。住宅設計者，造園施工者，現場管理者の実務に有用。　**本体3570円**

図解インテリアコーディネーター用語辞典 [改訂版]　尾上孝一他　オールカラー　A5変・370頁

インテリアに関する基本用語3900余語と写真・図表900点を，資格試験に対応して「販売編」，「基礎編」に分類し配列。巻末に索引・逆引き索引を付した。　**本体3360円**

住宅・不動産用語辞典 [改訂版]　住宅・不動産用語辞典研究会編　B6・350頁

住宅メーカーの営業マンに必須の基本用語を，建築関連用語はもとより法律，税制，金融，取引，マーケティングなど広範な分野から約3000語を収録。　**本体3360円**

上記価格は消費税5％を含んだ総額表示となっております。